根　据

教育部、中央军委国防动员部2019年颁发

《普通高等学校军事课教学大纲》编写

军事理论与技能训练教程

（第四版）

军事理论部分

主　编：吴温暖

副主编：（按姓氏笔画排序）

李金贤　金　娜　翁圣波

黄伟东　曾雅琴　谢素蓉

军事技能训练部分

主　编：吴温暖

副主编：（按姓氏笔画排序）

何卫华　邵贵文　冒乃岘

温友文

厦门大学出版社 XIAMEN UNIVERSITY PRESS | 国家一级出版社 全国百佳图书出版单位

请扫码获取本书资源

图书在版编目（CIP）数据

军事理论与技能训练教程 / 吴温暖主编. -- 4 版. 厦门 ：厦门大学出版社，2024. 12（2025. 7 重印）.
ISBN 978-7-5615-9493-3

Ⅰ. E0 ；E9

中国国家版本馆 CIP 数据核字第 20241Q889S 号

责任编辑 施高翔
责任校对 胡 佩
美术编辑 李嘉彬
技术编辑 许克华

出版发行 厦门大学出版社
社　　址 厦门市软件园二期望海路 39 号
邮政编码 361008
总　　机 0592-2181111 0592-2181406(传真)
营销中心 0592-2184458 0592-2181365
网　　址 http://www.xmupress.com
邮　　箱 xmup@xmupress.com
印　　刷 厦门集大印刷有限公司

开本 787 mm×1 092 mm 1/16
印张 23.25
字数 570 千字
版次 2013 年 7 月第 1 版 2024 年 12 月第 4 版
印次 2025 年 7 月第 2 次印刷
定价 40.00 元

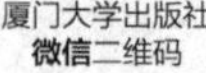

厦门大学出版社
微信二维码

厦门大学出版社
微博二维码

福建省大学生军事课教材编委会

2025 年版修订说明

本教程是根据 2019 年 1 月教育部、中央军委国防动员部联合颁发的《普通高等学校军事课教学大纲》，以及在福建省教育厅体卫处组织编写的《军事理论教程》《军事训练教程》《军事理论与训练教程》研究成果的基础上编写出版的。

福建省教育厅长期以来对组织编写普通高校军事课教材非常重视。1991 年，福建省教育厅体卫处组织省内承担学生军训试点工作的厦门大学、福州大学、福建师范大学、集美航海学院，共同编写适用于我省军训试点高校教学需要的教材，由厦门大学吴温暖教授担任主编。本教程第一版《高等学校军事科学教程》于 1992 年 6 月由厦门大学出版社正式出版。1999 年，福建省教育厅体卫处立项委托厦门大学开展“普通高校军事教学内容和课程体系研究”的课题研究，课题研究的直接成果是，在《高等学校军事科学教程》的基础上，编写了《军事理论教程》和《军事训练教程》，由厦门大学出版社出版。其中，《军事理论教程》于 2006 年通过教育部国防教育办公室和全国高校军事教学指导委员会评审，推荐为全国优秀教材（共推荐 5 种）（教防办函〔2006〕1 号）。2013 年，为适应高校军事教学需要，《军事理论教程》和《军事训练教程》合编为《军事理论与训练教程》。

本次教程的编写修订工作是在福建省教育厅体卫艺语处及福建省大学生军事课教材编委会的直接领导下，在广泛征求意见的基础上，由各位参编人员共同努力完成。教程主要根据 2019 年版《普通高等学校军事课教学大纲》的要求，并结合新的国防法律和重要文献等内容，以及近年来教学实践经验组织编写。编写严格按照新大纲的要求，把必讲（必训）的课程内容全部编写完整，并注意与原教材知识体系相衔接。新编部分主要有“国家安全篇”、“现代战争篇”和“信息化装备篇”，同时在“中国国防篇”中新编“武装力量”一章，在“国防概述”“国防法规”“国防建设”三章中增加了国防的类型、国防法规体系、国防战略等理论点和知识点；在“军事思想篇”中新编了中国古代军事思想、习近平强军

思想以及外国军事思想发展历程等内容;“军事技能训练部分”主要新编了格斗基础、战时防护训练、战备基础与应用训练等内容。本次编写的特点是:新编部分量大面广,理论体系和知识点新颖权威,与新大纲切合紧密,适应当前高校国防教育教学需要。

2025 年,在注重贯彻党的二十大及二十届三中全会精神的基础上,根据国防和军队改革深化与军事理论创新发展的新情况,我们进一步完善了“国防法规”“国防建设”“武装力量”“国家安全概述”“国家安全形势”“信息化战争”“中国人民解放军共同条令教育与训练”“战备基础与应用训练”等章节,以反映新时代国防和军队建设伟大变革,体现新时代新征程国防和军队建设重大部署。

参加本教程编写工作的专家、学者有(排名不分先后):厦门大学吴温暖、谢素蓉、邵贵文、李皓、高继光、何锋、彭荣础、李凡卓、洪玲艳,福州大学金娜、林东旭、张艺腾、张文娟、张幼松、李潇潇、杨冠英,福建师范大学翁圣波、陈晖涛、刘宏杰、戴学淋、刘雯,集美大学李金贤、林德时、刘坤,闽南师范大学黄伟东、黄明芳,福建中医药大学温友文、沈国俊,福建船政交通职业学院方儒钦、郭建忠、曾雅琴,福建医科大学刘芳,闽江学院杨莹,厦门南洋职业学院何卫华,厦门理工学院杨雅达、刘新华、喻坤鹏,厦门城市职业学院赖福星,福建江夏学院林夷,福州工商学院高志勇,厦门华厦学院周云岗、李葳葳,厦门海洋职业技术学院李敏杰,漳州卫生职业学院姚艺玲,漳州职业技术学院周晓彬,漳州城市职业学院吴剑文,三明学院游丽艳,宁德职业技术学院林茂森,福建幼儿师范高等专科学校李猷艺,福建水利电力职业技术学院胡毓霞,泉州幼儿师范高等专科学校蓝开辉,厦门华天涉外职业技术学院曾轩招,厦门软件职业技术学院王文清,泉州海洋职业学院廖贵强,龙岩学院张椿荣、梁新宇,闽南理工学院许书烟,闽南科技学院苏清山、陈灵萍,福建师范大学协和学院李莉,武夷学院曹关群,福建技术师范学院郭志雄,福州软件职业技术学院郑蕴,厦门东海职业技术学院母则闯等。全书由吴温暖教授统稿,军事科学院方宁研究员审定。

本教程的编写得到军事科学院方宁研究员、南京陆军指挥学院胡谷能教授等的支持和帮助,同时也参考、吸收和引用了有关专家、学者的研究成果,在此一并表示衷心的感谢。

本教程疏漏和不当之处,诚望读者批评指正,以便进一步修改和完善。

福建省大学生军事课教材编委会

2025 年 7 月

目　录

军事理论部分

中国国防篇

军事思想篇

国家安全篇

现代战争篇

信息化装备篇

军事技能训练部分

绪 论

一、军事科学的定义及其研究对象

(一)军事科学的定义

军事科学又称军事学,是反映国防和战争的本质与规律,并用于指导国防和战争的准备与实施的科学。①

军事科学是在战争实践中形成起来的,并随着战争实践的发展而不断发展。人类社会出现战争之后,人们便以不同的方式总结战争经验,探索战争的本质和规律,并用以指导战争,经过不断的发展,逐步形成具有特定范畴、内容丰富的军事科学。军事科学是人类整个科学的组成部分,是国家军事力量不可或缺的重要内容。军事科学对于巩固国防、遏制战争和赢得战争都具有重要的指导作用。

(二)军事科学的研究对象

军事科学源于战争和国防的实践并运用于实践,因而战争和国防就成为军事科学的研究对象。

战争是人类社会发展到一定历史阶段的特殊社会现象,是人类社会集团之间为了一定的政治和经济目的而进行的武装斗争,对于民族的兴衰、国家的存亡,乃至人类自身的安危,都有直接的重大影响。因此,人们总是要投入一定的人力、物力从事战争研究,从而产生了以战争为研究对象的军事科学。

国防是人类社会发展到建立国家政权之后所产生的普遍社会现象,是为捍卫国家主权和领土完整,保卫国家安全和统一,维护国家稳定和发展,防御侵略与武装颠覆而进行的军事以及与军事有关的政治、经济、科技、文化、教育、外交等方面的建设和斗争。由于军事领域是国防的核心领域,而国防的其他领域也都与军事相关,因而国防必然成为军事科学的主要研究对象之一。

人类社会历史的发展进程表明,战争与和平是交替出现的,但不论是战争时期还是和平时期,作为国防的主要手段,以战争为中心的军事活动总是在持续不断地进行。战争形态的不断演变,军事活动的不断发展,是军事科学的源泉和动力。只要人类社会还存在战争,就必然有军事科学。

二、军事科学的任务和性质

(一)军事科学的任务

军事科学的研究对象决定军事科学的研究任务。军事科学的研究任务,就是通过对战争和国防实践经验的科学总结,对战争和国防规律及其指导规律的不断探索,预测战争的发

① 《中国军事百科全书·军事思想》,中国大百科全书出版社 2015 年第 2 版,第 1 页。

生、发展及其特点，提出克敌制胜的原则、手段和方法；分析战略环境的发展变化及其影响，提出国家防卫的原则、目标和措施，为正确地指导战争和国防的准备与实施，提供科学的理论指导和决策依据。

（二）军事科学的性质

军事科学是一门具有特定范畴的综合性科学。一方面，军事科学以战争和国防为研究对象，而战争和国防有自己的内涵和规律，因而军事科学是一门具有特定范畴的独立的科学。另一方面，战争和国防又是极其复杂的社会现象，涉及自然科学、社会科学各方面的有关知识，所以军事科学又是一门综合性很强的科学。

军事科学属于社会科学，具有鲜明的政治性和民族性。首先，军事科学的研究对象是战争和国防，而战争和国防又是在一定的时间、空间内关系整个社会生活的特殊社会活动形态，所以军事科学属于社会科学。作为军事科学重要组成部分的军事技术科学，是自然科学和技术科学在军事领域的应用，并不改变军事科学的本质属性。其次，战争是政治的继续，任何国家的军事科学研究，都必然要遵从本国的政治并为其服务，所以军事科学又具有鲜明的政治性。最后，不同国家的军事科学，由于受本国政治、经济、军事、思想文化、科学技术状况和历史传统、地理环境等因素的影响，必然带有各自的民族性，具有鲜明的民族特征。

三、军事科学体系

军事科学体系，包括军事科学的整体结构、学科的设置和分类，以及各学科之间的关系等。随着军事实践的发展，军事科学的内容日渐丰富，客观上要求人们对军事领域中的诸多问题分门别类地加以研究，进而从总体上深化对战争和国防问题的认识，以便更好地指导新的军事实践。从古代兵法的分篇专论、军事类书的归类整理，到近代欧洲资产阶级军事理论家对军事科学的分类尝试，都从不同侧面展示了军事科学体系发展的历史轨迹。在现代条件下，军事科学已发展成为由众多学科组成的知识体系。①

关于军事科学体系的结构和学科的划分问题，目前有多种不同的分法，比较有代表性意义的有以下几种：

一是《中国军事百科全书》把军事科学分为 7 个学科门类，即军事思想、军事学术、中国人民解放军政治工作、军事后勤、军事技术、军事历史和军事地理测绘气象。每一个学科门类又分若干学科。21 世纪初，《中国军事百科全书》（第 2 版）又把军事科学进一步细分为 15 个知识门类 101 个学科单元。

二是中华人民共和国国家标准《学科分类与代码》（GB/T 13745—2009）则把军事科学划分为 13 门一级学科和 48 门二级学科。一级学科分别是：军事理论、军事史、军事心理学、战略学、战役学、战术学、军队指挥学、军制学、军队政治工作学、军事后勤学、军事地学、军事技术、军事学其他学科。

三是《中国大百科全书・军事》认为：中国现代军事科学包括军事理论科学和军事技术科学两大部类。它们之间的关系是：军事理论是先导，对军事技术的发展和运用起着指导作用；军事技术是基础，对军事理论的变革和发展产生巨大的影响。

上述几种不同的分类方法，从各自的研究角度出发，都有其相对的合理性。为了便于教

① 《中国军事百科全书・军事思想》，中国大百科全书出版社 2015 年第 2 版，第 1～3 页。

学，本教程采用《中国军事百科全书・军事思想》(第2版)的分类方法展开叙述。

按照《中国军事百科全书・军事思想》(第2版)的划分，军事科学体系包括：(1)军事思想门类，设置马恩列斯军事理论、毛泽东军事思想、邓小平新时期军队建设思想、江泽民国防和军队建设思想、胡锦涛国防和军队建设思想、军事哲学、中国历代军事思想、外国军事思想8个学科；(2)战略门类，设置军事战略、陆军战略、海军战略、空军战略、战略导弹部队战略、国防发展战略、武警部队发展战略7个学科；(3)作战门类，设置战役、战术、军队指挥、军事情报、军事通信、军事运筹、军事心理7个学科；(4)国防建设门类，设置军制、国防经济、战争动员、国防教育、边防、人防、内卫7个学科；(5)军事工作门类，设置司令部工作、军事训练、军事管理、军事科研、军事机要、保密档案6个学科；(6)中国人民解放军政治工作门类，设置军队政治工作总论、军队组织工作、军队干部工作、军队宣传工作、军队政法工作、军队文化工作、军队群众工作7个学科；(7)军事后勤门类，设置军事后勤总论、后勤指挥、军事财务、军需勤务、卫生勤务、军事交通运输、油料勤务和物资勤务、基建营房勤务、军事审计9个学科；(8)军事装备门类，设置军事装备总论、军事装备发展、军事装备保障、军事装备指挥、军事装备管理、陆军装备、海军装备、空军装备、战略导弹部队装备、后勤装备、电子信息装备、古代兵器12个学科；(9)军事技术门类，设置军事技术总论、陆军武器装备技术、军事信息技术、精确制导技术、军事航空技术、军事航天技术、军用舰船技术、军用核技术、核化生防护技术、军事装备维修技术、军事工程技术、军事系统工程12个学科；(10)军事法门类，设置军事法总论、军事法制、武装冲突法3个学科；(11)国际军事门类，设置国际军事安全、国际军事关系2个学科；(12)军事历史门类，设置中国古代战争史、中国近代战争史、中国历代军史、中国人民解放军战史、中国人民解放军军史、中国人民志愿军战史、世界战争史、外国军史8个学科；(13)军事人物门类，设置中国历代军事人物、中国人民解放军人物、外国军事人物3个学科；(14)军事著作门类，设置中国军事著作、外国军事著作2个学科；(15)军事环境门类，设置军事地理、军事地形、中国军事地理、世界军事地理、军事测绘、军事气象、军事海洋水文、军事空间天气8个学科。

军事科学体系不是固定不变的，它随着军事实践的发展而发展。一方面，新的军事专业不断出现，学科也随之增加，课题研究的分工越来越细。另一方面，由于军事与政治、经济、科技等领域的关系密切，军事科学同其他领域中一些学科的联系日益加强，互相交叉，互相渗透，从而又逐渐形成一些新的边缘学科。

四、军事科学的地位和功能

(一)军事科学的地位

军事科学在战争和国防活动中具有重要的先导地位。鉴往而知今，军事科学研究和总结战争历史经验，揭示战争的本质和规律，目的是指导现实和未来的军事活动。敌对双方要赢得战争，就必须有正确的军事科学理论做指导。在现代科学技术高度发达的今天，军事科学理论在战争和国防实践中的先导地位愈来愈突出。世界各主要国家都十分强调军事科学的先导地位，把繁荣和发展军事科学作为加强国防建设和提高军队战斗力的重要途径，下大力气抓好军事科学的研究和发展工作。

（二）军事科学的功能

1.为国家制定军事战略提供理论依据

军事科学要根据国际形势的发展趋势和特点、世界军事战略态势和军事战略格局，以及本国在国际军事战略格局中所处的地位和奉行的对外政策，科学地分析、论证敌我双方（包括可能的潜在敌人）的政治、经济和军事实力，可能面临的主要威胁，以及未来战争可能出现的新情况、新特点，作出正确的判断和预测，提出正确的建议和咨询报告，作为国家和武装力量决策时的参考。一旦国家和武装力量确定了国防发展战略和军事战略，并付诸实施，军事科学就要围绕如何贯彻实施，以及实施过程中可能遇到的新情况、新问题，进行跟踪研究和论证，适时地提出修订建议和可供选择的方案，使之不断完善。

2.为国家规划武装力量建设提供理论依据

军事科学要根据国家战略方针，针对敌对国家武装力量和武器装备发展趋势，结合战争历史经验，对武装力量建设，包括建军指导思想、建军方向、规模、编组、军事教育训练、诸军兵种发展比重、国防动员和预备役建设等，进行科学论证和预测，以便提出一套适合本国武装力量建设特点的理论和原则，用以指导武装力量建设，促使武装力量建设朝着正确的方向发展。

3.为国家发展武器技术装备进行科学论证

军事科学要根据已经制定的国防发展战略、经济实力和科学技术水平，以及敌对国家武器技术装备的现状和发展趋势，进行研究、论证和预测，提出发展武器装备的建议，供国家在制定武器技术装备发展规划时参考。例如，在考虑制定我国武器技术装备规划时，就应根据我国奉行的积极防御的战略方针、经济实力、科技水平和未来战争的需要，进行分析论证。我国广阔地区的不同地形条件和气象条件，就决定着必须因地制宜，发展适合于不同地形、天候条件下作战的武器技术装备。

4.为国家准备与实施战争提供理论依据

军事科学要不断研究总结以往历次战争和正在进行的各类战争的经验教训，揭示战争规律和战争指导规律，正确预测未来战争可能出现的形式和样式，提出相应的对策和建议。同时还要根据科学技术发展的现状和趋势，预测未来战争的军事理论和作战方法可能发生的变化，提出对策措施。军事科学还要根据国际形势发展特点和军事战略动向，进行科学分析，作出正确的战略判断，为国家和武装力量适时做好战争准备，包括国家的动员体制、战略物资储备、军事训练、军队补充、武器装备生产、后方勤务建设等，提出一整套理论和原则，以保障国家能够正确地指导战争准备与实施。

此外，军事科学的许多重要原理原则对社会其他领域有着重要的借鉴作用。战争作为人类历史的范畴，将随着阶级和私有制的消灭而消亡，但军事科学总结提出的许多重要理论和原则，仍将作为人类社会的宝贵财富，运用到人类社会活动的其他领域，继续发挥它应有的社会作用。

五、大学生学习军事科学的意义和方法

（一）大学生学习军事科学的意义

1.大学生参加军事训练、学习军事科学是法定的公民义务，责无旁贷

《中华人民共和国宪法》第55条规定："保卫祖国、抵抗侵略是中华人民共和国每一个公

民的神圣职责。依照法律服兵役和参加民兵组织是中华人民共和国公民的光荣义务。”《中华人民共和国国防教育法》更是以专章的形式，全面阐述学校国防教育的意义，规定学校国防教育的形式和内容。其中第15条规定：“高等学校、高级中学和相当于高级中学的学校应当将课堂教学与军事训练相结合，对学生进行国防教育”，“高等学校应当设置适当的国防教育课程”。这些规定从法律的高度明确了高等学校的学生在就学期间接受军事训练、学习军事科学的义务和权利。“国家兴亡，匹夫有责。”自觉接受军事训练，努力学好军事科学，正是青年学生履行保卫祖国的神圣义务的具体行动。大学生更当勇敢地承担起这一光荣的职责。

2.大学生参加军事训练、学习军事科学有利于提高全民国防意识，振奋民族精神

国防意识是以爱国主义为精髓、以国家防卫问题为中心的理性思维，是民族精神中最重要的精神支柱，是国防赖以确立的精神根基。可以说，强烈的国防观念是一个国家现代文明的标志之一，它不仅是保卫国家利益的思想基础，而且是增强中华民族向心力、凝聚力的强大精神力量。然而，国防意识并不是自然地产生的。国防意识作为民族精神的重要成分，它受社会生产方式、社会制度等条件的制约，也受到社会教化、社会传播的影响。可见，要提高民族的国防意识，重要的途径是加强国防教育。大学生参加军事训练、学习军事科学是学校国防教育的一项重要内容。青年人是祖国的未来，国防教育从青年学生抓起，意义重大。一方面，处于青年时期的大学生正是世界观成型时期，可塑性强。有计划地组织他们参加军事训练，比较系统地学习军事科学，有利于他们尽快强化国防观念，增强国防意识。另一方面，现在的大学生，将是我国21世纪“四化”建设的主力军和保卫者。他们自身素质的高低，国防意识的强弱，将直接影响到我们民族的振兴、国防的强弱，并对21世纪开始的几十年产生重大影响。因此，实行学生军训制度，开展军事学科教育，对于提高全民族的国防意识，振奋民族精神，不仅具有重要的现实意义，而且还具有深远的历史意义。

3.大学生参加军事训练、学习军事科学有利于加强国防后备力量建设

坚持走精干的常备军和强大的后备力量相结合的道路，是我国国防建设的根本指导思想。徐向前元帅曾经指出：国防力量的强弱，不在于常备军数量的多少，而在于战时有无足以迅速动员的大量人力和物力的国防基础。据统计，目前我国在校大学生有几千万人，在这些学生中有计划地开展军事训练，进行军事学科教育，可以为国家储备大批后备兵员，为军队储备一定数量的后备军官，一旦有事，即可迅速参战。这种寓兵于民、寓官于校的做法，对于加强国防后备力量建设具有重大的战略意义。更为重要的是，当代信息化战争客观上要求作战群体，尤其是各级指挥员必须具备较高的科学文化素质。大学生是我国人口文化构成中科学文化素质较高的群体。抓好这一群体的军事教育和训练，有利于我们重点储备一大批既掌握一定的军事科学理论知识和军事技能，又精通现代科学技术知识的专业人才和后备军官队伍。这对于我国在未来的信息化战争环境中，夺取反侵略战争的胜利，有着特殊重要的意义。

4.大学生参加军事训练、学习军事科学有利于培养德、智、体全面发展的“四有”新人

高等学校的中心任务是培养德、智、体全面发展的建设者和接班人。从这一培养目标看，军事学科教育具有其他学科所无法代替的综合教育作用，是促进学生全面发展，使其成长为社会主义现代化建设的“四有”新人的重要的共同基础课。无论是综合性大学，还是文、理、工、农、医等各类专业学校，都普遍适用。首先，军事科学的性质决定了开展这一学科教

育对学生具有很强的德育方面的培养功能。军事科学的研究对象是战争，它与国家的安危和人民的根本利益密切相关。这样事关国家、民族的荣辱兴衰、生死存亡的大事，最能在青年学生中引起强烈的心理共鸣，从而激发出强烈的爱国热情。同时，通过军事学科教育，学生还将比较系统地学习无产阶级的国家观、战争观和方法论；学习人民军队的建军原则和我军的光荣传统；接受人民解放军严格的组织纪律以及爱国主义和革命英雄主义精神的训练和熏陶；等等。这一切都将有助于学生增强对祖国和人民的热爱和忠诚，有助于培养学生高度的献身精神和社会责任感，有助于学生更好地树立正确的人生观、价值观。其次，学习军事科学有助于学生智育的发展。现代军事科学是一门范围广博、内容丰富的综合性科学。学习军事科学，不仅有利于学生开阔眼界，扩大知识面，而且可以使学生了解最新的军事科学技术成就，以及本专业在军事上的应用情况，促进专业知识的学习。同时，军事科学综合性强的特点还有利于学生打破专业学习的思维定式，拓展思维领域，进一步提高自己的创造力和综合思维能力。再次，紧张而有规律的军训生活，艰苦而又严格的技能训练，不仅可以使学生的意志得到磨炼，而且能够锻炼身体，增强体质。这对于学生毕业后适应艰苦紧张的工作环境，提高竞争能力，也是非常有益的一课。

（二）大学生学习军事科学的基本方法

1.拓展思维领域，综合运用各种思维方法

军事科学是一门综合性很强的学科，广泛涉及社会科学、自然科学、技术科学及其相关的众多学科知识。要学好这门科学，必须综合运用学习各门学科知识所常用的思维方式和方法。譬如，学习文科常用的形象思维方法，学习理科常用的逻辑思维方法，等等。从战争与军事活动实践看，更能深刻地说明这个问题。战争离不开地形，要分析地形、摆兵布阵、运用战法、指挥作战，就必须充分运用形象思维方法。大量的战例证明，具有丰富经验的指挥员在听取下级情况汇报时，能通过大脑的想象，在头脑中展现出战场的全貌或局部战斗的进展情况。英国将领惠灵顿曾形容军事想象是一种“透视能力”。历史上凡是功勋卓著的军事家几乎无一例外地都具有丰富的想象力。进行战争必须进行决策、规划，并制定作战方案。而这些运筹决策活动一点也离不开逻辑思维。必须运用逻辑方法，对敌情、我情、地形、天候等诸种作战因素进行分析与综合、比较与类推、抽象与概括、归纳与演绎等逻辑加工，以作出正确的判断，定下正确的决心，制定周密的作战计划。战争和其他客观事物一样，受其固有的客观辩证法的制约，处在不断的运动变化和发展之中，必须运用辩证思维方法，才能处理好战争中诸如强与弱、优与劣、攻与防、进与退、主要方向与辅助方向、内线与外线、持久与速决等矛盾的对立、依存和转化关系，力争夺取和保持战场的主动权。在战争的舞台上，敌对双方除去物的因素以外，更重要的是有头脑、能思考、善创造的活生生的人的对抗，而且是剑拔弩张、生死攸关的对抗。这就决定了战场这一特定活动场所的情况，必然是异常复杂、瞬息万变的。它迫使每个人（特别是指挥员）都要最大限度地发挥自己的智慧和能力，进行创造性的超常思维，去处理那些出奇的“不可思议”的矛盾，以夺取战斗的胜利。可见，要学好军事科学，必须拓展自己的思维领域，综合运用形象思维、逻辑思维、辩证思维、创造性思维等各种科学的思维方式和方法。

2.研究战例，借鉴历史

军事科学源于战争和军事活动实践，是战争和军事活动实践经验的总结和抽象概括。军事历史向来是军事家们研究战争的“档案库”，也是我们学习军事科学的最好的“向导”。

19世纪欧洲资产阶级军事理论家若米尼说过:“在所有战争艺术的理论中,惟一合理的理论,就是以研究战史为基础的理论。”①正确的军事思想和战略、战术理论、原则,总是在继承军事历史遗产的基础上,吸取其先进的、精华的东西,并在战争和军事活动实践中加以创造性发展的结果。系统地学习和研究军事科学发展的历史和古今中外著名的战例,不仅能够帮助我们从连续的历史中得到启示,加深对军事科学理论以及有关原理、原则的理解,从而使我们能够正确地分析和解决现实问题,而且能够让我们从历史中得到有益的借鉴,进一步认识事物的发展趋势,从而科学地预见未来。例如,我们只要认真回顾一下战争史上的武器发展是怎样决定各个时期的作战方式和战争特点的,那么,根据现代军事技术的发展情况,就可以预测未来的作战方式和战争特点。此外,地方高等学校的学生平时接触军事科学知识不多,在学习中多结合战例研究,不仅可以增加感性认识,还可以提高学习兴趣。“兴趣”是心灵的“窗口”,是学习科学知识的最好的老师。可见,这种学习方法可以有效地提高学习的质量。

3.善于“合成”,融会贯通

军事科学是一门内容丰富、范围广博的庞大的科学体系。它涉及面广,知识跨度大,学科门类多,学科之间既有紧密的联系,各学科又自成体系,具有相对的独立性。因此,学习军事科学,必须根据其特点,善于联想,善于把各学科知识有机地联系起来,融会贯通,综合运用,这样,才能更好地提高自己的能力。一个优秀的合成军队指挥员之所以能够把各军、兵种的力量有机地协同起来,协调一致地打击敌人,一个重要方面是他不但精通各军、兵种的学科知识,而且能够把这些知识联系起来,综合运用;不但在理论上精通各学科知识,而且在行动上善于把精通各学科知识的专门人才组织起来,形成强有力的指挥协调中心。这就是“合成”能力所释放出来的威力。学习军事科学,不仅要善于综合运用各学科知识,而且要努力培养和提高这种“合成”能力。目前,普通高等学校的军事学科教育,由于教学时数有限,所授知识大多是“点多面广”,而系统性略感不足,在这种情况下,要学好这一门科学,更应善于“联系”与“合成”,把学习知识与培养能力有机地结合起来,才能提高学习效率,并不断提高自己的能力。

思考题

1.什么是军事科学?它的研究对象是什么?

2.军事科学的任务是什么?

3.如何理解军事科学的性质?

4.军事科学有哪些主要社会功能?

5.如何理解大学生接受军事教育的意义?

---

① 若米尼:《战争艺术概论》,刘聪、袁坚译,解放军出版社1986年版,第24页。

军事理论部分

中国国防篇

第一章
国防概述

国家是社会在一定发展阶段上的产物。有国家存在，就有国防。古今中外，世界上没有哪一个国家没有国防而能够安然无虞地存在下去的。历史和现实一再告诉人们，一个国家要想捍卫自己的合法权益，维护自己独立自主的尊严和生存发展的权利，就不能不强化国家机器的职能，就不能不重视作为维护国家主权、权益与安全后盾的国防建设。本章主要介绍国防的基本概念、国防的类型、中国的国防历史和现代国防的基本特征等内容。

第一节　国防基本概念

国防，是“国家为防备和抵抗侵略，制止武装颠覆和分裂，保卫国家主权、统一、领土完整、安全和发展利益所进行的军事活动，以及与军事有关的政治、经济、外交、科技、教育等方面的活动”①。在国防的概念中，包含以下基本要素。

一、国防的主体

国防的主体，是国防活动的实行者，通常为国家。国防是国家的事业，是国家的固有职能。任何国家从诞生之日起，就要固国强边，防备和抵御各种外来侵略，以保障国家安全，维系国家生存。因此，国防必然随着国家的产生而产生，随着国家的发展而发展，最终，也只能随着国家的消亡而消亡。从国家的本质看，国家是阶级专政的工具，是统治阶级利益与意志的体现，实现这种利益与意志必须通过国家权力。国防就是要维护国家的这种权力，同时，也只有依靠国家的这种权力才能使国防得以运转，只有国家，才能领导和组织国防事业。从国防的本义上看，国防是国家的防务，是全民族的防务，与国家的各个部门、各种组织以及全体公民都息息相关。加强国防建设，进行国防斗争，必须依靠国家各个方面的综合力量。

二、国防的对象

国防的对象，是指国防所要防备、抵抗和制止的行为。这是一个涉及国家在什么情况下可以使用国防力量的重大问题。根据《中华人民共和国国防法》的界定，国防的对象，一是“侵略”，二是“武装颠覆和分裂”。

① 引自《中华人民共和国国防法》。

(一)国防要防备和抵抗的是"侵略"

《中华人民共和国国防法》将国防对象界定为"侵略"而不是"武装侵略",既有国际法理依据,又符合国防的实际需要,与国家安全所面临的威胁相一致,不仅表述方法合理恰当,而且意义深远重大。其理由:一是与国际约章相衔接。联合国 1974 年专门通过的《关于侵略定义的决议》(以下简称《决议》)已经对"侵略"做了详尽定义。凡属于《决议》所指的侵略,均属于运用国防力量防备和抵抗的对象。二是与国家的根本大法——宪法的提法相一致。《中华人民共和国宪法》第 29 条规定武装力量的任务,第 55 条规定公民的国防义务,都采用了"抵抗侵略"的提法,而不是"抵抗武装侵略"。三是与国防活动的客观实际相适应。立法应为现实服务,制定国防法律也应为国防建设和国防斗争服务。如果以法律的形式规定国防只是防备和抵抗"武装侵略",在今后的国防建设和斗争中,则很可能束缚自己的手脚。现实当中,确实存在着武装侵略和非武装侵略。但是,当今世界的现实是,主权国家对主权国家的非武装侵略及其反侵略大多要以武力为后盾,而且有些所谓的非武装侵略,是非国防手段不能抵御的。因此,国防所要防备和抵抗的,是"侵略",而不仅仅是"武装侵略"。

(二)国防应把"武装颠覆和分裂"作为制止的对象

所谓武装颠覆是指利用武力手段推翻政府。所谓分裂是指分裂国家。当今社会,武装颠覆与分裂活动往往联系在一起。根据宪法,我国是一个实行社会主义制度和人民民主专政的统一的多民族国家,那些以推翻社会主义制度、推翻人民民主专政、分裂国家为目的的颠覆活动,不是一般的反政府活动,而是危及我国的国体和政体,对国家的主权、统一、领土完整和安全构成严重威胁的活动。把"武装颠覆和分裂"作为国防的对象写入国防法,具有特殊的重要意义:第一,各种武装颠覆活动和分裂国家的行为,已构成对我国安全的主要威胁之一,需要做好运用国防手段的准备。2005 年公布施行的《反分裂国家法》第 8 条规定:"'台独'分裂势力以任何名义、任何方式造成台湾从中国分裂出去的事实,或者发生将会导致台湾从中国分裂出去的重大事变,或者和平统一的可能性完全丧失,国家得采取非和平方式及其他必要措施,捍卫国家主权和领土完整。"第二,从我国当前面临的国际国内环境看,武装颠覆和分裂的威胁并非纯粹来自内部,甚至主要不是来自内部,各种形式的"独立"、武装叛乱和暴乱,一般都有外国势力插手,具有内外勾结、企图分裂国家的特点。对付这一类"武装颠覆和分裂",应该是国防的职能。第三,从苏联分裂成独联体各国及南斯拉夫分裂后民族间战争不断、生灵涂炭、国民经济严重倒退的情况看,武装颠覆和分裂带来的灾难甚至大于国家间的战争。因此,必须将"制止武装颠覆和分裂",作为我国国防的一项基本职能。

三、国防的目的

国防的目的,主要是捍卫国家的主权、统一、领土完整、安全和发展利益。

(一)捍卫国家的主权

国家和主权不可分割,主权是国家独立的根本标志。如果一个国家的主权被剥夺,其他的一切,包括国家的独立、领土完整、传统的生活方式、基本的政治制度、社会准则和国家荣誉、尊严等,都无从谈起了。因此,捍卫国家主权,始终是国防中第一位的、根本的目的和任务。

(二)保卫国家的统一

国家的统一是指国家由一个中央政府对领土内一切居民和事务行使完整的管辖权,不

允许另立政府或分割国家的管辖权。从国际法的角度来说，保卫国家统一、反对分裂，历来是一个国家的内部事务，绝不允许外国干涉，这是一个原则性问题，不能有丝毫的含糊。因此，保卫国家的统一历来是国防的重要任务。当外国敌对势力插手我国的民族事务，破坏我国的民族团结，危及国家的统一和完整时，国防力量必须予以坚决打击，发挥其维护国家统一和稳定的职能作用。

（三）保卫国家的领土完整

领土，是在国家主权支配下的地球表面的特定部分，以及其底土和上空。领土是国家存在和发展的自然物质前提，是构成国家的基本要素之一。国家主权与国家领土具有密切联系：领土既是国家行使其主权的空间，也是国家主权行使的对象。没有领土，主权就失去了存在空间和行使对象。领土完整的含义是：凡属本国的领土，决不能丢失，决不允许被分裂、肢解和侵占。国家的领土被侵占，主权必然要遭到侵犯。国防捍卫国家主权的独立，必然要保卫国家领土的完整。

（四）维护国家的安全和发展利益

国家的安全与发展是相辅相成、缺一不可的。国家要正常地生存和发展，就必须有一个安全的环境，亦即有一个和平、稳定、不受内外威胁的状态，正如《中华人民共和国国防法》第3条规定的那样："国防是国家生存与发展的安全保障。"没有这种"安全保障"，国家不仅难以建设和发展，而且生存也成问题。同时，国家要想真正得到安全，就必须使本国的经济和社会生活不断发展。安全是发展的前提，发展是安全的保障。发展离不开安全，安全更离不开发展。因此，维护国家的安全和发展利益，也是国防的主要目的之一。一旦国家安全和发展受到威胁，国防就必须履行自己的职能，运用一切手段消除内外威胁，坚决维护国家的安全和发展利益。

四、国防的手段

国防的手段，是为达到国防目的而采取的方法和措施。根据《中华人民共和国国防法》的规定，我国国防的手段包括"军事活动，以及与军事有关的政治、经济、外交、科技、教育等方面的活动"。

（一）军事

国防的主要手段是军事手段。现代国防的根本职能是捍卫国家利益，防备和抵御外来的各种形式和不同程度的侵犯，防备和平息内部和外部的敌对势力相互勾结所发动的武装暴乱。在对国家利益的各种形式的侵犯中，威胁和危害最大的是武装侵犯，包括军事威胁、恫吓、军事干预、占据部分领土、武装掠夺经济资源、发动侵略战争等。上述活动和内外敌对势力相互勾结发动的武装暴乱，不仅使国家主权和人民生命财产遭受损失，而且直接危及国家民族的发展前途和生死存亡。对付武装入侵和武装暴乱最根本的和最有效的莫过于采取军事手段。这是因为：第一，军事手段是最具有威慑作用的手段，可以对各种可能的外来侵犯进行有效的阻止或遏制；第二，军事手段是唯一能够有效对付武装侵略的手段，它可以用军事力量所拥有的巨大的即时打击能力给侵略者造成物质上和精神上的严重损害，从而迫使其中止侵略行动，以致放弃侵略企图；第三，军事手段是解决国家之间矛盾冲突的最后手段，当国家之间主权、利益的矛盾积累以至激化达到极限，就只有通过最高的斗争形式——武装冲突或战争去进行彻底解决。同时，军事手段还能够作为各种非军事手段的有力后盾，可以强化各种非军事手段的国防功能。因此,军事手段理所当然成为国防活动中的主要手段。

(二)政治

政治手段作为国防手段之一,指的是“与军事有关的”政治活动,而不是政治本身的全部含义。政治与国防关系密切:一方面,国防直接保卫的国家主权,是政治的第一需要;国防直接保卫的国家领土,是政治的物质前提;国防直接保卫的国家安全利益与发展利益,是政治的根本追求。国家政权、政治制度也要靠国防力量来捍卫。另一方面,政治对国防起着决定性的支配作用:国家的政治需要,决定国防的根本性质和基本类型;国家的政治指导思想和路线,决定国防的方向、方针和原则;国家的政治制度,决定国防的根本体制;国家的政治素质,制约国防的客观效应。其中,构成国防手段的政治活动主要是政治制度、政治思想工作、政治宣传等。

(三)经济

经济是国防的基础,社会经济制度决定国防活动的性质,社会经济状况决定国防建设的水平。现代条件下,无论是国防建设还是国防斗争,都要广泛采用经济手段。这些手段主要有国防经济活动、经济动员、经济战、经济制裁等。

(四)外交

国防外交活动主要是指国家与国家之间为了国防目的而开展的外交活动。由于这种外交主要涉及军事领域,所以又称军事外交。它既有通常意义上外交的一般特征,又具有区别于其他外交工作的特殊规律,是集外交与军事于一体的活动。它的范围很广,领域很多,活动的内容也十分丰富。从总体上讲,国防外交主要涉及国家与国家之间、军事集团与军事集团之间的军事政治关系、军队关系、军事战略关系、军事科技关系和军事经济关系等。具体可以划分为:(1)军事双边往来;(2)多边军事交往;(3)非官方军事交往;(4)军事科技交流和军工合作;(5)军事结盟;(6)军事援助;(7)军事经济合作;(8)边防管理;等等。国防外交涉及的各个方面的活动都不是孤立的,而是有机联系的。从事国防外交活动的主体也不单纯是武装力量,还包括一些国家机关部门与民间组织。

除上述因素外,与军事有关的科技、教育等,也是国防的重要手段。

第二节 国防的类型

国防的类型,是依据国防的属性或特征所做的基本分类。国防活动本身的多样性和影响国防政策、方针因素的复杂性,使国防的性质具有多样性,从而决定了国防分类标准的多样性。按照国家奉行的基本政策和战略的属性,可分为扩张型国防和自卫型国防;按照国家在防务中与其他国家的关系,可分为联盟型国防、自主型国防和中立型国防;按照国家的地理特点特别是海陆关系,可分为内陆国家国防、濒海国家国防和岛国国防;按照社会形态,可分为奴隶制国防、封建制国防、资本主义国防和社会主义国防;按照国家是否处于战争状态,可分为战时国防和平时国防;按照历史时期,可分为古代国防、近代国防和现代国防。正确认识和分清国防的类型,对于制定国防政策和国防发展战略,具有重要意义。下面,重点介绍以下几种国防类型。

一、扩张型国防和自卫型国防

扩张型国防，是“以干涉性和掠夺性为明显特征的国防”[①]。扩张型国防的主要特点：一是奉行霸权主义和强权政治。以谋求世界或地区范围内的统治权和支配权为国防政策，凭借强大的经济、军事实力，无视别国的主权独立和领土完整，干涉和奴役弱小国家与民族。二是保持高强度的国防投入，大搞军备竞赛。发展远远超出自卫需要的军队及其武器装备，维护其军事上的超强地位，为侵略别国领土、掠夺他国资源、占领海外市场、推行本国价值观念和政治制度等提供武力后盾。三是在军事上奉行进攻性战略。平时保持进攻型军事部署，大量建立海外军事基地，派遣海外驻军，控制全球战略要点和重要通道。用进攻性战略筹划和指导侵略扩张性战争，在军事上主张先发制人，企图一战而胜。

自卫型国防，是“以维护国家安全、防止和防御外敌入侵为目的的国防。又称防御型国防”[②]。自卫型国防的特点：一是国防的基本任务是保卫国家的主权统一、领土完整和安全。其国防建设是从国家安全利益的需要出发，为提高自卫能力而进行的各方面建设。二是坚持和平立场，努力避免和制止战争。积极主张用和平方式解决国际争端，通过平等协商、互谅互让与邻国解决边界等问题，维护周边地区和世界的和平与稳定。国防斗争着眼于发挥其防止与遏制战争的功能，以使国家最大限度地集中资源进行以经济建设为中心的现代化建设。三是坚持自卫立场，抵御外敌侵略。一旦国家遭到外敌入侵，则运用国防力量，坚决捍卫国家安全。四是国防战略和军事战略具有明显的防御性质。坚持自卫与后发制人，反对侵略扩张，不首先挑起战争，不进行军事扩张，反对军备竞赛。五是平时只建立防御性的军事力量。保持适量的军事实力，强调富国强军，在不断提高综合国力的基础上，使国防建设与经济建设协调发展。

现代中国国防属于自卫型国防。中国是社会主义国家，一贯坚持自卫原则。国防活动的宗旨是反对侵略战争，维护世界和平，保卫国家安全。

二、联盟型国防、自主型国防和中立型国防

联盟型国防，是“以结盟的形式联合相关国家进行的国防”[③]。一般由两个或两个以上具有某些共同的政治、经济、军事利益的国家参加，通过缔结相关的军事同盟条约，实行共同防务。按照缔约国的多少，联盟型国防可分为双边联盟和多边联盟。双边联盟是两个国家缔结的军事同盟，如美日军事同盟。多边联盟是多个国家缔结的联盟、协同防卫，如北大西洋公约组织就是以美国为首的西方国家缔结的军事政治同盟。联盟型国防存在的条件：一是存在共同的利益基础；二是实行共同防务能获得有利的战略态势；三是在特定的国际秩序下形成。

自主型国防，是“以自身的力量，独立自主进行的国防”[④]。坚持自主型国防的国家，不依附任何大国和国家集团，保持国防事务的自主权，同时努力加强国际合作，团结一切爱好和平的国家和人民，为维护世界和平而奋斗。自主型国防的特征：一是坚持不与任何国家或

① 《中国军事百科全书·战略》，中国大百科全书出版社 2014 年第 2 版，第 255 页。
② 《中国军事百科全书·战略》，中国大百科全书出版社 2014 年第 2 版，第 532 页。
③ 《中国军事百科全书·战略》，中国大百科全书出版社 2014 年第 2 版，第 262 页。
④ 《中国军事百科全书·战略》，中国大百科全书出版社 2014 年第 2 版，第 532 页。

国家集团结盟,不参加任何性质的军事集团。二是坚持从本国国情出发,独立自主地进行国防建设。三是坚持国家利益高于一切的原则,独立自主地处理一切对外军事事务。四是坚持全民国防。依靠广大人民群众进行国防建设,开展国防斗争。

中国的社会制度、对外政策、历史传统和自然地理条件等国情,决定了中国必须独立自主地建设和巩固国防。

中立型国防,是指"以奉行中立政策而进行的国防"①。奉行中立型国防的国家不参加其他国家之间的战争和武装冲突,对其他国家之间的争端采取不介入态度,不参加军事联盟,不同意其他国家在本国领土设置军事基地和驻扎军队等。中立分战时中立和永久中立。战时中立是在某些国家之间存在战争状态时,非交战国发表声明,表示不参加交战国任何一方的活动,以换取交战国对本国的和平与安全的尊重。永久中立指一个国家不但在战时保持中立,而且在和平时期也保持中立。奉行中立型国防的国家,一般特征有:一是具有"易守难攻"等特殊的地理条件,如地处崇山峻岭的瑞士,长期保持中立。二是坚持"全民国防"的建设方针。三是构建了完备的国防动员体系,实行全民皆兵的整体防御。如瑞士职业军人仅 3000 多人,但一旦卷入战争,能迅速扩充武装力量,在 48 小时内动员近 40 万人补充到正规军。

三、战时国防和平时国防

战时国防即战争时期的国家防务。② 通常情况下,从武力开始使用,到这一使用过程的结束,被称为战争时期。战时国防的特点:一是实施快速的国防动员,国家由平时状态转入战时状态,统一调动人力、物力和财力为战争服务,一切以确保取得战争的最后胜利为转移。二是进行武装斗争,赢得战争胜利。这是国家战时的中心任务。三是国家和社会的组织形式、编制体制、管理制度等都与平时有较大差别,同时不受平时制度的约束。如在政治、经济、文化等各个领域实行战时管制,防止混乱局面的发生,保持国家战时体制的顺利运转。四是广泛开展政治、外交、经济、思想、文化等各个领域、各条战线的斗争,以配合军事斗争,争取战争的最后胜利。从整体看,战时国防具有一定的局限性。在战争结束后的适当时机,国家通常要尽快把战时国防恢复到平时国防。

平时国防是和平时期的国防。③ 和平时期是相对于战争时期而言的,指国家处于非战争状态的时期。和平时期的国防建设与战时总体上相同,但也有区别:一是国防和军队建设服从和服务于国家建设大局,与经济建设协调发展。二是国防建设的规模、结构有所调整,国防投入减少,控制常备军规模,提高军队质量。三是有计划地发展武器装备。如部队梯次更新装备,允许几代型号的装备同时列编,对原有装备尽可能进行技术改造,延长武器装备服役年限;多搞技术储备,少量生产新型装备等。当然,平时国防要以有效维护国家主权和领土完整,防御侵略和武装颠覆,维护地区与世界和平为目标,从各方面做好打赢未来战争的准备。

---

① 《中国军事百科全书·战略》,中国大百科全书出版社 2014 年第 2 版,第 529 页。

② 《中国军事百科全书·战略》,中国大百科全书出版社 2014 年第 2 版,第 499 页。

③ 《中国军事百科全书·战略》,中国大百科全书出版社 2014 年第 2 版,第 347 页。

第三节　中国的国防历史

一、中国古代国防

(一)中国古代的军制建设

军制,就是军事制度,它包括武装力量体制、军事领导体制和兵役制度等方面的内容。军制建设是我国古代国防的一个重要方面。

早在夏初,夏的统治者已控制了军事大权,已有对参战人员编组和奖惩的规定。在商和西周,王是最高军事统帅,军事领导职务由贵族大臣和方国首领担任;士卒主要由居于“国”中的享有公民权的奴隶主和平民充当,居于“野”地的广大被征服地区的民众无当兵的权利,只能从事农业生产。奴隶一般只随军服杂役;车兵为主要兵种,师为最高建制单位。这一时期,作为观念形态的军事思想已产生并有初步发展。西周时已有师、旅、卒、两、伍等编制。春秋中后期,随着奴隶制的解体,各诸侯国开始实行军制变革,废除“野人”不能充当甲士的限制,始行武官任免制度;车兵地位逐渐下降,步兵地位逐渐上升;依户籍定军队的编制,军为最高建制单位;开始出现郡县征兵制。

春秋战国时期,社会处于大动荡、大变革、大发展中。争霸、兼并、统一战争激烈,用兵数量增多,军制也有很大的发展。在军事组织方面,步兵、骑兵、水师逐渐分离为独立兵种;在兵役制度方面,打破了世袭兵制,出现了募兵制和郡县征兵制;在军事领导体制方面,剥夺私属武装,集中军权,统一军队,文武分职;凭玺印、虎符任将发兵;建立按军功晋爵升赏制度;适应战争指挥复杂、要求高的特点,实行将帅专职化。这一时期,学术上百家争鸣,也有力地促进了中国古代兵学的发展。以《孙子兵法》为代表的一大批兵书的诞生,标志着中国古代军事思想的逐渐成熟和军事制度体系的形成。

自秦统一中国到清末,历代封建王朝根据各自的需要和条件,在专制主义中央集权制度的基础上,加强帝王的军权。从中央到地方建立便于帝王控制的统帅指挥系统;常备军按任务或武器编组,并区分为中央军、地方军和边防军;建立武库、粮储和运输制度,主要武器装备和军需物品由国家监制和供给;因势采用征兵制、募兵制、世兵制等,多数以农民为军队的主要成分。军制的许多内容通过法律形式颁行,如唐朝的《卫禁律》《捕亡律》《擅兴律》《军防令》等,对军队的组织编制、番上宿卫、屯田戍边、兵役军赋、军队调发、军需补给、驿站通道、武器制造和配发、厩库管理等,都做了具体的规定。这一时期的帝王、政治家、军事家对军制的研究和改革,也推动了军制建设的不断发展。

(二)中国古代的边防、海防建设

边防、海防是国防建设的重要内容。我国古代的边防建设,主要是修筑防御工程和实行实边固边政策。著名的万里长城,是中国古代构筑的以长城城墙为主体,与其他工程设施相结合的连续线式防御工程体系,是城池筑城体系的发展和运用。长城据险筑墙,关堡相连,烽堠相望,敌台林立,层层布防,在我国战国时期各诸侯国之间、秦统一之后国内民族之间的战争中,发挥过重要的作用。

西汉文、景时,为防御匈奴的一再侵犯,积极推行实边固边政策。一是在边关要地配置边防军,包括边境上的郡国兵和屯田兵,依靠边郡太守和都尉率兵防堵匈奴的进攻。二是输粟实边。文帝时,晁错提出奖励百姓输粟实边的政策,依百姓输粟多少,赐给一定的爵位,或赦免罪过,并令入粟者将粟运至长城沿线,待边境一带粮食充足后,再运至内地郡、县收藏。这一政策的实行,有效地巩固了边防。三是徙民治边。在边境要害之处,组织徙民建立城邑。由有才能、习风俗、知民心者充任首领。首领平时组织徙民训练,战时则率徙民抗击敌人。每个城邑都成为坚固的军事要塞,有效地加强了边境地区的防御。到了汉武帝驱逐匈奴之后,在西北边境地区大量增设新郡,并实行大规模的军事屯田,使数十万边兵有警则战,无事则耕,戍卒无饥馁之忧,国家无转运之劳。屯戍军队与大量徙民共同守边,且耕且守,较之"徙民实边"更为扎实有效。

我国古代的海防建设是从宋代开始的。南宋时,为抵抗金军南侵,成立了我国最早的海军司令部——沿海制置司,长官称沿海制置使。为防止倭寇的偷袭、骚扰,明王朝一是下令禁海,二是在沿海的主要地段,陆续修建了以卫城、所城为骨干,堡、寨、墩、烽堠和障碍物相结合的防御工程体系,有效地抗击了倭寇的侵扰。

(三)中国古代富国强兵的国防思想

富国强兵是我国古代各朝代都十分重视的国防思想。早在春秋战国时期,许多统治者和军事家就已经认识到国防与经济的关系,明确提出"国不富则无称雄之本,兵不强则无争霸之力"的政治主张,强调富国强兵,视富国为强兵之本、之先、之急,十分重视发展经济和充实武备。当时的军事家孙武在《孙子·作战篇》中指出"带甲十万","日费千金",强调说明军队进行战争必须要有物资做保证。而齐国著名政治家管仲也说:"甲兵之本,必先于田宅",进一步阐明国防强大依赖经济发展,加强国防建设,根本是发展生产的思想。

此后,各朝代的统治者都十分强调富国强兵思想,并采取一系列政策,努力把发展生产与加强国防建设统一起来。例如汉高祖得天下后,实行裁军赐爵、与民生息、重视农业的政策,尽快恢复和发展生产、增强军力;西汉与唐朝的军事屯田收到明显的效果;明朝把开发边疆、繁荣经济同抵御外来侵略结合起来。

二、中国近代国防

19世纪上半期,西方资本主义国家为了开辟新的销售市场和原料产地,加紧对外侵略扩张。它们抓住了中国的"国防不固、军队不精"这一致命弱点,开始了对中国赤裸裸的侵略。

从1840年鸦片战争到中华人民共和国成立前的100多年间,由于当时统治阶级的腐败衰落,国力日趋空虚,国防每况愈下,在外国列强弱肉强食的政策下,中华民族屡遭外敌的侵略、欺辱。从1840年鸦片战争到1911年辛亥革命的70余年间,中国5次战败,先后有英国、美国、法国、俄国、普鲁士、瑞典、挪威、丹麦、荷兰、西班牙、比利时、意大利、奥地利、秘鲁、巴西、葡萄牙、日本、墨西哥、瑞士等近20个国家的侵略者践踏过我国的国土,抢掠过我国的财物,屠杀过我们的同胞,参与过损害我国主权的罪恶活动。在此期间,外国侵略者还强迫腐败的清政府签订了500多个不平等条约。每个不平等条约都是对中国最野蛮的掠夺。香港,被迫割让给了英国;澳门,被葡萄牙霸占;沙俄侵吞了我国东北150多万平方千米的土地;日本占据了台湾及澎湖列岛;旅顺、胶州湾、广州湾等地成了帝国列强的租借地。据记载,列强对华的500多个不平等条约,几乎都要求中方支付赔款,少则数十万两,多则上亿两白银。列强的军事侵略，一个个强加在中国人头上的不平等条约，一次次的割地赔款，使中国在政治上、经济上、文化上蒙受了巨大屈辱和损失。当时外国商船和军舰可以在中国内河、领海任意航行，自由停泊于各通商口岸；外国人在中国境内犯罪，中国政府无权审理；外国人在租界地实行殖民统治，形成了“国中之国”；外国人甚至控制了中国的警察权，指挥中国的外交。整个中华民族美丽富饶的国土被帝国主义列强蹂躏得支离破碎。

更有甚者，日本帝国主义又发动了残酷的侵华战争，侵略者的铁蹄踏遍了大半个中国，造成 3500 万中国军民伤亡。

1921 年 7 月，中国共产党正式宣告成立，从此，中国无产阶级有了自己的战斗司令部，中国人民救亡图存的革命斗争有了自己的组织者和领导者。当日本军国主义者对我发动侵略战争、国家危亡时刻，中国共产党高举民族抗战的旗帜，领导全国人民一致抗战，驱逐日寇，才使我国国防得以重新建立和发展。

三、中国当代国防

中华人民共和国成立以来，我国国防建设大体经历了以下五个阶段。

第一阶段是从 1949 年到 1953 年。国家处在外御帝国主义侵略、内治战争创伤和恢复经济时期。这一时期的国防建设主要完成了三个方面的任务：一是解放了全国大陆和除台、澎、金、马之外的全部沿海岛屿，肃清了大陆的国民党残余武装，平息了匪患，建立了边防和守备部队，加强了海边防的守卫。二是取得了抗美援朝战争的胜利。三是建立、健全统一的军事领导机构和军事制度。建立了全军的领导机关和各级军事领导机构，加强了对全国武装力量的领导；建立了一支初具规模的海军、空军和各兵种部队，逐步开始从单一陆军向诸军兵种全面建设过渡；建立了 100 余所军事院校，为国防建设培养了大批现代化军事人才；统一了军队编制体制；建立了各项规章制度。

第二阶段是从 1953 年底到 1965 年。这一阶段是我国国防现代化建设突飞猛进的重大时期。1953 年 12 月召开的全国军事系统党的高级干部会议是军队建设和国防建设的一个里程碑。这次会议确定了我国国防建设的主要任务是：防御帝国主义侵略，保卫社会主义建设，保卫亚洲与世界和平。会议制定了“积极防御”的战略方针，提出了实现国防现代化的重大战略措施，包括：精简军队，压缩国防开支，加速发展工业，为国防现代化打基础；加强国防工程建设，在沿海、边防和纵深要地建设防御工程体系；实行义务兵、军官薪金、军衔三大制度；大办军事院校，重新划分战区，完善战略、战役指挥体系；加强动员准备，建立各级动员机构和动员制度。这些重大措施有力地促进了我国国防现代化建设的全面发展，初步形成了具有中国特色的国防体系。经过 10 年艰苦努力，我国国防体系基本完成配套，某些领域已接近当时的世界先进水平，并成功地爆炸了第一颗原子弹。

第三阶段是从 1966 年到 1976 年。这一时期，尽管有林彪、“四人帮”的干扰和破坏，毛泽东、周恩来等国家主要领导人仍然警觉地注意维护我国的安全，保持了军队的稳定，顶住了霸权主义的压力，同时对发展国防尖端技术始终没有放松，因而保证了我国氢弹试验和人造卫星发射成功。

第四阶段是从 1976 年底至 2011 年。在具有伟大历史意义的十一届三中全会上，邓小平提出了“和平与发展”是当今世界两大主题的观点，确定全党工作的着重点和国防建设指导思想实行战略性转变。军队从临战状态转向和平时期的正常建设，在服从和服务于国家建设大局的前提下,有计划有步骤地推进以现代化为中心的军队建设。20 世纪 90 年代,以江泽民为核心的党的第三代领导集体把推进中国特色军事变革作为军队现代化发展的必由之路,逐步实现由数量规模型向质量效能型、由人力密集型向科技密集型转变。新世纪新阶段,以胡锦涛同志为总书记的党中央坚持把科学发展观作为国防和军队建设的重要指导方针,加强新型作战力量建设,加强以信息化为主导的机械化、信息化复合发展,提高基于信息系统的体系作战能力。

第五阶段是从 2012 年至今。党的十八大以来,以习近平同志为核心的党中央,站在新的历史起点上,适应国家安全环境新变化,提出了党在新时代的强军目标,以国家核心安全需求为导向,贯彻新时代军事战略方针,着眼打赢智能化信息化战争,全面深化国防和军队改革,重塑领导指挥体制,优化规模结构和力量编成,推进军事政策制度改革,全面推进军事理论、军队组织形态、军事人员、武器装备现代化,加快机械化信息化智能化融合发展,努力构建中国特色现代军事力量体系,不断提高军队应对多种安全威胁、完成多样化军事任务的能力,坚决维护国家主权、安全、发展利益,为实现"两个一百年"奋斗目标和中华民族伟大复兴的中国梦提供坚强保障。

四、国防历史的启示

我国 4000 多年的国防历史,有过声威远播、天下归附的武功,有过引而不发、强虏驻足的宁静,有过遍体创伤、不堪回首的屈辱,也有过抗敌卫国的巨大胜利。在建设中国特色社会主义的征途中,重温这一漫长的国防历史,可以从中得到有益的启示。

(一)经济发展是国防强大的基础

经济是国防的物质基础,国防强大依赖经济发展,这是我国国防历史给予我们的深刻启示。早在春秋战国时期,统治者就认识到国富才能兵强,自强方可自立,无不把发展经济作为巩固国防、争夺霸权的重要措施。春秋时期,晋国还是一个国贫兵弱的小国。晋文公执政后,通过整顿内政、发展经济、扩充军队等一系列的综合治理措施,晋国实力大为增强,有"晋国天下莫强"的声威,先后兼并 20 余国,一跃而成为中原霸主。秦国重用商鞅进行变法,推行了"开阡陌""废井田"等一系列土地改革措施,极大解放了生产力,促进了经济的发展,对秦军南征百越、北逐匈奴,最终吞并六国完成统一大业起到了重要作用。唐朝由"开元盛世"达到封建社会的鼎盛时期,更是当时统治者注重发展经济的结果。

与此相反,各朝各代的衰落、死亡,遭受外敌的入侵而不能自保,几乎毫无例外是这个王朝后期政治腐败,经济落后,结果动摇了国防的根基。由此可见,只有经济的强盛,才能有强大的国防,才能有政权的稳固、国家的安全。

(二)政治昌明是国防巩固的根本

国家政策的正确与否,直接关系到国防的兴衰。只有政治昌明,才能有巩固的国防。这是国防历史给我们提供的又一深刻启示。

春秋战国时期,一些锐意进取的诸侯国就十分注意修明政治,变法图强,把尊贤厚士、举贤任能、选拔优秀人才治理国家作为强国的根本大计。汉高祖得天下后,实行"文武"政策,建立法制,修明政治。此后,文帝、景帝至武帝,都实行比较开明的治国之策。国家的昌盛,才为西汉长达 200 多年的基本安定奠定了基础。

相反,秦朝实行暴政,激起农民起义,终至推翻秦始皇梦想千秋万年、子孙相继的基业;

明代晚期由于皇帝昏庸、宦官擅权、结党营私，始被起义军所败，后又为清兵所亡。特别是近代中国，由于清政府政治日趋腐朽，国防日益虚弱，面对列强入侵屡战屡败，乞降求和，割地赔款，使国家遭受了前所未有的奇耻大辱，将中国人民带进了苦难的深渊。

总之，国防的兴衰，王朝的更替，近代中国的百年国耻，都深刻地告诉我们，政治昌明是国防巩固的基础，是国家得以长治久安的根本保证。

（三）国家的统一和民族的团结是国防强大的关键

我国国防史给予我们的另一重要启示，就是在面临外敌入侵、国家危亡的关头，只有国家统一、民族团结、共同抵抗，才能筑起一道坚强的国防长城，取得反侵略战争的胜利。

近代西方列强发动了对我国的一系列侵略战争，使中国逐渐沦为半殖民地半封建社会。山河破碎，有国无防。一个重要的原因是，清朝统治者在侵略者面前，不仅不发动和依靠广大人民进行反侵略的正义战争，反而认为"患不在外而在内"，甚至在义和团奋起抗击八国联军的时候，竟企图借外国侵略者之手消灭义和团。由于统治者害怕人民，采取与人民对立的立场，尽管广大人民奋起反抗侵略者，但都处于自发、分散的状态，缺乏统一指挥，没有形成一致对外的合力，无法改变战争的局面。

抗日战争时期，中国共产党主张全国军民团结起来，建立广泛的抗日民族统一战线，共同抵抗日寇侵略。同时，坚持人民战争的战略指导方针，放手发动群众，团结一切可以团结的力量共同抗击敌人。我党领导的八路军、新四军挺进敌后，开辟了广大的敌后抗日根据地，运用人民战争的战略战术，同全国军民一道有效地打击了日本侵略者，最后取得了抗日战争的全面胜利。

历史证明，国家的统一，民族的团结，全国军民一致共同抵抗侵略的精神和意志，才是国防的真正的钢铁长城。这是造成淹没一切侵略者的人民战争汪洋大海的基础；这是让一切侵略者都望而生畏的真正铜墙铁壁；这是民族自强的根本，国防力量的源泉。

（四）保持忧患意识是国防巩固发展的前提

古人云，"安而不忘危，存而不忘亡，治而不忘乱"，居安思危方能有备无患。唐代诗人杜荀鹤有这样一首诗："泾溪石险人兢慎，终岁不闻倾覆人。却是平流无石处，时时闻说有沉沦。"迟浩田将军深有感触地说，这首诗"十分形象地告诫人们，在似乎平流无险的情况下，往往容易失去戒备，从而惨遭'沉沦'之灾"①。和平环境的客观存在容易使人忘却忧患，沉湎于和平景象之中，滋生和平麻痹的思想，从而埋下了沦亡的祸根。"天下虽安，忘战必危"，历史的教训告诫我们，时刻保持忧患意识，真正构筑起心中的长城，国防才能巩固和发展。

第四节　现代国防的基本特征

一、现代国防的概念内涵更丰富

现代国防虽然与传统的国防在目的上都是维护国家利益，但它所维护的国家利益，无论是在内涵上，还是在范围上，以及在维护国家利益的行为方式上，都远比以前丰富得多。国

① 侯树栋等：《国防教育大词典》，军事科学出版社 1992 年版，第 2 页。

防所维护的国家利益主要是安全利益:首先,它是指国家作为一个政治利益实体的安全,包括国家政治制度的巩固、领土主权的完整、主导意识形态的维护、民族团结和睦统一等等。其次,它还指国家作为一个经济利益实体的安全,包括国家资源和经济生产、人民群众生命财产的不可侵犯性等。此外,它还指国家在国际社会中作为一名成员的地位和威望。一个国家在国际上的地位、尊严、荣誉、信誉、对外友好关系等,对国家的生存与发展都有着十分重大的影响。总之,现代国防与传统的国防概念相比,在以下三个方面有明显的不同:一是国防行为的主体是国家,它绝不仅仅是某些国防职能机关和有关工业部门的事情,而是关系到全国上下每个人的事情;二是国防事业涉及国家的广泛领域,它不仅包括了诸如构筑防止敌人入侵的军事设施、发展武器装备等"硬件"建设,也包括进行国防教育、健全动员机制等"软件"建设;三是国防斗争贯穿于社会活动的全过程,不仅限于战争爆发之前的临战准备和战争期间的行为,也包含着整个和平时期有关的各种活动。

二、现代国防是多种手段、多种斗争形式的角逐

国防手段,是为达到国防目的而采取的方法和措施。主要包括军事活动,以及与军事有关的政治、经济、外交、科技、教育等方面的活动。这些手段的综合运用又形成了诸多的斗争形式。主要包括:(1)暴力对抗,即以战争手段消除威胁;(2)威慑,即在强大军事实力的基础上,以各种非暴力方式,给对方造成心理震慑,使之改变意志,放弃威胁企图;(3)谈判,即通过协调、交涉等,使双方达成谅解,从而缓解威胁;(4)适时运用,即大力发展本国国防力量,并通过适时进行演习、武器试验、海外护航等非战争运用,不断扩大影响,形成对敌明显优势,使对方不敢进行威胁。

在现实的国际社会中,对峙的双方不经实力较量,在短期内一般较难改变自己的企图。因此,无论是影响力、谈判还是威慑,都必须以强大的实力为后盾和基础,甚至要随时准备把实力投入战场。战争是解决国家与国家之间在一定发展阶段上的矛盾的一种最高的斗争形式。第二次世界大战结束以来,尽管没有发生世界大战,但世界各国都十分重视军队的建设。战争手段的最高仲裁者的地位还未发生根本性的变化。在这一点上,现代国防观与传统国防观是相同的。现代国防观与传统国防观的根本不同之处,并不在于是否在战场上决一雌雄,而在于是否着眼于制约战争的发生。因而,运用影响力、谈判和威慑等非暴力手段已客观地居于国防的重要位置。现代国防也正是这多种手段、多种斗争形式的角逐。

三、现代国防是综合国力的较量

现代国防理论把军事力量的增长同经济发展、科学技术进步联系起来,以在综合国力较量中取得优势,作为维护国家安全利益的主要内容。它与传统国防理论的不同之处就在于它是在第二次世界大战之后,经济与科技飞速发展基础上产生出来的一种凭借综合国力维护国家安全的新理论。所谓综合国力,指的是国家全部物质力量和精神力量、实力和潜力的总和,由表现为自然的、经济的、政治的、科技的、军事的、精神的等要素构成。它包含国家的方方面面,如自然要素方面的国土面积、人口数量、自然资源、地理位置等,经济要素方面的国民经济生产水平、经济结构、经济潜力等,政治要素方面的社会政治制度、国家政策和管理能力、国际关系和国际地位等,科技要素方面的国民教育水平、科学和技术发展水平、科学技术潜力等,军事要素方面的武装力量的数量和质量、国防科学技术的规模和水平、后备力量

的数量和质量、战争准备程度、动员能力等,精神要素方面的民族文化传统、社会风尚、国防意识、国民向心力和凝聚力等。现代国防的核心问题是如何在现有客观基础上,尽快增强综合国力,并有效地运用综合国力,以实现国防目标。

四、现代国防与国家经济建设关系更密切

现代国防与国家经济建设有着更为密切的关系。一方面,国家经济发展水平制约国家武器装备发展的总水平和国防力量的总规模。特别是在当今科学技术迅猛发展,促使武器装备不断更新的情况下,现代国防对资源、财力的需求,对国家各经济部门的依赖性日益扩大,没有强大的经济实力为现代国防提供物质基础,就不可能从根本上加强现代国防建设。但另一方面,现代国防对于经济并不是消极和被动的,它不仅能为经济建设创造一个和平安定的国际环境,保障经济建设顺利进行,而且还可能充分发展国防系统的社会经济功能,直接多方面支援和促进经济建设的发展。如军队可直接参加国家重点工程项目的建设;军队对高技术武器装备的需求,可以有力地推动和促进国家高技术产业的发展;充分发挥国防军工拥有的人才和设备技术优势,为国家创造财富,增强经济实力等。

思考题

1.国防的基本含义是什么?它有哪些基本要素?

2.我国国防的目的是什么?如何理解和把握?

3.从我国国防历史中可以得到哪些启迪?

4.现代国防有哪些本质特征?如何理解?

第二章
国防法规

国防法规,有广义和狭义两种解释。广义的国防法规,是指为调整国防领域中一定社会关系而由国家制定或认可的法律规范的总称。它又称国防法律规范、国防法律制度。不论称谓如何,其本质含义都是一样的。狭义的国防法规,专指国务院和中央军委制定的国防法律规范。[①] 本章除在阐述法规体系时用到狭义的解释外,其他地方均使用广义的解释。本章主要内容有:国防法规体系、我国主要国防法律介绍以及公民的国防权利与义务。

第一节　国防法规体系

国防法规体系,是指由各个层次和各个方面内容的国防法律规范组成的有机整体。不同的层次表征着国防法律规范之间的纵向关系,不同方面的内容表征着国防法律规范之间的横向关系。

一、国防法规体系的层次

国防法规体系的层次,是对国防法规体系的纵向划分。在各个层次的国防法律规范中,既有最高国家权力机关制定的国防基本法律和国防法律,也有最高国家行政机关和最高国家军事机关制定的国防行政法规、最高国家军事机关制定的军事法规,还有其他授权的国家机关制定的国防行政规章和军事规章。按照法制建设的要求,在这些法律规范中,下一层次的法必须以上一层次的法为依据,不得与其相抵触。也就是说,只有形成等级分明的层次,才能确保各种国防法律规范做到层层节制,一级服从一级,从而避免重叠和矛盾,保证国防法规体系的协调统一。在纵向层次上,依据我国国防立法的权限和法律规范的效力等级,可将国防法律规范划分为 5 个层次。

(一)《中华人民共和国宪法》中的国防条款

宪法是国家的根本大法,具有最高的法律效力,所以,宪法中的国防条款,居于国防法律规范的最高层次,是制定其他国防法律规范的根本性依据。宪法中的国防条款主要有:一是规定了武装力量领导体制,包括中央军事委员会的职权、组成、人选以及在国家体制中的地位等内容,规定中央军委实行主席负责制。二是规定了武装力量的性质、任务和建设方针。三是规定了军队在国家政治制度中的地位,明确军队是全国人民代表大会的一个选举单位。四是规定了武装力量活动的根本原则。五是规定了公民在国防方面的权利和义务,明确中华人民共和国公民有维护祖国安全、荣誉和利益的义务。六是规定了国防建设的领导和管理体制,明确国务院“领导和管理国防建设事业”。七是规定了全国总动员、局部动员和宣布

---

① 方宁:《国防法规》,军事科学出版社 2003 年版,第 1 页。

战争状态的制度。八是规定了戒严制度。九是规定了国家和社会对伤残军人及军人家属的优抚政策，明确国家和社会保障伤残军人的生活，抚恤烈士家属，优待军人家属。十是规定了军事审判机关和军事检察机关的设置及其他内容。

（二）基本国防法律

基本国防法律以宪法为依据，由全国人民代表大会制定，包括以下内容：一是专门的基本国防法律。在我国，1997年公布施行、2020年修订的《中华人民共和国国防法》是我国的基本国防法律。基本国防法律的效力仅低于宪法，主要规定国防领导体制，武装力量的构成、任务、建设目标和原则，国防建设与斗争的基本制度，社会组织和公民的基本国防权利与义务，对外军事关系等。在国防法律体系中，基本国防法律起着诠释、衔接宪法，统领其他国防法律法规的作用。二是其他基本法律中的国防条款，如《中华人民共和国刑法》第二编第七章“危害国防利益罪”和第十章“军人违反职责罪”的规定，《中华人民共和国民法典》《中华人民共和国刑法》中有关军婚保护的条款等。三是基本国防法律解释。

（三）国防法律

国防法律以宪法和基本国防法律为依据，其内容主要是国防和军队建设某一方面重要的原则、制度和行为规范，是宪法中的国防法律条款和基本国防法律的具体化，由全国人民代表大会常务委员会制定，包括以下内容：一是专门的国防法律和法律性决定，如《中华人民共和国国防动员法》《中华人民共和国国防教育法》《中华人民共和国军事设施保护法》《中华人民共和国人民防空法》《全国人大常委会关于设立全民国防教育日的决定》等。二是其他法律中的国防条款，如《中华人民共和国行政诉讼法》中关于人民法院不受理公民、法人或者其他组织对国防行为提起诉讼的规定等。三是国防法律解释。

（四）国防法规

狭义的国防法规是国防法律规范体系中的第四个层次，它的制定以基本国防法律和国防法律为依据，包括以下内容：一是中央军委制定军事法规，如我军的内务条令、纪律条令、队列条令等。二是国务院单独或与中央军委联合制定国防行政法规，如《中华人民共和国飞行基本规则》《军人抚恤优待条例》等。三是其他法规中的国防条款，如经国务院批准、中国专利局发布的《中华人民共和国专利法实施细则》中关于国防系统各单位申请发明专利的规定等。四是国防法规解释。

（五）国防规章

国防规章以基本国防法律、国防法律、国防法规为依据，包括以下内容：一是中国人民解放军各战区、各军种和武警部队制定的军事规章。二是经中央军委批准，军委机关部门与中央国家机关有关部门联合制定的国防行政规章，以及国务院有关部门制定的国防行政规章。三是其他规章中的国防条款。四是国防规章解释。

此外，有地方立法权的地方人民代表大会及其常委会和地方人民政府可以制定有关国防事务的地方性法规和地方政府规章，其内容是本行政区域国防建设的制度和行为规范，主要限于兵员征集、军人优抚及退伍安置、国防教育、军事设施保护等方面，如广东省人大常委会制定的《广东省征兵工作规定》、北京市人民政府制定的《北京市实施〈军人抚恤优待条例〉若干规定》等。

二、国防法规体系的内容

在横向关系上，依据国防活动的领域，可以将国防法律规范划分为若干方面的内容，也

就是若干方面的法律制度。在我国,国防法规体系的内容主要包括以下方面:

(一)军事组织方面的法律制度

即规定各种军事组织系统中体制编制结构、职责权限划分及其相互关系的法律规范的总和。它调整军事组织中各种与国防有关的社会关系,涉及有关国防和武装力量的组织形式、体制编制、人员装备编配等方面的内容。当前,我国尚无专门的军事组织法典或单行的军事组织法规,有关规定散见于宪法、国防法和其他国防法律、法规的条款之中。

(二)军事行政管理方面的法律制度

即调整军事行政管理活动中各种社会关系的法律规范的总和,是进行军事行政管理活动的法定依据。具体内容主要有:一是内务制度,主要由军队内务条令规定;二是纪律制度,主要由军队纪律条令规定;三是队列制度,主要由军队队列条令规定;四是警备制度,主要由军队警备条令规定;五是武器装备管理制度,主要由军队装备条例等规定;六是保密制度,主要由《中华人民共和国保守国家秘密法》和军队保密条例规定。在国防法律制度中,军事行政管理法律制度是一个调整内容丰富、法规数量众多的分支门类,占有较大的比重和重要的地位。

(三)兵役方面的法律制度

即调整兵役活动中各种社会关系的法律规范的总和,是国家开展兵役工作,确保公民服兵役、确保常备军和后备兵员补充的法定依据。主要规定国家的兵役制度、公民的兵役义务、兵役工作机构的职责、兵员征集和动员的方式等内容。由全国人民代表大会制定的《中华人民共和国兵役法》规定了兵役方面的基本法律制度。在它之下,国家和军队还制定了一系列兵役方面的法律法规,形成了具有中国特色的兵役制度,主要内容包括:(1)现役制度,如《中华人民共和国现役军官法》;(2)预备役制度,如《中华人民共和国预备役人员法》;(3)兵员征集制度,如《征兵工作条例》;(4)对违反兵役法的惩处制度。

(四)国防动员方面的法律制度

即调整平时动员准备、战时动员以及复员活动中各种社会关系的法律规范的总和,是国家实施战时管制以及由平时状态转入战时状态,统一调动人力、物力、财力为战争服务的法定依据。主要有《中华人民共和国国防动员法》《民用运力国防动员条例》等。

(五)国防教育方面的法律制度

即调整国防教育活动中各种社会关系的法律规范的总和,是国家对全民进行国防教育、增进其国防观念、提高其国防素质的法定依据。它既包括国家权力机关制定的国防教育法律(主要有《中华人民共和国国防教育法》),也包括地方权力机关和行政机关制定的地方性法规和地方政府规章。

(六)军事设施保护方面的法律制度

即调整人们在保护军事设施活动中各种社会关系的法律规范的总和,是国家保护军事设施的安全和使用效能、维护国家军事利益的法定依据。主要由《中华人民共和国军事设施保护法》《国务院、中央军委关于保护通信线路的规定》《关于保护机场净空的规定》等一系列法律法规组成。

(七)军人权益保障方面的法律制度

即调整现役军人、退役军人权益保障活动中各种社会关系的法律规范的总和,是国家维护军人权益、激励军人履行职责使命的法定依据。主要由《中华人民共和国军人地位和权益

保障法》《中华人民共和国退役军人保障法》《军人抚恤优待条例》等法律法规组成。

此外，还有安全防卫、军事训练、军队政治工作、国防后勤、人民武装警察部队、国防科研生产、优抚与安置、军事刑事和对外军事关系等方面的法律制度。

第二节　我国主要国防法律介绍

我国的国防法律制度涉及面广，内容丰富，是一个十分庞大的法律制度体系。为了便于教学，本教程重点介绍几部与公民密切相关的国防法律。

一、《中华人民共和国国防法》

《中华人民共和国国防法》于1997年3月14日由第八届全国人民代表大会第五次会议通过，根据2009年8月27日第十一届全国人民代表大会常务委员会第十次会议《关于修改部分法律的决定》修正，2020年12月26日第十三届全国人民代表大会常务委员会第二十四次会议修订。

国防法共12章73条。其中，第一章为总则，主要规定国家国防活动的范围、国防活动的基本原则、国防建设与经济建设的关系，以及公民和组织的国防权利和义务。第二章规定了国家机构在国防方面的职权。第三章规定了中华人民共和国武装力量的性质和基本任务，中国共产党对武装力量的领导，武装力量的建设原则和基本要求，武装力量的规模等。第四章规定了我国边防、海防和空防和其他重大安全领域防卫的地位和范围，管理体制，以及防卫力量、防卫设施的建设和保护。第五章规定了我国国防科研生产和军事采购工作领域的基本任务、方针、原则、体制、人才、保障等。第六章规定了国防经费的保障及其增长原则，国防经费的拨款制度，国防资产的范围和产权、管理原则及其保护等。第七章规定了国防教育的目的、责任主体、方针原则、组织实施和经费保障等。第八章规定了国防动员的条件、要求，战略物资储备，国防动员的组织实施和征用，以及战争状态等。第九章规定了公民以及各类社会组织包括国家机关、社会团体和企业事业单位在国防方面的义务和权利。第十章规定了军人的义务和权益。第十一章规定了我国处理对外军事关系的方针政策。第十二章为附则，界定了国防法中军人的概念，规定了特别行政区的防务和修订后国防法的施行时间。

2020年修订后的国防法，主要在以下方面做了调整和修改：(1)确立习近平新时代中国特色社会主义思想在国防活动中的指导地位。(2)按照适应新体制新职能的要求，对国务院和中央军委的部分国防职权作出相应调整。(3)充实武装力量的任务和建设目标，增加新时代军队“四个战略支撑”使命任务，调整充实武装力量各组成部分的具体任务，充实完善党在新时代的强军目标和治军方略的相关内容。同时，明确解放军和武警部队实行文职人员制度，增加关于保护军旗、军徽和武警旗、武警徽的内容。(4)拓展重大安全领域防卫政策，将传统边海空防拓展至边防、海防、空防和其他重大安全领域防卫，明确太空、电磁、网络空间等重大安全领域防卫政策。(5)改进国防科研生产和军事采购制度，调整充实国防科研生产的政策方针、基本任务、管理制度，健全完善公平竞争的武器装备和物资、工程、服务采购制度。(6)充实完善国防教育和国防动员制度，增加公职人员模范带头参加国防教育等内容，对国家国防动员领导机构、中央和国家机关、军委机关有关部门组织动员准备和动员实施的工作职责作出规定。(7)强化军人地位和权益保护,着眼"使军人成为全社会尊崇的职业",重点对军人地位、荣誉、权利和相关保障等各方面基本制度作出规定。(8)充实对外军事关系政策制度,贯彻总体国家安全观和习近平外交思想,充实完善处理国际社会与军事有关事务的方针原则;新增遵循以联合国宪章宗旨和原则为基础的国际关系基本准则,依法运用武装力量实施海外行动的规定。

国防法是我国国防方面的基本法律,在国家法律体系中占有重要位置。它是宪法关于国防方面规定的具体化,同时又是我国所有军事法律法规中最基本的法律。国防法自 1997 年公布施行以来,对于建设和巩固国防、推进国防和军队现代化发挥了重要作用。2020 年修订的国防法,着眼新时代国家安全和发展战略全局,适应改革后的新形势新任务,在国防活动的基本原则、基本制度方面作出充实规范,对于推进国防和军队现代化具有重要意义。一是适应国家安全和发展形势的需要,为建设强大巩固的现代国防,有效捍卫国家主权、安全、发展利益提供法律依据。二是贯彻落实党中央和习近平主席关于国防和军队建设的决策部署,以更好发挥法治固根本、利长远、促发展的保障作用。三是巩固国防和军队改革成果,释放改革效能,推进改革深化。四是健全完善中国特色军事法规制度体系,发挥纲举目张的引领作用,为其他各项军事法律法规制定修改工作提供基本遵循,确保军事法规制度建设体系化科学化推进。

二、《中华人民共和国兵役法》

兵役法,是国家关于公民参加武装组织或在武装组织之外承担军事任务、接受军事训练的法律。我国兵役法是由最高国家权力机关全国人民代表大会依据宪法制定的,目的在于保障军队平时和战时兵员补充,保证兵员质量,加强武装力量建设,以满足我军现代化建设和未来反侵略战争的需要,是我国兵役制度的根本大法。

中华人民共和国成立后,国家十分重视兵役法的制定工作。1955 年 7 月 30 日,经第一届全国人民代表大会第二次会议审议通过,公布了第一部《中华人民共和国兵役法》。该法共 9 章 58 条,规定实行义务兵役制。1978 年 3 月 7 日,第五届全国人民代表大会常务委员会第一次会议通过了《国务院关于兵役制问题的决定》,将义务兵役制改为义务兵与志愿兵相结合的制度。1984 年 5 月 31 日,经第六届全国人民代表大会第二次会议通过,公布了新的《中华人民共和国兵役法》,共 12 章 65 条,将义务兵役制改为以义务兵役制为主体的义务兵与志愿兵相结合、民兵与预备役相结合的兵役制度,将中华人民共和国的武装力量由中国人民解放军各军种组成改为由中国人民解放军、中国人民武装警察部队和民兵组成。1998 年 12 月 29 日,第九届全国人民代表大会常务委员会第六次会议通过的《关于修改〈中华人民共和国兵役法〉的决定》,对我国的兵役制度又做了进一步修正,把 1984 年兵役法规定的我国"实行义务兵役制为主体的义务兵与志愿兵相结合、民兵与预备役相结合的兵役制度",即简称"一个主体、两个结合"的兵役制度,改为"中华人民共和国实行义务兵与志愿兵相结合、民兵与预备役相结合的兵役制度",即简称"两个结合"的兵役制度。这也是 1998 年兵役法修改的核心内容。2009 年、2011 年,兵役法又进行了两次修正,进一步完善了我国的兵役制度。

2021 年 8 月 20 日,第十三届全国人民代表大会常务委员会第三十次会议审议通过新修订的《中华人民共和国兵役法》,同日公布,自 2021 年 10 月 1 日起施行。新修订的兵役法以习近平新时代中国特色社会主义思想为指导,全面贯彻习近平强军思想,贯彻新时代军事战略方针,以强军目标为指向、以备战打仗为牵引、以改革创新为驱动、以服役光荣为导向,聚焦实现建军一百年奋斗目标,着眼吸引入役、激励在役、保障退役,让军人成为全社会尊崇的职业,对兵役政策制度进行了创新设计和调整完善。新修订的兵役法共 11 章 65 条,主要修改点集中在 8 个方面:(1)从法律上强化党对兵役工作的统一领导,确立习近平强军思想的指导地位;(2)优化兵役基本制度,由“义务兵与志愿兵相结合、民兵与预备役相结合”调整为“以志愿兵役为主体的志愿兵役与义务兵役相结合”的兵役制度;(3)调整预备役制度,将预备役人员聚焦为预编到现役部队和编入预备役部队服预备役的人员;(4)健全兵役登记制度,对兵役登记的对象范围、程序办法、查验核验、信息管理等进行系统规范;(5)加大高素质兵员征集力度,规定普通高等学校应当有负责兵役工作的机构,将研究生的征集年龄放宽至 26 周岁;(6)优化服役待遇保障制度,规定义务兵服现役期间表现特别优秀的经批准可以提前选改为军士,公民入伍时保留户籍,义务兵家庭优待金由中央财政和地方财政共同负担;(7)完善退役安置政策,增加军士和军官退出现役可以“采取逐月领取退役金”的安置方式;(8)创新兵役工作方式方法,规定国家加强兵役信息化建设,建立考核激励和责任追究机制,进一步明确单位和个人应当承担的法律责任。

兵役法在我国军事法体系中占有重要地位,对于规范和加强国家兵役工作,保证公民依法服兵役,保障军队兵员补充和储备,建设巩固国防和强大军队,具有十分重要的意义。兵役法也是进行全民国防教育、增强全民国防观念的重要依据。几十年来,在党中央、国务院、中央军委领导下,各级党委和人民政府、企业事业单位以及社会各界贯彻执行兵役法,努力做好兵役工作、民兵预备役工作和优抚安置工作,充分发挥了兵役法对于国防建设和武装力量建设的法律保障作用。

三、《中华人民共和国国防教育法》

《中华人民共和国国防教育法》于 2001 年 4 月 28 日,经中华人民共和国第九届全国人大常委会第二十一次会议表决通过,同日由国家主席令公布,自公布之日起施行。2024 年 9 月 13 日第十四届全国人民代表大会常务委员会第十一次会议对该法进行了修订,自 2024 年 9 月 21 日起施行。

《中华人民共和国国防教育法》共 6 章 42 条。其中,第一章“总则”,主要规定了国防教育的内涵、意义与目的,国防教育的指导思想、方针与原则,国防教育的领导与职责,公民接受国防教育的权利与义务,国防教育的褒奖与鼓励,并规定“每年九月的第三个星期六为全民国防教育日”,等等。第二章“学校国防教育”,主要规定学校国防教育的地位作用,教育行政部门的职责,各级各类学校组织实施国防教育的形式、内容和要求,普通高等学校、高中阶段学校学生的军事训练等。第三章是“社会国防教育”,主要规定国家机关及其工作人员,企业事业组织、社会组织,民兵、预备役人员,居民委员会、村民委员会,文化和旅游、新闻出版、广播电视、电影、网信等部门和单位的国防教育,以及社会资源为国防教育服务的要求。第四章“国防教育保障”,主要规定开展国防教育的经费、物资保障、教员、教材保障,设施、场所保障,以及国防教育基地的规划、建设和管理等。第五章“法律责任”,主要对国家机关、人民团体、企业事业组织以及社会组织和其他组织或个人的违法行为进行责任追究作出规定。

第六章“附则”,主要规定该法的公布施行时间。

全民国防教育是建设巩固国防和强大人民军队的基础性工程,是弘扬爱国主义精神、增强全民国防意识的有效途径。2024 年修订国防教育法,是贯彻落实习近平总书记关于加强全民国防教育重要论述和党中央决策部署的需要,是应对国家安全严峻形势和增强全民国防观念的需要,是适应新时代全民国防教育体制机制改革的需要,是破解国防教育工作突出矛盾问题的需要。主要修改内容如下:一是明确国防教育的内涵定位。明确国防教育是“国家在全体公民中开展以爱国主义为核心,以履行国防义务为目的,与国防和军队建设有关的理论、知识、技能以及科技、法律、心理等方面”的教育。二是明确国防教育的指导思想。国防教育坚持以马克思列宁主义、毛泽东思想、邓小平理论、“三个代表”重要思想、科学发展观、习近平新时代中国特色社会主义思想为指导,坚持总体国家安全观,培育和践行社会主义核心价值观,铸牢中华民族共同体意识,使全体公民增强国防观念、强化忧患意识、掌握国防知识、提高国防技能,依法履行国防义务。三是明确国防教育领导体制和工作职责。国防教育工作坚持中国共产党的领导,建立集中统一、分工负责、军地协同的国防教育领导体制,中央全民国防教育主管部门负责全国国防教育工作的指导、监督和统筹协调,县级以上地方各级全民国防教育主管部门和其他军地有关部门依法履行相关职责。四是健全学校国防教育体系。在原有规定基础上,对小学和初级中学、高中阶段学校、普通高等学校的国防教育目标、内容和方法途径等进行补充完善;根据军事政策制度改革总体筹划部署,将原兵役法中学生军事训练内容调整到“学校国防教育”一章中进行规范。五是拓展社会国防教育范围和渠道。充实完善国家机关的国防教育内容,明确了国家机关工作人员应当具备的国防素养和能力。同时,对媒体网络和文化传播、群众性国防教育活动、国防教育场所等作出规范。六是加强国防教育保障。对国防教育经费保障、社会捐助、文物保护、军营开放工作等作出规范,特别是对国防教育基地命名、建设和管理,充分发挥其功能作用等作出明确规定。

第三节　公民的国防权利与义务

公民国防权利,是指“国家宪法和法律规定的,公民在国防活动中所享有的资格和利益”①。国家从法律和物质上保障公民和组织享有这种权利的可能性。公民的国防义务,是指“国家宪法和法律规定的,公民在国防活动中对国家必须承担的责任”②。国防义务是法定义务、法律义务,是由国家强制力保证其落实的。每一个公民都享有相应的国防权利,也必须履行相应的国防义务。

一、公民的国防权利

根据我国国防法的规定,公民享有三个方面的国防权利。

(一)对国防建设提出建议

《中华人民共和国国防法》第 57 条规定,“公民和组织有对国防建设提出建议的权利”。

① 《中国军事百科全书·军事法》,中国大百科全书出版社 2014 年第 2 版,第 35 页。

② 《中国军事百科全书·军事法》,中国大百科全书出版社 2014 年第 2 版,第 35 页。

所谓建议权，就是公民有权对国防建设的指导思想、方针原则、规章制度、措施方法等提出改进意见。此项权利是公民依宪法规定的对国家事务的建议权在国防建设方面的体现。《中华人民共和国宪法》第 41 条规定，“中华人民共和国公民对于任何国家机关和国家工作人员，有提出批评和建议的权利”。公民的批评建议权，体现了我国人民当家作主的社会主义性质。

（二）对危害国防利益的行为进行制止或检举

《中华人民共和国国防法》第 57 条规定：公民和组织“有对危害国防利益的行为进行制止或者检举的权利”。所谓制止权，就是公民有权采取一定的方式方法使危害国防利益的行为停止下来，从而维护国防利益。所谓检举权，就是在危害国防利益的行为发生以后，公民有权进行揭发。对违法犯罪行为进行制止、检举是公民享有的一项普遍性权利，在国防领域也不例外。国家和社会保护行使此项权利的公民，使之免于因此而受到打击报复或其他损害。

（三）在国防活动中获得直接经济损失的补偿

《中华人民共和国国防法》第 58 条规定：“公民和组织因国防建设和军事活动在经济上受到直接损失的，可以依照国家有关规定获得补偿。”公民享有受到公平待遇的普遍性权利，当公民因国防建设和军事活动而在经济上受到直接损失时，有权依照国家有关规定请求补偿。必须明确的是，有些补偿措施是在战后落实的，不能把预先得到补偿作为接受动员、接受征用的条件。

此外，根据《中华人民共和国国防法》第 58 条的规定，民兵、预备役人员和其他公民依法参加军事训练，担负战备勤务、防卫作战、非战争军事行动等任务，在履行职责和义务的同时，国家和社会保障其享有相应的待遇，按照有关规定对其实行抚恤优待。

二、公民的国防义务

我国的国防法规赋予公民的国防义务主要有以下 7 项。

（一）维护国家统一和安全

《中华人民共和国宪法》第 52 条规定：“中华人民共和国公民有维护国家统一和全国各民族团结的义务。”维护国家统一，主要是指维护国家领土的完整，任何公民都不得破坏、变更和以其他各种形式分裂肢解国家领土；同时要注重维护各民族的团结。

《中华人民共和国宪法》第 54 条规定：“中华人民共和国公民有维护祖国的安全、荣誉和利益的义务，不得有危害祖国的安全、荣誉和利益的行为。”维护国家的安全，主要是指维护国家的领土、主权不受侵犯，国家各项机密得以保守，社会秩序不被破坏。

履行维护国家统一和安全这项义务，就是要求每一个公民都有高度的爱国主义精神和爱国主义行动，以国家利益为最高利益，自觉维护祖国统一、安全、荣誉和利益，绝不做危害国家安全、民族荣誉和祖国利益的事。

（二）履行兵役义务

《中华人民共和国宪法》第 55 条规定：“保卫祖国、抵抗侵略，是中华人民共和国每一个公民的神圣职责。依照法律服兵役和参加民兵组织是中华人民共和国公民的光荣义务。”《中华人民共和国国防法》第 53 条规定：“依照法律服兵役和参加民兵组织是中华人民共和国公民的光荣义务。”《中华人民共和国兵役法》第 5 条规定：“中华人民共和国公民，不分民族、种族、职业、家庭出身、宗教信仰和教育程度,都有义务依照本法的规定服兵役。"按照我国兵役法的规定,公民履行兵役义务有服现役、服预备役和参加民兵三种形式。参加民兵组织,服预备役,以及高等院校和高级中学学生参加军事训练,是我国应征公民在军队之外履行兵役义务的普遍形式。所有服预备役人员必须依法参加军事训练,执行其他军事任务,并随时准备应征入伍服现役。

(三)协助国防活动

《中华人民共和国国防法》第 56 条规定:"公民和组织应当支持国防建设,为武装力量的军事训练、战备勤务、防卫作战、非战争军事行动等活动提供便利条件或者其他协助。"这是一项适用比较广泛的义务,例如在国家进行某一国防项目建设时,公民和组织应当积极配合,当与个人、团体利益发生矛盾时,应当树立大局观念,依法解决矛盾,自觉维护国防利益。这项义务的核心是支持和协助,支持是对国防建设的广泛支持,而协助的重点是武装力量的军事活动,特别是要深刻认识军队在国防活动中的地位和作用,在全社会营造尊重、爱护军队的良好风尚,大力支持军队建设,积极协助军队执行防卫作战、非战争军事行动任务。

(四)接受国防教育

《中华人民共和国宪法》第 24 条规定,"在人民中进行爱国主义、集体主义和国际主义、共产主义的教育"。《中华人民共和国国防法》第 55 条规定:"公民应当接受国防教育。"《中华人民共和国国防教育法》第 5 条进一步强调:"中华人民共和国公民都有接受国防教育的权利和义务。"国防教育是建设和巩固国防的基础,是增强民族凝聚力、提高全民素质的重要途径,普及和加强国防教育是全社会的共同责任,自觉接受国防教育是公民应尽的义务。

(五)完成国防动员任务

《中华人民共和国国防法》第 50 条规定:"一切国家机关和武装力量、各政党和各人民团体、企业事业组织、社会组织、其他组织和公民,都必须依照法律规定完成国防动员准备工作;在国家发布动员令后,必须完成规定的国防动员任务。"根据宪法精神和国防法的规定,为了对付敌人突然袭击,抵抗侵略,各种社会组织和公民平时应当按照法律规定完成国防动员准备工作,主要包括在经济建设中贯彻国防要求,储备预备役兵员和战略物资,建立军品科研、生产和维修保障体系,建立战争灾害的预防和救助制度,进行国防动员宣传教育等;一旦国家发布动员令,必须完成规定的国防动员任务,主要包括预备役人员的应召,战略物资的调用,军品转产扩产,人员、物资的疏散和隐蔽,担负国防勤务,服从民用资源征用等。

(六)保护国防设施

《中华人民共和国国防法》第 55 条规定:"公民和组织应当保护国防设施,不得破坏、危害国防设施。"《中华人民共和国军事设施保护法》第 4 条进一步规定:"中华人民共和国的组织和公民都有保护军事设施的义务。禁止任何组织或者个人破坏、危害军事设施。任何组织或者个人对破坏、危害军事设施的行为,都有权检举、控告。"该法对军事设施的保护作出了具体规定。根据国防法和军事设施保护法等有关保护军事设施规定的要求,公民应当自觉遵守各类军事设施的保护规定。

(七)保守国家秘密

《中华人民共和国宪法》第 53 条规定,"中华人民共和国公民必须遵守宪法和法律,保守国家秘密"。《中华人民共和国国防法》第 55 条进一步规定:"公民和组织应当遵守保密规定,不得泄露国防方面的国家秘密,不得非法持有国防方面的秘密文件、资料和其他秘密物品。"《中华人民共和国保守国家秘密法》规定，国家秘密关系国家的安全和利益，一切国家机关、武装力量、政党、社会团体、企事业单位和公民都有保守国家秘密的义务。

思考题

1.什么是国防法规？

2.简述我国国防法规体系的主要内容。

3.公民的国防权利和义务有哪些？

第三章
国防建设

国防建设,是国家为构建和完善国防体系,提高国防能力而进行的一系列活动的统称。包括武装力量建设,边防、海防、空防、人防及战场建设,国防科技与国防工业建设,国防动员建设,国防法规建设,国防教育,以及与国防相关的交通运输、信息通信、医疗卫生、能源、水利、气象、航天等方面的建设等。①

由国防建设的内容可知,国防法规建设、国防动员建设都是国防建设的内容,但由于篇幅所限,同时为了更好地适应教学的需要,因而在本篇中,"国防法规"和"国防动员"均单独成章。本章主要介绍国防体制、国防战略、国防政策、中华人民共和国国防建设的主要成就、军民融合等内容。

第一节　国防体制

国防体制,是"国家为组织和实施国防活动而建立的组织体系及相应制度。包括国防领导体制、武装力量体制、国防动员体制、国防经济体制、国防科技与武器装备管理体制等"②。其中,国防经济体制,是为进行保障国家安全、满足军事需求的经济活动,由国家建立的组织体制及相应制度。国防科技与武器装备管理体制,是国家为发展直接用于国防领域的自然科学和应用技术,以及武器、弹药、设备、器材而建立的管理体制及相应制度。至于武装力量体制、国防动员体制,将在下面相关章节中做专门介绍。本节主要介绍国防领导体制。

国防领导体制在国防体制中具有龙头地位。它是指"国家领导国防活动的组织体系及相应制度。包括国防领导机构的设置、职能划分和相互关系等"③。它是国家政权组织形式和机构的重要组成部分。一般设有最高统帅、最高国防决策机构、国家行政机关中管理国防事务的部门、武装力量领导指挥系统等。在我国,根据宪法和国防法,国防领导职权由中共中央、全国人大及其常务委员会、国家主席、国务院、中央军委行使。

一、中共中央的国防领导职权

根据《中华人民共和国宪法》和《中华人民共和国国防法》的规定,中国的武装力量受中国共产党领导。党的中央军事委员会和国家的中央军事委员会,组成人员和对军队的领导

① 全军军事术语管理委员会、军事科学院:《中国人民解放军军语》(全本),军事科学出版社 2011 年版,第 17 页。

② 全军军事术语管理委员会、军事科学院:《中国人民解放军军语》(全本),军事科学出版社 2011 年版,第 18 页。

③ 全军军事术语管理委员会、军事科学院:《中国人民解放军军语》(全本),军事科学出版社 2011 年版,第 18 页。

职能完全一致。中央军委实行主席负责制，中央军委主席即为全国武装力量的统帅。

二、全国人民代表大会及其常务委员会在国防方面的职权

全国人民代表大会选举国家中央军委主席，根据中央军委主席的提名，决定中央军委其他组成人员的人选；决定战争和和平的问题，并行使宪法规定的国防方面的其他职权。全国人大常委会在全国人民代表大会闭会期间决定战争状态的宣布，决定全国总动员或者局部动员，并行使宪法规定的国防方面的其他职权。

三、国家主席在国防方面的职权

国家主席根据全国人大及其常委会的决定，宣布战争状态，发布动员令，并行使宪法规定的国防方面的其他职权。

四、国务院在国防方面的职权

国务院领导和管理国防建设事业，编制国防建设发展规划和计划，制定国防建设方面的方针、政策和行政法规，管理国防经费和国防资产，领导和管理国防科研生产，领导和管理国民经济动员工作和人民武装动员、人民防空、国防交通等方面的有关工作，领导和管理拥军优属和退役军人安置工作，领导国防教育工作，与中央军委共同领导民兵建设和征兵、预备役工作以及边防、海防、空防的管理工作，并行使法律规定的与国防建设事业有关的其他职权。国务院设有国防部以及其他与国防建设事业有关的部门。

五、中央军委在国防方面的职权

中央军委领导和统一指挥全国武装力量，决定军事战略和武装力量的作战方针，领导和管理人民解放军的建设，向全国人大或者全国人大常委会提出议案，制定军事法规，发布决定和命令，决定军队的体制和编制，任免、培训、考核和奖惩武装力量成员，批准武器装备体制和发展规划、计划，并行使法律规定的其他职权。

中央军委实行主席负责制，即中央军委主席负责中央军委全面工作，领导全国武装力量，决定国防和军队建设一切重大问题。这是《中华人民共和国宪法》和《中国共产党章程》规定的重大政治制度和军事制度。全面深入贯彻军委主席负责制，是确保党牢牢掌握军队最高领导权和指挥权、始终坚持党对军队绝对领导的必然要求；是实施集中统一领导和高效决策指挥、有效履行新时代军队使命任务的关键所在；是重塑我军政治优势和组织优势、全面推进国防和军队现代化的现实课题；是维护党和国家长治久安、实现中华民族伟大复兴中国梦的坚强保证。

中央军委之下，设有 7 个部(厅)、3 个委员会、5 个直属机构共 15 个职能部门，即军委办公厅、军委联合参谋部、军委政治工作部、军委后勤保障部、军委装备发展部、军委训练管理部、军委国防动员部、军委纪委、军委政法委、军委科技委、军委战略规划办公室、军委改革和编制办公室、军委国际军事合作办公室、军委审计署、军委机关事务管理总局。

在军委的 6 个部中，军委联合参谋部，主要履行作战筹划、指挥控制和作战指挥保障，研究拟制军事战略和军事需求，组织作战能力评估，组织指导联合训练、战备建设和日常战备工作等职能。军委政治工作部，主要履行全军党的建设、组织工作、政治教育和军事人力资

源管理等职能。军委后勤保障部,主要履行全军后勤保障规划计划、政策研究、标准制定、检查监督等职能。军委装备发展部,主要履行全军装备发展规划计划、研发试验鉴定、采购管理、信息系统建设等职能。军委训练管理部,主要对全军军事训练进行统一筹划和组织领导,加强部队和院校管理,使军事训练与部队管理紧密融合,更好推进实战化训练和依法治军、从严治军。军委国防动员部,主要履行组织指导国防动员和后备力量建设职能,领导管理省军区,从战略层面加强对国防动员和后备力量建设的组织领导。

为了加强国防领导的协调,国务院和中央军委还建立了协调会议的制度。国防法规定,国务院和中央军委可以根据情况召开协调会议,解决国防事务的有关问题。会议议定的事项,由国务院和中央军委在各自的职权范围内组织实施。

第二节　国防战略

一、国防战略的概念

国防战略,是国家"筹划和指导国防建设与斗争全局的方略"①。国防战略是国家战略的组成部分,受国家战略的指导和制约。由国家依据国际国内形势和客观条件及国防的需要制定。其任务是决定国防力量的建设与发展,指导国防斗争实施,维护国家安全利益。

由于我国是社会主义国家,我国的国防性质决定了我国的国防战略有以下特点:首先,我国的国防战略所筹划的国防活动主要是为了防御外国侵略和武装颠覆,保卫人民的和平劳动,而不是谋求世界霸权。其次,它是对国防力量与斗争所进行的综合筹划和全局指导,而不仅限于国防建设方面。国防建设与斗争,在国防战略中是不可分割的整体。再次,它是进行综合筹划和全局指导的方略,这与战略的概念相一致,因为战略本身正是综合的全局范围内的筹划,而这种综合筹划和全局指导的前提是要着眼于国防的总体利益。

二、国防战略的职能

国防战略是为保卫国家的根本利益服务的,它不仅具有一般职能,而且也有其特殊职能。国防战略的一般职能具有普遍性,主要体现在:

一是防止战争的职能。即在和平时期或战争爆发之前,在战略的指导上,注重运用国家综合力量,其中包括军事力量,用非战争的手段,去推迟与制止战争的爆发。我国古代兵圣孙武在2500年前就提出了"不战而屈人之兵"的战略思想,他认为不经过战争而能使敌人屈服,是最好的战略,即"善之善者也"。这一战略思想用于国防,就是使敌人认识到如果使用战争手段来侵犯,必定要失败,或者是两败俱伤,或者是得不偿失,从而不敢用战争手段来侵犯他国。防止战争不能仅依靠一种良好的愿望,而必须建立在认真准备的基础之上。国防战略正是基于这一原则,为强化与发展国防力量制定具体的思路与措施。

---

① 《中国军事百科全书·战略》,中国大百科全书出版社2014年第2版,第85页。

二是赢得战争的职能。即战争爆发后，运用综合国力主要是国防实力，通过务实的、灵活的战略指导和战争实践击败敌人，取得胜利。这一战略职能，是国防战略在防止战争的手段失效后维护国家利益的最后手段。它的成败，关乎国家生死存亡。

国防战略的特殊职能是各国根据具体情况规定的，即各国依据各自需求确定不同的国防战略。国防战略的特殊职能一般包含分析国防所面临的威胁和战争环境，判定战争对象，确定国防的主要方向、重点地区和战略部署，制定战略方针和作战原则，构筑国防工程设施，研究国防科技，改善武器装备和军队的供应条件，建立动员机制等等。它构成了国防战略的实体内容，其中很多涉及国家的核心机密。

三、我国国防战略的本质特征

国防战略作为一种较高层次的思维活动，必然受着政治、经济等多种宏观因素的制约。一方面，国防战略具有政治上的归属性，即它从属于国家战略，必然受国家的社会制度所制约，并在任何情况下都不可能偏离于国家的政治需要；另一方面，国防战略又受国家的经济发展、科学技术水平、地缘政治、周边国家情况、文化传统等客观条件的制约。这种政治上的从属性和客观上的制约性，决定了不同国家的国防战略具有不同的特征，也决定了我国国防战略所具有的两个最本质的特征，即“积极防御”“人民战争”。

一是积极防御。即“以积极主动的攻势行动战胜进攻敌的防御”①，又称攻势防御、决战防御。强调防御中必须有进攻，攻防结合，灵活运用。积极防御战略思想，是我们党军事战略思想的基本点，是我军一贯坚持的总方针和克敌制胜的法宝。在战略上始终坚持积极防御，从根本上说是由我国的国家性质决定的。我国是社会主义国家，走和平发展道路，坚持独立自主的和平外交政策，奉行防御性国防政策，不会侵略其他国家。坚持积极防御战略思想，有利于我们占据道义制高点、掌握政治和外交主动权，有利于以武止戈、保障国家和平发展。新时代，我们仍然要坚定不移坚持积极防御战略。同时，必须从时代条件出发，丰富和完善积极防御战略思想的内涵，在“积极”二字上做文章，进一步拓宽战略视野，更新战略思维，前移指导重心，有效塑造态势，管控危机，遏制战争，打赢战争。

二是人民战争。人民战争是指为谋求阶级解放或反抗外来侵略，发动和依靠广大人民群众进行的战争。

历史告诉我们，有了民心所向、民意所归、民力所聚，人民军队就能无往而不胜、无敌于天下。未来信息化智能化战争具有平战一体、前后方一体、军民一体等特点，为人民战争提供了新的契机。平战一体，有利于平时厚植战争潜力，把经济实力、国防实力和民族凝聚力转化为应对危机和战争的战略能力；前后方一体，战场空间多维拓展，为人民群众参战、开展多种形式斗争提供了更广阔的舞台；军民一体，可以充分运用蕴藏在民众中的各方面力量，特别是专业技术力量，为战争提供科技和智力支持。应对具有智能化特点的信息化局部战争，我们最大的优势还是人民战争。要把握新的时代条件下人民战争的新特点新要求，创新发展人民战争战略战术、创新人民战争力量运用形式，充分发挥人民战争的整体威力。

---

① 《中国军事百科全书·战略》，中国大百科全书出版社 2014 年第 2 版，第 170 页。

第三节 国防政策

一、国防政策的含义

国防政策,是"国家制定的指导国防建设和国防斗争的行动准则。国家政策的组成部分"①。国防政策是国家进行国防建设和使用国防力量的总原则。它指导国防建设和国防斗争的全局,是一切国防行动的基本依据。任何一个主权国家,加强国防建设,开展国防活动,都需要制定相应的国防政策。国防政策由国家依据其军事、政治、经济、科技、文化、地理以及国际环境等条件制定。在一定的客观条件下,国防政策的正确与否,对于整个国防事业具有决定性的意义。

二、我国国防政策的基本内容

中国的社会主义国家性质,走和平发展道路的战略抉择,独立自主的和平外交政策,"和为贵"的中华文化传统,决定了中国始终不渝奉行防御性国防政策。

(一)坚决捍卫国家主权、安全、发展利益

这是新时代中国国防的根本目标。慑止和抵抗侵略,保卫国家政治安全、人民安全和社会稳定,反对和遏制"台独",打击"藏独""东突"等分裂势力,保卫国家主权、统一、领土完整和安全。维护国家海洋权益,维护国家在太空、电磁、网络空间等安全利益,维护国家海外利益,支撑国家可持续发展。

(二)坚持永不称霸、永不扩张、永不谋求势力范围

这是新时代中国国防的鲜明特征。中国既通过维护世界和平为自身发展创造有利条件,又通过自身发展促进世界和平,真诚希望所有国家都选择和平发展道路,共同防范冲突和战争。中国坚持在和平共处五项原则基础上发展同各国的友好合作,尊重各国人民自主选择发展道路的权利,主张通过平等对话和谈判协商解决国际争端,反对干涉别国内政,反对恃强凌弱,反对把自己的意志强加于人。中国坚持结伴不结盟,不参加任何军事集团,反对侵略扩张,反对动辄使用武力或以武力相威胁。中国的国防建设和发展,始终着眼于满足自身安全的正当需要。历史已经并将继续证明,中国决不走"国强必霸"的老路。无论将来发展到哪一步,中国都不会威胁谁,都不会谋求建立势力范围。

(三)贯彻落实新时代军事战略方针

这是新时代中国国防的战略指导。新时代军事战略方针,坚持防御、自卫、后发制人原则,实行积极防御,坚持"人不犯我,我不犯人;人若犯我,我必犯人",强调遏制战争与打赢战争相统一,强调战略上防御与战役战斗上进攻相统一。贯彻落实新时代军事战略方针,服从服务党和国家战略全局,落实总体国家安全观,强化忧患意识、危机意识、打仗意识,积极适应战略竞争新格局、国家安全新需求、现代战争新形态,有效履行新时代军队使命任务。根据国家面临的安全威胁,扎实做好军事斗争准备,全面提高新时代备战打仗能力,构建立足

---

① 《中国军事百科全书·战略》,中国大百科全书出版社2014年第2版,第85页。

防御、多域统筹、均衡稳定的新时代军事战略布局。坚持全民国防，创新人民战争的战略战术和内容方法，充分发挥人民战争整体威力。

（四）坚持走中国特色强军之路

这是新时代中国国防的发展路径。建设同我国国际地位相称、同国家安全和发展利益相适应的巩固国防和强大军队，是中国社会主义现代化建设的战略任务，是坚持走和平发展道路的安全保障，是总结历史经验的必然选择。新时代中国国防和军队建设，深入贯彻习近平强军思想，坚持党对人民军队的绝对领导，坚持政治建军、改革强军、科技强军、人才强军、依法治军，坚持边斗争、边备战、边建设，坚持机械化信息化智能化融合发展，加快军事理论现代化、军队组织形态现代化、军事人员现代化、武器装备现代化，不断提高履行新时代使命任务的能力。

（五）服务构建人类命运共同体

这是新时代中国国防的世界意义。一支强大的中国军队，是维护世界和平稳定、服务构建人类命运共同体的坚定力量。中国军队坚持共同、综合、合作、可持续的安全观，秉持正确义利观，积极参与全球安全治理体系改革，深化双边和多边安全合作，促进不同安全机制间协调包容、互补合作，营造平等互信、公平正义、共建共享的安全格局。中国军队坚持履行国际责任和义务，始终高举合作共赢的旗帜，在力所能及的范围内向国际社会提供更多公共安全产品，积极参加国际维和、海上护航、人道主义救援等行动，加强国际军控和防扩散合作，建设性参与热点问题的政治解决，共同维护国际通道安全，合力应对恐怖主义、网络安全、重大自然灾害等全球性挑战，积极为构建人类命运共同体贡献力量。

第四节　中华人民共和国国防建设的主要成就

中华人民共和国成立以来，在党中央、中央军委领导下，国防建设取得了很大成就，逐步建立起了有中国特色的现代化国防体系。

一、铸造了一支强大的人民军队

军队是国防力量的主体。中华人民共和国成立70多年来，人民军队的现代化建设取得巨大成就，已由过去单一军种发展成为诸军兵种合成、具有一定现代化水平并向信息化智能化迈进的强大军队。特别是党的十八大以来，以习近平同志为核心的党中央以空前的力度领导了新中国成立以来最为广泛、深刻的国防和军队改革，领导人民军队建设取得历史性成就。全军坚决贯彻党中央、中央军委和习主席决策部署，紧紧扭住实现党在新时代的强军目标，深入推进政治建军、改革强军、科技强军、人才强军、依法治军，有效履行新时代使命任务。一是党对人民军队领导全面加强。全面深入贯彻军委主席负责制，落实古田全军政治工作会议精神，以整风精神推进政治整训，坚定不移正风肃纪反腐，人民军队重振政治纲纪，重树作风形象，政治生态和精神面貌发生革命性变化。二是人民军队组织形态整体重塑。针对国防和军队建设长期存在的体制性障碍、结构性矛盾、政策性问题，大刀阔斧深化国防和军队改革，重构人民军队领导指挥体制、现代军事力量体系、军事政策制度，形成军委管总、战区主战、军种主建新格局，打造以精锐作战力量为主体的军事力量体系，构建中国特色社会主义军事政策制度体系。三是人民军队威慑和实战能力明显提升。牢固树立战斗力这个唯一的根本的标准,坚决把工作重心归正到备战打仗上来,大抓实战化军事训练,打造高水平战略威慑和联合作战体系。统筹加强各方向各领域军事斗争,有效应对外部军事挑衅,震慑"台独"分裂势力,遂行边防斗争、海上维权、反恐维稳等重大任务,捍卫了国家主权、安全、发展利益。四是人民军队现代化步伐明显加快。全面推进军事理论现代化、军队组织形态现代化、军事人员现代化、武器装备现代化,着力建设一切为了打仗的后勤,构建武器装备现代化管理体系,人民军队基本实现机械化,信息化建设取得重大进展,战略能力有了大的提升。2024 年 7 月,党的二十届三中全会审议通过的《中共中央关于进一步全面深化改革、推进中国式现代化的决定》,将国防和军队改革纳入全面深化改革的总体布局,强调国防和军队现代化是中国式现代化的重要组成部分,必须坚持党对军队的绝对领导,深入实施改革强军战略,完善人民军队领导管理体制机制,深化联合作战体系改革,深化跨军地改革,为如期实现建军一百年奋斗目标,基本实现国防和军队现代化提供有力保障。

二、建立了比较完善的国防动员体制

经过 70 多年的建设,我国已经形成了以常备军为骨干、后备力量为基础,二者互为补充、协调发展的国防力量统一体,能够迅速将国防潜力转化为军事实力。

一是健全国防动员组织领导体制。依照宪法和有关法律,全国人民代表大会决定战争和和平的问题,全国人民代表大会常务委员会决定全国总动员或者局部动员;国家主席根据全国人大的决定和全国人大常务委员会的决定,宣布战争状态,发布动员令;国务院和中央军事委员会共同领导动员准备和动员实施工作。国家和县级以上地方人民政府均设立国防动员委员会,履行组织指导协调国防动员工作职能。同时,《中华人民共和国宪法》规定了中国共产党在国家生活中的领导作用。因此,我国的国防动员是在党中央的统一领导下,由国务院和中央军事委员会按照有关规定进行领导决策和组织实施的。这种动员领导体制适合我国国情,有利于加强党对国防动员工作的集中统一领导,有利于在现代战争条件下迅速动员人力物力财力和信息力等力量支援战争,确保战争胜利。

二是建设强大的国防后备力量。国防后备力量包括预备役部队和民兵。改革开放以来,我国确立了民兵与预备役相结合的国防后备力量体制,本着"控制数量、提高质量、抓好重点、打好基础"的原则,到 1987 年,在当时的各大军区均建立了预备役部队,按解放军的编制组建,有正式的番号和军旗。近年来,预备役人员工作以军事需求为牵引,以备战打仗为指向,以质量建设为着力点,提高预备役人员履行使命任务的能力和水平。[①] 预备役部队围绕平时能应急、战时能应战的目标,加快推进由数量规模型向质量效能型、由直接参与作战向支援保障作战为主转变,由补充一般兵员向补充技术兵员为主转变,努力成为现役部队的得力助手和国防后备力量的拳头。民兵建设深化改革,注重调整规模结构,改善武器装备,推进训练改革,提高支援保障以打赢现代战争为核心的完成多样化军事任务的能力。

三、形成了门类齐全、综合配套的国防科技工业体系

国防科技是衡量一个国家综合国力的重要标志之一,也是国防现代化建设的一个重要

① 参见《中华人民共和国预备役人员法》第 3 条,2022 年 12 月 30 日第十三届全国人民代表大会常务委员会第三十八次会议通过。

方面。经过70多年的建设和发展，我国的国防科技工业经历了从无到有、从小到大、从落后到先进的过程，建立起电子、船舶、兵器、航空、航天和核能等门类齐全、综合配套的科研实验生产体系，取得了一大批具有国内或国际先进水平的科研成果。

在军事电子方面，逐步发展成为具有相当规模、门类齐全的新兴工业部门，特别是在指挥自动化、情报侦察、预警探测、电子对抗和通信等方面，为我军提供了各种新式装备和产品，进一步增强了部队侦察、通信、指挥和作战能力；在船舶工业方面，先后自行研制建造了航空母舰、核动力潜艇、常规潜艇、导弹驱逐舰、导弹护卫舰、导弹快艇等作战舰艇，以及各种辅助船舶和新型鱼雷、水雷、反水雷等新装备；在兵器工业方面，研制生产了一大批具有先进性能的坦克、装甲车辆、火炮、弹药、轻武器、军用光电器材和综合火控、指挥系统等新型武器装备，为我军现代化作出了重要贡献；在航空工业方面，已能够生产歼击机、轰炸机、直升机、运输机、教练机等，基本满足了海空军作战和飞行训练的需要；在航天科技工业方面，已拥有地地、地空、海空和空空导弹武器系统，运载火箭、各种应用卫星的研制和实验能力以及各种应用卫星的发射能力，在世界高技术领域占有自己的一席之地；在核工业方面，我国不仅可以生产制造原子弹、氢弹，还掌握了核潜艇技术，形成了我国的核威慑力量，在和平利用核能方面，我国也取得了突破性进展。

进入21世纪以来，我国进一步建立和完善一体化国家战略体系，努力建设先进的国防科技工业。一是积极转变军工经济发展方式。推进结构调整、产业优化升级和节能减排。军工经济实现平稳较快发展。二是建设先进的军工核心能力。我国已建成一批高水平的科研平台和新型装备生产线，保障了武器装备科研生产任务的完成。国防科技和武器装备与发达国家的差距进一步缩小，骨干装备接近或达到世界先进水平。2016年，大型运输机运-20列装；2018年，15式轻型坦克、直-20列装；2019年，东风-17、东风-41导弹亮相，第一艘国产航空母舰"山东"号入列；2020年，055型驱逐舰首舰南昌舰入列；2021年，长征18号战略核潜艇、"大连"号驱逐舰、"海南"号两栖攻击舰入列，3个梯队歼-20飞过天安门广场；2022年，我国完全自主设计建造的弹射型航空母舰"福建"号下水、新一代空中加油机运油-20投入练兵备战……同时，"彩虹""翼龙"无人机重要性能指标超过发达国家同类装备，空间装备、深海装备和防空反导等重大项目相继取得突破，人民军队的战略预警、远海防卫、远程打击、战略投送、信息支援等能力显著提高。三是增强自主创新能力。鼓励和支持军工企事业单位、基础性科研机构和高等院校开展国防科技创新活动，特别是推动重大技术创新、自主创新，加强研发应用和基础研究，加速推进新原理新技术新工艺的探索、创新与应用，着力发展先进工业技术，大力推动数字化、信息化技术应用，提高武器装备科研生产的技术水平和创新能力。

第五节　巩固提高一体化国家战略体系和能力

一体化国家战略体系和能力，本质是实现国家安全和国家发展一体化，核心和要义是国家安全与发展并举，在安全中实现发展，在发展中赢得安全。党的二十大报告明确要求"巩固提高一体化国家战略体系和能力"①。当今世界,国际竞争不仅是国家之间财富规模和创造力的竞争,更是国家战略能力的综合比拼。如何优化国家战略体系、有效提升和运用国家战略能力,并通过巩固提高一体化国家战略体系和能力,有效达成国家战略目标,已经成为国家战略运筹的重中之重,在国家和军队建设发展中具有重要战略地位。

一、巩固提高一体化国家战略体系和能力的重要意义

2023 年 3 月 8 日,习近平在出席十四届全国人大一次会议解放军和武警部队代表团全体会议时强调:"巩固提高一体化国家战略体系和能力,是党中央把握强国强军面临的新形势新任务新要求,着眼于更好统筹发展和安全、更好统筹经济建设和国防建设作出的战略部署。贯彻落实好这一部署,对全面建设社会主义现代化国家、全面推进中华民族伟大复兴,对实现建军一百年奋斗目标、加快把我军建成世界一流军队,都具有十分重要的意义。"②

一是全面建设社会主义现代化国家的必然选择。全面建设社会主义现代化国家,必须统筹发展和安全。对于一个国家来说,安全和发展始终是国家战略的永恒主题,安全利益和发展利益永远是国家的核心战略利益。在一定意义上说,一体化国家战略体系的构建,就是现代化安全体系与现代化发展体系的统筹构建;一体化战略能力的构建,就是维护国家安全战略能力与推动繁荣发展战略能力的统筹构建。第一是安全,没有安全的国家,人民就不能安居乐业,发展就是沙中之塔;第二是发展,没有发展的国家,人民就没有希望,国家就没有生机,安全也难以持续。只有大力巩固提高一体化国家战略体系和能力,才能统筹兼顾安全利益和发展利益,更快更好地建设社会主义现代化国家。

二是推进中华民族伟大复兴战略的重大举措。一方面,实现中华民族伟大复兴,必须完成好艰巨繁重的改革发展稳定任务;另一方面,在中华民族伟大复兴的新征程上,强敌围堵遏制是躲不开、绕不过的关卡。为了有效应对重大挑战、抵御重大风险、克服重大阻力、解决重大矛盾,党的二十大报告明确要求:"我们必须增强忧患意识,坚持底线思维,做到居安思危、未雨绸缪,准备经受风高浪急甚至惊涛骇浪的重大考验。"只有不断提升一体化国家战略体系和能力,融合国家各领域战略布局,整合各方面战略资源,综合运用各种战略力量,才能最大限度地汇聚起国家战略优势,为保障国家安全、促进国家发展提供可靠支撑,全面推进中华民族伟大复兴。

三是实现建军一百年目标的根本保障。国防和军队建设只有同国家现代化发展相协调,融入经济社会发展体系,植根于我国日益雄厚的物质技术基础,才能高质量发展,如期实现建军一百年奋斗目标。同时,从战争的维度看,战场上的对抗不仅是军事体系间的较量,而且集中表现为以国家整体实力为基础的体系对抗。只有巩固提高一体化国家战略体系和能力,才能促进国家战略竞争力、社会生产力、军队战斗力的耦合关联,打通国家综合实力向先进战斗力、体系对抗力的转化路径,保障人民军队提高捍卫国家主权、安全、发展利益战略能力,有效履行新时代使命任务。

---

① 习近平:《高举中国特色社会主义伟大旗帜 为全面建设社会主义现代化国家而团结奋斗——在中国共产党第二十次全国代表大会上的报告》,人民出版社 2022 年版,第 56 页。

② 《习近平出席解放军和武警部队代表团全体会议并发表重要讲话》,中国政府网,2023 年 3 月 8 日。

二、巩固提高一体化国家战略体系和能力的关键要素

一体化国家战略体系和能力是国家综合实力的集中体现，它强调的是通过构建一体化的战略体系，实现保障国家安全与发展的能力。提高国家安全与发展能力既是结果，也是目标和引擎。从战略层面考虑，巩固提高一体化国家战略体系和能力应包括以下关键要素：

一是经济建设与国防建设协调发展。要切实把经济建设与国防建设纳入同一国家战略体系，按照“政策制度衔接、资源要素共享”“一份投入，两份产出”的原则，军地一体筹划，合力推进，共同受益，通过国家资源的最大化利用，实现军事效益和经济效益最大化，形成一体化的战略体系和能力。

二是国家基础设施建设必须贯彻国防需求。国家基础设施的范围十分广泛，这里主要强调的是交通运输、机场、港口、桥梁、通信、能源等国家级重大基础设施建设，特别强调5G基站、特高压、城际高速铁路和城市轨道交通、新能源汽车充电桩、大数据中心、人工智能、工业互联网、现代物流等新型基础设施建设（简称“新基建”），必须面向经济社会和未来信息化、智能化战场、战争，充分考虑突发和紧急情况，满足战时的军事需求。

三是国家科技和国防科技一体化推进。科技是生产力，也是战斗力。最先进的技术总是首先应用于军事。科技创新无论是对国家的经济发展，还是对军队的现代化建设都具有巨大的促进作用。但是由于人力、物力、财力等创新资源有限，如果仍然按照传统的军地二元体系，势必造成力量分散和低水平重复，导致大型高水平的先进实验设施、实验仪器、高端实验室不能集中建设或不能高效利用，难以开展关键和前沿技术领域的科技攻关。在国家工业体系和发展总体布局中，要大力发展军民两用技术和军民结合产业，确保国防科技工业体系完整，确保武器装备研制生产需要，做到军民良性互动、协调发展。要把国防科技和武器装备发展纳入国家科技和高新技术产业发展体系，在国防科技和武器装备建设发展中广泛吸纳成熟的民用先进技术，加强军民科技资源力量建设，充分发挥民用高新技术人才资源对武器装备科研的保障和支撑作用。

四是强化爱国主义和民族精神。基于爱国主义和民族精神的凝聚力，是一体化国家战略体系和能力的灵魂和精髓。“天下兴亡，匹夫有责”，民心向背是国力之源。爱国，是每个公民的义务。失去了爱国主义和民族精神，一体化国家战略体系和能力就失去了发展之魂、立足之本和存在的意义，因此，必须把培育爱国主义和民族精神融入一体化国家战略体系和能力建设，认真贯彻施行《中华人民共和国爱国主义教育法》，培育和增进对中华民族和伟大祖国的情感，使爱国主义成为全体人民的坚定信念、精神力量和自觉行动。

三、巩固提高一体化国家战略体系和能力的主要路径

为了有效巩固提高一体化国家战略体系和能力，党的二十大报告提出：“加强军地战略规划统筹、政策制度衔接、资源要素共享。优化国防科技工业体系和布局，加强国防科技工业能力建设。深化全民国防教育。加强国防动员和后备力量建设，推进现代边海空防建设。加强军人军属荣誉激励和权益保障，做好退役军人服务保障工作。巩固发展军政军民团

结。"[①]这一要求,为巩固提高一体化国家战略体系和能力指明了具体的实现路径。

一是要加强军地战略规划统筹,实现富国与强军的有机统一。全面落实党的二十届三中全会提出的"深化跨军地改革"要求,形成各司其职、紧密协作、规范有序的跨军地工作格局;按照党中央、习主席决策部署,健全一体化国家战略体系和能力建设工作机制,推动各领域战略布局一体融合、战略资源一体整合、战略力量一体运用;健全国防建设军事需求提报和军地对接机制,促进军地之间双向支撑和拉动;实现经济建设与国防建设两个进程相一致、两个战略相配套、两个体系相兼容,经济实力和军事实力相互促进、协调发展、同步提高的局面。

二是要深化全民国防教育,强化全民国防意识。全民国防意识,是国家战争潜力的思想基础。强化全民国防意识,是将国防潜力转化为国防实力的重要途径,是构建一体化国家战略体系和能力的核心要素。必须加强军事机关与地方各级党委政府机关、国防动员委员会、国防教育办公室和工青妇等社会团体的协调,努力形成党委重视、国防动员委员会组织协调、军地密切配合、社会各界支持、全民踊跃参与国防教育的良好局面,尤其要抓好领导干部和学生两大群体,不断强化全民国防意识,居安思危、安不忘危。

三是完善国防动员体制,提高国防动员能力。必须坚持寓军于民、平战结合、军民融合,针对新时代、新形势和未来智能化战争、混合战争的新变化、新特点,突出经济动员、科学技术动员、专业人才动员和新兴领域动员,努力构建党委统揽、政府主抓、社会参与、军地协同的国防动员建设局面。要围绕提升平战转换能力,建立与打赢未来战争相适应的制度机制;围绕支援保障作战需要,建强与现役部队相衔接的后备力量;围绕保障国防动员依法运行,完善与时代发展相同步的法律法规。

四是要优化国防科技工业体系,加强国防科技工业能力建设。国防科技工业体系,是指由国家核、航天、航空、船舶、兵器、军工电子和配套行业组合而成的工业体系。作为武器装备科研生产的骨干和主体力量,国防科技工业的能力水平,既是军队武器装备现代化的重要标志,也是一个国家战争实力和潜力的源泉;同时,对推动科学技术进步、服务经济社会发展也具有重要促进作用,是构成一体化国家战略体系和能力的重要物质技术基础。当前,要按照党的二十届三中全会部署,深化国防科技工业体制改革,优化国防科技工业布局,改进武器装备采购制度,建立军品设计回报机制,构建武器装备现代化管理体系。构建开放型的武器装备科研生产体系;完善军地标准化工作统筹机构,倡导国防和军队建设优先采用先进适用的民用标准,同时将先进适用的军用技术成果及时转化为民用,推进军地两用技术成果加速转化利用;加强航天、军贸等领域建设和管理统筹,形成战略产业核心能力和科研生产核心能力,最大限度提高国防经济效益,为大幅提升国家的经济发展、科技创新、新兴领域竞争、军事战略威慑等战略能力提供强大支撑。

五是有效维护军人地位权益,做好退役军人服务保障工作。军人肩负捍卫国家主权、安全、发展利益和保卫人民和平劳动的神圣职责,要认真贯彻施行《中华人民共和国军人地位和权益保障法》,激励军人履行职责使命,加强涉军维权工作制度机制建设,保障军人享有与其职业特点、担负职责使命和所做贡献相称的地位和权益,让军人成为全社会尊崇的职业。

---

① 习近平:《高举中国特色社会主义伟大旗帜 为全面建设社会主义现代化国家而团结奋斗——在中国共产党第二十次全国代表大会上的报告》,人民出版社2022年版,第56~57页。

退役军人为国防和军队现代化建设作出了重要贡献，是社会主义现代化建设的重要力量。做好退役军人服务保障工作，对于确保国家政权稳固、厚植强军兴军根基、巩固提高一体化国家战略体系和能力具有重要意义。要认真贯彻施行《中华人民共和国退役军人保障法》，加强退役军人保障体系建设，建立退役军人荣誉激励机制，坚持普惠与优待叠加的原则，保障退役军人依法享有相应权益。

六是巩固发展军政军民团结，持续做好双拥工作。巩固提高一体化国家战略体系和能力，是全党全军全国各族人民的共同事业，需要军政军民团结一心，共同努力。拥军优属、拥政爱民工作，是我党我军我国人民特有的优良传统和政治优势，也是新的形势下巩固军政军民团结的重要抓手。应深入贯彻落实党的二十届三中全会提出的“完善双拥工作机制”要求，在党的统一领导下做好双拥工作。坚持政治引领，用党的创新理论成果指导双拥工作创新实践；强化宗旨意识，用党的优良传统激发双拥工作内生动力；紧紧依靠人民，用党的群众路线凝聚双拥工作社会共识；锚定价值取向，用党的先进文化丰富双拥工作时代内涵。通过持续做好双拥工作，巩固和发展全国军民大团结。

思考题

1.什么是国防建设？其内容主要包括哪些？

2.什么是国防战略？国防战略的作用有哪些？

3.我国的国防政策有哪些基本内容？

4.如何巩固提高一体化国家战略体系和能力？

第四章
武装力量

武装力量，是“国家或政治集团所拥有的各种武装组织的统称”①。武装力量建设，是国防建设的主要内容；武装力量运用，是国防斗争的主要手段。本章主要介绍武装力量的性质和宗旨、武装力量的使命任务、武装力量构成、武装力量建设原则以及人民军队发展历程等内容。

第一节　武装力量概述

一、武装力量的性质和宗旨

中华人民共和国武装力量，是中国共产党领导的、执行政治任务的武装集团，是人民民主专政的坚强柱石，以全心全意为人民服务为最高宗旨，具有鲜明的无产阶级性质。《中华人民共和国国防法》第 20 条规定：“中华人民共和国的武装力量属于人民。它的任务是巩固国防，抵抗侵略，保卫祖国，保卫人民的和平劳动，参加国家建设事业，全心全意为人民服务。”第 21 条规定：“中华人民共和国的武装力量受中国共产党领导。”这些规定以宪法为依据，准确地表述了我国武装力量的性质和宗旨。主要体现在三个方面：

第一，我国武装力量是社会主义国家的武装力量。为了保卫社会主义国家，捍卫人民民主专政，对外，要防备、抵御侵略，保卫国家安全；对内，要防止武装颠覆，保持社会稳定，保卫人民的和平劳动。此外，武装力量还要积极参加国家经济建设。中华人民共和国成立 70 多年来，武装力量不仅是保卫国家的钢铁长城，也是社会主义建设的重要力量和抢险救灾的中坚力量，同时，还是维护世界和平的坚强力量。

第二，我国武装力量是人民的武装力量。全心全意为人民服务，不仅是人民解放军的唯一宗旨，也是我国武装力量的宗旨。因此，我国国防法规定武装力量应当全心全意为人民服务。我国武装力量成员来自人民，属于人民，与人民群众有着共同的阶级利益和奋斗目标，这就决定了我国武装力量必须坚定地站在人民的立场上，一切行动从人民的利益出发，而不是从任何个人或小集团的利益出发，坚决抵御和克服个人主义、拜金主义和其他一切腐朽思想的侵蚀。

第三，我国武装力量是中国共产党领导的武装力量。将武装力量置于党的领导之下，可以保证武装力量忠实地履行党和人民赋予的历史使命。因此，坚持党对武装力量的领导，是党的利益、国家利益和人民利益的一致性决定的，是我国武装力量建设的根本原则。坚持党

① 全军军事术语管理委员会、军事科学院：《中国人民解放军军语》(全本)，军事科学出版社 2011 年版，第 19 页。

对武装力量的领导，主要是坚持党管武装、党指挥枪的原则，坚持党对武装力量行使最高决策权和统率权。从这个意义上说，中国共产党在武装力量体制中居于绝对领导地位。党对武装力量的领导与指挥，主要是通过党在武装力量中的最高军事机关——中央军事委员会及其机关部门，对全国的武装力量实施作战指挥和建设领导。武装力量建设的重大事项要由党中央、中央军委决策；武装力量的指挥、调动要经党中央、中央军委批准。除了中国共产党外，其他任何党的组织、政治团体或个人都无权领导和指挥武装力量。

二、武装力量的使命任务

在不同的历史时期，武装力量承担着不同的使命任务。土地革命战争时期，武装力量担负武装夺取政权，推翻国民党反动统治的历史使命。抗日战争时期，武装力量承担抵抗日本帝国主义，维护民族独立的历史使命。解放战争时期，武装力量承担推翻蒋介石反动政权，建立新中国的历史使命。中华人民共和国成立以来，武装力量承担了维护国家的主权和安全、发展利益，成为建设中国特色社会主义重要力量的历史使命。

进入新时代，习近平着眼国际安全环境的深刻变化，面对强国强军的时代要求，明确指出我军必须"为巩固中国共产党领导和我国社会主义制度提供战略支撑，为捍卫国家主权、统一、领土完整提供战略支撑，为拓展我国海外利益提供战略支撑，为促进世界和平与发展提供战略支撑"。《中华人民共和国国防法》也规定，军队"在新时代的使命任务是为巩固中国共产党领导和社会主义制度，为捍卫国家主权、统一、领土完整，为维护国家海外利益，为促进世界和平与发展，提供战略支撑"。这是党和人民赋予人民军队的新时代使命任务，也是赋予中国武装力量的新时代使命任务。履行这一使命任务，是支撑中华民族伟大复兴的战略要求，也是我国武装力量的全部价值所在。"四个战略支撑"深刻阐明了武装力量的政治属性，反映了党和武装力量的天然联系，要求武装力量坚定地站在党的旗帜下，坚决维护国家政权安全、制度安全，坚持维护政治社会大局稳定；阐明了武装力量的根本职能，要求武装力量有效维护国家主权和人民利益，在实现中华民族伟大复兴的历史进程中顶住压力阻力、扛住挑战风险，真正执干戈卫社稷；阐明了武装力量的战略功能，要求武装力量紧跟国家海外利益拓展进程，逐步加强安全保障，有效维护国家海外利益安全；阐明了武装力量的国际责任，要求武装力量适应国际体系变革、构建人类命运共同体的战略需要，在维护和平的国际环境和周边环境、营造有利战略态势上发挥更大作用。武装力量全体成员要强化使命担当，增强忧患意识和进取精神，以时不我待、只争朝夕的紧迫感，加快提升履行新时代使命任务的能力。

三、武装力量的多样化运用

为履行新时代的使命任务，我国武装力量与时俱进地拓展运用方式，为国家发展提供了安全保障和战略支撑，为维护世界和平和地区稳定作出了应有贡献。

（一）维护国家领土主权和海洋权益

中国是世界上邻国最多、陆地边界线最长、海上安全环境十分复杂的国家之一，维护领土主权、海洋权益和国家统一的任务艰巨繁重。

中国军队严密防范各类蚕食、渗透、破坏和袭扰活动，维护边防安全稳定。中国同周边9个国家签订边防合作协议，同12个国家建立边防会谈会晤机制，构建起国防部、战区、边防部队三级对外交往机制,常态化开展友好互访、工作会谈和联合巡逻执勤、联合打击跨境犯罪演练等活动。组织东海、南海、黄海等重要海区和岛礁警戒防卫,掌握周边海上态势,组织海上联合维权执法,妥善处置海空情况,坚决应对海上安全威胁和侵权挑衅行为;组织空防和对空侦察预警,监视国家领空及周边地区空中动态;组织空中警巡、战斗起飞,有效处置各种空中安全威胁和突发情况,维护空中秩序,维护空防安全;着眼捍卫国家统一,加强以海上方向为重点的军事斗争准备,组织舰机"绕岛巡航",对"台独"分裂势力发出严正警告。

(二)保持常备不懈的战备状态

军队保持战备状态,是有效应对安全威胁、履行使命任务的重要保证。中央军委和战区联合作战指挥机构严格落实战备值班制度,常态组织战备检查、战备拉动,保持随时能战状态,不断提高联合作战指挥能力,稳妥高效指挥处置各类突发情况,有效遂行各种急难险重任务。2018 年,中央军委组织全军战备突击检查和部队整建制拉动,行动范围覆盖 21 个省、自治区、直辖市和东海、南海部分海域。

解放军和武警部队强化战备观念,严格战备制度,加强战备值班执勤,扎实开展战备演练,建立正规战备秩序,保持良好战备状态,有效遂行战备(战斗)值班、巡逻执勤等任务。

(三)开展实战化军事训练

军事训练是和平时期军队的基本实践活动。中国军队坚持把军事训练摆在重要位置,牢固树立战斗力这个唯一的根本的标准,完善军事训练法规和标准体系,建立健全训练监察体系,组织全军应急应战军事训练监察,落实练兵备战工作责任制,开展群众性练兵比武活动,不断提高实战化训练水平。

近年来,全军兴起大抓实战化军事训练的热潮,深化联合训练、对抗训练、科技练兵,广泛开展各战略方向使命课题针对性训练和各军兵种演训。各战区强化联合训练主体责任,扎实开展联合训练,结合各战略方向使命任务,组织"东部""南部""西部""北部""中部"系列联合实兵演习,努力提高联合作战能力。陆军广泛开展军事训练大比武,实施"跨越""火力"等实兵实装实弹演习。海军拓展远海训练,航母编队在西太平洋海域开展远海作战演练,在南海海域和青岛附近海空域举行海上阅兵,组织"机动"系列实兵对抗演习和成体系全要素演习。空军加强体系化实案化全疆域训练,组织南海战巡、东海警巡、前出西太,常态化开展"红剑"等系列体系对抗演习。火箭军组织对抗性检验性训练、整旅整团实案化训练,强化联合火力打击训练,常态化开展"天剑"系列演习。战略支援部队积极融入联合作战体系,扎实开展新型领域对抗演练和应急应战训练。联勤保障部队推进融入联合作战体系,组织"联勤使命-2018"等系列演习演练。武警部队按照覆盖全国、高效联动、全域响应、多能一体的要求,实施"卫士"等系列演习。

(四)维护重大安全领域利益

核力量是维护国家主权和安全的战略基石。中国军队严格核武器及相关设施安全管理,保持适度戒备状态,提高战略威慑能力,确保国家战略安全,维护国际战略稳定。

太空是国际战略竞争制高点,太空安全是国家建设和社会发展的战略保障。着眼和平利用太空,中国积极参与国际太空合作,加快发展相应的技术和力量,统筹管理天基信息资源,跟踪掌握太空态势,保卫太空资产安全,提高安全进出、开放利用太空能力。

网络空间是国家安全和经济社会发展的关键领域。网络安全是全球性挑战,也是中国面临的严峻安全威胁。中国军队加快网络空间力量建设,大力发展网络安全防御手段,建设与中国国际地位相称、与网络强国相适应的网络空间防护力量，筑牢国家网络边防，及时发现和抵御网络入侵，保障信息网络安全，坚决捍卫国家网络主权、信息安全和社会稳定。

（五）遂行反恐维稳

中国坚决反对一切形式的恐怖主义、极端主义。中国武装力量依法参加维护社会秩序行动，防范和打击暴力恐怖活动，维护国家政治安全和社会大局稳定，保障人民群众安居乐业。

武警部队执行重要目标守卫警戒、现场警卫、要道设卡和城市武装巡逻等任务，协同国家机关依法参加执法行动，打击违法犯罪团伙和恐怖主义活动，积极参与社会面防控，着力防范和处置各类危害国家政治安全、社会秩序的隐患，为“平安中国”建设作出重要贡献。2012 年至 2019 年，每年均动用大量兵力担负执勤安保、反恐处突、海上维权执法等任务，执行二十国集团领导人峰会、亚太经合组织领导人非正式会议、“一带一路”国际合作高峰论坛、金砖国家领导人会晤、上海合作组织青岛峰会等警卫安保任务近万起，参与处置劫持人质事件和严重暴力恐怖事件 671 起。

解放军依法协助地方政府维护社会稳定，参加重大安保行动及处置其他各类突发事件，主要承担恐怖活动防范、核生化检测、医疗救援、运输保障、水域安全隐患排除、重大活动举办地和周边地区空中安全保障等任务。

（六）维护海外利益

海外利益是中国国家利益的重要组成部分。有效维护海外中国公民、组织和机构的安全和正当权益，是中国武装力量担负的任务。

中国武装力量积极推动国际安全和军事合作，完善海外利益保护机制。着眼弥补海外行动和保障能力差距，发展远洋力量，建设海外补给点，增强遂行多样化军事任务能力。实施海上护航，维护海上战略通道安全，遂行海外撤侨、海上维权等行动。2015 年 3 月，也门安全局势严重恶化，中国海军护航编队赴也门亚丁湾海域，首次直接靠泊交战区域港口，安全撤离 621 名中国公民和 279 名来自巴基斯坦、埃塞俄比亚、新加坡、意大利、波兰、德国、加拿大、英国、印度、日本等 15 个国家的公民。

（七）参加抢险救灾

参加国家建设事业、保卫人民和平劳动，是宪法赋予中国武装力量的使命任务。依据《军队参加抢险救灾条例》，中国武装力量主要担负解救、转移或者疏散受困人员，保护重要目标安全，抢救、运送重要物资，参加道路（桥梁、隧道）抢修、海上搜救、核生化救援、疫情控制、医疗救护等专业抢险，排除或者控制其他危重险情、灾情，协助地方人民政府开展灾后重建工作等任务。

2012 年至 2019 年上半年，解放军和武警部队共出动 95 万人次，组织民兵 141 万人次，动用车辆及工程机械 19 万台次、船艇 2.6 万艘次、飞机（直升机）820 架次参加抢险救灾。先后参加云南鲁甸地震救灾、长江中下游暴雨洪涝灾害抗洪抢险、雅鲁藏布江堰塞湖排险等救灾救援行动，协助地方政府解救、转移安置群众 500 余万人，巡诊救治病员 21 万余人次，抢运物资 36 万余吨，加固堤坝 3600 余千米。2017 年，驻澳门部队出动兵力 2631 人次、车辆 160 余台次，协助特别行政区政府开展强台风“天鸽”灾后救援。

第二节　武装力量构成

武装力量构成,亦称武装力量的组织构成,是指武装力量的结构,“通常分为军队、武装警察部队和群众武装组织等”①。《中华人民共和国国防法》规定:中华人民共和国的武装力量,由中国人民解放军、中国人民武装警察部队、民兵组成。

一、中国人民解放军

中国人民解放军是中华人民共和国武装力量的骨干,是抵抗侵略、保卫祖国、维护国家主权和安全的主要力量。中国人民解放军由现役部队和预备役部队组成。现役部队是国家的常备军,由陆军、海军、空军、火箭军等军种,军事航天部队、网络空间部队、信息支援部队、联勤保障部队等兵种组成。

陆军主要担负陆地作战任务,对维护国家主权、安全、发展利益具有不可替代的作用。包括机动作战部队、边海防部队、警卫警备部队等,下辖5个战区陆军、新疆军区、西藏军区等。按照机动作战、立体攻防的战略要求,加快实现区域防卫型向全域作战型转变,提高精确作战、立体作战、全域作战、多能作战、持续作战能力,努力建设一支强大的现代化新型陆军。

海军是海上作战行动的主体力量,在国家安全和发展全局中具有十分重要的地位。包括潜艇部队、水面舰艇部队、航空兵、陆战队、岸防部队等,下辖东部战区海军(东海舰队)、南部战区海军(南海舰队)、北部战区海军(北海舰队),海军陆战队等。战区海军下辖基地、潜艇支队、水面舰艇支队、航空兵旅等部队。按照近海防御、远海防卫的战略要求,加快推进近海防御型向远海防卫型转变,提高战略威慑与反击、海上机动作战、海上联合作战、综合防御作战和综合保障能力,努力建设一支强大的现代化海军。

空军是空中作战行动的主体力量,在国家安全和军事战略全局中具有举足轻重的地位和作用。包括航空兵、空降兵、地面防空兵、雷达兵、电子对抗部队、信息通信部队等,下辖5个战区空军、1个空降兵军等。战区空军下辖基地、航空兵旅(师)、地空导弹兵旅(师)、雷达兵旅等部队。按照空天一体、攻防兼备的战略要求,加快实现国土防空型向攻防兼备型转变,提高战略预警、空中打击、防空反导、信息对抗、空降作战、战略投送和综合保障能力,努力建设一支强大的现代化空军。

火箭军是中国战略威慑的核心力量,在维护国家主权、安全中具有至关重要的地位和作用。包括核导弹部队、常规导弹部队、保障部队等,下辖导弹基地等。按照核常兼备、全域慑战的战略要求,增强可信可靠的核威慑和核反击能力,加强中远程精确打击力量建设,增强战略制衡能力,努力建设一支强大的现代化火箭军。

军事航天部队是中国人民解放军新型战略性兵种。太空是人类共同的财富,太空安全是国家建设和社会发展的战略保障。推进军事航天部队建设,对于提高安全进出和开放利

---

① 全军军事术语管理委员会、军事科学院:《中国人民解放军军语》(全本),军事科学出版社2011年版,第19页。

用太空能力、增强太空危机管控和综合治理效能、更好地和平利用太空，具有重要意义。

网络空间部队是中国人民解放军新型战略性兵种。网络安全威胁是全球性挑战，也是中国面临的严峻安全威胁。推进网络空间部队建设，大力发展网络安全防御手段，对于筑牢国家网络边防、及时发现和抵御网络入侵、捍卫国家网络主权和信息安全，具有重要意义。①

信息支援部队是中国人民解放军新型战略性兵种，是统筹网络信息体系建设运用的关键支撑，在推动我军高质量发展和打赢现代战争中地位重要、责任重大。按照体系融合、全域支撑的战略要求，坚持信息主导、联合制胜，提高精准高效实施信息支援能力，努力建设一支强大的现代化信息支援部队。②

联勤保障部队是实施联勤保障和战略战役支援保障的主体力量，是中国特色现代军事力量体系的重要组成部分。包括仓储、卫勤、运输投送、输油管线、工程建设管理、储备资产管理、采购等力量，下辖无锡、桂林、西宁、沈阳、郑州 5 个联勤保障中心，以及解放军总医院、解放军疾病预防控制中心等。按照联合作战、联合训练、联合保障的要求融入联合作战体系，提高一体化联合保障能力，努力建设一支强大的现代化联勤保障部队。

中国人民解放军预备役部队组建于 1983 年，是以现役军人为骨干，以预备役军官、士兵为基础，按照军队统一的体制编制组成的武装力量。预备役部队全面纳入军队领导指挥体系，由党中央、中央军委集中统一领导。预备役部队各级军政主官、部门主要领导、部分机关人员和专业技术骨干，由现役军人担任。预备役军官主要从符合条件的退役军人、地方干部、人民武装干部、民兵干部、地方与军事专业对口的技术人员中选配。预备役士兵主要从符合条件的退役士兵、经过训练的基干民兵和地方与军事专业对口的人员中选编。预备役部队平时按照规定进行训练，必要时可以依照法律规定协助维护社会秩序，战时根据国家发布的动员令转为现役部队。组建预备役部队，是实施成建制快速动员的好形式，是提高储备质量的好办法，是节约军费开支、加强国防建设的好措施。

由于解放军主要担负对付外敌入侵的任务，需要统一调动，统一使用，因此对其必须实施高度集中的垂直领导，归中央军委统一指挥。

二、中国人民武装警察部队

中国人民武装警察部队是国家武装力量的重要组成部分，由党中央、中央军委集中统一领导。根据《中华人民共和国国防法》和《中华人民共和国人民武装警察法》的规定，武警部队担负执勤、处置突发社会安全事件、防范和处置恐怖活动、海上维权执法、抢险救援和防卫作战以及中央军委赋予的其他任务。武警部队包括内卫部队、机动部队、海警部队等，内卫部队按照行政区划编设，机动部队按照任务编设，海警部队在沿海地区按照行政区划和任务编设。武警部队平时执行任务，由中央军委或者由中央军委授权武警部队指挥；武警部队平时与人民解放军共同参加抢险救灾、维稳处突、联合训练演习等非战争军事行动，由中央军委授权战区指挥；武警部队战时执行任务，由中央军委或者中央军委授权战区组织指挥。中央国家机关、县级以上地方人民政府因重大活动安全保卫、处置突发社会安全事件、防范和处置恐怖活动、抢险救援等需要武警部队协助的，应当按照国家有关规定提出需求和进行业务指导。

---

① 国防部举行信息支援部队成立专题新闻发布会，《解放军报》2024 年 4 月 20 日第 4 版。

② 梅常伟：中国人民解放军信息支援部队成立大会在京举行，《人民日报》2024 年 4 月 20 日第 1 版。

人民武装警察部队设总部、总队(师)、支队(团)三级领导机关。武警总部是武警部队的领导指挥机关,领导管理武警部队各项工作。武警总部直辖若干师和大专院校;各省、自治区、直辖市设武警总队;总队以下根据行政区划和任务需要,设若干个支队;支队下辖大队、中队。

当前,武警部队按照多能一体、有效维稳的战略要求,加强执勤、处突、反恐、海上维权和行政执法、抢险救援等能力建设,努力建设一支强大的现代化武警部队。

三、民兵

民兵是不脱离生产的群众武装组织,是人民解放军的助手和后备力量。根据《中华人民共和国国防法》的规定,民兵在军事机关的指挥下,担负战备勤务、执行非战争军事行动任务和防卫作战任务。为确保完成上述任务,必须确立有关民兵的各项基本制度。中国以法律的形式确立了在国务院、中央军委领导下的民兵组织领导体制。全国的民兵工作由军委有关部门主管;省军区、军分区和县(市)人民武装部是本地区的民兵领导指挥机关;乡、镇、部分街道和企事业单位设有人民武装部,负责民兵和兵役工作。地方各级人民政府,对民兵工作实施原则领导,对民兵工作实施组织和监督。

民兵组织分为基干民兵组织和普通民兵组织。基干民兵组织编有应急队伍,联合防空、情报侦察、通信保障、工程抢修、交通运输、装备维修等支援队伍,以及作战保障、后勤保障、装备保障等储备队伍。28 岁以下退出现役的士兵和经过军事训练的人员,以及选定参加军事训练的人员编入基干民兵组织。其余 18～35 岁符合服兵役条件的男性公民,编入普通民兵组织。兵役法规定,实行民兵与预备役相结合的制度。一是规定基干民兵为一类预备役,普通民兵为二类预备役;二是把参加民兵组织和服预备役年龄、政治、身体条件一致起来;三是在有民兵组织的地方,在基层工作上把两者结合起来,使基层民兵组织成为预备役的基本组织形式。对于未编入民兵组织,但符合民兵条件的,进行预备役登记。

第三节　武装力量建设原则

武装力量建设,是组建武装力量,维持和完善武装力量体系,提高武装力量遂行军事任务能力的一系列活动的统称。[①] 它以军队建设为主体,是国防建设的重要组成部分。

为了打赢具有智能化特征的信息化局部战争,加速武装力量现代化建设,必须确立正确的指导原则。党的二十大报告强调,“坚持政治建军、改革强军、科技强军、人才强军、依法治军”[②]。《中华人民共和国国防法》第 24 条规定:中华人民共和国武装力量建设坚持走中国特色强军之路,坚持政治建军、改革强军、科技强军、人才强军、依法治军。这一规定,既明确了党在新时代的强军方略,也阐明了我国武装力量建设的指导原则。

第一,推动新时代政治建军方略全面落实。毫不动摇地坚持党对军队绝对领导的根本

---

① 全军军事术语管理委员会、军事科学院:《中国人民解放军军语》(全本),军事科学出版社 2011 年版,第 19 页。

② 习近平:《高举中国特色社会主义伟大旗帜 为全面建设社会主义现代化国家而团结奋斗——在中国共产党第二十次全国代表大会上的报告》,人民出版社 2022 年版,第 55 页。

原则和制度，全面深入贯彻军委主席负责制，深化党的创新理论武装，锻造坚强有力的党组织，推进政治整训常态化制度化，发挥政治工作生命线作用，培养有灵魂、有本事、有血性、有品德的新时代革命军人，锻造具有铁一般信仰、铁一般信念、铁一般纪律、铁一般担当的过硬部队，永葆人民军队性质、宗旨、本色。

第二，深入实施改革强军战略。全面落实党的二十届三中全会提出的“深入实施改革强军战略”要求，把持续深化国防和军队改革纳入国家进一步全面深化改革的大盘子。完善人民军队领导管理体制机制，推进领导掌握部队和高效指挥部队的有机统一；深化联合作战体系改革，完善军委联合作战指挥中心职能，优化战区联合指挥中心编成，推动联合作战指挥向下延伸；优化规模结构和部队编成，推动军队由数量规模型向质量效能型转变；深化跨军地改革，推动经济建设和国防建设融合发展。

第三，全面实施科技强军战略，充分发挥科技创新对我军建设的战略支撑作用，坚持自主创新战略基点，推进高水平科技自立自强，加快关键核心技术攻关，加快战略性、前沿性、颠覆性技术发展，加强科技创新管理机制和运行模式探索实践，让先进科学技术尽快转化为现实战斗力，推动我军建设发展质量变革、效能变革、动力变革。

第四，实施新时代人才强军战略。坚持党管干部、党管人才、组织选人，提高备战打仗人才供给能力和水平，走好人才自主培养之路，建强新型军事人才培养体系，创新军事人力资源管理，推动军事人员能力素质、结构布局、开发管理全面转型升级，锻造德才兼备的高素质、专业化新型军事人才。

第五，贯彻依法治军战略。把依法治军的着力点放在服务备战打仗上，形成系统完备、严密高效的军事法规制度体系、军事法治实施体系、军事法治监督体系、军事法治保障体系，按照法治要求转变治军方式，强化全军法治信仰和法治思维，突出依法治官、依法治权，依靠全军官兵共同建设法治、厉行法治、维护法治，提高国防和军队建设法治化水平。

上述五点，相互贯通、相互促进。政治建军为改革强军、科技强军、人才强军、依法治军提供精神支柱和方向，改革强军为政治建军、科技强军、人才强军、依法治军提供实现路径和方法，科技强军为政治建军、改革强军、人才强军、依法治军提供制胜力量和手段，人才强军为政治建军、改革强军、科技强军、依法治军提供人才队伍和支撑，依法治军为政治建军、改革强军、科技强军、人才强军提供法治基础和保障。五者统一于实现党在新时代的强军目标，统一于强军兴军、全面建成世界一流军队的伟大实践。在武装力量建设中，五者要统一推进、统一贯彻、统一落实，不能顾此失彼，也不能相互代替。

第四节　人民军队发展历程

中国人民解放军自 1927 年 8 月 1 日南昌起义以来，走过了 90 多年的战斗历程。90 多年来，在中国共产党领导下，人民解放军与全国人民一起，前仆后继，英勇奋斗，战胜了国内外强大敌人，夺取政权，巩固国防，进行社会主义建设，并且为世界和平与发展事业作出了卓越贡献。

在新民主主义革命时期，人民军队在中国共产党领导下，进行了长达 22 年的革命战争。土地革命战争中，创建农村革命根据地，深入开展土地革命，一次又一次粉碎了国民党的“围剿”,并在反“围剿”斗争遭到严重挫折的情况下胜利进行了战略转移——长征,使革命转危为安,开创了中国革命新局面。抗日战争中,在中国共产党倡导下,建立了以国共合作为基础的抗日民族统一战线,红军改编为八路军、新四军,同华南人民抗日游击队和东北抗日民主联军等人民抗日武装一起,深入敌后,开展抗日游击战争,创建敌后抗日根据地,开辟了广阔的敌后战场。人民军队是坚持抗战的中坚力量,敌后战场逐步发展为抗日战争的主战场。中国抗日战争的胜利,是中华民族百余年来反抗外来侵略所取得的第一次完全的胜利,为世界反法西斯战争的胜利作出了重要贡献。全国解放战争中,人民解放军以自卫战争粉碎了国民党军的全面进攻和重点进攻,随后转入战略进攻,发起战略决战,实行战略追击,消灭了数百万国民党军,解放了除台湾、澎湖、金门、马祖等少数岛屿以外的全部国土,迎来了中华人民共和国的诞生。在革命战争中,人民解放军由小到大,由弱变强。解放战争后期,已经发展成为一支有500余万人的,以步兵为主体,拥有一定数量的炮兵、通信兵、铁道兵和装甲兵的强大的陆军。

中华人民共和国成立后,人民解放军在中国共产党的领导下,忠实履行职能,巩固国防,抵抗侵略,保卫人民和平劳动,自身建设也取得了举世瞩目的成就。抗美援朝战争中,中国人民志愿军与朝鲜军民一道,打败了以美军为首的“联合国军”,维护了亚洲和世界和平,保卫了中国的安全。1953年召开的全国军事系统党的高级干部会议,确定了建设一支优良的现代化革命军队的方针和总任务。人民解放军完成了由以步兵为主的单一陆军向诸军兵种合成军队的转变,国防工业和国防科技获得巨大发展,以核武器为代表的尖端武器研制取得突破性进展,原子弹、氢弹、远程运载火箭、核潜艇等先后试制成功,极大地增强和提高了中国的国防力量和国际地位。先后进行了粉碎国民党军窜犯大陆作战、击落入侵中国领空的美国飞机作战、援越抗法、中缅勘界警卫作战、中印边界自卫反击作战、援越抗美、珍宝岛自卫反击作战、严惩入侵西沙群岛的南越军队作战、中越边界自卫反击作战等。同时,积极参加社会主义建设,在一些重点工程建设项目中发挥了重要作用,在各次重大抢险救灾中作出了重大贡献。

改革开放和社会主义建设新时期,人民解放军重新确立了革命化、现代化和正规化建设的总目标,实行军队建设指导思想上的战略性转变,由原来的准备“早打、大打、打核战争”的临战准备状态,转到和平时期建设的轨道上来。精简整编,裁军百万,组建合成集团军,加强质量建设。确立新时期战略方针,推进中国特色军事变革。在人民群众的大力支持下,成功进行了一系列重大军事行动,在香港、澳门回归时履行了维护国家主权的神圣使命,以强有力的军事行动,打击和遏制了“台独”势力的分裂行径,在维护祖国统一、安全和稳定,支援国家经济建设、抢险救灾等方面,作出了重大贡献。在新旧世纪交替之际,人民解放军进一步加强全面建设,扎实进行军事斗争准备,武器装备建设和国防科研取得新进展,国防和军队建设呈现整体推进、协调发展的局面。

党的十八大以后,中国共产党确立了新时代强军目标,人民军队“贯彻新时代党的强军思想,贯彻新时代军事战略方针,坚持党对人民军队的绝对领导,召开古田全军政治工作会议,以整风精神推进政治整训,牢固树立战斗力这个唯一的根本的标准,坚决把全军工作重心归正到备战打仗上来,统筹加强各方向各领域军事斗争,大抓实战化军事训练,大刀阔斧深化国防和军队改革,重构人民军队领导指挥体制、现代军事力量体系、军事政策制度,加快国防和军队现代化建设,裁减现役员额三十万胜利完成,人民军队体制一新、结构一新、格局一新、面貌一新，现代化水平和实战能力显著提升，中国特色强军之路越走越广”。[①] 当前，“如期实现建军一百年奋斗目标，加快把人民军队建成世界一流军队，是全面建设社会主义现代化国家的战略要求”。人民军队将“坚持党对人民军队的绝对领导，坚持政治建军、改革强军、科技强军、人才强军、依法治军，坚持边斗争、边备战、边建设，坚持机械化信息化智能化融合发展，加快军事理论现代化、军队组织形态现代化、军事人员现代化、武器装备现代化”[②]，全面加强人民军队党的建设，全面加强练兵备战，全面加强军事治理，提高捍卫国家主权、安全、发展利益战略能力，有效履行新时代人民军队使命任务。

思考题

1.我国武装力量的性质和宗旨是什么？

2.我国武装力量的使命任务是什么？

3.我国武装力量是如何构成的？

4.我国武装力量建设的原则是什么？

---

① 习近平：《高举中国特色社会主义伟大旗帜 为全面建设社会主义现代化国家而团结奋斗——在中国共产党第二十次全国代表大会上的报告》，人民出版社 2022 年版，第 12 页。

② 习近平：《高举中国特色社会主义伟大旗帜 为全面建设社会主义现代化国家而团结奋斗——在中国共产党第二十次全国代表大会上的报告》，人民出版社 2022 年版，第 55 页。

第五章 国防动员

国防动员(简称动员),是国家为应对战争或其他安全威胁,使社会诸领域的全部或部分由平时状态转入战时状态或紧急状态的活动。包括武装力量动员、国民经济动员、政治动员、民防动员、科技动员、装备动员等。国防动员工作全过程包括动员的准备、实施和复员。[①] 本章主要介绍国防动员的意义,国防动员的分类和内容,国防动员的要求、方针和原则以及国防动员的准备与实施等内容。

第一节　国防动员的意义

一、动员是增强国防实力的重要举措

国防实力,是国家防御外来侵略的力量,是国家军事、政治、经济、科学技术等力量的总和。打赢现代战争不仅靠军事实力,也需要国家综合国力的强大支撑。动员,是经济建设与国防建设融合发展的桥梁和纽带,是将国家的综合国力转化为国防实力的重要途径。动员能力,反映了国家号召力、政府组织力、社会凝聚力、民众团结力和资源转化力,是国家战略体系和能力的综合体现。国防动员准备中的各项建设,如国民经济动员、交通运输动员、人民防空动员等,主要是在国家经济建设领域进行的,国防动员准备本身就是国家经济建设的一部分。加强国防动员建设,有助于按照统筹经济建设和国防建设、实现富国与强军协调统一的要求,把国家日益增强的经济社会实力,有效地转化为国家应对战争的潜力和能力。

二、动员是打赢现代战争的可靠保障

战争发展的历史证明,交战双方谁具备了战争初期的快速动员能力和战争中后期持续不断的动员补充能力,谁就更有可能取得战争的最终胜利。特别是在信息化智能化战争条件下,国家必须拥有能够随时补充和满足军队作战需要的后备兵员和战略物资储备、畅通无阻的网络通信能力、强大的战略投送能力,以及全民同仇敌忾的战斗精神和有利的国际国内形势等基本条件。而所有这些潜在的战争能力,只有通过动员,充分发挥国家政权的强大组织力,才能转化为战争实力,保证战争的顺利进行和最终胜利。

三、动员是增强国防威慑力的有效手段

国家强大的动员能力不仅是打赢战争的重要保证,而且是慑止战争的有效手段。战争

① 全军军事术语管理委员会、军事科学院:《中国人民解放军军语》(全本),军事科学出版社 2011 年版,第 36 页。

是力量的竞赛，只有形成压倒对手的实力，并有使用这种实力的战略决心，才可能达到“不战而屈人之兵”的目的。以实战准备为基点的国防动员，在平时具有战争力量的积蓄作用，在战时具有战争潜力的转化功能，这对于保持战略威慑、维护国家安全，无疑具有重要作用。特别是处于防御地位、反对侵略的国家，如果能够恰当运用动员的威慑作用，适时显示应付战争的能力和拼死抵抗的决心，可以在一定程度上推迟甚至避免战争的爆发，或在战争爆发后控制危机升级，从而维护国家根本利益。

第二节　国防动员的分类和内容

一、国防动员的分类

动员可从多个角度分类。按规模，可分为总动员和局部动员；按方式，可分为秘密动员和公开动员；按时间，可分为初期动员和持续动员。秘密动员是在各种伪装手段掩护下隐蔽进行的动员；公开动员是宣布进入战争状态、公开发布动员令后所实施的动员。初期动员是在战争爆发前和战争初期进行的应急动员，包括整个战争初期的各项动员活动；持续动员是战争进入中后期之后，在初期动员的基础上，为继续满足战争需求所进行的动员。

根据我国《国防法》和《国防动员法》的规定，当中华人民共和国的主权、统一、领土完整、安全和发展利益遭受威胁时，国家将依照宪法和法律规定，进行全国总动员或者局部动员。我国法律主要是从动员的规模这一角度，将动员分为总动员和局部动员。

（一）总动员

总动员亦称全面动员，是国家采取紧急措施，在全国范围内实施的动员，即将全国军事、政治、经济、科技、文化以及社会生活的各个方面转入战时轨道。总动员通常在爆发大规模战争需要举国迎敌时进行，时机一般选择在战争初期。决定实施总动员的权限，属于最高国家权力机关，总动员令通常由国家元首或政府首脑发布。

总动员由于涉及面广、组织实施复杂，因而最能体现动员的一般规律。与局部动员相比，总动员有如下特征：一是全面性。总动员涉及国家各个地方、各个领域。为了应付大规模战争，国家转入战时体制，全国进入战争状态，一切部门和全体公民，都要服从战争需要，以各种方式支持战争进行。二是彻底性。由于全面战争往往比局部战争更复杂、更激烈、更残酷，因而总动员的程度也就更为彻底，它将使国家所具有的战争潜力更多地转化为战争实力，使政府的各种机制更多地由平时状态转换为战时状态，并由此导致整个国家的活动中心和社会生活发生根本性改变。三是持续性。总动员多是为全面战争而反复实施的。由于全面战争比局部战争涉及的范围更广，持续的时间更长，因而总动员也随之持续下去，可能持久进行，或者反复进行，甚至整个战争自始至终都贯穿着动员。

（二）局部动员

局部动员，是国家在部分地区或部门进行的动员。通常是动员部分武装力量和人力、物力、财力进行战争。决定实施局部动员的权限，属于最高国家权力机关。

局部动员是古今中外最常见的动员类型。第一次、第二次世界大战及战后的局部战争中，许多国家都进行过局部动员。我国为进行抗美援朝战争、对印自卫反击作战、对越自卫还击作战,也进行过局部动员。与总动员相比,局部动员具有以下特征:一是有限性。局部动员为局部战争而实施,作用、目的、时间、范围都有限,因而其规模必须严格控制。这样不仅可以尽量减少国家的负担和损失,还有利于达成政治上的主动。进行局部动员时,国家体制不做根本改变,不涉及国家的总体发展布局和正常的经济建设。二是不稳定性。局部动员有多种发展趋势,根据战争进展,有可能上升为总动员,也可能只在局部地区或部门进行。这就要求在局部动员之前和实施过程中,必须对战争的发展趋势不断研究和预测,一旦需要,及时向总动员过渡。

实施总动员还是局部动员,是由战争规模和国家战略意图决定的,二者在一定条件下相互转化。动员指导者应根据战争情况变化,适时调整动员规模。

二、国防动员的内容

国防动员通常包括武装力量动员、国民经济动员、科学技术动员、人民防空动员和政治动员等。

(一)武装力量动员

武装力量动员是指国家将军队及其他武装组织由平时体制转为战时体制所采取的措施。通常包括解放军现役部队和预备役部队、武装警察部队、民兵和预备役人员,以及相应的武器装备和物资等动员。它是动员的核心,对战争的进程和结局,特别是对战争初期军队的迅速扩编和战略展开,掩护国家转入战时体制,争取战略主动,具有重要意义。武装力量动员的主要做法是:一是扩编现役部队。二是征召预备役人员,重点是征召预备役军官和专业技术兵。三是预备役部队调服现役。四是动员和组织民兵参军参战。五是征用急需物资,主要是运输工具和工程机械、医疗器械、修理设备等,以满足军队扩编的需要。六是健全动员机构,加强组织领导。随着战争的发展,进行持续动员,以保证军队不断补充和扩大,直至战争结束。

(二)国民经济动员

国民经济动员是指国家将经济部门、经济活动和相应的体制从平时状态转入战时状态所采取的措施,是动员的基础。其目的是充分调动国家的经济能力,保障战争的需要。通常包括工业、农业、交通、财政金融、邮电通信、医疗卫生力量等方面的动员。国民经济动员的主要做法是:改组国民经济各部门,实行集中管理和使用战争潜力;调整国民经济比例,重新分配人力、物力、财力,统筹安排军需和民用;调整经济建设布局,搬迁、疏散重要工厂和战略物资;改组工业结构和产品结构,实施工业转产,扩大军工生产;调整科研和军工试验部门的任务,加速研制新式武器装备;调动交通运输、邮电通信、医疗卫生以及财贸、商业等各行各业的力量,为战争服务;加强能源生产和资源管理;改组农业,提高农业产量,加强粮食生产和储备,保障粮食供给;加强经济资源的开发利用,扩大生产,保障战争的需要。

在国民经济动员中,国防交通动员具有十分重要的地位。国防交通动员是指在全国或部分地区调集交通力量,全力保障战争需要的紧急行动。通常在国家动员领导机构的统一领导下,由国防交通主管机构组织,协同政府、军队有关部门共同实施。国防交通动员的主要任务包括:根据战争规模和作战需要,有计划地将平时国防交通领导机构迅速按方案扩编为战时交通运输指挥机构,政府交通运输部门随即转入战时体制;动员、征用社会运输力量,必要时对交通运输系统实行不同范围、不同形式的军事化管理;动员、组织各交通保障队伍

和交通保障物资器材迅速到位，遂行运输、抢修、防护任务；根据统帅部的规定，做好对弃守地区的交通遮断准备，保障及时遮断。

（三）科学技术动员

科学技术动员是指国家或政治集团为实施战争或应对其他军事危机，统一组织科学技术力量从事科学技术开发的活动，简称科技动员。主要任务是，针对战争中出现的科技问题和提出的科技需求，动员可以利用的一切科研力量，加速已有科研成果的转化，不断产出新的科研成果，满足武装力量和生产、生活对科技的需求。信息化条件下，科技动员准备要注重加强与作战部队对口的专业技术分队建设，减少一般专业分队，增加高技术专业分队；要大力培养信息化人才队伍，建立军地一体、纵横相接的人力信息资源数据库，把军民通用的计算机网络人才、电子技术人才编入民兵预备役组织，不断提高动员的科技含量。科技动员的主要做法：一是按照动员计划调整原有的科研领导体制和科研体制，将全国科技研究转入战时轨道。二是强化国家对科技领域人力、物力和财力的投入，将更多的科学技术转化为军事实力和战斗力。三是充分运用先进的科技成果和科技手段，迅速改进和更新武器装备。四是采取多种措施吸引科技人才，加速为军队输送各类专业技术人才，保持参战人员与武器装备的有机结合。五是加大对高等院校的投入，为战时科研输送后备人才。六是及时总结战争经验教训，开拓新的研究领域，充分发挥科学技术在战争中的作用。

（四）人民防空动员

人民防空动员是指国家战时发动和组织人民群众防备敌人空袭所采取的措施，也可简称为人防动员，有的国家称为民防动员。其主要任务是：依据国家有关法律法令，动员社会力量，进行防空设施建设，组建防空专业队伍，普及防空知识教育，组织隐蔽疏散，配合防空作战，消除空袭后果。其目的是保护居民、经济设施及其他重要目标安全，减少国家及人民群众生命财产的损失，保存战争潜力。随着现代科学技术的飞速发展，各种新式空袭兵器不断出现，空袭、反空袭已成为现代战争的主要作战样式。搞好人民防空动员，对于增强国家的总体防御能力具有重要的战略意义。

（五）政治动员

政治动员是指国家或政治集团为实施战争或应对其他军事危机，在政治和思想方面采取的紧急行动。政治动员的主要内容和做法：一是根据战时国家管理需要，调整政治体制。主要措施包括：缩小参与最高决策的范围，改变决策程序，对部分国家机构及其职能作出必要调整。二是调整阶级、民族和外交方面的政策策略，联合多种力量，力求在国内、国际建立广泛的统一战线。三是组织战争宣传，开展舆论斗争。包括实施战时新闻发布制度和新闻出版检查制度，有计划地组织新闻宣传和报道活动，提出统一的战争宣传思想，发布政治动员口号等。四是开展国防教育。国防教育是国家为增强公民的国防意识、提高公民的国防行为能力而进行的教育，目的在于使公民增强以爱国主义为核心的国防观念，树立居安思危的忧患意识；振奋以民族自尊心、民族自信心和民族自豪感为基础的国防精神，增强建设祖国、保卫祖国的使命感和责任感；掌握基本的国防知识和必要的军事技能；增强自觉履行国防义务的积极性。国防教育是和平时期做好动员准备的一个重要方面，在国家发布动员令后，则进一步转化为战时政治动员的组成部分。主要措施包括：最高领导人发布战争演讲；利用各种宣传形式，反复阐述战争性质和意义，宣传和表彰模范人物和英雄事迹；揭露敌方战争罪行，进行仇视和蔑视敌方的教育；及时落实优抚政策，开展拥军优属活动。

第三节　国防动员的要求、方针和原则

一、现代国防动员的要求

现代国防斗争复杂多样,尖锐激烈,对动员工作提出了更高的要求。在信息化条件下,特别是要重点做好应对局部战争和突发事件的动员准备。从总体上看,信息化条件下局部战争和现代国防对动员的要求主要有以下方面。

(一)动员速度要快

现代条件下,战争的突发性、短促性、速决性不断增大,从发现战争征候到实施动员的时间十分短暂,可供动员利用的时间越来越短。第一次世界大战中,各参战国军队完成动员的时间为5～21天。第二次世界大战中,各主要参战军队完成首批动员的时间为2～9天。1973年的第四次中东战争中,以色列在战争爆发后15分钟就通过电台向全国发布动员令,1小时后征用了大批民用汽车投入军事运输,48小时内动员了30万人开赴前线。美国在海湾战争爆发前进行的武装力量动员,部队开赴战区的时间一般只用2～4天,其中,陆军先头部队接到总统命令后2天内就抵达沙特阿拉伯。由此可见,国防动员所能利用的时间不断缩短,动员的速度比以往要求更高,即使在战争爆发之前进行动员,其时间也是极其有限的。因此,只有快速完成动员任务,才能获得先机之利。高速度的国防动员,可在一定时期内弥补兵员数量上的不足,改变作战力量的对比,夺取战场主动权。反之,基础再雄厚,力量再强大,也将受到压制、分割而难以发挥作用。

(二)动员数量要充分

所谓数量充分,就是动员的兵员和物资要有足够的数量,首先要保障战争初期的需要,同时还要保持持续的动员能力,以保障战争中后期的需要。世界近期发生的局部战争,规模虽然有限,但其中一个突出特点是物力、财力消耗增加。海湾战争仅打了43天,美军及多国部队却消耗了611亿美元,平均每天消耗11.2亿美元。从海湾危机到海湾战争,美国动用了3132艘大型舰船昼夜不停地往返于战区至美国本土和欧亚等地运送作战物资,出动军队和民航飞机1.1万架次向海湾运送武器装备、弹药给养,甚至动用了美国在世界各军事基地的战略储备。信息化条件下局部战争中,作战物资处于高强度、高速度的消耗状态,这就要求提高持续动员能力,从而要求在平时打好动员的基础。

(三)动员质量要高

现代战争中,高技术武器装备的大量使用,使一线直接参战的士兵和指挥人员减少,而后方技术保障、设备维修人员成倍增加,这必然导致军队中专业技术兵员比例不断上升。据有关资料记载,第一次世界大战时军队的技术种类仅有20多种,第二次世界大战时发展到160多种。现在世界一些发达国家军队中的专业技术种类已达到几千种。可见,现代战争对专业技术兵的需求量越来越大,对后备力量战时动员的质量要求越来越高。战争的现代化程度越高,参战的军兵种越多,专业技术兵比例就越大,对动员的整体质量要求就越高。质量重于数量,已成为信息化智能化战争对国防动员的基本要求。

(四)动员的范围要广

局部战争的实践充分证明,在信息化条件下,无论是进行小规模的局部战争,还是进行中等规模的局部战争,动员所涉及的范围非常广泛。海湾战争中,美国在陆、海、空三军都征召了后备役人员,动员的范围几乎涉及全国各个方面。除兵员动员外,还动员征用大批民船、车辆和大型民用运输机,以及作战和生活物资达数万种。伊拉克为对付以美国为首的多国部队,进行了全国总动员,涉及政治、经济、外交、民防等各个方面。可见,现代局部战争规模虽有所不同,但动员中涉及整个国家的各个方面、各个领域、各种力量,内容和范围十分广泛,组织工作极其复杂。动员涉及的各种对象互相联系,相互制约。任何一个方面发生变化,都会对其他方面带来直接或间接的影响。因此,动员工作必须全面筹划,整体协调,从多方面做好准备,才能适应现代战争中对动员的需要。

(五)动员要力求隐蔽安全

现代侦察情报手段先进,远程兵器精度高,破坏力大。战争初期,敌人必将依仗其先进的技术装备,采取各种手段,对我进行破坏。因此,在组织实施动员时,特别是兵力的集结与机动,军用物资的储备与运输,应力求做到隐蔽安全。在平时,要根据战时可能出现的情况,进行必要的演练,以适应战时复杂情况下实施快速动员。

二、国防动员的方针

国防动员的方针,是为国防动员活动确定的总方向和总目标,是指导国防动员活动的纲领性、核心性思想。它对于制定和执行各类动员计划,保障动员活动顺利和有效地开展,具有重要意义。根据《中华人民共和国国防动员法》的规定,在我国的国防动员中,应当坚持平战结合、军民结合、寓军于民的方针。

(一)平战结合

平战结合,是指平时的动员准备与战时实施有机结合。平时准备是战时实施动员的基础,只有平时准备好,才能保证战时快速高效地实施动员;战时实施是对平时准备的实际运用和检验,也是平时准备的目的。国防动员工作坚持平战结合,就是要把国防动员实施的需要,作为国防动员准备的出发点和立足点,一切以满足国防动员实施需要为标准,从组织领导体制、规模布局到法规政策制度的确立,从动员领域的基础建设到动员工作的程序方法,都要做到平战衔接、平战一体,充分体现平战结合的内在要求,确保国防动员准备与实施能够经得起实战的考验。

(二)军民结合

军民结合,是指国民经济和社会发展中军需与民用的有机结合。军民结合是一个问题的两个方面,军是主导,民是基础。新时代,贯彻军民结合的方针,关键是要落实军民融合深度发展的理念,这是信息化条件下提高国防动员水平的必由之路。在组织领导方面,坚持地方党委与军事机关的双重领导、双向兼职;在科技研发方面,不断提高新武器新技术发展的军民融合度;在信息共享方面,大力提高国民经济数字化动员水平;在后勤保障方面,打破军地、部门之间的界限,逐步探索任务衔接、梯次保障的模式。同时,要坚持在重要建设项目和重要产品中贯彻国防要求,坚持精干的常备军与强大的后备力量相结合……总之,在国防动员的各个领域,都要力求实现军需与民用的深度融合。

(三)寓军于民

寓军于民,是指将国防潜力寓于国家经济建设和社会发展之中。国防动员虽属于国防,但却来源于民,根植于民,依托于民。国防动员工作坚持寓军于民,就是要从国防动员能力形成的这一特性出发,根据国家安全对国防动员的需要,对经济和社会中蕴藏的国防潜力进行有组织、有计划的开发。在人力动员方面,要通过预备役制度,训练和储备战时需要的人力资源,做到平时少养兵,战时多出兵;在物力动员方面,要把动员潜力寓于国家雄厚的物力基础之中,军民兼容,以民养军;在财力动员方面,要发挥中央和地方两个积极性,为国防动员的准备与实施提供有力的财力保障;等等。

三、国防动员的原则

国防动员的原则是组织动员准备、实施战时动员的基本准则,也是国防动员一般规律和要求的反映,对于规范和指导国防动员工作,具有重要意义。根据《中华人民共和国国防动员法》的规定,中国的国防动员坚持统一领导、全民参与、长期准备、重点建设、统筹兼顾、有序高效的原则。

(一)统一领导

统一领导,是指对国防动员工作实行统一的组织领导,这是动员的根本原则。根据宪法、国防法和国防动员法的规定,全国人大常委会决定全国总动员或局部动员,国家主席发布动员令;国务院、中央军委共同领导全国的国防动员工作,统一组织国防动员的准备与实施。中国共产党是国家的执政党,在国防动员和其他一切国防事务中发挥决定性的领导作用。我国国防动员的有关法律和政策,在党的领导下制定和实施;有关国防动员的重大问题,由党中央作出决策,经法定程序作为国家的统一部署贯彻执行。因此,党对国防动员的领导与国家对国防动员的领导是完全一致的。只有实行党和国家的统一领导,才能形成全国人民的统一意志,充分调动各方面的积极性,保障国防动员顺利进行。

(二)全民参与

全民参与,是指国防动员工作应当组织、发动全体公民广泛参与。应当认识到,平时依法完成动员准备工作,战时完成规定的动员任务,是每一个公民义不容辞的责任。国防动员工作的顺利与否,关系到国防的巩固与否,也关系到每一个公民的切身利益。公民可以享受强大国防保障下的一切权利,也就应当为巩固国防履行应尽的义务。我国是实行全民国防的国家,这就决定了国防动员工作必须以全体公民为主体,形成人人关心动员、参与动员的局面。

(三)长期准备

长期准备,是指国防动员准备工作具有持久性和连续性。和平时期,必须居安思危,从长计议,做好国防动员的各项准备工作。这一点,是国防建设的长期性决定的,也是国家面临的安全威胁的长期性决定的。只要世界上存在着不安定因素,只要国家安全面临着各种威胁,动员准备工作就一刻也不能停止。同时,国防潜力的积蓄和动员能力的形成也是一个长期渐进的过程,需要长期艰苦细致的努力,坚持不懈地进行下去。

(四)重点建设

重点建设,是指根据国家安全的需要,在国防动员建设上突出重点领域、重点地区、重点工作。我国还是一个发展中国家,进行国防动员建设,要充分考虑综合国力的现状和人民群

众的承受能力，在物力财力有限的情况下，必须区分轻重缓急，有重点、分层次地开展国防动员的各项准备工作，突出主要战略方向和战备重点地区的国防动员建设，做到抓住重点，带动全盘，引领国防动员的科学发展。

（五）统筹兼顾

统筹兼顾，是指国防动员工作应当与国家经济社会发展统筹兼顾，协调发展。首先，要统筹好国防动员建设与经济社会发展的关系，把国防动员建设纳入国家经济社会发展规划之中。一方面，要服从服务于国家经济社会发展的大局，发挥国防动员的优势，为经济社会发展做贡献；另一方面，要根据国家可能提供的财力物力，加强自身建设，提高动员能力，为国家经济社会发展创造安全稳定的社会环境。其次，要统筹好国防动员体系内各子系统之间的建设与发展，处理好全局与局部、长远与当前、需要与可能、重点与一般的关系，统一规划，统一部署，使国防动员各项建设相互促进，全面发展。

（六）有序高效

有序高效，是指国防动员建设必须实现规范化、制度化和高效率、高效益。由于现代科学技术和武器装备的发展，战争的突然性、紧凑性大大提高，局部战争开战即决战的特点明显。只有在冲突爆发之前或之初的短暂时间内，迅速而有序地完成武装力量动员和战略展开，使国家或局部地区在最短的时间内由平时状态转入战时轨道，才有可能夺取战争主动权。贯彻有序高效的原则，一是加强科学性，建立行之有效的平战转换机制，充分运用卫星侦察、人工智能等手段，及时掌握战争爆发的征候，迅速实现平战转换；二是加强针对性，积极探索信息化智能化战争的特点和规律，明确军事斗争准备的内容和目标，把握动员各项需求，有的放矢地进行动员准备；三是加强法治性，建立健全动员法规制度，加强执行力，为提高动员效益提供有力的法治保障。

第四节　国防动员的准备与实施

一、动员准备

动员准备，是国家在国防发展战略指导下，为防备战争而进行的发展动员基础、提高动员效能的活动。做好动员准备，是增强国防威慑力量、保证国家安全的必要措施。

（一）加强全民国防教育，打牢动员的思想基础

做好动员准备，有赖于精神和物质两个方面的努力。加强全民的国防教育，是动员准备不可或缺的一部分，要通过教育使全体人民认识到我国正在进行社会主义现代化建设，需要一个和平环境，但和平环境需要强大的国防来维护。不打仗，可以不动员，但是绝不能不进行动员准备。相反，维护和平更需要加强动员准备，以便利用有利时机，壮大和平力量，制止战争爆发。

（二）发展国家经济建设，打牢动员的物质基础

国家动员能力取决于动员基础，包括国家的人力资源、国家经济部门的生产能力、战略原材料的储备、财政金融的实力等。我们坚持在经济发展的基础上，努力积蓄和发展战争潜力。同时，国民经济建设必须随时考虑到动员的需要，必须具备转入战时体制的能力。在进

行经济建设中要把军事目的、军事用途与国民经济各部门的工作结合起来,在不影响国民经济发展的情况下,赋予各部门、各方面一定的动员职能。

(三)搞好后备兵员储备,打牢动员的兵员基础

民兵、预备役是常备军的后备兵员,是现役部队组编补充兵员的主要来源,也是战时动员的组织基础,在整个动员中具有举足轻重的地位。当代信息化战争对后备兵员提出了更高的要求。因此,必须从提高质量入手,做好信息化条件下的兵员动员准备工作。要着眼未来合同作战特点,积极开辟有效途径,扩展专业技术兵储备。一是按照就地就近的原则,加强与动员扩编部队挂钩联系,充分利用部队的装备器材和技术人才,实行对口带训,进一步增加专业技术兵员数量;二是调整布局,充分发挥城市和县城厂矿企业集中、技术力量雄厚、军地通用器材多的优势,进一步扩大专业技术兵组建面,增加专业技术分队种类和组建量;三是以地(市)和县(区)为单元,分别建立相对稳定的专业技术兵储备基地;四是不断调整改善武器装备种类,逐步搞好配套,在民兵组织和预备役部队中有计划按比例逐步组建一些炮兵、工程兵、装甲兵、防化兵等特种专业技术分队,优化兵员结构。

(四)健全和完善动员体系,打牢动员的组织基础

国防动员体系,是由国防动员组织领导体系、政策理论体系、物质基础体系和法律制度体系等,共同构成、共同作用形成的国防动员运行系统。这一系统是否科学、是否先进,将直接决定国防动员能力的强弱及国防动员作用的发挥,因而成为国防动员建设的核心任务。

《中华人民共和国国防动员法》第 3 条规定:"国家加强国防动员建设,建立健全与国防安全需要相适应、与经济社会发展相协调、与突发事件应急机制相衔接的国防动员体系,增强国防动员能力。"这一规定明确,我国的国防动员体系建设必须与这三个要求相适应。

一是与国防安全需要相适应。就是说,国防动员体系必须适应巩固国防、打赢反侵略战争的需要。当战争来临时,必须通过国防动员体系的运转,迅速集中人力、物力和财力,有效地支援战争,以赢得战争的胜利。

二是与经济社会发展相协调。主要表现在三个方面:首先,国防动员体系建设要服从经济社会发展的需要,以保证经济建设的顺利进行为前提,量力而行地进行国防动员准备。其次,国防动员体系建设要服务于经济社会的发展,通过做好各项动员准备工作,有效地提高我国的国防实力,从而更好地为经济社会的发展争取一个安全稳定的良好环境。再次,国防动员体系建设要充分利用经济社会发展的成果,不断提高国防动员体系的现代化程度,力求使国防动员能力与国家经济实力、人民生活水平同步增长。

三是与突发事件应急机制相衔接。《中华人民共和国突发事件应对法》对突发事件的界定是:"突然发生,造成或者可能造成严重社会危害,需要采取应急处置措施予以应对的自然灾害、事故灾难、公共卫生事件和社会安全事件。"从世界范围看,利用动员体系应对战争和突发事件,是许多国家的普遍做法。我国幅员辽阔,自然灾害、事故灾难频发,公共卫生事件和社会安全事件时有发生,提高应对各种突发事件的能力是我国经济社会发展的迫切需要,也是国防动员系统的一项重要任务。国防动员体系与国家的突发事件应急机制有机结合,平时,可以通过国防动员体系应对非军事公共安全危机;战时,也可以利用突发事件应急机制保障国家安全。这是国家顺应时代发展的要求、整合国家危机管理资源、加强国家危机管理采取的重大举措,对于发挥国防动员的危机管理功能,迅速消除平时可能出现的公共安全危机,保护人民群众的生命财产,维护社会的安全与稳定,具有重要意义。

二、动员实施

动员实施，是指在战争或其他军事威胁状态下，将战争潜力转化为战争实力的一系列活动，是依据动员规划计划落实动员内容的过程，是战争动员的实质性阶段。

（一）进行动员决策

动员决策是在正确分析国家安全形势和战争威胁的基础上，按照法定程序对动员作出决定的过程。它是涉及国家战争与和平、安全与发展、人民生活状态的重大政治问题。如果决策失误，动员过早或规模过大，会影响国民经济发展，造成国内不必要的紧张，在国际上也会处于被动地位；动员过迟或规模过小，则有可能影响武装力量的战略展开和整个国家转入战时体制，甚至处于被动挨打的境地。因此，动员决策必须慎之又慎。一是必须坚持决策权的集中统一。在中国，就是要坚持党中央集中统一领导。二是充分吸收咨询机构意见，综合比较多种方案。三是广泛运用科学方法和技术手段，如运用动员决策支持系统、动员模拟系统等进行辅助决策，提高动员决策的时效性和科学性。四是一旦下定决心，必须迅速果断决策。特别是在现代战争爆发突然、进程短促、强度增大的情况下，对快速动员决策提出了更高要求，决策的时效性是夺取战争主动权的首要因素。

（二）发布动员令

动员令是宣布全国或部分地区、某些部门转入战时状态的命令。动员令的发布，关系战争的胜负和国家的前途命运，各国大都由最高权力机关或国家元首、政府首脑发布。根据我国宪法规定，国家主席根据全国人民代表大会的决定和全国人民代表大会常务委员会的决定，宣布战争状态，发布动员令。发布动员令分公开和秘密两种方式。公开发布动员令，一般是战争在即或已经爆发的情况下施行，可以运用一切宣传工具和通信手段，不受任何保密限制。这种方式传递速度快，能在短期迅速转入战时体制。秘密发布动员令，通常是在战争已不可避免但又尚未爆发，为隐蔽企图和不给对方以口实时采用，一般只下达给政府有关部门和军事机构，预备役部队、军工厂和需要转产的民用工厂。动员令的主要内容包括：敌情，动员实施方式、任务，后备兵员集结、输送和补充，完成时限等。

（三）启动动员机制

动员机制是确保动员行动顺利实施的制度及其相关配套措施。从实施程序来看，一旦作出动员决策、发布动员令，就要通过启动动员机制进行平战转换，使国家从平时状态转入战时状态。一是启动动员指挥机制，确定动员指挥机构编组。二是明确战时动员机构的指挥权限，强化各级各类国防动员执行机构的责任，完善动员管理监督机构的工作机制，提高动员机构运行效率。三是在各级动员执行机构、党政机关相关部门、有关企事业单位、社会团体启动战时动员工作机制，确保国防动员工作的顺利开展。四是适时采取特别措施。主要包括：对金融、交通运输、邮政、电信、新闻出版、广播影视、信息网络、能源水源供应、医药卫生、食品和粮食供应、商业贸易等行业实行管制；对人员活动的区域、时间、方式以及物资、运载工具进出的区域进行必要的限制；在国家机关、社会团体和企业事业单位实行特殊工作制度；为武装力量优先提供各种交通保障等。

（四）进行动员筹划

动员筹划是根据担负的动员任务、敌情我情，结合动员资源和条件，形成国防动员决心计划的过程。一是分析判断情况，包括准确理解上级作战意图和动员要求，分析当前敌情、我情、社情,掌握动员资源底数,搜集研判相关情况等;理解动员任务,包括理解作战任务要求,上级动员的企图目的、具体内容,本级动员完成时限、条件标准、效果要求等要素。二是确定动员构想,包括明确动员指导思想、基本原则,对主要任务及区分、力量使用、行动进程等提出具体构思和基本设想。三是拟制动员方案,通常包括情况判断结论、动员企图、动员任务区分、动员力量编成与任务、主要动员行动、动员指挥协调、相关动员保障等内容。

(五)展开动员行动

展开动员行动,是依据动员实施计划,及时、有效地组织实施动员行动的过程。在这一环节中,武装力量要迅速转入战时状态。满编部队应迅速集结到指定地域,补充武器装备;有作战任务的部队,要迅速开赴前线。简编部队应迅速补充,满员齐装。预备役部队应根据情况,迅速集结、换装、发放武器装备,实施交接,转隶关系,明确任务,并抓紧时间进行整训。民兵应做好应征准备,同时启封民兵武器,成建制组织起来,进行必要的训练。另外,视情况准备成立新的部(分)队。

地方政府各部门要根据上级下达的动员任务,积极实施动员计划。经济部门要迅速动员民用工厂转产,生产前线急需的武器弹药、服装和食品等;科研机关要抽出人力、物力,研制、开发新型武器装备;教育部门要组织地方有关的大专院校为军队培养和输送人才;宣传文化系统要搞好政治动员,加强爱国主义、革命英雄主义和参军参战的宣传教育;退役军人事务部门要做好优抚工作;外事、外贸部门应积极争取外国的军事、经济援助,并通过各种途径广交朋友,打击敌人。总之,各行各业都要动员起来,有组织、有计划地转入战时体制,为战争服务。

思考题

1.什么是国防动员?如何分类?
2.国防动员的内容有哪些?
3.什么是武装力量动员?如何组织实施?
4.什么是国民经济动员?如何组织实施?
5.现代国防动员的要求是什么?
6.我国国防动员的方针原则有哪些?

军事思想篇

第六章 军事思想概述

军事思想既是历代战争与军事实践经验的理论概括，又是现实与未来战争与军事实践的理论指导。其研究不仅覆盖整个军事领域，而且与社会政治、经济、文化、科技等领域密切相关，具有鲜明的阶级性、时代性和明显的继承性。因此，研究军事科学必须从学习军事思想入手。本章主要介绍军事思想的基本概念、军事思想的发展历程以及军事思想的地位和作用等内容。

第一节 军事思想的基本概念

一、军事思想的定义和分类

（一）军事思想的定义

军事思想是“关于战争和国防基本问题的理性认识，是军事实践的经验总结和理论概括。军事思想是军事科学的综合性基础理论，从总体上考察和回答军事领域的普遍性、根本性问题，揭示军事领域的一般规律，提出军事斗争和军事建设的基本方针及基本指导原则，为人们研究和解决军事问题提供总体性理论指导”。① 军事思想来源于战争与军事活动的实践，并随着战争和军事实践的发展而发展。

（二）军事思想的分类

从不同的研究角度出发，军事思想可以有不同的区分方法：按时代区分，有古代军事思想、近代军事思想和现代军事思想；按阶级性质区分，有奴隶主阶级军事思想、封建地主阶级军事思想、资产阶级军事思想和无产阶级军事思想等；按地域和国家区分，有外国军事思想和中国军事思想；按人物区分，有孙子军事思想、拿破仑军事思想、克劳塞维茨军事思想、毛泽东军事思想；等等。总的来说，任何军事思想都是对战争和军事问题的理性认识，它以一定哲学的世界观和方法论为指导，反映一定时代、阶级、国家、人物对战争性质、战争准备与实施等所持的基本观点。

二、军事思想的内容

军事思想的内容大体可以分为两个层次：一是军事哲学问题，主要内容有战争观、军事

① 《中国军事百科全书·军事思想》，中国大百科全书出版社 2015 年第 2 版，第 1 页。

问题的认识论和方法论;二是军事实践基本指导原则问题,主要内容有战争指导的基本方针和原则、军队建设的基本方针和原则、国防建设的基本方针和原则等。本篇在对军事思想进行总体概述之后,重点围绕中国古代军事思想、毛泽东军事思想、新时期党的军事指导理论、习近平强军思想等内容展开论述。

三、军事思想的特性

(一)军事思想具有鲜明的阶级性

军事思想来源于社会实践,在阶级社会中,人们为了各自阶级的利益,所奉行和推崇的军事思想,必然要反映各个阶级对战争和军队建设的认识和立场。因此,不同阶级、国家或政治集团必然有不同的军事思想。

(二)军事思想具有强烈的时代性

军事思想来源于战争实践,不同历史时期的战争有着不同的形态和战略战术,有着不同的军队组织原则和编制。这种不同时代的特征往往最能反映当时的物质生产水平,军事思想所反映的这些特征代表着这一时代的生产力水平。

(三)军事思想具有明显的继承性

战争的特征之一,就是强制人们的主观认识同客观实际的一致性。因此,在战争中,人们必须按事物的客观规律办事。古代大军事家孙武说:“先知者,不可取于鬼神,不可象于事,不可验于度,必取于人,知敌之情者也。”因为只有这样,才能做到“知彼知己,百战不殆,知天知地,胜乃无穷”。所以,历史上所形成的具有规律性的军事原则、概念和范畴被流传下来为后人使用,并不断地加以丰富和发展。

第二节　军事思想的发展历程

人类对军事问题的认识,随着社会生产力的发展、战争规模的扩大,以及科学文化水平的不断提高,经历了一个由浅入深的演进过程。

一、中国军事思想发展历程

(一)中国古代军事思想发展历程

中国古代军事思想,经历了先秦至清朝前期漫长的历史时期,产生了丰硕的军事理论成果。

从约公元前21世纪奴隶制的夏王朝建立起,战争成为阶级斗争的最高形式。在甲骨文和金文中已经有了军事与战争问题的记载,当时的军事理论,散见于国家的典章法令和其他文献之中。例如,《易经》的卦辞和爻辞中有反映商周之际谋略思想的内容。《尚书》《诗经》中记述了一些军事理论的片断和零星的谋略思想及战争情况。相传西周出现专门的军事文献《军志》《军政》,虽早已失传,但在后来问世的《左传》《孙子兵法》等书中,还保留着一些片断的引文。为此,《军志》和《军政》两部专门兵书的问世被认为是中国古代军事思想产生的重要标志。

春秋战国时期,随着奴隶制向封建制的过渡,社会大变革和频繁的战争使军事理论和实

践得到新的发展。军队的组织制度初步完善,战略战术原理趋于系统,作战兵器也不断改进,许多军事家和兵书著作不断涌现。其中最杰出的就是春秋末期吴国孙武所著《孙子兵法》,它标志着封建统治阶级军事思想的成熟。它的军事理论和哲学思想,都达到了当时的最高水平,成为后世兵书的典范,影响深远。战国时期,又出现了《吴子》《司马法》《孙膑兵法》《六韬》《尉缭子》等兵书。它们在继承《孙子兵法》军事思想的同时,又有所发展和创新。春秋战国时期,军事学术上是"百家争鸣"。各派思想家、政治家对战争问题各抒己见。其中突出的是儒、墨、法、道四家。儒家的仁义为本、足食足兵和重视组织训练的思想,墨家的休养生息和注重武器与军事工程的主张,法家的讲耕战,重实力、权术和刑赏的观点,道家的慈故能勇、柔弱胜刚强、进道若退的辩证观点等,都给历代军事思想以深刻的影响。

从秦始皇统一中国后,在漫长的历史时期中,虽历经秦、汉、晋、隋、唐、宋、元等王朝的统治和更迭,但先秦的军事思想一直起着重要的指导作用。同时,由于社会经济、政治、文化及战争的发展,军事思想也进一步丰富和提高。汉初出现的《三略》和后来的《淮南子·兵略训》等,是传世的重要著作。唐代《李卫公问对》一书,联系唐代初期的战争经验,对以往兵书进行了探讨,对《孙子兵法》提出的虚实、奇正、攻守等原则及其内在联系做了比较辩证的论述。北宋初期,火药、指南针等开始用于战争,军事技术的发展对作战思想产生重要影响,频繁的各类战争促进了战略战术的发展。北宋前期,提倡文武官员研究历代"军旅之政,讨伐之事",并编纂出中国第一部兵书汇编《武经总要》,总结古今兵法和本朝方略。宋神宗元丰年间,又将《孙子》《吴子》《司马法》《六韬》《尉缭子》《三略》《李卫公问对》汇编为《武经七书》,作为武学的必修课程。当时,许洞的《虎钤经》和何去非的《何博士备论》对皇帝绝对控制军队指挥权提出了非议。陈规的《守城录》记录了军队开始使用火器和改进城防工事进行防御作战的方法,主张"守中有攻"。以上兵书的内容,进一步丰富和发展了中国的古代军事思想。

从明朝至清朝前期,不但有连绵不断的大规模农民起义战争、民族起义战争和统治者的平叛战争,而且外国也开始入侵中国。这一时期,一方面出现了十分保守的只求守城保寨单纯防守作战的思想;另一方面从实践中总结出带有明显革新内容的军事思想,明代戚继光的《纪效新书》和《练兵实纪》就是这种革新思想的代表作。何良臣的《阵纪》,对军队组训和战法的论述也具有革新内容。孙承宗主编的《车营扣答合编》反映了大量火器装备部队后编制和战法的改革。茅元仪编纂的军事百科全书性的著作《武备志》,提出实行军事改革的依据,以求振兴明王朝的武备。清王朝时,统治者局限于骑射为满洲之根本的思想,采取闭关锁国政策,在军事上逐渐趋于保守落后。虽然出现一些总结实战经验或论述防务、训练的兵书,但总的讲,军事思想趋于陈旧与保守。

(二)中国近代军事思想发展历程

中国近代军事思想是指从1840年至1949年这一段时间内,在半殖民地半封建社会的中国由东、西方军事思想相互碰撞、交融而形成和发展起来的军事思想。

中国在1840年的鸦片战争之后,传统兵学受到西方军事思想的严重冲击。林则徐、魏源等有识之士提出"师夷长技以制夷"的主张,标志着变革传统军事思想的开端。在洋务运动中,清政府在"器利兵精"和"自强以练兵为要,练兵又以制器为先"的思想指导下,开始兴办中国近代军事工业,引进、仿造西式的枪炮、战舰,编练军队。在中法战争和中日甲午战争中,清军虽最后归于失败,但国防建设思想、作战指导思想和作战方式却向近代化迈进了一步。以孙中山为代表的资产阶级革命党人,在共产国际和中国共产党的帮助下,提出以党治军、军队与国民相结合,进而成为群众的武力的建军方针,并在军队中建立党代表和政治工作制度,在建军思想上迈出了重大的一步。从 1927 年到 1949 年,蒋介石及国民党政府引进西方和日本的一些军事技术、体制编制和资产阶级军事思想,又按其所需承袭中国古代军事思想,并与法西斯的军事思想掺杂混用,从而形成其军事思想的政治特征。在此期间,蒋百里、杨杰等军事理论家,在《国防论》和《国防新论》等著作中,对战争和国防的基本问题进行了探索,提出了一些独到的见解,对中国的国防建设具有一定的参考价值。

1927 年后,以毛泽东为代表的中国共产党人,在领导中国革命战争和人民军队建设的长期实践中,集中全党全军的智慧,广泛汲取古今中外军事思想的精华,创立了毛泽东军事思想的科学体系。毛泽东军事思想深刻地反映了军事领域的一般规律,是军事思想发展史上的伟大里程碑,对世界现代军事思想的发展具有广泛而深远的影响。

(三)中国现代军事思想发展历程

中国现代军事思想是指中华人民共和国成立后,中国共产党人领导本国人民进行军事斗争和国防建设的实践经验总结和理论概括。它集中表现在进一步发展的毛泽东军事思想、邓小平新时期军队建设思想、江泽民国防和军队建设思想、胡锦涛国防和军队建设思想、习近平强军思想之中。

产生和形成于中国革命战争之中,并在中华人民共和国成立后进一步发展的毛泽东军事思想,成为指导中国革命战争不断走向胜利、指导新中国军队和国防建设不断取得巨大成就的理论武器和行动指南。毛泽东军事思想中的人民战争思想、人民军队思想、人民战争的战略战术思想、国防建设思想和关于战争观、方法论的学说,既深刻揭示了中国革命战争、人民军队建设和国防建设的特殊规律,又反映了军事领域的一般规律,其丰富性和系统性达到了前人从未达到的高度,是无产阶级军事思想发展史上的一座丰碑。

20 世纪 70 年代末期以来,中国军事思想发生了阶段性变化。邓小平从新的历史条件出发,继承和发展了毛泽东军事思想,创立了邓小平新时期军队建设思想。1989 年以来,江泽民就加强军队质量建设,把思想政治建设摆在首位,实行科技强军战略,走有中国特色的精兵之路,做了一系列重要论述。21 世纪初,胡锦涛结合我国国防和军队建设的新情况新问题,对国防和军队建设的特点、规律作出了一系列新的论述,对新世纪新阶段军事斗争准备进行科学决策与指导。党的十八大以来,习近平对国防和军队建设运筹帷幄,围绕强军兴军提出一系列重大战略思想、重大理论观点、重大决策部署,深刻阐述了国防和军队建设带根本性、方向性、全局性的重大问题。这些重要论述,丰富发展了党的军事指导理论,开辟了当代中国军事发展的新境界,形成了习近平强军思想,是新时代加快推进国防和军队现代化的强大思想武器和行动纲领。毛泽东军事思想、邓小平新时期军队建设思想、江泽民国防和军队建设思想、胡锦涛国防和军队建设思想、习近平强军思想,是当今指导中国军队建设、国防建设和未来反侵略战争的理论基础和行动指南。

二、外国军事思想发展历程

外国军事思想,是指“除中国以外的世界其他国家及其政治家、军事家和思想家关于战

争、国防和军队等问题的理性认识"①。外国军事思想的产生和发展,与人类社会的历史发展和以战争为中心的军事实践紧密相连,大致可以分为古代、近代和现代三个时期。

(一)外国古代军事思想发展历程

古代是奴隶社会和封建社会生产方式占统治地位的时期,大约从公元前4000年到17世纪,在军事上处于冷兵器与火器并用的时代。这一时期,古埃及、亚述帝国、波斯帝国、古希腊、古罗马、拜占庭帝国、阿拉伯帝国等国家和民族的政治家、军事家、思想家,对战争、国防和军队等问题提出了一系列看法,基本上反映出农业文明时期的外国军事思想。

古代前期(约公元前40世纪至约前6世纪),在埃及、两河流域、小亚细亚和伊朗高原等地区,一些杰出统帅的军事实践活动和一些零星的文字记载与实物资料大致反映了奴隶社会前期的军事思想。

古代中期(约公元前5世纪至公元476年),古希腊和古罗马军事思想显著发展,这在希罗多德的《历史》、修昔底德的《伯罗奔尼撒的战争史》、色诺芬的《远征记》、恺撒的《高卢战记》和《内战记》、S. J.弗龙蒂努斯的《谋略》以及F.韦格蒂乌斯的《论军事》等著作中,都有所反映。

古代后期(公元476年至17世纪中叶),东方的拜占庭、阿拉伯、奥斯曼等帝国崛起,普遍建立了以骑兵为主的庞大军队,不断进行战术技术创新,产生了许多杰出的军事人物,他们的军事实践活动和这一时期有代表性的军事著作如普罗科匹厄斯的《查士丁尼皇帝征战史》、莫里斯皇帝的《将略》、利奥六世的《战术学》和尼斯福鲁斯二世·福卡斯的《尼斯福鲁斯论军事》等,反映了拜占庭、阿拉伯、奥斯曼等帝国的军事思想。15世纪末至17世纪中叶,资本主义生产方式在欧洲产生,军事上适逢冷兵器向热兵器过渡的关键时期。一些杰出的统帅如西班牙统帅H.贡萨洛·德·科尔多瓦、荷兰独立战争领导人莫里斯、日本军事统帅织田信长、瑞典国王古斯塔夫二世·阿道夫等人的军事实践活动和这一时期的代表性军事著作如意大利军事家N.马基雅维利的《战争艺术》、奥地利统帅兼军事理论家R.蒙特库科利的《雷蒙多·蒙特库科利伯爵笔记或军事科学主要原则》等,反映出军事变革过程中西欧诸国和日本军事思想获得了快速发展。

(二)外国近代军事思想发展历程

近代指资本主义生产方式占统治地位的时期,约从17世纪中叶到20世纪中叶,军事上处于火器和机械化战争时期,并已开始出现和运用核武器。这一时期,英国、法国、德国、俄国(苏联)、美国等国家的著名政治家、军事家、思想家对战争、国防和军队等问题的一系列看法,大致反映出工业时代的外国军事思想。

近代前期(17世纪中叶至18世纪下半叶),资本主义制度在英、美等少数国家确立,但绝大多数国家和地区仍在封建专制政权统治之下。这一时期,英国资产阶级革命领导人O.克伦威尔、美国独立战争领导人G.华盛顿、俄国沙皇彼得一世和A. V.苏沃洛夫、普鲁士国王弗里德里希二世等人的军事实践活动,以及英国军事理论家H.劳埃德的《1756年德意志普鲁士国王与奥地利女王及其盟国之间的战争史序言或劳埃德将军的军事政治回忆录》、苏沃洛夫的《制胜的科学》等军事著作,大致反映出资产阶级革命初期的军事思想。例如,克伦威尔强调建立一支新型的革命的正规军,发挥革命军队的政治优势,采取积极进攻、力争

① 《中国军事百科全书·军事思想》,中国大百科全书出版社2015年第2版,第558页。

主动的战略;华盛顿强调在战争中学习战争,把人民群众创造的散兵战术发扬光大,坚持文官治军,确保军队服从国家的政治领导;彼得一世强调建立强大的正规陆军和海军,主张开办军事学校以建立培养新型军队的训练体系,认为进攻战略的主要目标是消灭敌人有生力量;等等。

近代中期(18 世纪末至 19 世纪下半叶),法国大革命和拿破仑战争揭开了世界军事史的新篇章。拿破仑一世继承和发展了法国革命战争所创立的建军思想和作战原则,重视建立强大的预备队,强调在决定性的时间和地点集中优势兵力,以坚决的进攻歼敌有生力量等。俄军统帅库图佐夫强调在敌强我弱的情况下避免不利决战,保存实力,消耗敌人有生力量,不失时机地实施战略反攻等。英国海军统帅 H.纳尔逊主张在海战中摒弃传统的战列线战术,采取分队穿插的机动战术等。普鲁士军事统帅毛奇高度重视总参谋部建设,主张赋予总参谋部指挥军队的全权,要求先敌动员、快速展开、分进合击、速战速决等。在军事理论研究方面,克劳塞维茨的《战争论》提出了"战争无非是政治通过另一种手段的继续"的著名论断,全面系统地研究了战争、战争理论、战略战术、防御进攻、民众武装等问题。若米尼的《战争艺术概论》,论证了军事领域的一些基本原理及其应用规则,同时又指出不能把这些原理当成绝对化的公式,书中对战争艺术的内容体系做了全新的划分。这两部著作均在总结拿破仑战争经验的基础上产生,标志着欧洲和世界近代资产阶级军事思想体系的基本确立。

近代后期(19 世纪末至 20 世纪中叶),是帝国主义争霸和重新瓜分世界的时代,军事上处于从火器向机械化装备过渡的时期。两次世界大战给人类带来沉重灾难,但也造就出众多杰出将领,推动军事思想进入全面繁荣和发展时期。美国战略理论家 A. T.马汉提出海权论,主张建立并运用优势海军和其他海上力量控制海洋,夺取制海权,进而控制世界。这一思想对美、英、德、日等国的海军建设和称霸海洋的战略产生了深远影响。英国的地缘政治学家 H. J.麦金德提出"大陆心脏"和"世界岛"理论,认为谁控制了东欧平原,谁就能控制世界。第一次世界大战后,德国军事家 E.鲁登道夫提出"总体战"理论,主张动员国家一切力量、使用一切手段进行战争。意大利军事理论家 G.杜黑、英国军事理论家 H. M.特伦查德、美国军事理论家 W.米切尔提出空中战争论,强调空中力量在现代战争中有决定性的作用。英国军事理论家 J. F. C.富勒、B. H.利德尔·哈特,法国军事理论家 C.戴高乐,德国军事理论家 H.古德里安等人提出机械化战争论,认为高度装甲化机械化的机动突击力量是战争制胜的决定性手段。第二次世界大战期间,基于军事技术和武器装备的发展,交战各国在战略指导上提出并贯彻了闪击战、大纵深作战、持久战、先欧后亚战略、战略性的游击战等思想,极大地丰富和发展了世界军事思想的内容。二战末期,美国研制出原子弹并投入使用,标志着核战争时代的到来。

(三)外国现代军事思想发展历程

现代是指第二次世界大战结束至今,军事上处于从核威慑条件下的机械化战争向信息化战争过渡的时期。这一时期美国、苏联(俄罗斯)、英国、法国、德国、日本、印度等国家及其政治家、军事家、思想家关于战争、军事和国防等问题提出一系列看法,基本上反映出从工业时代向信息时代过渡时期的外国军事思想。

现代前期(1945—1990 年)。第二次世界大战结束到 20 世纪 90 年代初期,以美国和苏联为首的两大国际政治、军事集团之间进行了长期冷战,美、苏等国及一大批军事理论家如美国的 B.布罗迪、H.康恩、H. A.基辛格和苏联的 V. D.索科洛夫斯基、S. G.戈尔什科夫等

人，围绕核战争及核威慑条件下的常规战争问题提出了一系列理论观点和看法。美国首先提出“核武器制胜”理论和“大规模报复”理论；苏联也提出未来战争是一场全面的火箭核大战。20世纪六七十年代，美国提出灵活反应战略理论和逐步升级理论，主张准备打常规战争和使用战术核武器的战区核战争；苏联也强调既准备打核战争，也要准备打常规战争。80年代，D. O.雷厄姆等人提出利用美国的先进技术抢占宇宙空间制高点，以恢复对苏联战略优势的高边疆理论。同时，被誉为世界新军事变革首倡者的苏军总参谋长N. V.奥加科夫认为，核武器和常规武器的不断完善，电子技术的飞速发展，新式武器的不断出现，以及武装斗争手段的极大改进，将引起军事上的深刻革命。此期间，尽管美、苏对核武器和核战争作用等问题的认识有过一些变化，但都始终把核军备与核威慑作为推行国家政策的重要手段。同时，英国也提出“最低限度核威慑”理论，法国提出“有限核威慑”战略理论，都主张发展独立、有效的核力量。

现代后期(1991年至今)。冷战结束后，世界主要国家正式启动与推进新军事变革，积极进行军事理论创新，工业时代的军事思想加速向信息时代的军事思想转变。美、俄、英、德、法、印等国家及一大批军事理论家如美国的J. A.沃登、W.欧文斯、A. K.塞布罗夫斯基，俄罗斯的M. A.加列耶夫等，对转型时期及未来信息时代的战争、军队和作战等问题提出一系列新的观点和看法。

(1)战争观。对信息时代战争的定性，主要有“非对称战争”“高技术战争”“第四代战争”“第六代非接触战争”“网络中心战争”“基于信息的战争”“信息战争”等说法。

(2)战略思想。在威胁判断上，普遍强调国际安全环境的不确定性，不仅重视传统安全威胁，而且重视非传统安全威胁。在国家安全问题上，强调信息时代的国家安全不仅包括军事安全，还包括经济安全、科技安全、政治安全、文化安全，特别是信息安全。在战略指导方针上，不仅继续强调实行威慑，而且针对各种现实威胁强调实施“先发制人”的打击。在战略手段上，普遍强调信息在维护国家安全和未来战争中的作用，并认为核武器仍是遏制战争的有效手段。

(3)作战思想。各国提出了“基于效果作战”“信息战”“太空战”“网络中心战”“快速决定性作战”“全谱优势”“平行作战”“非对称作战”“非线式作战”等理论。在作战目的上，不再一味强调谋求大量歼灭敌有生力量和攻城略地，而是要注重摧毁敌战争意志，以最小代价换取较大效果。在作战方式上，强调实施体系对抗，结构破坏。在作战空间控制上，不仅重视夺取制空权、制海权，而且注重争夺制天权和制信息权。在作战程式上，主张放弃工业时代的兵力集结、部署、逐次突破推进、最后决战等程序化的行动方法，采用探明敌情、部队进入、实施打击、夺取或摧毁关键目标、决战、信息作战及作战保障同时展开的“平行作战”方法。在作战手段上，不再以大面积、高杀伤性的粗放式作战为基本手段，而是以“点穴式”、高效能的精确打击为主要手段，避免造成大量附带损伤。

(4)建军思想。一是强调基于能力，将过去“基于威胁”的建军模式改为“基于能力”的模式，即以作战能力牵引军队的建设和发展。二是强调国家统筹，要求把国防和军队的信息化建设战略规划纳入国家决策范畴，由中央政府统一筹划，加速推进机械化军队向信息化军队转型。三是强调信息主导，让“信息主导军队建设的方方面面”，把军队建设的着眼点放在“看得见”“连得能”“传得快”“打得准”上。四是强调系统集成：在作战力量建设上，同时加强作战空间预警、指挥控制和精确使用作战手段三个作战职能领域，并使之实现无缝隙链接；

在部队建设上,建设数字化部队;在武器装备建设上,积极推行“横向技术一体化”等。

展望未来,随着人类社会由工业化跨入信息化,工业时代的机械化军队终将转变为信息时代的信息化军队,工业时代的机械化战争终将演变为信息时代的信息化战争。作为指导和引领军事实践活动的军事思想,必将更加充分地反映信息化战争的时代特点、更加迅猛地开拓创新、更加强调开放吸纳外来有益成分,同时,也必将发挥出越来越大的理论先导作用。

第三节　军事思想的地位和作用

军事思想在军事科学中居于重要的地位,对军事实践具有宏观的和根本的指导作用。

一、为认识军事问题提供基本观点

人们总是基于一定的思想观念,去评判军事问题的是非与价值,进而确定对其采取何种态度和行动。军事思想提供的正是这种思想观念。运用马克思列宁主义的理论去看待战争,就能全面认识战争在人类社会生活中的作用,正确判断正义战争与非正义战争,坚持以正义的、进步的、革命的战争去反对非正义的、反动的、反革命的战争。如果用否定一切战争暴力的和平主义,或“强存弱汰”的社会达尔文主义之类的观点看待战争,就不可能有正确的态度和行动。

二、为进行军事预测提供思想方法

科学的军事思想揭示了军事领域矛盾运动的规律,为人们正确地认识战争,进行军事预测提供了科学的认识论和方法论工具。恩格斯和列宁关于资本主义列强之间的争夺将导致世界大战的预见,毛泽东关于中国人民抗日战争进程与结局的论断,就是科学地进行宏观预测的范例。非科学的军事思想因不能揭示甚至歪曲了军事领域矛盾运动的规律,必然导致错误的预测结果。

三、为从事各项军事实践活动提供全局性指导

人们从事军事实践活动,离不开军事思想的指导。军事实践的成败,与军事思想的科学与否关系甚大。以科学的军事思想做指导,军事实践就能保持正确的方向,并能达到预期的目的。否则,军事实践的方向就难免发生全局性的偏差,达不到预期的目的。军事思想之所以能对军事实践起指导作用,就在于它是军事实践的能动的反映,是军事实践经验的理论概括,并揭示了军事领域的一般规律。军事思想对军事领域的规律反映得愈深刻、愈正确,它对军事实践的指导作用也就愈大。在战争史上,每一次大规模的战争,都会产生出新的军事思想,而每一次取得伟大胜利的战争,都有正确的军事思想做指导。春秋时期,吴国用了孙武的军事思想,打败了强大的楚国。拿破仑的军事思想,成功地指导了法国的资产阶级革命战争。毛泽东军事思想,在中国半殖民地半封建社会性质的条件下,从敌强我弱的实际情况出发,充分发挥其能动的指导作用,指引中国革命战争夺取伟大胜利。战争实践证明,在客观物质条件许可的范围内,军事思想正确与否决定着军事实践的成效,决定着战争的胜败。

思考题

1.什么是军事思想？主要包括哪些内容？

2.军事思想的特性是什么？

3.怎样理解军事思想的地位和作用？

第七章
中国古代军事思想

中国古代军事思想，是指“中国从先秦至1840年之前各阶级、民族、政治集团及其军事家、军事理论研究者关于战争、军队等系列军事问题的系统理性认识”①。中国作为世界上唯一延续至今而不间断的辉煌文明古国，其军事思想积淀之丰厚，体系之成熟，认识之深刻，载体之多样，对周边地区、民族和国家的影响之广泛，都远远超过其他古代文明国家。中国古代军事思想是中华优秀传统文化的重要组成部分。

由于上一章“军事思想概述”在阐述“中国军事思想发展历程”时，一并介绍了“中国古代军事思想发展历程”，因而本章主要介绍中国古代军事思想的主要来源、主要内容、基本特点和代表性著作。

第一节　中国古代军事思想的主要来源

中国古代军事思想内容博大精深，其主要来源包括以下几个方面：

一、历代军事家的著述

中国历史上，众多具有丰富战争实践经验和深厚理论造诣的著名军事家，为古代军事思想的创立和发展作出了重要贡献。由他们本人撰写或弟子后学整理的兵书、兵论篇章是中国历代军事思想的最重要载体。如孙武著《孙子》，吴起著《吴子》，孙膑著《孙膑兵法》，尉缭著《尉缭子》，戚继光著《练兵实纪》《纪效新书》等，皆以对军事实践经验的高度概括、提炼而著称于世，在兵学领域产生巨大而深远的影响。

二、将帅用兵艺术和治军事迹

历代名帅战将高超的用兵艺术和治军事迹及保留在史籍中的相关言论是中国历代军事思想的重要组成部分。像战国时期赵武灵王的“胡服骑射”军事改革，白起、李牧的用兵方略，汉代名将韩信的神奇计谋和周亚夫的严格治军，南北朝时期少数民族军事统帅石勒、拓跋珪、宇文泰的征战谋略，宋代岳飞的“运用之妙，存乎一心”，古代蒙古首领成吉思汗的远距离、大范围的战略迂回，明代将领袁崇焕的“凭坚城用大炮”城防理论，清太祖努尔哈赤的“伐大木”攻明战略等，虽然他们本人并无兵学专著传世，却受到后世兵家的极力推崇和赞赏。

三、谋臣辅佐统帅的谋略

中华民族很早就形成了以谋臣辅佐军事统帅用兵治军的传统，历代谋臣在大战略和军

① 《中国军事百科全书·军事思想》，中国大百科全书出版社2015年第2版，第736页。

事战略的层次上为兵学发展作出了独特的贡献。历史上周初的吕望(姜太公),春秋时吴国的伍子胥,越国的范蠡、文种,汉代的张良,三国时的诸葛亮,宋代的赵普,明代的刘基等著名谋臣,不仅在当时的战争指导上发挥了举足轻重的作用,也为后人留下了妥善处理多极战略关系、运筹安邦治国大略的良好范例。如诸葛亮的"隆中对"、赵普的"雪夜对"等都是"运筹帷幄之中,决胜千里之外"的千古佳话。

四、文人士大夫的提炼

广大文人士大夫阶层及其不同学术派别始终关注战争,积极参与兵学理论创新、兵学典籍整理和传播。中国兵学理论之早熟、兵学著述极为丰富这一历史现象,与文人士大夫的广泛参与密切相关。从先秦时代开始,他们便十分注重对军事实践经验的总结提炼和理论升华,用简明易懂的语言加以表述,从而为不同兵学流派著述的发展传承提供了重要条件。汉代张良、韩信、杨仆、任宏整理兵法,宋代官方和民间大规模编修兵书,至明清时期兵书著述达到高潮。历史上晁错、桑弘羊、王符、杜预、杜牧、王安石、朱熹、沈括、陈亮、王守仁、徐光启等思想家、政治家、科学家和文学家都留下许多精彩的论兵篇章,此外还有对兵书的大量注疏解说之作,最终集纳形成举世罕见的由数千部古代兵学著述所构成的宏大思想宝库。

五、不同学术派别的争鸣

值得指出的是,历史上不同的学术派别对兵学的重视,有力地推动了兵学的蓬勃发展。春秋战国时代,除了兵家之外,儒、道、法、墨、阴阳、纵横等诸家言论无不涉及战争,孔子、孟子、老子、荀子、商鞅、韩非、墨翟等思想家都表达了自己观点鲜明,甚至针锋相对的思想主张。不同学派之间和不同观点之间的交流和辩争、借鉴和融合,促进了中国古代兵学体系的成熟。秦汉以后儒、道思想对兵学浸润日深。南宋浙东学派,明代心学、实学学派以及明末清初许多抗清的文人群体,皆对兵学表现出浓厚的兴趣,留下了丰富的兵论资料。这些现象构成了中国军事思想史上的一道独特风景。

第二节　中国古代军事思想的主要内容

尽管古代军事家、将帅及不同学派对战争等问题的看法不尽一致,但其总体上的思想倾向在以下几个方面还是具有共同之处的。

一、战争观

(一)重道慎战,文武并重

对于战争与政治的关系,春秋战国诸子已经有了全面而深刻的认识:战争从属于政治,战争是现象,政治是本质。如以《孙子》为代表的先秦军事思想,强调战争是国之大事,主张"慎战",认为"道""德""仁"等因素对战争具有重大影响,《孙子·计篇》将"道"列为决定战争胜负的首要因素,指出:"道者,令民与上同意也。"显然,道是属于政治范畴的概念。孙子将政治看作决定战争胜负的首要因素,同时,还认识到政治与军事二者互存互用,不可偏废,政治斗争必须以军事为后盾,军事斗争必须以政治为基础。所谓"有文事者,必有武备;有武备者,必有文事”[①]。如《尉缭子》说,“兵者,以武为植,以文为种;武为表,文为里”[②],便形象地揭示了这一真理。

(二)义兵必胜,以战止战

春秋时期,人们已经开始用“有道”与“无道”、“直”与“曲”等概念来区分战争性质,指出“师直为壮,曲为老”[③]。战国诸子更是广泛使用了“义兵”与“不义之兵”、“义战”与“不义之战”等概念,明确指出战争有“义”与“不义”的性质之分,肯定正义战争。《吕氏春秋》明确将战争分为正义与非正义两种,说:“兵苟义,攻伐也可,救守也可。兵不义,攻伐不可,救守不可。”[④]在区分战争性质的基础上,兵家对待战争的基本态度是:支持正义战争,反对不义之战。如《司马法·仁本》说:“是故杀人安人,杀之可也;攻其国,爱其民,攻之可也;以战止战,虽战可也。”这里的“以战止战”,是指以正义战争制止和消灭非正义战争。西汉兵家还肯定了军事对政治的从属关系,把崇尚民本、重视民心归向作为战争观的基本价值取向。如《淮南子·兵略训》指出:“兵之胜败,本在于政。政胜其民,下附其上,则兵强矣,兵胜其政,下畔其上,则兵弱矣。”

(三)追求和平,反对穷兵黩武

古代兵家认为,战争是在不得已的情况下才使用的手段,反对穷兵黩武。不得已使用武力时,也要达到目的立即罢手。如《老子》告诫人们“果而勿矜,果而勿伐,果而勿骄”,就是说在达到战争目的时,绝不可一味争强斗胜,炫耀武力,自矜自夸,否则,就有可能陷入穷兵黩武,导致国家危亡。所以对战争要进行有效的控制,要做到:非利不动,非危不战,战而有度,达到战略目标就应停止战争,切不可陷入穷兵黩武。

二、国防观

(一)奖励耕战,富国强兵

春秋战国诸子认识到战争是以巨大的物资消耗为代价的,因而把发展经济看作建设军队和进行战争的基础。《尉缭子》把“土广而任”作为军队“威制天下”的前提条件。《管子·侈靡》明确指出:“甲兵之本,必先于田宅。”至战国时期,各诸侯国已普遍把鼓励耕战作为重要国策,以实现富国强兵的战略目标。《管子》的作者已经认识到经济对武器装备、军事技术的决定作用,把发展经济、促进武器装备制造作为富国强兵的重要内容提了出来。

(二)居安思危,有备无患

春秋战国时期的兵家认识到“天下虽安,忘战必危”[⑤],提出加强战备,以捍卫国家安全,抵御外来侵略。“居安思危,思则有备”[⑥],思想上重视,国防战备工作才能落到实处。一是不要自恃强大而轻敌,“夫无虑而易敌者,必擒于人”[⑦]。二是不可专恃地形之险。巩固国防“在德不在险”,地形有利,但内政不修,同样会破国亡军。三是胜利之后不可松懈,《吴子·

① 《孔子家语·相鲁》。
② 《尉缭子·兵令上》。
③ 《左传·僖公二十八年》。
④ 《吕氏春秋·禁塞》。
⑤ 《司马法·仁本第一》。
⑥ 《战国策·楚策·虞卿谓春申君》。
⑦ 《孙子·行军篇》。

论将》指出,“出门如见敌”,“虽克如始战”。四是和平不忘战备。

(三)实边守海,巩固国防

宋以后,边、海防问题凸显。军事思想家们对此高度重视,提出了一系列关于巩固边防、加强海防的新见解,形成了颇具特色的国防理论。

1.恩威兼用、设险以守的边防思想

中国古代的边防主要是指中央王朝和兄弟民族政权及其他政权之间的边界军事斗争。该时期的边防思想主要包括以下四个方面。一是恩威并用,抚剿结合。北宋初,赵匡胤对西北党项族实行羁縻政策,给其一定的自治权和优厚的爵赏。明朝对蒙古各部采取政治拉拢与军事打击相结合的策略,以求边防安定。对蒙古各族“以德怀之”的同时,也注意“以威服之”,“修武备,谨边防。来则御之,去不穷追”。① 二是设险以守,攻守相兼。北宋的守边将领多认为对付游牧民族的进犯,当“以步制骑”,其关键又“莫善于险”,主张“用阵地而设险,以水泉而作固”②。明代在“备边之首,守险为要”思想的指导下,大力重修、增筑长城,体现了“用险制塞”、以墙制骑的思想。三是控扼边镇,点线结合。明代在沿长城一线全面设防的基础上,突出重点,先后在长城沿线的险要地带建立辽东、宣府、大同、延绥、宁夏、甘肃、蓟州、太原、固原“九镇”,各镇“皆分统卫所关堡,环列兵戎”③。各镇驻重兵,开垦屯田,防守操练,互为犄角,形成以点控线、以线制面、点线面结合的防御体系。四是建立精锐,机动御敌。明人陈瑄认为,守边部队应当奇正结合,“把守之兵不可废,而策应之兵犹不可缺”,这种把守者当敌、策应者制胜的思想得到一些边关将领的认可。戚继光认为,守边当使机动部队与依托城守相结合,使坚决防守与主动出击相结合。

2.水陆兼司、陆战为切的海防思想

元末,倭寇开始从海上入侵我国东部和东南部沿海,烧杀抢掠,无恶不作,给沿海居民的生产生活造成极大危害。明嘉靖年间,倭寇的入侵达到高潮。海防成为中原政权不得不面对的全新问题。在海防斗争的实践中,海防思想逐渐成形。时人认为,海防首先要截“流”与治“本”并举。《筹海图编》提出对付倭寇应采取严厉的军事打击,而对百姓则给予安抚,实行善政,减免赋役,使之能够安居乐业,避免因生计问题与倭寇合流。俞大猷、戚继光等坚持这一思想,取得了抗倭斗争阶段性胜利。其次,要坚持以守为本,战和相兼。明立国之初,朱元璋制定了以守为本的防御战略,对外敌来则御之,去则逐之。以守为本,并非一味死守,而是攻守结合,根据形势灵活运用战、守、和三种手段。这对明人的海防思想也有一定影响。徐光启提出“来市则予之,来寇则歼之”,即除盗不除商的海防主张。在战与守问题上,俞大猷坚决主张“来则攻之,去则追之,屡来屡攻,屡去屡追”④。再次,在战法上水陆兼施,陆战为切。对倭寇的进犯,一部分将领认为在沿海地区的抗倭斗争中,应该有强大的水军,主要防之于海;一部分则从明朝水军较弱的实际出发,主张重点防之于陆。戚继光综合两种观点,提出海陆结合、以陆战为主的海防思想,即“水陆兼司,陆战为切”⑤。明朝后来基本采取这个方针,在强调水军力量和海上斗争的同时,从多方面重点加强海岸防御能力。最后,主张

① 《明史·兵志二》。
② 《宋史·何承矩传》。
③ 《明史·地理志》。
④ 《正气堂集·请多调战船》。
⑤ 《纪效新书·总叙》。

建立多层次的海防体系。《筹海图编》提出了“御海洋”“固海岸”“严城守”的多层次海防体系思想。

三、治军观

(一)制必先定,令文齐武

古代军事家认识到,治军首先要建立一套军事制度,例如:孙子把以军队各种法规制度为内容的“法”看作是决定战争胜负的五个基本要素之一,战国中后期的尉缭更是旗帜鲜明地提出了“凡兵,制必先定”①的思想。在军队管理方面,强调“令之以文,齐之以武”②。“文”就是恩爱、重赏,是指教化;“武”是严刑、重罚,是指惩戒,两者互相依辅,不可偏废。

(二)以治为胜,教戒素行

春秋时期人们就形成了“以治为胜”的思想,强调教育训练是部队战斗力得以形成和提高的必由之路。《吴子·治兵》指出,“用兵之法,教戒为先”,“教”指军事训练,“戒”就是思想教育。从内容上看,该时期思想教育的突出特点是提倡礼义,树立军人的荣辱观念。如《孙膑兵法·篡卒》将“德行”看作军队建设的基础。“礼义”教育是为了使军队确立荣辱观念,“教之以礼,励之以义,使有耻也”③,使军人在战场上“以进为荣,以退为耻”,从而增强战斗力。明代戚继光认为,官军战斗力差的关键在于平时军队训练不勤、不精、不重实效,进而提出练为战的思想,反对一些搞形式的“花法”。练兵既要练技术战术,更要练胆量和士气。俞大猷提出,练兵要因材施训,既要练耳、目、手、足,更要练胆练心;练胆气是练兵的根本,胆壮则气壮。同时,要气艺并重,把练技能与练胆气结合起来。

(三)赏罚严明,恩威并施

治军要严明赏罚。赏罚理论的内容主要包括:一是赏善始贱,罚恶始贵。就是说不能因地位尊贵而犯法不罚,也不能因地位卑贱而有功不赏。二是不徇私情。所谓“所憎者有功必赏,所爱者有罪必罚”④。三是三令五申,教而后施。实行赏罚,要明制度于前,重威刑于后,反对不教而诛。

(四)精兵利器,严格编制

宋元明清时期提出以“精兵利器”为核心的治军思想,强调人员和武器的质量建设,认为精兵良器才能打胜仗,反映了冷热兵器并用时期的客观要求。如徐光启深刻指出:“千筹百计,总以精兵为根本。若无精兵,虽多得良将无可用,多有奇谋不得用,多造利器莫能用,多结外援弗敢用也。”⑤当时,一方面强调必须重视火器的研制与运用,以掌握新技术、新武器、新战法,适应新的战争方式。戚继光看到“五兵之中,唯火最烈”⑥,主张发展火器,并指出发展火器不能步人后尘,亦步亦趋,而要做到“彼以何器,我必求长于彼”⑦,认为必须用军法对兵器制造者进行监督,以确保兵器质量。冷热兵器并用,决定了作战方法的多样化。因此,

---

① 《尉缭子·制谈》。
② 《孙子·行军》。
③ 《吴子·图国》。
④ 《六韬·文韬·盈虚》。
⑤ 《徐光启集》卷三。
⑥ 《练兵实纪·储练通论》。
⑦ 《练兵实纪·储练通论》。

必须使各种冷热兵器相互配合，取长补短，发挥整体威力。焦勖提出，“长技与短技间迭而出，兵器与火器相互为助，击法与卫法兼资以用，且更以坚车密阵，刚柔牌盾，连环部伍，长短兵器，远近相救，彼此相卫”[①]，方可胜敌。另一方面，强调要练就精兵。值得称道的是，古人对“战争胜负的决定因素是人而不是武器装备”这一思想已经有了朴素的认识，如赵士桢说：“兵精无器，等于白徒；器精无兵，同于朽钝。”同时指出：“神器，物也，运用变化，存乎其人。”[②]在“精兵”和“利器”基础上，戚继光等著名军事家还提出通过严格明确部伍编制，使阵法和伍法相辅相成。明朝，火器已经得到了初步的发展，冷热兵器并用、步骑合一、水陆军协同的作战特点使严编部伍也广泛地涉及军兵种建设问题。

（五）将帅贤明，智勇兼备

《吴子》认为，勇敢精神是将领的必备素质，强调将领在临敌作战中要有英勇献身精神，但反对有勇无谋的轻率之“勇”。其中的《论将》篇强调选拔能“总文武”“兼刚柔”，懂得为将之道的人为将，反对以匹夫之勇作为选拔将领的标准。具体地说，就是在治军作战中，将领必须具备“五慎”“四机”“三威”的军事素质。“五慎”即理、备、果、戒、约。要求将领具有“治众如治寡”的治军才能，“出门如见敌”的敌情观念，“临敌不怀生”的献身精神，“虽克如始战”的谨慎态度，“法令省而不烦”的治军作风。“四机”即气机、地机、事机、力机。要求将领必须掌握部队的士气，充分利用地形，运用谋略胜敌，随时注意增强部队的战斗力。“三威”：将领的指挥必须严格做到“威耳”，金鼓之声要清晰；“威目”，指挥旗的颜色要鲜明；“威心”，禁令刑罚要严厉。同时，要树立将领的威信，因为“民无两畏”，“畏我侮敌，畏敌侮我。见侮者败，立威者胜”。[③] 大意是：士兵畏服自己的将帅胜过畏惧敌人，就可以取胜。

四、作战观

（一）先胜全胜、因敌制胜

《孙子》一书以“胜”为核心，以“先胜”“全胜”“战胜”为主要内容。强调战争是关系到国家存亡的大事，必须予以高度重视；初步认识到战争与军事、政治、经济、外交以及自然条件等的关系，强调努力在这些方面形成对敌绝对优势，并要先计后战，做到“先知”“先胜”。当不得已而付诸战争时，必须善于以“巧”取胜，即讲究战争指导艺术。孙子提出了著名的全胜战略思想。主张谋全局、懂全破、定全策，通过“伐谋”“伐交”等手段力争以最小的代价获取全局的胜利；并认为：“是故百战百胜，非善之善者也，不战而屈人之兵，善之善者也。”[④]“全胜”追求的最佳目标是“兵不顿而利可全”，这是春秋时期兵家对“保存自己，消灭敌人”这一战争本质的最早揭示。“兵不顿”就是保存自己，“利可全”即是“消灭敌人”，两者相辅相成，辩证统一。“全胜”赖以存在的客观基础是“造形任势”，“形”是战前军力的充分积聚，“势”是战中军力的有效发挥。“造形任势”就是平时谋求军事力量的最大优势，战时创造使军事力量得以最佳发挥的态势。《孙子·谋攻篇》说：“故上兵伐谋，其次伐交，其次伐兵，其下攻城。”伐谋、伐交、伐兵即是实现“全胜”的主要手段。所谓“伐谋”就是随时掌握敌人的战略动向，察明其企图，从政治上揭露它，打乱其部署。对内则修明政治，用仁德感化使敌人服从自

① 《火攻挈要·救卫之备》。

② 《神器谱》。

③ 《尉缭子·攻权》。

④ 《孙子·谋攻篇》。

己的意志,就是所谓“德胜”“政胜”。“伐交”就是通过外交斗争,瓦解敌人的同盟,使“其交不得合”,并因势单力孤而不敢贸然发动战争;同时扩大巩固自己的同盟,建立广泛的国际统一战线。所谓“伐兵”就是做好战争准备,对敌造成强大的军事压力,一旦敌人有所行动,就可战而胜之。

(二)知行统一,用间用计

要多打胜仗、少打败仗,关键是要把主观认识和客观实际辩证地统一起来,做到知行统一。孙子对这一规律有了较为全面深刻的认识,认为“明君贤将,所以动而胜人,成功出于众者,先知也”①。《孙子·谋攻篇》指出:“知彼知己,百战不殆;知天知地,胜乃可全。”人在战争处于主体和客体、思维和存在的尖锐矛盾之中,抓住了“知人”,就抓住了主要矛盾和主要矛盾的主要方面。但做到“知人”,只能保证每战不出现危险,要想取胜还要“知天知地”。这反映出孙子对“知”的内容上的要求,即“全知”。大至“五事七计”,小至“众寡”“强弱”“饥饱”“劳逸”,从政治、军事、经济到天时、地利、人和等都是须“知”的内容。要做到“知彼知己”,必须采取多样化的方法。古人结合治军谈论“知己”,前面已有论述。关于“知彼”,古人主要提出使用间谍和进行军事侦察的方法。《孙子》专列《用间篇》谈论间谍使用问题。进行军事侦察是战时获取敌情的重要途径,在侦察时要注重使用计谋,所谓“策之而知得失之计,作之而知动静之理,形之而知死生之地,角之而知有余不足之处”②。

(三)兵贵胜,不贵久

春秋战国时期,低下的社会生产力水平无法支撑巨大的战争消耗,多极格局下变化急剧的政治形势也对交战国极为不利,这就迫使兵家寻求解决这些矛盾的途径,于是进攻战略和“兵贵胜,不贵久”的速胜思想被提了出来。隐蔽企图是达成战略突然性、以求速胜的重要前提。古代兵家认为军事行动必须禁堵各种泄密渠道,做到“至事不语,用兵不言”③,主张通过军事伪装、诡道等手段,给敌以假象,造成敌之错觉,以达到隐蔽企图的目的。选择好作战对象和攻击目标是实现速胜的重要保证。在这个问题上,古代兵家强调避实击虚,主张在察明敌之虚实的基础上,攻虚击弱,从而胜于易胜,胜于速胜。攻虚击弱,贵在击敌要害,即《孙子》中指出作战中要“先其所爱”,这里的“爱”就是关乎全局的局部。《吕氏春秋·论威》指出“凡兵,欲急疾捷先”,意思是用兵贵在先发制人,如此可以出其不意,攻其不备,震撼敌军士气,从而达到速胜的目的。“急疾捷先”的思想多为后世兵家所称道,在今天也不失其意义。

(四)纵横捭阖,各个击破

秦至五代时期,多有群雄并起的局面出现,在复杂的多极斗争中,出色的政治家和军事家们往往想方设法使自己由内线作战转向外线作战,从而逐渐形成了各个击破的斗争策略思想。这一策略思想主要表现在两个方面:第一,表现为利用矛盾,离强合弱。秦始皇运用它统一了六国;三国时,曹、孙、刘三家分别运用它而得以在群雄中脱颖而出,三分天下。这些军事实践体现出以下原则:一是正确认识和分析敌人内部的矛盾;二是分清主次矛盾,进行分化瓦解;三是军政并用、文武兼施。第二,表现为集中兵力,重点突破。集中兵力在军事打击中具有可观的战场效益,如《淮南子·兵略训》中所言:“夫五指之更弹,不若卷手之一

① 《孙子·用间篇》。
② 《孙子·虚实篇》。
③ 《六韬·龙韬·军势》。

控;万人之更进,不如百人之俱至也。”在战争中,要达到集中兵力,关键在于发挥主观能动性,从作战指挥的角度说,就是要“能分人之兵,疑人之心”。这是古代兵家此时对集中兵力问题的独到见解。

(五)攻守相宜,出奇制胜

进攻和防守是战争运动的基本形式,秦至五代时期,兵家能够正确看待攻与守的辩证关系,指出“攻是守之机,守是攻之策,同归乎胜而已矣”[①],从而提出了攻守相宜的攻防理论,强调当攻则攻,当守则守,攻守之宜,因情而定。在进攻方面,兵家此时将“出奇制胜”的思想运用到战略层次,形成了以奇用兵的战略进攻思想。刘邦用韩信之计,明修栈道,暗度陈仓,还定三秦,就是这一思想的精彩实践。以奇用兵的战略进攻思想,更多是在战争实践中总结得来的,体现出当时的战略思想日趋成熟。这一时期中原政权面临的主要威胁是北方擅长骑战的游牧民族,在消除边患的军事斗争中,逐渐形成了安守本土的战略防御思想。这一战略思想以控制战略要地为核心内容,另一内容是“徙民实边”,即将内地民众迁往边境,增强边防力量。“实边”战略到唐朝发展为任用少数民族官吏,以夷制夷并与周边民族联姻的“亲边”战略。

(六)重视骑战,机动制敌

秦汉以后,随着骑兵成为重要兵种,“以骑制骑”的机动战思想得到了空前的发展。汉武帝即位后,改变秦朝“以墙制骑”的国防政策,大力扩充骑兵部队,组建大规模骑兵集团,“以骑制骑”,逐步形成了使用大规模骑兵集团的机动战思想。秦汉以来的统治者都十分重视骑兵建设,而以汉唐尤甚。由于骑兵高度的机动性和强大的冲击力,常常执行迂回、包围、奇袭、侧击等出奇制胜的任务,从而引起了作战思想的重大变化和不断创新。北宋至清中后期,辽、夏、金、元等游牧民族军队也擅长骑射,以骑兵作为军队骨干,并在传统骑兵战术思想的基础上融入中原各民族的军事思想,从而使骑战艺术得到空前发展。蒙元军队的一条重要作战指导原则,就是集中精锐骑兵,实施战略性快速机动,迅速猛烈地打击敌人。蒙古西征花剌子模、南下征服金国等战争中,这一作战指导原则都被运用得淋漓尽致。总之,中国古代运用骑兵创造出的远程奔袭、迂回包围、连续攻击、乘胜穷追及正面冲击、两翼迂回等战法,极大丰富了当时的作战思想,同时也反映了冷兵器时代的战场由相对静止向快速多变的巨大飞跃。

(七)贵谋重力,先取其易

北宋至清中后期,兵家战将继承孙子“避实击虚”的思想,提出了“先取其易”的战略思想。赵匡胤采纳王朴“凡攻取之道,必先其易者”的策略,制定了“先南后北”“先易后难”的战略方针,逐步统一了中国。努尔哈赤曾说:“欲伐大木,岂能骤折?必以斧斤伐之,渐至细微,然后能折。相等之国,欲一举取之,岂能尽恶意乎?”[②]这种“伐大木”战略正是“必先其易”思想的反映。“必先其易”的战略思想中蕴含着通观全局、韬光养晦、谋形造势、创造战机、攻虚击弱、积小胜为大胜等一系列战略原则,充分体现出战略思维的基本特点。

(八)用兵之术,知变为大

宋太祖之后的两宋皇帝,出于对武将的猜忌防范,实行“将从中御”政策,极大束缚了前

① 《李卫公问对·卷下》。

② 《清太祖武皇帝初录》卷三。

线将帅的手脚，导致宋军败多胜少。宋朝军事家们对此深恶痛绝，纷纷倡言用兵贵变的思想，以遏止中御之风。许洞在《虎钤经》中明确提出"用兵之术，知变为大"的主张。《武经总要》则重新强调了古代军事理论中的"兵贵知变""不以冥冥决事"的思想，主张以"便于施行"为原则，变通古今阵法，"度宜而行""沿古以便今"①。岳飞提出"运用之妙，存乎一心"的思想，并在实践中身体力行，取得了许多战役战斗的胜利。这些思想是对孙子"将能而君不御者胜"的继承，也符合用兵作战的一般规律。

第三节　中国古代军事思想的特点

中国古代军事思想是先秦至1840年中国社会意识形态的集中反映。中国几千年漫长历史积淀形成的思想文化传统不可避免地在其身上留下深刻烙印，并与丰富的战争实践经验相合，最终形成自己的鲜明特色。

一、从军事伦理角度看，中国历代军事思想以崇道尚义、贵和慎战为特色

《太白阴经》认为"先王之道，以和为贵，贵和重从，不尚战也"。中国民间也早就流传"自古知兵非好战"这句格言。它们皆突出而贴切地反映了中国古代兵家研究和认识战争的基本出发点和立足点。基于"安国全军"的根本宗旨，历代兵家把"不战而屈人之兵"作为用兵的最高境界，在谋划和指导战争时，致力于寻求能够避免或减少使用武力的方式，提倡"苟能制侵凌，岂在多杀伤"的自卫和平理念。

二、从军事思维方式的角度看，中国历代军事思想以朴素的唯物主义、早熟的辩证思维和原始的系统观念为特色

中国古代兵家很早就走出了把战争神秘化的蒙昧状态，形成了朴素的唯物主义观点，指出战争活动的胜负是建立在一定的物质基础之上的，战争规律是可以认识的。在考察战争时，历代兵家普遍注意从事物内部的深层联系和整体联系上来把握战争，形成以辩证思维和系统思维为特色的军事思维方法，很早就认识到战争中矛盾的普遍性以及矛盾双方向对立面转化的可能性，提出一系列军事运动中对立统一的范畴，如攻守、进退、虚实、奇正等，其独到的分析蕴含着丰富的军事辩证法思想。受古代大战略思维观念的影响，历代兵书大都言兵而又不止于兵，更注重从政治、经济、外交、科技、军事的广泛联系中来宏观地、整体地把握军事问题，进行系统的谋划。中国历代兵书大都带有浓厚的哲学与思辨色彩，它们往往不拘泥于对具体战法的细节设计和描画，而是力求把对战争的认识上升到理性的层面，因而言简意赅，思想内容极为丰富。如被人称为"百代谈兵之祖"的《孙子》不过"五千言"，却几乎涵盖了战争活动的各个领域，从前所未有的深度和广度上揭示了战争的最普遍规律。缺少发达的军事思维方式支撑，是根本做不到这一点的。

---

① 《武经总要前集》卷七。

三、从军事斗争艺术的角度看，中国历代军事思想以注重谋略、守正出奇为特色

中国历代兵家在注重先进的军事技术和武器装备的同时，更注重谋略，注重战争中主体能动性的发挥。谋略之学是中国历代军事思想发展的主流和核心，是其最精彩、最能体现智慧的重要组成部分。《孙子》的“诡道十二法”、《六韬》中的“文伐”之法、宋代的《百战奇法》等，都是为后人津津乐道的谈谋论计之作。这一倾向也渗透到中华民族文化心理的深层，《三国演义》《水浒传》等古典军事文学作品塑造的诸葛亮、吴用等智慧过人、神机妙算的谋士形象，便凭借其指挥的大量著名军事活动而家喻户晓、妇孺皆知。

第四节　中国古代军事思想的代表性著作

一、《孙子》

《孙子》又称《吴孙子》《孙子兵法》《孙武兵法》等。孙武撰。

《孙子》成书于春秋末期。在流传过程中，曾经后人校理。现存《孙子》为 13 篇，即计篇、作战篇、谋攻篇、形篇、势篇、虚实篇、军争篇、九变篇、行军篇、地形篇、九地篇、火攻篇、用间篇，共 6000 余字，较古人所说“五千言”有所增益。全书主要论述战争指导艺术和军队建设等问题，涉及战争观、战争指导原则、战略战术、军事制度、军队管理、军事后勤、军事环境、军事心理、军事哲学等多方面内容。

《孙子》虽然成书较早，但已经较为充分地体现了中国古代兵学体系。在备战及用兵理论的层次上，该书大体上分为战争准备和战争实施两个部分，前者包括重战、慎战的思想，注重计谋的思想、全胜思想和进攻速胜思想等，就是造成军事实力及其运用上的优势，以“不战而屈人之兵”为最佳用兵境界；后者是指奇正原则、主动原则、机动原则和特殊地形的利害判断原则及火攻、用间等特殊战法之类战争实施的原理、原则和方法，其核心是“因敌制胜”。在思维形式的层次上，该书提出了一系列反映兵学认识对象的独特范畴。比如在对战争的基本认知方面，提出了道、天、地、将、法等决定战争胜负的基本要素，在建军治兵方面提出了分数、治乱、勇怯、赏罚，在战争指导方面提出了形名、动静、劳逸、饥饱、远近、利害、强弱、众寡、虚实等。在思维模式的层次上，则体现了逻辑思维、定量思维、朴素系统思维和辩证思维等。这些思想认识对后世影响深远，以至有“前孙子者，孙子不遗；后孙子者，不能遗孙子”之说，一些兵书如明代兵书《投笔肤谈》等，甚至本着“孙子遗旨”而谋篇布局，足见孙子兵学体系在后代兵家心目中的尊崇地位。

二、《吴子》

《吴子》由中国战国时期吴起撰。吴起，卫国左氏（今山东定陶西）人，著名的军事家、政治家。《吴子》在战国时代即已流传，《汉书・艺文志》著录“吴起四十八篇”，后多佚失。

《吴子》与《孙子》齐名，并称“孙吴兵法”，颇受历代军事家、政治家重视。宋代则正式将其列入《武经七书》。今本《吴子》仅存《图国》《料敌》《治兵》《论将》《应变》《励士》6 篇，约 5000 字。

《吴子》总结了战国初期的实战经验,反映了战国时期的战争规律和特点,深化并发展了以《孙子》为代表的兵权谋家的理论。

三、《司马法》

《司马法》又称《司马兵法》。中国战国时齐威王令齐国的大夫追论“古者司马兵法”,并附春秋时齐国大将司马穰苴兵法于其中,故又称《司马穰苴兵法》。

《司马法》最早著录于《汉书·艺文志》,列入礼类,称《军礼司马法》,155篇。宋代元丰年间(1078—1085),《司马法》被列为《武经七书》之一,成为当时将校必读之书,也是武科考试必考的书籍之一。由于历时久远,《司马法》亡佚情况严重。至《隋书·经籍志》成书之时,仅存残本3卷5篇,大概就是今本《司马法》。其篇题分别为《仁本》《天子之义》《定爵》《严位》《用众》,计3419字。

四、《尉缭子》

《尉缭子》由中国战国时期尉缭撰。尉缭,生卒年不详。《尉缭子》成书可能在战国中期,或说在战国末期。现存《尉缭子》5卷24篇。第一卷含《天官》《兵谈》《制谈》《战威》4篇;第二卷含《攻权》《守权》《十二陵》《武议》《将理》5篇;第三卷含《原官》《治本》《战权》《重刑令》《伍制令》《分塞令》6篇;第四卷含《束伍令》《经卒令》《勒卒令》《将令》《踵军令》5篇;第五卷含《兵教上》《兵教下》《兵令上》《兵令下》4篇。

《尉缭子》杂取法、儒、墨、道等家思想而论兵,在先秦兵书中独成一家,后世兵家对其思想内容多有引述和阐发。书中关于军制、军令等方面的内容,具有较高的史料价值。其主张治国理军用法严酷,是其主要糟粕。

五、《六韬》

《六韬》又称《太公六韬》。作者姓名尚无确考。《隋书·经籍志》著录为“周文王师姜望撰”,实为中国战国末期托名之作,但书中也反映了姜尚(姜望)的一些军事思想。现在能见到的较早记载《六韬》之名的文献是《后汉书》和《三国志》。《隋书·经籍志》首次在书目中著录为《太公六韬》,其后书目相沿著录至今。宋代将其颁定为《武经七书》之一。

六、《三略》

《三略》又称《黄石公三略》。旧题黄石公撰。作者可能为中国西汉末(一说东汉末)隐士,姓名尚难确考。

该书分上、中、下三略。《上略》通过对“设礼赏,别奸雄,着成败”的分析,论述以“柔能制刚,弱能制强”为指导,以收揽人心为中心,以任贤擒敌为宗旨的治国统军战略思想及其实现方法。《中略》通过“差德性,审权变”,论述君主驭将统众的谋略。《下略》主要内容是“陈道德,察安危,明贼贤之咎”,进一步论述治军统军的原则。

《黄石公三略》问世之后,广为流传。唐朝时传到日本。在宋代被颁定为武学“经书”。

七、《李卫公问对》

《李卫公问对》又称《唐太宗李卫公问对》《唐李问对》《李靖问对》等。李卫公即李靖,本

名药师，京兆三原（今陕西三原北）人，中国唐代初期军事家。唐太宗时，历任兵部尚书、尚书右仆射等职，先后击败东突厥、吐谷浑等，封卫国公。

《李卫公问对》分上、中、下三卷，共10300余字，以唐太宗李世民与卫国公李靖讨论兵法形式写成。从“奇正”“虚实”“主客”“攻守”等方面生发议论，着重探讨了争取作战主动权问题，认为兵法“千章万句，不出乎致人而不致于人而已”。同时，对阵法布列、古代军制、兵学源流以及教阅与实战的关系等，都能在一定程度上廓清异说，提出独到的见解。

八、《武经七书》

《武经七书》又称《武学七书》，简称《七书》，中国宋神宗时期官方校定颁行的兵法丛书。主要校定者朱服、何去非。收录从先秦到唐宋间七部重要兵书，即《孙子》《吴子》《司马法》《尉缭子》《六韬》《三略》《李卫公问对》。

《武经七书》是宋神宗时期根据兴武备、建武学、选武举的需要，由官方组织编撰的军事教科书。它是中国古代兵书的精华，是中国军事理论殿堂里的瑰宝。它不仅是中华民族的精神财富，也是世界人民共同的精神财富。它奠定了中国古代军事学的基础，对中国和世界发展近代、现代军事科学起了积极的作用。校定、颁行《武经七书》，是北宋朝廷在军事理论建设上的一个贡献。

九、《纪效新书》

《纪效新书》由中国明代戚继光撰。戚继光，字元敬，号南塘，晚号孟诸，登州（今山东蓬莱）人，抗倭名将、军事家。《纪效新书》成书于嘉靖三十九年（1560年）。现存版本有十八卷本和十四卷本两种。

十八卷本卷首详细记载了戚继光的练兵理论和具体操练方法，包括《任临观请创立兵营公移》《新任台金严请任事公移》《纪效或问》三篇。前两篇结合东南沿海的地形、我情与倭情，论述了练兵的必要性和重要性，提出了一套较为完整的练兵理论和计划。后一篇对最亟须解决的问题进行申明和论辩，以防疑惑。

《纪效新书》十四卷本系戚继光调往广州时重新修改校对而成，不仅卷数与十八卷本不同，而且篇目和内容也有差异。卷前有明王世贞《戚将军纪效新书序》和《教习次第》。其篇目如下：《京伍篇》第一、《耳目篇》第二、《手足篇》第三、《手足篇》第四、《手足篇》第五、《比校篇》第六、《营阵篇》第七、《行营篇》第八、《野营篇》第九、《实战篇》第十、《胆气篇》第十一、《舟师篇》第十二、《守哨篇》第十三、《练将篇》第十四。全书吸收十八卷本和《练兵实纪》的精华，并补充了新的内容，既讲练兵，又讲练将；既重视练技艺，又重视练胆气。

《纪效新书》反映了冷兵器与火器并用时代军队训练和作战的一般规律。在练兵方面，提出了要精选兵，严编伍，严格训练，反对练“花法”、练“虚套”等思想；在练将方面，提出将应“德、才识、艺”兼具，既要研读兵书，又要重视在实践中锻炼考察；在武器装备方面，主张“器”要优于敌人，重视火器的研制和使用。该书是戚继光训练和约束军队的依据，体现了戚继光治军以严、寓严于教、严中有慈的带兵特点。其中有些思想，如反对“花枪、花刀、花棍、花叉”的形式主义，强调主将要精通技术、武艺、器械装备等军事业务等，至今仍有借鉴意义。

思考题

1.中国古代军事思想的含义是什么?

2.中国古代军事思想的主要来源是什么?

3.中国古代军事思想有哪些主要特点?

第八章
毛泽东军事思想

伟大的无产阶级革命家、战略家、理论家和军事家毛泽东，在长达半个世纪的军事实践活动中，不断探索中国革命战争的规律，全面总结我军建设和作战的丰富经验，并运用马克思主义的原理将其系统化、理论化，形成了一个完整的军事思想体系。本章主要介绍毛泽东军事思想的科学含义、毛泽东军事思想的形成和发展、毛泽东军事思想的科学体系和毛泽东军事思想的历史地位等内容。

第一节　毛泽东军事思想的科学含义

毛泽东军事思想，是“毛泽东关于中国革命战争、人民军队和国防建设以及军事领域一般规律问题的科学理论体系。毛泽东思想的重要组成部分。它是马克思列宁主义普遍原理与中国革命战争和国防建设实际相结合的产物，是中国共产党领导中国人民及其军队长期军事实践经验的科学总结和集体智慧的结晶，同时也多方面汲取了古今中外军事思想的精华，是中国共产党领导中国革命战争、军队建设、国防建设和反侵略战争的指导思想”①。这一定义不仅科学地揭示了毛泽东军事思想的基本内涵，而且充分反映了毛泽东军事思想的本质特征。

一、毛泽东军事思想是马克思列宁主义普遍原理与中国革命战争和国防建设实际相结合的产物

马克思列宁主义是毛泽东军事思想产生和发展的直接理论来源。毛泽东军事思想在根本性质上是属于马克思列宁主义范畴的，它的基本立场、观点、方法、内在逻辑、整个体系都体现着马克思主义的内在规定性。以毛泽东为代表的中国共产党人，在领导中国革命的实践中，把马列主义同中国革命战争的具体实际相结合，正确地解决了在一个以农民为主要成分的半殖民地半封建国家里如何组织革命军队、进行革命战争的问题，形成了具有中国特色的、发展了的马克思主义军事理论——毛泽东军事思想。

二、毛泽东军事思想是中国共产党领导中国人民及其军队长期军事实践经验的科学总结

中国革命武装斗争和国防建设的伟大实践，是毛泽东军事思想赖以产生和发展的基础。以毛泽东为首的中国共产党领导中国革命武装斗争，经历了国共合作的北伐战争，独立领导的土地革命战争、抗日战争、解放战争以及中华人民共和国成立后的抗美援朝战争和其他自

① 《中国军事百科全书·军事思想》，中国大百科全书出版社2015年第2版，第402页。

卫战争,其时间之长、规模之大、内容之丰富、胜利之辉煌,在中外战争史上都是罕见的。伟大的军事实践,必然产生伟大的军事理论。毛泽东军事思想是中国革命战争和国防建设丰富经验的理论升华。

三、毛泽东军事思想植根于深厚的中华文化沃土,多方面汲取了古今中外军事思想的精华

古今中外军事思想的精华是毛泽东军事思想产生和发展的文化底蕴。毛泽东博览群书,有着十分深厚的中华文化根基。他既稔熟古代史鉴,兴奋点又集中于战争描写。因此,当他投身武装斗争时,自然会将从读史中识得的用兵韬略用于自己的指挥艺术之中。例如1936年毛泽东在《中国革命战争的战略问题》一文中,便多处引用《孙子》的理论来总结中国革命战争经验,诸如"以逸待劳","避其锐气,击其惰归","攻其不备,出其不意","知彼知己,百战不殆",等等。在这篇伟大的著作里,我们可以深刻地体会到,毛泽东不是简单地袭取古兵法的只言片语,而是深入地领会其精神,多方将自己的实战经验与古代兵家的权谋韬略互相印证与发明,使之上升到新的理论高度,是基于深厚的中华文化底蕴而进行的理论创造。

四、毛泽东军事思想是中国共产党集体智慧的结晶,是党领导中国革命战争、军队建设、国防建设和反侵略战争的指导思想

毛泽东军事思想是我军的根本指导思想。毛泽东作为中国革命军事理论的奠基人和集大成者,对这一理论的创立和发展起了主导作用,这一理论以他的名字命名是恰当的,也是当之无愧的。但毛泽东只是这一思想的主要载体,而不是全部载体。因为在中国革命战争的伟大实践中,探索规律、发展真理的,是一个群体。一方面,伟大的革命战争实践造就了一大批卓越的军事家,他们在创建人民军队和参加领导历次革命战争中,都建立了不朽的功绩,也为中国革命军事理论的形成和发展作出了卓越的贡献。另一方面,中国共产党实行集体领导,党和军队关于战争问题的许多重大决策和军事理论的形成,总的来讲,都是领袖集团集体智慧的体现。正如毛泽东自己所言:这不是我一个人的思想,是千万先烈用鲜血写出来的,是党和人民的集体智慧。正因为如此,毛泽东军事思想也合乎逻辑地成为党领导中国革命战争、军队建设、国防建设和反侵略战争的指导思想。

五、毛泽东军事思想是毛泽东思想的重要组成部分

毛泽东军事思想在整个毛泽东思想体系中占有极为重要的地位。我党1949年10月前的历史,实际上就是一部武装斗争史,夺取军事斗争的胜利成了突出的问题,这要求以毛泽东为代表的中国共产党人,必须以主要的精力去研究军事。毛泽东的军事实践活动,是他一生中最光辉、最成功的部分,因而在他的全部理论研究中,军事理论的创造和论著占有重要的地位。日本一位军事评论家认为:毛泽东思想的精髓部分是他的军事思想。不理解他的军事思想,也就不能理解毛泽东思想。

第二节　毛泽东军事思想的形成和发展

毛泽东军事思想的形成和发展是一个历史过程,它是在中国革命战争的发展过程中逐

步形成为一个科学体系的。

一、毛泽东军事思想的初步形成

1927 年第一次国内革命战争失败后，以“八一”南昌起义为开端，到土地革命战争中期，是毛泽东军事思想的初步形成时期，也是奠定毛泽东军事思想基础的时期。

大革命失败以后，中国共产党进入了独立领导革命战争和创建人民军队的新时期。至 1928 年 6 月，党在全国范围内相继领导举行了近百次武装起义。毛泽东军事思想就是在这样的时代条件下，为适应指导中国革命战争的历史需要而产生和逐步形成发展起来的。

1927 年 8 月 1 日，中国共产党在南昌发动了武装起义，打响了武装反抗国民党反动派的第一枪。1927 年 8 月 7 日，中共中央在汉口召开紧急会议，讨论确定实行土地革命和武装起义的总方针。会上，毛泽东发言强调，全党“要非常注意军事，须知政权是由枪杆子中取得的”。

1927 年 9 月，毛泽东领导发动了湘赣边界的秋收起义，在井冈山地区创建了第一个实行工农武装割据的农村革命根据地，开辟了一条以农村包围城市的崭新的革命道路。从秋收起义至 1929 年底，毛泽东先后领导进行了工农红军的三湾改编，提出了“支部建在连上”的党指挥枪的重要建军原则；为红军制定了“三大纪律六项注意”；根据“中央九月来信”的精神，主持召开了中国共产党红军第四军第九次代表大会并做政治报告。通过这些实践探索，成功地解决了在中国这种社会条件下，把以农民为主要成分的革命武装，建成新型的无产阶级人民军队的一系列建军原则问题。在井冈山斗争中，毛泽东和朱德提出了“敌进我退、敌驻我扰、敌疲我打、敌退我追”的游击战原则，指挥红军粉碎了敌军多次组织的“进剿”和“会剿”；接着毛泽东又提出积极防御的作战原则和方针，诱敌深入，集中兵力打运动战、速决战、歼灭战，连续打破了国民党军第一、第二、第三次大规模“围剿”。在此期间，毛泽东先后写下了《中国的红色政权为什么能够存在？》《井冈山的斗争》《中国共产党红军第四军第九次代表大会决议案》《星星之火，可以燎原》等著作。毛泽东的上述实践与著作，为中国革命及其武装斗争指出了道路，成功地解决了中国革命走什么路、如何建军、如何作战等三个根本问题。它标志着毛泽东军事思想已初步形成。

二、毛泽东军事思想科学体系的建立

从 1935 年 1 月遵义会议至 1945 年 8 月抗日战争胜利，是毛泽东军事思想得到多方面的发展和系统的总结而达到成熟，形成比较完整系统的科学理论体系的时期。

1935 年 1 月召开的遵义会议，确立了毛泽东在中国共产党和红军中的领导地位。毛泽东率领红军克服长征中的艰难险阻，胜利到达陕北。这时正值日本帝国主义发动全面侵华战争前夜，中日民族矛盾上升为主要矛盾。中国共产党为了反对日本帝国主义的侵略和继续同国民党反动派作斗争，迫切需要从理论上系统地科学地回答中国革命战争的战略和策略问题。为此，毛泽东等中央领导在领导全国人民进行抗日战争的同时，进行了大量的理论创建工作。1936 年底至 1938 年秋，毛泽东先后发表了《中国革命战争的战略问题》《抗日游击战争的战略问题》《论持久战》《战争和战略问题》等军事论著，以及具有重要军事内容的哲学名篇《实践论》《矛盾论》。这些著作，对历时十年的土地革命战争经验做了系统的理论总结和哲学概括，揭示了中国革命战争的基本规律和指导原则，科学地预见了抗日战争的发展

进程,系统地回答了中国革命战争如何才能以弱胜强、以劣势装备战胜优势装备之敌的有关问题;同时,也深刻阐明了战争的本质和研究战争问题的科学方法,揭示了军事领域的一系列普遍规律的共通法则。尔后,随着战争形势的发展,毛泽东又对建设抗日根据地、发展敌后抗日游击战争、在坚持抗日民族统一战线的原则下进行反对国民党顽固派制造摩擦的斗争,以及加强军队政治建设、加强军政军民团结、军队实行生产自给等诸多重大问题,提出了一系列方针、政策和指导原则,从而为夺取抗日战争的胜利,提供了全面可靠的理论指导。

1945 年 4 月,毛泽东在中国共产党第七次全国代表大会上所做的政治报告《论联合政府》中,对中国共产党长期领导军事斗争和军队建设的基本经验又做了进一步理论概括,明确提出了“人民战争”“人民的军队”“为人民战争所必需的一系列的战略战术”等概念,并做了精辟阐述。

上述这些论著、报告以及在斗争实践中提出的一系列方针、政策和指导原则,所涉及的已不是战争的个别问题和个别结论,而是全面地、系统地、深入地阐述了关于无产阶级的战争观和方法论,关于建设人民军队,进行人民战争及其战略战术的理论原则,形成了一整套完整的军事思想理论体系。同时,朱德在党的第七次代表大会上也明确地提出了“毛主席的军事思想”的概念,并对此做了阐述。至此,毛泽东军事思想作为一个具有鲜明中国特色的军事理论科学体系已经建立起来了。

三、毛泽东军事思想的丰富和发展

抗日战争胜利后,我军又经历了人民解放战争、抗美援朝战争以及中华人民共和国成立以来的和平建设时期,毛泽东军事思想得到了全面的运用、丰富和发展。

人民解放战争,是一场在全国范围内进行的规模空前浩大的战争,是中国两种历史命运的总决战。在这场夺取全国胜利的革命战争中,毛泽东军事思想得到全面的丰富和发展。毛泽东的战争指导艺术,特别是大规模战役指挥艺术,达到了炉火纯青的程度。不仅丰富了人民战争理论和战略防御理论,而且创造出独具特色的包括战略决战和战略追击在内的战略进攻理论;不仅发展了运动战和游击战理论,而且创造了包括大中城市攻坚战在内的大规模阵地战理论。在建军方面,不仅进一步强调了在军队内部实行三大民主,总结推广了新式整军和群众性练兵以及大规模争取、瓦解敌军的经验,而且指明了加强技术兵种建设,逐步向正规化、现代化过渡的建军方向;探索和总结了为保障大规模正规战争所需的后勤工作的经验和理论。其间,毛泽东撰写的《以自卫战争粉碎蒋介石的进攻》《集中优势兵力,各个歼灭敌人》《三个月的总结》《目前形势和我们的任务》《评西北大捷兼论解放军的新式整军运动》《将革命进行到底》等著作,总结提出的著名十大军事原则以及起草的大量作战指挥文电,集中反映了这一时期毛泽东军事思想的丰富和发展。

在抗美援朝战争中,毛泽东坚持从战争的实际出发,不断总结新鲜经验,在《给中国人民志愿军的命令》《采取轮番作战的方针》《对美英军目前应实行战术的小包围,打小歼灭战》《祝贺中国人民志愿军的重大胜利》《抗美援朝的伟大胜利和今后的任务》等著作和电文中,提出和阐述了在现代条件下进行反侵略战争和建军的一系列理论原则。这些理论和经验,为毛泽东军事思想增添了关于现代化战争指导的新内容。

从 20 世纪 50 年代起,毛泽东和中央军委领导、指挥了和平解放西藏,解放沿海岛屿,边境自卫反击和保卫领海、领空的作战;明确提出了必须建设强大的现代化国防,以保卫国家

安全和国内经济建设的历史任务;制定了反对外来侵略的积极防御战略方针;确定了为自卫而发展包括导弹核武器在内的高新技术装备,建立中国自己的国防科研和国防工业体系的指导思想和总体部署;提出了加强人民解放军的革命化、现代化、正规化建设,民兵建设和战略后方建设,以及发展中国的军事科学等一系列指导方针,从而形成了毛泽东国防建设思想,构成了毛泽东军事思想一个新的组成部分。

第三节　毛泽东军事思想的科学体系

毛泽东军事思想是一个内容十分丰富的科学体系,其基本内容主要包括:战争观和军事问题方法论、人民军队思想、人民战争思想、人民战争的战略战术思想、国防建设思想。

一、战争观与方法论

战争观与方法论,是毛泽东研究和指导战争的基本观点和方法,是毛泽东军事思想的理论基础,是我们研究和指导战争的基本依据。

(一)历史唯物主义的战争观

战争观是人们对战争本质问题的根本看法和态度。它主要回答战争是什么,即战争的基本性质和人们对战争所应采取的态度等一系列关于战争的根本问题。毛泽东军事思想对战争起源、战争性质、战争目的、战争与政治、战争与经济、现代战争的根源,以及无产阶级对于战争的态度等问题做了精辟的阐述。

1.战争是阶级斗争的最高形式

毛泽东运用马克思主义阶级学说考察和分析了中国社会的历史和现实,深谙阶级斗争与战争的关系,给战争下了一个科学的定义:“战争——从有私有财产和有阶级以来就开始了的,用以解决阶级和阶级、民族和民族、国家和国家、政治集团和政治集团之间在一定发展阶段上的矛盾的一种最高的斗争形式。”①这一结论是毛泽东纵向考察战争与阶级的关系,继承和发展了马克思主义有关理论而做出的,它揭示了战争这种现象产生的社会根源。

首先,毛泽东指明了战争的起源是私有财产和阶级,说明战争是一个历史的范畴。历史地看,战争的完形和成熟是与私有财产的出现、私有制的确立和阶级社会的形成紧密相连的,所以私有制和阶级斗争便是战争的社会根源。只要人类社会存在私有财产和阶级,就有发生战争的土壤。故此,毛泽东说:“由于阶级的出现,几千年来人类的生活中充满了战争,每一个民族都不知打了几多仗,或在民族集团之内打,或在民族集团之间打。打到资本主义社会的帝国主义时期,仗就打得特别广大和特别残酷。”②1973 年《人民日报》发表了毛泽东关于“三个世界”的理论,他进一步指出现代战争的根源是霸权主义。

其次,毛泽东揭示了战争的本质,即战争是解决阶级之间、民族之间、国家之间、政治集团之间矛盾的一种最高的斗争形式。战争是阶级斗争的最高形式而非一般形式,事实上,在阶级社会中,阶级矛盾时时存在,阶级斗争不断进行,但战争并不时时发生,只有矛盾和斗争

---

① 《毛泽东选集》第 1 卷,人民出版社 1991 年版,第 171 页。

② 《毛泽东选集》第 2 卷,人民出版社 1991 年版,第 474 页。

发展到极端尖锐的程度,才采取战争这种最高的斗争形式。毛泽东在《矛盾论》一文中谈道:“在人类历史中,存在着阶级的对抗,这是矛盾斗争的一种特殊的表现。剥削阶级和被剥削阶级之间的矛盾……长期地并存于一个社会中,它们互相斗争着,但要待两阶级的矛盾发展到了一定的阶段的时候,双方才取外部对抗的形式,发展为革命。”①

最后,毛泽东明确了战争消亡的条件,他指出:“人类社会进步到消灭了阶级,消灭了国家,到了那时,什么战争也没有了,反革命战争没有了,革命战争也没有了,非正义战争没有了,正义战争也没有了,这就是人类的永久和平的时代。”②

2.战争是流血的政治

战争的本质,集中反映在战争与政治的关系之中。19 世纪普鲁士军事理论家克劳塞维茨首先提出了“战争无非是政治通过另一种手段的继续”③的论断。毛泽东充分肯定了“战争是政治的继续”这一合理命题,并在理论和实践的结合上坚持和发展了这一真理。

首先,毛泽东阐明了战争与政治的一致性。他在《论持久战》一文中说:“‘战争是政治的继续’,在这点上说,战争就是政治,战争本身就是政治性质的行动,从古以来没有不带政治性的战争。”④

其次,毛泽东还阐述了战争与政治的差别性。他指出:“战争有其特殊性,在这点上说,战争不即等于一般的政治。‘战争是政治的特殊手段的继续’。政治发展到一定的阶段,再也不能照旧前进,于是爆发了战争,用以扫除政治道路上的障碍。”⑤毛泽东认为,基于战争的特殊性,就必须有战争的一套特殊的组织,就是军队及附随的一切东西;一套特殊方法,就是指导战争的战略战术;一种特殊过程,就是敌对的军队互相使用有利于己不利于敌的战略战术从事攻击或防御的一种特殊的社会活动形态。

最后,毛泽东对战争与政治的关系做了一个经典性的结论:“政治是不流血的战争,战争是流血的政治。”⑥这一论断深刻地揭示了战争的本质,是毛泽东军事思想关于无产阶级战争观的理论基石。

3.战争是经济的竞赛

战争是政治的继续,政治则是经济的集中表现,经济是政治的基础,因而也是战争的基础。战争与经济之间有着深刻的本质联系。

经济是战争的物质基础。离开一定的经济条件,战争就无法进行。早在第二次国内革命战争时期,毛泽东就指出:“如果不进行经济建设,革命战争的物质条件就不能有保障,人民在长期的战争中就会感觉疲惫。”⑦抗日战争时期,毛泽东更加明确地指出:“战争不但是军事的和政治的竞赛,还是经济的竞赛。”⑧

实践证明,军队的编制装备和战略战术、战争所需的各种物质、战争规模的大小,以及战争时间的长短等,都依赖于国家经济条件和生产水平。特别是现代条件下的战争,对经济的

① 《毛泽东选集》第 1 卷,人民出版社 1991 年版,第 334 页。
② 《毛泽东选集》第 1 卷,人民出版社 1991 年版,第 174 页。
③ 克劳塞维茨:《战争论》(删节本),战士出版社 1978 年版,第 14 页。
④ 《毛泽东选集》第 2 卷,人民出版社 1991 年版,第 479 页。
⑤ 《毛泽东选集》第 2 卷,人民出版社 1991 年版,第 479 页。
⑥ 《毛泽东选集》第 2 卷,人民出版社 1991 年版,第 480 页。
⑦ 《毛泽东选集》第 1 卷,人民出版社 1991 年版,第 119～120 页。
⑧ 《毛泽东选集》第 3 卷,人民出版社 1991 年版,第 1024 页。

依赖程度更高。毛泽东在《论十大关系》中说，“我们一定要加强国防，因此，一定要首先加强经济建设”，“只有经济建设发展得更快了，国防建设才能有更大的进步”。在中国革命的各个时期，毛泽东都十分重视围绕革命战争这个中心任务进行经济建设，从而保障了战争的胜利。

4.用正义战争消灭非正义战争

毛泽东指出：“战争——这个人类互相残杀的怪物，人类社会的发展终究要把它消灭的。”“我们研究革命战争的规律，出发于我们要求消灭一切战争的志愿，这是区别我们共产党人和一切剥削阶级的界线。”①消灭一切战争，是无产阶级战争观对待战争问题的归宿点。毛泽东为此阐明了三个基本观点。

首先要正确区分战争的性质。战争的性质取决于战争的政治目的、阶级本质和历史作用。毛泽东指出：“战争的性质是根据于战争的政治目的而定的。一切战争分为两类。照斯大林的说法，战争分为：(一)正义的非掠夺的谋解放的战争；(二)非正义的掠夺的战争。”②毛泽东还指出：“人类正义战争的旗帜是拯救人类的旗帜，中国正义战争的旗帜是拯救中国的旗帜。人类的大多数和中国人的大多数所举行的战争，毫无疑义地是正义的战争，是拯救人类拯救中国的至高无上的荣誉的事业，是把全世界历史转到新时代的桥梁。”③总之，没有正义的革命战争推动，旧社会就不会灭亡，新社会就不会诞生。反之，非正义战争必然从总体上阻碍社会发展进步，欺骗和麻醉人民，并给人民生命和物质财富带来巨大的威胁和破坏。

其次是对待战争的基本态度应该是根据战争的不同性质而有区别地对待之。无产阶级和共产党人对待战争的基本态度可归结为两点：一是对待不同性质的战争采取不同的态度，拥护正义战争，反对非正义战争；二是我们的最终目的是要消灭一切战争，实现永久和平。毛泽东说：“我们共产党人反对一切阻碍进步的非正义的战争，但是不反对进步的正义的战争。对于后一类战争，我们共产党人不但不反对，而且积极地参加。”④

再次是消灭战争的基本途径和手段。毛泽东认为，既然战争是用暴力手段进行的政治，那么，用非暴力手段就不能制服暴力。所以，“消灭它的方法只有一个，就是用战争反对战争，用革命战争反对反革命战争，用民族革命战争反对民族反革命战争，用阶级革命战争反对阶级反革命战争”。“只能经过战争去消灭战争，不要枪杆子必须拿起枪杆子。”⑤

(二)研究和指导战争的方法论

战争问题的认识论和方法论，是要解决如何认识和运用战争规律，正确指导战争，使主观指导符合客观实际的问题。毛泽东创造性地运用马克思主义辩证唯物论和历史唯物论的立场、观点和方法，系统地阐明了关于战争问题的认识论和方法论。

1.研究和指导战争，必须认识战争规律

毛泽东研究和指导战争，首先是从研究战争规律入手的。他在《中国革命战争的战略问题》一文中开宗明义地指出“战争的规律——这是任何指导战争的人不能不研究和不能不解

① 《毛泽东选集》第1卷，人民出版社1991年版，第174页。

② 《毛泽东军事文选》(内部本)，战士出版社1981年版，第212页。

③ 《毛泽东选集》第1卷，人民出版社1991年版，第174页。

④ 《毛泽东选集》第2卷，人民出版社1991年版，第476页。

⑤ 《毛泽东选集》第1卷，人民出版社1991年版，第174页；第2卷，人民出版社1991年版，第547页。

决的问题”,因为“不知道战争的规律,就不知道如何指导战争,就不能打胜仗”。[①] 可以说,毛泽东研究和指导战争方法论的核心,就是探索和运用战争规律。

战争规律与其他事物的规律相比较,有其特殊性。由于战争的敌对双方都是能动的活动着的人,都采取互相欺诈的计谋,企图以变制胜,故而战争运动表现出更大的流动性、偶然性和不确定性,这给战争指导者认识和把握战争规律带来困难。于是有人认为战争规律是不可知的,甚至认为战争根本就没有规律可循。毛泽东坚持马克思主义反映论和可知论,出色地把辩证法运用于战争问题的研究,他在分析了战争特点的基础上,以透辟的分析论述了战争规律的客观性以及人们认识战争规律的可知性。毛泽东指出:“我们承认战争现象是较之任何别的社会现象更难捉摸,更少确实性,即带所谓‘盖然性’。但战争不是神物,仍是世间的一种必然运动。”“军事的规律,和其他事物的规律一样,是客观实际在我们头脑中的反映,除了我们的头脑以外,一切都是客观实际的东西。”[②]因此,战争规律是可以认识的。毛泽东认为,无论战争情况怎样错综复杂,变化多端,总是有朕兆可寻,有端倪可察,有前后现象可供思索。只要先之以各种侦察手段,继之以指挥员的聪明的推论和判断,知其大略,知其要点,是完全可能的。总之,战争的绝对流动性中有相对的固定性可寻,战争的偶然性背后有必然性可察,战争的不确实性中亦有确实的一面可把握。人们完全可以透过战争的某些征兆、端倪、现象去探寻潜藏于内部的本质即规律性,进而给战争以正确指导,多打胜仗。

2.研究和指导战争,必须着眼其特点,着眼其发展

毛泽东提出:“我们不但要研究一般战争的规律,还要研究特殊的革命战争的规律,还要研究更加特殊的中国革命战争的规律。”[③]只有处理好一般规律和特殊规律的关系,才能正确认识和指导战争。

一般战争规律,是从各种具体战争的运动过程中抽象出来的最一般、最普遍、最稳定的内在本质联系。它是古今中外一切战争都具有的共同本质,是在任何战争中都普遍起作用的规律。毛泽东指出:“一切带原则性的军事规律,或军事理论,都是前人或今人做的关于过去战争经验的总结。这些过去的战争所留给我们的血的教训,应该着重地学习它。”[④]

特殊战争规律,指的是某种或某一具体战争所特有的规律。它是对某一具体战争特殊本质的抽象,其规律的内容因具体战争情况的不同而不同,因而也只在具体的战争中起作用。毛泽东非常重视对特殊战争规律的研究,他把战争规律区分为一般战争规律、革命战争规律和中国革命战争规律等层次。毛泽东指出:“中国革命战争——不论是国内战争或民族战争,是在中国的特殊环境之内进行的,比较一般的战争,一般的革命战争,又有它的特殊的情形和特殊的性质。因此,在一般战争和一般革命战争的规律之外,又有它的一些特殊的规律。如果不懂得这些,就不能在中国革命战争中打胜仗。”[⑤]

认识把握特殊战争规律,必须着眼其发展。着眼特点和着眼发展是统一的,战争的特点是在其发展变化中表现出来的,没有发展,没有变化,就谈不上特点,因此要想认识和把握特殊战争规律,必须用发展的眼光去探索战争这一事物在不同条件下所发生的变化,从而抓住

① 《毛泽东选集》第1卷,人民出版社1991年版,第170～171页。
② 《毛泽东选集》第1卷,人民出版社1991年版,第181～182页。
③ 《毛泽东选集》第1卷,人民出版社1991年版,第171页。
④ 《毛泽东选集》第1卷,人民出版社1991年版,第181页。
⑤ 《毛泽东选集》第1卷,人民出版社1991年版,第171页。

其特殊的本质。毛泽东指出:“一切战争指导规律,依照历史的发展而发展,依照战争的发展而发展;一成不变的东西是没有的。”

着眼发展,必须把握好战争的时间、地域、性质三个要素。毛泽东指出:“战争情况的不同,决定着不同的战争指导规律,有时间、地域和性质的差别。”①首先,战争随着时间的推移而发展。其次,战争的规律随着空间的位移而变化。再次,战争规律因战争性质的不同而各异。概而言之,一切战争规律和指导原则都依历史的发展而发展,依条件的改变而改变。我们应根据战争不同时间、地域、性质等条件的发展变化,认识和把握特殊规律,以正确指导战争。

3.研究和指导战争,要关照全局,把握关节

战争同其他客观事物一样,是一个由多种因素综合作用而形成的整体,有着整体与部分、全局与局部之分,处理好全局与局部的关系,从整体上驾驭战争,是战争指导最高层次的制胜之道。

关照全局是战争指导的首要问题。战争全局,是指战争的整体,即战争各个方面或各个阶段的总和。战争局部则是战争总体中某一部分或战争过程中的某一阶段。在两者的关系中,全局统帅、决定局部,局部隶属、服从全局。毛泽东说:“战争的胜败的主要和首先的问题,是对于全局或阶段的关照得好或关照得不好。”“指挥全局的人,最紧要的,是把自己的注意力摆在照顾战争的全局上面。”②在处理战争的全局和局部的关系时,必须牢固树立全局观念,使局部服从全局。有时在局部看来是可行的,但对全局不利,就应见小利而不趋,以免因小失大;有时在局部看来是不行的,但全局利益需要,则应顾全大局,甚至不惜牺牲局部来换取全局的胜利。毛泽东认为,在作战指导上关照全局,应注意照顾好四个关系,即照顾部队的兵团组成关系,照顾两个战役之间的关系,照顾各个作战阶段之间的关系,照顾我方全部活动和敌方全部活动之间的关系。只有全局在胸,全面规划,统筹安排,妥善照顾战争的各个方面与各个阶段之间的关系,把战争的各个局部组成一个相互协调的整体力量,充分发挥人力、物力、财力和时间等因素的综合作用,才能沉重打击敌人,获得全面的胜利。

把握关节是推动全局发展的重要方法。所谓关节,是指战争的重点部位和关键环节,也是对全局胜负有决定性影响的局部。局部虽为全局所支配,但并不是消极被动的,它总是以自己的运动及效果影响全局的发展,局部对全局是有反作用的,特别是关键性局部,对全局的胜负会产生决定性的影响。譬如下棋,一步走好,全局皆活;一着不慎,满盘皆输。这“一步”“一着”,就是指关键性的局部。作战与下棋同理。毛泽东说:“战争历史中有在连战皆捷之后吃了一个败仗以至全功尽弃的,有在吃了许多败仗之后打了一个胜仗因而开展了新局面的。这里说的‘连战皆捷’和‘许多败仗’,都是局部性的,对于全局不起决定作用的东西。这里说的‘一个败仗’和‘一个胜仗’,就都是决定的东西了。”因此,“任何一级的首长,应当把自己注意的重心,放在那些对于他所指挥的全局说来最重要最有决定意义的问题或动作上,而不应当放在其他的问题或动作上”。③

---

① 《毛泽东选集》第1卷,人民出版社1991年版,第173页。

② 《毛泽东选集》第1卷,人民出版社1991年版,第175～176页。

③ 《毛泽东选集》第1卷,人民出版社1991年版,第176页。

4.研究和指导战争,要使主观指导符合客观实际

战争的客观实际,是不依赖人的意识而独立存在的又能为人们所认识的战争情况及其规律。战争指导至关紧要的问题,就在于能否正确地解决主观指导与客观实际的矛盾,正如毛泽东所指出的,多打胜仗、少打败仗的关键,"就在于把主观和客观二者之间好好地符合起来"。[①] 战争实践反复证明,两军作战,凡胜者,必定主观指导符合客观实际;凡败者,必定是主观指导违背客观实际。

战争实践是主观指导符合客观实际的基本途径。毛泽东依据马克思主义关于实践第一的原理,突出强调了战争认识对于战争实践的依赖关系,为认识战争规律指出了正确的途径。他指出:"读书是学习,使用也是学习,而且是更重要的学习。从战争学习战争——这是我们的主要方法。"[②]他特别强调对于战争这一事物的本质和规律性的认识,只有通过反复的战争实践才能获得。他指出:"做一个真正能干的高级指挥员,不是初出茅庐或仅仅善于在纸上谈兵的角色所能办到的,必须在战争中学习才能办得到。"[③]只有在战争实践中,才能接触那些活生生的客观情况,才能清楚地了解和观察客观情况的发展变化,才能准确地把握客观情况的运动规律,才能因势利导地运用这些规律于自己的行动之中,从而使主观指导符合客观实际。

熟识敌我双方各方面的情况,是主观指导符合客观实际的根本方法。我国古代军事思想家孙武早在两千多年前就提出了"知彼知己,百战不殆"这一重要战争指导原则。毛泽东继承了这一宝贵遗产,他说:"'知彼知己,百战不殆'这句话,是包括学习和使用两个阶段而说的,包括从认识客观实际中的发展规律,并按照这些规律去决定自己行动克服当前敌人而说的;我们不要看轻这句话。"他进一步指出,战争指导者"要达到智勇双全这一点,有一种方法是要学的。那就是熟识敌我双方各方面的情况,找出其行动的规律,并且应用这些规律于自己的行动"[④]。在具体作战指导中"知彼知己"一般存在两个认识过程,即制定作战计划的过程和实施计划的过程。对此,毛泽东有极为精辟的论述:"指挥员的正确的部署来源于正确的决心,正确的决心来源于正确的判断,正确的判断来源于周到的和必要的侦察,和对于各种侦察材料的联贯起来的思索。指挥员使用一切可能的和必要的侦察手段,将侦察得来的敌方情况的各种材料加以去粗取精、去伪存真、由此及彼、由表及里的思索,然后将自己方面的情况加上去,研究双方的对比和相互的关系,因而构成判断,定下决心,作出计划,——这是军事家在作出每一个战略、战役或战斗的计划之前的一个整个的认识情况的过程。"[⑤]由于战争是一个充满流动性、偶然性和不确定性的领域,各种矛盾的展开、发展及其暴露过程不是一下子完成的,因而人们对战争矛盾的认识也不会一次到位。毛泽东认为:"认识情况的过程,不但存在于军事计划建立之前,而且存在于军事计划建立之后。当执行某一计划时,从开始执行起,到战局终结止,这是又一个认识情况的过程,即实行的过程。此时,第一个过程中的东西是否符合于实况,需要重新加以检查。如果计划和情况不符合,或者不完全符合,就必须依照新的认识,构成新的判断,定下新的决心,把已定计划加以改变,使之适合

① 《毛泽东选集》第1卷,人民出版社1991年版,第179页。
② 《毛泽东选集》第1卷,人民出版社1991年版,第181页。
③ 《毛泽东选集》第1卷,人民出版社1991年版,第181页。
④ 《毛泽东选集》第1卷,人民出版社1991年版,第182页。
⑤ 《毛泽东选集》第1卷,人民出版社1991年版,第179~180页。

于新的情况。”[①]总之，只有使主观认识不断跟上战争实际情况的发展变化，全面地把握敌我双方各方面的情况，才能科学地揭示战争的规律，正确地指导战争。

充分发挥自觉能动性，是主观指导符合客观实际的关键因素。毛泽东指出：“战争的胜负，主要决定于作战双方的军事、政治、经济、自然诸条件，这是没有问题的。然而不仅仅如此，还决定于作战双方主观指导的能力。军事家不能超过物质条件许可的范围外企图战争的胜利，然而军事家可以而且必须在物质条件许可的范围内争取战争的胜利。军事家活动的舞台建筑在客观物质条件的上面，然而军事家凭着这个舞台，却可以导演出许多有声有色威武雄壮的活剧来。”[②]毛泽东的这一论述，深刻地阐明了战争胜负的客观物质条件和主观指导的辩证关系。战争不仅是双方物质力量的竞赛，也是双方主观努力程度的竞赛。客观条件只提供了战争胜负的可能性，要把这种可能性变为现实性，“还须加上主观的努力，这就是指导战争和实行战争，这就是战争中自觉的能动性”[③]。在使主观指导符合客观实际的问题上，自觉能动性起着决定作用。总之，在这个问题上，既要反对不顾客观条件、只从主观愿望出发盲目蛮干的主观唯心主义，又要反对只强调客观条件而忽视能动作用的唯条件论，而应坚持战争的客观条件与自觉能动性的辩证统一。

二、人民军队思想

人民军队思想，是毛泽东关于建设一支由无产阶级政党领导、以马克思列宁主义做指导的新型人民军队问题的理性认识，是毛泽东军事思想的重要组成部分。

（一）无产阶级必须建立自己的新型的人民军队

毛泽东把马列主义基本原理同中国革命具体实践紧密结合，揭示了“枪杆子里面出政权”的真理，开创了农村包围城市、武装夺取政权的道路，把建设人民军队作为武装革命的首要问题。毛泽东指出：“没有一个人民的军队，便没有人民的一切。”[④]这是毛泽东根据中国人民在长期斗争中用鲜血换来的经验而得出的结论，也是马列主义关于武装斗争学说的普遍真理。

（二）人民军队的宗旨和任务

毛泽东从人民群众是历史的主人这个历史唯物主义的根本观点出发，规定了全心全意为人民服务这一建军宗旨，并据此规定了人民军队的三大任务。

1.全心全意为人民服务是人民军队的唯一宗旨

毛泽东在《论联合政府》一文中，对我军宗旨做了精辟的概括，他指出，人民军队“不是为着少数人的或狭隘集团的私利，而是为着广大人民群众的利益，为着全民族的利益，而结合，而战斗的。紧紧地和中国人民站在一起，全心全意地为中国人民服务，就是这个军队的唯一的宗旨”。[⑤] 这一宗旨申明了人民军队的本质特性、服务方向和行动准则，使我军一切活动有了出发点和归宿点。它是我军区别于任何旧军队的根本标志，是新型人民军队建军原则的基石。

---

① 《毛泽东选集》第 1 卷，人民出版社 1991 年版，第 180 页。
② 《毛泽东选集》第 1 卷，人民出版社 1991 年版，第 182 页。
③ 《毛泽东选集》第 2 卷，人民出版社 1991 年版，第 478 页。
④ 《毛泽东选集》第 3 卷，人民出版社 1991 年版，第 1074 页。
⑤ 《毛泽东选集》第 3 卷，人民出版社 1991 年版，第 1039 页。

2.战斗队、工作队、生产队是人民军队的三大任务

根据人民军队的建军宗旨,毛泽东为我军规定了战斗队、工作队、生产队三大任务。这是军事、政治、经济三位一体的任务,是新型人民军队同其他军队的又一显著区别。毛泽东指出,“中国的红军是一个执行革命的政治任务的武装集团。特别是现在,红军决不是单纯地打仗的,它除了打仗消灭敌人军事力量之外,还要负担宣传群众、组织群众、武装群众、帮助群众建立革命政权以至于建立共产党的组织等项重大的任务”。①

我军执行三大任务,是有主次区别的。毛泽东指出:“人民解放军永远是一个战斗队。就是在全国胜利以后,在国内没有消灭阶级和世界上存在着帝国主义制度的历史时期内,我们的军队还是一个战斗队。对于这一点不能有任何的误解和动摇。”②这就明确了战斗队是我军的根本任务,这是军队自身的本质属性所决定的。

(三)人民军队的建军原则

毛泽东依据无产阶级革命的性质,结合中国军队的实际情况,逐步总结制定出一整套人民军队的建军原则。

1.确立共产党对军队的绝对领导

毛泽东指出:“我们的原则是党指挥枪,而决不容许枪指挥党。”③这是处理无产阶级政党和无产阶级军队之间关系的根本原则。

党的绝对领导是建设新型人民军队的根本保证。只有坚持党对军队的绝对领导,用党的纲领、路线、方针、政策和无产阶级思想教育广大官兵,按照无产阶级思想面貌建设军队,才能把这支以农民为主要成分的队伍,建设成为无产阶级的新型人民军队。同时,人民军队只有服从党的绝对领导,坚决执行党的纲领、路线、方针、政策,做执行党的政治任务的工具,才能完成时代赋予的伟大历史使命,才能保持自身的无产阶级性质。

2.坚持强有力的革命政治工作

人民军队的政治工作,是中国共产党在军队中的思想工作和组织工作,是新型人民军队的一个极其显著的特点。

政治工作是我军的生命线,毛泽东指出,“没有进步的政治精神贯注于军队之中,没有进步的政治工作去执行这种贯注,就不能达到真正的官长和士兵的一致,就不能激发官兵最大限度的抗战热忱,一切技术和战术就不能得着最好的基础去发挥它们应有的效力”。④ 我军诞生以来,正是由于始终坚持了强有力的政治工作,才保证了在任何艰难困苦的条件下,都具有正确的政治方向和统一的奋斗目标,具有良好的内部关系和坚强的战斗意志,成为一支打不垮、拖不烂,攻必克、守必固的英雄军队。

毛泽东为我军规定了政治工作三大原则:一是官兵一致原则,“就是在军队中肃清封建主义,废除打骂制度,建立自觉纪律,实行同甘共苦的生活,因此,全军是团结一致的”⑤。二是军民一致原则,“就是秋毫无犯的民众纪律,宣传、组织和武装民众,减轻民众的经济负担,

① 《毛泽东选集》第1卷,人民出版社1991年版,第86页。
② 《毛泽东选集》第4卷,人民出版社1991年版,第1426页。
③ 《毛泽东选集》第2卷,人民出版社1991年版,第547页。
④ 《毛泽东选集》第2卷,人民出版社1991年版,第511页。
⑤ 《毛泽东选集》第2卷,人民出版社1991年版,第379页。

打击危害军民的汉奸卖国贼，因此军民团结一致，到处得到人民的欢迎”[①]。三是瓦解敌军和宽待俘虏原则，就是配合军事打击，发挥我军的政治优势，采取各种有效方式从政治上、思想上、组织上、心理上对敌军进行政治攻势，以动摇其军心士气，削弱其战斗力，并对俘虏实行宽待的政策。因为“我们的胜利不但是依靠我军的作战，而且依靠敌军的瓦解”[②]。

3.实行三大民主，执行三大纪律八项注意

人民军队必须建立民主制度和严格的纪律规章，没有民主和纪律，就不能保证贯彻全心全意为人民服务的宗旨和落实三大任务。

毛泽东认为，军队的基础在士兵，在新型人民军队中，士兵应具有主人翁的地位。他指出：“中国不但人民需要民主主义，军队也需要民主主义。军队内的民主主义制度，将是破坏封建雇佣军队的一个重要的武器。”[③]为此，毛泽东为我军规定要实行政治、军事、经济三大民主的原则。

严格执行三大纪律八项注意。从创建我军开始，毛泽东就十分注意人民军队的纪律建设，并亲手为我军制定了三大纪律八项注意，作为全军行动的基本准则。他特别强调，人民军队“必须提高纪律性，坚决执行命令，执行政策，执行三大纪律八项注意……不允许任何破坏纪律的现象存在”[④]。

三大纪律八项注意的具体内容是：三大纪律——(1)一切行动听指挥；(2)不拿群众一针一线；(3)一切缴获要归公。八项注意——(1)说话和气；(2)买卖公平；(3)借东西要还；(4)损坏东西要赔；(5)不打人骂人；(6)不损坏庄稼；(7)不调戏妇女；(8)不虐待俘虏。

4.加强“三化”建设

人民军队在强调革命化建设的同时，必须逐步实现现代化和正规化，这是毛泽东军事思想的重要内容。

早在土地革命战争时期，毛泽东就曾指出，到了红军的高级阶段，必须逐渐地自觉地去掉游击性，使红军的集中统一性更高些，纪律性更强些，工作更周密些，这就是说更正规些。抗日战争时期，毛泽东强调要用进步的政治精神教育军队，还要改善军队的技术条件，他指出，革新军制离不了现代化。解放战争时期，毛泽东提出为了适应战争形势胜利发展的需要，必须使各野战军进一步地正规化。中华人民共和国成立以后，毛泽东明确提出要建设正规化现代化的国防军。他指出，为了保卫祖国免受帝国主义者侵略，“我们必须掌握最新的装备和随之而来的最新的战术”[⑤]，并且要求要有大批能够掌握和驾驭技术的人，使我们的技术能够得到不断的改善和进步，“以便迅速把我军提高到足以在现代化的战争中取胜的水平”[⑥]；同时还指出，“与现代化装备相适应的，就是要求部队建设的正规化”[⑦]。

三、人民战争思想

人民战争思想，是毛泽东关于发动和依靠广大人民群众进行革命战争、夺取战争胜利问

① 《毛泽东选集》第2卷，人民出版社1991年版，第379页。
② 《毛泽东选集》第2卷，人民出版社1991年版，第379页。
③ 《毛泽东选集》第1卷，人民出版社1991年版，第65页。
④ 《毛泽东选集》第4卷，人民出版社1991年版，第1239页。
⑤ 《毛泽东军事文选》(内部本)，战士出版社1981年版，第359页。
⑥ 《毛泽东军事文选》(内部本)，战士出版社1981年版，第359页。
⑦ 《毛泽东军事文选》(内部本)，战士出版社1981年版，第358页。

题的理性认识,是毛泽东军事思想的重要组成部分。

(一)人民战争的基本概念

人民战争是"被压迫阶级和被压迫民族为谋求自身的解放,发动和依靠广大人民群众所进行的战争"①。这个定义表明,人民战争具有两个基本属性,即正义性和群众性。

正义性是指战争的政治目的是符合被压迫阶级和被压迫民族根本利益的,是推动历史前进和社会进步的。战争具有了正义性才会有群众性,才能得到人民群众真心实意的拥护,从而自觉地、积极主动地支持和参加战争。

群众性是指参加战争活动的人员较广泛,只要进行战争,各方都需要投入大量的人力、物力和财力。但人民战争对人民群众的组织动员更广泛、更深入,能够形成比一般战争声势要大得多的群众活动场面和群众自觉投入战争活动的热情。

正义性和群众性是人民战争的两个密不可分的基本属性。只看战争的正义性而不看战争的群众性,或只看战争的群众性而不看战争的正义性,都不能正确认识和理解人民战争。

(二)毛泽东人民战争思想的基本理论观点

毛泽东人民战争思想,从根本上说,就是唯物史观在革命战争中的具体运用。毛泽东指出:"人民,只有人民,才是创造世界历史的动力。"②这是历史唯物主义的一个根本观点,毛泽东把这个根本观点运用于指导中国革命战争的实践,形成了一系列关于人民战争完整的基本理论体系。

1.战争的正义性是实行人民战争的政治基础

战争力量的对比不但是军力和经济力的对比,而且是人心和人力的对比。战争的性质决定民心的向背,民心的向背决定人民群众参与战争活动的状况如何。正义战争代表着社会发展的方向,符合人民群众的根本利益,能够得到人民群众的拥护,能够赢得人心,进而赢得人力。所以,战争的正义性质是实行人民战争的政治基础。正如毛泽东在解放战争时指出的:"人民解放军的战争所具有的爱国的正义的革命的性质,必然要获得全国人民的拥护。这就是战胜蒋介石的政治基础。"③中国共产党领导的历次革命战争都是正义战争,都具有实行人民战争这个进步的政治基础,因而获得了全国人民的拥护。

2.革命战争是群众的战争

毛泽东指出,"革命战争是群众的战争,只有动员群众才能进行战争,只有依靠群众才能进行战争"。④ 这是马克思主义关于群众自己解放自己的观点在革命战争中的具体体现,也是毛泽东对这一观点在革命战争中的具体运用。

首先,被压迫人民必须依靠自己才能解放自己。毛泽东指出:"马克思列宁主义的基本原则,就是要使群众认识自己的利益,并且团结起来,为自己的利益而奋斗。"⑤所以,革命战争的组织者、领导者必须把人民群众看成是战争的主体,因而在战争中相信群众、依靠群众、组织和动员群众投入战争。

其次,被压迫人民要用革命战争才能解放自己。毛泽东有句名言,叫作"枪杆子里面出

---

① 《中国大百科全书·军事》,中国大百科全书出版社 1989 年版,第 876 页。
② 《毛泽东选集》第 3 卷,人民出版社 1991 年版,第 1031 页。
③ 《毛泽东选集》第 4 卷,人民出版社 1991 年版,第 1246 页。
④ 《毛泽东选集》第 1 卷,人民出版社 1991 年版,第 136 页。
⑤ 《毛泽东选集》第 4 卷,人民出版社 1991 年版,第 1318 页。

政权”，并说“工人阶级和劳动群众，只有用枪杆子的力量才能战胜武装的资产阶级和地主”。[①] 他告诫所有共产党员都应当懂得这个真理。历史经验表明，被压迫人民要推翻反动统治使自己获得解放，就必须拿起枪杆子，进行革命战争。

3.人民群众是战争伟力之最深厚根源

战争是力量的竞赛。根本的力量在哪里？毛泽东做了明确的回答：“战争的伟力之最深厚的根源，存在于民众之中。”[②]他还说过：“从长远的观点看问题，真正强大的力量不是属于反动派，而是属于人民。”[③]按照历史唯物主义的观点，人民是历史的主人，无疑，人民也是书写战争历史、主宰战争进程的主人。

首先，人民群众是政治力量的直接拥有者，决定着这一力量的投向。人民战争是正义战争，在政治上是进步的。这种进步的政治能够赢得民心，掌握民心，从而焕发出巨大的政治力量。

其次，人民群众是军力和经济力的源泉。因为人民群众本身就是社会物质生产活动的主力军，理所当然也是军力和经济力的源泉。毛泽东说：“动员了全国的老百姓，就造成了陷敌于灭顶之灾的汪洋大海，造成了弥补武器等等缺陷的补救条件，造成了克服一切战争困难的前提。”[④]人民革命战争之所以会胜利，主要是因为有人民做靠山，能源源不断地得到人民给予的人力物力的支援。

再次，人民群众是战略战术灵活机动的基础。我军的战略战术之所以是灵活机动的，之所以能在战场上发挥出巨大的歼敌威力，根本的原因就在于有人民群众拥护这个条件，有广大民兵和人民群众支援与配合作战这个条件。土地革命战争时，毛泽东在谈到转入战略反攻的条件中，第一条讲的就是人民这个条件。过去我们以劣势装备对优势装备的敌人作战时，首先着眼于战略内线歼敌，其重要原因之一，就是依靠和利用人民这个条件。

4.兵民是胜利之本

“兵民是胜利之本”，是说军队和民众的团结进步是战争胜利的根本条件。抗日战争时期，毛泽东在分析了日本这个战争对手之后说：“中国制胜日本的主要条件，是全国的团结和各方面较之过去有十百倍的进步。”并说：“应该努力的事情很多，我这里只说最根本的两方面：军队和人民的进步。”[⑤]

首先，军队只有团结进步才会有强大的战斗力。毛泽东历来都十分重视军队内部的团结，指出“一切妨害团结的现象，都在必须克服之列”[⑥]。其次，人民只有团结进步才能发挥出深厚的战争伟力。抗日战争初期毛泽东就讲：“中国已处于进步的时代，并已有了伟大的团结，但是目前的程度还非常之不够。”并说，“日本敢于欺负我们，主要的原因，在于中国人民的无组织状态”，指出中国必须是“全国的团结和各方面较之过去十百倍的进步”，才能战胜敌人。[⑦] 再次，只有同人民团结的军队才是真正无敌的军队。毛泽东在《八连颂》中指出：

① 《毛泽东选集》第2卷，人民出版社1991年版，第547页。
② 《毛泽东选集》第2卷，人民出版社1991年版，第511页。
③ 《毛泽东选集》第4卷，人民出版社1991年版，第1195页。
④ 《毛泽东选集》第2卷，人民出版社1991年版，第480页。
⑤ 《毛泽东选集》第2卷，人民出版社1991年版，第510～511页。
⑥ 《毛泽东选集》第3卷，人民出版社1991年版，第1039页。
⑦ 《毛泽东选集》第2卷，人民出版社1991年版，第510～511页。

“军民团结如一人,试看天下谁能敌。”我军从小到大的胜利发展历程表明,只要我们坚持军民团结,就能无往而不胜。

5.人是战争胜负的决定因素

毛泽东指出:“武器是战争的重要因素,但不是决定的因素,决定的因素是人不是物。力量对比不但是军力和经济力的对比,而且是人力和人心的对比。军力和经济力是要人去掌握的。”[①]毛泽东的这一论述,科学地阐明了人和武器在战争中的不同地位及其辩证统一的关系。把毛泽东人民战争思想的一系列基本理论观点作为一个整体来看,这一著名观点,同前述的几个基本理论观点是一致的,也是一脉相承的。它从战争诸因素这个侧面,特别是人-武器系统这个侧面,揭示了“决定战争胜败的是人民,而不是一两件新式武器”[②]这个科学真理。“人的因素”既有精神的一面,又有物质的一面,而人的精神正是在人这个物质实体上产生的。人是精神和物质的统一体,是具有思维能力和创造能力的有机实体。因此,把人和武器作为一个统一体来看,显然,人的作用是决定性的。

我们强调人的决定作用,并没有排斥武器的重要作用,相反,正是看到了武器在战争中的重要作用,并要使之得到充分的发挥,才突出强调人的作用。在战争中,我们应努力寻求人和武器的高度统一和最佳结合。

毛泽东上述一系列基本观点是一个整体,它们从各自不同的侧面,阐明了战争的性质与战争的胜负,人民自我解放与进行革命战争,以及群众与战争、人民与军队、人与武器的正确关系。其中心思想在于相信、依靠和组织、动员全体人民去夺取战争的胜利。

(三)实行人民战争的主要原则和方法

中国共产党在领导中国革命战争的长期实践中,形成了一系列指导实行人民战争的原则和方法。

1.坚持中国共产党对人民战争的统一领导

中国共产党的正确领导,是实行人民战争的根本保证。因为中国共产党对革命战争的领导,是历史的必然选择和要求。毛泽东在《中国革命战争的战略问题》一文中指出:“在无产阶级已经走上政治舞台的时代,中国革命战争的领导责任,就不得不落到中国共产党的肩上。在这种时候,任何的革命战争如果没有或违背无产阶级和共产党的领导,那个战争是一定要失败的。因为半殖民地的中国的社会各阶层和各种政治集团中,只有无产阶级和共产党,才最没有狭隘性和自私自利性,最有远大的政治眼光和最有组织性,而且也最能虚心地接受世界上先进的无产阶级及其政党的经验而用之于自己的事业。”[③]正是由于无产阶级和共产党的先进性,她才成为全中国人民利益的忠实代表,成为广大人民群众进行对敌斗争的组织者和鼓舞者。这是她能有巨大的政治组织力和号召力的根本原因所在。因此,也只有共产党才能把广大人民群众团结在自己的周围,才能最广泛地组织和动员人民群众的力量,才能把进行战争的各种力量融为一体,从而形成全面的、全民的人民战争。

2.充分动员、组织和武装广大人民群众

毛泽东历来都十分重视对人民群众的组织动员工作,他说:“这个政治上动员军民的问

---

① 《毛泽东选集》第2卷,人民出版社1991年版,第469页。

② 《毛泽东选集》第4卷,人民出版社1991年版,第1195页。

③ 《毛泽东选集》第1卷,人民出版社1991年版,第183页。

题,实在太重要了。我们之所以不惜反反复复地说到这一点,实在是没有这一点就没有胜利。没有许多别的必要的东西固然也没有胜利,然而这是胜利的最基本的条件。”①他认为,在中国要打倒帝国主义和封建主义,“只有把全国占人口百分之九十的工农大众动员起来,组织起来,才有可能”②。他要求:“除老弱及病患者外,一切男女公民,均应组织在自卫军中。”③不动员、组织和武装广大人民群众,就不能开展广泛持久的人民战争,也就没有战争的胜利。这是因为,人民群众中存在着的战争伟力,要通过动员、组织和武装并投入战争活动才能发挥出来,才能迅速转化为实际战争行为的能力。所以从对战争的领导角度来说,动员、组织和武装群众,是实行人民战争的重要条件。其中最重要的,就是政治动员,这是一切条件中最基本的条件。

3.发挥人民军队骨干力量的作用

无论是大规模的全面战争,还是中小规模的区域性战争,人民军队始终是实行人民战争的一支骨干力量。

首先,人民军队是在战场上战胜强大敌人的主力军和突击队。人民军队是人民力量在军事上的集中体现,是常备的军事组织,有一整套适应各种环境和条件下作战的体制编制,有良好的政治素质、军事素质和技术装备,能超越地区实施各种规模、各种形式和样式的作战,因而能担当起大量消灭敌人的重任,是进行人民战争的骨干力量。

其次,人民军队是人民战争实践活动的组织者,蕴藏在广大人民群众中的巨大军事潜力转化为现实的军事实力,主要是由人民军队在党的领导下来具体承担组织实施的。从中国革命战争的实践经验看,人民军队是中国武装力量的核心,她在开辟革命根据地,帮助建立革命政权,并以胜利的战斗来保卫这些成果的过程中,还广泛深入地发动群众,组织和武装群众,使他们积极踊跃地以各种方式支持和参加革命战争。人民军队像种子那样,成为迅速组成千百万革命大军的骨干。

4.实行“三结合”的武装力量体制和“三结合一配合”的组织斗争形式

“三结合”与“三结合一配合”,是我们党领导进行人民战争的最好的组织形式和斗争形式,是毛泽东人民战争思想中指导实行人民战争的最有特色的部分。它不仅解决了准备战争的国家武装力量组成,也解决了实行战争的组织斗争形式。

“三结合”的武装力量体制,“是由中国人民解放军、中国人民武装警察部队和民兵构成的三结合武装力量体制”④。这种体制,有一个历史的发展过程,也曾经有过多种表述方法,如“野战军、地方军和民兵”或“主力兵团、地方兵团和游击队、民兵”,红军时期则称“正规红军、地方红军、赤卫队”。毛泽东认为,三种武装力量的正确划分和相互配合,可以形成强大的武装力量体系。实行“三结合”的武装力量体制,不仅使进行人民战争的力量形成了整体,也有利于根据各种武装力量的特点,开展不同形式的军事斗争,正确解决了平战结合、军民结合问题,为战时人民武装力量的组织与使用,打下了良好的基础。

“三结合一配合”的组织斗争形式,是指在实行人民战争时,要采取主力兵团与地方兵团

---

① 《毛泽东选集》第2卷,人民出版社1991年版,第513页。

② 《毛泽东选集》第2卷,人民出版社1991年版,第565页。

③ 《解放日报》1944年12月16日。

④ 全军军事术语管理委员会、军事科学院:《中国人民解放军军语》(全本),军事科学出版社2011年版,第19页。

相结合,正规军与游击队、民兵相结合,武装群众与非武装群众相结合,军事斗争为主与其他各种(政治、外交、经济、思想、文化等)斗争相配合。"三结合一配合"的组织斗争形式是一个有机的整体。实行主力兵团与地方兵团的结合,主力兵团(野战军)才便于联系群众,发展群众武装,便于组织其他非军事的活动开展对敌斗争,主力兵团也有了直接的坚强的后备军;实行正规军与民兵、游击队相结合,才能发挥群众武装配合作战的巨大作用;实行武装群众与非武装群众结合,才能把广大的不拿枪的群众组织起来,发挥出对敌斗争的应有力量,从而构成军事斗争的全民战。实行军事斗争为主与其他各种形式的斗争相配合,才能把各方面的力量集合起来,形成战争的整体力量,打击敌人,从而构成整个战争的总体战。

5.建立巩固的革命根据地

革命根据地是进行人民战争的战略基地和重要依托。毛泽东历来都十分重视革命根据地的建设,他指出,"如果革命的队伍要准备积蓄和锻炼自己的力量,并避免在力量不够的时候和强大的敌人作决定胜负的战斗,那就必须把落后的农村改造成先进的巩固的根据地"。[①] 毛泽东在《抗日游击战争的战略问题》一文中还指出:"游击战争的根据地是什么呢?它是游击战争赖以执行自己的战略任务,达到保存和发展自己、消灭和驱逐敌人之目的的战略基地。没有这种战略基地,一切战略任务的执行和战争目的的实现就失掉了依托。"[②]中国革命战争的敌人是异常强大的。在这种形势下,革命力量要求得生存,就必须有一个立足点,即巩固的革命根据地,并依靠这个条件,粉碎敌人以优势兵力的进攻来消灭革命力量的企图。革命力量要求得发展,也必须依靠根据地作为出发点,通过不断积蓄革命力量,"用波浪式的推进政策",逐步扩大根据地和革命力量,逐步改变敌强我弱的形势,以达到最后战胜敌人。

6.运用灵活机动的战略战术

战略战术上的灵活机动,是指把唯物辩证法用于作战指导,依据敌我双方变化着的实际情况确定制敌的方针、原则和方法;指挥打仗,做到不拘一格,不墨守成规。毛泽东等无产阶级革命家、军事家,在长期的中国革命战争实践中,不断进行探索、创造和积累,形成了人民战争所必需的一系列战略战术。它的基本特征,就是善于按照变化的具体情况从事灵活机动的作战。这些灵活机动的战略战术,是人民战争取得胜利的途径。

毛泽东人民战争思想,是辩证唯物主义和历史唯物主义的基本原理在革命战争中的具体运用,是党的群众路线在革命战争中的生动体现。人民战争无论过去、现在还是将来,都是我们克敌制胜的法宝。我们坚持实行人民战争,是基于辩证唯物主义和历史唯物主义这个理论基础,基于战争的正义性这个政治基础,基于军民团结这个社会基础,因此,在新的历史条件下,我们在思想上应当明确:历史向前发展了,但人民是历史的主人不会变;作战对象不同了,但我们进行反侵略战争的正义性质不会变;武器装备发展了,但人是战争胜负的决定因素不会变。这表明,只要我们坚持以毛泽东人民战争思想为指导,定能夺取未来反侵略战争的胜利。

四、战略战术思想

进行人民战争,必然有一套与之相适应的战略战术。毛泽东等老一辈无产阶级革命家

① 《毛泽东选集》第2卷,人民出版社1991年版,第635页。
② 《毛泽东选集》第2卷,人民出版社1991年版,第418页。

在长期的中国革命战争实践中,运用马克思主义的基本原理,广泛吸取古今中外有价值的军事理论,创造了一整套进行人民战争所必需的战略战术思想。

(一)保存自己、消灭敌人的战争目的

战争,自从在人类社会历史上出现以来,就成为人类一种有目的的社会行为。这种目的除了交战双方相互追求的政治目的和经济目的之外,还有一种直接的军事目的,即毛泽东指出的:“战争的目的不是别的,就是‘保存自己,消灭敌人’。”[①]这里所说的消灭敌人,并不是说从肉体上将敌军统统消灭,主要是指解除敌人的武装,剥夺其抵抗能力。保存自己,是指包括个人自我在内的民族、国家、阶级及战斗整体,不被对方解除武装和剥夺战斗力。

保存自己与消灭敌人二者是对立统一的,它们紧密联系,相互制约。消灭敌人离不开保存自己,如果失去了自己的力量,就不可能消灭敌人;同样,不消灭敌人,就不可能有效地保存自己。保存自己和消灭敌人是紧密配合的。片面强调任何一个方面都是错误的,必须坚持二者的辩证统一。提倡保存自己和提倡勇敢精神并不矛盾。只有不怕牺牲,勇敢杀敌,才能以小的代价换取大的胜利。保存自己与消灭敌人紧密联系,但并非并列。“战争目的中,消灭敌人是主要的”,就是说,它居于矛盾的主导方面。“保存自己是第二位的,因为只有大量地消灭敌人,才能有效地保存自己。”[②]因此,在作战行动中,应把消灭敌人放在第一位。但是这种主次关系并不是固定不变的,在一定条件下也会产生转化。例如,在强敌进攻面前,弱军不能用进攻的方式打破敌人的进攻,就得进行防御,甚至进行战略退却,这时保存自己就成了第一位的任务。作为战争指导者,必须通观全局,适时灵活变换消灭敌人与保存自己的主次地位。这样,才能掌握战争的主动权。

保存自己、消灭敌人是战争的基本原则。毛泽东指出:“一切军事行动的指导原则,都根据于一个基本的原则,就是:尽可能地保存自己的力量,消灭敌人的力量。”[③]一切技术的、战术的、战役的、战略的原理,都离不开保存自己、消灭敌人这个原则。所以,毛泽东指出,它普及于战争的全体,贯彻于战争的始终。战争指导者,必须在战争实践中遵循这个基本原则,以确定自己所要采取的原则、方法和行动。

(二)积极防御的战略指导思想

1.承认积极防御,反对消极防御

积极防御,是以积极的攻势行动,战胜进攻之敌的防御,亦称攻势防御、决战防御。从作战指导思想上讲,是为了辅助进攻,或为了转入反攻和进攻创造条件而进行的防御,主要体现在防御的积极性上。一般地说,防御的积极性主要表现在以攻为守上,如战略防御中战役战斗的进攻战,防御战役中的反突击,防御战斗中的反冲击等。但由于防御的目的和任务不同,其积极性的表现也有所不同。依据战争的客观情况,或采取防中有攻、攻势防御,或采取筑垒抗击、顽强坚守,大量杀伤、消耗、疲惫敌人,然后以积极的反击(反攻)挫败敌人的进攻,这些都是积极防御的表现。总之,凡以辅助进攻,或以转入反攻和进攻为目的而进行的防御,都是积极防御。

---

① 《毛泽东选集》第 2 卷,人民出版社 1991 年版,第 482 页。
② 《毛泽东选集》第 2 卷,人民出版社 1991 年版,第 482 页。
③ 《毛泽东选集》第 2 卷,人民出版社 1991 年版,第 406 页。

消极防御,是单纯为了挡住敌人进攻的防御,亦称专守防御、单纯防御。它不是为了转入反攻或进攻而进行的防御,在作战行动上也不采取积极的攻势行动,完全处于被动挨打的地位,其结果根本达不到防御的目的。

毛泽东对待防御的根本主张,就是“承认积极防御,反对消极防御”[①]。毛泽东指出:“积极防御,又叫攻势防御,又叫决战防御。消极防御,又叫专守防御,又叫单纯防御。消极防御实际上是假防御,只有积极防御才是真防御,才是为了反攻和进攻的防御。”[②]他针对土地革命战争中王明“左”倾错误领导者实行消极防御的情况,尖锐地指出:“据我所知,任何一本有价值的军事书,任何一个比较聪明的军事家,而且无论古今中外,无论战略战术,没有不反对消极防御的。只有最愚蠢的人,或者最狂妄的人,才捧了消极防御当法宝。然而世上偏有这样的人,做出这样的事。这是战争中的过失,是保守主义在军事上的表现,我们应该坚决地反对它。”[③]这是毛泽东根据前人军事思想的精华和中国革命战争的经验与教训得出的正确结论。

纵观人类历史,大凡著名的军事家都主张积极防御,反对消极防御。我国2000多年前的军事家孙武就主张“避其锐气,击其惰归”。19世纪普鲁士的军事家克劳塞维茨也曾说过,“防御这种作战形式决不是单纯的盾牌,而是由巧妙的打击组成的盾牌”。毛泽东的伟大贡献则在于他吸取了前人积极防御的精华,创造性地把积极防御的一般原则运用于战略指导,形成了一套统管战争全局的、指导战争全过程的独特的积极防御战略思想。这样,就把积极防御由指导防御作战发展成为指导战争全局的战略理论。

2.积极防御战略思想的基本精神

(1)充分准备

所谓积极防御战略,首先表现在充分的战争准备上。毛泽东指出,“‘凡事预则立,不预则废’,没有事先的计划和准备,就不能获得战争的胜利”。[④] 历史经验证明,战争准备的程度,直接影响着战争的主动与被动、胜利与失败。对于敌人的战略进攻,如果没有必要和充分的准备,必然陷入被动地位;临时仓促应战,胜利的把握是没有的。土地革命战争时期,毛泽东等老一辈无产阶级革命家在指导中央苏区进行反“围剿”斗争中,十分重视做好反“围剿”的准备工作,从而成功地应对了各种复杂的情况,取得了第一次至第四次反“围剿”作战的胜利。

(2)后发制人

战略上的后发制人,是指不首先挑起战争,战略上不打第一枪。而一旦敌人挑起了战争,就应依据具体情况,采取相应的军事行动,去努力争取战争的胜利。这是积极防御战略的基本指导原则。

战略上坚持后发制人,从根本上说,是由革命战争的政治性质所决定的。马克思主义认为,战略是由政略决定的。由于不同阶级、不同性质的国家,进行战争的政治目的不同,所以在战略上采取先发制人,还是后发制人,必然受政治的制约。帝国主义国家,为了争夺世界霸权,无不主张采取先发制人的进攻战略。一切被压迫的阶级和民族,为了

---

① 《毛泽东选集》第1卷,人民出版社1991年版,第200页。
② 《毛泽东选集》第1卷,人民出版社1991年版,第198页。
③ 《毛泽东选集》第1卷,人民出版社1991年版,第198～199页。
④ 《毛泽东选集》第2卷,人民出版社1991年版,第495页。

反抗阶级压迫和民族压迫，无不实行后发制人的防御战略。我党领导的历次战争，之所以都采取后发制人的防御战略，最根本的原因是我们所进行的战争是正义的防御性战争。这种防御性战争的性质，决定了我们必定是后发制人。毛泽东指出："我们是不是去侵略别人呢？任何地方我们都不去侵略。但是，人家侵略来了，我们就一定要打，而且要打到底。"我们历来的原则是："人不犯我，我不犯人，人若犯我，我必犯人。"①这是我党一贯的原则立场。

战略上坚持后发制人，政治上有理。政治上有利于充分暴露敌人的反动本质，教育和团结广大人民群众，可以获得国内外舆论的广泛同情和支持，在人力物力上得到必要的援助，形成克敌制胜的强大力量。同时，在军事上，利于充分发挥我内线作战的有利条件和人民战争的巨大威力，陷敌于人民战争的汪洋大海之中。正如毛泽东所指出的："一切正义战争的防御战，不但有麻痹政治上异己分子的作用，而且可以动员落后的人民群众加入到战争中来。""在保卫革命根据地和保卫中国的口号下，我们能够团结最大多数人民万众一心地作战，因为我们是被压迫者和被侵略者。"②我党在历次革命战争中，坚持战略上后发制人的原则，不但在军事上起到了避敌锋芒、保存军力、待机破敌的作用，而且在政治上起到了暴露敌人、争取主动、教育群众的作用。

(3)攻防结合

毛泽东积极防御战略思想，从实现"保存自己，消灭敌人"的战争目的出发，把防御和进攻这两种手段紧密结合起来，寓防于攻，寓攻于防，攻防交替运用，机动灵活地运用有利态势，夺取战略上的主动。毛泽东一再强调，在作战指导上，要把战略上的防御与战役战斗上的进攻、战略上的内线作战与战役战斗上的外线作战有机地结合起来，并适时把战略防御导向战略反攻和进攻，彻底歼灭敌人。

首先，要做到防中有攻。当我处在战略防御阶段时，在战役战斗上除必要的防御作战外，主要是进攻的。即把战略上的劣势、被动和防御，变为战役战斗上的优势、主动和进攻，不断歼灭敌人的有生力量，逐步从战略上转化敌我力量的对比，为转入战略反攻和战略进攻创造条件。

其次，要适时地将战略防御导向战略反攻和进攻。战争实践证明，通过战略防御中战役战斗的攻势作战，虽给敌以大量消耗和歼灭，逐步改变了敌强我弱的形势，但还没有从战略上脱出被动地位，也没有从根本上解决两军之间谁胜谁负的问题。要夺取战争的最后胜利，还必须转入战略反攻和进攻，与敌进行战略决战。因此，适时地将战略防御导向战略反攻和进攻，是达成积极防御战略目的的关键。毛泽东曾经指出："全战略的决定关键，在于随之而来的反攻阶段之能不能取胜。""所谓积极防御，主要地就是指的这种带决战性的战略的反攻。"③

(4)持久胜敌

持久胜敌，指的是在敌强我弱、举国迎敌的条件下，坚持持久战。通过持久战，不断消耗敌人的力量，转变敌我力量对比，扭转战争形势，最后战胜敌人。

---

① 《毛泽东选集》第2卷，人民出版社1991年版，第749页。
② 《毛泽东选集》第1卷，人民出版社1991年版，第199页。
③ 《毛泽东选集》第1卷，人民出版社1991年版，第215页。

战略上持久胜敌是中国革命战争的客观实际情况所决定的。中国革命战争一个突出的特点，就是反动势力强大，革命势力弱小。这一特点，决定了我们的革命战争必须经历一个长期的、艰苦的斗争过程。毛泽东指出："因为反动势力的雄厚，革命势力是逐渐地生长的，这就规定了战争的持久性。"①我党领导的历次革命战争，之所以都贯彻了持久取胜的原则，正是这个特点所决定的。土地革命战争时期，毛泽东在分析了中国革命战争的四个主要特点之后，指出红军可能发展和可能战胜敌人，但不可能很快发展和不可能很快战胜敌人，即是规定了战争的持久，而且如果弄得不好的话，还可能失败，并明确地指出："我们的革命战争依然是持久的。从这一点出发，规定我们长期作战的战略方针，是战略指导的重要方针之一。"②抗日战争时期，毛泽东通过对中日战争所处的时代特点和敌我双方政治、经济、军事、地理诸因素相互对比的分析，指出："持久胜敌——这就是抗日战争的唯一正确方针。"③解放战争时期，毛泽东分析了敌我双方的客观实际情况，指出："为着粉碎蒋介石的进攻，必须作持久打算。"④"必须明白，敌人还有力量，我们自己也还有弱点，斗争的性质依然是长期的、残酷的。"⑤中国革命战争的实践证明，持久胜敌是弱军战胜强军的必由之路。

实行战略持久战必须坚持战役战斗速决战。战略的持久和战役、战斗的速决，是对立统一的关系，两者相反相成。实行战略上的持久战，必须坚持战役和战斗上的速决战。因为在总的军事力量对比上是敌强我弱，我们要以弱胜强，就必须集中自己的力量，形成局部的优势，实行战役战斗上的速决战，各个歼灭敌人。只有这样，才能以速决求持久，积小胜为大胜，逐步发展壮大自己的力量，为战略持久创造条件。毛泽东指出："'外线的速决的进攻战'。这对于我之战略方针'内线的持久的防御战'说来，是相反的；然而，又恰是实现这样的战略方针之必要的方针。"⑥所以，我们在战略上要藐视敌人，以弱胜强，以劣胜优，持久取胜；在战役战斗上要重视敌人，以强胜弱，以多胜少，速战速决。只有这样，才能实现战略上的持久战，粉碎敌人速战速决的企图。

综上所述，毛泽东积极防御战略思想，是科学的、系统的战略指导理论。充分准备，体现了有备无患的思想，是实行积极防御战略的前提；后发制人，体现了我军的战略性质，是我党一贯坚持的战略指导原则；攻防结合，体现了战争形式和内容的必然联系，是化劣势为优势、化被动为主动，彻底战胜敌人的有效方法；持久胜敌，体现了以弱胜强的革命战争客观规律，是弱军战胜强军的必由之路。

(三)歼灭战的作战方针

歼灭战就是歼灭敌人全部或大部的作战。也就是说，每战均要解除敌人的武装，剥夺敌人的抵抗力，俘虏和毙伤敌全部或大部人员，摧毁或缴获敌全部或大部武器装备和器材。一句话，就是要成建制地歼灭敌人。

打歼灭战，是我军作战的基本方针，也是实现战争目的，贯彻积极防御战略方针的重要手段。毛泽东在领导中国革命战争的各个历史时期，都非常注重和强调打歼灭战，明确规定

① 《毛泽东选集》第1卷，人民出版社1991年版，第233页。
② 《毛泽东选集》第1卷，人民出版社1991年版，第234页。
③ 《毛泽东军事文选》(内部本)，战士出版社1981年版，第129页。
④ 《毛泽东选集》第4卷，人民出版社1991年版，第1188页。
⑤ 《毛泽东选集》第4卷，人民出版社1991年版，第1209页。
⑥ 《毛泽东选集》第2卷，人民出版社1991年版，第486页。

我军作战“基本的方针是歼灭战”。他指出：“击溃战，对于雄厚之敌不是基本上决定胜负的东西。歼灭战，则对任何敌人都立即起了重大的影响。”他形象地比喻说：“对于人，伤其十指不如断其一指；对于敌，击溃其十个师不如歼灭其一个师。”[①]

(四)运动战、阵地战、游击战的作战形式

运动战，是正规兵团在长的战线和大的战区，从事战役战斗的外线速决的进攻作战形式。其特点是：正规兵团，战役战斗的优势兵力，进攻性和流动性。是大量歼灭敌人、改变战争形势和决定战争命运的主要作战形式。

阵地战，就是军队依托阵地进行防御或对据守阵地之敌实施进攻的作战形式。其特点是：作战线相对稳定，准备充分，各种保障比较严密。是消耗敌人和歼灭敌人的重要作战形式。

游击战，是分散游动的非正规的作战形式。其特点是：具有更大的主动性、灵活性、进攻性、速决性和流动性。是从战略、战役和战斗上配合正规战的不可缺少的作战形式。

运动战、阵地战、游击战尽管各有其不同的特点和作用，但在实现战争目的这一点上则是完全一致的。三者是有机联系、缺一不可的整体。毛泽东十分注重三种作战形式的巧妙结合。早在 1938 年，毛泽东就指出，“有人说，我们只主张游击战，这是乱说的。我们从来就主张运动战、阵地战、游击战三者的配合”，“三种方式相互配合，必能使敌军处于极困难地位”。[②] 在中国革命战争实践中，毛泽东非常注意确定作战形式的主次，又十分强调主次之间的相互配合。

(五)集中优势兵力，各个歼灭敌人的作战法则

集中优势兵力，各个歼灭敌人的作战原则，是毛泽东“十大军事原则”的核心内容，也是我军作战的基本方法。集中优势兵力是各个歼灭敌人的物质基础，各个歼灭敌人是集中优势兵力的目的和条件。二者辩证统一，不可分割。但二者之间，集中优势兵力又是决定的环节。

毛泽东在指导战争实践中，不仅一贯重视集中兵力，而且把它作为我军作战的基本法则提出来。他说：“中国红军以弱小者的姿态出现于内战的战场，其迭挫强敌震惊世界的战绩，依赖于兵力集中使用者甚大。”集中兵力，“这是我们制胜敌人的根本法则之一”[③]。解放战争中，毛泽东还代表中央军委专门发出“集中优势兵力，各个歼灭敌人”的作战指示。他指出“这是战胜蒋介石进攻的主要方法。实行这种方法，就会胜利。违背这种方法，就会失败”。[④]

除上述之外，毛泽东的战略战术思想还包括：对于初战持慎重态度，要求不打则已，打则必胜；在决战问题上，执行有利的决战，避免不利的决战；进攻时防止冒险主义，防御时防止保守主义，退却时防止逃跑主义；不打无准备之仗，不打无把握之仗，每战力求有准备，力求在敌我条件对比下有胜利的把握；强调作战指导上的主动性、灵活性和计划性；重视后勤保障和军队的适时休整等。毛泽东指出，这些战略战术都是建立在人民战争基础之上的，只有革命军队才能够有效地运用它。

---

① 《毛泽东选集》第 1 卷，人民出版社 1991 年版，第 237 页。

② 《毛泽东军事文选》(内部本)，战士出版社 1981 年版，第 107 页。

③ 《毛泽东选集》第 1 卷，人民出版社 1991 年版，第 225 页。

④ 《毛泽东选集》第 4 卷，人民出版社 1991 年版，第 1199 页。

五、国防建设思想

中华人民共和国成立之后,毛泽东军事实践和理论创造的重心自然由武装斗争夺取政权转向巩固新生政权、维护民族独立、保卫国家的领土及权益上来,并随之而形成其国防建设思想。主要内容有:加强国防,建设现代化、正规化的革命武装力量和发展现代国防技术;正确处理经济建设和国防建设之间的关系,在增强国家经济实力的基础上加强军力;确立积极防御的反侵略战争的军事战略方针,警惕帝国主义的突然袭击;有计划地进行国防工程和人防工程建设,从思想、组织、物质上做好反侵略战争的准备;提倡全民皆兵、发挥民兵在保卫和建设国防中的作用;兴办各类军事院校,加强干部培养;成立军事科研机构,加强军事理论研究等。

第四节　毛泽东军事思想的历史地位

毛泽东是现代中国革命军事理论的奠基人和集大成者,是世界政治军事史上屈指可数的伟大的军事家和战略家,毛泽东军事思想在中国乃至世界军事思想史上都占有极其重要的地位。

一、毛泽东军事思想把中国军事思想发展到一个全新的阶段,是中国革命战争胜利和国防现代化建设的理论指南

毛泽东一方面以他精深的中国传统文化素养,广泛吸收中国古代军事思想的精华,另一方面把辩证唯物主义运用于研究和指导战争,形成了中国历史上最先进、最科学、最完整的军事理论。毛泽东军事思想的产生,是中国军事思想史上的一次变革,把中国军事思想推到一个全新的历史阶段,标志着中国无产阶级军事理论的确立。在毛泽东军事思想的指引下,中国人民经过国内革命战争和民族解放战争,打败了国内外的强大敌人,创建了新中国。中华人民共和国成立以来,在毛泽东军事思想指引下,我国国防现代化建设又取得了伟大成就。实践雄辩地证明,以毛泽东军事思想为指导,革命战争就能取得胜利,国防现代化建设就能顺利发展,毛泽东军事思想是中国革命胜利和国防现代化建设的指南。

二、毛泽东军事思想创造性地丰富和发展了马克思主义军事理论宝库

马克思、恩格斯、列宁、斯大林用辩证唯物主义和历史唯物主义的观点,批判地继承了前人研究战争的成果,总结了他们所处时代包括他们本身经历的战争的经验,创立了无产阶级的军事理论。毛泽东既遵循马列主义的基本原理,又灵活处理中国革命战争的具体问题,在一系列问题上发展了马克思主义军事理论。其中主要有:系统地阐明了关于研究和指导战争的战争观和方法论;开辟了农村包围城市、武装夺取政权的道路;创造性地解决了把以农民为主要成分的革命军队建设成为一支无产阶级性质的新型人民军队的问题;丰富和发展了人民战争思想;系统制定了适合中国革命战争特点的战略战术以及国防现代化建设的理论和方针原则等。毛泽东军事思想丰富了马克思主义军事理论宝库。

三、毛泽东军事思想在世界上有广泛而深远的影响

毛泽东军事思想的影响远远超出中国的国界和产生它的时代，其理论价值举世公认，其实际指导作用也在国际上受到人们的广泛关注。

首先，毛泽东军事思想在第三世界广为传播，成了被压迫民族和人民争取民族独立和解放的强大思想武器。毛泽东军事思想创造了在正义战争中以弱胜强的高超战争艺术，为被压迫民族和被压迫阶级在争取解放的正义战争中，实现以小敌大、以劣势装备战胜优势装备之敌，提供了成功的实践范例和理论武器。由于毛泽东军事思想正确地揭示了革命战争的规律，对民族和阶级解放战争有着现实的指导意义，因而受到了为民族独立和解放而斗争的第三世界国家人民的重视，他们十分注意吸收和运用毛泽东军事思想。《巴基斯坦时报》指出，毛泽东"作为军事战略家是一位开路先锋，他的人民战争学说，对亚洲和非洲的历史发展的影响是不可估量的"。

其次，毛泽东军事思想对世界军事思想的发展作出了重大的贡献。毛泽东军事思想所揭示的军事规律达到了前所未有的深度和广度，是一座博大精深的军事理论大厦，在世界军事思想史上占有重要地位。特别是它的军事辩证法思想，为人们科学地认识军事领域的各种矛盾运动规律，正确地指导军事斗争和军事建设的实践，提供了最基本的立场、观点和方法，尤其具有普遍的真理性意义。毛泽东的主要著作，已成了各国军事家必读的经典，有的国家还把毛泽东军事思想列为军事院校的必修课。这些都表明毛泽东军事思想已经成为世界人民的共同财富，在世界军事思想宝库中占有重要的地位。

再次，毛泽东军事思想受到世界各方面人士的重视，许多人对它进行探索和学习，称颂毛泽东是当代最伟大的军事家、战略家和军事理论家。如美国前国务卿基辛格在《核武器与对外政策》一书中说："毛泽东基于大家熟悉的列宁主义学说，即战争是斗争的最高形式，研究出一套军事理论。这套理论表现出高度的分析能力，罕有的洞察力。"英国军事评论家巴特曼在《在东方的失败》一书中写道："毛泽东是掌握打开这个时代军事奥秘之锁的全套钥匙的一个时代的人物。"

思考题

1.如何理解毛泽东军事思想的科学含义？

2.如何理解战争与政治、经济的关系？

3.无产阶级对待战争的态度是什么？

4 为什么研究和指导战争必须认识战争规律？

5.为什么研究和指导战争必须着眼其特点和发展？

6.为什么研究和指导战争必须关照全局、把握关节？

7.毛泽东人民战争思想的基本理论观点是什么？

8.实行人民战争的主要原则和方法有哪些？

9.如何理解毛泽东积极防御战略思想的基本精神？

10.如何理解毛泽东军事思想的历史地位？

第九章
新时期党的军事指导理论

伟大的实践需要伟大的理论做指导。中国共产党在长期的战争实践和军事斗争实践中,形成了独具特色的军事指导理论,是党在军事领域中的重要理论创新成果,是指导中国革命战争和军事活动的理论指南。本章主要介绍新时期党的军事指导理论的科学内涵与形成发展、新时期党的军事指导理论的主要内容、新时期党的军事指导理论的地位和作用等内容。

第一节　新时期党的军事指导理论概述

一、新时期党的军事指导理论的科学内涵

党的军事指导理论指的是:"中国共产党指导军事斗争和军事建设的科学理论体系。"① 新时期党的军事指导理论,主要是指改革开放以来中国共产党在军事领域中的理论创新成果,其核心内容主要包括邓小平新时期军队建设思想、江泽民国防和军队建设思想、胡锦涛国防和军队建设思想,是党的军事指导理论的新成果。新时期党的军事指导理论既是一个时间概念,也是一个综合概念和创新概念,具有独特的科学内涵。

(一)新时期党的军事指导理论的本质是马克思主义军事理论

改革开放以来,中国共产党在指导军事斗争的实践中,逐步形成了新时期党的军事指导理论,在不同时期分别产生了邓小平新时期军队建设思想、江泽民国防和军队建设思想、胡锦涛国防和军队建设思想,这些理论体系,从本质上看,都遵循的是马克思主义的理论指导,走的是社会主义道路,坚持的是中国共产党的领导,核心是把马克思主义军事理论的普遍原理与中国的具体实际相结合。因此,新时期党的军事指导理论,虽然各有自己的时代内容和理论特征,但本质上是一脉相承的,是毛泽东军事思想的继承和发展,是马克思主义军事理论在不同时代主题和完成不同历史使命条件下的中国化成果。

(二)新时期党的军事指导理论是一脉相承的中国特色军事理论

主要体现在三个方面:一是我们党及其领导下的军队和人民群众的军事实践活动,在不同的历史时期虽然所面临的形势、任务和解决问题的侧重点不尽相同,但都是围绕着实现党的政治任务和军事目的,围绕着维护无产阶级和广大人民群众利益所进行的军事实践,具有政治目的和实践基础的统一性;二是各个阶段的军事实践活动,都坚持以马克思列宁主义为其理论基础,坚持实事求是的思想路线和理论联系实际的思想作风,具有理论基础、思想路

① 全军军事术语管理委员会、军事科学院:《中国人民解放军军语》(全本),军事科学出版社2011年版,第3页。

线和思想作风上的统一性；三是各个阶段形成和创立的军事思想，都是无产阶级世界观在军事上的理性反映，是我党及其领导下的军队和人民的军事实践经验的理论概括，是马克思列宁主义军事理论在中国的继承、运用和发展，具有理论根源和理论性质上的统一性。所有这一切，从根本上规定着我们党在领导各个阶段的军事实践活动中所形成的军事思想必然具有内在的一脉相承性。

（三）新时期党的军事指导理论是不断与时俱进的中国特色军事理论

一支军队要走在世界军事发展的前列，要在可能面对的战争中立于不败之地，就一刻也离不开先进理论的指导，一刻也不能停止军事理论的创新。与时俱进的“时”，既包括时代的新变化，又包括实践的新发展。顺应时代，扎根实践，应运而生，因时而变，是新时期党的军事指导理论的重要特色。从邓小平新时期军队建设思想、江泽民国防和军队建设思想，到胡锦涛国防和军队建设思想，这些理论成果既与毛泽东军事思想一脉相承，又各有特色和自身的理论体系，体现了我们党与时俱进的理论创新品格。

（四）新时期党的军事指导理论是党的领导集体军事理论创新成果的综合反映

中国共产党在不同阶段中的军事理论创新成果，对中国军事实践都发挥过不同的历史指导作用。革命战争年代和中华人民共和国成立后相当长的历史时期，毛泽东军事思想起着主导作用。进入新的历史时期，邓小平新时期军队建设思想、江泽民国防和军队建设思想、胡锦涛国防和军队建设思想对新时期国防和军队建设发挥了指导作用。但这三大理论成果也正因为都是时代的产物，都不可能单独地发挥作用，因此，实质上都是与马克思主义军事学说、毛泽东军事思想共同发挥合力作用。所以新时期党的军事指导理论，就其本质而言，既是党的领导集体最新的军事理论创新成果的集中反映，更是历代领导集体军事理论创新成果的综合集成，是我们党在不同历史时期军事学说和军事方针政策的集中体现。

二、新时期党的军事指导理论的形成发展

新时期党的军事指导理论的创新发展，经历了三个阶段和三代党的领导集体。

（一）在探索精兵之路中形成了邓小平新时期军队建设思想（1978 年 12 月—1989 年 11 月）

1978 年 12 月，中国共产党召开了具有重大历史意义的十一届三中全会。以此为标志，开启了中国改革开放和社会主义现代化建设的历史新时期，也开启了中国国防和军队现代化建设的历史新时期。在这一时期，我们党在中华人民共和国成立初期毛泽东探索中国国防和军队现代化建设道路的基础上，一方面努力“拨乱反正”，恢复毛泽东思想和毛泽东军事思想对国防和军队建设的指导地位，另一方面则积极探索在新的历史条件下国防和军队建设的一系列重要问题。以邓小平为核心的党的领导集体在这 10 年的军事探索过程中，最终取得了两大成果：一是在实践层面探索出了一条中国特色的国防和军队建设道路——中国特色精兵之路；二是在理论层面形成了邓小平新时期军队建设思想。

关于邓小平在党的军事指导理论方面的探索和创新的重大意义，胡锦涛同志指出，邓小平新时期军队建设思想，指引我们正确解决了在和平与发展成为时代主题、我国进行改革开放的历史条件下走中国特色精兵之路，建设强大的现代化正规化革命军队的重大课题。

(二)在探索军事变革之路中形成了江泽民国防和军队建设思想(1989 年 11 月—2004 年 9 月)

从 1989 年 11 月至 2004 年 9 月,江泽民主持军委工作,在坚持中国特色精兵之路的同时,着眼新的历史条件,探索出了一条具有中国特色的军事变革之路,形成了江泽民国防和军队建设思想。

以江泽民为核心的党的领导集体为适应世界新军事变革发展趋势,从我国的国情和军情出发,围绕着建设一支能够打赢未来信息化战争的强大的现代化正规化革命军队这个目标,对中国特色军事变革之路进行了深入的探索,通过深化改革,走出了一条以信息化带动机械化、以机械化促进信息化的跨越式发展道路。在这一探索过程中,逐步形成了江泽民国防和军队建设思想这一党的军事指导理论创新成果。

关于这一探索及理论创新成果的意义,正如胡锦涛指出的,江泽民国防和军队建设思想,指引我们正确解决了在世界新军事变革蓬勃兴起、我国社会主义市场经济深入发展的历史条件下积极推进中国特色军事变革,保证人民军队打得赢、不变质的重大课题。

(三)在探索科学发展之路中形成了胡锦涛国防和军队建设思想(2004 年 9 月—2012 年 11 月)

2004 年 9 月,党的十六届四中全会选举胡锦涛担任中央军委主席。至 2012 年 11 月以胡锦涛同志为总书记的党的领导集体在继续坚持精兵之路和军事变革之路的同时,着眼新的时代条件,立足国情军情,探索出了一条科学发展的国防和军队建设道路。

在探索国防和军队建设科学发展道路过程中,胡锦涛作出了一系列重要军事论述,主要回答了在世界战略格局发生深刻变化、我国全面建设小康社会的历史条件下推进国防和军队建设科学发展,确保我军全面履行新世纪新阶段历史使命的重大课题。在这一探索过程中形成了胡锦涛国防和军队建设思想。

第二节　新时期党的军事指导理论的主要内容

新时期党的军事指导理论主要涵盖战争与和平理论、军队建设理论、国防建设理论、军事斗争准备理论、战略(作战)指导理论等五个方面的内容。

一、战争与和平理论

战争与和平理论,是我们党对战争与和平问题的基本认识、基本判断和根本态度,是我们党军事实践活动和理论创新的基础。

(一)世界大战可以避免,局部战争和军事冲突难以避免

邓小平在 20 世纪 80 年代初期,根据世界形势的变化,认为战争的威胁依然存在,但推迟或制止世界战争的爆发已成为可能,世界大战在一定条件下可以避免,但霸权主义仍然是对世界和平的最大威胁,局部战争已成为主要战争形态;我国周边安全环境发生了根本性好转,但仍然存在着各种现实的和潜在的威胁。基于这些认识,邓小平提出了和平和发展是时代主题的著名论断,作出了世界大战可以避免,局部战争和军事冲突难以避免的基本判断。

正是基于这一科学论断和基本的判断，在1985年，我军才实现了军队建设指导思想的根本性转变——从“早打、大打、打核战争”的临战状态转到了和平时期正常建设的轨道上来。正是基于这一论断和基本判断，邓小平才提出了稳定世界局势，实现和平与发展，要有新的途径和新的方法，即用“和平方式”和“共同开发”的办法解决国际争端，转变了我们以往用战争手段解决国际问题的做法。江泽民和胡锦涛也继承了邓小平这一论断和判断，因此，不管国际风云如何变幻，始终能够坚定不移地领导全国人民以经济建设为中心，能够始终坚持军队的现代化、正规化、革命化建设目标不动摇。

（二）霸权主义是威胁世界和平的主要根源，信息化局部战争成为当今和未来的基本战争形态

党的十届三中全会以后，邓小平根据对国际形势的新观察，明确提出了“霸权主义是战争的主要根源”①的重要判断。20世纪90年代，江泽民提出：“霸权主义、强权政治的存在，始终是解决和平与发展问题的主要障碍。”②胡锦涛也坚持和继承了这些基本的观点。对世界不安宁根源的判断非常重要，这是我们制定党和国家的发展战略，制定对外政策、制定军事斗争目标和方略的前提，是国家安全战略的基本依据。

基于以上判断，江泽民提出了“信息化战争将成为21世纪的主要战争形态”的新论断。胡锦涛也强调：“要坚定不移地把军事斗争准备基点放在打赢信息化条件下局部战争上，重点加强核心军事能力建设，同时统筹抓好非战争军事行动能力建设，全面提高我军有效履行使命任务的军事能力。”③这些判断和论述的重要意义，就在于这是建设什么样的军队、怎样建设军队的重要前提，是我们党作出“建设信息化军队，打赢信息化战争”战略决策的科学依据。

（三）拥护正义战争、反对非正义战争，反对霸权主义和强权政治，维护世界和平

邓小平继承和发展了毛泽东反对霸权主义的思想，指出了反对霸权主义与维护世界和平的关系，“维护世界和平始终是摆在当代人类面前的迫切任务。要维护世界和平，就要从各个角度反对霸权主义”④。因此，邓小平明确指出反对霸权主义、维护世界和平是我们真实的政策，是我们对外政策的纲领，强调我们的态度是：“我们奉行反对霸权主义、维护世界和平的外交政策。谁搞和平，我们就拥护；谁搞战争霸权，我们就反对。”⑤

江泽民也强调：“要反对霸权主义，维护世界和平。”⑥胡锦涛继承了我们党的一贯主张，并一再申明：“不管现在还是将来，不管发展到什么程度，我们都永远不称霸。”⑦可以说，我们党在反对霸权主义上的一贯立场，以及自己决不称霸的态度，本身就是对维护世界和平作

---

① 《邓小平文选》第3卷，人民出版社1993年版，第104页。

② 《江泽民文选》第2卷，人民出版社2006年版，第39页。

③ 中国人民解放军总政治部：《国防和军队建设贯彻落实科学发展观重要论述选编》，解放军出版社2010年版，第146页。

④ 《邓小平关于新时期军队建设重要论述选编》，八一出版社1993年版，第2～3页。

⑤ 《邓小平关于新时期军队建设重要论述选编》，八一出版社1993年版，第21页。

⑥ 《江泽民文选》第2卷，人民出版社2006年版，第40页。

⑦ 中国人民解放军总政治部：《军队高中级干部理论学习读本》（下册），解放军出版社2010年版，第309页。

出的重大贡献。

(四)倡导新安全观,推动和谐世界构建

在战争与和平问题上,我们党倡导的新安全观和构建和谐世界的理念具有特别重要的意义,是我们党对战争与和平理论的重大发展。1999年3月,江泽民在日内瓦裁军谈判会议上全面系统地阐述了核心为“互信、互利、平等、合作”的新安全观。新安全观理念中,互信是新安全观的前提,是实现国际安全、维护世界和平的政治前提;互利是新安全观的基础,是实现国际安全、保证世界和平的基本原则;平等是新安全观的灵魂,也是维护和平的重要保障;合作是新安全观的支柱,是维护和平的现实途径。

以胡锦涛同志为总书记的党中央,继承了新安全观理论,进一步创造性地提出了“构建和谐世界”的外交理念和国际战略,是对战争与和平理论的重大发展。2005年9月15日,胡锦涛在联合国成立60周年首脑会议上提出了构建和谐世界的战略构想,他指出:“要和平、促发展、谋合作是时代的主旋律。……在机遇和挑战并存的重要历史时期,只有世界所有国家紧密团结起来,共同把握机遇、应对挑战,才能为人类社会发展创造光明的未来,才能真正建设一个持久和平、共同繁荣的和谐世界。”①

(五)以国家利益为最高准则来谈问题和处理问题

邓小平提出的“以国家利益为最高准则”的命题,是对马克思主义国家学说,以及认识和处理战争与和平问题的理论的继承和重大发展。

1982年邓小平在谈香港问题时指出:“关于主权问题,中国在这个问题上没有回旋余地。坦率地讲,主权问题不是一个可以讨论的问题。”②1989年他会见日本朋友时说:“国家的主权、国家的安全要始终放在第一位,对这一点我们比过去更加清楚了。西方的一些国家拿什么人权、什么社会主义制度不合理不合法等做幌子,实际上是要损害我们的国权。”③1989年10月,他还对来华访问的尼克松说:“考虑国与国之间的关系主要应该从国家自身的战略利益出发……我们都是以自己的国家利益为最高准则来谈问题和处理问题的。”④

江泽民也明确强调:“我们要从国家利益出发去考虑和处理国家关系,求同存异,长期发展。”⑤胡锦涛也特别强调坚持以国家利益为最高准则,同时扩大与世界各国人民的共同利益共同发展,明确提出:中国将“同世界各国广泛开展平等合作,积极推进利益共享、互利共赢”⑥。可以说,“以国家利益为最高准则来谈问题和处理问题”,既是我们自身正确对待战争与和平问题的根本原则,也是推动和维护世界和平的基本主张和根本途径。

二、军队建设理论

在新的历史时期,以邓小平、江泽民、胡锦涛为代表的党的历代领导集体,继承和发展了毛泽东人民军队建设思想,对新的历史条件下如何建设军队形成了一系列规律性的认识,形成了世界军事领域中独树一帜的中国特色军队建设理论。

---

① 胡锦涛:《努力建设持久和平共同繁荣的和谐世界》,载《人民日报》2005年9月16日。
② 《邓小平文选》第3卷,人民出版社1993年版,第12页。
③ 《邓小平文选》第3卷,人民出版社1993年版,第348页。
④ 《邓小平文选》第3卷,人民出版社1993年版,第330页。
⑤ 《江泽民文选》第3卷,人民出版社2006年版,第317页。
⑥ 胡锦涛:《促进普遍发展,实现共同繁荣》,载《解放军报》2005年9月15日。

（一）军队和国防建设指导思想要适时实行战略性转变

适时地实行军队和国防建设指导思想的战略性转变，这是新时期我军建设的一条重要经验和基本做法。新时期党的各代领导集体都实行了这一转变。1985 年 5 月召开的军委扩大会议上，邓小平正式提出了军队建设指导思想实行战略性转变——转到和平时期建设的轨道上来。这一战略性转变是邓小平对国际战略形势深入观察和思考后作出的，邓小平认为时代主题已经从战争与革命转变到了和平与发展上，争取长期的和平建设环境是有可能的。同时也认识到我军落后的状况，如果错过和平时期发展的机遇，将更加拉大与发达国家的差距。因此，邓小平果断地作出了战略性转变的重大战略决策。这一转变的重大意义，是使我军真正步入了“和平时期”的正常建设轨道，开创了新时期我军建设的新纪元。

江泽民主持军委工作期间，面临我军质量建设与打赢信息化战争的要求不相适应的矛盾，因此提出了“两个根本性转变”的问题，即实现我军建设由数量规模型向质量效能型、由人力密集型向科技密集型转变。这一战略性转变，进一步明确了军队建设的目标、途径、方法等重大战略问题。

胡锦涛主持军委工作期间，更面临我国国家利益拓展对军队能力提出了更高要求的问题，因此提出了一系列关于战略性转变的重要思想，例如：我军的能力要求，既要建设打赢信息化战争的核心能力，又要提高履行多样化军事任务的能力；提出“基于信息系统的体系作战能力”是未来战斗力的主导形态，要求切实转变战斗力生成模式；提出军事训练要由机械化条件下的训练转向信息化战争条件下的训练转型；等等。

可以说，根据军队建设面临的新形势和新任务，不断实行和实现军队建设指导思想的战略性转变，这是新时期党的领导集体关于军队建设问题的一条基本的认识。

（二）保证党对军队的绝对领导，加强军队思想政治建设

保证党对军队的绝对领导，这是我军建设的根本要求，也是我军建设区别于其他国家军队的根本点。而始终把思想政治建设摆在军队各项建设的首位，这是永葆人民军队性质的要求，是我军立于不败之地的前提和可靠保证。新时期党的历代领导集体都非常重视这一问题。邓小平强调：“我们这个军队是党指挥枪，不是枪指挥党。”①“我们的军队始终要忠于党，忠于人民，忠于国家，忠于社会主义。”②

江泽民强调：“坚持党对军队的绝对领导，这是我们建军的根本原则，是我们党的优良传统，是我们军队特有的政治优势，必须继续保持和发扬。”③在新世纪新阶段，胡锦涛也特别强调：“坚持党对军队的绝对领导，是我军建设发展的首要问题。我们对这个问题要始终关注、抓住不放，任何时候任何情况下都不能有丝毫含糊和动摇。”④

（三）要始终坚持和保证军队建设有明确、正确的目标

我军建设的一条经验，就是军队建设始终要有明确、正确的目标。因为目标是管方向的问题，没有明确、正确的军队建设目标，军队建设就失去了方向。

邓小平主持军委工作期间，明确提出了建设一支强大的现代化、正规化革命军队的总目标，强调要以革命化为前提、现代化为中心、正规化为重点，全面加强军队建设。江泽民主持

① 《邓小平文选》第 2 卷，人民出版社 1994 年版，第 1 页。

② 《邓小平文选》第 3 卷，人民出版社 1993 年版，第 334 页。

③ 江泽民：《论国防和军队建设》，解放军出版社 2003 年版，第 4 页。

④ 《解放军报》2004 年 9 月 21 日。

军委工作期间，又提出了我军建设“五句话”总要求，即：“政治合格、军事过硬、作风优良、纪律严明、保障有力”。2004年底的军委扩大会议上，胡锦涛提出了我军的新的历史使命：“军队要为党巩固执政地位提供重要的力量保证，为维护国家发展的重要战略机遇期提供坚强的安全保障，为维护国家利益提供有力的战略支撑，为维护世界和平与促进共同发展发挥重要作用。”[①]胡锦涛提出的“三个提供一个发挥”新的历史使命，以及提高应对多种安全威胁、完成多样化军事任务能力的要求，是“三化”总目标和“五句话”总要求在新世纪新阶段中对我军建设目标的具体化，是更加明确和更高的军队建设目标要求。

(四)实施科技强军战略，深化军队改革

这是一个军队建设动力的问题。一般地讲，军队建设的动力来自两个方面：一是国家对军事力量的需求，二是科学技术进步的推动，以及军队自身不断的改革。

邓小平在新时期领导军队建设中，突出强调：“只讲数量不讲质量，现在改变了，讲质量，讲真正的战斗力。”[②]他还强调：“抓编制、抓装备，还要抓战略，要按次序来抓。”[③]邓小平为中国特色军队建设指明了一条基本道路——加强质量建设，走中国特色的精兵之路。江泽民在指导我军建设中，明确提出：“我们必须更加自觉、更加坚定地贯彻科技强军战略，争取实现我国国防和军队现代化的跨越式发展，尽快缩短与世界主要军事强国的差距。”[④]胡锦涛在2005年12月军队的一次重要会议上强调，要“进一步实施科技强军战略”[⑤]。这些论述都充分说明，在新时期，党的历代领导核心都始终坚定地把依靠科学技术进步，实施科技强军战略作为军队建设的根本动力予以高度重视。

军队建设的另一个动力源泉就是改革。邓小平是我国社会主义改革事业和军队改革的总设计师，20世纪80年代初，他就提出我军的改革首先是搞好体制、编制的改革，并以此为重点，带动其他方面的改革。江泽民也强调：“推进军队现代化建设向前发展，动力在改革，出路也在改革。”[⑥]胡锦涛也明确强调：“我们必须解放思想、开拓创新，积极推进中国特色军事变革，继续深化体制编制和政策制度调整改革，进一步转变领导管理方式，为军队建设的科学发展提供更具活力的体制机制保证。”[⑦]这些论述都说明，我们党的历代领导集体，都把改革作为解决制约军队建设发展的深层次矛盾的关键措施，把改革作为推动军队建设科学发展的根本动力。

(五)坚持依法治军，坚持从严治军

依法治军、从严治军，是古今中外军队建设必须遵循的普遍规律，也是我军的优良传统。毛泽东从建军之初，就为我军规定了一系列制度和原则，并把建立的铁的纪律作为我军建设

---

① 中国人民解放军总政治部：《树立和落实科学发展观理论学习读本》，解放军出版社2006年版，第132～133页。

② 《邓小平论国防和军队建设》，军事科学出版社1992年版，第63页。

③ 《邓小平文选》第2卷，人民出版社1994年版，第21页。

④ 江泽民：《论国防和军队建设》，解放军出版社2003年版，第371～372页。

⑤ 中国人民解放军总政治部：《国防和军队建设贯彻落实科学发展观重要论述选编》，解放军出版社2010年版，第22页。

⑥ 江泽民：《认真履行我军肩负的重大历史使命，全面推进军队现代化建设向前发展》，载《解放军报》2000年3月9日。

⑦ 中国人民解放军总政治部：《国防和军队建设贯彻落实科学发展观重要论述选编》，解放军出版社2010年版，第26页。

的一项重要任务来抓。邓小平不但强调依法治国、从严治国，更强调依法治军和从严治军，他指出，军队越发展，治军越要严格，“军队非讲纪律不可，纪律松弛是不行的”[①]。江泽民也指出：“从严治军，这是毛主席和邓小平同志一贯强调的思想。我们的军队一向是以严密的组织、严明的纪律、严肃的作风著称的，这是我军所以有强大战斗力的一个重要原因。”[②]胡锦涛强调：“从严治军是军队建设的铁律，治军不严，祸患无穷。”[③]因此，“要把关心官兵个人发展与从严治军统一起来，严格制度、严格纪律、严格训练、严格管理，做到令行禁止”[④]。由领导人的论述，我们不难体会到，坚持依法从严治军，不但是军队建设和现代战争规律的体现，也是在新时期加强我军建设的必然要求。

三、国防建设理论

国防建设理论是党的军事指导理论的重要组成部分，是进行国防现代化建设、保卫国家安全发展、维护世界和平的重要依据。

（一）必须建设强大的国防

有国必有防，无防国不立，防弱国必危，防强则国安。这是历史给我们的经验与启示。1949 年 3 月中华人民共和国成立前夕，毛泽东就明确提出：“中国人民必须建设自己强大的国防。”[⑤]在新的历史时期，邓小平继承了毛泽东关于国防建设的思想，强调：“四个现代化，其中就有一个国防现代化。”[⑥]因而邓小平一再强调：“我们一定要在国民经济不断发展的基础上，改善武器装备，加速国防现代化。”[⑦]江泽民在党的十六大上郑重指出：“建立巩固国防是我国现代化建设的战略任务，是维护国家安全统一和全面建设小康社会的重要保障。”胡锦涛在党的十七大报告中明确强调：“国防和军队建设，在中国特色社会主义事业总体布局中占有重要地位。必须站在国家安全和发展战略全局的高度，统筹经济建设和国防建设，在全面建设小康社会进程中实现富国和强军的统一。”这说明在新世纪新阶段，我们党对国防建设的地位作用有了更加明确和准确的定位，把国防建设与国家建设联系得更加紧密了。

（二）国防和军队建设要服从服务国家建设大局，国防与经济建设要协调发展

军队建设是国家建设的重要组成部分，国家建设必须包括军队建设，军队建设要服从和服务国家建设大局，国防建设与经济建设协调发展，这是新时期党的领导集体探索军队建设与国防建设规律的基本认识。

1984 年至 1985 年，邓小平根据国家经济建设的需要和对国际形势的分析，提出了“军队要服从整个国家建设大局”的思想，这对我国的国家经济建设以及军队建设都产生了深远的影响。这一思想的意义就在于，它告诉我们：在相对和平时期，国家建设是大局，军队建设要服从国家建设这个大局。一方面，国家要集中精力加强经济建设；另一方面，军队建设在

---

① 《邓小平文选》第 2 卷，人民出版社 1994 年版，第 81 页。

② 江泽民：《论国防和军队建设》，解放军出版社 2003 年，第 6 页。

③ 中国人民解放军总政治部：《树立和落实科学发展观理论学习读本》，解放军出版社 2006 年版，第 6 页。

④ 中国人民解放军总政治部：《国防和军队建设贯彻落实科学发展观重要论述选编》，解放军出版社 2010 年版，第 34 页。

⑤ 《毛泽东军事文集》第 5 卷，军事科学出版社、中央文献出版社 1993 年，第 524 页。

⑥ 《邓小平文选》第 3 卷，人民出版社 1993 年版，第 128 页。

⑦ 《邓小平论国防和军队建设》，军事科学出版社 1992 年版，第 112 页。

服从国家建设大局的前提下,也要有所作为。

江泽民继承了邓小平这一思想,强调,必须“在经济发展的基础上推进国防和军队现代化”,认为光有经济现代化,没有国防和军队的现代化,国家经济也没有保障。因此,“军队要为国家经济建设积极贡献力量……国家在经济建设特别是基础设施建设中,要充分考虑国防和军队的需要,做到既促进经济发展又增强国防能力”[①]。

胡锦涛继承发展了邓小平、江泽民的这一思想,进一步强调指出,“我们要从国际国内大局出发,用更加宽广的战略眼光来审视国防和军队建设问题、确立国防和军队建设的目标和任务”,“坚持以经济建设为中心,集中力量把经济建设搞上去,是解决包括国防和军队现代化建设在内的当代中国所有问题的前提和基础。只有国家经济实力增强了,国防建设才会有更大的发展。同时,重视加强国防建设,把军队现代化建设搞上去,才能为国家发展提供可靠的安全保障”[②]。

从新时期党的领导集体的思想发展脉络中,我们不难发现,从强调国防建设要服从大局,到协调发展,融入国家发展战略,我们党对国防建设的规律认识越来越深入和科学,正确地揭示了国防建设与国家建设的辩证关系,揭示了二者科学发展的基本规律,为党指导国家发展和国防建设提供了科学的理论指导。

(三)坚持把科学发展观作为国防和军队建设的重要指导方针

从毛泽东提出要独立自主、自力更生地发展国防,到邓小平和江泽民提出国防建设与经济建设协调发展,要走军民结合的国防建设道路,这种探索本身就是在寻找国防建设科学发展之路。

胡锦涛在党的十七大报告中提出要“走出一条中国特色军民融合式发展路子”,其核心思想就是“把国防和军队现代化建设深深融入经济社会发展体系之中”,提高国防和军队建设的效益,使国防建设、军队建设与国家经济建设能够相互兼顾、相互促进、协调发展。为此,胡锦涛指出,要“坚持在国防和军队建设中贯彻落实科学发展观”,“坚持把科学发展观作为加强国防和军队建设的重要指导方针”,“自觉把科学发展观贯彻落实到国防和军队建设各个领域和全过程”。[③] 这些论述和要求说明,中国未来的国防建设,不再是“摸着石头过河”式的探索,而是要以科学发展观为指导,自觉进入科学谋划、科学发展时期,走出一条投入较少、效益较高的军民融合发展路子。

(四)贯彻全民建设国防的方针

社会主义的国防,本质上就是人民的国防,国防服务于人民,也依靠人民群众来建设,这是人民国防的性质决定的。毛泽东指出:“中国必须建立强大的国防军,必须建立强大的经济力量,这是两件大事。这两件事都有赖于同志们和全体人民解放军的指挥员、战斗员一道,和全国工人、农民及其他人民一道,团结一致,协同努力,方能达到目的。”[④]江泽民强调:

---

① 中国人民解放军总政治部:《军队高中级干部理论学习读本》(下册),解放军出版社 2010 年版,第 195～196 页。

② 中国人民解放军总政治部:《国防和军队建设贯彻落实科学发展观重要论述选编》,解放军出版社 2010 年版,第 15～17 页。

③ 中国人民解放军总政治部:《国防和军队建设贯彻落实科学发展观重要论述选编》,解放军出版社 2010 年版,第 1～3 页。

④ 《毛泽东军事文集》第 6 卷,军事科学出版社、中央文献出版社 1993 年版,第 103～104 页。

“各级党组织和政府、广大人民群众要关心、支持国防和军队建设。军队要积极支持和参加国家建设。加强国防教育,增强全民国防观念。”①胡锦涛在新的历史时期也强调指出:“我们要坚持人民战争战略思想,紧紧依靠人民办国防,坚持实行精干的常备军和强大的后备力量相结合,不断增强国家战争潜力和国防实力。”②

从毛泽东到邓小平、江泽民、胡锦涛,党的历代领导集体都特别强调国防和军队建设是全党和全国各族人民的共同事业;强调坚持全民办国防的方针,是新时期坚持人民战争思想的必然要求,是我们的优势所在。要贯彻全民建设国防的方针,依靠人民建设军队、建设国防,必须深入持久地开展国防教育,增强全民国防观念,完善国防动员机制,加强后备力量建设,为战争潜力转化为战争实力提供重要保障。

四、军事斗争准备理论

军事斗争准备理论,是关于做好军事斗争准备的理性认识,是我们党的军事指导理论的重要组成部分。

(一)必须积极推进中国特色军事变革

海湾战争之后,江泽民敏锐地意识到,新军事变革正在推动军事领域实现全方位的前所未有的转变,我们的国防现代化和军队现代化建设,必须融入这场新军事变革中去。因此,江泽民果断地作出了积极推进中国特色军事变革的战略决策,指出:“总的来说,在应对世界新军事变革的问题上,我们见识是早的,决策是及时的,措施是有力的。”③

胡锦涛也强调:在军事领域深入贯彻落实科学发展观,必须“统筹中国特色军事变革与军事斗争准备”,这一思想充分说明军事斗争准备与中国特色军事变革有着内在的联系,即:军事斗争准备的内容就是全方位推进中国特色军事变革,加强我军的全面建设;军事斗争准备的途径也就是要在推进中国特色军事变革中进行军事斗争准备。

(二)必须加速实现武器装备现代化

武器装备是军队战斗力的重要物质基础,是决定战争胜负的重要因素。武器装备的现代化程度,是军队现代化的重要标志。因此,和平时期的军事斗争准备的重要内容,就是要加速实现武器装备的现代化。

邓小平主持军委工作期间,在解决了我们的编制体制等问题后,最关注和重点解决的问题就是武器装备的现代化问题。邓小平指出:“我们抓了编制,接着就抓装备,装备也要好。”④邓小平还着力纠正人们的认识误区,指出:“搞人民战争并不是不要军队现代化”,“装备的改进,使人民战争更有力量”。⑤ 他强调:“一定要在国民经济不断发展的基础上,改善武器装备,加速国防现代化。”⑥

江泽民在主持军委工作期间,也特别重视加速发展武器装备。1991 年江泽民在海湾战

---

① 《十六大报告辅导读本》,人民出版社 2002 年版,第 38～39 页。

② 中国人民解放军总政治部:《国防和军队建设贯彻落实科学发展观重要论述选编》,解放军出版社 2010 年版,第 47～48 页。

③ 中国人民解放军总政治部:《军队高中级干部理论学习读本》(下册),解放军出版社 2010 年版,第 274 页。

④ 《邓小平文选》第 2 卷,人民出版社 1994 年版,第 20 页。

⑤ 《邓小平论国防和军队建设》,军事科学出版社 1992 年版,第 60 页。

⑥ 《邓小平论国防和军队建设》,军事科学出版社 1992 年版,第 112 页。

争座谈会上讲,要清醒地看到,我们在武器装备上确实落后了一大截,我们要有紧迫感,但不能泄气。“我们总的方针,还是要靠自力更生。因为武器装备完全靠买是买不来的,如果把宝押在买外国的,是不行的。……如果要引进关键的装备,也同时要考虑到引进技术。”①“关键性的技术、关键性的武器,要下决心集中必要的财力、物力和研究力量,统一组织攻关,力争有所突破、有所创新。”②

胡锦涛对于我军武器装备的现代化也高度关注。他指出:“必须高度重视武器装备和国防科技发展的自主创新。要努力增强原始创新、集成创新和引进消化吸收再创新能力,力争在一些基础性、前沿性、战略性技术领域取得重大突破,掌握拥有自主知识产权的国防关键技术和核心技术。要坚持有所为有所不为、有所赶有所不赶,推动我军高新技术武器装备的自主式发展、跨越式发展、可持续发展。”③

从邓小平、江泽民和胡锦涛关于武器装备现代化的论述,我们可以看出,加速武器装备的现代化,是我军军事斗争准备的重中之重,不能丝毫懈怠。

(三)必须培养和造就大批高素质的新型军事人才队伍

军事领域中的竞争,关键是军事人才的竞争。因此,军事斗争准备除了发展武器装备,更重要的就是培养和造就大批高素质的新型军事人才队伍。

邓小平对于军事人才队伍培养,重点是关注领导干部的选拔培养和年轻化、制度化问题。他指出:“要注意培养人,要按照‘革命化、年轻化、知识化、专业化’的标准,选拔德才兼备的人进班子。”④“军官的晋升也要制度化。每个阶段的晋升都必须经过学习,掌握现代化战争的知识。”⑤

江泽民在2002年12月27日军委扩大会议上,系统地提出了培养“五支人才队伍”的问题,指出:“争取经过一二十年的努力,培养造就一支具有战略眼光、能够把握世界军事发展趋势、懂得信息化战争指挥和信息化军队建设的指挥军官队伍,一支具有较高科学文化素养和全面军事素质、善于对军队建设和作战问题出谋划策的参谋队伍,一支能够站在科学前沿、组织谋划武器装备创新发展和关键技术攻关的科学家队伍,一支精通高新武器装备性能、能够迅速排除各种故障和解决复杂难题的技术专家队伍,一支具备专业技术基础、能够熟练掌握手中武器装备的士官队伍。”⑥

胡锦涛也非常重视人才队伍建设问题,强调要“着眼于履行新世纪新阶段军队历史使命对人才素质的要求,把大规模培养人才、大幅度提高人才素质作为军队人才建设的战略抓手,健全培养体系,拓宽培养渠道,完善培养机制,努力培养造就大批高素质新型军事人才。要完善依托国民教育培养军队人才体制机制,拓宽利用国民教育资源和国家人才资源渠道,把军地通用人才培养纳入国民教育体系。要完善国防生选拔管理机制……吸引社会高层次

---

① 江泽民:《在总参谋部召开的加强我军电子装备建设座谈会上的讲话》,1991年6月8日。

② 江泽民:《在军委扩大会议上的讲话》,1995年12月17日。

③ 中国人民解放军总政治部:《国防和军队建设贯彻落实科学发展观重要论述选编》,解放军出版社2010年版,第29~30页。

④ 《邓小平文选》第3卷,人民出版社1993年版,第380~381页。

⑤ 《邓小平文选》第2卷,人民出版社1994年版,第289页。

⑥ 中国人民解放军总政治部:《军队高中级干部理论学习读本》(下册),解放军出版社2010年版,第288页。

人才到军队工作”[①]。

(四)必须把教育训练提高到战略地位,切实转变战斗力生成模式

部队的教育训练是军队建设的基本任务,是提高战斗力、打赢未来战争的基本途径。新时期党的历代领导集体都高度重视军队的教育训练问题,强调必须把教育训练提高到战略地位,切实转变战斗力生成模式。这是党的军事指导理论中军事斗争准备理论的重要内容。

在新的历史时期,邓小平特别强调:“在没有战争的条件下,要把军队的教育训练提高到战略地位。”他认为:“现在不打仗,你根据什么来考验部队,用什么提高干部,提高军队的素质,提高部队的战斗力？还不是要从教育训练入手。”[②]因此,教育训练必须摆在战略地位,这一军队的中心工作地位始终不能动摇。

江泽民指出:“军事训练是部队平时培养作风、提高军事素质、增强部队战斗力的主要手段,要切实把军事训练摆到战略位置,……部队要做到政治合格、军事过硬、作风优良、纪律严明、保障有力,这都要经过严格的军事训练。”[③]海湾战争使我军看到了我军战斗力的差距,江泽民推动全军掀起了科技大练兵的热潮,实现了我军军事训练由适应打赢一般技术条件下的战争向打赢高技术条件下局部战争的转变,军事训练的科技含量、联合程度大幅提高。

胡锦涛对于我军的教育训练也高度重视。他指出,我军要履行好“三个提供一个发挥”新的历史使命,就必须“切实把军事训练作为部队的经常性中心工作,集中精力,抓紧抓实”[④]。针对信息化战争对部队战斗力的新特点、新要求,胡锦涛提出:“要适应新形势新任务新环境对军事训练的新要求……积极推进机械化条件下军事训练向信息化条件下军事训练转变。”“要适应战斗力生成模式转变,坚持走科技兴训之路,推动军事训练内容、方式和手段的创新发展。”[⑤]

从上述论述中,我们不难发现,军队存在的意义和价值就是提高战斗力,随时准备打赢未来战争。而把教育训练摆到战略地位,不断转变战斗力生成模式,才能保证军队把教育训练落实到经常性工作之中,才能切实通过教育训练提高战斗力。

五、战略(作战)指导理论

战略指导和作战指导理论,也是新时期党的军事指导理论的重要组成部分。新时期党的历代领导集体继承和发展了毛泽东的战略思想和作战思想,并有新的理论概括和贡献。

(一)用新时期积极防御战略方针统揽全局

以积极防御的军事战略思想作为我国的根本战略思想,贯彻积极防御的战略方针,是维护国家主权和安全的需要,也是由我国社会制度决定的。邓小平指出:“我们未来反侵略战

---

① 中国人民解放军总政治部:《国防和军队建设贯彻落实科学发展观重要论述选编》,解放军出版社2010年版,第169页。

② 《邓小平文选》第2卷,人民出版社1994年版,第60页。

③ 江泽民:《论国防和军队建设》,解放军出版社2003年版,第26页。

④ 《解放军报》2005年7月18日。

⑤ 全军深入学习实践科学发展观活动领导小组:《国防和军队建设贯彻落实科学发展观重要论述选编》,解放军出版社2008年版,第87～88页。

争,究竟采取什么样的战略方针?我赞成就是'积极防御'四个字。"①邓小平强调实行积极防御的战略方针,要把立足点放在遏制战争的爆发上,注重研究现代战争,把着眼点放在打赢现代条件下的局部战争上。

江泽民先后主持了1993年和2004年两次军事战略方针的调整。在1993年1月13日的军委扩大会议上,江泽民指出:"随着形势的发展变化,应该适时赋予积极防御的军事战略方针以新的内容。"②这次军事战略方针的调整,阐明了我军建设和军事斗争必须坚持的根本指导思想,阐明了军事战略方针与国家发展战略的关系,确定了我军的战略目标和战略任务,明确了我军建设和军事斗争准备的基点。2004年战略方针调整,又对军事斗争准备的基点做了调整,即军事斗争准备的基点,要由放在打赢现代技术特别是高技术条件下的局部战争上,转变到打赢未来信息化条件下局部战争上;提出了更加具体的战略指导原则,即"遏制危机、控制战局、打赢战争",增强了战略指导的灵活性、积极性和主动性。

胡锦涛强调:"要围绕履行我军的历史使命,贯彻新时期军事战略方针,科学筹划我军的整体建设和长远发展。"③"要坚持以新时期军事战略方针为统揽,准确把握我军担负的军事任务,科学统筹打赢信息化条件下局部战争这个核心军事能力建设和遂行非战争军事行动任务能力建设,科学统筹主要战略方向军事斗争准备和其他战略方向军事斗争准备,努力把军事斗争准备提高到新水平。"④通过胡锦涛的论述,我们不难体会到,新时期军事战略方针,既是国家的军事战略,也是军队完成各项战略任务和进行军事斗争准备的根本依据。军事领域中的各项工作都必须以军事战略方针为统揽和指导。

(二)坚持人民战争指导思想,发展人民战争战略战术

人民战争思想,是毛泽东等老一辈革命家运用马克思主义军事学说,结合中国革命战争实践所创立的最科学的战争指导思想。对人民战争思想的继承和发展,是新时期党的历代领导集体军事指导理论的重要内容。

邓小平根据现代战争的特点和规律,结合我国的实际情况,在继承毛泽东人民战争思想的基础上,提出了"现代条件下人民战争"的思想。围绕这一思想,邓小平特别强调人民战争的形式要与现代战争的特点相吻合;强调现代条件下从事人民战争的人必须具有很高的素质;强调在军队精简的情况下,尤其要搞好民兵和预备役的建设;要研究现代战争条件下人民战争的战略战术;要保持和发扬我党我军的优良传统,发挥人民战争的政治优势。

在新的历史条件尤其是信息化战争条件下,人民战争是否还管用,还要不要坚持,江泽民指出:"应付现代技术特别是高技术条件下的局部战争,现阶段我们的确有困难和短处,但我们也有自己的优势,我们真正的优势还是人民战争。"⑤江泽民的论述,不但强调了人民战争是我们的根本优势所在,还科学地阐明了人民战争是我们的根本军事战略思想,是我们的

---

① 《邓小平论国防和军队建设》,军事科学出版社1992年版,第98页。

② 中国人民解放军总政治部:《军队高中级干部理论学习读本》(下册),解放军出版社2010年版,第148页。

③ 中国人民解放军总政治部:《国防和军队建设贯彻落实科学发展观重要论述选编》,解放军出版社2010年版,第8页。

④ 中国人民解放军总政治部:《国防和军队建设贯彻落实科学发展观重要论述选编》,解放军出版社2010年版,第138～139页。

⑤ 中国人民解放军总政治部:《军队高中级干部理论学习读本》(下册),解放军出版社2010年版,第155页。

战争指导思想。

胡锦涛在新世纪新阶段，不但强调了要继续坚持人民战争思想，而且还提出了增强人民战争能力的重要举措，他指出："人民战争是我党我军的光荣传统，是我们克敌制胜的法宝。一切为了人民，紧紧依靠人民，是我军团结战斗的思想基础和力量源泉。无论武器装备怎样发展、战争形态怎样变化，人民战争都不会过时，兵民是胜利之本永远是颠扑不破的真理。"①

党的领导集体不但一再强调人民战争是我们的根本战略指导思想，而且强调要发展人民战争的战略战术。因此，面对未来的信息化战争，我军一方面要继承人民战争思想并以此来指导军队建设和军事斗争准备；另一方面，要不断创新发展人民战争的战略战术，不断发展武器装备和改革体制，完善动员机制，不断增强人民战争实力，为打赢信息化条件下的人民战争打下坚实的基础。

以上五个方面的内容，仅仅是新时期我们党对军事问题一些带有规律性的认识，还不能完全涵盖邓小平新时期军队建设思想、江泽民国防和军队建设思想、胡锦涛国防和军队建设思想的全部内容，因此，我们在学习、研究和运用党的军事指导理论过程中，要深入把握这些方面的理论及其思想实质，同时，也要深入学习不同时期党的领导集体军事理论创新的系统性成果，增强军事指导的科学性。

第三节　新时期党的军事指导理论的地位和作用

新时期党的军事指导理论的创新发展，开辟了以毛泽东军事思想为代表的中国特色马克思主义军事理论的新境界，具有重要的理论地位和作用。

一、新时期党的军事指导理论是中国特色社会主义理论体系的重要组成部分

党的十七大在总结改革开放历史进程和宝贵经验的基础上，创造性地提出了中国特色社会主义理论体系。这个理论体系内涵丰富，思想深刻，系统科学，涵盖了社会主义经济建设、政治建设、文化建设、社会建设以及国防和军队建设等各个领域。显然，新时期党的军事指导理论，是这个理论体系的重要组成部分。从毛泽东军事思想、邓小平新时期军队建设思想、江泽民国防和军队建设思想，到胡锦涛国防和军队建设思想，党的军事指导理论一脉相承，与时俱进，不断创新。毛泽东军事思想的产生，实现了马克思主义军事理论与中国革命具体实际相结合的第一次飞跃，这一思想体系也成为毛泽东思想的重要组成部分。新时期党的军事指导理论，提出了一整套治军建军和战争理论，实现了马克思主义军事理论与中国军事实践相结合的第二次飞跃。这个理论体系，是新时期中国共产党中国特色社会主义理论在军事领域的展开和具体化，是党在建设中国特色社会主义进程中军事实践经验的理论升华，是中国特色社会主义理论体系的"军事篇"。

---

① 中国人民解放军总政治部：《国防和军队建设贯彻落实科学发展观重要论述选编》，解放军出版社2010年版，第47页。

二、新时期党的军事指导理论是马克思主义军事理论中国化的新成果

坚持用发展着的马克思主义指导军事实践，是我们党领导军事工作的根本经验。在新时期，我们党的军事指导理论始终保持着与时俱进的理论创新品格。邓小平新时期军队建设思想，是适应我们党运用马克思主义军事理论指导拨乱反正和改革开放时期军事实践的客观要求而问世的；江泽民国防和军队建设思想，是适应我们党运用马克思主义军事理论指导新的历史转型时期军事实践的客观要求而产生的；胡锦涛国防和军队建设思想，是新世纪新阶段党的军事指导理论的新概括和新发展。邓小平、江泽民、胡锦涛关于国防和军队建设的一系列重要思想和论述，是站在党和国家发展全局，准确把握新的历史时期国防和军队建设的内在规律，对党的军事指导理论作出的重大创新发展，是中国特色马克思主义军事理论的创新成果，在我军建设发展史上具有重要的里程碑意义。

三、新时期党的军事指导理论是指导我国军事实践的理论指南

在新的历史条件下，我国国防建设和军队建设在取得巨大成就的同时，也面临着现代化水平与打赢信息化条件下局部战争的要求不相适应、军事能力与履行我军历史使命的要求不相适应的问题。新时期党的军事指导理论正确回答了国防和军队建设持续发展带方向性、根本性、全局性的重大问题，进一步明确了国防和军队建设的发展思路、奋斗目标和指导原则，为我们在更高的起点上研究解决国防和军队建设存在的矛盾和问题，推动国防和军队建设更快更好地发展，指明了前进方向，是加强国防和军队建设、观察和思考军事问题的重要依据和科学指导。进入21世纪，我军既面临来自世界军事变革的挑战，又面临霸权主义、强权政治和国内反动分裂势力的挑战，从而给军事斗争准备增加了难度，提出了新的要求。做好军事斗争准备，离不开科学的军事理论的指导。新时期党的军事指导理论科学地揭示了军事斗争准备的特点、规律，为我们在新的历史条件下做好军事斗争准备提供了根本的依据和理论指南。

总之，新时期党的军事指导理论，运用马克思主义军事理论的基本立场、观点和方法，继承中华民族的优秀军事文化传统，坚持我们党领导军队建设发展的重要原则，充分吸纳世界军事理论的先进成果，融合了现代军事思维方法，与毛泽东军事思想既一脉相承又与时俱进，以其鲜明的时代性、严谨的科学性、丰富的创造性、突出的实践性，谱写了马克思主义军事理论发展的新篇章。

思考题

1.如何正确理解新时期党的军事指导理论的科学内涵？

2.如何把握新时期党的军事指导理论的基本内容？

3.如何理解新时期党的军事指导理论的地位作用？

第十章 习近平强军思想[①]

党的十八大以来，以习近平同志为核心的党中央，着眼于实现中华民族伟大复兴的中国梦，深刻把握强国对强军的战略需求，围绕新时代建设一支什么样的强大人民军队、怎样建设强大人民军队，带领全军深入进行理论探索和实践创造，形成习近平强军思想并不断丰富和发展。

第一节　习近平强军思想的形成背景

习近平强军思想是在中国特色社会主义进入新时代、世情国情军情发生深刻变化的历史条件下形成发展的，是从新时代强军事业全部实践中产生的理论结晶。

当今世界正经历百年未有之大变局。这个大变局，最突出的特点是“东升西降”。中国发展理念、发展道路、发展模式的影响力吸引力显著增强，中国日益发挥着世界和平建设者、全球发展贡献者、国际秩序维护者的重要作用。总体上看，和平与发展仍然是时代主题，但世界进入动荡变革期，外部环境更趋复杂严峻和不确定。习近平强军思想始终以宽广的世界眼光来观察当代中国军事问题，是在准确识变、科学应变、主动求变中创立并不断丰富发展的。

我国正处在由大向强发展的关键阶段。党的十八大以来，在以习近平同志为核心的党中央坚强领导下，党和国家事业取得历史性成就、发生历史性变革，中华民族迎来了从站起来、富起来到强起来的伟大飞跃，实现中华民族伟大复兴进入了不可逆转的历史进程。当前和今后一个时期，我国发展仍然处于重要战略机遇期，但机遇和挑战都有新的发展变化，机遇更具有战略性、可塑性，挑战更具有复杂性、全局性。习近平强军思想始终把国防和军队建设放在实现中华民族伟大复兴大目标下来运筹，是在坚决维护国家主权、安全、发展利益的实践中创立并不断丰富发展的。

新一轮科技革命和军事革命加速发展。从世界近几场局部战争和军事行动看，现代战争信息化程度不断提高，智能化特征日益显现，战争制胜观念、制胜要素、制胜方式发生重大变化；科技革命对军事革命驱动作用愈发凸显，一些前沿技术发展很快，可能从根本上改变战争面貌和规则。习近平强军思想敏锐把握世界军事发展趋势和现代战争规律，是在大力推进军事创新、引领我军赶上时代潮流中创立并不断丰富发展的。

国防和军队建设进入新时代。党的十八大开启强国强军新征程，我军经历了一场广泛

① 2023 年，经中央军委批准，《习近平强军思想学习纲要（2023 年版）》印发全军，8 月，为帮助官兵学习《纲要》，推动全军深入持久开展习近平强军思想学习教育，《解放军报》先后刊发了一组系列评论员文章。本章即根据这些文章撰写。

而深刻的军事变革，实现了政治生态重塑、组织形态重塑、力量体系重塑、作风形象重塑，在中国特色强军之路上迈出坚实步伐，取得一系列重大理论成果、实践成果、制度成果。习近平强军思想植根于强军实践、作用于强军实践，是在引领强军事业奋力开创新局面中创立并不断丰富发展的。

第二节　习近平强军思想的主要内容

习近平强军思想提出一系列标志性引领性的新理念新思想新战略，形成内涵丰富、思想深邃、与时俱进的科学军事理论体系。这一思想，明确党对军队绝对领导是人民军队建军之本、强军之魂，必须全面加强军队党的领导和党的建设，贯彻党领导军队的一系列根本原则和制度，确保部队绝对忠诚、绝对纯洁、绝对可靠；明确强国必须强军，巩固国防和强大人民军队是新时代坚持和发展中国特色社会主义、实现中华民族伟大复兴的战略支撑，人民军队必须有效履行新时代使命任务；明确党在新时代的强军目标是建设一支听党指挥、能打胜仗、作风优良的人民军队，到2027年实现建军一百年奋斗目标，到2035年基本实现国防和军队现代化，到本世纪中叶把人民军队建成世界一流军队；明确军队是要准备打仗的，必须聚焦能打仗、打胜仗，扭住强敌对手，创新军事战略指导，发展人民战争战略战术，全面加强练兵备战，坚定灵活开展军事斗争，有效塑造态势、管控危机、遏制战争、打赢战争；明确推进强军事业必须坚持政治建军、改革强军、科技强军、人才强军、依法治军，全面提高革命化现代化正规化水平；明确改革是强军的必由之路，必须推进军队组织形态现代化，加快构建中国特色现代军事力量体系，完善中国特色社会主义军事制度；明确科技是核心战斗力，必须坚持自主创新战略基点，推进高水平科技自立自强，统筹推进军事理论、技术、组织、管理、文化等各方面创新，建设创新型人民军队；明确强军之道要在得人，必须贯彻新时代军事教育方针，推动军事人员能力素质、结构布局、开发管理全面转型升级，锻造德才兼备的高素质、专业化新型军事人才；明确依法治军是我们党建军治军基本方式，必须构建中国特色军事法治体系，推动治军方式根本性转变，提高国防和军队建设法治化水平；明确军民融合发展是兴国之举、强军之策，必须巩固提高一体化国家战略体系和能力；明确作风优良是我军鲜明特色和政治优势，必须全面从严治党、全面从严治军，永葆人民军队性质、宗旨、本色。这“十一个明确”，既有政治上的高瞻远瞩和理论上的深邃思考，也有目标上的科学设定和工作上的战略部署，深刻回答了强军兴军的根本保证、时代要求、奋斗目标、根本指向等重大问题，涵盖新时代军队建设、改革和军事斗争准备各领域各方面，贯通军事力量建设和运用全过程，以体系性创新、创造性升华丰富发展了党的军事指导理论。

一、党对军队绝对领导是人民军队建军之本、强军之魂

“党对军队绝对领导是人民军队建军之本、强军之魂，必须全面加强军队党的领导和党的建设，贯彻党领导军队的一系列根本原则和制度，确保部队绝对忠诚、绝对纯洁、绝对可

靠。”[①]这在习近平强军思想“十一个明确”主要内容中居于首位，深刻回答了强军兴军的根本保证这个重大问题。

我军是拿枪杆子的，是执行党的政治任务的武装集团，对党忠诚必须是唯一的、彻底的、无条件的、不掺任何杂质的、没有任何水分的忠诚。对党绝对忠诚要害在“绝对”两个字，确保枪杆子始终掌握在对党忠诚可靠的人手中。全军官兵深刻领悟“两个确立”的决定性意义，必须政治上高度自觉、思想上高度自觉、行动上高度自觉，坚定不移听从党中央、中央军委和习主席指挥。

我们党在领导军队的长期实践中，形成了一整套行之有效的根本原则和制度。党的十九大把坚持党对人民军队的绝对领导，上升为新时代坚持和发展中国特色社会主义的一条基本方略。党的十九届四中全会深刻总结党指挥枪的显著优势，把坚持和完善党对人民军队的绝对领导制度，确保人民军队忠实履行新时代使命任务，作为全会决定的一个单独部分进行部署。党的二十大提出全面加强人民军队党的建设，确保枪杆子永远听党指挥。这些，进一步丰富和升华了我们党建军治军的根本原则，体现了我们党以强军支撑强国的战略考量和军事制度自信。

军委主席负责制，是党章和宪法规定的重大制度，是坚持党对军队绝对领导的根本制度和根本实现形式，在党领导军队的一整套制度体系中处于最高层次、居于统领地位。必须全面深入贯彻军委主席负责制，作为最高的政治要求来遵守、最高的政治纪律来维护，健全贯彻军委主席负责制体制机制，切实做到听习主席指挥、对习主席负责、让习主席放心。

党的领导和党的建设是我军建设发展的关键，关系强军事业兴衰成败，关系党和国家长治久安。必须落实新时代党的建设总要求，落实新时代党的组织路线，坚持党对军队的绝对领导，坚持全面从严治党，坚持聚焦备战打仗，建强人民军队党的组织体系，推进政治整训常态化制度化，持之以恒正风肃纪反腐，全面提高我军加强党的领导和党的建设工作质量。政治工作实质上是党领导和掌握军队的工作，只能加强不能削弱，必须把理想信念、党性原则、战斗力标准、政治工作威信四个带根本性的东西在全军牢固立起来，充分发挥对强军兴军的生命线作用。

二、强国必须强军

“强国必须强军，巩固国防和强大人民军队是新时代坚持和发展中国特色社会主义、实现中华民族伟大复兴的战略支撑，人民军队必须有效履行新时代使命任务。”[②]习近平强军思想这一重要内涵，深刻回答了强军兴军的时代要求这个重大问题。

中国共产党领导下的人民军队是保卫红色江山、维护民族尊严的坚强柱石，也是维护地区和世界和平的强大力量。党的十八大以来，习主席统筹中华民族伟大复兴战略全局和世界百年未有之大变局，提出新时代人民军队使命任务，要求我军为巩固中国共产党领导和我国社会主义制度提供战略支撑，为捍卫国家主权、统一、领土完整提供战略支撑，为维护我国海外利益提供战略支撑，为促进世界和平与发展提供战略支撑。人民军队坚决听从号令，忠

① 《党对军队绝对领导是人民军队建军之本、强军之魂：二论全面深入学习贯彻习近平强军思想》，载《解放军报》2023年8月3日第1版。

② 《强国必须强军：三论全面深入学习贯彻习近平强军思想》，载《解放军报》2023年8月4日第1版。

实履行新时代使命任务，以顽强斗争精神和实际行动捍卫了国家主权、安全、发展利益。

“四个战略支撑”，深刻阐明了我军的政治属性，反映了党和军队之间的天然联系，要求我军必须在政治上非常过硬，坚定站在党的旗帜下，坚决维护国家政权安全、制度安全，坚决维护政治社会大局稳定；阐明了我军的根本职能，要求我军必须做好随时打硬仗的准备，坚决粉碎任何形式的“台独”分裂和外部干涉图谋，严密防范、坚决打击一切形式的分裂活动，坚决应对外部军事挑衅施压和蚕食图谋，坚决捍卫国家核心利益；阐明了我军的战略功能，要求我军紧跟国家海外利益发展进程，不断增强在更广阔的空间遂行多样化军事任务能力，努力形成强有力的海外利益安全保障体系；阐明了我军的国际责任，要求我军适应服务构建人类命运共同体的战略要求，积极履行同我国国际地位相称的责任和义务，为维护和平的国际环境和周边环境发挥更大作用。

我们捍卫和平、维护安全、慑止战争的手段和选择有多种多样，但军事手段始终是保底手段。坚持和发展中国特色社会主义，实现中华民族伟大复兴，必须统筹发展和安全、富国和强军，确保国防和军队现代化进程同国家现代化进程相适应，军事能力同国家战略需求相适应。

党的二十大提出，从现在起，中国共产党的中心任务就是团结带领全国各族人民全面建成社会主义现代化强国、实现第二个百年奋斗目标，以中国式现代化全面推进中华民族伟大复兴。我军必须服从服务于党的历史使命，把握新时代国家安全战略需求，为实现中华民族伟大复兴提供战略支撑。全军要增强忧患意识，坚持底线思维，敢于斗争、善于斗争，以时不我待、只争朝夕的紧迫感，全面加强练兵备战，锻造更强大的能力、更可靠的手段，提高捍卫国家主权、安全、发展利益战略能力，有效履行新时代人民军队使命任务。

三、把人民军队建成世界一流军队

“党在新时代的强军目标是建设一支听党指挥、能打胜仗、作风优良的人民军队，到2027年实现建军一百年奋斗目标，到2035年基本实现国防和军队现代化，到本世纪中叶把人民军队建成世界一流军队。”①习近平强军思想这一重要内涵，深刻回答了强军兴军的奋斗目标这个重大问题。

习主席指出，“实现中华民族伟大复兴，是中华民族近代以来最伟大的梦想。可以说，这个梦想是强国梦，对军队来说，也是强军梦”②，并郑重提出党在新时代的强军目标，体现了坚持党的建军原则、我军根本职能、特有政治优势的统一，是新时代建军治军的总方略，为在新的起点上推进国防和军队建设提供了根本指引。听党指挥是灵魂，决定军队建设的政治方向，必须铸牢听党指挥这个强军之魂；能打胜仗是核心，反映军队的根本职能和军队建设的根本指向，必须扭住能打仗、打胜仗这个强军之要；作风优良是保证，关系军队的性质、宗旨、本色，必须夯实依法治军、从严治军这个强军之基。听党指挥、能打胜仗、作风优良，三者相互联系、密不可分，体现了我们党一以贯之的建军治军指导思想和方针原则，体现了革命化现代化正规化建设相统一的全面建设思想，明确了加强军队建设的聚焦点和着力点。

---

① 《把人民军队建成世界一流军队：四论全面深入学习贯彻习近平强军思想》，载《解放军报》2023年8月5日第1版。

② 《把人民军队建成世界一流军队：四论全面深入学习贯彻习近平强军思想》，载《解放军报》2023年8月5日第1版。

推进实现建军一百年奋斗目标，是关系我军建设全局的一场深刻变革。以建军一百年这个历史节点为刻度标定目标指向和发展重点，与“国家安全更为巩固”的目标任务相适应，实现路径是机械化信息化智能化融合发展，根本指向是提高捍卫国家主权、安全、发展利益战略能力。到2035年基本实现国防和军队现代化，与基本实现社会主义现代化的时间节点高度契合，与“国家安全体系和能力全面加强”的目标任务相匹配，主要标志是军事理论现代化、军队组织形态现代化、军事人员现代化、武器装备现代化，要求全面提高我军基于网络信息体系的联合作战能力、全域作战能力。到本世纪中叶全面建成世界一流军队，与“把我国建设成为综合国力和国际影响力领先的社会主义现代化强国”的远景目标相一致，核心要求是同我国强国地位相称、能够全面有效维护国家安全、具备强大国际影响力，必须完整、准确、全面贯彻新发展理念，推动我军建设发展质量变革、效能变革、动力变革。

四、军队是要准备打仗的

“军队是要准备打仗的，必须聚焦能打仗、打胜仗，扭住强敌对手，创新军事战略指导，发展人民战争战略战术，全面加强练兵备战，坚定灵活开展军事斗争，有效塑造态势、管控危机、遏制战争、打赢战争。”[①]习近平强军思想这一重要内涵，深刻回答了强军兴军的根本指向这个重大问题。

军事战略科学准确，就是最大的胜算。要毫不动摇坚持积极防御战略思想，增强军事战略指导的进取性和主动性，积极适应军事斗争准备基点转变，把备战与止战、威慑与实战、战争行动与和平时期军事力量运用作为一个整体加以运筹，塑造安全态势，遏控危机冲突，打赢局部战争。坚持把习近平军事战略思想立起来，把新时代军事战略方针立起来，把备战打仗指挥棒立起来，把抓备战打仗的责任担当立起来，推动军事斗争准备工作有一个很大加强。兵民是胜利之本，人民战争这个法宝永远不能丢，要把握新的时代条件下人民战争的新特点新要求，创新发展人民战争战略战术，充分发挥人民战争的整体威力。

牢固树立战斗力这个唯一的根本的标准。思想的锈蚀比枪炮的锈蚀更可怕。强调战斗力标准，是有效履行我军根本职能的要求，也是提高军队建设质量和效益的要求。要坚持把提高战斗力作为全军各项建设的出发点和落脚点，坚持用是否有利于提高战斗力来衡量和检验各项工作，坚决破除和平积弊，全面提高新时代备战打仗能力。

军队能不能打仗、能不能打胜仗，指挥是一个决定性因素。指挥对抗在现代战争中地位作用空前上升。要按照平战一体、常态运行、专司主营、精干高效的原则和要求，建强军委和战区两级联合作战指挥机构。优化联合作战指挥体系，推进侦察预警、联合打击、战场支撑、综合保障体系和能力建设，加速提升联合作战能力、全域作战能力。各级特别是高级指挥员要集中精力研究军事、研究战争、研究打仗，练就过硬本领，带出过硬部队。

“言武备者，练为最要。”打仗硬碰硬，训练必须实打实。加强实战化军事训练，坚持以战领训，深化战争和作战问题研究，创新作战概念和战法训法。要加强实案化对抗性训练，突出抓好重点课题专攻精练，提高训练水平和实战能力。要加快实现军事训练转型升级，积极主动谋取未来战争主动权。

---

① 《军队是要准备打仗的：五论全面深入学习贯彻习近平强军思想》，载《解放军报》2023年8月6日第1版。

打仗在某种意义上讲就是打保障。着力建设一切为了打仗的后勤,深化军事斗争后勤准备,加快建设现代军事物流体系和军队现代资产管理体系,加快推动现代后勤高质量发展。武器装备是军队现代化的重要标志,必须把武器装备建设搞得更好一些、更快一些,加快构建适应信息化战争和履行使命要求的武器装备体系,加紧构建武器装备现代化管理体系,加强武器装备实战化运用,真正让装备活起来、动起来。

战争不仅是物质的较量,更是精神的比拼。打仗从来都是狭路相逢勇者胜。敢于斗争、敢于胜利,一不怕苦、二不怕死,是人民军队血性胆魄的生动写照。过去,我们钢少气多,现在钢多了,气要更多,骨头要更硬。要强化战斗精神培育,从难从严从实战要求出发摔打部队,砥砺指挥员战斗员的意志品质,敢于战胜一切困难,敢于压倒一切敌人。

五、推动我军建设高质量发展

"推进强军事业必须坚持政治建军、改革强军、科技强军、人才强军、依法治军,坚持边斗争、边备战、边建设,更加注重聚焦实战、创新驱动、体系建设、集约高效、军民融合,加强军事治理,推动高质量发展,全面提高革命化现代化正规化水平。"①习近平强军思想这一重要内涵,深刻回答了强军兴军的战略布局这个重大问题。

政治建军是我军的立军之本,要坚持从思想上政治上建设和掌握部队;改革是强军的必由之路,要全面实施改革强军战略;科技是核心战斗力,要使科技创新的引擎全速发动起来;强军之道要在得人,要深入实施新时代人才强军战略;依法治军是我们党建军治军的基本方式,要深入贯彻依法治军战略。这些重大战略举措,形成了强国复兴大局下强军兴军的战略布局。

党的二十大强调,高质量发展是全面建设社会主义现代化国家的首要任务。这对全面提高国防和军队现代化质量效益、推动我军建设高质量发展提出更高要求。我军建设实现更高质量、更高效益、更可持续发展,必须完整、准确、全面贯彻新发展理念。习主席着眼应对新的安全威胁和挑战,破解制约我军建设发展的矛盾问题,鲜明提出更加注重聚焦实战、更加注重创新驱动、更加注重体系建设、更加注重集约高效、更加注重军民融合。"五个更加注重"立起了新时代我军建设的战略指导,阐明了发展指向、发展动力、发展方法、发展模式、发展路径,要求坚决纠正同实战要求不符的一切思想和行为,提高创新对战斗力增长的贡献率,全面提高我军体系作战能力,提高国防和军队发展精准度,巩固提高一体化国家战略体系和能力。

全面加强军事治理是我们党治军理念和方式的一场深刻变革,是加快国防和军队现代化的战略要求,是推进国家治理体系和治理能力现代化的重要方面。要认清全面加强军事治理的重要意义,强化使命担当,发扬改革创新精神,加大军事治理工作力度,以军事治理新加强助推强军事业新发展。要强化系统观念,加强军费管理和监督,深入推进战略管理创新。要高度重视基层治理,加强跨军地治理,构建现代军事治理体系,提高现代军事治理能力,以高水平治理推动我军高质量发展。

边斗争、边备战、边建设,是"十四五"乃至今后一个较长时期我军的突出特点,必须统筹

---

① 《推动我军建设高质量发展:六论全面深入学习贯彻习近平强军思想》,载《解放军报》2023 年 8 月 7 日第 1 版。

提高战的能力、建的质量、备的水平，形成战、建、备一体推进的良好局面。始终从政治高度和国家利益全局筹划指导军事行动，确保国家核心利益不受损，确保政治和战略主动。坚持以战领建、以备促建，各项工作和建设、各方面力量和资源，始终聚焦军事斗争准备、服务军事斗争准备，加快先进战斗力有效供给。

六、改革是强军的必由之路

“改革是强军的必由之路，必须推进军队组织形态现代化，构建中国特色现代军事力量体系，完善中国特色社会主义军事制度。”①。习近平强军思想这一重要内涵，深刻回答了强军兴军的必由之路这个重大问题。

习主席指出，深化国防和军队改革是实现中国梦强军梦的时代要求，是强军兴军的必由之路，也是决定军队未来的关键一招。这轮深化国防和军队改革，牢牢把握坚持改革正确方向这个根本，牢牢把握能打仗、打胜仗这个聚焦点，牢牢把握军队组织形态现代化这个指向，牢牢把握积极稳妥这个总要求，大开大合、大破大立、蹄疾步稳。一是率先开展军队领导指挥体制改革，构建起“中央军委—战区—部队”的作战指挥体系、“中央军委—军种—部队”的领导管理体系，军委管总、战区主战、军种主建新格局由此形成，人民军队组织架构实现历史性变革。二是压茬推进军队规模结构和力量编成改革，着眼于打造精锐作战力量，调整优化结构、发展新型力量、理顺重大比例关系、压减数量规模，推动军兵种建设战略转型，在全军主要作战部队实行“军—旅—营”体制，我军规模更加精干，结构更加优化，编成更加科学，部队编成向充实、合成、多能、灵活方向发展。三是全面推进军事政策制度改革，健全我军党的建设制度，创新军事力量运用政策制度，重塑军事力量建设政策制度，完善军事管理政策制度，建立健全中国特色社会主义军事政策制度体系，军队战斗力和官兵活力进一步解放，改革效能持续释放。四是深入推进跨军地重大改革，结合深化党和国家机构改革，深化武警部队跨军地改革，推进公安现役部队改革，组建退役军人事务部；实施空管体制改革，成立中央空中交通管理委员会；推进国防动员体制改革，打造现代国防动员力量体系。

改革未有穷期。要适应世界军事发展趋势和我军战略能力发展需求，坚持不懈把国防和军队改革向纵深推进。党的二十大对巩固拓展国防和军队改革成果作出战略部署。要适应世界军事发展趋势和我军战略能力发展需求，坚持不懈把国防和军队改革向纵深推进。改革越是向纵深推进，越要注重改革的系统性、整体性、协同性，把握好改革举措的关联性和耦合性，打通改革“最后一公里”，确保各项改革举措落地，让一切战斗力要素的活力竞相迸发，让一切我军现代化建设的源泉充分涌流。

七、科技是核心战斗力

“科技是核心战斗力，必须坚持自主创新战略基点，推进高水平科技自立自强，统筹推进军事理论、技术、组织、管理、文化等各方面创新，建设创新型人民军队。”②习近平强军思想这一重要内涵，深刻回答了强军兴军的强大引擎这个重大问题。

---

① 《改革是强军的必由之路：七论全面深入学习贯彻习近平强军思想》，载《解放军报》2023 年 8 月 8 日第 1 版。

② 《科技是核心战斗力：八论全面深入学习贯彻习近平强军思想》，载《解放军报》2023 年 8 月 9 日第 1 版。

科技是核心战斗力,是军事发展中最活跃、最具革命性的因素。科技从来没有像今天这样深刻影响国家安全和军事战略全局,我们必须紧跟科技强国建设进程,充分发挥科技创新对我军建设战略支撑作用。创新能力是一支军队的核心竞争力,也是生成和提高战斗力的加速器。要把创新摆在军队建设发展全局的核心位置,全面实施创新驱动发展战略,把创新驱动新引擎全速发动起来,依靠科技进步和创新把我军建设模式和战斗力生成模式转到创新驱动发展的轨道上来。科学的军事理论就是战斗力,一支强大的军队必须有科学理论作指导。要不断适应新形势、应对新挑战、解决新问题,在实践上大胆探索,在理论上勇于突破,加快形成具有时代性、引领性、独特性的军事理论体系,为强军兴军实践提供科学理论支撑。关键核心技术是国之重器。要坚持自主创新战略基点,推进高水平科技自立自强,我军发展命脉牢牢掌握在自己手中。

当前,新一轮科技革命和军事革命迅速发展,战略高新技术群体迸发。党的二十大对科技强军作出新的战略部署。我们要在国家战略布局中统筹谋划,加快关键核心技术攻关,加紧推进"十四五"规划任务落实,推进先进科技加快转化为战斗力。

八、强军之道要在得人

"强军之道要在得人,必须贯彻新时代军事教育方针,推动军事人员能力素质、结构布局、开发管理全面转型升级,锻造德才兼备的高素质、专业化新型军事人才。"①习近平强军思想这一重要内涵,深刻回答了强军兴军的根本大计这个重大问题。

强军必先强人才。人才资源是强军兴军的宝贵战略资源,世界军事竞争实质是一流人才的比拼。新时代人才强军战略是伴随着人才强国战略的发展而发展的,体现了对世界军事人才竞争形势的准确判断,蕴含着对人才强则事业强、人才兴则军队兴规律的深刻把握。

实施新时代人才强军战略,必须把党对军队绝对领导贯彻到人才工作各方面和全过程,必须把能打仗、打胜仗作为人才工作出发点和落脚点,必须面向世界军事前沿、面向国家安全重大需求、面向国防和军队现代化,必须全方位培养用好人才,必须深化军事人力资源政策制度改革,必须贯彻人才强国战略,确保军事人员现代化取得重大进展,关键领域人才发展取得重大突破。

建设一流人才队伍,需要科学高效的人才管理体制。要把握军事人才成长规律,把握各类人才发展特点要求,创新管理理念和方式方法,加强专业化、精细化、科学化管理。要推进军事人力资源政策制度体系优化,加强政策制度配套建设。要在全军营造信任人才、尊重人才、支持人才、关爱人才浓厚氛围,把广大人才干事创业积极性、主动性、创造性充分激发出来。

赢得军事竞争主动,打赢未来战争,人才是关键因素。党的二十大对坚持人才强军作出部署,要求建强新型军事人才培养体系,创新军事人力资源管理。全军要增强深入实施新时代人才强军战略的使命感和紧迫感,做好中央军委人才工作会议下篇文章,切实强化政治引领,全面加强人才工作,壮大人才队伍,着力提高人才培养质量,创新人才管理工作,努力把新时代我军人才工作提高到新水平,形成人才辈出、人尽其才、各类人才创造力竞相迸发的生动局面。

---

① 《强军之道要在得人:九论全面深入学习贯彻习近平强军思想》,载《解放军报》2023年8月10日第1版。

九、提高国防和军队建设法治化水平

“依法治军是我们党建军治军基本方式，必须构建中国特色军事法治体系，推动治军方式根本性转变，提高国防和军队建设法治化水平。”①习近平强军思想这一重要内涵，深刻回答了强军兴军的法治保障这个重大问题。

一支现代化军队必然是法治军队。依法治军是我们党建军治军的基本方式，是实现党在新时代的强军目标的必然要求。实施依法治军战略，必须坚持党对军队绝对领导，坚持战斗力标准，坚持建设中国特色军事法治体系，坚持按照法治要求转变治军方式，坚持从严治军铁律，坚持抓住领导干部这个“关键少数”，坚持官兵主体地位，坚持贯彻全面依法治国要求，提高国防和军队建设法治化水平，为推进强军事业提供坚强法治保障。

军队越是现代化，越是信息化，越是要法治化。党的二十大提出，要加强依法治军机制建设和战略规划，完善中国特色军事法治体系。提高国防和军队建设法治化水平，要求治军方式发生一场深刻变革，实现从单纯依靠行政命令的做法向依法行政的根本性转变，从单纯靠习惯和经验开展工作的方式向依靠法规和制度开展工作的根本性转变，从突击式、运动式抓工作的方式向按条令条例办事的根本性转变，形成党委依法决策、机关依法指导、部队依法行动、官兵依法履职的良好局面。

十、巩固提高一体化国家战略体系和能力

“军民融合发展是兴国之举、强军之策，必须巩固提高一体化国家战略体系和能力。”②习近平强军思想这一重要内涵，深刻回答了强军兴军的重要依托这个重大问题。

巩固提高一体化国家战略体系和能力，是党中央把握强国强军面临的新形势新任务新要求，着眼于更好统筹发展和安全、更好统筹经济建设和国防建设作出的战略部署。要统一思想认识，强化使命担当，狠抓工作落实，努力开创一体化国家战略体系和能力建设新局面。关键是要在一体化上下功夫，实现国家战略能力最大化。要统筹全局，突出重点，以重点突破带动整体推进。必须向改革创新要动力，要坚持问题导向，持续优化体制机制，完善政策制度，形成各司其职、紧密协作、规范有序的工作格局，更好推进一体化国家战略体系和能力建设。

党的二十大描绘了强国建设、民族复兴的宏伟蓝图，对巩固提高一体化国家战略体系和能力作出战略部署。要推动国防和军队建设进一步融入国家发展全局，强化战略引领，强化重点突破，强化法治保障，加强军地战略规划统筹、政策制度衔接、资源要素共享，持续推动重点区域、重点领域、新兴领域协调发展，整合和运用好国家整体实力，赢得军事竞争优势，不断开辟强国强军事业发展新天地。

十一、作风优良是我军鲜明特色和政治优势

“作风优良是我军鲜明特色和政治优势，必须全面从严治党、全面从严治军，全面锻造过

---

① 《提高国防和军队建设法治化水平：十论全面深入学习贯彻习近平强军思想》，载《解放军报》2023年8月11日第1版。

② 《巩固提高一体化国家战略体系和能力：十一论全面深入学习贯彻习近平强军思想》，载《解放军报》2023年8月12日第1版。

硬基层,坚定不移正风肃纪反腐,大力弘扬我党我军光荣传统和优良作风,永葆人民军队性质、宗旨、本色。”①习近平强军思想这一重要内涵,深刻回答了强军兴军的特有优势这个重大问题。

作风优良是人民军队性质、宗旨、本色的集中体现。我军是党缔造和领导的人民军队,能否保持我党我军的光荣传统和优良作风,关系军队生死存亡,关系党和国家事业兴衰成败,关系社会主义红色江山会不会改变颜色。在长期实践中,我军形成了一整套光荣传统和优良作风,这是我们的宝贵精神财富和传家法宝。无论时代条件如何变化,我军人民军队的性质永远不能变,老红军的传统永远不能丢,艰苦奋斗的政治本色永远不能改。

古往今来,作风优良才能塑造英雄部队,作风松散可以搞垮常胜之师。必须把作风建设作为军队一项基础性长期性工作抓紧抓实,下大气力治松、治散、治虚、治软,永葆人民军队政治本色。要持续深化纠治“四风”,继续纠治享乐主义、奢靡之风,抓住普遍发生、反复出现的问题深化整治,坚决防反弹回潮、防隐形变异、防疲劳厌战;把纠治形式主义、官僚主义摆在更加突出位置,作为作风建设的重点任务,科学精准靶向整治,动真碰硬、务求实效,把好传统带进新征程,将好作风弘扬在新时代。要用铁的纪律推动全面从严治党、全面从严治军,让铁规生威、铁纪发力,确保全军纪律严明,确保政令军令畅通。要坚持反腐败,军中绝不能有腐败分子藏身之地,必须把严的基调、严的措施、严的氛围长期坚持下去,一体推进不敢腐、不能腐、不想腐,开创军队党风廉政建设和反腐败斗争新局面。要狠抓基层建设,坚持扭住党的组织、战备训练、官兵主体、厉行法治抓基层,发扬优良传统,强化改革创新,全面锻造听党话、跟党走的过硬基层,能打仗、打胜仗的过硬基层,法纪严、风气正的过硬基层。

第三节　习近平强军思想的地位作用

习近平强军思想是一个内涵丰富、思想深邃、与时俱进的科学军事理论体系,根本着眼是以强军支撑强国复兴伟业,核心要求是实现党在新时代的强军目标,实践指向是走中国特色强军之路。

一、实现了马克思主义军事理论中国化时代化的新飞跃

人民军队之所以不断发展壮大,关键在于始终坚持先进军事理论的指导。习近平强军思想是习近平新时代中国特色社会主义思想的重要组成部分,是我们党不懈探索中国特色强军之路形成的宝贵思想结晶,是加快国防和军队现代化、全面建成世界一流军队的根本遵循和行动纲领。习近平强军思想本质上就是新时代党的军事思想,开拓了当代中国马克思主义军事理论和军事实践发展新境界。习近平强军思想蕴含着当代中国马克思主义军事观和方法论,主要体现为:坚持政治引领,坚持以武止戈,坚持积极进取,坚持统筹兼顾,坚持敢打必胜。这“五个坚持”深刻阐发军事与政治、战争与和平、发展与安全、稳局与塑势、威慑与实战、人与武器等重大关系,深化了我们党对军事领域一些基本问题的规律性认识,是新时

① 《作风优良是我军鲜明特色和政治优势:十二论全面深入学习贯彻习近平强军思想》,载《解放军报》2023年8月13日第1版。

代人民军队的强军胜战之道。

二、提供了全面推进新时代强军事业的科学指南

习近平强军思想植根强军实践、指导强军实践，是不断发展的开放的理论。党的十八大以来，党中央、中央军委和习主席围绕实现党在新时代的强军目标，团结带领全军坚持走中国特色强军之路，在新时代挽救、重塑、发展了人民军队，国防和军队建设取得历史性成就、发生历史性变革。牢牢扭住坚持党对人民军队绝对领导，坚定不移推进政治整训，召开古田全军政治工作会议，引领全军重振政治纲纪，全面深入贯彻军委主席负责制，坚决查处严重违纪违法案件并全面彻底肃清其流毒影响，政治生态实现根本好转，新风正气不断上扬。全面加强练兵备战，坚决把全军工作重心归正到备战打仗上来，与时俱进创新军事战略指导，壮大战略力量和新域新质作战力量，推动实战化训练步步走深，有效应对外部军事挑衅，震慑"台独"分裂势力，加强边境管控和反蚕食斗争，积极主动开辟军事斗争新格局。大刀阔斧深化国防和军队改革，重构人民军队领导指挥体制、现代军事力量体系、军事政策制度，人民军队体制一新、结构一新、格局一新、面貌一新，实现整体性革命性重塑。创新加强国防和军队现代化建设，推动我军高质量发展，加快机械化信息化智能化融合发展，全面推进军事理论现代化、军队组织形态现代化、军事人员现代化、武器装备现代化，我军现代化水平和实战能力显著提升。这些历史性伟大成就的取得，根本在于习主席的坚强领导，在于习近平强军思想的科学指引。

三、立起了全军官兵奋斗强军的精神旗帜

新时代新征程上，习主席领航强军，习近平强军思想科学指引，始终是强军事业的力量所在、方向所在、未来所在，是最根本的政治保证。习近平强军思想彰显中国特色社会主义信念，强固了共产党人、革命军人的精神支柱，给我们以强大信念和内在定力；贯穿爱党、忧党、兴党、护党的政治品格，立起了绝对忠诚的标准要求，奠定了广大官兵铁心向党、听从指挥的精神底色；饱含坚定的革命意志和强烈的历史担当，激发了敢于斗争、敢于胜利的强大精神力量，提振了新时代革命军人的精气神。坚持不懈用习近平强军思想铸魂育人，就能培养担当强军重任的时代新人，就能凝聚全军共同意志、汇聚形成磅礴力量，我们应对各种风险挑战、夺取新的伟大胜利就有了主心骨和定盘星。

思考题

1.习近平强军思想的主要内容是什么？

2.如何理解习近平强军思想的地位作用？

国家安全篇

第十一章 国家安全概述

国家安全是指国家的生存和发展免受来自外部和内部威胁、国家正常活动得以维持的现状。在全球安全、地区安全和国家安全构成的整体安全结构中,国家安全既是基础又是核心。本章主要介绍国家安全的内涵、总体国家安全观和国家安全的原则等内容。

第一节　国家安全的内涵

一、安全

所谓安全,按照《现代汉语词典》的解释,是没有危险,不受威胁,不出事故。综合国内外有关"安全"一词的界定可知,在辞源学上,"安全"的含义是清楚的,但从国家安全研究的角度看,"安全"的词义和内涵又具有一定的模糊性,给国内外学术界准确界定这一概念带来了困难。有学者认为,安全就是没有危险的状态;也有学者认为,安全本质上是一种降低危险程度的过程。还有学者认为,界定安全概念应将以上两个方面结合起来:首先,安全是一种状态,这种状态包括客观和主观两个因素,即客观上不受威胁或没有威胁,主观上不存在恐惧心理;其次,安全还是一种行动,即实现不受威胁或没有危险的过程。①

显然,从不同的视角研究安全会得出不同的定义。准确理解安全的内涵,需要关照状态、过程和能力之间的内在逻辑关系,以综合全面的视角揭示安全的本质内容。需要明确的是,安全是融主观客观为一体,将过程与结果、状态与能力有机结合起来的概念,应将辞源意义上的"安全"与国家行为中的"安全"结合起来考虑,达成本源上有依据、研究上有拓展的目的。从这一视角出发,可知"安全"的内涵应当包括两个方面:一方面,安全是主体没有危险的状态,客观现实中没有威胁或危险,主观感受上没有恐惧或担忧;另一方面,安全是主体免于危险、消除威胁的能力,主要表现于主体为消解内外危险和威胁而采取维护安全行动的过程中。

二、国家安全

同"安全"的定义一样,"国家安全"这一概念虽然被广泛使用,但国内外学术界对其定义一直存在争论。事实上,"国家安全"是一个具体的、历史的概念,应联系具体情况来准确界定其内涵。对于"国家安全"的定义,曾经主要有三种:一是认为国家安全是一种客观状态以

---

① 杨毅:《国家安全战略研究》,国防大学出版社 2007 年版,第 45 页。

及对这种客观状态的感受。一个国家没有安全的现状，是不安全的；而没有安全的心态，也是不安全的。《中国人民解放军军语》(全本)对“国家安全”的界定是：“国家的主权、领土、政治制度、人民生命财产等处于不受外部或内部威胁的状态。”[①]并且认为，国家安全按领域，分为政治安全、经济安全、军事安全、科技安全、文化安全及信息安全等；按空间，分为陆上安全、海上安全、空中安全、太空安全、网络安全等；按性质，分为传统安全和非传统安全。这是从主客观状态上对国家安全的界定。二是认为国家安全是维护和实现国家安全的一种能力。国外学者哈罗德·布朗认为，国家安全是这样一种能力：保持国家的统一和领土完整，基于合理的条件维护它与世界其他部分的经济联系，防止外来力量打断它的特质、制度和统治，并控制它的边界。三是认为国家安全是国家实现和维护其所认定的没有危险、不受威胁状态的活动。国家安全的客观状态与主观感受不是静止不变的，而是动态调整的，存在于国家对内外部威胁与危险的应对和处置过程之中。[②]

上述对“国家安全”概念的界定，存在着一定联系。大体上可以归纳为两大类。第一类基本认同国家安全是一种客观状态和主观感受的有机统一，是国家生存和发展没有危险、不受威胁的状态，以及对这种状态的主观感知和认同。国家安全是国家之间、国家与非国家行为体之间，以及国家内部因素既对立又统一的结果，也是客观状态与反映这种客观状态的主观感受的结合。第二类主要把国家安全看作是一种实现国家安全的过程或能力，将国家安全由一种静止的、客观存在的状态提升到动态的应对过程，并把国家安全作为处置威胁和危险的过程，突出国家安全的能动作用和实践意义。二者的区别主要在于理解的角度和层次。

基于以上分析，可以认为国家安全既是一种安全状态，也包含维持这种状态的能力。[③]国家安全，“是指国家政权、主权、统一和领土完整、人民福祉、经济社会可持续发展和国家其他重大利益相对处于没有危险和不受内外威胁的状态，以及保障持续安全状态的能力”[④]。在国家发展的不同历史阶段，国家安全的构成内容和包含领域也是不同的。国家安全是保障国家生存和发展的基本条件，同时也随着国家对自身安全问题认识的深化而不断变化调整。从国家的构成要素看，一般包括国民安全、经济安全、领土安全、主权安全、政治安全、军事安全等。随着国际安全形势的发展变化特别是冷战结束以后，经济、社会、科技、文化、宗教和生态等“低政治”领域的安全问题开始显现，非传统安全问题进入国家安全议程，国家安全构成要素更加多元。[⑤] 美国 2010 年出台的《国家安全战略》提出了政治、军事、经济、文化、信息、能源、生态环境、粮食 8 个安全领域；俄罗斯 2021 年颁布的《俄联邦国家安全战略》提出了内政、经济、社会、科学、教育、国际、宗教、信息、军事、国防工业、生态、公共安全等 10 多个安全领域。2015 年公布的新的《中华人民共和国国家安全法》(以下简称新《国家安全法》)提出了维护政治安全、国土安全、军事安全、经济安全、金融安全、资源安全、粮食安全、文化安全、科技安全、网络和信息安全、社会安全、生态安全、核安全、海外利益安全，以及外层空间安全、国际海底区域安全和极地安全等领域的任务。

---

① 全军军事术语管理委员会、军事科学院：《中国人民解放军军语》(全本)，军事科学出版社 2011 年版，第 162 页。

② 杨毅：《国家安全战略研究》，国防大学出版社 2007 年版，第 6～7 页。

③ 王桂芳：《国家安全战略学》，军事科学出版社 2018 年版，第 5～6 页。

④ 引自《中华人民共和国国家安全法》第 2 条。

⑤ 王桂芳：《国家安全战略学》，军事科学出版社 2018 年版，第 6 页。

第二节　总体国家安全观

一、总体国家安全观的含义

习近平高度重视国家安全,在2014年中央国家安全委员会第一次全体会议上,他把“国家安全”提到前所未有的高度,首次提出了总体国家安全观的思想,指明了维护国家总体安全必须重视的各个领域,阐述了国家安全体系的基本内容。2022年,他在党的二十大报告中对总体国家安全观作了完整表述。2025年5月12日,国务院新闻办公室发布的《新时代的中国国家安全》白皮书指出,总体国家安全观强调:坚持以人民安全为宗旨、以政治安全为根本、以经济安全为基础、以军事科技文化社会安全为保障、以促进国际安全为依托,统筹发展和安全,统筹外部安全和内部安全、国土安全和国民安全、传统安全和非传统安全、自身安全和共同安全,统筹维护和塑造国家安全,以新安全格局保障新发展格局。[①]

二、我国国家安全观的演变和总体国家安全观产生的背景

国家安全观是对国家安全问题所持有的基本看法、态度和观点,在国家发展的不同阶段有着不同的内涵。中华人民共和国成立至今,中国的国家安全观虽然保持着较强的延续性,但还是经历了一个演变过程,大致可分为三个阶段。

第一阶段,从中华人民共和国成立之初到20世纪70年代末。这一阶段是以军事安全和政治安全为核心的国家安全观,国家确立了以求生存为核心的国家安全战略。当时,新中国安全战略的根本目的就是巩固新生的社会主义政权,确保国家独立、维护国家主权和领土完整,以反侵略、反颠覆为主要指向,以军事斗争和统一战线为主要手段。

第二阶段,从20世纪70年代末开始到2012年党的十八大以前。这一阶段是以综合安全为核心的国家安全观,国家确立了以发展为核心的国家安全战略思想。国家安全战略目标主要是为促进经济快速发展创造有利的安全环境,确保国家实现现代化,维护国家发展安全以及地区和国际安全稳定。20世纪末,中国提出以对话与合作为主要特征的新安全观[②],核心思想是互信、互利、平等、协作,意在探索维护国家安全与世界和平新路径。2007年11月,党的十七大报告首次提出完善国家安全战略,健全国家安全体制,高度警惕和坚决防范各种分裂、渗透、颠覆活动,切实维护国家安全。国家安全建设方法和路径有了新的视角和维度。

第三阶段,2012年党的十八大召开至今。经过长期持续发展,我国作为人口最多的国家,已经成为目前世界上最大、经济发展最成功的社会主义国家,进入由大向强的关键阶段。随着中国快速崛起,世界对中国的认识和看法发生了巨大变化,一些原来被忽视、被后置的矛盾凸显出来,一些新挑战、新问题浮出水面。

当前,我国发展进入:从外部看,单边主义、保护主义明显上升,以乌克兰危机为代表的

---

① 国务院新闻办公室:《新时代的中国国家安全》,载《人民日报》2025年5月13日第11版。

② 1997年3月,在东盟地区论坛信任措施会议上,中国首次使用“新安全观”的表述。

局部冲突和动荡频发；特别是某些西方国家不愿看到社会主义中国赶超它们，不断加大对我国实施西化、分化的力度，千方百计进行战略遏制和围堵；我国周边领土主权争端、大国地缘竞争、军事安全较量、民族宗教矛盾等问题更加凸显，在家门口生乱生战的可能性增大；各种敌对势力遥相呼应，民族分裂势力、宗教极端势力、暴力恐怖势力有所抬头。从内部看，我国发展进入各种风险挑战不断积累甚至集中显露时期，安全已成为经济社会发展的经常性和关键性变量，必须在发展的同时打牢安全基础，反复固强安全根基，牢牢掌握维护国家安全的战略主动权，力争不出现重大风险或在出现重大风险时扛得住、过得去，确保党和国家一系列重大发展战略目标如期实现。2013 年 11 月，中共十八届三中全会作出设立国家安全委员会、制定国家安全战略和推进国家安全法治建设的决定，显示出中国国家安全基层设计的新思路。2014 年 4 月 15 日，习近平总书记在中央国家安全委员会第一次会议上，正式提出总体国家安全观。2015 年 7 月 1 日，第十二届全国人民代表大会常务委员会第十五次会议通过新的《中华人民共和国国家安全法》，其中第 3 条规定："国家安全工作应当坚持总体国家安全观，以人民安全为宗旨，以政治安全为根本，以经济安全为基础，以军事、文化、社会安全为保障，以促进国际安全为依托，维护各领域国家安全，构建国家安全体系，走中国特色国家安全道路。"2017 年，党的十九大报告把坚持总体国家安全观作为新时代中国特色社会主义思想的丰富内涵之一。2024 年，党的二十届三中全会提出，国家安全是中国式现代化行稳致远的重要基础。必须全面贯彻总体国家安全观，完善维护国家安全体制机制，实现高质量发展和高水平安全良性互动，切实保障国家长治久安。同时提出，要健全国家安全体系，完善公共安全治理机制，健全社会治理体系，完善涉外国家安全机制。2025 年 5 月，国务院新闻办公室发布《新时代的中国国家安全》白皮书，明确"总体国家安全观为新时代国家安全指引方向"。

三、科学把握总体国家安全观的内涵

总体国家安全观内涵丰富，包括当代中国国家安全的诸多要素、诸多方面、诸多问题和诸多维度，强调维护国家安全的整体性、系统性和全面性。坚持总体国家安全观，是习近平新时代中国特色社会主义思想的重要方略，也是新时代中国共产党人带领全国各族人民全面建成社会主义现代化强国、实现第二个百年奋斗目标，以中国式现代化全面推进中华民族伟大复兴的必然要求。作为当代大学生，理解总体国家安全观，应注重把握以下几点：

以人民安全为宗旨。一切为了人民是我们党和政府各项工作的出发点和落脚点，维护国家安全的根本目的就是实现人民安全，让人民安居乐业、幸福生活。以人民安全为宗旨是我们党性质宗旨和初心使命的具体体现，也是推进国家安全体系和能力现代化的根本立场。

以政治安全为根本。政治安全是最高的国家安全，是维护国家主权、安全、发展利益的生命线，在国家安全中居于统领地位。维护政治安全，最根本的就是维护中国共产党的领导和执政地位、维护中国特色社会主义制度，发展社会主义民主政治，健全社会主义法治，强化权力运行制约和监督机制，保障人民当家作主的各项权利。

以经济安全为基础。发展是我们党执政兴国的第一要务，是解决我国一切问题的基础和关键。只有推动经济持续健康发展，才能筑牢人民安居乐业、社会安定有序、国家长治久安的物质基础。国家着力维护我国的基本经济制度和社会主义市场经济秩序，健全预防和化解经济安全风险的制度机制，保障关系国民经济命脉的重要行业和关键领域、重点产业、重大基础设施和重大建设项目以及其他重大经济利益安全,不断增强经济实力以至综合国力,运用发展成果夯实国家安全的实力基础。

以军事科技文化社会安全为保障。其中,军事是捍卫国家安全的保底手段,军事安全是维护国家总体安全的首要保障;科技安全是维护国家总体安全的关键;文化安全和社会安全是维护国家总体安全的重要保障。要积极适应军事、科技、文化、社会领域面临的新情况新问题,遵循不同领域的特点规律,建立完善强基固本、化险为夷的各项对策措施,为维护国家安全提供硬实力和软实力保障。

以促进国际安全为依托。经济全球化时代,各国安全相互关联、彼此影响。要推动树立共同、综合、合作、可持续的全球安全观,加强国际安全合作,共同构建普遍安全的人类命运共同体,积极营造我国现代化建设的良好外部安全环境。统筹外部安全和内部安全、国土安全和国民安全、传统安全和非传统安全、自身安全和共同安全。国家安全是一项系统工程,要强调外部安全与内部安全彼此联系,强调国土安全与国民安全有机统一,强调传统安全威胁与非传统安全威胁相互影响并在一定条件下可以相互转化,强调全球化和相互依赖使中国自身安全与世界各国共同安全已经密不可分,坚持科学统筹,着力解决国家安全工作的不平衡不充分问题,实现各领域安全良性互动、共同巩固。

统筹维护和塑造国家安全。维护国家安全和塑造国家安全是统一的,塑造是更高层次、更具主动性、更有长远效应的维护。要准确把握当今世界发展大势和时代发展潮流,在变局中把握规律,在乱局中趋利避害,既要敢于斗争,也要善于斗争,不断提高塑造国家安全的能力。

完善参与全球安全治理机制。当前,全球性安全问题愈加突出,安全威胁层出不穷,加强全球安全治理刻不容缓。维护国家总体安全,必须着力推动全球安全治理体系朝着更加公正合理的方向发展,高举和平、发展、合作、共赢旗帜,不断完善参与国际和区域安全合作机制,在坚定维护世界和平与发展中谋求自身发展,又以自身发展更好维护世界和平与发展。

建设更高水平的平安中国。一是健全国家安全体系。在党中央集中统一领导下,完善高效权威的国家安全领导体制。强化国家安全工作协调机制,完善国家安全法治体系、战略体系、政策体系、风险监测预警体系、国家应急管理体系,完善重点领域安全保障体系和重要专项协调指挥体系,强化经济、重大基础设施、金融、网络、数据、生物、资源、核、太空、海洋等安全保障体系建设。健全反制裁、反干涉、反"长臂管辖"机制。完善国家安全力量布局,构建全域联动、立体高效的国家安全防护体系。二是增强维护国家安全能力。坚定维护国家政权安全、制度安全、意识形态安全,加强重点领域安全能力建设,确保粮食、能源资源、重要产业链供应链安全,加强海外安全保障能力建设,维护我国公民、法人在海外合法权益,维护海洋权益,坚定捍卫国家主权、安全、发展利益。提高防范化解重大风险能力,严密防范系统性安全风险,严厉打击敌对势力渗透、破坏、颠覆、分裂活动。全面加强国家安全教育,提高各级领导干部统筹发展和安全能力,增强全民国家安全意识和素养,筑牢国家安全人民防线。同时,还要把维护国家安全与社会稳定统一起来,提高公共安全治理水平,完善社会治理体系,夯实国家安全与社会稳定的基层基础。

以新安全格局保障新发展格局。要把握新发展格局中的国家安全,以新安全格局保障新发展格局,以新发展格局促进新安全格局。发展和安全是一体之两面,只以其中一项为目

标，两个目标均不可能实现。发展势在必行，安全不可或缺，要统筹发展和安全，掌握好发展节奏和安全系数的协调平衡，把把握新发展阶段、贯彻新发展理念、构建新发展格局与贯彻总体国家安全观、构建大安全格局统一起来，实现发展和安全的互促共建、共融共生。

可以说，总体国家安全观承载着为实现中华民族伟大复兴提供坚强保障的历史使命，具有鲜明的时代特点；总体国家安全观突破了以往安全观偏于某一方面的历史局限，具有突出的创新特点；总体国家安全观适应世界和中国周边安全形势的发展变化，具有明显的中国特色。对于高等院校而言，总体国家安全观教育不可或缺，因为大学生既是社会主义现代化建设的有用人才，也是国防建设和维护国家安全的后备人才，加强大学生国家安全教育特别是总体国家安全观教育，也是对全民进行国防教育的重点。

第三节　国家安全的原则

一、坚持党的领导

国家安全工作攸关党的执政地位、国家存亡、民族兴衰，必须毫不动摇地坚持党对国家安全工作的绝对领导。这种绝对领导主要体现为：国家安全事务大权集中于党中央，实行统一决策部署，统一指挥行动，确保政令畅通；建立健全党委统一领导的国家安全组织体制和运行机制，用党中央的大政方针和决策部署统一思想、统一行动，坚定道路自信、理论自信、制度自信、文化自信，守土有责、守土尽责，保证政权安全和捍卫制度安全；充分发挥党统揽大局、协调各方的领导核心作用，加强政策引领、制度建设、人才支撑。要坚持党的领导、人民当家作主、依法治国的有机统一，抵御外部敌对势力渗透颠覆破坏活动，有效防范“颜色革命”，构筑牢不可破的大国安全堡垒。

二、坚持社会主义法治

依靠和运用法治手段维护国家安全，已成为世界多数国家的普遍选择。实践证明，缺乏明确完善的法律法规，国家安全工作将无法开展、高效运行。2015 年 7 月 1 日，第十二届全国人民代表大会常务委员会第十五次会议通过的《国家安全法》，标志着中国的国家安全工作步入了法治轨道，为统领国家安全各领域工作提供了法律依据。坚持社会主义法治原则，有两点应特别注意：

第一，坚持依法维护国家安全。《国家安全法》第 7 条规定：“维护国家安全，应当遵守宪法和法律，坚持社会主义法治原则，尊重和保障人权，依法保护公民的权利和自由。”维护国家安全贯彻法治原则，要处理好保障国家安全与保护公民、法人和其他组织合法权益的关系，促进经济社会和谐健康发展。国家安全专门机关及其工作人员在履行职责时，既要贯彻维护国家安全的原则，也要严格依法履行职责，不得超越职权、滥用职权，不得侵犯个人和组织的合法权益。即使是监管审查、危机管控等活动，也要依法进行。当然，国家安全面临重大威胁时，要以维护国家安全利益为主。根据《国家安全法》的规定，国家决定进入紧急状态、战争状态或者实施国防动员后，履行国家安全危机管控职责的有关机关依照法律规定或者全国人民代表大会常务委员会规定，有权采取限制公民和组织权利、增加公民和组织义务的特别措施。同时,履行国家安全危机管控职责的有关机关依法采取处置国家安全危机的管控措施,应当与国家安全危机可能造成的危害的性质、程度和范围相适应;有多种措施可供选择的,应当选择有利于最大程度保护公民、组织权益的措施。

第二,健全国家安全法制。有法可依,是在维护国家安全工作中贯彻法治原则的前提。《国家安全法》第70条规定:“国家健全国家安全法律制度体系,推动国家安全法治建设。”目前施行的《国家安全法》,涵盖了国家安全各个领域的内容,很多都是原则性规定,重点解决国家安全各领域带有普遍性的问题和亟待立法填补空白的问题,为今后制定相关配套法律法规预留了空间。例如,2016年11月7日第十二届全国人民代表大会常务委员会第二十四次会议通过的《中华人民共和国网络安全法》(以下简称《网络安全法》),就是《国家安全法》的配套法律,是针对具体安全领域——网络安全领域进行的立法。当前,应当瞄准空白,抓紧制定各个不同安全领域的专项法律法规;已有的法律法规有不适应形势发展之处的,也应抓紧完善,尽快形成健全配套的国家安全法制体系。同时,国家安全法律法规还应注意与相关国际法的衔接。比如,参与联合国维和的法律法规就应与《联合国宪章》等国际法的精神相一致。

三、坚持与经济社会发展相协调

《国家安全法》第8条规定:“维护国家安全,应当与经济社会发展相协调。”贯彻与经济建设发展相协调的原则,实质是要处理好安全与发展的两大关系。安全是发展的保障,发展是安全的基础。一方面,要坚持“发展是解决中国所有问题的关键”的战略判断和“发展是硬道理”的战略思想,紧紧围绕发展是最大的国家安全、执政举国第一要务,以改革为根本动力,把维护发展、保障发展、促进发展作为国家安全战略指导的基点,保障国家经济社会发展安全有效运行;另一方面,又要以可持续发展促进可持续安全,在国民经济不断发展的基础上,增强维护国家安全的力量,实现发展与安全相互协调、相互支撑。

四、坚持预防为主、标本兼治

《国家安全法》第9条规定,“维护国家安全,应当坚持预防为主、标本兼治”。所谓“预防为主、标本兼治”,是指一方面,要通过采取得力措施,坚决制止和依法惩治各种危害国家安全的行为;另一方面,又要通过完善国家安全制度,健全国家安全体系,加强国家安全教育,增强国民的国家安全意识,有效防范各种危害国家安全的行为,保证国家政权、主权、统一和领土完整、人民福祉、经济社会可持续发展和国家其他重大利益相对处于没有危险的状态,并做好有力应对各种威胁的准备。坚持预防为主、标本兼治,需要驾驭全局,综合施策。国家安全涉及方方面面,必须坚持一切从实际出发,观大势、谋大事、管全局,加强顶层设计,搞好整体谋划,统筹国内安全与国际安全、传统安全与非传统安全、现实安全与长远安全的关系,统筹政治、经济、军事、文化等各个领域,围绕国家安全的突出矛盾和关键问题,综合运用维护国家安全的各种力量、手段和途径,义利兼顾,内外兼修,奇正兼施,标本兼治,近解燃眉之急,远除心腹之患。

五、坚持专门工作与群众工作相结合

习近平要求,在国民安全问题上,坚持以民为本、以人为本,坚持国家安全一切为了人

民、一切依靠人民，真正夯实国家安全的群众基础。坚持预防为主、标本兼治，必须坚持专门工作与群众工作相结合的原则。因此，《国家安全法》第9条还规定，坚持“专门工作与群众工作相结合，充分发挥专门机关和其他有关机关维护国家安全的职能作用，广泛动员公民和组织，防范、制止和依法惩治危害国家安全的行为”。

一方面，要充分发挥专门机关和其他有关机关维护国家安全的职能作用。国家安全机关、公安机关、有关军事机关开展国家安全专门工作，应当认真履行职能，并可依法采取必要的手段和方式维护国家安全；有关部门和地方应当在职责范围内提供支持和配合。根据维护国家安全工作的需要，国家依法保护有关机关专门从事国家安全工作人员的身份和合法权益，加大人身保护和安置保障力度。机关、人民团体、企业事业组织和其他社会组织应当对本单位的人员进行维护国家安全的教育，动员、组织本单位的人员防范、制止危害国家安全的行为。

另一方面，要广泛动员公民和组织，积极履行维护国家安全的义务。《国家安全法》第11条明确规定：“中华人民共和国公民、一切国家机关和武装力量、各政党和各人民团体、企业事业组织和其他社会组织，都有维护国家安全的责任和义务。中国的主权和领土完整不容侵犯和分割。维护国家主权、统一和领土完整是包括港澳同胞和台湾同胞在内的全中国人民的共同义务。”根据该法规定，公民和组织应当履行下列维护国家安全的义务：一是遵守宪法、法律法规关于国家安全的有关规定；二是及时报告危害国家安全活动的线索；三是如实提供所知悉的涉及危害国家安全活动的证据；四是为国家安全工作提供便利条件或者其他协助；五是向国家安全机关、公安机关和有关军事机关提供必要的支持和协助；六是保守所知悉的国家秘密；七是法律、行政法规规定的其他义务。同时，任何个人和组织不得有危害国家安全的行为，不得向危害国家安全的个人或者组织提供任何资助或者协助。

为了使全体公民不断增强国家安全观念，积极履行维护国家安全义务，《国家安全法》第14条还规定：“每年4月15日为全民国家安全教育日。”作为当代大学生，要积极履行维护国家安全义务，遵守国家安全规定，保守国家秘密，尤其是在当今的信息社会中，要特别注意增强防间保密意识，时时不忘维护国家信息、网络以及其他各个领域的安全。

六、坚持互信、互利、平等和协作

《国家安全法》第10条规定：“维护国家安全，应当坚持互信、互利、平等、协作，积极同外国政府和国际组织开展安全交流合作，履行国际安全义务，促进共同安全，维护世界和平。”毫无疑问，维护国家安全首先要坚持自主安全，把维护国家安全的战略主动权牢牢掌握在自己手中，同时，也要以全球思维谋篇布局，积极塑造外部安全环境。当今世界，“闭门搞建设不行，闭门谋安全也不行”。面对形形色色的安全威胁风险和重大挑战，不能单打独斗，只有合作安全、集体安全、共同安全才是正确的战略选择。世界需要中国，中国更需要世界。维护国家安全，需要放眼全球大势，强化国际视野，情系人类命运，坚定中国特色，聚力“一带一路”，将经济优势转化为经略周边、布局全球的战略优势，坚持共同、综合、合作、可持续安全理念，走“互信、互利、平等、协作”之路。积极参与全球安全治理，创新大国安全合作方式，拓展地区安全机制功能，打造周边安全战略依托，有力维护国家安全发展利益的远边疆、高边疆、新边疆。增强国家安全布局的平衡性、立体性和外向性，稳定推进军事力量以和平姿态走出去，增加中华文化国际影响力和国际安全规则话语权。公道正义，主动作为，陆海统筹，远近衔接,图强不霸,打造安全与发展的利益、命运、责任共同体,引导和推动国际社会共同维护国际安全,共同塑造更加公正合理的国际新秩序,为实现国家安全战略目标提供可靠的国际安全依托。

思考题

1.什么是国家安全?

2.总体国家安全观可以归结为哪几个要素和关系?

3.维护国家安全应当遵循哪些原则?

第十二章 国家安全形势

国家安全形势，是国家在一定时期内所面临的影响和平稳定的外部及内部条件的总和。一个国家，要经常进行安全形势判断，即对本国一定时期内面临的各种安全威胁及其应对能力进行综合分析与评估。国家安全形势对国防具有直接影响；同时，排除对国家安全的威胁，创建良好的国家安全形势，也是国防的基本任务。本章主要介绍中国地缘环境的基本情况、判断安全环境面临威胁的理论分析、新形势下的国家安全和新兴领域的国家安全等内容。

第一节　中国地缘环境的基本情况

国家的地缘环境是持久影响国家安全的基本因素之一，也是国家安全形势判断的主要内容之一。美国著名地缘政治学家斯皮克曼指出："要决定维护国家安全的政策，那就必须考虑国家的领土在世界上的位置、领土的大小和资源以及其他国家的领土和实力分布等等情况。"[①]因此，研究国家安全形势，必须研究地缘环境。地缘安全是国家安全的重要组成部分。所谓地缘安全，是国家间在因地理位置上的联系所形成的关系中，相对处于没有危险和不受内外威胁的状态，以及保障持续这种状态的能力。只有充分了解地缘环境的现状与发展趋势，才能对国家安全特别是周边安全情况作出客观的判定。

一、中国是边界线较长、相邻国家最多的国家之一

中国地处亚洲东部，与周围各国有漫长的边界线。与中国有共同边界的国家有 14 个，共有陆地边界线约 2.2 万千米，按照与中国的共同边界的长短，这些国家及其与中国的陆地边界的情况是：蒙古，4670 千米；俄罗斯，约 4300 千米；越南，约 2000 千米；缅甸，约 2000 千米；印度，约 2000 千米(未划定)；哈萨克斯坦，1700 千米；尼泊尔，约 1400 千米；朝鲜，1334 千米；吉尔吉斯斯坦，1100 千米；老挝，710 千米；巴基斯坦，约 600 千米；不丹，约 550 千米；塔吉克斯坦，约 400 千米；阿富汗，92 千米。中国还分别隔黄海、东海、南海与韩国、日本、菲律宾、印度尼西亚、马来西亚、文莱等国相望。中国有海疆线约 32000 千米，其中大陆海岸线长约 18000 千米，面积 500 平方米以上的海岛约 6500 个，中国的黄海、东海、南海总面积为 468 万平方千米。此外，由于历史等方面的原因，有些国家虽然与中国无共同边界或海疆，但与中国的关系素来比较密切，如柬埔寨、孟加拉国、泰国等。此外，从地理位置看，美国不能算是中国的邻国，但从地缘政治的角度看，美国是中国的邻国，而且是最大的邻国。

众多邻国对中国安全的影响是复杂的。在这些国家中，有的过去曾经对中国进行过侵

---

① ［美］斯皮克曼：《和平地理学》，刘愈之译，商务印书馆 1965 年版，第 15 页。

略,并且目前仍然是经济大国或军事大国,有着雄厚的综合国力和军事实力,具有对中国安全造成重大影响的能力;有的邻国之间积怨很深,严重对立,剑拔弩张,一旦它们之间爆发战争或武装冲突,必将影响中国边境安全;有的国家内部不稳定因素很多,一旦发生大的内乱,必将对中国边境造成很大压力;有的国家的居民与中国边境地区的居民属于同一民族,这虽然有利于与邻国开展友好往来,改善国家关系,但是一旦这些邻国国内的狭隘民族主义泛起,可能会引起中国国内的民族纠纷;有的国家的居民与中国某些地区的居民信奉同一宗教,一旦这些国家内的宗教派别斗争加剧或者某些极端教派掌权,就可能增加中国国内相关地区的不稳定因素。还有一些国家与中国之间存在着历史遗留下的边界领土争议和海洋国土划界的争议,存在着可能引发边界事件甚至武装冲突的隐患。

二、中国周边地区人口众多,是世界上大国最集中的地区

目前,世界上有 10 多个人口超亿的国家,其中印度、印度尼西亚、巴基斯坦、俄罗斯、孟加拉国、日本 6 国位于我国周边地区。此外,还有越南、菲律宾、泰国、韩国和缅甸等国也是人口相对较多的国家。

在中国周边国家中,俄罗斯、日本、印度、印度尼西亚等国都是世界或地区大国,此外,美国也是一个值得特别重视的因素。俄罗斯拥有大量尖端科技、先进武器,依然是世界军事强国和核超级大国,又与中国有着 4300 多千米的共同边界。日本是中国的海上强邻。它既是世界经济和科技大国,又是一个曾经侵略过中国,并且其统治者至今对此没有深刻反省的国家,还是一个有能力拥有核武器的国家。据有关专家估计,日本已研制出了核武器的所有组成部件,完成核武器与远程运载工具的组装和试验,只需要几个月的时间,其拥核所缺少的只是国内外合适的政治气候。一位联合国官员说,一旦日本拥有核武器,加上日本人剖腹自杀的武士道精神,也许就是世界末日的来临。印度是仅次于中国的最大的发展中国家和人口大国,也是南亚次大陆举足轻重的国家,其政治、经济、军事潜力巨大。印度尼西亚不但有近 2.8 亿人口,而且在东南亚的地位不断提升。世界最强大的国家美国在地理上虽然不与中国相邻,但其军事力量却在中国周边一些国家长期部署,并与某些国家签订有军事同盟协定。当前,随着美国亚太再平衡战略的推进,中美关系正处在一个深刻复杂变化的阶段。可以说,美国对我国安全的影响几乎无处不在,而且是影响我们祖国统一大业和国家安全最大的外部因素。

中国及其周边不仅是世界人口最密集、大国最集中的地区,也是世界热点和潜在热点最多的地区。朝鲜半岛、千叶群岛、台湾海峡、南沙群岛、克什米尔等热点都位于这一地区;世界公认的五大力量中心,除欧洲外,美、中、俄、日均交汇于此;世界核俱乐部的主要成员,事实上的有核国家和核门槛国家在中国周边构成了世界上最密集的核分布圈。这些因素汇集在一起,必然会加大对我国安全环境的压力。

三、中国周边国家政治制度及经济发展水平差距很大,民族、宗教矛盾交织,安全环境复杂

中国的周边地区也是政治制度差别很大的地区,既有社会主义国家,也有资本主义国家;既有发达国家,也有发展中国家;既有富国,也有穷国;既有老牌的经济强国,也有崛起的新兴国家。中国是亚太地区中心的大国,亚太地区是同中国安全关系最为密切的外部环境,

特别是周边国家形势同我国安全直接相关。中国邻国众多，周边国家和地区所奉行的国家安全战略和外交政策各不相同。这种复杂的周边环境对中国的安全造成了一定的不利影响。

同时，我国周边地区民族分布和构成不同，宗教信仰和文化传统各异，存在着区域内和区域间的巨大差异和复杂矛盾。这些矛盾所导致的冲突将不可避免地对我国的安全带来消极影响。而且这种影响还日益突出，因为我国是个多民族、多宗教国家，不少民族和宗教还有跨境联系。近年来，在国际战略格局变化的大背景下，我国周边地区各种极端的民族、宗教势力日益蔓延，并向我国境内渗透，这必将对我国边境地区的安全与稳定带来直接的影响。与国际反华势力相勾结、相呼应的宗教极端主义、民族分裂主义和国际恐怖主义“三股势力”的破坏活动，是对我国社会稳定和民族团结的严重威胁。

四、中国位于世界两大地缘战略区的交接处，既受其他大国关系的影响，又影响其他大国关系

目前，世界可划分为两大地缘战略区，即海洋地缘战略区和欧亚大陆地缘战略区。美国属于海洋地缘战略区，而且是世界超级海洋强国，具有全球性影响。而世界上其他强国大都集中在欧亚大陆地缘战略区，俄罗斯则位于该战略区的心脏地带。中国属于欧亚大陆地缘战略区，背靠欧亚大陆，面向浩瀚的太平洋，是连接东北亚、东南亚、南亚和中亚的枢纽，处于两大战略区的交接处。这种特殊的地缘关系，使得中国在历史上曾经遭到两大战略区强国的侵略和压迫，也使得今天的中国成为能够对两大战略区关系产生重要影响和作用的国家。

第二节　判断安全环境面临威胁的理论分析

对安全环境的分析，不仅要立足于对地缘环境等一系列客观环境的分析，而且要运用科学的理论体系，对可能对国家安全构成威胁的各种客观要素进行理性思维和全面的分析，以作出正确的判断。

所谓威胁分析，主要是对周边国家或地区客观存在的以军事行动危害本国安全的状态进行判定。一个国家在安全上所面临的威胁，有时是明确的，有时是隐蔽的，有时是现实的，有时是潜在的……因此，分析或判定威胁必须实事求是。威胁必须是客观存在的，既不能对存在的威胁视而不见，认为太平无事；也不能人为地制造威胁，无中生有，或夸大其词。前者可能导致国家的“危”或“亡”；后者可能使国家将大量的人力、物力和财力消耗在过度的备战之中，从而妨碍国家正常的经济建设和社会发展。只有对国家周边安全威胁作出客观、准确的判断，才能正确定下国防决心，合理进行国防部署，适度开展国防建设。

一、威胁的要素

任何一个周边国家对本国构成威胁，总是事出有因：既可能是历史遗留的矛盾，也可能是现实存在的冲突；既可能是社会制度的对立，也可能是经济利益的纠纷；既可能是领土争端，也可能是民族宿怨。构成威胁的原因虽然很多，但有时也有这样的情况，即存在着威胁的动因，但不存在威胁的可能。从理论上讲，凡是存在着威胁的动因，双方相互之间就构成

了威胁,可是事实上只有力量强大的一方对弱小的一方才构成实际的威胁。因此,分析威胁,除了分析其原因之外,还需要特别注意对威胁要素的分析。一般来说,构成威胁有以下三大要素:

(一)实力

实力是构成威胁的客观要素。力量强大的国家相对有较多的条件对弱国构成威胁,而弱国一般没有能力对强国构成威胁。因此,国家的强弱是能否构成威胁的实力要素。国防威胁分析就是要分析周边国家的力量要素。只有那些比自己力量强大的或相当的国家,才有可能对本国构成威胁。至于那些比自己力量弱小的国家,即使它有威胁本国的企图,也可能心有余而力不足,不敢轻易地采取威胁行动。

一个国家的实力构成是多方面的,有政治的、外交的、经济的、科技的、军事的等。就威胁实力而言,主要是指军事实力。判定一个国家的威胁实力,最主要的就是要判明其军队数量的多少,装备的强弱,训练的优劣,作风的良莠,补给的盈乏,等等。一个国家的军事实力超过了国家防御的需要,它就有力量、有可能对另一国构成威胁。但同时也应看到,政治、外交、经济、科技等方面的实力是国家军事实力的重要支撑,尤其是经济和科技实力,可以迅速转换成军事实力。因此,判定一个国家或地区的威胁实力,不仅要判明其军事实力,而且要判明其可以迅速转化为军事实力的经济、科技等战争潜力,更要判明其支撑整个军事实力的综合国力。只有这样才能作出符合客观实际的判断。

(二)企图

企图是构成威胁的主观要素,也是不可忽视的重要因素。一个国家有了强大的力量,并无侵略、扩张的野心,就不会对别国构成威胁。没有强大的力量,但一心称雄称霸,也可能对别国构成威胁。对威胁要素的分析,既要分析力量,也要分析企图,两者缺一不可。

判明威胁企图要比判断威胁实力复杂得多。一个国家的军事实力,有多少军队,多少飞机、坦克、舰船、导弹等,一般能够通过各种侦察手段大体了解。而企图有时是明朗的,有时则是隐藏的。侵略者往往最善于隐蔽企图。一些阴险的威胁企图,往往潜伏在花言巧语或甜言蜜语之中。侵略者有时作出一些友好的姿态,实际上心怀叵测。这就增加了判明企图的复杂性。然而,再隐蔽的军事威胁企图总有些端倪可见。首先,军事实力的过分强大,就反映了一种外向的企图;其次,军队模拟训练的对象和重大行动,也是一种作战意向的反映;再次,军队部署的调整是采取军事行动的前奏,说明威胁即将成为现实。此外,诸如军费的增长超出正常防卫的需要等,都是判明一个国家威胁企图的重要根据。

当然,从根本上判明一个国家的威胁企图,还应从它的政治制度和推行的对外政策方面去分析。如果这个国家是实行霸权主义、扩张主义、军国主义,推行强权政治,又有强大的实力,它就有较大的可能对别国进行侵略,从而构成不可忽视的威胁。

(三)环境、时机和方式

任何威胁行为总是在一定环境下,抓住一定时机,以一定方式表现出来的。所以,除了分析威胁的实力要素和企图要素外,还要分析这些要素生成的环境、时机和方式。

一个国家威胁他国的行为,是在一定的国际环境下生成的。在相对和平时期,任何国家威胁别国的行为,都可能受到非议,从而迫使其对威胁行径有所收敛。当一个国家的威胁企图尚未得到一定数量的盟国支持时,它的企图也可能相对隐蔽,而当这些支持得到满足时,其企图就可能明目张胆地表露出来,其行为也可能更为嚣张。这就是国际环境对威胁行为

的制约。所以，在进行威胁分析时，不能孤立地看待面临的威胁，而要将其置于国际环境之中全盘考虑，从而得出正确的判断。

一个国家威胁他国的行为，是在一定时间条件下反映出来的。此时彼时，威胁反映各不相同。一个国家总是要在它认为最好的时机实施威胁行为。如己方力量已经具备，国际环境成熟，对方出现了可乘之机，或者找到了合适的借口等。此时，威胁的企图和行动就可能显露出来。所以，在进行威胁分析时，对国际舞台上的重大事变、国际舆论的导向，对本国内部政治、经济生活运行中的重大改革或变动，以及国内舆论的反应等，都必须加以重视，分析对手可能构成威胁的时机，从而防患于未然。

一个国家威胁他国的行为，总有特定表现方式，如对别国内政的粗暴干涉、对别国边境地区的蚕食或挑衅、对争议领土的实际控制和占有、陈兵边境以武力相威胁、以经济封锁和禁运实施制裁、以发展军用高技术相威胁或者实施恐怖行动等。进行威胁分析时对威胁方式也不可忽视。研究国防也需要研究威胁的表现方式，从而使国防建设的针对性更强。

二、威胁的类型

对于威胁的类型，从不同的角度可以作出不同的划分。

从时间方面讲，可分为现实威胁与潜在威胁。现实威胁，是现实国际关系中业已存在的威胁。例如，一国对另一国敌意很浓，大兵压境；或霸占领土，无意退让；或不断寻衅闹事，蚕食扩张等。对付现实威胁是国防建设的基本着眼点。潜在威胁，是在现实中还没有构成而未来有可能构成的威胁。例如，一个国家素有称霸野心但一时尚不具备称霸的力量，或有强大的经济力量但眼下暂无匹配的军事力量等。对付潜在威胁是国防建设长远规划的着眼点。

从强度方面讲，可分为全面威胁与局部威胁。全面威胁，是指对一个国家的整体安全构成的威胁。这种威胁一般只在强国对弱国或两国势均力敌时才可能出现。国家面临的全面威胁，涉及国家根本利益，关系国家生死存亡，是国家亟须应对的头等大事。局部威胁，是指对一个国家局部地区的威胁。这种威胁一般在两个或多个国家之间因部分领土争端、边界纠纷，或是其他主权利益、经济资源等问题不能以和平方式解决时出现。局部威胁在相对和平时期经常出现，现代国防应更多地予以关注。

从重点方面讲，可分为主要威胁与次要威胁。主要威胁，是若干现实威胁中的重点威胁。当一个国家同时面临多个国家的不同威胁时，就要分析哪一国的威胁是主要威胁，从而将国防的重点针对主要威胁。次要威胁，是若干现实威胁中的非重点威胁。主要威胁与次要威胁、全面威胁与局部威胁，具有一定的关联。一般说来，现实中的全面威胁与局部威胁相比，全面威胁往往是主要威胁，局部威胁通常属于次要威胁。但当全面威胁作为主要威胁从现实中消除时，另一种主要威胁将取而代之；而次要威胁有时也可能会上升为主要威胁。

从武器方面讲，可分为核威胁与常规威胁。核威胁，是指以核武器进行的威胁。这种威胁有酿成核战争的危险。常规威胁，是指使用常规武器进行的威胁。当今世界，主权国家面临的大多是常规威胁。但是，由于科学技术的发展，经过高技术改进的常规武器，有的杀伤破坏能力不亚于小型核武器。

从手段方面讲，可分为军事威胁与综合威胁。军事威胁，是指以军事手段亦即武装入侵的手段构成的威胁。综合威胁,是指以军事手段与非军事手段相结合构成的威胁。综合威胁是同时包含军事威胁和经济威胁等的威胁。在相对和平时期,研究综合威胁对于现代国防建设具有特殊的意义。

三、威胁的转化

威胁不是一成不变的,在一定条件下它是可以转化的。因为威胁不是战争,它可以向战争转化,也可以向缓和转化。

威胁的转化是有条件的。当构成威胁的原因变化时,威胁也随之转化。如果构成威胁的原因淡化了,威胁就可能转为缓和;如果构成威胁的原因激化了,威胁就可能转化为战争。一个国家如果不是好战的话,那么它在面临威胁时,就应当尽力淡化威胁的原因,使威胁转向缓和,而不应当让威胁激化为战争。因为这样有利于创造一个良好的和平环境,使国家集中力量进行经济建设,并在此基础上加强国防,以便从容对付各种新的威胁。

淡化威胁的工作是一门高超的斗争艺术。其中包括:针对威胁加强国防建设,宣示和平愿望,外交斡旋,争取他国的有效支持,利用矛盾瓦解敌人,采取经济手段制约敌方,等等。在上述种种工作中,切实加强国防建设是最主要的,也是必不可少的。只有加强国防建设,具有应付各种威胁的防御准备,其他方面的斗争才有坚实的基础。必须说明的是,威胁的淡化并不等于威胁的消失。因为淡化了的威胁,在一定条件下还可能重新激化,所以即使威胁已经淡化,也不能放松警惕。

研究威胁的转化,还要从威胁类型的角度考虑。在一定条件下,威胁类型也是可以转化的:潜在威胁可能转化为现实威胁,现实威胁也可能转化为潜在威胁;全面威胁可能转化为局部威胁,局部威胁也可能转化为全面威胁;主要威胁可能转化为次要威胁,次要威胁也可能转化为主要威胁……研究威胁类型的转化,是威胁分析的重要方面。

威胁分析的目的是认清国家所处的安全环境,从而有针对性地加强国防建设。任何一个国家,即使是和平时期,都不能沉醉于和平麻痹的状态之中。在战争根源没有消除之前,在霸权主义、强权政治还很猖獗的世界里,绝对不能放松对战争的警惕。"天下虽安,忘战必危",古人的忠告,应当使我们时刻不忘敲响加强国防建设的警钟!

第三节　新形势下的国家安全

党的十八大以来,"我们贯彻总体国家安全观,国家安全领导体制和法治体系、战略体系、政策体系不断完善,在原则问题上寸步不让,以坚定的意志品质维护国家主权、安全、发展利益,国家安全得到全面加强"[①]。但是,我国正处于由大向强、将强未强的关键阶段,世界形势变化的复杂性、多样性,发展任务的艰巨性、繁重性世所罕见,安全问题的综合性、多变性相互交织。正如党的二十大报告指出的那样:"我国发展进入战略机遇和风险挑战并存、不确定难预料因素增多的时期,各种'黑天鹅'、'灰犀牛'事件随时可能发生。我们必须

① 习近平:《高举中国特色社会主义伟大旗帜 为全面建设社会主义现代化国家而团结奋斗——在中国共产党第二十次全国代表大会上的报告》,人民出版社2022年版,第11页。

增强忧患意识，坚持底线思维，做到居安思危、未雨绸缪，准备经受风高浪急甚至惊涛骇浪的重大考验。”①

一、国家面临的传统安全威胁依然严峻

传统安全威胁，是指“国家在传统意义上的政治、军事等领域受到的安全威胁”②。在此方面，国家安全形势依然严峻。

（一）祖国统一面临复杂严峻的形势

2008 年以来，经过两岸共同努力，开辟两岸关系和平发展道路，推动两岸关系取得了重大进展。党的十八大后，以习近平同志为核心的党中央坚持一个中国原则和“九二共识”，推动两岸关系和平发展，妥善应对台湾局势变化，有力维护台海和平稳定。但也要清楚看到，“台独”分裂势力及其分裂活动仍在损害国家主权和领土完整，破坏两岸关系，威胁着台海和平稳定。

一是“台独”势力干扰破坏两岸关系的风险变量增多。2016 年蔡英文当局上台，2020 年连任成功，其“政治反中、经济脱中、文化去中、战略制中”，不断推行“事实台独”，歪曲否定“九二共识”，公然抛出“新两国论”，纵容“急独”势力“修宪修法”；鼓吹以武力“抗中保台”，大肆采购、研制、生产、部署不对称武器装备，配合外部势力从军事上围堵祖国大陆。2024 年，台湾地区新领导人赖清德上台后，全面实施“绿恐谋独”，强推两岸“脱钩断链”，进一步恶化台海形势。2025 年 3 月 13 日，赖清德召开所谓“国安高层会议”，并在会后讲话中再度宣扬两岸“互不隶属”的分裂谬论，将大陆界定为“境外敌对势力”，再次证明他就是不折不扣的“两岸和平破坏者”“台海危机制造者”。

二是国际敌对势力的阻挠和破坏。长期以来，台湾问题一直是以美国为首的外部反华敌对势力干涉中国内政，对中国施加压力的一个战略性的筹码。冷战结束以后，它们出于各自的战略利益，仍然把台湾当作遏制中国的一个重要筹码，明里暗里怂恿支持台湾当局的“台独”倾向。从老布什、克林顿到小布什、奥巴马、特朗普、拜登，再到特朗普，美国历届总统不但没有停止过卖武器装备给台湾当局，而且不断强化美国和台湾地区军事合作，加强双方在情报共享、联合作战、训练演习等方面的协同能力。事实上，美国和台湾地区正朝着“联合演习”和“联盟作战”方向发展。2022 年美国出台的所谓“印太战略”，将台湾定位为主要区域伙伴，并提出将与区域内外伙伴一道，维护台湾海峡的“和平与稳定”，包括支持台湾提高“自卫能力”。为了阻挠和破坏中国统一，美国全方位加强与我国台湾地区关系，制定了“与台湾关系法”“台北法案”“台湾保证法”“与台湾交往法”“国防授权法”一系列法案，规定其对台湾的“保护义务”。同时，美国还拉拢日本，依据新《美日防卫合作指针》和《周边事态法》等法规，强化“保护”台湾的同盟关系。

日本出于自身的战略利益，加紧构筑和推行外向型军事战略，通过了《国际和平支援法案》和《周边事态法》，把保卫北方转向对付所谓新的“威胁”，公然把台海和南海纳入干预范围，为“台独”势力撑腰打气。而台湾当局也积极靠拢日本，加紧与日本右翼勾结。在美国的

---

① 习近平：《高举中国特色社会主义伟大旗帜 为全面建设社会主义现代化国家而团结奋斗——在中国共产党第二十次全国代表大会上的报告》，人民出版社 2022 年版，第 26 页。

② 全军军事术语管理委员会、军事科学院：《中国人民解放军军语》（全本），军事科学出版社 2011 年版，第 162 页。

支持下,日本不断插手台湾问题,发展与台湾地区实质关系,企图牵制和阻挠中国的统一进程。

台湾地区与大陆的完全统一,事关中华民族的生存与发展。解决台湾问题、实现祖国完全统一,是中国共产党矢志不渝的历史任务,是全体中华儿女的共同愿望,是实现中华民族伟大复兴的必然要求。[①] 台湾地处我国东南海域,居我国沿海岛屿中枢,扼西太平洋海上航道要冲,是我国南北两大战略海区的连接点和枢纽部;是我国跨越西太平洋第一岛链走向太平洋的战略门户,是我国集攻防于一体的战略要地和海防屏障。如果任由"台独"势力胡作非为,让台湾从我国版图分裂出去,不仅会使我国海上战略屏障顿失、战略防御纵深锐减、两大战略海区的联系被拦腰截断,而且大片海洋国土、海洋资源将被他人窃取,我国将永远被封闭在西太平洋第一岛链以内,丧失安全通达的出海口,维系国家经济发展命脉的对外贸易交通运输线将处于分裂势力与外部敌对势力的监控与威胁之下。这不仅将严重威胁国家的安全,也窒息和扼杀了中华民族复兴不可或缺的战略空间。因此,在中华民族存亡、兴衰、荣辱所系的问题上,中国人民与中国政府没有妥协余地。

新时代,"面对'台独'势力分裂活动和外部势力干涉台湾事务的严重挑衅,我们坚决开展反分裂、反干涉重大斗争,展示了我们维护国家主权和领土完整、反对'台独'的坚强决心和强大能力,进一步掌握了实现祖国完全统一的战略主动,进一步巩固了国际社会坚持一个中国的格局"[②]。2005 年 3 月 14 日,全国人大高票通过《反分裂国家法》,表明了中国人民反分裂、维护统一的坚强意志和决心。2022 年 10 月,党的二十大报告强调:"坚持贯彻新时代党解决台湾问题的总体方略,牢牢把握两岸关系主导权和主动权,坚定不移推进祖国统一大业。"2025 年 4 月 1—2 日,中国人民解放军东部战区组织战区陆军、海军、空军、火箭军等兵力,在台岛周边开展联合演训,检验部队协同作战、夺控制权、多向精打能力。这是对"台独"分裂势力的严正警告和有力遏制,是捍卫国家主权、维护国家统一的正当必要行动。国家统一、民族复兴的历史车轮滚滚向前,祖国完全统一一定要实现,也一定能够实现!

(二)海洋权益存在复杂纠纷

在我国周边安全环境中,维护海洋权益的斗争具有较大的复杂性和敏感性。由于历史的和现实的原因,我国与海上 8 个邻国均有海域划界和岛屿归属问题之争。

1.关于东海大陆架和钓鱼岛的争议

东海位于中国、日本、韩国三国之间,东西宽 150～420 海里,南北长 660 海里,总面积约 77 万平方千米。日本与中国是相向不共架国,中国大陆架一直延伸到冲绳海槽。冲绳海槽大部深度超过 1000 米,坡度很陡,形成西部大陆架和东部岛架的天然分界。根据东海大陆架的实际情况,参照《联合国海洋法公约》的有关条款和各国海域划界的实践,冲绳海槽构成了中国东海大陆架与琉球大陆架的自然分界线,因此应按大陆架自然延伸的原则,以冲绳海槽中心线为界,划分中国与日本在东海大陆架的边界。但是,日本方面却主张按东海的中间线平分划界。这样,中日间便产生了 20 多万平方千米的争议区。如果按日本的主张划界,中国在东海的大陆架范围将被拦腰截断,应归我国管辖的海域面积将减少一半。

---

① 习近平:《高举中国特色社会主义伟大旗帜 为全面建设社会主义现代化国家而团结奋斗——在中国共产党第二十次全国代表大会上的报告》,人民出版社 2022 年版,第 58 页。

② 习近平:《高举中国特色社会主义伟大旗帜 为全面建设社会主义现代化国家而团结奋斗——在中国共产党第二十次全国代表大会上的报告》,人民出版社 2022 年版,第 3～4 页。

中日在东海还存在着钓鱼岛归属问题之争。钓鱼岛群岛位于台湾东北约120海里处，由钓鱼岛、黄尾屿、赤尾屿、南小岛、北小岛及一些礁石组成。其中最大的岛屿钓鱼岛海拔360余米，面积约3.64平方千米。钓鱼岛群岛历来是中国的领土。1403年(明成祖永乐元年)以前，钓鱼岛即被中国人发现并命名。明朝嘉靖年间编制的《筹海图篇》正式把钓鱼岛划入中国的海防范围。1893年(清光绪十九年)，慈禧太后颁诏把钓鱼岛等三岛赐给当时的太常寺正卿盛宣怀。台湾政治大学国际法学研究中心研究员邵汉仪在查阅日本政府档案时也发现，日本明治政府承认中国拥有钓鱼岛。[①] 历史事实证明，钓鱼岛自古以来就是中国的领土，一直在中国政府的管辖之下。

1894年，中日战争爆发，中国战败。日本在1895年4月17日签订的《马关条约》中，逼迫清政府将钓鱼岛群岛随同台湾一起割让给了日本。1900年，日本开始称呼钓鱼诸岛为“尖阁列岛”，将其划归冲绳县管辖。第二次世界大战期间，在1943年中、美、英三国发表的《开罗宣言》中，明确指出日本用武力从中国夺去的东北、台湾、澎湖列岛等中国领土，战后必须归还中国。事实上，在1945年日本彻底战败后，我国政府随着收复台湾、澎湖列岛的同时，客观上也就收复了台湾省的附属岛屿——钓鱼岛的主权。但是，在1945年日本投降后，冲绳受美国托管，美国将我国钓鱼岛作为靶场。1971年6月，美国竟公然违背《开罗宣言》原则，把中国领土钓鱼岛群岛划入“归还区域”交给日本。日本政府马上声明对钓鱼岛群岛拥有“主权”。同年12月30日至今，中国政府不断发表声明，严正驳斥日本的无理主张，并指出，钓鱼岛群岛是中国台湾省的附属岛屿，历来属于中国。这些岛屿周围的海域及其海底资源，也属于中国所有，绝不允许任何外国染指。美日两国政府拿中国的领土钓鱼岛群岛私相授受，是侵犯中国领土主权的严重行为，是完全非法的、无效的，中国政府和中国人民绝不承认。值得注意的是，近年来美国在钓鱼岛问题上的立场进一步偏向日本，因而也成为影响钓鱼岛问题发展走向的重要因素。日本将继续把钓鱼岛问题作为军事常态化和加强军备的主要理由，长期保持其西南方向紧张态势。

2.关于南海海域及南海诸岛的争议

南海总面积约360万平方千米。南海诸岛包括东沙、西沙、中沙和南沙四大群岛，分布于南海的中心部位，扼太平洋和印度洋的咽喉，不仅地理位置非常重要，而且蕴藏着丰富的矿产和水产资源。其中南沙群岛是南海诸岛中分布面积最广、岛礁数量最多、位处最南的一组群岛。南沙群岛由230个岛屿、礁滩和沙洲组成，分布在24.4万平方千米的海域中。其中露出水面的岛屿25个，明暗礁128个，明暗沙洲77个，太平岛面积最大，约0.5平方千米。

南沙群岛历来是中国的领土。在20世纪70年代以前，南海毗邻国家对此从未提出异议。但是自发现南海蕴藏丰富的油气资源后，周边国家开始窥视这一海域，通过宣称“主权”，占领、开发或共同开发，增强海上力量，试图使南海问题国际化、复杂化。菲律宾率先于1971年抢占了南沙东部的部分岛屿和沙洲，接着，原南越政府也于1973年7月派兵占领了南海西部6个岛礁。1975年4月，越南一反承认南沙是中国领土的立场，接管了南越军队占领的岛礁，并不断扩大侵占行动。从1983年起，马来西亚先后占领了南沙南部的3个礁。随后，上述国家又单方面宣布了大陆架和200海里专属经济区范围，把南沙群岛的全部或部

---

① 《日明治政府承认中国拥有钓鱼岛》，载《参考消息》2012年5月18日第14版。

分岛礁列入自己的“版图”,并加紧在南沙海域进行资源开发,致使南沙争端日益突出。

因此,南沙群岛已形成四国五方控制的局面。其中越南侵占30个岛礁,菲律宾侵占10个岛礁,马来西亚侵占9个礁。另外,文莱也宣布对南沙的1个礁拥有“主权”,并将该礁周围3000平方千米海域划归其经济区。印度尼西亚也宣布建立200海里专属经济区,对南沙的2个礁拥有“主权”。这就使南沙问题又形成了五国六方乃至六国七方进行争议的复杂局面。

目前,南海周边邻国对南沙的军事控制进一步增强,对南沙资源的掠夺性开发明显加快。我国“岛礁被侵占、海域被瓜分、资源被掠夺、开发被阻挠”的局面远远未得到有效控制。2012年4月10日,菲律宾海军“德尔皮拉尔”号闯入黄岩岛海域,对在该海域避风停靠的12艘中国渔船进行袭扰,被赶到的中国“海监75号”“海监84号”制止。由此引发了中菲黄岩岛事件。2013年1月22日,菲律宾单方面将与我国存在争端的南海问题提交海牙国际仲裁庭裁决。2015年10月29日,在荷兰海牙的“常设仲裁法院”作出裁决,声称“有权审理菲律宾就中国南海主权争议提出的诉讼”。2016年7月12日,其作出“最终裁决”,判菲律宾“胜诉”,还宣称中国对南海海域没有“历史性所有权”。当日,《中华人民共和国外交部关于应菲律宾共和国请求建立的南海仲裁案仲裁庭所作裁决的声明》发布,明确“该裁决是无效的,没有拘束力,中国不接受、不承认”。同日,国防部发言人表示,中国军队将坚定不移地捍卫国家主权、安全和海洋利益,坚决维护地区和平稳定,应对各种威胁挑战;中国国家主席习近平2018年7月16日在会见欧洲理事会主席图斯克和欧盟委员会主席容克时强调,中国在南海的领土主权和海洋权益在任何情况下不受所谓菲律宾南海仲裁案裁决的影响,中国不接受任何基于仲裁裁决的主张和行动。

事实上,自古以来,中国就拥有对黄岩岛的领土主权,这是有着充分的历史和法理依据的。黄岩岛属于中国有六大铁证:一是中国最早发现黄岩岛。这在中国的大量历史文献中已有记载。二是中国对黄岩岛进行了长期的开发利用。三是中国最早将黄岩岛列入版图、实施主权管辖。四是一系列国际条约规定,黄岩岛不在菲律宾境内。五是长期以来菲律宾官方地图从未包括黄岩岛。六是菲律宾领土要求毫无法律依据。[①] 因此,黄岩岛属于中国这个基本事实,是谁都无法更改的。任何人妄图抢夺黄岩岛主权,不仅中国政府不答应,中国人民不答应,中国军队更不会答应。[②]

2016年,菲律宾总统杜特尔特上任后,推动独立自主的外交路线,调整对外政策,这对南海问题降温、中菲恢复友好关系起到了积极作用。但2022年小马科斯担任菲律宾总统后,不仅重启美军驻菲军事基地,还不断拓展《菲美共同防御条约》范围,与美国等国家在南海举行联合军事演习。2024年11月,菲律宾出台“宣布菲律宾共和国管辖的海洋区域法”(简称“海洋区域法”)。对此,中国外交部郑重声明:菲律宾“海洋区域法”将中国黄岩岛和南沙群岛大部分岛礁及相关海域非法纳入菲方海洋区域,妄图以国内立法形式固化南海仲裁案非法裁决。此举严重侵犯中国在南海的领土主权和海洋权益,中方对此强烈谴责和坚决反对。中方在南海的领土主权和海洋权益不因该法出台受到任何影响。

值得注意的是,美国、日本等国正在积极插手南沙事务,试图利用南沙问题挑拨我与东

① 《六大铁证:黄岩岛属于中国》,载《解放军报》2012年5月10日第4版。

② 《休想抢走中国半寸领土》,载《解放军报》2012年5月10日第4版。

盟国家的关系，并制造“中国威胁论”，对我施加“更有针对性的压力”。特别是美国，在南海实行所谓的“航行自由计划”，派军机军舰进入我南海岛礁 12 海里以内的次数逐年递增，游说个别声索国在我与东盟国家进行“南海行为准则”谈判中植入美国意图，拓展布局对华包围圈。日本也蠢蠢欲动，插手中国南海事务。

除此之外，中国在黄海与周边一些国家在海域划分上的矛盾一时还难以解决。

（三）边界争端尚未全部解决

从总体上说，中国与除印度外的周边国家陆地边界问题大多得到了解决。1997 年 11 月，中俄两国首脑签署了《中俄联合声明》，标志着中俄边界已在法律上得以划定。中国和哈萨克斯坦已签订了边界协定，解决了两国 1700 多千米的边界问题。中国分别同吉尔吉斯斯坦、塔吉克斯坦也通过签订协定，解决了边界问题。1999 年 12 月 30 日，中越两国外交部长签署了《中国和越南陆地边界条约》。至此，中越两国陆地边界存在的问题已全部解决。

对中国周边安全环境产生不利影响的边界争端主要是中印边境争端。中印边界全长约 2000 千米，分为东、中、西三段。中印两国存在大片领土争端，争议面积共达 12.5 万平方千米，大小 8 块，均在中印边界传统习惯线我方一侧。在东段争议面积约 9 万平方千米，现被印度控制；在中段，争议面积约 2000 平方千米，除个别地区外，均为印度控制；在西段，争议面积约 3.35 万平方千米，除巴里加斯地区约 450 平方千米被印军侵占外，其余在我国控制之下。2012 年 1 月，经过长期努力，中印双方正式签署《中华人民共和国政府和印度共和国政府关于建立中印边境事务磋商和协调工作机制的协定》。但是近年来，印度对我边境地区蚕食渗透不断加剧，引发的摩擦冲突频度、强度、烈度不断攀升，特别是 2020 年发生多起边境对峙事件，引起国内外广泛关注，边界争端摩擦走火的可能性严重存在。

通过对中国周边安全环境主要情况的分析可以看出，中国面临的主要威胁还是来自美国。美国不愿看到一个强大起来的中国，其采取各种手段对我国高强度打压、全方位遏制，长期在我国周边投棋布子，阻滞我国全面建设和持续发展，挑唆周边国家发动代理人战争的可能性不能排除。

二、国家面临的非传统安全威胁日趋严重

人类社会进一步向多极化、全球化和信息化转型，在传统安全领域的政治、军事和外交冲突仍然存在的情况下，恐怖主义猖獗、生态环境恶化、自然灾害频发、武器扩散加剧和跨国犯罪增多等问题日益突出，非传统安全威胁凸显，成为当今世界形势发展变化的重要特征。所谓非传统安全威胁，是指“国家在传统意义之外的能源、金融、环境、文化、信息和网络等领域受到的威胁。包括恐怖活动、网络攻击、跨国犯罪、能源危机、金融危机、重大自然灾害、重大传染性疾病、生态环境恶化及社会动荡等”①。以下重点介绍五种类型的非传统安全威胁。

一是恐怖威胁。在 21 世纪的最初 10 年中，重大恐怖袭击事件相继发生，呈现出国际恐怖主义的一些新动向：本土恐怖威胁国际化和国际恐怖威胁本土化恶性互动，小规模、低成

① 全军军事术语管理委员会、军事科学院：《中国人民解放军军语》（全本），军事科学出版社 2011 年版，第 17 页。

本、"刀刀见血"的"微恐怖主义"兴起,网络恐怖给国际安全造成越来越大的危害,海盗成为威胁国际安全的顽疾……这些,正在使国际社会加强协调,加强反恐合作,调整反恐策略。我国周边区域是国际恐怖主义的重灾区。目前,中东、南亚和东南亚是世界上恐怖活动最严重的地区,已经沿我国周边形成了一条危险的动荡地带。其中,民族分裂主义、宗教极端主义及暴力恐怖主义"三股恶势力"合流,恐怖破坏活动最为猖獗,威胁最大。近年来,虽然我国新疆、西藏等边疆地区大局总体稳定,但暂时蛰伏的分裂暴恐势力蠢蠢欲动,一有风吹草动就会卷土重来,加之美国等西方反华势力极力将恐怖主义祸水东引,对我国领土完整和边疆稳定造成了直接威胁和挑战。

二是跨国犯罪。跨国犯罪问题在我国呈现上升趋势,如毒品走私、洗钱、商品走私、非法移民等。每年我国都要查获大量的海洛因,逮捕毒品犯罪嫌疑人数千人,目前国内登记在册的吸毒人数已达到100多万人。毒品活动往往与恐怖主义、国际洗钱等问题交织在一起,进而引起非传统安全问题的连锁反应和放大效应。

三是大规模杀伤性武器扩散。大规模杀伤性武器扩散极易造成国际政治环境不稳定,也对我国构成日益严重的潜在威胁。周边国家核力量发展势头对我国带来的危害不可低估。如果越来越多的国家拥有大规模杀伤性武器技术,又没有有效的国际防扩散机制制约,扩散的可能性就会增加,周边威胁因素就会增多。

四是重大传染性疾病。目前,重大传染性疾病已对国家和国际社会安全构成严重威胁。2002年底至2003年的SARS(严重急性呼吸综合征)事件,带来全球性传染病疫潮,给中国和相关国家人民的生产生活造成了严重影响。2020年暴发的新冠疫情,更是近百年来人类遭遇的影响范围最广的全球性大流行病,也是新中国成立以来我国遭遇的传播速度最快、感染范围最广、防控难度最大的重大突发公共卫生事件。面对这种突如其来的重大传染性疾病,各国迫切需要秉持人类命运共同体理念,齐心协力、守望相助,战胜疫情,共同构建人类卫生健康共同体。

五是战略通道和海外利益安全问题。中国的经济发展离不开战略通道安全,能源资源和货物贸易八成需要通过海运完成,全世界现有的16个海上要道均与我国海外利益密切相关。随着我国全方位对外开放不断扩大,国家利益不断拓展,形成了重大海外利益格局。截至2020年末,我国在外各类劳务人员约62.3万人,国家对外直接投资规模首次居全球第一,存量保持全球第三。境外中资企业从2012年末的近2.2万家增加到2022年的4.5万多家。海外利益越多,安全威胁越大。有的国家以国家安全为名,对我国企业和机构滥用外资审查、出口管制和制裁措施,损害我国公民和机构的正当权益;"一带一路"参与国中,部分国家仍有战乱或社会动乱,严重威胁我国公民、机构和投资在这些国家的安全,海外安全保障已成为必须解决的一个重大问题。①

非传统安全威胁与传统安全威胁同属国家安全的威胁,两者既密切关联,又有本质区别。一定条件下,非传统安全威胁随着情况的发展变化往往转化为传统安全威胁;一些传统安全威胁,有时也表现为非传统安全威胁的形式。非传统安全威胁作为新的安全威胁要素,已渗透到我国社会的各个领域,对国家安全产生了直接、重大而深远的影响。非传统安全威胁不仅涉及对国家安全的新探索,而且也将促使我们寻求维护国家安全的新途径。

① 中央军委政治工作部宣传局:《军营理论热点怎么看·2023》,解放军出版社2023年版,第49页。

第四节　新兴领域的国家安全

什么是新兴领域？按照2001年版《新华字典》的解释，“新兴”是指刚刚兴起。“领域”，一是指国家行使主权的区域；二是指社会生活中的某种范围，如生产领域等。对于国家安全而言，领域更多的应指第一种解释。仅从字面上看，可以认为：新兴领域是指刚刚兴起的、国家可以行使主权的领域。但这仅仅是对新兴领域一般属性的揭示，作为与国家安全密切相关的新兴领域，还应具有三大特征：一是高技术性，即主导乃至形成新兴领域的主体技术代表当今时代最先进的技术水平；二是战略影响性，即该领域对于国家安全具有重要影响；三是相对独立性，即这一领域与其他领域有比较清晰的界限，不能模糊或相互交融。只有同时满足这三大特征，才能称得上新兴领域。至于新兴领域包括哪些领域，目前学术界解释不一。基于上述三个特征的分析，可以认为，太空、网络、深海、生态、极地、监控空间以及人工智能等属于新兴领域。鉴于不同的新兴领域发展的成熟度不同，本章主要探讨以下领域的安全问题。

一、太空安全

太空蕴藏着丰富的轨道、真空、微重力、太阳能和天体等战略资源，正成为世界大国综合国力新的增长点。政治上，由于航天事业技术密集，花费高昂，影响巨大，其水平与规模已经成为国家实力和地位的象征。经济上，开发利用外空资源，发展航天产业，可弥补本国资源之不足，形成新的经济增长点；还可推动优化国家经济结构，促进国家经济建设转型升级。军事上，太空信息系统的应用已经成为诸军兵种力量的倍增器、黏合剂和桥梁纽带，太空攻防力量不但可以破解敌作战体系、维护核威慑的可靠性，而且能成为新的威慑手段。科技上，航天技术是一个高新精尖技术群，具有突出的创新性、辐射性、引领性，其开发利用将极大地带动国家新兴学科和技术的发展。因此，太空国际竞争愈演愈烈。自20世纪50年代起，美、苏两个超级大国就拉开了太空军备竞赛的序幕。近年来，美国为寻求扩大太空优势，俄罗斯为保住太空大国地位，日本、印度、欧盟等为拥有太空一席之地，展开激烈竞争。其争夺焦点在于太空稀有资源、太空军事优势以及太空规制主导权。

进入21世纪以来，我国家利益呈全方位快速拓展态势。太空作为世界最大的公共空域，已经成为我国家利益延伸的重要方向和领域，我国政治、经济、军事、科技活动和人民生活已经须臾不能离开太空系统的支撑和保障。与此同时，我国面临的太空安全威胁却渐趋严峻。随着太空战技术的进步，公开或隐蔽地攻击太空设施可能成为少数大国对我国实施干预威胁的手段；一些国家和地区大力发展导弹防御系统，企图在我国周边竖起“导弹屏障”，使我弹道导弹突防面临严峻威胁；境外敌对势力也可能通过信号干扰和转接等技术，干扰和破坏北斗卫星、通信卫星、电视转播卫星等太空设施，或插播非法宣传信号等，扰乱社会秩序。

根据新《国家安全法》的规定，我国坚持和平探索和利用外层空间，增强在太空安全进出、科学考察、开发利用的能力，加强国际合作，维护我国在外层空间的活动、资产和其他利益的安全。为此，我国应不断强化太空安全意识，大力加强太空战略力量建设，积极开展太空军事斗争准备，有效防范和应对太空威胁挑战，维护国家太空安全与发展利益。

二、网络安全

网络空间融入陆海空天，沟通虚拟世界与现实生活，近年来安全热点频出，已经成为国家、集团，甚至一些组织和个人达成政治经济军事目的的重要手段，对国家安全具有十分重要的影响。

首先，网络空间是世界强国竞相争夺的战略制高点，已成为影响国家安全的全新疆域。随着网络技术的快速进步及其在社会领域的广泛应用，网络空间已渗透至攸关国家安全的各个领域，构成国家主权的重要组成部分，国家的政府管理、经济运行、基础设施和个人生活将全面网络化，大规模网络攻击产生的危害不亚于核打击。世界主要国家围绕网络空间发展权和控制权展开激烈角逐。美国相继出台有关网络空间安全的国家战略，把网络空间安全视为21世纪面临的最严重安全威胁，声称要像拥有核优势那样拥有对网络空间的完全控制。英法德日等国将网络空间安全提升至国家战略层面，加紧构建网络空间新格局。

其次，网络空间是敌对势力渗透破坏的重要渠道，已成为维护社会稳定的全新舞台。网络空间的作战行动既可以对军事目标发动攻击，更可以对民用关键基础设施如金融、电力、交通等实施瘫痪攻击，而且难以防范。我国信息技术的自主创新能力还不足，网络核心技术和关键设备主要来自国外，使用的核心芯片90%以上是国外制造，系统软件80%是国外开发，而在出口信息技术产品中设置“陷阱”和“后门”是西方国家的通行做法。这一现状，严重威胁着我国重要行业安全，影响社会秩序和经济发展稳定运行。当前，美国正在全球主导一场利用网络颠覆主权国家政权的意识形态斗争，强力推行西方价值观，将我国作为“网络头号对手”，加紧实施西化分化。同时，民族分裂、宗教极端、恐怖暴力等境内外敌对势力也越来越多地利用信息技术手段进行组织勾连，散布谣言、恶意炒作，煽动闹事，通过网络空间对我国从事破坏和颠覆活动。一些社会矛盾和问题通过网络空间凸显和放大，导致群体性事件频发，严重威胁社会稳定。

再次，网络空间是陆海空天传统空间的延伸拓展，已成为信息化条件下的全新战场。未来信息化战争不仅是有形战场的生死较量，也是无形战场的博弈，网络空间的对抗将拉开战争序幕并贯穿战争全过程，是融合政治、外交、经济、军事和舆论斗争的特殊战场。我军基于信息系统的体系作战能力，核心支撑是网络空间。网络空间与传统的作战空间有机融合、相互作用和影响，扩大了战场空间，模糊了平战界限，催生了崭新形态的网络空间作战。网络空间的优势将成为制海权、制空权和制信息权的核心。一旦网络空间遭到破坏，有可能陷入指挥失灵、协同失调、武器失控的被动局面。加快提高网络空间对抗能力，是军事斗争准备面临的紧迫任务。

面对来自网络空间的威胁与挑战，我们要进一步解放思想，以更宽阔的战略眼光审视战争形态的深刻变化，牢固确立加快转变战斗力生成模式的理念，将网络空间对抗能力作为体系作战能力的关键要素来抓；确立网络战略力量是新型战斗力的理念，着力构建侦察、进攻、防御、控制相结合的力量体系；确立技术是重要制胜因素的理念，在突破新技术、研发新手段上高敌一筹、先敌一步。同时，国家应建设网络与信息安全保障体系，提升网络与信息安全保护能力，加强网络和信息技术的创新研究和开发应用，实现网络和信息核心技术、关键基础设施和重要领域信息系统及数据的安全可控；加强网络管理，防范、制止和依法惩治网络

攻击、网络入侵、网络窃密、散布违法有害信息等网络违法犯罪行为，维护国家网络空间主权、安全和发展利益。

三、深海安全

深海[①]一直是海洋国家努力探索和开发的一个重要领域。由于地球表面的71%是海洋，而且大多是深度超过500米的深海，因而深海空间广大，蕴藏着人类可持续发展所必需的资源，且难以探测和驾驭，具有较强的军事价值。近年来，随着深海开发技术的快速发展，人类利用深海的自由度更大，深海在国家安全和发展中的地位越来越重要，在未来战争中的作用也将越来越显著。

首先，深海是未来战争特别是海上战争的"制高点"。相对于陆地和浅海，深海具有明显的优势。一是隐蔽性。这种隐蔽性是天然的，目前的侦察手段难以对处在深海中的目标进行捕捉。深海兵力可利用这种隐蔽性，从不易被察觉的海底发起攻击，达成作战的突然性，收到意想不到的效果。二是广域性。根据联合国海洋法公约，深海大多位于公海，四通八达，没有国界之分，也没有地形的障碍，深海的作战装备可以到处机动，使敌人难以跟踪防护。三是高技术性。深海的开发和利用是建立在先进技术基础之上的，不是所有的国家都可以生产和制造深海的武器装备，只有拥有雄厚深海探测、开发、利用技术的国家才拥有自由进出深海的权利。深海的这三种特性决定了深海在未来的战争中拥有自身的优势，对国家安全将产生重大影响。

其次，深海是海洋大国战略博弈的重要领域。近些年来，世界大国对深海的争夺更趋激烈，特别是海洋强国纷纷通过制定海洋战略来争取国际公海和深海斗争的主动权。美国海军依据《美国海洋行动计划》《21世纪海洋蓝图》等海洋法规重新修订了关于深海军事行动和作战的相关条令，进一步明确了海军战略中深海控制作战的地位和作用。日本海上自卫队按照"海洋立国"的新战略，制定了重在夺取并控制利用海洋资源的深海军事行动和作战的具体措施。欧盟主要国家根据欧盟委员会的《21世纪海洋开发科技发展战略规划》等法律文件，纷纷制定本国海军迎接未来挑战的深海战略。这些战略不仅对未来深海的军事技术开发进行了规划，制定了路线图，而且以军事需求的方式对深海技术的应用提供了强有力的牵引，对深海军事化的进程产生深远影响。

再次，深海是争夺近海主导权的突破口。近海是海洋法公约赋予邻海国家的主权和权益范围，也是最容易引发武装冲突的区域。近海作战的优势体现在可依托本国的陆地做掩护，可依靠近岸的基地做保障。但是面对拥有强大海上优势的敌人，近海的这些优势都会打折扣，如敌在远离海岸的地方实施非接触打击，而陆上力量和近海力量难以对敌远距离目标构成威胁，就可能造成"敌可以打到我，我却无法攻击敌"的被动局面，将近海作战的主导权让渡于敌人。

随着深海军事价值的不断提高和海洋开发技术的创新突破，深海军事化步伐正在加快，深海装备的军事能力不断增强。为了保障国家安全，抢占未来海战的战略主动权，应以建设

① 目前国际上对深海的划分标准是500米，水深小于500米为浅海，大于500米为深海。还有一种看法认为，大陆架水深200米至数千米水深的海域都称为深海。据统计，全球水深大于300米的深海面积占海洋总面积的88%。

海洋强国战略目标为依据,科学制定深海的军事发展目标,尽快形成深海的战略能力。一是在国家技术发展战略中融入军事要素,尽快促使深海技术能力向军事能力转移。形成良性互动的机制,融军事需求于深海科技发展战略之中;制定深海长期发展战略时,同步制定配套的军事能力开发战略;确立重大工程项目时,把军事功效作为一个主要衡量标准;经费预算要预留军事能力转化费用。二是密切跟踪世界军事强国的深海技术发展动态,提前预研和技术预储相结合,确保深海技术发展的先进地位。瞄准我国深海技术的薄弱环节,深入开发关键技术研究,特别是军用技术、前沿技术、共性技术以及基础性技术的攻关,力求在一些重点领域有所突破,提高我国深海技术的自主创新能力。三是突破重大技术瓶颈,推进建立水下战略预警系统。"水下建设不行,一定意义上也是有海无防。"必须加快推进重要的港口、航道的相关建设,抓好水下侦察预警技术突破,推进海洋基础理论建设,加快技术研发与储备。四是加强深海军事斗争理论研究,为技术发展提供需求牵引,为军事斗争提供理论指导。要探讨未来深海军事斗争形势、深海作战样式、深海作战对海洋控制权的影响等,牵引深海战略力量建设,并为未来运用提供正确指导。

四、生态安全

生态安全,是指"生态环境不受破坏与威胁,处于能够适应国家经济和社会持续发展需要的状态"①。生态是人类生存和发展的基础,生态安全一旦遭到破坏,不仅影响经济的持续发展,而且直接威胁人们的基本生存条件,给社会发展带来难以估量的损失。因此,生态安全在国家安全大局中占有重要地位,是军事安全、政治安全、经济安全等其他安全的环境条件。

近现代工业革命以来,人类活动对生态环境的破坏日益加剧。人类使用自然资源的速度大大超过了可更新资源(生物)的再生速度和不可更新资源(矿物)的储备速度;人类向生态环境排放废物的速度,也大大超过了生态环境吸收和消化这些废物的速度;人类影响生态环境的方式改变了,影响构成生态环境的基本要素——水、土壤、空气,然后再通过它们影响其他资源。这些破坏最终的结果使人类自身的健康水平和生存环境恶化,甚至危及人类的生存。人类面临的生态威胁日益严重:森林破坏加剧,土地资源丧失,淡水资源匮乏,大气质量恶化,等等。

生态安全问题已受到越来越多国家和国际组织的重视。为了保护生态环境、维护生态安全,应以积极的态度,采取各种有效的环境保护和治理措施:一是加强宣传教育,提高全民的环境保护意识;二是建立统一、集中的公害防治体制,采取经济、管理和工程技术相结合的综合防护措施;三是倡导新的生产和生活方式,从源头入手减少或消除人类活动对生态环境的消极影响;四是制定和完善相关法案,加强国际合作。根据《中华人民共和国国家安全法》的规定,我国完善生态环境保护制度体系,加大生态建设和环境保护力度,划定生态保护红线,强化生态风险的预警和防控,妥善处置突发环境事件,保障人民赖以生存发展的大气、水、土壤等自然环境和条件不受威胁和破坏,促进人与自然和谐发展。

---

① 《中国军事百科全书(第二版)学科分册·国防发展战略》,中国大百科出版社 2008 年版,第 97 页。

思考题

1.如何理解中国地缘环境的基本情况?

2.我国面临的传统安全威胁主要存在哪些问题?

3.我国面临的非传统安全威胁主要存在哪些问题?

4.新兴领域的国家安全主要包括哪些内容?

第十三章
国际战略形势与国际战略格局

国际战略形势与国际战略格局是研究判断国际安全局势的两个重要命题,它们既有各自的研究范畴,又紧密关联,互为印证。要把握当前的国际形势,必须深入研究当前世界所处的格局状态;反之,要预测国际格局的发展趋势,也必须对当前国际形势的现状有深刻的理解和把握。本章主要介绍国际战略形势与国际战略格局的基本含义及其相互关系、国际战略格局演变的动因与规律性特点、国际战略形势现状及其发展趋势、世界主要国家战略动向等内容。

第一节　国际战略形势与国际战略格局概述

一、国际战略形势与国际战略格局的基本含义

(一)战略形势与国际战略形势

战略形势,是指战争双方在一定时期内形成的总体上的强弱、攻守等情况的综合态势。[①] 战略形势的形成,既受战争双方物质和精神条件的制约,又受战略指导者驾驭战争能力的影响。战略指导者正确分析战略形势,科学预见其可能的发展,正确确定战略方针,合理规定战略任务,采取相应的作战形式,因势利导,可使战略形势向着有利于己、不利于敌的方向发展。反之,对战略形势分析不足、判断不准,就可能作出错误的决策,导致战略形势向不利于己的方向发展。在信息化条件下,应充分发挥高新技术的优势,全面、准确、迅速地获得各种相关信息,从中精心筛选,为正确分析战略形势提供可靠依据。

国际战略形势,专指一定时期内世界各主要国家、政治集团在矛盾、斗争或合作、共处中的全局状况和总体趋势。它也是影响国际战略格局的客观情况和条件的统称,是敌对双方在一定时期或阶段军事、政治、经济、外交等形势的综合体现,包括武装力量的对比、经济实力的强弱、地缘条件的利弊、战略空间的广狭、战略地域的盈缩、国内人心的向背、国际援助的多寡等。在国防活动中,进行战略决策、定下战略决心,应当以国际战略形势为前提和依据。

(二)战略格局与国际战略格局

战略格局,是指“各种战略力量之间在一定历史时期相互作用所形成的结构和局势”[②]。它是战略形势中最基本的特征,也是把握军事斗争的基本观察点。战略格局的发展变化是

---

① 全军军事术语管理委员会、军事科学院:《中国人民解放军军语》(全本),军事科学出版社2011年版,第54页。

② 《中国军事百科全书·战略》,中国大百科全书出版社2014年第2版,第472页。

制定战略的主要依据，是影响战略推行和演变的重要因素，从一个国家内部到一个地区，乃至整个世界，只要有全局性的军事力量结构，就有战略格局。

国际战略格局，专指国际社会中国际战略力量之间在一定历史时期内相互联系、相互作用而形成的具有全球性的、相对稳定的力量对比结构及基本态势。

（三）国际战略形势与国际战略格局的关系

国际战略格局的形成，是国际斗争和国际战略运作的结果。通常情况下，国际战略格局是国际战略形势的核心内容，也是国际战略形势发展演变的结果；而国际战略格局一经产生，又会对国际战略形势产生直接影响。两者相比，国际战略格局具有一定的稳定性，而国际战略形势则更具有变动性。随着国际战略形势的发展，国际战略格局赖以存在的环境和条件将逐渐发生变化，由此导致既有国际战略格局的演变，当这种演变由量变达到质变时，便会形成新的国际战略格局。因此，要想从整体上把握国际战略形势的基本情况和基本走势，揭示国际斗争的一般规律，就必须注重研究国际战略格局问题。

二、国际战略格局的构成要素

国际战略格局作为国际斗争的直接产物和国际战略运用的必然结果，其构成要素是国际战略力量，而不是一般意义上的国际行为主体。国际战略力量是指在国际关系中能够独立地发挥作用，并对国际形势及国际战略的运用和发展具有巨大影响的国家或国家集团。国际行为主体，亦称国际关系行为主体，是指能够独立参与国际事务，并能独立行使国际权利、承担国际责任与义务的实体。在国际舞台上，存在着众多国际行为主体，主要分为两大类，即国家行为主体与非国家行为主体。前者即主权国家，后者有国际组织、跨国公司、国际性政党、国际性运动和国际性宗教等。国际战略力量与一般国际行为主体的主要区别，在于其行为能力或对国际战略影响力的不同。任何国家或政治、经济实体，只要它在国际事务中具有独立的行为能力，就可以构成为国际行为主体，就可以成为一般国际政治要素。但一个国际行为主体，只有当它的行为能力达到一定的程度，能对国际战略的形成和发展，对其他行为主体产生重大影响时，才能成为一种国际战略力量，并成为国际战略格局的构成要素。

国际战略力量的行为能力与其所拥有的政治、经济、军事实力或综合国力紧密相关。一个国家的力量或一个国家集团的力量，是由多种力量要素构成的：一是政治力量，主要有政治稳定力、政治组织（协调）力、政治影响（号召）力；二是经济力量，主要有生产力、经济开发力、经济资源配置（利用）力及其储备力等；三是军事力量，主要有常备军力、后备军力、动员力等；四是科技力量，主要有科技发展力、科技成果应用转化力、科技创造发明力等；五是社会文化力量，主要有社会凝聚力、社会文明影响力、历史传统继承和发扬力等。这些要素，虽然各有其不同的作用和影响，但只有各个要素构成整体，充分发挥综合影响力，才能真正构成国际战略力量，并对国际战略格局产生应有的影响。正因为如此，当今世界各主要国家和国家集团，都很强调发展综合国力，或“综合集团力”，积极创造参与国际竞争的有利条件，以利于夺取战略优势。

在当今国际战略舞台上，能够成其为国际战略力量，并进而成其为国际战略格局的基本要素的是大国和国家集团。所谓大国，一般指那些幅员辽阔，人口众多，拥有较强的经济、科技和军事实力，对国际事务和地区事务能够施加巨大影响的国家。国家集团则是若干国家力量的“集合”，因而它往往比单个国家力量要强大得多。国家集团通常以建立某种国际同盟关系的方式确定,如第二次世界大战后所建立的“北约”和“华约”两个政治、军事集团组织,就是当时世界上的两大国家集团。大国和国家集团在国际战略格局形成与发展的过程中发挥着重要作用。在国家集团尚未出现之前,一些大国所建立起来的国际体系,决定着一定时期的国际战略格局。在新旧格局交替的过渡时期,大国和国家集团,乃是推动新的国际战略格局加速形成的重要力量,也是未来新格局得以建立的基本构成要素。正确认识这一要素的发展变化,对于恰当地把握今后国际战略格局的演进趋向,无疑是十分重要的。

三、国际战略格局的本质

在当今国际战略舞台上,国家与国家之间的关系,最本质的是它们之间的力量对比关系。因此,国际战略格局本质上就是一种国际战略力量的对比关系。

国际战略力量对比是国际战略力量之间的一种实力对比,以及由此而派生的影响力对比。因此,在考察各种战略力量时,不仅要考察它们本身所具有的实力地位,而且要考察它们在国际事务中实际发挥的作用和影响力。只有把这些因素联系起来加以分析,才能确定哪些是主导性力量,哪些是从属性力量,哪些仅仅是潜在性力量,从而形成正确的战略判断。例如,在第一次世界大战以前,美国已经成为资本主义列强中经济实力最强大的国家,但是由于它对外奉行孤立主义政策,因而并未成为全球性大国,其参与国际事务的行为能力和影响力反而不如当时的英、法、德、俄等国,所以在当时的国际战略格局中并不占据主导地位。第二次世界大战后的冷战时期,经过一段时间经济复苏和建设,西欧的英、法、德、意等国在经济、军事实力等方面均居欧洲其他国家前列,在世界上也仍有一定的影响力,英、法两国还是联合国安理会常任理事国。但是作为单独的国家,它们谁也不能成为独立的国际战略力量,因而只有在“北约”集团内发挥相应的作用,并在很大程度上受到美国的控制和制约。这种状况也决定了它们在两极格局中只能是处于从属地位。

四、国际战略格局的结构类型

国际战略格局的结构是指它所表现出的基本形态。它是包括国际政治、经济、军事关系在内的国际战略关系的表现形式,是国际战略力量对比的结构形态。区分国际战略格局的不同类型,主要应当依据格局的内部结构和外在形态。所谓内部结构,是指构成一定格局的战略力量的特征,以及各种力量之间相互组合的状况。所谓外在形态,是指战略力量之间相互作用的形式与存在状态。根据组成国际战略格局的主要战略力量——“极”的数量,可把国际战略格局分为单极格局、两极格局、多极格局和多元交叉格局。能够称得上“极”的战略力量,必须是在国际社会中具有突出地位和全球性影响,能够参与主宰国际事务的国家或国家集团。

(一)单极格局

单极格局,即某一个大国在国际战略格局中占据主导地位,形成一国独霸的局面。这种情形在历史上曾经出现过,如资本主义初期的西班牙、荷兰和英国,都曾有过独霸世界的历史。英国的世界霸权地位甚至维系了近200年。当然,这种格局状态是资本主义刚刚形成时期的特定产物。这个时期,由于资本主义刚刚在局部地区出现,近现代意义上的国际社会正在逐步形成,因而资本主义发展最早的国家,往往能够确立独霸地位,但这种霸权在很大程度上局限于欧洲地区,真正的世界霸权并未建立起来。

（二）两极格局

两极格局，即两大战略力量之间的相互对立和相互斗争，对整个国际事务起着决定性影响的局面。这种类型的格局在历史上曾多次出现过。第一次世界大战期间的同盟国和协约国，第二次世界大战期间的法西斯轴心国和反法西斯同盟国，战后初期的社会主义和资本主义两大阵营以及随后的美苏两极对抗，都是历史上的两极格局。从中可以看出，“两极”主要是两大对立的国家集团，而不完全是两个国家之间或某个国家单独与另一个国家集团之间的对立。同时，在两极之外总有不从属于两大集团的其他国家存在。第一次世界大战前的两大集团之外有美国和日本，第二次世界大战期间也存在一些没有卷入战争的国家，战后初期则存在着广大的“中间地带”国家。当然，以上所分析的两极格局，除了冷战时期两个超级大国和两大政治军事集团的对抗具有较典型的两极特征并延续了较长时间外，其他都是在新旧格局过渡时期形成的具有一定特殊性的两极体制。

（三）多极格局

多极格局，即多种战略力量既相对独立又相互联系、既相互合作又相互制约而形成的一种相对平衡的战略关系。在多极格局中，作为格局构成要素的战略力量，可以是单个的国家，也可以是国家集团。这种格局类型在20世纪70年代以后已见端倪，即中、美、苏、日、西欧和第三世界这六大力量的竞相发展。冷战结束后，多极化趋势呈现出更加强劲的发展势头。

（四）多元交叉格局

多元交叉格局，是一种由两极向多极，或由多极向两极的过渡性格局。在这种格局状态下，一方面存在着两大战略力量或多种战略力量之间的对立，这是格局的主导方面；同时也存在着独立于上述力量之外的其他战略力量。这些战略力量既在一定程度上受到现有格局中的支配力量的影响，又能够在国际事务中发挥自身的独特作用，从而构成国际战略格局中潜在的一极。冷战结束后，在向多极格局的过渡时期，多元交叉格局表现得更为明显。

第二节　国际战略格局演变的动因与规律性特点

一、国际战略格局演变的动因与过程

任何事物的发展都是内部矛盾运动直接影响的结果。国际战略格局的演变同样如此，揭示格局演变的动因和过程，将有助于我们更深刻地认识其规律性特点。

（一）国际战略格局的演变，从根本上说，是决定这种格局的国际战略力量及其相互关系的重大改变

战略格局只是反映战略力量存在方式的客观状态，是这种力量相互作用、相互影响的必然结果。当国际战略力量的存在方式以及各种力量的相互关系发生急剧变化时，国际战略格局的演变便难以避免。旧的战略力量的衰落和消失，造成了旧格局的崩塌，新生战略力量的崛起和发展，则奠定了新格局确立的基础，新旧格局的不断交替，正是国际战略格局演变的基本特征。

(二)国际战略格局的演变,是内外部因素共同作用的结果

从外部情况看,国际政治、经济、科技、军事等因素,都会对国际战略格局的演变产生直接影响。而时代因素更是牵动国际战略格局变化的重要因素。这里所说的时代是指“政治时代”,即世界主要矛盾及其斗争在一定历史时期和阶段上的集中反映。时代的发展尤其是时代主题的变化,不仅决定着国际关系和国际战略的基本特征,而且制约着国际战略格局的演进趋向。

从内部情况看,促使国际战略格局演变的内在动因,归结起来主要有以下几个方面:由国家内部的经济、政治和文化传统因素决定的各主要国家间的政治体制和经济实力的差别;各主要国家之间意识形态和对外政策的差别;由上述两点所决定的各主要战略力量之间的政治斗争和综合实力对比的不平衡;由这种斗争和不平衡所导致的国家和集团利益的冲突,以及因这种冲突的扩大而导致各战略力量之间力量对比关系的原有状态被打破。值得指出的是,作为国际战略力量主体的某些国家和国家集团,其自身政治、经济、军事等方面情况的变化,不仅会影响到它们在格局中所处的地位,而且关系着格局的存亡。英国的衰落和苏联的解体,都是导致旧格局瓦解的重要动因。

(三)国际战略格局演变的过程反映了国际战略力量之间的矛盾和斗争的发展过程

旧格局的解体,是旧的矛盾和斗争完结的标志,而新格局的形成,则又会成为新的矛盾和斗争的开端。如此循环往复,推动着国际战略格局的不断演进。其间,具有世界性影响的大国或国家集团,对于格局的演变起着举足轻重的作用。当代,一方面,随着占世界国家总数 90%的中小国家以联合的力量参与国际事务的势头日益增强,它们对国际战略格局的演变必将会产生越来越大的作用和影响。另一方面,守成大国与新兴大国的矛盾加剧。纵观国际关系演变史,新兴大国发展崛起往往要遭到守成大国的遏制。据统计,欧洲中世纪 100 多场战争中,崛起大国与守成大国之间发生的战争占半数以上。有研究表明,15 世纪以来崛起大国与守成大国矛盾激化的案例有 16 例,其中发生战争的就有 12 例。第二次世界大战结束后,人类深刻吸取战争的惨痛教训,世界总体保持了和平态势,但大国之间的博弈角斗始终存在,斗争的方式也更加多元多样。历史和现实都告诉我们,大国崛起绝不可能一帆风顺,守成大国不会坐视新兴大国崛起,新兴国家发展壮大必然充满各种风险挑战,高承压、高风险是绕不过的坎。

二、国际战略格局演变的规律性特点

同世界上的任何事物一样,国际战略格局的演变也有其自身的规律性特点。综观国际战略格局的发展史,在其演变过程中,既有必然性,也有一定的偶然性;既有量变的积累,也有质变的飞跃;既有渐进方式,也有突变方式。循着这些规律性特点,我们可以更深入地了解格局演变内在的矛盾运动,从而更好地把握其本质特征。

(一)国际战略格局演变的必然性和偶然性关系

国际战略格局演变的必然性反映了格局发展的一般规律。也就是说,在一定的历史时期和一定的客观条件下,相关的国际战略力量,特别是主要战略力量一旦建立起某种程度的平衡,在国际关系上出现了相对稳定的局面,就必然会形成一定的国际战略格局。当各种战略力量之间的矛盾和斗争发展到一定程度时,原有的平衡关系被打破,旧的战略格局也必然

会相应地解体。新旧格局的转换通常要经历一个较长的过渡时期,随着各战略力量之间新的平衡关系的逐步建立,也就相应形成了新的格局。国际战略格局演变的这种必然性,是不以人们的意志为转移的。任何一种格局形态都不可能永久地保持下去。新格局或迟或早总是要代替旧格局,以此循环往复。这就是格局演变的基本规律。

偶然性因素在国际战略格局演变中也发挥着重要作用。决定国际战略格局演变的是具有世界性影响的战略力量。但在不同的历史时期,这些战略力量具体表现为哪些国家或国家集团,有的事先是难以料定的,因而具有一定的偶然性。旧格局或迟或早都要被打破,这是格局内部矛盾运动和外部因素影响的必然结果。但历史上有的格局解体,具有明显的突变性特征。20 世纪 90 年代初的两极格局被打破,苏联解体这个相当偶然的突发事件,就起到了决定性作用。当然,偶然性寓于必然性之中,只要认真考察便可发现苏联解体本身有其历史必然性,但将这个事件放在国际战略格局演变的过程中来考察,它又具有一定的偶然性特征。

(二)国际战略格局演变的量变到质变过程

国际战略格局的演变是一个由量变到质变的过程。任何一种格局形成之后,各种战略力量之间都会产生新的矛盾和斗争。通过建立均势而在一定的格局中占据主导地位的国家或国家集团,在新的利益需求的驱使下,总是试图打破已有的平衡,使自己谋求更有利的地位。而那些新崛起的国家或国家集团,则极力寻求改变现有的国际秩序,通过打破旧格局来实现自身的最大战略利益。由此产生的矛盾和斗争,既是尖锐的,同时又是长期而复杂的。每一次斗争都是一种量的积累,都会对旧格局带来相应的冲击,并促使其发生部分的质变。当上述矛盾和斗争发展到一定程度,各种战略力量消长变化具备了一定条件,也就是说事物的量变达到了相应的临界点,量变就会引起质的飞跃,新旧格局的转换便随之发生和发展。历史上的国际战略格局变迁,无不经历这样一个过程。

(三)国际战略格局演变的渐变和突变方式

国际战略格局的演变存在着渐变和突变两种方式。渐变是格局的局部性变化,是量变中的部分质变,是旧格局逐步向新格局转化的具体表现。突变是格局的全面性变化,是在量变的基础上实现的质的飞跃,它标志着旧格局的终结和新旧格局交替的开始。渐变是格局转换的必要准备,突变则是一定阶段上格局演变的最终完成。就突变的方式而言,一般情况下是通过战争方式表现出来的,新格局往往是战争的直接产物。例如,法国大革命和拿破仑战争创造了维也纳格局;第一次世界大战形成了凡尔赛-华盛顿格局;第二次世界大战造就了雅尔塔格局。当然,突变也还包含着和平演变这一特殊方式。冷战时期两极格局的解体,就打破了前几次格局变动的固有模式,旧格局的瓦解并没有伴随着大规模的战争,而是某些国家在冷战中造成的社会经济发展呆滞,并由此引起社会内部政治等矛盾激化和动荡,从而引发旧格局的终结。

第三节　国际战略形势现状及其发展趋势

当今世界正经历百年未有之大变局,这是党的十八大后习近平科学分析国际形势发展变化作出的一个重大战略判断。在这个大变局下,国际力量对比深刻调整,新兴市场国家和发展中国家力量持续上升;经济全球化大势难以根本逆转,但其进程中诸多负面效应开始集中显现;全球治理体系变革加速推进,围绕国际规则及制度安排的博弈趋于激烈;特别是在世纪疫情冲击下,百年变局加速演进。正如习近平在党的二十大报告中指出的那样:“世界之变、时代之变、历史之变正以前所未有的方式展开。一方面,和平、发展、合作、共赢的历史潮流不可阻挡,人心所向、大势所趋决定了人类前途终归光明。另一方面,恃强凌弱、巧取豪夺、零和博弈等霸权霸道霸凌行径危害深重,和平赤字、发展赤字、安全赤字、治理赤字加重,人类社会面临前所未有的挑战。”①未来若干年,美国仍将保持世界超级大国地位,中美关系既存在体系性依存也存在结构性矛盾,遏制与反遏制、围堵与反围堵的斗争长期激烈,同时,竞争不掩合作、合作充满竞争的复合态势也将有更多表现。从国家安全的角度考虑,国际战略形势的以下变化尤为值得关注。

一、多极化趋势持续发展,“多强制衡”的战略格局正在形成

随着国际秩序重建重构加速,“多强制衡”将成为未来一段时间国际战略格局的主要特点。中国综合实力上升但并未全面超过美国,美国总体实力下降但未全面衰落。中美两国正在竞争与合作中共同对国际事务发挥主导性影响;俄罗斯、印度、日本、英国和欧盟成为多极化格局中的主要制衡力量。从经济上看,中美在世界经济比重中占有明显优势,中美印日经济规模位居世界前列,西方发达国家整体经济优势将被发展中国家取代,世界经济秩序将得到重塑。从政治上看,美国独自操纵世界事务的格局将被打破,中国在国际事务中的作用上升,但中美冲突的风险加大;俄、日、印、欧盟在国际事务中发挥重要制衡作用。2020 年新冠疫情的暴发和蔓延,一定程度上冲击了美国的全球领导力,加快了国际战略格局调整。从军事上看,美中俄处于世界军事领域领先地位,美国仍然保持世界最强大军事实力,美俄核大国地位难以撼动,中美总体军事实力差距不断缩小,印度、日本军事实力明显上升。从科技上看,美国仍将在科学技术领域保持领先,德国、法国、日本等发达国家拥有相对优势,但世界科技中心由西方向东方转移加速,中国科技竞争力有望进入世界前列,俄罗斯、印度科技实力明显提高。但总的来看,我国自主创新能力还不强,关键技术受制于人的局面短期内还未根本改变。

综合各种因素分析,未来世界仍处于多极化、民主化进程之中,世界由单一中心向多中心发展的趋势不会改变,但世界权力结构仍然具有层次性。2022 年 3 月,在北约 5 次东扩以后,俄罗斯与乌克兰爆发军事冲突,美国联合西方国家,一方面向乌克兰提供军事等方面的大规模援助,另一方面对俄实行全方位、无底线制裁。这既使欧洲经济受到重大而深远的影响,难民、能源、经济等多重危机纷至沓来,也使不是冲突方的广大发展中国家付出沉重代价。俄乌冲突以来,欧盟、日本进一步向美国靠拢,以美国为首的西方国家与俄罗斯对立加剧,中国仍坚持独立自主,中、美、俄三方国际地位凸显。从总体上看,虽然美国经历了“9·11”事件、阿富汗战争、伊拉克战争以及金融危机、新冠疫情等,国力大不如前,同时美、欧、日之间的矛盾和摩擦呈现新特点,在全球事务上的影响力进一步减弱,但是美国在综合国力上的优势依然存在,它并没有坐视其世界和地区领导权的逐步丧失,也没有放任中、俄等“战略

① 习近平:《高举中国特色社会主义伟大旗帜 为全面建设社会主义现代化国家而团结奋斗——在中国共产党第二十次全国代表大会上的报告》,人民出版社 2022 年版,第 60 页。

竞争对手"自由发展，而是积极调动包括军事在内的一切手段，以应对世界多极化的发展趋势。

二、"趋稳"与"动乱"两种动因同步增加，国际局势面临"总体稳定、局部动荡"复杂交织的局面

一方面，国际社会你中有我、我中有你的命运共同体演进加速，各国一荣俱荣、一损俱损，任何大国乃至整个国际社会都难以经受世界大战的毁灭性恶果，也难以承担当年美苏冷战那样的大量资源消耗，从而有力地约束了大国间恶性竞争，制约大规模战争爆发。

另一方面，大国争夺全球主导权的斗争依然激烈。竞争方式正在由以战争为主要手段的毁灭式竞争发展为以武力为后盾，融合政治、外交、经济、文化、法律等各种手段在内的综合竞争，竞争目的由消灭和摧毁对手转变为遏制、削弱和颠覆对手；守成大国通过各种手段对新兴大国进行全领域、全方位的遏制，其采用的巩固战略同盟和利用地缘战略优势、争夺新兴领域制高点、发动代理人战争、引入"颜色革命"等手段，其外溢效应将导致地区矛盾、恐怖主义以及社会动乱明显增多；同时，宗教、文化、社会和意识形态领域冲突激化，增加了国际社会动荡因素。

总之，在多种因素影响下，世界面临"稳中有乱"的复杂局面。今后一段时期的国际战略形势很可能呈现出"大战不起、冲突不止，总体稳定、局部动荡"的特点。

三、国际社会面临的威胁加剧，对现有全球治理体系构成严峻挑战

当前，人类社会面临的环境、社会、粮食、疾病以及恐怖主义等多元威胁进一步加剧。根据联合国发布的报告，2030 年世界人口将达到 85 亿，资源需求大大增加，而粮食增产速度远低于全球需求增长；气候变暖导致海平面加速上升，地震、火山、海啸、飓风等自然灾害频发，对人类构成更大破坏；环境恶化导致地球资源紧张、全球疫情加剧，也将引起连锁反应。此外，恐怖主义威胁更加多元化，除了宗教极端主义、种族主义、分裂主义带来的恐怖威胁外，非国家行为体、具有反社会倾向的个人也可能成为恐怖主义的重要组成部分；核技术、黑客技术、生物技术通过网络扩散更加便利，可能使恐怖主义分子掌握毁灭性破坏手段，对国际社会构成更大威胁。

同时，西方民主制度危机日益显现，西方国家对全球治理兴趣锐减，狭隘民族主义进一步显现，面对经济全球化、政治多极化、威胁多元化的历史大潮，以退缩自保、本国优先、筑墙造垒等方式逆流而行，规避在全球治理中的责任，进一步导致全球治理失序，也使西方大国主导的全球治理体系面临崩溃。2020 年新冠疫情暴发后，美国一些政客的甩锅推责行为，就证明了这一点。而且，国际政治权力分散化趋势也导致全球治理效率降低，各国一致行动、调动资源的积极性大打折扣，加大了国际治理的难度。

四、全球经济发展持续西降东升趋势，亚洲取代欧洲渐成全球地缘政治经济重心

近代以来大国兴衰规律表明，经济发展速度的差异是引发大国力量消长进而改变国际战略格局的决定性因素。世界地缘战略重心长期在欧洲，但自冷战结束以来，欧洲经济持续低迷，特别是 2007 年以后连续爆发金融危机和主权债务危机，经济两次陷于衰退，实力地位

显著下降。而同期亚洲经济快速增长,世界经济版图重塑。新兴经济体和发展中国家在世界经济中所占比重越来越大,发达国家和发展中国家在国际分工体系中的地位此消彼长、转化易势,经济重心加快向东方位移;新一轮科技革命和产业革命重构全球创新版图和经济结构,深刻改变社会生产生活方式和思维方式,给各国发展带来新的机遇和挑战,国际格局面临有深远影响的调整;发达国家经济增长乏力,影响和主导国际政治、经济秩序能力相对下降,全球治理需要强化发展中国家的集体呼声,建立更加公平合理的新秩序。这是近代以来最具革命性的世界格局变化,是发达国家、守成国家难以逆转的发展趋势。相对于近代大国博弈,此轮博弈呈现新的特点:博弈的地缘中心从大西洋—欧洲历史性地转移到太平洋—亚洲地区。亚太地区在渐成世界战略博弈中心舞台的过程中,也进入一场前所未有的大变局之中。

五、美国积极推进“印太战略”,对接欧洲战略,确保其“全球领导地位”

美国的全球战略重心长期置于欧洲。随着世界经济和战略重心持续向亚太地区转移,亚太地区成为大国博弈焦点。2009 年,奥巴马政府推出“重返亚洲”政策,后改称“亚太再平衡”,由此开始新一轮全球战略大调整。其根本目的在于应对亚太新兴力量的增长,特别是“管控”中国崛起的影响。特朗普担任美国总统后,于 2019 年 6 月正式发布“印太战略报告”,基本内涵是以“大国竞争”为基调,以“盟友体系”为依托,以“军事手段”为后盾,以“构筑自由开放的印太地区”为名义,对华实施全方位围堵。进入 21 世纪第三个十年,快速发展的中国全方位逼近赶超美国,日益彰显中国特色社会主义制度优越性,引发美国利益守成阶层恐慌情绪。在美国的鼓噪和推动下,西方国家地缘政治战略视野集体“向东看”。

拜登就任总统后,2022 年 10 月发布其执政后的首份《国家安全战略》报告,在继承特朗普政府“印太战略”基础上,强调“东西地缘战略的平衡”,既聚焦东面的“印太”地区,又维持西面跨太平洋传统联盟关系,推动“印太战略”与欧洲战略对接。一方面,明确重点在“印太”地区应对“中国挑战”;另一方面,认为俄乌冲突表明国际秩序在一个地区的崩溃最终会使其他地区的秩序陷入危险境地,因而提出欧印对接战略,即增进欧洲和“印太”两个地区联动,防止欧亚大陆出现敌对美国的大国联盟。为此,美国鼓励欧洲盟友在“印太”地区发挥更大作用,同时推动日本、韩国、澳大利亚、印度等“印太”伙伴与欧洲盟友展开更深入的合作,彰显其拉拢盟国聚众遏华的用心。十几年来,从“亚太再平衡”到“印太战略”再到欧印对接战略,以维护美国霸权为目标、以遏制中国崛起为核心、以掌控地区秩序为重点、以构建盟友体系为支撑的本质没有变,变的是遏华决心越来越坚决,制华手段越来越多样。

第四节 世界主要国家战略动向

进入 21 世纪以来,在世界大发展大变革大调整的时代背景下,大国对世界和地区主导权的争夺持续加剧,正在加快国际关系重组,加快战略布势和军事布局调整。

一、美国

美国作为当今世界上唯一的超级大国,无论从经济实力、科技实力还是军事实力上看,

仍然是世界各极力量中最强大的一支，并且还能够主导、利用联合国、世界贸易组织、国际货币基金组织和世界银行等国际组织为其霸权利益服务。冷战结束后，美国的战略围堵和军事威胁一直是影响我国安全的主要因素及其他威胁的总根源。

近年来，美国将我国设定为其大国竞争的主要战略目标，推行“全政府对华竞争战略”，强调依托“跨领域、跨职能、跨国家”架构，贯通“竞争—斗争—战争”链路，力图阻止中国经济、军事能力发展以及国家战略能力提升。特别是在科技领域，不遗余力推行科技霸权，遏制打压我国，从“禁买”“禁售”到禁止人员交往，推行科技脱钩、加强出口管制、限制人文交流、组织联盟围堵，对我国高科技创新应用进行全方面打压制裁。拜登政府2022年10月发布的《国家安全战略》报告，进一步渲染“中国威胁”，认为俄罗斯受俄乌冲突影响，综合国力、国际地位遭到大幅削弱，已不再是与中国并驾齐驱的主要竞争对手；强调中国是唯一既有“重塑国际秩序”意图，又日益具备相应经济、外交、军事和技术实力的竞争对手。为此，以美国为首的北约及其亚太军事同盟体系不断扩展，其全球布局、全球到达、全球威慑、全球打击的军事能力优势持续扩大。其一，美国“防务中心”持续向“印太”地区转移，使其在这一地区的军力质量水平不断提升。其二，美国通过加强与盟国之间的军事一体化，进一步扩大战略纵深，优化军事部署，构建以关岛为枢纽、以日澳为南北支点、重心后置、两翼前张、大纵深、宽正面、多层次的布势，提升防范远程打击能力，增强由海向陆的联合作战能力。其三，美国依托相关机制，强化以我国周边为核心区域的“印太战略”联盟。它高调鼓吹“高端战争”威胁，不断采取“灰色地带行动”，强横实施东海、南海前沿抵近挑衅，持续加强位于中国周边的军事存在。据统计，2021年以来美军与其盟友国家军队的联合演习区域主要集中在中国东海和南海方向，占比超过60%，充分反映了美将我作为战略对手，拉拢盟友与我战略竞争、军事威慑，全方位遏制我发展的图谋。2023年5月，美印太司令部宣布启动第2次“大规模全球”系列演习，主要意图就是评估联合部队战备状态，累积大国对抗实践经验，坚固“印太联盟安全架构”。以美国为代表的相关国家的备战动向，对我国安全环境与和平崛起构成严峻现实威胁。

二、俄罗斯

俄罗斯原有的工业、科技等基础雄厚，在航空、航天、核能、生物工程和新材料等领域居世界先进水平，其战略核力量足以毁灭世界上任何一个国家，是唯一能够与美国抗衡的重要国际战略力量。目前，俄罗斯突出其地域属性中的亚太一面，明确将自己界定为“欧洲/大西洋—亚洲/太平洋国家”，积极推进东进战略，力图在亚太地区经济发展及格局调整转换中扮演重要角色。经济上，俄罗斯提出“新亚洲”观，强调“新亚洲”整体性快速持续发展，对俄罗斯亚洲部分乃至全局的发展至关重要，俄罗斯正克服欧洲中心论，积极扩大在西太平洋地区的战略影响，加快融入亚太经济圈。军事上，俄罗斯加速推进军事变革和军队转型，大力发展先进军事技术和武器装备，战略核力量、军事航天等武器系统成为强军重点和优先发展项目，军事实力明显增强。其奉行积极、主动、外向的防御性军事战略，坚持以美国和北约为主要战略对手，同时着眼应对亚太局势变化和配合实施“东进”国家战略，积极调整战略布势，着力加强在远东和太平洋地区的军事存在，常规力量逐步形成东西并重态势，海基核力量逐步改变以北方舰队为主的传统，部分向太平洋舰队转移。

三、日本

日本近年来积极配合美国，大力实施“印太战略”，其战略目标是巩固日美同盟，借机建立日本自主引导的多元联盟体系，扩大日本在“印太”地区的权力和主张，遏制中国力量的拓展和影响力上升。[①] 在军事战略指导方面，以实现政治军事大国的迷梦为目标。通过修改《日美防卫合作指针》和新安保法案，架空和平宪法，解禁“集体自卫权”；以参与国际维和、反恐、反海盗、救灾等方式“借船出海”，使自卫队更加自由地开展海外行动，加速推进军事战略由“静态威慑”向“动态威慑”转变。在对外战略方面，谋求更多自主权，接连推出“海洋民主国家联盟”“亚非增长走廊”等地缘战略设想，以愈发独立的姿态参与地区和国际事务，在个别领域甚至颠覆了“美主日从”的传统。在合作范围方面，向“四国机制”外拓展，虽然构建日美印澳“四国机制”是日本“印太战略”的主要内容，但其主张的合作范围并不局限于此，东南亚国家、印度洋沿岸国家、中东国家甚至欧洲国家均是其拉拢对象。在战略布局与建设方面，加快推进军事改革，重点发展攻防兼备、大型化、远洋化、信息化海上力量，同时调整主要战略方向，兵力配置重心不断向西南方向转移，加强该方向的警戒监视、防空、反导、运输、指挥通信建设，意图在“印太”地区形成东海、南海、台海“三海一体”的联运体系，对中国形成战略钳制。

四、印度

印度以“大国崛起”为目标，加大实施东向政策步伐，范围从东南亚逐渐扩大到整个东亚和澳大利亚，政策重点向军事、安全等“高级政治”领域拓展。特别是军事安全色彩有所增加。其一，印度一面超越原有的经济层面，与越南、缅甸、马来西亚、新加坡、印度尼西亚、柬埔寨等东盟国家签订双边国防合作协议，在人员培训、联合军演和海上安全等方面加强合作，一面积极发展与日本、韩国、蒙古国的战略关系。其二，印度近年来把“立足南亚，控制印度洋，争当世界一等强国”作为军事战略调整的基本依据，将战略关注重点由陆地为主向陆海并重转变——在印中、印巴边境强化兵力部署和战场建设，着力加强在印度洋的军事存在，发展一支既能控制印度洋又能远征太平洋的“蓝水海军”，企图在巩固印度洋战略优势的同时将影响力辐射至太平洋。在陆上方向，从强调中巴并重调整为重点针对中国，强化中印方向作战准备。大力推动弹道导弹现代化，企图将整个中国纳入打击范围；加速推进 73 条边境公路修建计划，以解决洞朗事件中暴露的陆军机动能力不足的问题；加强山地打击军建设，紧急采购大量火炮、火箭炮、导弹等装备，以保障部队至少能进行 15 天的“高强度作战”。在海上方向，从区域威慑向远洋进攻转变，着力打造一支具有远洋进攻能力的“蓝水海军”，特别是提出了“一个控制”和“两个确保”的海军作战理论，即在控制整个印度洋地区、在该地区建立绝对海上军事优势的同时，确保海军具备“第二次核报复”打击能力和“远程力量投送”能力。

五、其他周边国家

除上述国家外，澳大利亚、韩国与东南亚国家也在这一轮亚太变局中积极谋求自己的有利

① 江新风、朱春雨、李国帆：《日本“印太战略”的内涵、发展及主要特点》，载《外国军事学术》2022 年第 3 期。

位置,其军事方面的举措尤其值得关注。澳大利亚积极寻求更深程度"融入印太",美日韩、美日澳、美日印等三边军事安全关系因之呈现进一步加强的趋势。韩国推出《国防改革基本计划(2012—2030)》,致力于建设集约高效的国防运行体制,构建三军联合作战指挥体系,提升应对特种威胁的精锐作战能力。东南亚主要国家,特别是南海权益声索国,不断强化对外军事关系和装备采购力度,以大中型作战平台和水下作战力量为重点,加快海上力量发展。目前,主要国家已基本实现作战舰艇的导弹化和大型舰艇载机化,特别是越南引进的俄制基洛级柴电潜艇和苏-30战机等现代化装备正在对地区军事形势产生日益明显的影响。

思考题

1.什么是国际战略形势?它与国际战略格局的关系如何?

2.什么是国际战略格局?其基本结构有哪些类型?

3.如何理解国际战略格局的构成要素和本质?

4.如何理解国际战略形势现状及其发展趋势?

5.如何理解国际战略格局演变的动因?举例说明。

第十四章 战争概述

战争是人类社会发展到一定历史阶段的特殊的社会历史现象,是政治通过暴力手段的继续。纵观整个人类社会,战争与和平是交替出现的两种基本状态。处于战争状态时,军事以赢得战争为主要目的,以战争活动为主要内容;处于相对和平状态时,军事以准备战争和遏制战争为主要目的,以国防活动为主要内容。本章主要介绍战争的内涵与特点、战争的制约因素和战争发展的历程等内容。

第一节 战争的内涵与特点

一、战争的内涵

战争,是"国家、政治集团和民族之间为了一定的政治、经济等目的而进行的武装斗争"①。

人类社会出现过多种类型的战争。按战争的性质分,有正义战争与非正义战争;按社会形态分,有原始社会后期的战争,奴隶社会、封建社会和资本主义社会的战争;按战争形态分,有冷兵器战争、热兵器战争、机械化战争以及正在形成中的信息化战争;按是否使用核武器,分为常规战争和核战争;按战争规模分,有世界大战、全面战争和局部战争;按作战空间分,有陆上战争、海上战争和空中战争等。

二、战争的特点

与其他社会历史现象相比,战争具有以下特点:

第一,战争是一种特殊的社会历史现象。在阶级社会里,战争是用以解决民族和民族、国家和国家、阶级和阶级、政治集团和政治集团之间矛盾的最高斗争形式,是政治通过暴力手段的继续。

第二,战争对人类的安危、民族的兴衰、国家的存亡、社会的进步和倒退产生直接的重要影响。战争将长期存在于人类社会,并对人类社会历史的发展继续发挥重要作用。

第三,战争不是从来就有的,最终也是要消亡的。但这种消亡是有条件的,将经历一个久远的、逐步的过程。只有随着生产力的高度发展和社会的极大进步,随着私有制和阶级的

① 《中国军事百科全书·战略》,中国大百科全书出版社 2014 年第 2 版,第 500 页。

消亡，随着国家和政治集团间根本利害冲突的消失，战争才会最终失去存在的土壤和条件，退出历史舞台。

第二节　战争的制约因素

战争既与敌对双方的政治、经济、军事、科技等因素密切相关，又是在一定的时间和地理环境等自然条件下进行的，这些因素加上人的主观能动性，构成战争的整体，推动战争的发展。

一、政治因素

战争是政治的继续。政治决定战争的最终目的，战争为一定的政治目的服务。敌对双方政治上的矛盾斗争尖锐到用和平方式不能解决时，便诉诸武力，即用战争方式实现各自的政治目的。战争的政治目的规定和体现着战争的性质，影响着人心向背，制约着战争胜负。政治对战争的制约作用，还体现在战争的规模、强度、持续时间及战略目标、作战方针、作战方法等方面。

二、经济因素

政治是经济的集中体现，战争的政治目的基础在于经济利益。经济因素是人类社会发展的最基本动因，也是战争这种社会矛盾的最基本动因。战争的产生、发展和消亡，植根于生产力和生产关系的矛盾运动。一场具体的战争，往往是由经济利益的冲突所引起，最终追求的还是经济利益。经济力量是战争的物质基础，战争的进程和结局，都依赖于经济条件。战争越现代化，对经济依赖就越大。

三、军事因素

战争是敌对双方军事力量的较量，军事力量是直接决定战争胜负的因素。军事力量包括军事实力和军事潜力。军队是主要的战争力量，战争是由军队和其他武装力量进行的。军队建设水平的高低、战斗力的强弱，是影响和制约战争胜负最基本、最直接的因素。军队的组成因素主要是人和武器装备，而人又是决定因素。用劣势装备战胜优势装备之敌，必须充分发挥人的因素的作用，掌握先进的军事思想和正确的战争指导，扬长避短，以便战胜对方。

四、科技因素

战争形态的演变与战争力量的强弱都受到科学技术的制约。科学技术的重大突破优先运用于战争，必然引起武器装备、军队组织结构和作战方式的变革，战争的形态、规模、强度、范围等随之发生变化。科学技术是决定战斗力强弱并影响战争胜负的重要因素。特别是在信息化条件下，战争的科技含量越来越大，科技对战斗力诸要素的提升作用越发突出，军队战斗力的增长在很大程度上正是通过科技进步并运用于军事实现的。

五、地理环境因素

地理环境是战争的一种客观条件。战争都是在一定的时间、空间进行的,不仅受到地貌、气候、水文、植被等自然地理环境的制约,而且受到人文地理环境的影响。地理环境可影响到作战的形式、规模、效果等。战争受到地理环境的制约,人们也可在战争实践中对地理环境加以利用和改造。随着现代科技和武器装备的发展,地理环境对战争的影响出现了弱化的趋势,但战争受地理环境制约,仍是一条客观规律。

六、主观因素

战争是客观的物质力量较量,又是主观的精神力量抗争。军事、政治、经济、科技、地理、国际关系等诸条件的优势,为战争的胜利提供了客观的物质基础,但要把可能变为现实,还须将客观因素与主观努力结合起来,充分发挥主观因素即人的主观能动性,才能引导战争向着有利于己方的方向发展,争取战争的胜利。在战争中,人们不能超越客观条件许可的限度企求战争的胜利,但可以在客观条件许可的范围内充分发挥主观能动性,为克敌制胜创造条件。发挥主观能动性的关键在于对战争的主观认识要与战争的客观实际相符合,科学地认识战争,驾驭战争的发展变化,正确地指导和实施战争。

第三节 战争的发展历程

战争的发展经历了久远的历史过程。根据不同的标准,可以对战争历程作出不同的划分。如前所述,根据人类社会形态的发展,可以将战争历程划分为原始社会后期的战争、奴隶社会的战争、封建社会的战争、资本主义社会的战争和无产阶级革命战争等;根据历史时期,可以将战争历程划分为古代战争、近代战争和现代战争;根据战争形态,可将战争历程划分为冷兵器战争、热兵器战争、机械化战争和信息化战争。

所谓战争形态,是"以主战兵器技术属性为主要标志的战争历史阶段性的表现形式和状态"①。它是战争类型划分的重要标准之一。准确地认识战争形态,把握它的特点和规律,对于正确指导战争的准备与实施至关重要。因此,本章根据战争形态划分战争历程,依次介绍冷兵器战争、热兵器战争和机械化战争;由于信息化战争后面还要以专章介绍,故本章不再赘述。

一、冷兵器战争

冷兵器战争,是"主要使用手工制作的石质、铜质、铁质刀枪剑戟及弓箭等冷兵器进行的战争"②。

(一)冷兵器战争简史

一般认为,冷兵器时代从原始社会晚期至公元10世纪,大体分为石器时代、青铜时代和

---

① 全军军事术语管理委员会、军事科学院:《中国人民解放军军语》(全本),军事科学出版社2011年版,第45页。

② 《中国军事百科全书·战略》,中国大百科全书出版社2014年第2版,第258页。

铁器时代,与之相应,冷兵器战争也分为萌芽、发展和成熟三个阶段。

萌芽阶段(石器时代)。相当于新石器时代后期,即原始社会晚期。使用的兵器以磨制石兵器为代表,同时大量使用木、骨、蚌角制作的兵器。这一时期生产力发展和私有制萌发促进了原始社会解体,部落联盟向国家过渡,部落联盟之间不断发生激烈而残酷的原始战争。作战方式主要是徒步混战,并采用偷袭和伏击等手段。

发展阶段(青铜时代)。公元前 4 千纪初,西亚一些地区率先进入青铜时代,中国约在公元前 21 世纪进入青铜时代,经商、西周、春秋到战国,延续两千多年。这一阶段最精锐的兵器由青铜制作,也有使用石、骨制作的兵器。青铜工具和木工技术的发展,促进了木质战车的产生。徒步格斗开始被车战取代,战车兵逐渐成为军队的主力,并出现了阵法作战等作战方式。例如,周武王伐纣的牧野之战,周军就使用了 300 乘的战车方阵。春秋时期还建立了舟师,多次在江河、海上作战。作战方式多以战船列阵,箭、弩远射,接舷格斗或以船身冲撞对方等。

成熟阶段(铁器时代)。铁器最早产生于公元前 2 千纪的小亚细亚赫梯地区,公元 10 世纪发展到高峰。中国虽然直到战国晚期才进入铁器时代,但发展迅速,很快便居于世界先进水平。铁兵器远比青铜兵器锋利且具有良好的韧性,遂逐渐取代青铜兵器,防护装具也以铁制为主。铁兵器的出现还促进了骑兵的迅速发展,重装骑兵逐渐成为军队主力,战争规模和作战空间也随之增大,原来单一的密集阵形也逐渐被有弹性、机动、灵活的多元阵形所取代。汉武帝尤其重视骑兵作战,多次大规模使用骑兵远程奔袭,击败匈奴军。到了中国的汉代,铁兵器已基本取代青铜兵器。

(二)冷兵器战争的主要特点

第一,冷兵器战争主要依靠人的体能及畜力等能量形式进行作战。在冷兵器的发展过程中,尽管出现了由石木兵器到铁兵器的飞跃,出现了抛石机、弓箭等投掷兵器,但在整个冷兵器时代,武器的作用距离极为有限,战争的基本形式是面对面的断杀。直至火器普及之前,冷兵器技术的基本结构没有发生质的变化。

第二,阵式作战是主要的作战方式。原始社会末期,人们在狩猎和作战时为相互保护,常常几个成员为一组进行战斗。金属兵器的出现,战争规模的扩大,使人们逐步认识到布阵作战能够产生更大的战斗力,严整密集的战斗队形——方阵开始出现。随着铁兵器的大量使用,战场上出现了步、骑、车兵配合作战,阵式作战也渐渐由单一的方阵发展为圆阵、雁阵等多种样式;在作战方法上,出现了伏击、诱击、正面突击、奇袭、迂回、包围、远程奔袭、大纵深追击等多种形式。

第三,作战指挥方式相对简单。冷兵器时期的军队主要由步兵、车兵和骑兵组成,指挥方式通常是国王或将帅亲临战场指挥,手段主要用击鼓、鸣金、吹角、挥旗、点火等音响和目视信号,或以符牌、文书调兵遣将,指挥作战。指挥机构比较简单,仅有少量谋士和辅助人员协助国王或将帅指挥。

二、热兵器战争

热兵器战争,是"主要使用以火药能释放为机理的枪、炮等火器所进行的战争"[1]。它标

① 《中国军事百科全书·战略》,中国大百科全书出版社 2014 年第 2 版,第 356 页。

志着人类战争从近战开始转入远战,实现了以兵力搏杀为主转为火力突击为主的第一次军事革命,在人类战争史上具有划时代的意义。

(一)热兵器战争简史

公元10世纪,中国宋代初年火器的出现,标志着人类战争史上使用热兵器时代的开始。随着火药的出现,武器的制造趋于复杂,其主要杀伤手段也从金属时代的物理方式(刺、砍、劈、投掷)变为化学方式(爆炸、燃烧),武器的杀伤力有了质的飞跃。技术的不断进步使火器种类不断增多,但在很长一段时间内(10—19世纪中叶),冷兵器并未退出战争舞台,而是与热兵器并用。由于社会发展进程不同,这一阶段的结束在世界各地有所不同。中国历经宋、元、明至清代鸦片战争,冷、热兵器并用时期延续了9个世纪。而在欧洲,从14世纪仿制中国西传的火器开始,到17世纪中叶冷兵器退出战争舞台,仅延续了3个世纪。

17世纪中叶,随着工业革命的兴起,热兵器在欧洲得到飞速发展,射击精度和射程大为提高,欧洲军队普遍装备了带刺刀的燧发枪,弓箭、长矛等冷兵器基本从战场消失,主战兵器代之以火药能释放为主要机理的枪、炮等武器,这时才真正进入热兵器战争时代。18世纪末,法国拿破仑一世首创散兵与纵队相结合的战法,以猛烈炮火集中轰击作为主要进攻手段,火炮在战争中逐渐成为主要兵器。

19世纪中叶以后,第二次工业革命兴起。这次工业革命较18世纪中叶以后兴起的第一次工业革命,范围大大拓展,使社会生产力发生了巨大的革命性变化。蒸汽机的广泛应用及其技术性能的进一步改进,导致所有工业部门,尤其是军事工业实现了机械化大生产,炼钢技术、铁路运输和有线通信技术等民用科技也在飞速发展。这一切促使人类战争赖以生存与发展的物质基础焕然一新,进而创造出空前强大的军事能力。首先是海军发生了世人瞩目的革命性变化:木制帆船被蒸汽机推动的铁甲战舰所取代,军舰防护力加强,战列舰成为舰队主力,尤其是炮塔取代舷炮,海战进入一个新的时代。其次,来复枪、圆锥形子弹等新技术的产生,使热兵器的射程、射速明显提高,杀伤力大大增强。当时的殖民主义国家,正是凭借着强大的热兵器而横行于世界。此时的清朝军队,虽然也有一些比较初始的火枪、火炮,但是当西方国家纷纷以来复枪代替滑膛枪、线膛炮代替滑膛炮、后装药代替前装药时,它却还处于前装、滑膛、火绳点火阶段,而且军队武器装备的主体仍然是大刀、长矛、弓箭之类的冷兵器。直到19世纪中叶以后,中国才开始引进、研发并装备近代枪、炮等热兵器。而此时,西方武器装备已开始向机械化方向发展。

热兵器战争的历史表明,战争形态的改变并非孤立发生的事件,它的出现必须以相应的政治、经济和社会发展为前提,否则,单纯的技术发展不仅不能导致新的作战力量和新的作战方式,甚至还会被落后的政治、经济和社会制度所扼杀。中国就是一个典型的实例。火药火器是中国发明的,并最早在中国运用于战争。到明朝中期,中国在军事领域的许多方面处于世界领先地位。然而,封建统治者为维护专制统治,在政治、军事、思想、文化、对外交流等方面采取了一系列自我封闭的措施,严重遏制了军事变革的发展,导致中国与西方的差距逐渐拉大,最终在新兴的欧洲军队面前变得不堪一击。

(二)热兵器战争的主要特点

第一,实现了能量形式质的突破。火药的出现及其在战争中的运用,打破了主要以人的体力赢得战争的局面。通过将火药的化学能转换成瞬间爆发的热能,武器的杀伤力发生了质的飞跃。热兵器在发展过程中,杀伤力成数倍、数十倍地提高。19世纪以后,无烟火药、

黄色炸药等的发明，使火药的能量达到更高的水平；以蒸汽机为动力的运载工具的产生，实现了人力、畜力向机械力的过渡，极大地提高了部队的机动能力。

第二，线式与散兵作战方式相继产生。随着火器的使用日益普及，人员密集的方阵越来越妨碍己方火器发挥威力，也越来越容易遭到敌方火力的重大杀伤，因此，方阵逐渐被淘汰，而便于发挥火器威力的线式队形应运而生。从16世纪末莫里斯横队单纯的步兵线式队形、17世纪上半叶古斯塔夫横队的步骑炮兵协同作战的线式队形，到18世纪初法国首个完全使用火器的线式队形，线式战术日益完善。19世纪中叶起，科学技术的发展使热兵器性能有了新的提高，枪炮的射程、射速和精度大大提高，打击力显著增强，在密集的弹雨面前，线式队形也难以对抗，线式作战方式逐渐为散兵作战方式所取代，西方形成了完全使用火器作战的战术系统。

第三，军事制度发生变化。最突出的变化体现在近代常备军和征兵制两个方面。一是线式战术强调发挥火器的齐射威力，要求士兵在作战时行动整齐划一，密切配合，这只有通过长期的共同训练和严格的军纪才能实现。加之战争频繁，国家迫切需要拥有一支永久性武装力量，从而导致近代常备军的出现。二是为了建设庞大的常备军和后备力量，国家迫切需要拥有可靠的兵力来源，由此导致兵役制度的改革。中世纪晚期的雇佣军逐渐被国民军(national army)替代。这里所说的国民军，是指17世纪起西方国家逐步废除外国雇佣军、征召本国国民从军而建立的军队。在建立国民军方面，瑞典走在前列。瑞典国王古斯塔夫在改革中，将建立国民军作为重要举措。其后，这一做法逐步为其他国家所效仿。这不仅使国家能充分利用本国的人力资源，而且也使军队的忠诚度和归属感大大增强。

第四，作战指挥复杂。随着热兵器的发展，军队数量和兵种也大大增加，出现了步兵、骑兵、炮兵、工程兵等诸多兵种，一些国家相继建立了庞大的陆军、海军。作战指挥增加了组织和运用火力，组织兵种协同等内容，战斗编组、后勤保障、战场管理也比冷兵器战争更为复杂。许多国家在团以上部队设置了司令部，指挥员主要通过司令部对军队实施指挥，组织诸兵种协同成为指挥的重要内容。

三、机械化战争

机械化战争，是“主要使用坦克、飞机等机械化武器装备进行的战争”①。它是工业时代战争的基本形态。

(一)机械化战争简史

机械化战争是19世纪末至20世纪初，在以电力、内燃机为标志的工业革命基础上萌发的，与以往的战争相比，军事技术含量大大增加。与此同时，垄断资本主义制度的确立和帝国主义时代的形成，促使国际社会各种矛盾日益尖锐，导致两次世界大战的爆发。这种亘古未有的世界规模的战争现象，是人类战争史上的大革命。在科学技术发展和战争沃土的催生下，一系列军事领域的变革不断出现，推进机械化战争深入发展。

第一次世界大战作为有史以来第一场全球性战争，是战争史上又一个具有分水岭意义的标志性事件。一方面，此次大战汇聚了百年工业革命的大量科学技术成果和近代战争实践的丰富经验，实现了庞大军队、强大火力与复杂工程体系的结合，将19世纪下半叶因枪炮

① 《中国军事百科全书·战略》，中国大百科全书出版社2014年第2版，第169页。

革命而发展起来的阵地战推向巅峰;另一方面,这场大战中出现的海上、水下、空中和陆地等诸多新式兵器和战法,对既有的战争形态和作战样式提出重大挑战,使这场大战成为由阵地战向机动战、立体战和机械化战争形态转变的枢纽和开端。

第一次世界大战后,对于刚刚出现的机械化战争雏形,各国军事理论界展开了深入研究。从1919年到1939年,掌握先进军事技术和武器装备的世界主要国家军队,在总结第一次世界大战经验教训的基础上,对未来作战方式进行了改革与创新。最具代表性的有德国的"闪击战"、英国的"系统集成"式防空体系、美英的战略轰炸理论和技术、美日的航空母舰作战、美德的潜艇作战和美国的两栖作战。两次世界大战之间的军事理论研究与创新,在机械化战争的发展历程中起到了承上启下的作用。

第二次世界大战是人类历史上规模空前的一次战争,也是一场比第一次世界大战更加彻底的"总体战"。战争期间,各参战国不仅在国内动员所有的物质和精神力量,而且在国家联盟的范围内协调和统筹运用各国的战争资源,从而使这场战争呈现出以往所没有的整体性、综合性和系统性。在这场深度动员所有力量共同参战的总体战争中,各参战国不仅将人力、物力、财力资源发挥到极致,而且在科学技术领域展开激烈竞争,导致了一大批新军事技术的出现,使第一次世界大战中显露雏形的机械化战争迅速走向成熟。

1945年8月,美国在日本投下两颗原子弹,宣告核时代的到来。原子弹、导弹的出现,使机械化战争发展到一个新的阶段。

(二)机械化战争的主要特点

第一,以空前的规模把科学技术运用于战争,实现了武器装备自动化和机械化这一质的飞跃。其首要标志是具有高速机动能力的飞机、坦克、军舰成为作战的主要装备。由此,人类兵器从延续了近300年的手持、马拉式枪炮,发展为完全靠机械动力推动的自动化武器。正是主战兵器的重大变化引发了战争形态的巨变:先是战争空间扩大、作战指挥快捷、作战速度加快,继而迈入作战工具自动化、装甲化、机动化和战争立体化的全新的机械化战争形态,并相应出现了空军、装甲兵、防空军、化学兵等军兵种。核武器出现后,各个国家进一步改造武装力量结构,出现了崭新的军兵种——导弹核部队;发展战略防御力量,增加了新的防御形式——战略核防御;大力发展各式核武器,更新军队装备;革新国家和军队的指挥系统,形成了以C^3I系统为主要标志的指挥与通信系统革命。即便是常规部队的建设和常规武器的研制,也是按照打赢核条件下战争的思路展开的,以获取核条件下的作战能力。

第二,军队全面具备了机械化、摩托化的战场机动能力和远程控制指挥作战的能力,推动闪击战、立体战、大纵深作战等崭新的战争样式的产生与发展。内燃机的出现和发展,使军队的战场机动从徒步、乘马等人力、畜力方式,转变为汽车、摩托车、装甲输送车,甚至飞机等机械力方式;无线电通信工具的发明,解决了远距离作战,尤其是海上和空中作战的指挥与控制问题。由此,军队的作战样式大大扩展丰富,出现了空地协同、步坦协同,实施大纵深快速突击的闪击战,以及战略轰炸、航母战、潜艇战、空降作战、两栖登陆等新的作战样式。战场从平面发展为立体,战线的长度和纵深发展到上千千米,作战行动与军队编制走向大型化、合成化和摩托化,最终实现了现代诸军兵种联合作战的立体化战争模式。

第三,战争规模无限度扩大,在现代总体战中,显示出人民群众空前重要的作用。战争已不仅仅是军队的事情,而是将整个国家、整个社会都卷了进去;整个国民经济转入战争轨道,无数的人民群众投入后勤供应和战争经济的运转之中。战争已经没有了前后方之分,并

成为整个国家和民族在军事、政治、经济、科技、思想、文化和人的素质等诸多方面的全面较量。其中,人民战争、游击战等非正规战争形式凸显其巨大的威力,成为机械化战争中弱小国家对付强大侵略者的独树一帜的有效作战样式。

第四,武器杀伤力的无限扩大,催生出新的有限战争时代。第二次世界大战使现代总体战跃上巅峰。不过,从美国在日本投下第一颗原子弹,到1952年氢弹试制成功,核武器完成了从核裂变到核聚变的过程,爆炸威力增长了数千倍。而几场核危机的爆发,更使人们对核战争理论和核武器运用的认识不断深入。当几千年来战争是政治的继续这个命题被一种完全不同于以往的、预示彻底毁灭人类的全新战争模式所打破之后,传统的战争观发生了变化。历史上武器技术第一次因发展到极致而走向自己的反面,导致其脱离原来的运行轨迹,从促进战争的工具转化为制约战争的因素,将军事斗争从实战领域引向以威慑为主的全新领域,推动无限化总体战争进入到一个新的有限战争时代。

第五,一系列创新型军事理论随着机械化战争形态的发展而产生,出现了大战略、机械化战争论、空军制胜论、大纵深战役以及人民战争等理论。核武器出现后,为了应对核战争的挑战,又出现了新的核战争理论和核战略,改变了传统的作战原则。军事理论的创新为多国家、多军种参加的大规模战争,提供了综合运用国家全部力量的战略指导思想,为新型作战样式的实施提供了理论依据,对第二次世界大战及战后的军事发展产生了深远的影响。

思考题

1.什么是战争?

2.制约战争的因素有哪些?

3.机械化战争有哪些主要特点?

第十五章
新军事革命

新军事革命,是指在工业社会走向信息社会的时代,以信息技术为主导的高新技术迅速发展并且广泛运用,在军事领域引发的一系列根本性变革。本章主要介绍新军事革命的内涵、新军事革命的发展演变、新军事革命的主要内容等。

第一节　新军事革命的内涵

探讨新军事革命的内涵,首先应当理清军事革命的概念。可以说,所谓“新军事革命”一语,正是在“军事革命”概念基础上产生的。

一、军事革命

“军事革命”作为一个术语,最早出现在西方学界。1955 年,英国史学家迈克尔·罗伯茨在一次题为“1560 年至 1660 年的军事革命”的演讲中首次提出军事革命这个概念。20 世纪 80 年代中期,苏联军界提出“军事技术革命”的概念——一个用于描述核时代之后军事领域重大变革的新术语,反映了苏联对于正在发生的信息化军事革命的高度敏感。这一概念引起美国的重视,1993 年美国将“军事技术革命”更名为“军事上的革命”(亦译为“军事事务革命”“军事革命”),旨在强调军事革命不是单纯的技术变革,只有那些在“技术、理论和组织体制上”等军事领域所有方面都“发生重大变化”,并最终“使战争形态发生质变”的变革,才能称之为军事革命。[①] 概括人类发展史上历次军事革命的共同特征,可将军事革命定义为:“科学技术和社会生产力的发展,以及社会经济和政治结构变革引起军事领域的各个方面发生根本性、系统性的变化,它从个别国家扩展到多个国家,最终在整体上改变人类军事和战争面貌,并推动整个社会的发展。”[②]

在军事革命的概念界定中,包括以下要素:一是导致军事革命的原因,在于社会生产力特别是科学技术的突破性进展,引起社会的经济基础和上层建筑(特别是政治结构)发生重大变化,从而在军事领域引发相应的革命性变化。二是这种变化的性质是现行的军事体系的整体质变,内容覆盖军事领域的各个方面,包括武器装备、作战方式、军队结构、军事制度、军队教育训练以及军事理论等等。三是这种变化既可以经由逐步推进的方式,在一个较长的历史阶段实现,也可以通过剧变方式,在一个较短的历史时期完成。四是军事革命总是通过阶段性的改革,从量变、局部质变最终达成整体质变这样一个过程逐步实现的,并由一个国家向多个国家扩展。五是变化的最终结果,一定是从根本上改

① 于江欣:《关于“军事革命”概念的提出及其内涵的演变》,载《军事百科》2014 年第 1 期。
② 军事科学院世界军事研究部:《世界军事革命史》,军事科学出版社 2012 年版,第 9 页。

变了战争形态，并对社会进步产生了重大影响。

二、新军事革命

所谓新军事革命的"新"，是相对于世界以往历次军事革命而言的。截至目前，世界上到底发生过几次军事革命，有着不同的观点。根据考察问题的角度和标准不同，中外学者认为历史上发生的军事革命从两次到十几次不等。军事科学院世界军事研究部编写、军事科学出版社 2012 年出版的《世界军事革命史》一书认为，在本次新军事革命之前，世界上已经发生过六次军事革命：一是发生在远古时期的金属化军事革命——它将军事活动从社会生产活动中分离出来，形成一个独立的领域，为新的军事革命的产生和发展奠定了基本框架。二是发生在 16—17 世纪的火药化军事革命——以火器取代冷兵器，不仅改变了战争形态，推动军队建设走向正规化，而且促进了近代社会的形成和发展。三是发生在 1789—1815 年的拿破仑军事革命——这是历史上唯一由政治大变革引发的军事革命，推动封建王朝战争转变为资产阶级民族战争。四是发生在 19 世纪下半叶的工业化军事革命——历史上工业力量与军事力量首次融合，引发了军事领域的大变革，推动战争时空形态发生巨变。五是发生在 20 世纪上半叶、以两次世界大战为代表的机械化军事革命——主战兵器的重大变化引发战争形态的巨变，三维立体化作战体系将人类战争推向前所未有的无限化总体战。六是始于 1945 年的核军事革命——这是人类历史上唯一仅凭借技术就使战争形态发生巨变的军事革命，将军事斗争从实战引向以威慑为主的形式，推动无限化总体战争进入一个新有限战争时代。① 不过，多数学者认为，在目前发生的新军事革命之前，世界上共发生过三次军事革命：一是金属化军事革命，二是火药化军事革命，三是机械化军事革命。

目前正在进行的新军事革命，又称信息化军事革命。"它是以人类社会由工业时代向信息时代转型为根本动力，以高技术特别是信息技术的飞速发展为直接动力，以信息为'基因'，以'系统集成'和网络化为主要手段，把工业时代的机械化军队改造成信息时代的信息化军队，最终建成信息化军事形态的过程。"②

新军事革命的本质是信息化。在这里，"信息化"是一个大概念，不仅有技术层面的东西，更包括体制和文化层面的内容。其含义是指，在以信息技术为核心的高技术群的推动下，以信息化建设和信息化作战为主要内容，将机械化军队建设为信息化军队，将机械化战争演变为信息化战争，最终以信息化军事形态取代机械化军事形态。这一含义包括以下几层意思：第一，信息技术是催生新军事革命的核心技术，但不能忽视其他高技术群的作用。第二，以发展信息化武器装备为核心的军队信息化建设是信息化的重要内容，或者说，发展信息化武器装备体系是各国开展新军事革命的首要任务，由此带动军事组织体制、教育训练和军事理论等方面的变革。第三，以一体化联合作战为主的信息化作战是信息化的另一个重要内容。这种一体化联合作战与机械化时代联合作战的区别是：通过武器装备的信息化，使战场上所有空间的各种作战力量，都能围绕统一的意图，自觉地协调行动，形成整体合力。机械化军队的联合作战是"形合"，信息化军队的一体化联合作战是"神合"。第四，信息化军事革命的最终目的是形成新战争体系和战争形态。等到世界主要国家大多建成了新的战争

① 军事科学院世界军事研究部：《世界军事革命史》，军事科学出版社 2012 年版，第 21～39 页。

② 军事科学院世界军事研究部：《世界军事革命史》，军事科学出版社 2012 年版，第 1389 页。

体系,产生真正意义上的体系对抗,战争形态就会发生质的变化,以“信息主导、网络支撑、体系对抗”为主要特点的信息化战争,将完全取代机械化战争,信息化革命即告完成。

理解信息化这一本质还需要把握以下两个关系:一是信息化与网络化的关系。网络是信息的载体和通道,网络化是信息化的主体内容。“联合”是各国信息化建设的目标,而实现联合融合的根本途径是构建、利用和控制网络。没有信息网络,就没有新体系、新形态。二是信息化与机械化的关系。信息化并不彻底否定机械化,相反,机械化是信息化的载体。没有机械化,信息化就是空中楼阁。但信息化是主导因素,是机械化的“黏合剂”和“倍增器”,没有信息化就没有机械化的跃升。

第二节 新军事革命的发展演变

一、世界新军事革命发展演变历程

根据主要军事大国新军事革命进展情况,大致可把当代世界新军事革命发展演变历程分为以下四个时期。

(一)冷战后期新军事革命酝酿启动(20 世纪七八十年代)

这是新军事革命的起步期,仅在美苏等极少数国家军队展开,且带有明显的核时代和机械化时代的痕迹。新军事革命启动的基础是 20 世纪 60 年代以来兴起的信息技术革命,动力主要来源于美苏两霸进行的全球性军事竞争,主要表现形式是军事改革。

20 世纪 70 年代,越南战争的失败、第四次中东战争的教训,特别是在争霸态势中的不利地位,促使美国精英层下决心推动军事改革,以图重新夺回战略主动权。1973 年,美国陆军训练与条令司令部的成立,标志着美国军事改革正式发起。1977 年,军事理论家、退役空军上校博伊德提出“决策周期论”,主张以瘫痪敌战争体系和打击敌战争重心夺取战争胜利,对促进美军思想解放发挥了重要作用。同年,建成了史上第一个指挥信息系统 C^3I,标志着美军建成了初步的信息化作战体系。1981 年陆军上将斯塔里等人提出“空地一体战”理论,强调利用远程精确武器打击苏军二梯队。美军从反思越战失败开始,从陆军到海空军,从军种部到国防部,从局部改革到全面改革,以 1986 年《戈德华特-尼科尔斯国防部改组法》生效为标志,美军改革取得了成功。特别是国防领导指挥体制的改革,为军事转型的展开打下了扎实的体制基础。

与此同时,苏联一方面同美国展开全面核军备竞赛,一方面也密切关注美军的作战和改革。总参谋长奥加尔科夫元帅敏锐地提出了“军事技术革命”概念和“大纵深立体战役”理论,认为未来战争样式是诸军兵种联合进行的大规模战区战略性战役。在该理论指导下,苏军在 20 世纪 70 年代末开发出首套方面军野战指挥自动化系统;在不动摇总部和五大军种、二十四个军区大体制情况下,先后组建了远东、西部、西南和南部四个战略方向总司令部,以此加强联合作战。但是,由于奥加尔科夫改革没有得到苏共中央的坚定支持,他本人 1984 年又被解除总参谋长职务,因而主要改革措施没有得到很好的落实。1985 年,戈尔巴乔夫推行“新思维”和“防御性”军事战略,致使苏军转型启动丧失了政治动力并最终失败。

（二）在海湾战争影响下，新军事革命逐步展开（20世纪90年代）

1991年的海湾战争是一场划时代的战争。这场仅仅持续了42天的局部战争展示了许多不同于以往战争的新特点，使全世界受到强烈震撼，人类战争发展的轨迹由此改变。作为一场承上启下的战争，海湾战争开启了迈向信息化战争之路，显示了新的作战体系对旧的作战体系的绝对优势，极大地冲击了传统的军事观念，展示和检验了美国前一段军事改革的成果，对各国军队建设和改革产生了深远影响。以此为契机，美国率先展开了以“军事事务革命”为旗号的军事转型，英国、法国、德国、日本等国纷纷跟进，俄罗斯、印度积极探索，世界新军事革命进入逐步展开阶段。

美国总结了海湾战争的经验和教训，认定信息技术是提升军队作战能力的新途径，联合作战是提高军队作战能力的最佳方式。为此，不仅进行了中长期的规划和设计，而且采取一些有力措施推进转型，重点投入作战软件和数据库，加强标准化和互通性建设，解决海湾战争中暴露的战场信息实时感知、传输、共享问题，特别是各军种信息系统“烟囱林立”问题。

90年代中后期，英、法、德、日等国追随美国进行新军事革命，进行了以探索建立联合作战指挥体制、建设数字化部队试点、发展指挥信息系统和初步的信息化武器装备为内容的改革，一定程度提高了联合作战能力。

俄罗斯在叶利钦时期开始逐渐摆脱苏军体制，探索符合时代要求和本国国情的建军模式，虽历经曲折反复，但还是取得了较大的成绩，为普京时期俄军全面转型的展开奠定了一定的基础。

印度调整了军事战略，进行了军事革命的理论探讨和初步规划，但由于战争观念落后，改革力度小、经费投入少，实际取得的成效不大。

（三）“9·11”事件后，新军事革命加速发展（2001—2008年）

“9·11”事件后，伊拉克、阿富汗两场战争初期的胜利，展示了美国20世纪90年代新军事革命的成果，预示着这场革命从数字化向网络化发展的方向，促使大国聚焦网络化加速转型。

美军提出“网络中心战”理论，展开“激进式”转型：成立专司军事转型的机构——军队转型办公室，制定全面转型战略；加快建设网络中心战的基础设施“全球信息栅格”，升级全球指挥控制系统软件，形成一体化联合作战系统；着眼掌控全球，重组司令部体系，组建北方司令部和非洲司令部，扩建特种部队司令部，合并战略司令部与航天司令部为新的战略司令部；对作战部队进行模块化改造，陆军以模块化旅取代师为基本战术兵团，海军建立以两栖作战舰船为核心、由多舰种组成、具备多样化能力的远征打击大队；进行作战方式转型，大力发展信息作战、网络空间作战（以下简称网空作战）、特种作战、无人作战等新型作战力量；进行训练转型，加强联合训练；进行人事制度改革，重点选拔、保留、使用创新型军队领导和指挥人才等。

2000年普京上台后，俄罗斯全面展开新军事革命。针对美军“网络中心战”，提出“非对称”“网络破袭战”等理论，强调不追求与美军在飞机、导弹和舰船数量上的均势，而是利用美国信息网络的技术弱点，发展破网技术，以小博大。为此，优先发展突防能力强的战略核力量、第六代GPS干扰机，以及网络战、通信与雷达干扰、反导反卫等装备。同时，为理顺体制，确立文职国防部长在军事领域内的绝对权威，明确总参谋长完全隶属于国防部长；组建太空兵和战略火箭兵，突出太空战地位；进行组建东方司令部试点，为建立联合作战指挥体制摸索经验。

在美军"网络中心战"理论的影响下，英、法、德、日等国军队分别提出了"网络赋能""网络化作战""瘫痪战"等作战理论，并探讨符合自身需要的联合作战指挥体制和部队编成方式，发展以指挥信息系统为核心的信息化武器装备。英、法主要集中力量建设互联互通的信息网络，提升武器装备互联互通水平，建设一体化作战部队。德、日适应联合作战的要求，改革和完善军事领导指挥体制，同时高度注重作战网络建设。

印度确立争当"一流大国"目标，提出"冷启动"作战理论，进行了"网络中心战"的规划，重点发展 C^3I 系统、天基侦察通信系统等，并试点探索地区联合司令部的建设。

在这一阶段，新军事革命中的风险逐渐显现。这种风险主要集中于处理好当前威胁与长远挑战的关系上，具体表现是在当前和未来之间合理慎重地配置国防资源。美国虽然在阿富汗和伊拉克两场战争的初期取得了辉煌的胜利，但战后重建和稳定行动极不顺利，并被对手拖入以非正规战为主要样式的长期战争。在这种形势下，拉姆斯菲尔德等人没有及时地调整军事转型战略，将主要精力仍放在对付潜在对手上，国防资源大量投入"未来战斗系统"等转型项目上，而对当前的战争形势关注不够，对战场急需投入严重不足。最终，拉姆斯菲尔德为共和党在国会中期选举中失败承担责任而于 2006 年 12 月下台。拉姆斯菲尔德所主导的"激进式"军事革命宣告终止。

(四)在国际金融危机背景下，新军事革命调整深化(2008 年至今)

经过国际金融危机和伊拉克、阿富汗两场战争的冲击，美国一超独大的国际格局发生部分质变，美国的综合国力受到一定削弱，而以中国、印度、俄罗斯等国家为代表的新兴市场国家的力量则相对有所增强。同时，以新一代互联网、大数据、云计算为代表的信息网络技术突飞猛进，一个全新的人造空间——"网络空间"已经成形，并很可能发展为与陆、海、空、天并列的第五空间。

在这种情况下，美国一方面对"激进式"军事革命作出调整，加大对伊拉克、阿富汗战场实施非正规战的投入，以求尽快从伊拉克、阿富汗脱身；另一方面，推行"亚太再平衡"战略，对"网络中心战"理论进行重大修正，提出"空海一体战""全球一体化作战"等概念，针对潜在对手的所谓"反进入/区域拒止"能力，聚焦国际公域特别是网络空间控制权，以打造升级版信息化战争体系为核心推进转型。主要举措包括：裁减"未来作战系统"等耗资巨大、技术不成熟的研发项目，研发新一代信息化作战平台，大幅增加对网空作战、无人作战、全球瞬时打击、新概念武器等技术的投入；着力消除信息网络的脆弱性，大力发展太空快速进入、小卫星等技术，加强高能机载指挥控制通信中继网络建设，积极启动联合战术组网等项目；特别是高度重视网络作战力量发展，2009 年成立了网络司令部，以便对各军种网络作战部队进行统一指挥并筹划网络空间作战力量建设；通过总结 1986 年《戈德华特-尼科尔斯国防部改组法》生效 30 年来的经验教训，积极谋划对军事系统进行结构性改革。

除了美国之外，其他大国也纷纷调整军事改革战略，不再一味追求铺摊子、上项目，而是紧盯各自战略需要，在总结经验教训、认准未来方向的基础上，聚焦公共空间国际军事竞争，加速推进新型作战力量建设，大力改革提升联合水平，使军事改革更加务实高效。

俄军总结以往改革经验，吸取俄格战争教训，推出"武装力量新面貌"军事改革：放弃建立地区司令部计划，改在军区基础上建立联合战略司令部——先是组建空天防御兵，后又组建空天军，加快构建空天一体的联合作战体系；发展新一代战略核力量和 T-50 隐身战斗机

等信息化作战平台;建立战略、战役、战术三级指挥信息系统,并以“曙光”新型指挥系统为主干,形成全军统一的信息指挥网络。

英法德日等国加大了改革步伐,力图与美军全面对接。特别是英国和德国都进行了冷战结束以来最彻底的改革,建立了军政、军令适当分离的国防领导指挥体制。日本自卫队则在前期改革基础上,加速推进美日联军作战一体化,力争实现联合作战指挥体制与美国太平洋司令部各级作战指挥体制的接轨。印度颁布了《2012—2027 年长期综合远景规划》,提出打赢“两个半战争”的目标,启动大规模扩军计划,投入巨资采购和研发先进武器装备,全面深入推进新军事革命进程。

二、世界新军事革命发展演变趋势

当前,尽管以信息化为核心的世界新军事革命已经取得了阶段性成就,但仍处于初级阶段。军事形态构成的各个要素发展极不平衡,且存在不少问题;军事技术和武器装备领域的变革相对成熟,但仍面临一些瓶颈;军事理论得到了较快发展,但还有待实践检验;军事组织体制方面的变革虽已进行,但严重滞后。尤其是,至今还没有出现信息化战争体系之间的大规模、高强度对抗,以检验新军事革命的成果。海湾战争以来,世界又爆发了多场局部战争和武装冲突,但是这些战争和冲突要么是低水平的,如第三世界国家之间的战争;要么是非对称的,即以信息化战争体系对抗机械化战争体系,如科索沃战争、阿富汗战争和伊拉克战争。正如在苏德战场、太平洋战场大规模的激烈对抗之中才迎来机械化军事革命的高潮一样,只有在交战双方都拥有信息化作战体系的战争中,信息化战争的特点和规律才能得以全面展现,新军事革命才能成熟并达到高潮。在没有出现新的战争体系之间对抗的情况下,新军事革命所取得的任何成果都是值得怀疑和需要慎重对待的。

在可预见的未来,以电子计算机为代表的现代信息技术仍处于快速发展过程中。同时,从较长的历史时期看,一场新科技革命也在酝酿之中,生命科学、物质科学以及与之交叉的领域正在面临突破,人工智能、基因生物、新能源、新材料等技术都可能取得工程化突破。一旦某种或数种新技术取得工程化突破并应用于军事领域,那么信息化军事革命就可能发生重大转向甚至走到终点,世界将开始下一场新的军事革命。需要指出的是,新军事革命并不是对旧军事革命的简单否定,而是在继承以往军事革命成果基础上的扬弃。正如机械化并不否定火药化、信息化并不否定机械化一样,下一场新军事革命不会也不可能否定信息化军事革命。历史是一面镜子,不可能提供解决现实问题的标准答案和具体操作建议,但透过这面镜子,人们可以汲取前人的经验教训,遵循军事革命的规律,避免重复他人走过的弯路。

第三节　新军事革命的主要内容

从上一节讲述的新军事革命的发展演进历程看,本次世界新军事革命主要包括以下六个方面的内容。其中,第一点内容即“着力构建信息化战争体系”带有根本性,其他内容则是围绕这一内容展开,并为这一内容服务的。

一、着力构建信息化战争体系

这次世界新军事革命的实质内容,是铸造信息化建设与联合作战能力,即以信息网络技术为基础,提高军队信息的获取、传递、处理和利用能力,使之成为各种作战要素、各类作战行动高度融合的一体化联合军队,构建适应信息时代要求的信息化战争体系。构建这一体系成本高昂,没有强大的综合国力是无法实现的。目前,只有美国构建了较完善的信息化战争体系。从内容看,这个体系不仅包括各类武器装备和军兵种部队,也包括支持和配合军队运转的整个国家的信息产业、装备制造、能源生产乃至舆论宣传等领域。从范围看,它不仅是美国国家战争体系,还是一个全球战争体系。其中,覆盖全球的天基系统和网络系统是信息化战争体系的关键支撑。

在美国带领下,欧洲国家和日本的武器系统已经基本实现信息化,但尚未建立起自己独立的战争体系,主要依赖美国的全球战争体系实施作战行动——欧洲国家依赖美国主导的北约战争体系,日本依赖美日同盟体系。

在世界新军事革命的浪潮中,中国不失时机地走上了有自己特色的军事变革之路,在军事理论创新、体制编制调整,武器装备发展等方面均取得辉煌成就。俄罗斯在经济十分困难、国力急剧衰退的情况下,始终不忘进行军事改革,在体制编制调整,特别是联合作战指挥方面,取得了巨大成就。印度在国力并不强大的情况下,追求军事大国地位,追逐西方军事革命,在军事理论创新和武器装备发展等方面也取得显著成果。尽管俄罗斯、中国和印度尚未建立起完整的信息化战争体系,但其军事变革具有自己的鲜明特色,在世界新军事革命中占有重要一席。

二、不断获取军事技术优势

军事革命离不开科学技术的突破与发展,新科技是保证军事能力发生革命性变化的关键因素,获得技术优势也就意味着掌握了新军事革命的主动权。因此,只有不断寻求新的技术优势,突破关键技术群,才能为新军事革命奠定坚实的物质基础。越南战争后,美军重点突破电子对抗、精确制导、隐身、夜视、C^3I等技术,并在海湾战争中充分展示其成果。海湾战争后,美军重点突破信息网络、导弹防御等技术,尤其是将计算机和数据链作为信息时代的新武器,大力加强开发应用,使得美军信息化作战能力得到初步显现,在阿富汗和伊拉克两场战争中充分展现了其巨大的军事优势。随后,美军重点突破全球信息栅格、数据链融合、C^4ISR集成、防空反导、全球瞬时打击等技术,使美军的“网络中心战”能力得到提高。国际金融危机爆发后,美国提出所谓的“第三次抵消战略”,重点突破网络战、太空战、先进传感器、导弹防御、无人系统、全球瞬时打击、定向能、电磁炮等技术,企图始终保持其全球军事力量的领先地位。

其他国家也根据本国国情,发展适合自身的技术优势。如俄罗斯重点发展破网、天战、防空反导、远程突防、侦察预警等技术。日本重点发展反潜、反导、太空等技术。英法德重点发展网络攻防、太空、远程投送等技术。印度重点发展太空、软件等技术。

值得注意的是,世界主要国家在突破主要军事技术时,一方面不断追求新的技术优势,另一方面始终注意保持传统技术的优势,即使是机械化武器装备,其作战性能和技术水平也不断提升;一方面高度重视当代核心技术——信息技术的突破和发展,不断将信息技术的军

事应用推向新阶段，另一方面高度重视未来核心技术的探索与开发，对人工智能、生物信息、新材料、新能源等技术给予高度关注，并大力展开相关的基础和应用研究。世界新军事革命发展演变过程表明，成功的军事革命都是以技术创新和突破为前提和基础的，只有在军事技术及其应用上不断取得突破，才能创造军事革命的诸多必要条件，才能保证军事革命各项部署的顺利展开和深入，否则军事革命就会成为空中楼阁，且欲速不达。

三、超前设计战争

追求理想的战争手段是军事发展的永恒主题，超前设计战争是世界新军事革命的真谛。超前设计战争，就是通过对未来战争形态和样式的大胆新奇构想，立足最大的动态现实可能性扎实稳健地探索，以谋求新的战争手段和新的作战能力，是大国强国获得并保持军事力量优势和战略主动的重要保证。

20 世纪七八十年代，美国在两超争霸中的不利处境，特别是 1973 年第四次中东战争展示出的新特点，迫使美军不得不深入思考并设计未来在欧洲对苏联的战争样式，开发出“空地一体战”理论，并以此为指导，塑造了相应的新型作战样式和作战能力。尽管战争没有在欧洲发生，但是“空地一体战”的作战样式和作战能力的优势，在海湾战争中得到了充分的展示和发挥。1983 年里根政府提出“战略防御倡议”，虽然冷战后被放弃，但对于后来美军的太空战、导航战、反导战、全球瞬时打击等能力的发展都起到了重要推动作用。伊拉克战争初期，美军之所以能够顺利实施作战企图，主要得益于海湾战争后对信息化战争样式的超前感知和准备，对以信息技术为核心的高技术的全面开发和应用，对“快速决定性作战”概念的超前开发和演练。拉姆斯菲尔德任美国国防部长时期，美军的网络化程度之所以得到迅速提高，主要得益于“网络中心战”的超前战争设计及其强有力的引导。国际金融危机以来实施的“空海一体战”和“全球一体化作战”的战争设计及其军事转型的有效开展，必将使美军在一个较长时期内继续保持战争能力的优势。拉姆斯菲尔德对军事转型提出的所谓“概念牵引”的方法，本质上就是超前设计战争。

俄罗斯(苏联)历来重视超前的战争设计，从“大纵深立体战役”到“战略性空天战役”，再到 21 世纪的“非对称”作战、“摧毁敌极其重要目标战略性战役”等理论，无不有力地引领了军事转型，并使其军事能力得到了及时有效的提高。

世界新军事革命发展演变过程表明，超前设计战争已经成为新时代准备实施武装斗争的首要方法和重要途径。“一流军队设计战争，二流军队应对战争”已成为不可逆的军事法则。设计战争不仅是新时代国家政治对武装力量的新要求，更是国家武装力量的重要使命和职责。设计战争既要大胆奇想，也要扎实探索推进，并要根据军事实践特别是战争实践的检验，不断进行修正和完善。国家和军队必须始终保持开放的军事思维，不断更新战争观念。如果满足于现状，陶醉于过去的成功经验，停留在机械化战争思维模式中，必将在未来战争中丧失战略主动权，处于受制于人、被动应对的艰难状态。

四、努力实现精兵高效

精兵高效，是指军队在保卫国家安全时，要做到规模适度、结构合理、行动高效。规模适度就是军队规模既能满足国家安全战略需求，又不过分庞大。结构合理就是军队的各军兵种、各力量要素之间保持合理顺畅的比例关系。行动高效就是军队在军事行动时，能够最大限度地降低内耗,提高军事行动效率。精兵高效是世界新军事革命的重要目标,世界各国无不高度关注这一问题,并紧紧围绕这一点展开军事革命的整体设计和部署。

美国实行的是全球战略,随着其科技水平和作战能力的提高,军队现役员额一再减少,从越战最多时350多万人,减至1975年的210多万人,近年来始终保持在140万人左右。在新军事革命的各个阶段中,美军虽然强调的重点有所不同,但总体上坚持了"均衡发展"的原则,不仅注意核力量与常规力量,而且重视战略进攻力量与战略防御力量之间的均衡发展;不仅注重陆海空三军种力量之间的平衡,而且高度关注战斗部队与支援部队、新型作战力量与传统作战力量、现役与预备役及文职人员之间的协调发展。在联合指挥机制建设方面,常设联合特遣司令部、网络司令部等新的指挥机构不断适时建立,及时组建适应陆军转型后作战指挥需求的模块化战役战术司令部,军队指挥效率和部队行动效率得到不断提高。2016年开始的新一轮国防改革,减员增效是一项重要内容。

俄罗斯曾明确提出军事力量"适度够用"的战略指导,军队总员额一直呈现逐渐下降的趋势,同时根据自身国情,高度重视保持核力量在国家武装力量中的应有规模,高度重视不断提升空天防御、网空作战、特种作战、无人作战力量以及海空军在军队中的合理比例,不断深入推进以陆军为主体的军区指挥体制向诸军兵种联合作战为主体的联合战略指挥体制的转变。

世界新军事革命发展演变过程说明,以有限的军费建立更具战斗力的军队,是新军事革命始终追求的目标。防止军队规模过度扩大、机构臃肿、军事资源冗余过剩甚至用处不大,防止军兵种盲目发展、比例失衡、脱离军事战略需求,防止军队内部相互掣肘、指挥环节烦琐,下大力坚决改革这些薄弱环节,是新军事革命必须时刻关注的重大课题,同时也是需要下决心大力解决的顽疾。

五、深入改革军事领导指挥体制

纵观美国在这次新军事革命中的历程,其之所以在20世纪80年代以后得以加速发展、不断推进,主要得益于1986年实施的军队领导指挥体制及其配套改革。正是由于建立了高效权威的军队领导指挥体制,明确了国防部及国防部长、联合参谋部及参联会主席、军种部及军种部长与军种参谋长、联合司令部及联合司令官的职责,原来的军种争权、指挥混乱的现象得到了有效的遏制,军事战略和联合作战思想得到了不断的创新发展和有效贯彻实施。然而,这一改革成果来之不易。早在1958年,在强势总统艾森豪威尔的大力推动下,国会通过《国防改组法》,取消军种作战指挥权,基本建立了以国防部长为核心的军政、军令既统一又分离的现代军队领导指挥体制。但是,由于确保这一体制运转的核心机构参谋长联席会议及其办事机构联合参谋部、联合司令部及其下属的军种司令部,被军种参谋长牢牢控制,加之没有建立起与联合作战指挥体制相配套的机制和程序,特别是联合军官制度,因此军队领导指挥体制改革成了"半拉子"工程,军种作战指挥权的取消形同虚设。在此后的28年时间内,美军的联合作战指挥有名无实,教训极其深刻。1986年,鉴于越南战争、营救伊朗人质行动、入侵格林纳达等军事行动暴露的严重问题,国会积极推动并通过了《戈德华特-尼科尔斯国防部改组法》。这一重大改革对美军转型产生了历史性的巨大作用。海湾战争以来的局部战争实践证明,这一改革不仅在美军转型历程中极其重要,而且对加速美军其他转型工作、提升美军战斗力起到了决定性作用。

俄罗斯在叶利钦时期，军事转型举步维艰，重要原因之一就是国防部长与总参谋长权责不明、争权夺利。2004年俄罗斯国家杜马对《国防法》进行重大修改，规定和巩固了国防部长的“一长制”地位，改变了国防部长与总参谋长“平行”现象，实现了武装力量领导权向国防部长的集中，由此保证了此后改革措施的顺利推进。

美俄在新军事革命中的实践证明，军队领导指挥体制的改革极其重要，直接关系军事革命全局，不进行这一改革，其他改革就很难深入开展，更难说取得显著成效；同时，军队领导指挥体制改革又极其艰难，牵涉到国家政体，涉及众多集团利益且矛盾错综复杂，要实施并推进这一改革，必须有坚定的国家意志和政治决心，有明确的战略目标，同时与领导指挥体制改革相配套的机制、人事、财务等制度改革必须及时跟进。特别是建立科学合理的军官人事制度，至关重要。否则，很容易出现“部门操纵全局、军种控制联合”的局面，改革成为“半拉子”工程，后果不堪设想。

六、大力开展军事创新

创新是新军事革命的核心要义。以信息化为核心的世界新军事革命，大致包括以下七个方面的创新：一是创新军事理论，包括信息化战争理论、信息化作战理论和信息化军队建设理论。从战争理论看，提出了体系战争、第六代战争、第四代战争、混合战争等理论；从作战理论看，主要有联合作战、快速决定性作战、战略性空天战役、网络中心战、空海一体战、全球一体化作战等理论；从军队建设理论看，主要有军事技术革命、军事事务革命、军事转型、均衡建军等理论。二是创新军事技术和武器装备，主要是发展以指挥信息系统为核心的军事信息系统、信息化主战平台、信息化弹药等。三是创新体制编制和政策制度，主要是建设以常设联合作战指挥体制为核心的军队领导指挥体制，发展新型作战力量，进行以联合军官制度改革为核心的人事制度改革，解放军队战斗力。四是创新作战方式，主要是依托信息化战争体系，围绕争夺以制信息权为核心的综合制权而进行的一体化联合作战行动，包括信息战、网络战、电子战、特种战、斩首战、精确战、导航战等。五是创新教育训练，开展联合职业军事教育，进行以联合训练为核心的训练革命，大力培养新型信息化军事人才。六是创新后勤保障，进行社会化、可视化、精确化的后勤保障改革，提高后勤保障效率。七是创新军队管理，进行精细化军队管理革命，提高投入效益，降低投入风险等。

思考题

1.什么是当代世界新军事革命？

2.新军事革命的发展演变大体经过哪几个发展阶段？

3.新军事革命的主要内容有哪些？

第十六章
信息化战争

信息化战争是人类社会形态和科学技术形态综合演进的必然产物,是人类战争形态不断由低级向高级发展的必然趋势,是人类努力寻求战争目的和手段统一的必然选择。科学认识信息化战争的本质,把握信息化战争的特点与规律,才能直面信息化战争对国防和军队建设带来的挑战,为打赢信息化战争做好准备。本章主要介绍信息化战争的科学内涵及其形成与发展、信息化战争的主要特征、信息化战争的发展趋势等内容。

第一节　信息化战争概述

信息化战争是一种全新的战争形态。只有正确认识信息化战争的科学内涵以及其形成与发展等基本问题,才能准确把握信息化战争的实质。

一、信息化战争的科学内涵

目前,关于信息化战争的概念,国内外学术界有各种不同的定义,综合起来看,我国对信息化战争概念的基本认识为:信息化战争,是依托网络化信息系统,使用信息化武器装备及相应作战方法,在陆、海、空、天和网络电磁等空间及认知领域进行的以体系对抗为主要形式的战争,是信息时代战争的基本形态。① 对于这一概念的内涵,可从以下几个方面去解读。

第一,信息化战争是时代的产物,是信息时代经济、科学技术、生产力水平和生产方式在战争领域的客观反映,是信息时代国家、民族和政治集团为争夺政治、经济等利益而导致的矛盾不可调和的结果。同时,信息化战争也没有改变战争的政治本质和暴力本质,战争的政治性、综合性、有限性、非对称性、不平衡性将更加突出。无论信息化如何发展,强大的综合国力、正义的战争性质、正确的战争指导、科学的判断决策、灵活的战略战术仍是战争中的制胜法宝。在信息化战争中,人仍然是起决定性作用的因素。人的综合素质特别是信息化素质的高低在很大程度上决定着信息化战争的胜负。

第二,在信息化战争中,虽然某些高技术武器装备的杀伤威力空前增大,但并不能完全取代核武器的实战与威慑作用。信息化战争很可能是在核威慑条件下进行的常规战争。

第三,信息化战争是大量使用信息化武器装备的战争,参战部队的作战、指挥实现网络化、一体化,而且必须以全新的信息化战争理论做指导。

第四,信息化战争的多维空间紧密相连,认知和信息空间占有相当大的比例。网络化信息系统的无限延伸,"数字地球""数字化战场"和远程精确打击兵器的出现,打破了陆地、海

---

① 全军军事术语管理委员会、军事科学院:《中国人民解放军军语》(全本),军事科学出版社 2011 年版,第 48 页。

洋、天空、太空以及信息、认知等虚拟空间的界限，彻底改变了传统战场空间相对狭小、相对分割的面貌，形成了多维一体的信息化战场。

第五，信息化战争的核心要义是体系对抗，即交战双方依托以信息化作战体系为核心的信息化战争体系进行对决。因此，体系作战能力成为制胜的关键，战争胜败取决于谁的体系更先进、更完备，谁的体系抗毁、抗扰性能更强，谁的体系缝隙更小，谁的体系“短板弱项”更少。作战行动将围绕信息的获取、处理、传递、共享和保护而展开，从“看”到“打”路径更短更可靠的一方将赢得主动，信息获取全面、信息处理及时、信息传递顺畅、信息共享高效、信息防护有力的一方将占据优势。

二、信息化战争的形成与发展

信息化战争与人类其他社会活动一样，也要经历一个从萌生、形成、发展到成熟的过程。正确认识信息化战争的发展过程及其规律性，有助于人们把握信息化战争的本质，从而确立军队发展的方向和建设重点，有助于针对性更强地推进战争理论的研究与发展。

（一）第一台电子计算机问世，标志着信息化战争力量开始萌生

人类在认识和改造世界的过程中，经历了多次信息革命。理论界认为，迄今为止，人类社会已经发生了五次信息革命。第一次信息革命以语言的产生为标志，它标志着人类反映、接收、传递、交流和分析加工处理信息的能力有了一个质的飞跃。第二次信息革命以文字创造为标志，它促进了信息的大量积累和广泛传播，加强了人们的社会交往，增强了人类改造自然、发展生产的能力，扩大了人们的社会活动范围与规模。这是一次信息载体和传播手段的重要革命。第三次信息革命以印刷和造纸术的发明为标志，它使人类知识的积累和传播突破了历史、时空和地域界限，使信息可以广泛传播于世界的各个角落，对科学技术的推广、文化教育的进步、社会事业的发展产生了极其深远的影响，为人类进入近代文明奠定了基础。这是一次信息记载和传播手段的更深远的革命。第四次信息革命以无线电技术的发明为标志，它作为人类最早利用电能传播信息的创举，是信息由物质传播转化为电传播的一次新的革命，它进一步打破了人类交流信息的时空界限，任何人和机构要想控制信息的传播已不太可能。然而，到了以微电子技术与现代通信技术和计算机的结合为标志的第五次信息革命，才是现代意义上的信息革命。计算机不仅用于经济，同时也用于国防，推动着战争体系向信息化发展。20 世纪 50 年代人类社会开始信息化进程之后，很自然地把军队带入了信息化发展的道路。到 60 年代，美国军队就开始重视信息的作用，只是没有明确提出信息化建设的概念。到 70 年代中期，美军在信息、空间监视、远程导弹等方面已完成了一系列革新，这标志着信息化战争力量开始出现。

（二）海湾战争出现信息化战争的征兆

1991 年 1 月 17 日至 2 月 28 日发生的海湾战争，出现了信息化战争的征兆。虽然美国国防部将其认定为人类社会刚刚进入信息时代的第一次信息化战争，但从战争手段及作战体系特征看，海湾战争仍然是一场由高技术支撑的机械化战争，只是显现了信息化战争的征兆而已。对此可从以下三个方面分析：一是从社会信息化背景看，当时只有单项信息技术，网络化程度还很低；二是从美军信息化进程看，美军自海湾战争后才真正全面开始数字化方面的建设工作；三是从信息化战争理论发展看，海湾战争没有真正意义上的信息化战争理论做指导。战前，美军对于信息化战争尚处于自发性的学术研究之中，并未形成系统的理论，

因而也不可能用以指导战争,美军信息化战争理论是受海湾战争的“刺激”之后才真正发展起来的。

(三)科索沃战争是信息化战争形态的萌芽

科索沃战争发生于1999年3月24日至6月10日。这场战争是在全球进入信息社会的情况下爆发的,信息作战和信息化武器装备发挥了一定作用。一是依托信息优势实施的远程、中程和近程精确打击成为基本手段。精确制导弹药的使用由海湾战争时的8%上升到35%,而摧毁的目标却占南联盟被毁目标总数的74%,与海湾战争相比已经发生了质的变化。二是成功地使用了C^4ISR系统实施战区外战役指挥与战区内战术控制相结合的作战指挥,大大提高了北约部队尤其是美军指挥控制系统的可靠性和生存能力。三是交战双方初步展开信息对抗。北约方面实施了战略、战术级信息作战:战前制造舆论攻势,严密控制战时报道,集中打击对方的传媒设施,高频度实施心理战宣传,实施多种方式的综合侦察监视;保持战场透明,大量实施电子战,利用战场信息系统实施毁伤评估,对南联盟实施全方位信息封锁;等等。南联盟方面则针锋相对,利用既有技术条件,以民心士气的激励对抗心理攻击,以传统手段与高技术手段相对抗,采取多种方式实施网络战,削弱了多国部队的信息攻击效果。在此次战争中,信息化武器运用较普遍,作用较突出,方法较灵活,效果较显著,初步显现信息主导作用。这些,都是海湾战争无法比拟的。

(四)伊拉克战争中信息化战争形态进一步显现

2003年3月20日,美国联合英国等盟国,以伊拉克拥有大规模毁伤性武器为借口,发动了推翻萨达姆政权的伊拉克战争。此时,美国已建立了比较完善的信息化战争体系,与伊拉克的机械化战争体系显示出巨大的“时代差”。这种“时代差”体现在:美方拥有战场感知、指挥控制、联合作战、特种作战、远程精确打击、机动力和火力等全方位的绝对优势,因而拥有更多的战略战术选择,拥有更多弥补失误、调整部署的时间、空间和手段;而伊军打的是传统的平面战争,对敌人看不清、够不着、打不准,全方位的劣势使伊军即便找到相对正确的战略战术,也缺乏实现这种战略战术的时间、空间和手段。战争中,美军的作战力量和作战行动向一体化方向发展,联合作战能力大幅提升;在天基系统的支撑下,信息支援和信息攻击能力明显增强;精确作战成为美军主要的作战样式,并开始尝试精确保障,增强保障效益。这些都表明,美军的信息化战争能力进一步增强,现代战争向信息化战争形态发展的趋向更加明显。

第二节 信息化战争的主要特征

信息化战争有着不同于机械化战争的特点。从总体上认识信息化战争的基本特征,才能把握信息化战争的规律,从而驾驭信息化战争。

一、武器装备高度信息化

武器装备是进行战争的武器系统,也是不同战争形态的首要标志。工业时代的机械化战争,以机械化武器装备为物质基础,使用坦克、飞机、枪炮之类的机械化兵器展开对抗。信息化战争作为一种新型的战争形态,主要运用以计算机技术为核心、以信息技术为基础的一体化武器装备系统进行对抗。其武器装备系统的显著特征是高度的信息化，主要包括信息攻防武器系统、单兵数字化装备和指挥控制系统（C^4 ISR），它们将战场有机地联结为数字化战场，实现了战场情报、通信、指挥、控制、战斗勤务支援、软杀伤和硬杀伤等功能的一体化，从而使呈现出完全不同于机械化战争的崭新面貌。

二、战争能量释放形态信息主导化

战争中能量的释放形态，是战争形态的一个重要标志。战争形态的形成，与战争中使用的主要兵器装备的技术及其能量释放形态有密切的关系。冷兵器战争中，能量释放形态主要是依靠人的体能；热兵器战争和现代机械化战争以及核战争中，能量释放形态是热能，包括火药爆炸的化学热能，核裂变、核聚变的物理热能。热能与体能是不同质的能量，从体能到热能是能量释放形态的飞跃，热能必定战胜体能。因此，冷兵器战争形态向热兵器战争形态的转变，是战争形态的革命性变化。

信息化武器装备释放的仍是热能，但能量释放形态却发生了根本性变化。战场探测预警、情报侦察、精确制导、电子对抗、作战指挥与控制、通信联络、火力打击等综合能量的释放，都高度依赖信息。可以说，信息化战争中的能量释放形态，是信息主导的能量释放形态。这一方面指信息化武器装备的能量释放，另一方面指传统武器在信息技术主导下的能量释放。信息本身可用于软攻防作战，如病毒与反病毒、黑客与反黑客等。信息化战争中的能量释放，不仅注重能量释放的精确性，而且注重能量释放的有效性。同时，这种信息主导的能量释放还便于同人工智能结合，在组织指挥领域发挥效能。由于信息主导的能量释放形态是可控制的能量释放形态，是扩大新的空间的释放形态，是人机结合的智能的能量释放形态，是软硬结合的能量释放形态，是系统化的能量释放形态，因而信息主导的能量释放形态与一般的热能释放形态相比，是能量释放形态质的跃升，是机械化战争形态向信息化战争形态转型的基本标志。

三、战场空间多维一体化

20 世纪之前的战争基本上是在陆地和海洋进行，战场是平面的、一维的。第一次世界大战后期，当时的机械化战争新秀——飞机，首次运用于战场，虽然主要用于执行战场侦察任务，但是开辟了陆地和海洋之外的战场新空间——天空。第二次世界大战时期，大规模的空战和飞机轰炸将空间争夺几乎发展到了极致，二战时期和二战后的主导战争形态——机械化战争，是以陆、海、空为基本领域的三维对抗。战场空间由陆、海、空三维组成。

19 世纪末无线电远距离通信技术被引入军队通信，解决了海上远距离通信的难题。1904 年 2 月爆发的日俄战争首次在战场上使用无线电通信联络，并出现了侦听无线电信号、对敌电磁通信进行干扰的活动，标志着以电子干扰影响和阻断敌信息联系的通信电子战开始萌芽，人们意识到新的战争空间——无形的电磁空间正在形成。经过一战、二战和二战后几场局部战争，以电磁通信为核心的电子战发展为电子侦察、电子干扰、无线电欺骗、模拟佯攻等多种样式。电子战成为现代战场作战的重要组成部分，电磁空间已经成为独立的战场争夺空间。

二战后，高空物理、天体物理和航天技术的发展，促使人们将探索的目光投向从未涉足过的太空。人造卫星、航天飞机相继上天，标志着人类的活动领域已经扩展到太空。许多国家已经着手组建航天部队,并提出了高边疆战略和“制天权”学说,将战争的空间扩展到了太空。我们熟悉的计算机网络技术首先用于军事通信领域,而且当前计算机网络已经成为军队日常管理和作战指挥中必不可少的一部分。对网络的破坏、干扰和防护已经成为军队作战的重要组成部分,围绕计算机网络空间的攻防斗争已经成为现代战场作战的重要部分,计算机网络也已经成为现代战场的一个组成部分。至此,六维战场空间形成了,而且信息化战争的战场空间形态,由以陆、海、空、天、电磁等为主体的实体空间,向以网络、人的认知领域等为主体的虚拟空间扩展。实体空间与虚拟空间相结合,成为信息化战争战场空间形态的基本特点。信息化战争的作战行动,不但在传统的陆、海、空、天、电磁等领域展开,而且还将在网络、人的认知领域等虚拟空间进行激烈的争夺。2011 年美军猎杀本·拉登,虽是小规模作战行动,却采用了天地一体、前后方一体的联合作战方式。

四、作战行动实时化

对于信息化战争,作战行动的实时化是指部队能够实时获得战场信息,实时作出决策,实时采取行动,实时完成打击。在传统战争中,作战的时效性并不突出,信息的“生命周期”相对比较长。例如农业时代的战争,前方的信息几天后传到后方,仍然具有重要的价值,将帅据此仍然可以作出有效的作战决策。机械化战争中,信息的时效性大大缩短,几小时或几分钟后,原来的信息就可能失效。在信息化战争中,几分钟前有效的信息,转眼间就可能变得毫无价值。因此,运用先进的信息技术,实时获取信息、实时进行决策、实时采取作战行动,就成为信息化战争的重要特征。同时,时间要素急剧升值,成为影响交战双方作战能力的重要因素。一是精准把握时间和精确统一时间,成为实施全域自主作战的基本保证。二是“瞬时交战”成为可能,高超声速武器、电磁脉冲武器、“脑瘫”武器等新机理武器大量运用于战场,“秒杀”趋于常态化,极大地缩短了战争时间。三是制时间权成为夺取战争主动的重要砝码,掌握了制时间权,就可以先敌判断、先敌决策、先敌行动,始终把控战场主动和战局发展。

五、打击目标精确化

从某种程度上讲,未来信息化战争实质上是精确化战争。一是精确化的目标控制,即精选敌人的重心和要害作为打击目标,把附带损伤控制在最低程度。二是精确化的火力控制,即根据不同的目标性质,以及目标周围的军事与非军事目标的情况,确定各种精确打击火力的运用,实现巡航导弹、空地导弹、地地导弹、联合直接攻击弹药、防区外打击武器的最佳搭配,获得理想的打击效果。三是精确化的打击强度,即根据作战需要控制精确打击的规模和程度,避免打击力度不足或打击规模失控。在近几场信息化局部战争中,精确化打击不仅降低了战争风险,而且减少了作战消耗,大大提高了作战效费比。随着 C^4ISRK 系统和战场信息化体系的日臻完善,军队的侦察预警、机动定位、指挥协调、信息传递、毁伤评估等方面的精确能力将极大提高,使精确作战成为信息化战争的基本理念。

六、信息系统成为作战双方的主要打击目标

机械化战争的制胜之道,主要是通过大量杀伤、消耗敌有生力量,毁灭敌国战争资源来改变作战双方力量对比,从而最终赢得胜利。随着科技的发展、文明的进步,以及对战争研

究的深入，人们逐步意识到战场上打击并歼灭敌有生力量，并不是战争胜利的唯一途径。随着军队侦察探测、指挥控制和远程精确打击能力的大幅度跃升，以及战争实践的发展，人们发现：通过精确打击敌军作战体系的重心——计算机、通信、指挥、控制、情报搜集、侦察监视及杀伤系统(即 C^4ISRK 系统)，可以瘫痪敌军作战体系，从而无须歼灭敌重兵集团就可以使敌军各部队陷入“看不见”“听不到”“摸不着”的混乱状态，迫其各自为战，直至丧失战斗意志，缴械投降。因此，在信息化战争中，消耗战、歼灭战的观念逐渐改变，瘫痪战的观念逐步确立。

在信息化战争中，战场认知系统、战场通信系统和指挥控制系统是构成信息化战场的三个主要和基本的支柱。战场认知系统是获取战场情报和收集战场信息的关键，是实现正确的决策、指挥的基础；战场通信系统主要是指战场信息的传输系统，它是战场的“神经中枢”，也是进行正确决策、指挥、控制的保障；指挥控制系统主要是指战场上的各级作战指挥机构，它是战场的终端。在信息化战争中，三大系统在战场上具有突出重要的地位，其存在与否、能否发挥作用直接制约着战争的胜负，因此成为信息化战争中攻防双方进行战场打击的重心，通过瘫痪这三大信息系统，就能够迅速达成战争目的。

七、制信息权成为战场争夺的核心和基础

制信息权，是指在一定的时空范围内控制战场信息运用的主动权，主要表现在信息获取、信息传递、信息处理、信息压制四个基本环节中。信息化战争强调把夺取和保持制信息权作为联合作战的首要行动并贯穿作战始终，通过对信息的获取、利用和控制，支配其他作战行动。因此，制信息权是现代战场争夺的“第一基点”，是争夺制空、制陆、制海、制天等主动权的基础。

首先，信息化战争中的战场作战是敌对双方多维作战力量组成的作战体系之间的较量，信息是沟通陆、海、空、天战场，实现多维作战力量一体化的主要依托。在信息化战争中，信息是核心资源，它与物质、能量一起构成了信息化战争的力量基础，在战争力量构成中起着黏合剂与倍增器的作用。具有信息优势的一方，能够把各作战部队、单兵及作战平台有机地联结为一个整体，从而构成一体化的作战力量，对敌方实施高效的打击和控制；而不具备信息优势的一方，则无法了解“我在哪里，敌人在哪里；我在做什么，对手在做什么”。因此，信息化战争的一切作战行动，将主要围绕制信息权的争夺而展开。

其次，信息化战争中信息攻击和信息防护的相互斗争，将最终发展成为围绕夺取制信息权而展开的信息作战。信息作战是一体化联合作战中夺取胜利的关键。信息作战的主要任务是破坏、瘫痪敌方的信息系统，干扰影响敌方信息的获取、处理、传递和利用，保护己方信息和信息系统的安全。从这个意义上说，信息化战争中的一体化作战行动将突出地表现为信息作战。从近几场带有信息化特征的局部战争中可以看出，信息作战贯穿于战争的始终。实施信息作战，可以为己方夺取和保持制空权、制海权、制电磁权等创造前提条件；可驱散己方“战争迷雾”，加重敌方“战争迷雾”；可提高己方指挥效率，充分把握和利用战机；可提高己方武器的打击命中率，大大强化作战效益。因此，信息作战较量的结果，将直接决定战场主动权乃至战争的胜负。力量占优势的一方，如果失去了制信息权，也将成为“瞎子、聋子和靶子”，陷入被动和挨打的困境；力量占劣势的一方，如果掌握了制信息权，则可由此夺取战场主动权。

八、基于网络信息体系的联合作战能力成为战斗力的基本形态

战斗力的基本形态,是指在特定的战争形态下,在一定的社会经济基础和科学技术基础上作战能力所体现出来的基本状态。所谓基于网络信息体系的联合作战能力,就是以打破军兵种和部门局限的电子信息系统为纽带和支撑,各种作战要素、作战单元、作战系统相互融合,将实时感知、高效控制、精确打击、快速机动、全维防护、综合保障一体化集成,所形成的具有倍增效应的联合作战能力。信息化战争的基本作战形式是联合作战,实施联合作战的可靠战斗力,是基于网络信息体系的联合作战能力。随着网络信息技术在军事领域的广泛运用,诸军兵种一体化联合作战已经成为基本作战形式,赢得战争胜利的关键在于充分发挥网络信息体系的涌现性和敏捷性,实现各级指挥机构密切配合、各种作战力量综合运用、各类武器装备优势互补。未来一个时期,借助大数据技术、网络信息技术、人工智能技术的发展,联合作战的指挥能力、协同能力、保障能力还将进一步提升。依托先进的网络信息系统和先进技术手段,传统作战空间、新型作战空间军事行动有机结合,陆、海、空、天、电、网作战力量有机结合,侦察情报、指挥控制、立体突击、全维防护、综合保障等行动有机结合,联合作战将更加呈现出多领域联动、全要素联动、人机互动的一体化作战特征。联合作战的层次,从战略、战役层次联合向战术层次联合作战拓展,从联合指挥决策向一线平台自主协同拓展。联合行动的方式,从任务协同、行动协同向技术协同延伸。

九、软杀伤与硬打击有机结合成为作战的普遍法则

从近几场信息化战争的实践来看,软杀伤与硬打击组合运用已经成为信息化战争作战的鲜明特征。一方面,随着信息化战场的形成,电子领域、网络领域、心理领域的斗争更加激烈,交战双方主要运用信息和信息系统在电子空间和网络空间进行"软"攻防对抗,这种"不流血的战争"蕴含着巨大的破坏和毁伤能力。另一方面,信息化战争并不排斥传统的硬打击方式,而是通过信息化的软杀伤与传统的硬打击的有效组合,使硬打击效果更佳。这种"软"与"硬"的有效组合,既可以成为强者宰割弱者的利器,也可以成为弱者对抗强者的手段。

信息化战争中软杀伤与硬打击的有效组合,主要体现在三个方面。一是电子杀伤与物理摧毁并举。近期几场局部战争表明,暴风骤雨般的电子压制通常是战争开始的序幕,然后伴随着强大的火力打击和硬杀伤。在未来信息化战争中,软硬一体化的电子对抗必将成为争夺战场主动权的关键。二是网络攻击与火力攻击并重。在传统战争中,集中兵力与火力对敌实施硬打击是夺取胜利的基本方法,而在信息化战争中,火力打击作为一种硬打击仍然发挥重要作用,但网络攻击等新的软杀伤方法,也成为重要的制胜手段。三是心理战与歼灭战结合。信息化战争中,心理战上升到战略地位,已经超出单纯的军事斗争领域,拓展到政治、经济、外交、文化等各个方面。信息化战争中的心理战将贯穿战争的始终,通过有效震慑敌方军民心理,摧毁和剥夺其抵抗意志,极大地提高战争效益。因此,软杀伤与硬打击相互配合,成为信息化战争的基本战争手段。

第三节　信息化战争的发展趋势

伴随新兴技术的发展，信息化战争正越来越多地融入智能化因素，成为具有智能化特征的信息化战争。纵观人类战争发展史，冷兵器时代的战争以体能为主导，兵多将广、兵强马壮是制胜关键；机械化时代的战争以机械能为主导，强大火力和机动力是制胜关键；信息时代的战争以信息为主导，制信息权是制胜关键；智能时代的战争以智能为主导，抢占人工智能制高点是制胜关键。

一、战争制胜机理发生变革

与传统战争相比，智能化战争军队编成和作战方式等都将发生颠覆性变革。打赢未来具有智能化特征的信息化战争，必须不断创新智能化作战方式研究，准确把握相应的制胜机理。

第一，智能制胜。随着战争形态不断向智能化方向发展，智能优势成为以信息优势为基础的“进阶”优势，制智权代替制信息权成为战争综合控制权的核心。一是夺取制智权行动居于整个作战活动的首要和优先地位，作战双方将首先围绕军事智能活动的感知、推理、判断等各个环节开展激烈对抗。二是出现直接攻击敌作战体系和人员智能的新型作战样式，如通过极速点穴战，摧毁敌军事超算中心、数据中心等；通过泛在网络战，扰乱敌指挥中枢和智能武器操控系统等。三是随着数据化技术的广泛应用，武器系统正在“软化”，作战思想和方法正在“物化”，大数据成为作战筹划和决策的依据，更成为作战规划的基点。

第二，虚拟主导。20 世纪下半叶以来，人类军事活动领域开始从陆海空“老三维”进入宇宙空间、信息空间和心理空间(美军认为是认知空间)“新三维”。这就打破了传统实体战争空间的约束，使人类的作战方式和战争形态发生了巨大变化。有人将宇宙空间、信息空间和心理空间构成的没有国界的无限无影无形空间称为虚拟空间、虚拟领土。信息时代，一个国家政治、经济、科技、文化、军事的安全，不再仅仅局限于陆海空这些现实领土，而在很大程度上取决于是否有能力夺取并管辖好虚拟领土。如果一个国家不能拥有“制虚拟领土权”，那么其保护传统领地的能力就很值得怀疑。换言之，“制虚拟领土权”是新的军事制高点。未来，谁控制了更多的虚拟领土，谁就拥有更多的主动权。

第三，人机融合。具有智能化特征的信息化战争是人机一体的战争，人的智能与武器的性能融为一体，赋予武器以智慧和灵性。战争中，对抗双方人机融合的程度，成为制胜的重要条件。一是人机交互混合智能提升指挥决策水平。脑机双向通信技术能够综合人脑与电脑的各自优势，形成超越人类智能的混合智能，人类主导、机器辅助，共同实施战略战役决策。二是智能化辅助决策不断发展。现有依托网信体系形成的战场信息优势，将不断向依托人工智能形成的战场认知优势转变，系统间以知识为中心实现智力共享，为达成决策优势提供群体智力支撑。三是自主控制提高指挥控制效率。具备开放性、自学习进化能力的人工智能系统，可部分替代人指挥控制战术级甚至战役级作战力量，并可通过机器指挥机器，几个人即可指挥上万台机器，指挥控制效率大大提高。

二、作战体系对抗进入由智能带动、智能比拼主导的新阶段

随着军事智能技术的深入发展和广泛运用,作战体系的形态将出现智能化变革,作战体系对抗将更为精准、更为灵巧、更为高效,体系对抗进入智能主导新阶段。

即时优势制胜成为体系对抗的重要方式。智能化作战体系依托广域分布的智能化传感器、作战平台(有人/无人)和战斗员,使它们实现在时间上同步、空间上一体、效能上聚焦,能够围绕同一作战目的,瞄准对手作战体系的多个重要节点,同时实施多域、跨域并行行动,展开自协调、自适应的大空间协同动作,在特定时空点上形成对敌绝对优势。战时,拥有显著智能优势的一方,能够制造更多的即时优势窗口,有效掌握战场主动。

智能体系进攻成为主导性作战形式。进攻与防御历来就是作战的两种基本形式,在智能化时代依然如此。但随着信息化深入发展特别是智能化作战体系的建立,进攻与防御的地位正在悄然发生变化,进攻的主动性有利性进一步凸显,越来越成为主导性的作战形式。相对而言,在智能化条件下纯粹的防御局限性越来越大,尤其是面对诸如对手经常通过网络对社会基础设施实施的智能进攻。这就意味着,军队越来越要作为一支进攻性、震慑性力量存在,紧盯对手、威慑对手,通过形成和显示强大的进攻能力来达成防御目的。

智能体系的韧性比拼日益凸显。所谓智能体系的韧性,是指智能化作战体系抵御各种打击、破坏的能力。目前,世界主要国家着力提升作战体系的抗干扰能力、抗打击能力、复杂环境下适应能力、损害后的恢复能力、自我完善成长能力。在智能化时代,这种韧性比拼将贯穿体系对抗的全过程和各方面,既是体系对抗的重要内容,又是衡量体系能力强弱的重要标志。

三、分布式并行作战成为基本作战形式

智能网络延伸到广域分布的智能传感器、作战平台和单兵系统,使它们实现时间上同步、空间上聚焦,能够在相同时间基准内展开大空间协同动作,这就使分布式并行作战成为基本作战形式,真正实现跨域即时优势制胜。

广域分布。未来智能化战争中,各作战单元、要素在智能化的指挥控制系统统一调控下,可实现多维大区域分散部署,陆、海、空、天、网电和认知多维跨域编组、协调运用、整体增效。

瞬发并行。并行意味着高效。未来智能化战场,用于侦察监视、跟踪识别、评估判定等方面的传感器,能够及时发现多维空间内的各种目标和对方的行动,信息处理、传输、分发的实时化,使各作战单元能够根据战场情况的动态变化,在不同的战斗空间、以不同的战斗手段,围绕统一任务和共同目的,迅速作出判断和决策,并及时采取行动,从而实现各战斗力量之间自主协同基础上的快速并行作战。包括:作战时间上保持同步,即多点同时实施作战行动;作战空间上保持同步,即在广域分布、多维立体的空间中实施作战行动;作战层级上保持同步,即在战略、战役、战术三个级别上相互融合、上下贯通,同步实施作战行动;作战单位间保持同步,即在不同作战单位间可实施有效联动,保持整体上的内部互动。

多域聚优。未来的对抗不再是单域对单域的激烈对抗,各战场之间的流动性、关联性、耦合性大为增强,一域之强并不代表全局之强,一域之弱也不一定是全局之弱,各单元、各要素均可根据任务需要极大突破原有任务空间界限,通过大容量、高速度、低延迟的网络,将分

散部署的各种优势作战力量汇聚起来，形成基于网络信息体系的全局联合作战体系，实现优势力量全局分布、全局联动、全局发力，发挥战略布局优势、力量结构优势、体系支撑优势，实现各种优势的重组重构重塑，以在选定的时空点上形成更大的联合优势。

四、智能化作战样式不断出现

随着以智能技术为主导的新一轮军事革命快速深入发展，智能化作战样式正露出端倪，以下几种作战样式将在未来陆续登场。

第一，无人集群战。即以智能无人集群编组或少量有人战斗系统与智能无人集群搭配的人机混合编队，模仿自然界动物群体，以自主协同模式执行军事任务的作战样式。例如，由智能无人机集群组成的“蜂群”，由智能无人艇、无人潜航器组成的“鱼群”，由无人车或地面战斗机器人集群组成的“狼群”，可执行广域态势感知、饱和攻击耗敌、要地巡逻封控等任务。当然，这种“无人集群战”并不是真的无人，而是由人主导，借助人工智能、虚拟现实、量子计算等最新技术，采用人机协同的方式，充分确立人对智能化武器系统的“幕后操纵者”地位，牢牢把握战场主导权，做到“平台无人、系统有人，前线无人、后方有人，行动无人、指挥控制有人”。

第二，极速聚能战。即利用智能化军事体系的并行化、迅捷化特征，通过快速的打击节奏，释放高强度的武器能量，在超短时间内摧毁敌目标、瘫痪敌体系的作战样式。极速聚能战将战争以快制慢的机理发挥到极致，使作战行动能够瞬间完成，使敌无法组织有效应对。这种作战本质上是信息化战争中远程精确打击在智能化时代的升级版，是智能化战争中的基础性作战样式，表现为极速认知决策、极速协同打击、极速聚能毁瘫；其突出特点是快、准、狠，运用高速动能、高能激光、高能粒子束、高功率微波等新概念定向高能打击武器，在智能系统的规划控制下，瞬时并发、灵巧搭配，对远距离目标实施精确释能、瞬时摧毁；与天基平台结合，可实现在全球范围内的快速打击。

第三，智能控知战。即运用智能化军事手段攻击、扰乱、控制敌心理认知或无人作战系统智能认知的作战行动。基本战法是渗透瓦解、攻网夺智，包括快速分析找到对手智能机器的编码，影响或改动其中的关键智能程序，导致敌智能武器损毁或倒戈；瘫痪敌指挥中枢，智能分析对方指挥体系综合态势和指挥员的社会知识系统，精确攻击其指挥中枢的认知能力，使敌作出错误决策或丧失指挥效能；事先针对特定受众心理特征，制造假信息、假视频、假音频，针对敌侦察探测设备特点，制造虚假雷达信号、通信信号等，同时对己方目标和部队实施智能遮蔽，诱敌判断失误。在交战双方出现较大智能差距的情况下，智能化程度较高的一方可以通过极高的速度、极强的同步以及大量的无人平台，对敌形成巨大心理威慑，使敌作战人员认为毫无胜算而放弃继续作战的意志。

第四，仿生特种战。即利用仿生机器人或者穿戴特制仿生装备的特种作战人员实施的特种侦察、引导打击、破袭作战、夺控要害、人员营救等特种作战样式。目前，智能机器狗、机器鱼、机器鸟等仿生装备发展很快。特别是基于纳米技术、新能源技术设计的仿生昆虫、间谍植物等能够长时间、近距离与敌伴生，即使被看到也很难被甄别。伪装成鼠类、昆虫等生物的微型仿生多功能机器人，携带侦察设备和高能炸药等，可隐秘接敌甚至附着在目标上，适时引爆高能炸弹或电磁炸弹，摧毁敌关键人员、关键设备、关键网络、关键节点；穿戴智能仿生装备、突破人类生理极限的特战人员，具有超强的负重力、耐久力、机动力、感知力、防护力和火力,再加上运输机器人、战斗机器人、医疗机器人的支撑,可携带大量弹药和补给,长时间远离基地遂行特种作战。

第五,智能瘫网战。即利用智能化网络攻防武器攻击敌信息网络,致其瘫痪失能,同时保护自身信息网络不受攻击的作战样式。智能瘫网战的主要目的是破坏敌网络系统的重要功能,进而削弱其体系作战效能。它主要运用智能化网络攻防手段,实现自动检测漏洞、分析威胁、破译密码,并自主作出判断决策,自动改变网络配置、完成漏洞修补,甚至针对敌方网络漏洞自动设计制造出智能化网络病毒,隐秘植入、视情激活,使网络战行动更加迅捷快速、先敌一步,攻击更准更狠更强。

第六,外层空间战,亦称太空战。即"以军事航天力量为主,在外层空间进行对抗的活动。包括外层空间的攻防行动,以及外层空间与空中、地面、海上之间的攻防行动"①。近期几场局部战争中,美军的作战体系展现出强大的非对称整体优势。在美军这一体系中,70%以上的通信、80%以上的侦察、90%以上的导航和几乎100%的气象任务都由太空系统完成。这表明,谁是太空军事力量的强者,谁就是主宰战场的王者;谁占据太空优势,谁的胜算就大;谁具有制天权,谁就握有主动权。美国在太空探索特别是太空军事化方面一直走在世界前列。2020年8月,美太空军首部作战条令《太空力量》正式发布,强调从物理、网络、认知3个维度认识太空作战。太空战的作战样式有卫星攻防战、空间反导战、空间作战平台攻防战、天基对地攻击战等。② 随着战争形态演变,围绕太空的斗争日趋激烈。太空战将发展到从陆地、海洋、空中和空间对敌方的航天器进行攻击作战,从空间对地球表面的目标进行攻击作战,以及空间武器直接对抗,对作战双方的战争进程和结果产生重大影响。

信息化战争登上人类历史舞台并加速向智能化战争演进,必然要求世界各国将自身的国防建设推向新境界。只有正确认识新的战争形态对国防建设提出的新要求,才能推进中国特色国防建设又好又快地发展,使我们牢固树立打赢现代战争信心,不断增强打赢现代战争能力。

思考题

1.如何理解信息化战争形态的科学内涵?

2.信息化战争有哪些基本特点?

3.信息化战争的发展趋势是什么?

---

① 全军军事术语管理委员会、军事科学院:《中国人民解放军军语》(全本),军事科学出版社2011年版,第75页。

② 《中国军事百科全书(第二版)学科分册·军事战略》,中国大百科全书出版社2007年版,第99~100页。

信息化装备篇

第十七章 信息化装备概述

信息化装备,是在机械化装备基础上发展起来的新型装备,并将成为信息化战争的主战装备。发展信息化装备,既是新军事革命的基本内容,也是建设信息化军队的关键所在。本章主要介绍信息化装备的内涵和分类,信息化装备对现代作战的影响,信息化装备的发展及展望等内容。

第一节　信息化装备的内涵和分类

一、信息化装备的内涵

信息化装备,是采用先进信息技术,具有共享信息能力,能适应信息化战争要求的装备。如精确制导武器,综合电子信息系统,加装了数据链和电子信息系统的飞机、舰船等。①

信息化装备是信息时代的装备现代化的显著标志。它以信息技术为基本手段,以实现武器装备互联、互通、互操作为基本途径,以提高装备之间的信息融合能力为基本目标,追求武器装备的信息力,提高火力、机动力和防护力。信息化装备有两个发展方向:一个发展方向是对机械化装备进行信息化改造和提升。在此需要强调的是:信息化装备并不是对机械化装备的简单否定,而是对机械化装备的改造和提升。形象地说,就是把计算机技术和信息技术以模块形式嵌入机械化装备之中,使机械化装备具备类似人的眼睛、神经和大脑的功能,从而使其综合作战效能倍增,满足信息化战争的需要。另一个发展方向是已经研制开放性的(可随时增添新型电子信息系统的)新型信息化装备。如指挥、控制、计算机、通信、情报、监视、侦察综合一体化的信息系统,计算机网络病毒,军用智能机器人,等等。

二、信息化装备的分类

按照信息化装备的功能,可以将其分为如下几类:

(一)信息化作战平台

信息化作战平台装有多种侦察和信息传感设备,与综合电子信息系统联网,可以及时而有效地获得敌方目标信息,控制各种武器系统实施快速、精确的火力打击。如装有大量电子信息设备,以信息和信息技术为核心的坦克、火炮、飞机、舰艇等武器载体。这些作战平台是

① 《中国军事百科全书·军事装备》,中国大百科全书出版社 2014 年第 2 版,第 800 页。

自动化指挥系统的节点,是自动化指挥系统发挥打击威力的重要物质基础。

发达国家的军队已经准备多种信息化作战平台,如M-1080型智能坦克、RAH-66“科曼奇”武装直升机、“联合先进技术”飞机、1.42战斗机、F-35战斗机等。1.42战斗机是俄罗斯研制的第四代作战飞机,机上装有雷达、激光、红外组成的火控系统,相控阵火控雷达的探测距离达400千米,可同时跟踪与识别1520个目标,同时攻击其中的68个目标,挂载的空空精确制导导弹射程达400千米,具有远、中、近距离全向、同时攻击多个目标和“发射后不用管”的能力。

(二)信息化弹药

信息化弹药能够获取和利用所提供目标的位置信息,修正自己的弹道,准确命中目标。信息化弹药的技术基础是精确制导技术。精确制导技术是指按照一定规律控制武器的飞行方向、姿态、高度和速度,引导武器的战斗部准确攻击目标的技术。它以微电子技术、计算机技术和光电转换技术为核心,以自动控制技术为基础而发展起来的高新技术。根据控制导引的方式,精确制导可分为自主式制导、寻的式制导、波束式制导、指令式制导、图像匹配式制导和复合式制导等。与普通弹药相比,信息化弹药的最大的优点就是飞行距离远、命中精度高、作战效费比高。在信息化弹药中,除了人们熟悉的导弹外,还有制导炸弹、制导炮弹、制导地雷、制导鱼雷等。

(三)综合电子信息系统

综合电子信息系统将指挥、控制、通信、计算机、情报、监视、侦察系统的功能融会贯通,把整个战场上各军种、兵种的武器系统、作战平台、保障装备连为一体,使战区内成千上万个火力单元与作战部队紧密配合,协调行动。例如一体化的指挥、控制、情报与侦察系统。

(四)单兵数字化装备

单兵数字化装备是士兵在信息化战场上使用的个人装备①,是一种将攻击、防护、观察、通信、定位等多功能高度集成的人机一体化装备。主要由一体化头盔分系统、单兵通信分系统、单兵武器、防护军服等几部分组成。

一体化头盔分系统,装有一体化的红外夜视仪、高分辨率平板显示器和微电子系统。士兵戴上它,可以接收指挥所传送的各种信息,并能把侦察到的各种情况实时地报告给指挥所。

单兵通信分系统,包括对讲机和具有全球定位功能的超微型计算机,用于无线电联络、方向定位和战斗识别。

单兵武器,包括激光枪、电子-电磁武器、高灵敏度反单兵雷达等,它们装有红外探测器、高效瞄准具,集观察、瞄准、射击于一体,能完成昼夜监视、跟踪、精确射击等任务。

防护军服,包括护身甲、背负装备、制式服装和微型空调器,不仅可以使士兵防核、生、化沾染和弹片侵袭,还可抵御严寒和酷暑,保持良好战斗状态。

(五)信息战装备

信息战装备是以电子战和计算机网络战为主要作战手段,以争夺和保持战场信息的获取权、控制权和使用权为目的,以敌方信息装备为主要攻击目标的武器装备。② 对于夺取战

---

① 《中国军事百科全书·军事装备》,中国大百科全书出版社2014年第2版,第801页。

② 《中国军事百科全书(第二版)学科分册·军事装备总论》,中国大百科全书出版社2008年版,第48页。

场信息优势具有至关重要的作用。主要由电子战装备和网络战装备构成。

电子战装备,是用以争夺和保持战场电磁频谱控制权和使用权的武器装备。[①] 能削弱和破坏敌方电子设备和系统的使用效能,同时还可保护己方电子设备和系统的使用效能。包括电子侦察装备和电子对抗装备两个部分。

网络战装备,是用以争夺和保持战场网络空间控制权和使用权的武器装备。[②] 通过计算机网络空间向敌方攻击的主要作战装备是计算机病毒武器。随着计算机在武器装备和军事行动中的广泛应用,计算机已成为高技术信息系统和武器装备的核心,计算机病毒武器也随之产生。计算机病毒武器可通过某种手段或途径把病毒"投掷"至敌方的计算机网络上,使其无法正常工作甚至瘫痪。计算机病毒武器正在成为信息化战争中主战装备的新领域。国外专家预言,计算机病毒武器可能成为21世纪战争胜负的重要砝码,是继核武器、航空母舰等划时代武器装备之后的又一重要威慑力量。

三、信息化装备的特点

综合来看,信息化装备主要具有以下特点:

(一)命中精度高

非信息化装备的一个弱点是命中精度不高,因此容易贻误战机,给敌人有反击的机会。同时,为了摧毁一个目标,往往要消耗大量的弹药才能奏效,这对作战也很不利。据统计,在第二次世界大战中,航空炸弹的命中概率仅为7%,大口径舰炮为1%~3%,鱼雷为15%,这就是说,有85%以上的弹药错过目标。而在海湾战争中,美军向伊拉克重要目标发射了288枚"战斧"巡航导弹,其中有259枚命中目标,命中概率高达89%以上。美军使用的激光制导炸弹,其轰炸圆概率误差仅为1.5米,而普通炸弹的圆概率误差为300~700米,这就是说,对点目标的作战效果,前者比后者高出数百倍。据统计,在射程为3~26千米范围内,普通炮弹圆概率误差为13~20米,而美军使用的"铜斑蛇"激光制导炮弹的误差小于1米。

(二)电子对抗性能强

现代战争中,信息化装备广泛应用先进的电子技术进行战场侦察、目标监视、作战指挥、通信联络、武器控制与制导,这一方面大大提高了作战能力和快速反应能力,另一方面也使敌方千方百计地实施电子干扰。很多情况下,信息化装备要在高度激烈对抗的战场环境中使用,需要排除各种干扰,及时发现目标并不断跟踪目标,以保证按照预期击中和毁伤目标。为此,电子对抗成为信息化装备运用中的重要作战能力和保障手段。运用电子对抗技术,实施电子对抗,目的就是削弱或破坏敌方信息化装备的电子对抗能力,同时又保护己方的这种能力,为掌握战场主动权,夺取战役、战斗的胜利创造有利条件。这种电子对抗能力,有的国家称为电子战能力或电子斗争能力。

(三)作战效能高

信息化装备的技术复杂,单发武器成本比较高,但它的作战效益更高。例如,一枚数万美元的反坦克导弹可以击毁一辆几百万美元的坦克,一枚百万美元的防空导弹可以击落一

---

① 《中国军事百科全书(第二版)学科分册·军事装备总论》,中国大百科全书出版社2008年版,第49页。

② 《中国军事百科全书(第二版)学科分册·军事装备总论》,中国大百科全书出版社2008年版,第49页。

架几千万美元的飞机，一枚20万美元的“飞鱼”反舰导弹曾击沉了一艘价值2亿美元的“谢菲尔德”号驱逐舰。同信息化装备相比，虽然常规武器单价要低得多，但用信息化装备完成同一作战任务消耗量少，所需费用要远远少于常规武器弹药。从近几场局部战争看，信息化装备的运用范围越来越广。在海湾战争中，美国空军使用占总投弹量3%的信息化弹药，对占总数40%的战略目标实施攻击，命中率超过80%。在伊拉克战争中，美英联军对伊拉克的空袭几乎全是信息化弹药。与海湾战争时相比，使用的信息化弹药射程更远，精度更高，弹头威力更大。许多信息化弹药具备了“发射后不用管”的自主识别和攻击目标的能力，战役战术制导弹药的命中精度，近程的已达0.1～1米，中程的小于10米，远程的为10～15米，与普通弹药相比，作战效益提高了100～1000倍，效费比提高了30～40倍。信息化装备的发展，不仅大大提高了武器作战效能，而且减少了弹药运送和兵器出动数量，减少了人员的伤亡。

(四)远程打击能力强

常规的火炮射程一般在几百米到20千米之间，目前使用的大炮的最大射程也只有30多千米，而且随着射击距离的增大和弹头飞行时间的延长，弹着点的误差也必然增大。而信息化装备中具有末制导的精确制导武器，随着射击距离的增大和弹头飞行时间的延长，或在中制导结束后转入末制导，导弹能自行修正同目标之间的相对位置，使弹着点的误差由大变小直至很小。由此可见，信息化武器装备与普通武器相比，具有完全不同的“射程-精度”规律和概念。普通武器的射程越大，误差也越大，命中精度也越低；而信息化装备则不同，含有末制导的精确制导武器不因射程增大而降低其精度，有些反而随着射程、制导时间的增大而使误差缩小到最小，从而提高了精度。

第二节 信息化装备对现代作战的影响

信息化装备是信息化战争的物质基础，是赢得信息化战争的重要因素。随着信息化装备的快速发展，战争形态正加速向信息化战争演变。在未来战争中，基于信息化装备的大量使用，体系对抗成为交战双方基本对抗形式，中远程精确打击成为决定性作战样式，网络聚能成为作战行动重要支撑，信息火力一体成为主要作战手段，作战空间由三维向五维拓展，作战节奏凸显以快制慢，“三非”(非线式、非对称、非接触)作战成为常态，“三无”(无人、无形、无声)战争初现端倪。具体而言，信息化装备对现代作战的影响突出表现在以下几个方面：

一、催生新的作战理论

伴随着信息化装备的发展，出现了一系列新的作战理论，如非线式作战、网络中心战、超视距作战、一体化联合作战等。其中，最具有代表性的是网络中心战和一体化联合作战。

所谓网络中心战，就是将各种分散配置的侦察探测、指挥控制和火力打击系统集合成统一高效的信息网络体系，使各级作战人员能共享战场态势信息、高效实施信息作战和精确作战的作战行动。它强调四个基本点：作战重心将由平台转向网络；信息既是战斗力，也是战斗力的倍增器；作战单元的网络化可“产出高效的协调”，即“自我协调”；可使指挥官以更多

的方式指挥作战，增强作战的灵活性和适应性。其关键要素有四：一是"信息结构"——使各种传感器联网的系统，这是网络中心战的基本物质条件；二是"战斗空间感知"——信息结构的建立能大大提高部队的战斗空间感知能力，使己方行动和战区地形变得"透明"；三是"实时协同"——不仅指挥官能采用适应性很强的指挥控制方式，各部队也能自觉地执行作战命令，成为"自我协同部队"；四是"最终效果"——前三项关键要素导致的最后结果是作战节奏加快，反应能力增强，作战风险降低，作战效能提高。[①] 由于信息化装备的大量运用，因而与工业时代的平台中心战相比，网络中心战的作战特点主要体现在：作战指导的思维模式发生根本变化——由平台中心战的大规模消耗战变成网络中心战的集约式精确作战，集中效能而不是集中兵力；从传统的诸军兵种协调作战，发展为基本战术单元的一体化联合作战；协同方式从过去以空间管理为基础的严格完善的作战计划，发展为根据战场态势感知进行自我协同与自我同步作战；作战行动的速度和节奏大大加快；作战指挥控制能力提高。

所谓一体化联合作战，是依托网络信息系统，使用信息化装备及相应的作战方法，在陆、海、空、天和网络电磁空间及认知领域进行整体联运的作战。[②] 信息化战争中的一体化联合作战，其特殊本质在于作战中使用的武器装备基本上实现了信息化、智能化，相应地带来了部队作战行动的多维力量一体化。它与机械化时代的联合作战区别在于，分布在战场所有空间上的各种作战力量，都能围绕统一的意图，自觉地协调行动，形成整体合力。因此，以机械化装备为基础的联合作战仅仅是"形合"，而以信息化装备为基础的一体化联合作战则是"神合"。

二、引发军队组织编制革新

军队组织编制革新，是信息化装备发展的必然要求。随着信息化装备的发展，各主要军事大国着眼发挥信息化装备在战斗力发展中的主导作用，纷纷加快推进军队组织体制由机械化半机械化的组织形态向信息化的组织形态转型，陆续组建了数字化部队、电子战部队、网络战部队、联合作战部队等新型部队。

一是军队构成技术密集。当前，世界各国普遍重视提高军队的技术含量。在军种结构调整上，普遍压缩陆军比例，增大技术含量高的海、空军的比重。在兵种结构调整上，重点是加强技术兵种的建设。陆军大幅度削减步兵，加强战役战术导弹、陆军航空兵、电子战部队等技术密集兵种的建设。即使对步兵，也通过不断增加信息化装备等形式提高其技术含量特别是信息技术含量。

二是部队编组一体多能。为了便于综合运用各种作战力量、作战方式和打击手段，提高实施"全维作战"的能力，外军部队的编组正由松散的合成化向高度一体化转变。未来的军事编组将可能是积木式、模块化的，各有关战斗单位可灵活运用固定合成与弹性合成等方式，根据任务随时进行混编、改制，并可在遭受损失后迅速"重组"；能够灵活应付各种可能的威胁，遂行各种不同的作战任务，并可节约用兵。

三是作战指挥体制强调联合。现代战争是联合作战，联合的关键是要建立联合作战指挥体制。在信息化装备发展的有力推动下，建立健全联合作战指挥体制成为各国军事改革

① 军事科学院世界军事研究部：《美国军事基本情况》，军事科学出版社 2004 年版，第 355 页。

② 《中国军事百科全书·作战》，中国大百科全书出版社 2014 年第 2 版，第 436 页。

的重点。特点是围绕联合设机构、配人员，将各军兵种、各系统、各领域人员编在一起、联在一处、融为一体，切实提高指挥体制的联合程度；强化作战指挥核心职能，将以垂直指挥关系为主的树状结构，改变为横宽纵短的扁平网状结构，实现信息传输快、保密性能好、失真率低、抗干扰能力强和生存率高的目标，最大限度地优化指挥流程、减少指挥层次；精简指挥机构，裁减机构和人员，建立人机一体化的指挥自动化系统，以提高指挥效能。通过联合化改造和高效化改革，使指挥体制无须变更指挥关系、无须明确指挥权限、无须重新进行指挥编组，即可高效、有序地指挥各种样式的联合作战行动。

三、改变现代作战方式

信息化装备和新的作战理论，导致新军事革命深入发展，推动战争形态由机械化战争向信息化战争演变，对现代作战方式产生了十分重要的影响。

一是夺取数据优势成为夺取战场综合控制权的核心。随着云计算、物联网特别是大数据等新兴信息技术飞速发展及其在信息化装备中广泛应用，数据优势有可能成为战争制胜的主导因素，推动战争形态由机械化、“机械化＋信息化”的初级阶段，向“智能化”高级阶段加速演进。在大数据时代，数据就是武器。数据的积累量、数据的分析和处理能力、数据主导决策的能力，将是获得战场优势的关键。如果说网络信息体系是信息化装备及其武器系统的“骨骼”，那么作战数据就是信息化装备及其武器系统的“血液”。大数据在装备领域的发展，标志着军队装备从建设信息系统到数据处理应用的阶段性转变。目前美军的大数据研发，重点是对数据本身及其采集工具、处理平台和分析系统的集成，统一管理“数据采集、传递、分析和应用”的全寿命周期。大数据技术不仅能够解决大容量数据的存储与维护问题，实现对大容量数据的分析与处理，而且能够最大化地方便终端用户的使用，这将对信息化装备的系统发展与战争走向产生深远影响。运用大数据技术，能够极大提高情报的获取、跟踪、定位、处理、分析和防护等能力，提高对指挥控制数据的智能处理、辅助决策能力，并在信息通信、信息对抗和火力打击、综合保障等领域广泛应用。未来战争中，谁掌握了信息优势特别是数据优势，谁就掌握了战争主动权。

二是体系对抗、一体化联合作战成为基本作战样式。凭借信息化装备，现代战争拼的是体系，打的是联合。从来没有一个时代像今天这样，如此需要各种装备的整体联动、高效聚合。战场上，可能飞机还是那架飞机、火炮还是那门火炮，但“机”自为战、“炮”自为战已成为历史，如果不能融入体系、形成联合，再先进的装备也难以高效发挥作用。这就要求各种作战要素包括武器装备主动融入联合作战体系，依托体系聚合，实现统一意志、共享信息、协同行动，达到“1＋1＞2”的联合效益。

三是战争的时空特性发生重大变化。信息化装备的不断发展，使战争从传统物理空间向临近空间、太空、网络、电磁、深海等新兴空间拓展，大空间支撑下的“点”战场成为战场的重要特征；多维战场空间融为一体，战略、战役、战术行动界限趋于模糊；时间要素不断升值，战争进入发现即摧毁的“秒杀”时代。

四是运用精锐力量实施精确作战的特征更加突出，在防区外对全纵深目标进行中远程精确打击成为重要作战方式。信息化装备的广泛运用，使多维远程打击手段日益丰富，战略预警、军事航天、防空反导、信息攻防、战略投送、远海防卫等新型作战力量比重越来越大，战争力量构成更加多元；无人作战、空天战略打击、新概念武器以及高效毁伤弹药的运用，已经

并将继续改变战争面貌。

五是以信息控制、隐形打击和软打击为重要手段。由于信息化装备及其武器系统均以信息技术为核心，因而利用信息作用机理而行使的以诸如计算机病毒战进行信息干扰、破坏等隐形打击和软打击方法将成为作战的重要手段。加之现代隐形兵器已逐步并将大量装备部队。可以预见，未来作战将在一定程度的隐形条件下进行，“看不见的交战”将更加激烈。

第三节 信息化装备的发展及展望

一、信息化装备发展简史

信息化装备发展，可以追溯到19世纪。当时，人类相继发明了有线电报、电话和无线电报，实现了信息的远距离快速传递，改变了军队指挥方式，扩展了指挥作战的规模。20世纪30年代，英国发明雷达并应用于侦察、警戒、跟踪和导航，极大地提高了军队的作战效能。50年代，苏联发射世界上第一颗人造卫星以后，军用通信卫星、气象卫星、侦察卫星、预警卫星相继问世，广泛执行侦察、通信、导航、定位、预警、监视、测绘和气象预报等军事任务。从60年代开始，一些发达国家先后建立多层次指挥所，采用卫星、侦察飞机、侦察舰船、侦察车等多种侦察平台以及电子、光学等多种传感器，构成多层次立体侦察系统。电子信息系统的发展，为武器装备信息化奠定了基础。80年代以后，信息技术飞速发展并广泛应用于武器装备，给武器装备带来革命性变化。特别是进入90年代，先进的信息技术应用于侦察探测系统，使得对目标监视探测和定位识别的距离、范围、精度、分辨率等提高了几个数量级；先进的信息技术应用于信息传输系统，使得传输速度、综合传输业务能力、抗毁能力、抗干扰能力以及一体化水平空前提高；先进信息技术应用于指挥控制系统，形成指挥、控制、计算机、通信、情报、监视、侦察综合一体化的信息系统，将整个作战范围内的诸军种、兵种，各种作战平台、通信系统、情报监视与侦察系统、保障系统等集成为一个信息共享的有机整体，使战场指挥控制能力有了突破性提高。武器系统和作战平台广泛利用侦察探测系统、信息系统、指挥控制系统，提高了夺取信息优势的能力，进而提高了武器系统的打击精度和毁伤能力，使武器装备体系整体作战效能显著提高。

二、信息化装备展望

随着信息技术的发展及其在武器装备中的应用，信息化装备将呈现如下发展趋势。

（一）自动化操作

当代战争中的各种先进火力打击平台都将装载各种计算机并与火控系统联为一体，使武器系统成为一个拥有“外部感知（侦察监视系统），思维判断决策（指挥自动化系统），精确打击（精确制导的火力打击系统）”的庞大智能系统。虽然当代战争中的火力打击平台变得空前复杂，但其使用操作却变得相对简单，绝大部分火力打击平台的使用操作将由武器平台内的微电脑系统完成，从火力打击平台占领有利阵位到送弹、瞄准、发射都将实现自动化。

（二）精确化打击

所谓精确化，是指信息化装备打击的精确化：各种先进的侦察监视系统、情报传输系统、指挥控制系统、全球定位系统、精确打击系统等,使武器系统具有精确地获取信息、迅速地传递信息、准确地处理信息、有效地利用信息的能力,并实现了精确的侦察监视系统、精确的指挥控制系统和精确的打击系统的有机结合,构成一体化的精确打击体系。

(三)太空化拓展

为了争夺信息优势,夺取战场综合制权,空间特别是太空的战略地位日益提高,信息化装备向太空化拓展应用的趋势明显。航天飞机、载人飞船、空间站、卫星等空间平台的研发已经取得了突破性进展并广泛应用,为开辟太空战场奠定了基础。反导系统、反卫星武器的相继问世,必将把未来作战引向外层空间。这些新型作战平台将对航空航天一体化作战产生革命性影响。

(四)智能化发展

近年来,智能革命进入加速和深化发展新阶段,新型智能武器的出现正在将军事斗争推向智能战争阶段。未来的作战力量已经不能单纯地看机群、舰队数量,更要看装备的智能化水平,这关系到作战时能否充分利用作战体系的信息资源,更快、更准确地作出响应。一是智能弹药。它与普通弹药的区别在于其增加了智能计算机和图像处理设备,不仅能自主寻找、判定、选定和攻击目标,而且能发现和攻击目标的薄弱部位,且命中精度比普通弹药高出数十倍,因而作战效能成倍地增长。二是智能作战平台。智能技术能够使航母、飞机等武器装备的作战效能不断提升,从被动、机械执行人的命令,逐步发展到自主执行特定任务,甚至创造性地完成作战任务。军事智能使武器装备能“看见”、可“交流”、会“思考”、听“指挥”成为可能。三是智能指挥系统。军事智能将融入并改造 C^4ISR 系统,极大压缩 OODA[①] 循环,将导航定位、传感器、生物特征识别、物联网、大数据等新一代信息技术应用于武器装备,通过全域覆盖、随遇接入、稳定高效、安全可靠的信息交互平台,连接感知系统、武器装备、作战人员,实现时空一致、连续精确的态势感知、信息共享和智能决策,能够自主机动规避、自动识别定位、自动锁定目标,推进军事作战平台最大限度向“自主适应、自主行动”方向发展,以更快的指挥速度、更高的打击精度实施连续指挥和协同作战。

思考题

1.什么是信息化装备?

2.信息化装备的特点有哪些?

3.信息化装备对现代作战有什么影响?

① OODA 循环是指观察(observe)、调整(orient)、决策(decide)、行动(act)的循环过程。

第十八章 信息化作战平台

信息技术的飞速发展及其在武器装备中的大量运用，使得现代武器装备系统成为一个技术密集、功能多样和内容复杂的综合体系，进而催生出众多全新的信息化作战平台，作战效能空前提高。本章主要介绍信息化作战平台的概念、分类和特征，信息化陆上作战平台，信息化海上作战平台，信息化空中作战平台等内容。

第一节　信息化作战平台概述

在人类社会发展的进程中，战争与武器始终紧密地联系在一起。战争对武器系统作战运用的需求，推动了各类作战平台的发展，如战争对陆、海、空、天机动作战的需求，推动了战车、舰船、航空、航天技术平台的发展。在信息化战争条件下，新一代作战平台——信息化作战平台应运而生。

一、信息化作战平台的概念

（一）平台

“平台”一词，是从英语 platform 翻译过来的，其本义当“台”讲。译为军事意义上的“平台”时，含义更为广泛，除保留“台”的本义外，还可理解成基础、载体或者器具等。

（二）作战平台

作战平台，是武器装备执行作战任务的处所、载体或者器具的总称。它是武器装备发挥战术技术性能的基础，对武器装备的战场部署和机动具有重要作用。一种武器装备究竟放在什么样的平台上，一看需要，二看可能。即便是同一种武器装备，放在不同的平台上，其性能发挥和作战效果可能大为迥异。例如，同样是巡航导弹，如果是从固定导弹发射井进行发射，它的覆盖范围可能只有几千千米，并且容易被敌方发现和摧毁；如果是放置在车辆等陆地机动平台上，它被敌方摧毁的概率将大大降低；如果放置在核潜艇中，那么敌方就很难发现并摧毁，而且覆盖范围也会大大提升。所以，在加速发展武器装备的同时，必须积极研制与之配套的作战平台。使“英雄”有“用武之地”，才能发挥出更大的威力。

（三）信息化作战平台

信息化作战平台，是指采用信息技术研制或改造的，供武器装备执行作战任务的处所、载体或者器具的总称。信息化作战平台主要由“软”“硬”两个部分组成。“软”组成部分是信息化作战平台的主要标志，包括具有感知、获取并传递各种目标信息的器材和装置，如指挥、控制、通信和情报系统等。“硬”组成部分则是指传统意义上的机械化武器装备，即作为武器依托的载体部分，如坦克、步战车、舰艇、飞机等。

理解信息化作战平台的概念，要注意一点：信息化作战平台不仅指利用信息技术制造的作战平台,也包括利用信息技术改造的作战平台。传统的机械化作战平台如坦克、步兵战车、火炮、作战飞机、作战舰艇等,在逐步采用了以信息技术为主的高新技术之后,具备了一定的干扰、侦察监视、精确打击等多种能力,就演变为信息化作战平台。

在信息化战争中,信息化作战平台和各种先进的打击系统结合在一起,可以极大地提高武器系统的综合作战效能,对取得战争胜利具有举足轻重的作用。因此,世界各国尤其是军事大国和强国都根据信息化战争的需要,积极发展信息化作战平台,以此提高军队的信息化作战能力。

二、信息化作战平台的分类

随着科学技术的进步,信息化武器装备层出不穷,与之相适应的信息化作战平台的分类,已经远远超出了传统意义的作战平台分类界限,分类的方法也非常繁杂。

按照作战用途的不同,信息化作战平台可分为:火力突击平台,如导弹、鱼雷、火炮等火力突击武器依托的飞机、舰艇、车辆等;防卫平台,如防空武器、反潜武器、反导武器等防御武器依托的车辆、舰艇等;信息战武器平台,如雷达、电子对抗装备、指挥控制系统、核安全控制系统等依托的飞机、舰艇、车辆、航天器等。

按照作战空间不同,信息化作战平台可以分为:陆上作战平台,如坦克、步兵装甲战车、自行火炮等除火力突击装备以外的部分;海上作战平台,如水面作战舰艇、潜艇、航空母舰等除导弹、鱼雷、舰载飞机等以外的部分;空中作战平台,如轰炸机、歼击机、预警飞机、电子侦察机等除航弹、导弹、信息战装备以外的部分;等等。

当前,随着信息技术的发展,空间作战平台异军突起。所谓空间作战平台,是指在太空中实施作战行动时所使用的平台。它可为某些武器装备系统提供太空机动和防护载体,确保搭载的武器装备在太空发挥作战效能,支持整个装备系统完成作战任务。典型的空间作战平台有各种卫星、航天飞船和空间载具等。空间作战平台是信息化武器装备体系中的又一个重要发展方向,将对空天一体化作战产生革命性影响。

三、信息化作战平台的特征

一是战场态势感知共享。感知共享是实施战场透明的前提条件,也是运用信息化作战平台进行体系对抗的基础。随着信息技术的飞速发展和广泛应用,信息化作战平台广泛采用先进的探测系统,严密监视整个战场的态势,使得战场变得空前透明。同时,在信息网络和强大的信息处理与分发系统支持下,各作战平台间可实现实时、快速、高效的信息共享,从而获得战场的作战优势。

二是交战空间全维一体。机械化作战平台的作战主要集中在陆、海、空三维空间内进行,彼此独立,配合较少。信息化作战平台交战空间,已拓展为陆、海、空、天、电多维战场,各维作战空间需要相互配合、相互支援,任一维空间的作战都需要其他作战空间的支持,各作战平台间的一体化趋势将更加明显。

三是软硬互补、精确打击。在传统的作战平台中,由于武器装备精准度不高,能量释放缺乏有效的控制,作战效能集中于物理域的实体摧毁。随着各类精确制导武器和信息对抗装备的发展,软硬互补的精确打击成为非接触、非线式作战的主要毁伤手段。

四是实时联动、平行作战。在信息化作战平台的作战体系中,各种作战力量、各级作战

单元依托一体化信息网络的支撑，借助先进的情报侦察和指挥控制系统，可以在第一时间内掌握战场态势的变化，同步决策和行动，平行处置多种情况，从而使整个作战体系实时联动，确保整体作战效能得到最大限度的发挥。

五是系统配套、精确保障。为适应未来信息化战场和信息化部队作战的需要，在信息化作战平台体系中，保障装备与主战装备协调发展，实现保障的实时、综合、精准和高效。

从战争形态的发展演进看，作战平台随着武器装备系统化程度的不断提高而发展。最早的作战平台仅用于地面作战，结构简单，功能单一，如古代的战车等。随着科学技术和作战方式的不断发展变化，作战平台向海上和空中乃至太空发展，种类迅速增加；大型武器平台可配置多种武器系统，承担多种作战任务。以信息技术为主导的高科技迅速发展及其在军事上的运用，使作战平台的突击能力、防卫能力和保障能力进一步提高。未来的信息化作战平台将日趋智能化、无人化。2020 年的纳卡冲突中，阿塞拜疆所使用的无人作战平台数量超过有人平台，无人机的使用频率和强度都创造了历史纪录；2021 年 5 月，以色列军方在与巴勒斯坦哈马斯武装的冲突中，使用先进信息收集技术、分析算法和人工智能主导的决策支持系统，对作战目标进行精确分析、精准打击，有媒体在报道中将其称为“第一场人工智能战斗”。2022 年初爆发乌克兰危机以来，俄乌双方大量使用具有智能化技术的先进装备，使冲突进一步展露出无人化作战、智能技术赋能的新型作战特征。当前，世界各主要国家已经将发展军事智能上升为国家战略，作战平台将继续向智能化、无人化方向发展。

第二节　信息化陆上作战平台

一、信息化陆上作战平台概述

信息化陆上作战平台，是指采用信息技术研制或改造的，供武器装备执行陆上作战任务的处所、载体或者器具的总称，又称信息化陆战平台或信息化陆战机动平台。其作用是为各种武器装备系统提供陆上机动和防护的载体，确保搭载的武器装备发挥作战效能，支持整个装备系统完成作战任务。信息化陆上作战平台是陆军装备信息化的主要标志，其数量和质量状况决定了信息化战争中的陆上作战能力。目前，典型的信息化陆上作战平台是具备信息化性能的坦克、装甲车、各种机动车辆等。

信息化陆上作战平台是由传统的陆战平台发展而来的。两千多年以前，就有了陆地上作战的军队及其相应的武器装备，中国商、周时期的战车，可称为最早的陆战平台。冷兵器时代，军队装备的大量攻城器械，如用于破坏城墙、城门的搭车，攻守兼备的石炮等，都属于陆战平台的原型。19 世纪末，出现了几种将机枪装在机动车辆上的机枪火力车，是将火力、机动性、防护力汇于一身的初步尝试。20 世纪初叶出现了装有武器的装甲汽车。1906 年，人们已经研制出具有旋转炮塔的全装甲车辆。1915 年英国海军为突破德军绵延千里的阵地防线，制成了世界上第一辆坦克。“厚装甲，带火炮，靠履带推进越野”成为坦克的标志。1917 年法国人发明了自行火炮。继而，大量出现的机械化运载和发射平台改变了军事行动的方式，把作战装备的运动从人背马驮变为机械动力运载，使陆军从单一步兵发展为步、炮、装甲等多兵种合成的军队。

20 世纪 80 年代以来,陆战平台进入了信息化时期。地面部队在以摩托化(机械化)为主的基础上,向装甲化、自行化和空中机动化的方向发展。特别是各种信息系统融入各类武器装备之中,实现了信息共享和网联协同。智能化、无人化平台不断出现,使作战效率出现了质的变化。陆战平台在传统装备的基础上,融入了能够进行精确火力打击的火控系统,能够提供目标信息的传感系统和具有足够信息处理和联网能力的信息系统,进而发展成为功能完备的信息化陆上作战平台。

二、信息化陆上作战平台的发展

20 世纪 70 年代,陆军信息化作战平台开始出现,主要有初步信息化的坦克、步兵战车和火炮。当时研制的坦克配备了热成像瞄准镜、指挥仪、数字式火控系统等信息系统,使其探测、识别目标的距离增大,反应时间缩短。其中最具代表性的有 1986 年装备美军的 M1A1 坦克、1985 年装备苏军的 T-80 坦克等。M1A1 坦克配有先进的探测和火控系统,可先敌发现目标并在恶劣天候条件下作战。80 年代开始服役的步兵战车,如美军装备的 M2 系列步兵战车,采用了先进的指挥控制和火控系统,作战效能明显提高。火炮加装了先进的火控系统和多种电子设备,反应能力、生存力、杀伤力和可靠性均有大幅提高,美军的 M270 多管火箭炮和苏军的 2S19 式 152 毫米自行火炮,就是其中的典型代表。

海湾战争后,美国广泛采用信息技术,注重以研制和改造相结合的方式发展信息化陆上作战平台。陆军主要研制与装备了 M1A2 坦克、M2A2"布雷德利"步战车。M1A2 主战坦克于 1993 年开始装备美军。它在 M1A1 坦克的基础上增加了战场管理系统和敌我识别装置、多目标捕捉系统、抗干扰装置、嵌入式数字化通信系统和改进型热成像仪等,成为典型的陆上信息化作战平台。这一时期,英国陆军研制的"挑战者-2"坦克也于 1993 年开始装备部队,它具有全新的战斗系统和瞄准装置。法国陆军开发的"勒克莱尔"坦克在世界上首先使用模块化装甲和综合战场管理信息系统,该战场管理信息系统采用 MIL-STD1553B 数据总线结构,可将各种电子设备的微处理器连接在一起。德国陆军自主研发的 2000 型自行榴弹炮和"猎豹"式 35 毫米自行高炮,也是当时较为先进的信息化陆上作战平台。为了节约军费,德军重视对现有主战装备进行信息化升级改造,主要陆战项目有"豹-2"主战坦克改造计划,重点是提高其装甲防护能力和火力;"猎豹"式自行高炮和"罗兰"式防空导弹改造计划,主要是提高其技术战术性能。日本陆上自卫队开发和装备的 90 式坦克配有自动装弹机、先进的射击控制系统、热成像/瞄准系统、激光测距仪等,其传动装置采用电子全自动控制,总体性能超过美国的 M1A1 坦克和德国的"豹-2"坦克。

进入 21 世纪后,美国陆军研制的信息化作战平台主要有以下 5 种:具有单炮多发同时弹着能力、能实施远程精确攻击的非直瞄火炮;装备火炮、地地导弹和机关炮的乘车战斗系统;能在各种地面作战环境中遂行多项任务的装甲运输车;与 C^4ISR 系统联网的指挥控制车;装有多种传感器,具有对目标进行探测、定位、跟踪、分类和自动识别能力的侦察监视车。另外,对 M1"艾布拉姆斯"坦克、M2/M3"布雷德利"战车等进行进一步的信息化改造。英国的信息化陆上作战平台主要是:2008 年装备部队的"未来炮兵武器系统";装备"未来快速奏效系统"的轻/中型装甲车辆;"挑战者Ⅱ"主战坦克升级项目以及 M270 火箭炮改进项目。德国陆军则研制了"美洲狮"和"澳洲野狗-2"装甲步兵战车、"拳击手"装甲运输与指挥车等。日本陆上自卫队 2009 年装备了配有"未来快速作战系统"的新型坦克,其质量比 90 式坦克

轻10吨，采用模块化复合装甲和120毫米滑膛炮。2008年开始交付使用的新式装甲车采取通用型轮式车体设计，机动性能明显提高。

三、信息化陆上作战平台对作战的影响

从当代局部战争实践和不断发展变化的武器装备中可以预见，陆战场与以往相比，将会发生很大的变化。

（一）隐形反隐形对抗激烈

信息化陆上作战平台的广泛使用，使各种隐形反隐形、侦察反侦察的对抗日趋激烈。面对空天一体化的侦察体系，当代陆战场上将出现大量的隐形作战平台，如隐形坦克、隐形侦察车、隐形电力驱动战车等，使空天侦察的结果不可能绝对可靠。另外，敌对双方针对侦察系统的摧毁与反摧毁对抗也必将日趋激烈。

（二）"点穴式"交战成为主要作战样式

由于信息化陆上作战平台毁伤强度增大，打击精确度提高，原来需用大规模重兵集团才能完成的作战任务，现在可由精干的小分队直接达成；原来强调数量规模取胜的传统的陆上作战观念，正在向以质量效能取胜转变。大规模重兵集团的交战场面可能不复存在，以精确选择打击目标、精确使用打击力量、精确控制打击行动为主要特点的小规模"点穴式"交战模式，将成为陆上交战的主要样式。

（三）战场趋向一体化

一是攻防一体化。由于信息化智能化作战平台具有较强的机动力、突击力和防护力，集攻防作战能力于一身，信息网络又将各种作战平台链接成一个整体，因而整个作战过程将是攻防一体的作战行动。二是"走""打"一体化。陆战场空间扩大、兵力兵器密度相对缩小的特征，要求陆上作战平台实施广泛机动，不断捕捉或创造战机对敌实施各种打击，这就必然使"走"与"打"互为条件、浑然一体。三是作战力量一体化。各种陆上作战平台将根据战场态势的变化，适时调配，灵活组合，形成整体，协调一致对目标实施攻击。

（四）作战的非线式特征明显

信息化陆上作战平台具有超远距离的地面机动能力和空中机动能力，使得垂直包围、空中超越攻击、穿插突击、远距离迂回、大纵深包围等战法的运用更为频繁，从而打破了过去那种梯次结构、有序列阵对峙的线式战场，把陆战场变成了"点""线""面"相交融的非线式战场，传统的大兵团"稳扎稳打""步步为营""蚕食推进""阵地对抗"的作战方式将成为历史。随着信息化陆上作战平台机动能力的提高，对占据优势的一方来说，陆战场将变成一个无固定轴线、无固定区域、全方位流动的动态化战场，不规则性日益突出。

四、信息化陆上作战平台发展趋势

在军用高技术群和现代战争理论，尤其是信息化智能化技术与当代作战理论的推动下，陆上作战平台将呈现出下列发展趋势：

一是数字化。陆上作战平台数字化是指主战坦克、步战车、直升机、自行榴弹炮以及迫击炮等多种武器装备进行数字化改造，采用共同的标准、程序、规则及一般通用技术，使武器装备和作战系统具有通用性、联动性、协调性，并且大量利用信息技术挖掘已有武器装备的作战潜力，从而将现在武器系统和作战系统组成一个一体化的数字指挥与控制链，从总体上

提高体系作战能力。

二是轻型化。当代陆上作战平台在大幅度提高作战效能的同时,将努力使自身更小、更轻,使机动能力更高。例如,在新技术材料和其他高技术的支撑下,可以利用一种薄、坚、轻的特殊塑料制造重型武器平台,并能在其周围产生强大的电磁效应,提高生存能力;作战中遇到障碍区时,甚至可以飞跃而过。

三是空中化。当代陆军在地面作战中,不再以坦克为主要作战平台实施大规模地面突击行动,而是越来越注重以武装直升机为主要突击力量,从空中实施大规模突击。当代陆军的坦克、火炮等这类纯地面作战平台,只有在空中武器的支援下,才能发挥其强大的火力和防护力优势。

第三节　信息化海上作战平台

一、信息化海上作战平台概述

信息化海上作战平台,是采用信息技术研制或改造的,供武器装备执行海上作战任务的处所、载体或者器具的总称。信息化海上作战平台的技术复杂,知识密集,集中反映一个国家的工业水平和科技最新成就,是遂行海上战斗、封锁、护航、登陆以及对陆攻击等海上作战行动的信息化作战平台,主要是指包括水面舰艇和潜艇在内的各种作战舰艇,是现代海军最主要最基本的装备。

信息化海上作战平台是由传统的海上作战平台发展而来的。海上作战平台的发展历史大体可分为桨帆时代、风帆时代、铁甲舰时代、多兵种时代等。桨帆时代的海上作战平台,主要是采用长船体的船只,称桨帆战船,运用冲角撞击、侧舷切桨、接舷战斗三种战法与敌作战。风帆时代(1650—1850 年)的海上作战平台,主要是由木材制成的船舶(战舰),靠麻绳或粗索控制风帆进行驱动,其装备的火炮都是由青铜和生铁铸成前膛滑膛炮。铁甲舰时代(19 世纪 50 年代至 20 世纪初)的海上作战平台,在舰体的设计和构造、动力系统以及所装备的武器三个方面都取得了明显进步:在舰体方面,战舰的木质舰壳外包覆铸铁装甲板;在动力方面,蒸汽机逐步成为战舰的主要动力;在火力方面,一个重要的技术进步是出现了炮塔战舰,且膛线和后膛炮的设计大大提高了火炮射击精度。始于 20 世纪初的多兵种时代,海战突破了水面作战的局限,潜艇和海军航空兵登上历史舞台,海上作战平台形成空中、水面和水下三维同步发展的局面。

目前,信息化海上作战平台包括水面舰艇(如航空母舰、巡洋舰、驱逐舰、护卫舰、两栖舰艇、其他水面舰船等)和潜艇(常规潜艇、弹道导弹核潜艇、攻击型核潜艇等)。主要用于海上机动,进行战略核突袭,保护己方或破坏敌方海上交通线,进行封锁和反封锁,参加登陆、抗登陆作战和打击攻击作战。

二、信息化海上作战平台的发展

从 20 世纪 50 年代起,美、苏、英、法等国就开始在作战舰艇上加装各种信息系统。到 80 年代,不少作战舰艇已初步实现信息化——新建航母都装有各种对空、对舰导弹,对空、对海、导航、空中管制等多部雷达，卫星通信系统和作战数据链，飞机战术导航系统，指挥控制系统，以及电子干扰和诱饵发射装置等；巡洋舰、驱逐舰和护卫舰等水面战舰配备了各种雷达、水声探测装置、通信设备、编队与本舰作战指挥系统、作战武器控制系统等；潜艇配有综合声呐系统、电子战设备、雷达侦察仪、无线电通信系统、无线电导航系统、自动消磁系统，以及作战指挥与武器装备系统，有较强的探测、攻击和防御能力。这种初步信息化作战平台的出现，使人与武器之间可以主要通过手控操纵各种自动化和信息化装置，实现对“信息流”的控制，进而实现对化学能、电能和原子能的有效控制和精确释放，从而大幅提高了作战效能。

海湾战争后，美国进一步加强信息化海上作战平台建设。海军建造并装备了“伯克”级导弹驱逐舰，对“提康德罗加”级导弹巡洋舰和 SH-60 系列直升机进行了信息化升级。1991 年，首艘“伯克”级(DD-51)导弹驱逐舰服役。它是当时世界上吨位最大的驱逐舰之一，装有“战斧”巡航导弹、“鱼叉”反舰导弹、“标准”型防空导弹、“阿斯洛克”型反潜导弹等武器系统，以及“宙斯盾”防空系统。英国海军的“投掷美洲狮”号隐身导弹护卫舰于 90 年代中期进入现役，该舰配有“超级山猫”式直升机，其主要作战系统包括 SSCS 改进型作战管理系统、“海狼”型导弹、“海贼鸥”型导弹、有源拖曳阵列声呐、MK 型深水炸弹和综合通信管理系统等。法国海军研发的“拉法耶特”级隐身护卫舰具有良好的红外隐身和声隐身性能，其雷达反射截面积仅相当于一艘 500 吨级的巡逻艇。日本海上自卫队建造了具有远洋作战能力的大型水面作战舰艇，包括 “金刚”级“宙斯盾”驱逐舰和“村雨”级多用途驱逐舰等。

进入 21 世纪后，美国海军打造全新的海上信息化作战平台，建造了“濒海战斗舰”和 CVN21 新一代航母。这些新型战舰配备联合指挥控制系统终端，装备先进的综合舰载网络系统，以及 MFR/VSR 多功能雷达；设有开放式、集成度高、决策能力强的指挥中心，具有很强的指挥控制能力。同时美国海军进一步对“提康德罗加”级巡洋舰进行信息化改造，提升其指挥控制能力和战场态势感知能力；对“弗吉尼亚”级攻击型核潜艇进行信息化改装。英国 2006 年 12 月公布“战略导弹核潜艇研制计划”，决定研制 3～4 艘新型弹道导弹核潜艇；2007 年 7 月实施“新型航母建造计划”，建造 2 艘航母，分别于 2014 年和 2016 年进入现役；同时，实施信息化改造为主的“45 型驱逐舰建造计划”。日本海上自卫队建造的大型信息化海上作战平台主要有 1 艘 2900 吨级潜艇、1 艘 1.35 万吨级直升机导弹驱逐舰以及 2 艘 7700 吨级新型“宙斯盾”驱逐舰。印度海军也大力建造信息化海上作战平台，包括航空母舰、核潜艇、隐身护卫舰等。

三、信息化海上作战平台对作战的影响

信息技术的发展使当代海军具有多元作战能力，对海上作战产生了巨大影响。

(一)对抗空间由单维空间转向多维空间

当代海军具有多维空间作战能力，海战的对抗空间正在向深海、外层空间等领域扩展。要赢得现代海战的胜利，就必须夺取和保持各个空间的控制权，包括制空权、制海权、制天权、制电磁权等，并将各个空间的作战兵力联合起来，形成一体化打击力量。

(二)作战机动由兵力机动转向火力机动

当代海军具有良好的火力机动能力，随着导弹等发射距离远、命中精度高的精确制导武器的出现和广泛运用于海战，海上兵力的一些复杂的接敌动作逐渐失去了原有价值，兵力的

战术机动正在被武器的火力机动所取代,或者说,被导弹等精确制导武器的轨迹机动所取代。

(三)攻防态势由近距格斗转向远程打击

当代海军具有远距离非接触打击力,海上战场交战距离逐渐增大,所谓"彼此互不照面的海战""非接触式的远程海上打击"逐渐成为海战的主要战法。另外,受一体化作战思想的影响,当代海军对陆攻击火力纵深急剧增加,除了支援海军陆战队作战以外,海军还为在沿海地带作战的陆军部队提供支持。

(四)兵力编成部署由集中配置转向小群组合

当代海军呈现小群多点编配特征,不但具有易于隐蔽、便于机动、组织指挥灵活、战斗保障可靠等优势,而且可以构成相当的打击威力,达到出奇制胜的目的。由于信息技术手段的改进,当需要对某目标实施打击时,各小兵力群通过准确的信息传递和远距离的火力打击即可实现,而无须通过海上兵力的集中配置。

(五)打击方式由硬摧毁战转向"软硬结合战"

当代海军具有软硬摧毁能力。现代条件下,信息系统作为当代海军的作战"神经"系统,一旦遭到破坏,就会使整个作战体系陷于瘫痪。因此,在海战中以信息对抗为核心的"软杀伤战"将成为海战制胜的关键一环,当代海上的打击方式将由硬摧毁战转向"软硬结合战"。

四、信息化海上作战平台发展趋势

信息化海上作战平台代表着海军主战装备的发展方向,根据未来作战样式和作战需求,各国海军在制定武器装备和关键技术发展规划时,强调海上作战平台具备良好的适航性、机动性、隐蔽性;注重在联合作战条件下,发展适应近海作战的,具有高精度、抗干扰和超视距打击能力的信息化海上作战平台。进入21世纪后,信息化海上作战平台进一步发展,呈现出智能化、多用途、隐身化和作战指挥体系化的发展趋势。

一是新形态航空母舰可能问世。航空母舰在提供强大的海陆空一体作战能力时,为降低容易遭受攻击的脆弱性,将施加隐形术,或者干脆藏于水下,因而隐形航空母舰、水下航空母舰将登上海战舞台。另外,气垫式航空母舰、双体式航空母舰也正在展示或即将展示超人魅力。

二是水面作战舰艇将以发展驱护舰、两栖舰为主。新一代驱护舰建造的主要方向是突出某一任务为主的多用途驱护舰,重视采用隐形技术和模块化设计。随着海陆战场的日益融合,将出现以对地打击为主要使命的海岸作战艇,其进行沿岸作战有很大优势。新一代大型两栖战舰将向综合化和多功能化方向发展,具有强大投送能力,并可承担海上运输、指挥控制等多种任务。

三是潜艇仍将是各国海军优先发展的装备。常规潜艇向"无空气推进"(AIP)动力系统方向发展,AIP系统将给常规潜艇的发展带来一次革命性机遇。新一代攻击型核潜艇将装备先进的探测装置、武器装备和作战系统,有的还能发射对地精确打击武器和防空导弹,将更适合于浅海联合作战,并可以完成各种不同的作战任务。

四是海军飞机的全天候作战及精确打击能力大幅度提高。第四代战机、侧旋翼机、水上飞机等新型及新概念飞机将陆续装备。直升机在提高反潜和侦察能力的同时,主要加装中继制导设备,以增强超视距攻击舰船的能力。舰载无人机的成本低,体积小,用途广泛,效费

比高，又可避免人员伤亡，因而引起各国海军的极大兴趣。

五是电子信息装备向综合一体化方向发展。为实施陆海空天电一体化作战，海军必须建立能够与陆空天联为一体的信息基础设施，发展和部署具有良好兼容性的内部骨干网络，各种电子信息装备在内部骨干网络的支撑下联结为一个有机整体。

第四节　信息化空中作战平台

一、信息化空中作战平台概述

信息化空中作战平台，是采用信息技术研制或改造的，供武器装备执行空中作战任务的载体或者器具的总称。

信息化空中作战平台是由传统的空中作战平台发展而来的。空中作战平台是指在空中实施作战行动时所采用的平台，其作用是为各种武器装备系统提供空中机动和防护载体，确保搭载的各种导弹、机炮、航弹、制导炸弹和电子战装备等武器系统发挥作战效能，完成作战任务。典型的空中作战平台有各种飞机、直升机和飞艇、气球等。

在信息化空中作战平台中，军用飞机是最为重要的类型。所谓的军用飞机，是直接参加战斗、保障战斗飞行和军事训练的飞机的总称，是空军主要技术装备。主要包括战斗机（又称歼击机）、轰炸机、歼击轰炸机、强击机（又称攻击机）、直升机、军用运输机、侦察机、巡逻机、反潜机、预警机、空中加油机、电子战飞机和军用教练机等。军用飞机具有机动性能好、突防能力强等优势，能出其不意地发起攻击，有效支援地面和海上作战行动，因此从诞生以来一直备受重视。军用飞机大量用于作战，使战争由平面发展到立体空间，对战略战术和军队组成产生了重大影响。

自 1903 年 12 月 17 日第一架有人驾驶飞机上天以来，人类的航空史已有一百多年。1910 年，飞机应用于战争。飞机的发展大致可分为两个阶段：前 50 年，主要是带活塞式发动机的螺旋桨飞机；20 世纪 50 年代初至今，主要是带喷气式发动机的超声速飞机。

战斗机是军用飞机中最重要的类型。随着技术的进步，使用喷气式发动机的超声速战斗机也在不断升级换代。第一代超声速战斗机出现在 1953 年前后，代表机型有美国的 F-86、F-100 和苏联的米格-15、米格-17 等。第二代超声速战斗机出现于 20 世纪 60 年代。代表机型有美国的 F-104、F-4，苏联的米格-21、米格-23，法国的“幻影”Ⅲ及瑞典 Saab-37 等。第三代超声速战斗机出现于 20 世纪 70 年代中期。代表机型有美国的 F-14、F-15、F-16，苏联的米格-29、米格-27、米格-31，法国的“幻影”2000 等。第四代超声速战斗机以隐身、超声速巡航、超机动性、高度综合的航电系统等为主要技术特征，其代表机型为美国的 F-22、我国的 J-20 等。随着超声速战斗机的更新换代，其信息化程度越来越高。第四代超声速战斗机已成为比较典型的信息化空中作战平台。它在总体上突出了雷达、红外与射频综合隐身性能。在气动布局方面，除采用了第三代战机已经采用的边条翼、翼身融合、近距耦合鸭式布局外，还可能采用前掠翼，以及综合考虑减少雷达散射截面积（RCS）的外形隐身设计。机体结构大量采用复合材料（可能达到机体结构的 30%～50%）。动力装置采用低涵道比涡扇发动机、变循环（变几何）发动机及发动机推力矢量技术、全功能数字电子控制系统(即所谓电调)等。机载雷达采用多功能相控阵雷达。

二、信息化空中作战平台的发展

20世纪七八十年代,美、苏、法等国装备了第三代先进作战飞机。美空军装备了F-15、F-16战斗机和F-117A隐身战斗机等。F-117A隐身战斗机表面覆盖吸波涂料,能将电磁波的反射能量集中在几个凸起的点上,使雷达截面显示只有F-15战斗机的1%。飞机排气管释放的红外辐射经过冷处理后也十分微弱,红外探测装置难以发现。该机于1982年8月开始装备美军,在后来的几场局部战争中都有出色表现。1994—1995年,美国操纵北约干涉波黑战争。在美国主导的北约空袭行动中,F-117A隐身战斗机作为当时最先进的信息化空中作战平台,具有不俗表现。

20世纪80年代,苏军装备了米格-29和苏-27战斗机。1983年装备苏空军的米格-29第三代战斗机配有先进的自动搜索与跟踪系统,可遂行截击、护航、对地攻击和侦察等任务,主要用于超视距空战和视距内对地攻击。该战机可同时发现和自动跟踪10个目标,并对其中1个目标实施攻击。1984年装备苏空军的苏-27重型战斗机装有先进的相干脉冲多普勒雷达搜索瞄准、光学定位光电瞄准、头盔目标指示、驾驶导航、电子对抗和通信等系统。这一时期,法国的"幻影"2000通过安装计算机控制的导航与攻击系统,实现了导航、攻击、显示一体化。

海湾战争后,美军注重以研制和改造相结合的方式发展信息化空中作战平台。空军研制了B-2A隐身战略轰炸机和F-22隐身战斗机。B-2A战略轰炸机雷达反射截面积仅相当于一只小鸟,具有很强的隐身能力;配有AN/APQ-118雷达、TCN-250塔康导航系统和ICS-150X通信系统等,具有远程作战能力;可携带16枚空地导弹和巡航导弹等,具有较强的突击能力。F-22战斗机属于第五代战机,集隐身技术、超级巡航技术和航空电子技术于一身,携载2枚"响尾蛇"导弹、6枚A1M120中程空空导弹,具有灵活敏捷、杀伤率高、支持能力强的特点。

这一时期,英国与德、意、西联合研制的"台风"EF2000欧洲战斗机的首架原型机,于1994年3月进行首次试飞并于2000年定型生产,它采用了大量隐身技术,增加了机载设备,包括多功能脉冲多普勒雷达、集成防卫辅助子系统、红外搜索与跟踪系统和北约标准数据总线等。法国空军研制了"阵风"战斗机、"幻影"2000改进型战斗机等。"阵风"战斗机分为空军型和海军型两类,空军型装有三波道数字化飞行控制系统、自动化地形跟踪系统和全球定位系统以及多种传感器,能遂行多种作战任务。"幻影"2000改进型战斗机有3种型号:幻影2000-5战斗机能同时跟踪8个目标,发射4枚空空导弹攻击不同的目标;"幻影"2000-9不仅移植了"阵风"战斗机的模块化数据处理器,而且其雷达性能也有很大改进;"幻影"2000N战斗机装有"羚羊-5"雷达和惯性导航系统,可挂载常规导弹和核导弹。德国空军对F-4F和"旋风"式战斗机实施信息化改造,使前者具备同时攻击多个目标的能力,后者则提高了侦察能力、精确打击能力和自我防护能力。日本于1997年从美国引进了4架E-767大型空中指挥预警机,实现了直接与地面"巴其"防空系统、各种战斗机和E-2C预警机联网,使自卫队的防空能力提高了15～30倍,拦截来袭目标的能力提高了35%～150%,预警时间增至30分钟。

进入21世纪后,美空军开始装备F-22"猛禽"战斗机,并开始研制F-35"联合攻击战斗

机”:2006年,常规起降型F-35A完成首飞;2008年,短距起飞/垂直降落型F-35B完成首飞;舰载型F-35C试验机于2009年首飞。空军还对B-52H战略轰炸机、B-2轰炸机等进行了信息化升级与改进。英国空军先是完成了对24架GR9型“鹞”战斗机的信息化升级,继而对12架“猎迷”战斗机、E-3D型预警机进行信息化改造。印度空军研制的新型战斗机有轻型、中型和多用途三种。2008年11月,“光辉”轻型战斗机完成首次夜间试飞。它装有数字式飞行控制系统和PS-05多功能雷达,配备法制“魔术-Ⅱ”空空导弹和自行研制的“阿斯特拉”空空导弹。印空军拟投资23亿美元研制中型战斗机,以取代“美洲虎”和“幻影-2000H”战斗机。

三、信息化空中作战平台对作战的影响

信息化空中作战平台的机动性能好,突防能力强,能够出敌不意地发起攻击,给敌人以毁灭性的打击,有效地支援地面和海上的作战行动,对战争的各个方面产生了重大的影响。

(一)空袭作战成为独立的作战阶段

信息化空中作战平台装载各种先进武器,以及各种先进的火控系统、通信、导航、电子战系统和观瞄设备,可实施全空域、全方位、全高度、全天候和全天时的空中作战,实施“外科手术”式的打击,从而大大增强了空中打击能力,使空袭作战的地位、作用更加突出,成为独立的作战阶段。

(二)精确打击和对地面作战提供近实时支援成为主要作战任务

当代战争中,制导寻的的精确弹药或智能寻的的灵巧弹药将成为空中作战的主角,使得信息化空中作战平台能够对战争全局有关键性影响的目标实施精确打击;同时,随着战场信息网络建设和空中加油技术的发展,空中作战平台具有更大的航程和更多的滞空时间,可以对地面作战实施近实时的支援,提高空中作战的效能。

(三)夜间和不良气候下的空战成为常态

随着夜视器材的不断发展以及夜战手段的日趋成熟,信息化空中作战平台陆续装备高精尖夜视设备和温度传感器,可以利用夜间和不良气候实施空中作战特别是空袭作战,有效达成突然性。

四、信息化空中作战平台发展趋势

随着信息智能技术的不断发展,以及太空和临近空间技术不断突破对航空技术的推进,信息化空中作战平台在进一步完善信息系统及其功能的同时,将沿如下的趋势发展演进。

一是智能化。人工智能在空中作战平台上的应用越来越多,自主自控飞机能自主完成驾驶、作战任务,能自动处理故障,从而使整个系统的作战效能大大提高。有人驾驶飞机、自主自控无人驾驶飞行平台混合编组将成为空战群编组的常态,借助人工智能,未来的空战场上,飞行员将不再是操作员,而是监视员。

二是隐形化。现役的F-22、F-35战斗机,B-2A轰炸机等已经具备了良好的隐身性能。目前,美国、俄罗斯正在研制的新一代作战飞机更强调隐身性能,包括具有隐形特点的军用运输机、直升机和无人机等。

三是一体化。在指挥自动化系统的支撑下,信息化空中作战平台呈现出极高的自适性、协调性和一致性,如同一个分布在广大空间内的有机整体,能够自动进行空战场监视,识别

敌方从空天和临近空间来袭的武器，自动判别空中目标的威胁等级，并能够有效调配各种空中力量，选择最适宜的武器系统，用恰到好处的火力予以摧毁。

四是微型化。随着微电子技术、微机电技术、微制造技术，特别是微米/纳米技术的发展，空中作战平台微型化已成为可能，并且越来越显示出在军事领域的潜在巨大应用价值。它不仅可为分队甚至单兵提供侦察、监视手段，还可以执行目标指示、通信中继以及有毒害、放射性区域探测等任务，甚至可将微型飞行器制成小型巡航导弹或用于攻击雷达的武器。

思考题

1.什么是信息化作战平台?

2.信息化作战平台如何分类?

3.信息化作战平台有哪些特征?

4.信息化陆上作战平台对作战有哪些影响?

5.信息化海上作战平台对作战有哪些影响?

6.信息化空中作战平台对作战有哪些影响?

第十九章 综合电子信息系统

综合电子信息系统是按军队信息系统一体化原则和综合集成技术而构建的具有多种使命、多种功能的信息系统，是在战争中夺取信息优势、决策优势和全维优势的主要装备。它具有互操作能力、信息共享能力、态势一致理解能力、快速优化决策能力，能有效地支持协同作战和联合作战。信息化战争的根本特点，是运用信息网络技术使构成军队和战场的各要素，结合成一个无缝链接的“军事大系统”，即实现联合和融合，而综合电子信息系统便是实现这种联合和融合的桥梁和纽带。本章主要介绍军队指挥控制系统、预警系统和导航系统等内容。

第一节　军队指挥控制系统

一、军队指挥控制系统概述

（一）军队指挥控制系统的定义

军队指挥控制系统简称指挥控制系统，是“保障指挥员和指挥机关对作战人员和武器系统实施指挥和控制的信息系统。是指挥信息系统的核心”①。它综合运用以电子计算机为核心的各种技术设备，实现军事信息的收集、传递、处理自动化，以保障对军队和武器实施指挥与控制的人-机系统。

建立指挥控制系统的目的是提高军队指挥和管理效能，从整体上增强军队战斗力。指挥控制系统能使指挥员和参谋人员从大量烦琐的技术性事务工作中解脱出来，以便有更多的时间和精力从事创造性的指挥活动，并且能逾越人体机能的限制，完成某些人们无法直接完成的任务。它能提高军队指挥的效能，更好地发挥武器装备的作用，提高部队的战备、训练水平，充分发挥军队的总体力量，更好地保障作战的胜利。

（二）军队指挥控制系统的发展过程

军队指挥控制系统是一个由简单到复杂、由低级到高级的客观历史过程。其发展大致经历了初创、迅速发展和成熟时期。

第一阶段从 20 世纪 40 年代到 60 年代末为初创时期。20 世纪 50 年代，随着计算机的发明，人们开始应用计算机来减轻军队指挥中大量烦琐而又重要的工作。50 年代美国首先提出 C^2（指挥、控制，即 Command and Control）系统的概念。60 年代，随着通信技术的发展，通信被纳入指挥体系，C^2 系统被扩充为 C^3（指挥、控制、通信即 C^2 加上 Communication）系统。

① 全军军事术语管理委员会、军事科学院：《中国人民解放军军语》（全本），军事科学出版社 2011 年版，第 230 页。

第二阶段从20世纪60年代到80年代初，为军队指挥控制系统的迅速发展时期。1977年，美国国防部专设一名助理部长负责指挥、控制、通信与情报工作，首次正式把C^3同情报结合起来，称为C^3I(指挥、控制、通信、情报，即C^3加上Intelligence)系统。80年代初，随着计算机在军队指挥控制系统中起的作用越来越大，指挥控制系统又从C^3I发展到C^4I(指挥、控制、通信、情报、计算机，即C^3I加上Computer)。

第三阶段从20世纪80年代末到20世纪末，为军队指挥控制系统的成熟发展时期。美国1992年根据联合作战构想，提出武士C^4I计划；美国国防部1995财年国防报告提出了综合C^4I体制；美国国防部1997财年又把监视(Surveillance)和侦察(Reconnaissance)综合到C^4I中，正式提出开发一体化的C^4ISR(指挥、控制、通信、情报、计算机、监视、侦察，即C^4I加上Surveillance、Reconnaissance)体系。

第四阶段，随着军队信息化水平的不断提高，C^4ISR与武器平台、弹药等作战系统的"融合"不断加深，同时信息系统的对抗手段不断增多，使C^4ISR系统不仅作为保障性指挥控制手段，而且逐渐具有杀伤的作战能力，C^4ISR系统又增加了杀伤(Kill)手段，从而演变为C^4ISRK系统。现在，军队指挥控制系统不仅技术全面成熟，而且应用日益普及，世界主要国家的军队不仅有战略层次的指挥控制系统，而且战役层次、战术层次的指挥控制系统也普遍建立。

(三)军队指挥控制系统的结构与分类

1.结构

军队指挥控制系统是根据军队体制、作战编成和指挥配系构成的。它自上而下逐级展开，左右相互贯通，构成一个有机的整体。这是一种金字塔式的能级结构。这种结构能够保障各级的作战指挥和作战协同，具有较强的生存适应能力。

2.分类

军队指挥控制系统，按层次，分为战略指挥控制系统、战役指挥控制系统、战术指挥控制系统；按军兵种，分为陆军指挥控制系统、海军指挥控制系统、空军指挥控制系统、战略导弹部队指挥控制系统；按状态，分为固定指挥控制系统、机动指挥控制系统和嵌入式指挥控制系统；按用途，分为作战指挥控制系统、武器指挥控制系统、防空指挥控制系统、后勤指挥控制系统等。世界各国情况不同，指挥控制系统涉及的范围和分类方法亦不尽相同。但一个完整的指挥控制体系应该是各军种、兵种密切协同的战略、战役、战术指挥控制系统群体。

二、军队指挥控制系统的构成

军队指挥控制系统，是用电子计算机将指挥、控制、通信、情报、计算机、监视、侦察各分系统紧密连在一起的综合系统。尽管各种指挥控制系统规模大小各不相同，但就它们的功能来说，都必须具有与人体的大脑、神经和感官相似的部分，即电子计算机中心(相当于大脑)、通信网(相当于神经系统)和信息终端(相当于感官)。从技术的角度讲，分为信息收集、信息传递、信息处理、信息显示、决策监控和执行等六个分系统。在整个系统中，一般地说，各级指挥所既是上级指挥所的信息终端，又是下属的指挥中心。

(一)信息收集分系统

信息收集分系统由配置在地面、海上、空中、空间的各种侦察设备，如侦察卫星、侦察飞机、雷达、声呐、光学摄像机、遥感器及其他侦察、探测设备组成。它的作用是及时收集敌我

双方的兵力部署、作战行动、战场地形和气象等情报信息。

（二）信息传递分系统

信息传递分系统由终端、交换、线路和用户等设备组成，俗称通信网络。

分散在不同地区的各军兵种的各种情报，必须可靠、迅速地传递到指挥中心，而指挥员的决策和命令也要立即传递给下属部队，这都要依赖信息传递分系统来实施。在军事科学技术飞速发展的今天，对通信的质量要求更为严格，信息在传递中绝不允许延误和出现差错，否则将导致严重后果。

为了保证指挥系统畅通无阻地工作，必须采取多种先进的通信手段。现代化军队使用的主要通信手段有有线通信、无线通信。其中根据波长又分为长波、超长波、短波、超短波、微波中继通信以及散射通信、卫星通信。

信息传递分系统是实现军队指挥控制的基础，整个指挥控制系统都要通过信息传递把各地的电子计算机等技术设备有机地连接起来，并组成一个完整的系统，才能充分发挥自动化的功能。

（三）信息处理分系统

信息处理分系统包括由电子计算机及其输入输出设备等组成的硬件部分和计算机软件部分。它是指挥控制技术系统的核心部分。电子计算机的硬件是构成电子计算机系统的各种机械的、磁性的、电子的设备的总称。通常将电子计算机称为主机，外存储器和输入输出设备等均称为外部设备。

软件是相对于硬件而言的，包括计算机操作系统、多种高级语言和程序开发工具、数据库管理系统及其他应用软件等，它是为了充分发挥电子计算机功能的各种语言的总称。在指挥控制系统中，既要有技术先进的硬件，更要配上功能齐全的软件。

软件分两类：一是系统软件，二是应用软件。系统软件是用来保障电子计算机系统运转、操作、管理的全套程序，它是电子计算机系统的组成部分。应用软件是指针对某种特定的需要所编制的程序。一般说来，军事上的应用软件，只能依据自己作战指挥的特点自行编制。

（四）信息显示分系统

信息显示分系统由各种类型的可视信息输出设备，如供个人使用的小型显示器和供集体使用的大屏幕显示器等组成。它的作用是把信息处理分系统输出的各种信息，包括军事情报、敌我态势、武器装备状况、作战方案、命令及其执行情况等，用文字、符号、图表等形式，显示在用户的屏幕上。

（五）决策监控分系统

决策监控分系统由监视器键盘、打印机、多功能电话机、记录装置等组成，通常以工作台的形式组装在一起，以便实现人-机对话。它的作用是辅助指挥人员决策、下达命令、实施指挥控制，并可用于改变指挥控制系统的工作状态及监视系统运行情况。

（六）执行分系统

执行分系统没有一个规范的定式，可以是下属部队的指挥控制系统，也可以是自动执行命令的装置，如导弹的制导装置、火炮的火控系统等。执行分系统的工作情况，如武器的打击效果等信息，可通过信息收集反馈给决策监控分系统，以便指挥员随时作出新的判断。(见图 19-1)

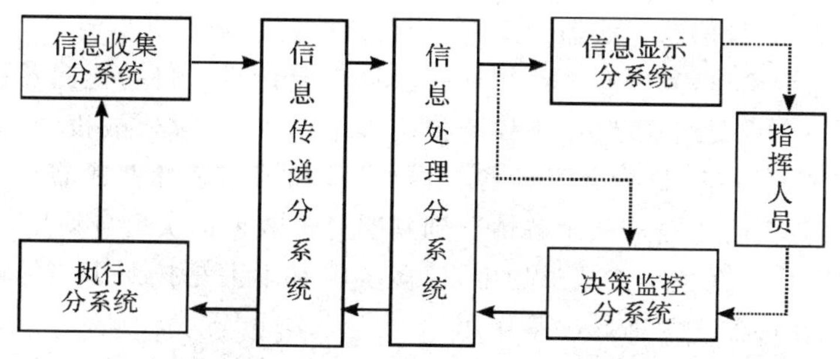

图 19-1　军队指挥控制系统示意图

三、军队指挥控制系统的功能

军队指挥控制系统已广泛应用到作战指挥、武器控制、情报处理、后勤指挥及军务管理等各个领域。现代战争对军队指挥控制系统的基本要求是:缩短收集情报、判断情况、定下决心、拟制作战计划和下达命令的时间并提高它的准确性,辅助参谋作业,保证实时处理,提高指挥效率。

军队指挥控制系统的基本功能归纳起来,主要有:

(一)迅速收集和处理情报

信息化条件下作战,情报来源广泛,数量大,变化快,需要指挥员在尽可能短的时间内掌握情况,分析判断、定下决心,适应现代作战的指挥要求。指挥自动化系统的一个主要作用,是把侦察卫星、侦察飞机、侦察船、侦察车、侦察雷达等收集到的各类军事情报,源源不断地自动发送到自身的情报处理系统;情报处理系统对这些情报自动进行分析、编辑,然后存储备查或分发到有关指挥员的席位上,并及时显示出来,让指挥员迅速全面地了解情况。

(二)实时观察战场情况

作为一个指挥员,必须实时了解和掌握战场情况。当代指挥自动化系统通过散布在陆海空天及信息网络中的各种侦察、探测设备,能够使战略指导者在任何时间、任何地点都实时地接收融合的、逼真的战场空间图像,实时感知战场态势。只要按动一下鼠标,屏幕上就会立即把有关的最新作战情报数据,以及他们所关心的任何战场态势呈现在眼前。

(三)辅助指挥员快捷决策

在以往的战争中,指挥员通常凭借个人经验和能力素质实施指挥。而在信息化智能化战争中,指挥控制系统日益具备理解和推理能力,势必深度参与决策过程,通过提供准确的战场态势与筹划决策能力,大幅提高指挥的精准度和时效性。未来的指挥控制系统以人工智能、边缘计算、云脑技术为核心,支持作战指挥由信息域向认知域拓展,实现从“信息化、网络中心”向“智能化、知识中心”转变,具备信息知识化、决策智能化、指控敏捷化、协同多域化等能力;指挥信息系统架构将围绕态势、指挥、控制、保障等功能进行智能化升级,提升作战指挥的认知与决策效能;可根据态势感知系统提供的数据信息,自动进行敌我力量对比,根据预定作战任务目标,生成多个作战方案计划,并进行模拟仿真推演和综合效能评估;还能根据战场实时动态,预测战局发展变化,自主调整完善作战计划,帮助指挥员实时精确控制战局。

（四）对武器进行自动控制

在当代战争中，大量信息化武器的出现，给武器控制带来了更高要求。操纵这些武器不像使用传统枪炮那样简单，其中有大量复杂的数据需要计算。自动化武器控制系统作为指挥自动化系统的一个重要组成部分，不仅能控制多个单个的战略、战役和战术级武器，而且能控制包括警戒侦测设备、目标分配设备、引导设备和杀伤破坏性武器在内的整套武器系统，使指挥控制的各个阶段——从了解情况到判明打击效果都实现自动化，而且整个过程可在很短的时间内完成。在整个作战过程中，许多步骤基本上是按照事先编好的程序自动完成的，指挥人员只在武器发射前起决策作用。

以上列举的只是军队指挥控制系统的部分功能。当前，指挥控制技术在后勤保障、军事科研、人员训练、行政管理等方面的应用也都有了迅速发展。从未来看，任何可以被数学描述的有规律的智力活动，原则上都可以由指挥控制系统来完成。随着越来越多的智能无人作战力量投入战场，单靠人力指挥已难以满足作战的时效性、可靠性、精确性要求，基于人工智能进行指挥控制已是大势所趋，智能决策系统、智能任务规划系统、动态智能控制系统等将应运而生。预计在不久的将来，即可逐步实现对旅营级作战单元的智能指挥控制，在联合作战层面实现智能辅助决策的重大突破。

四、军队指挥控制系统对作战的影响

（一）对作战指挥的影响

一是使指挥机关的组织结构发生变革。装备有大量现代化办公设备及装备的指挥控制系统，可以使指挥机关的指挥人员从繁忙的手工操作中解脱出来，精减指挥人员，提高指挥效率。这使得指挥机关更加精干、高效。同时，由于系统中的各种现代化的装备必须有技术人员维护，以保证其正常运转，这也使得指挥机关的人员构成必须由指挥人员和工程技术保障人员组成。

二是使指挥工作方式发生变革。在指挥控制系统中，各级指挥员可以随时利用各种现代化的设备了解上级意图，收集各种信息，分析判断情况，定下作战决心，下达命令指示，以及向上级反映情况等，较之以往的手工操作，这无疑是对指挥工作方式的一种变革。

三是使指挥决策更加科学化。战时，指挥员除了充分发挥主观能动性外，可充分运用指挥控制系统的“智能”功能进行指挥决策，对预定作战方案进行可行性验证，从中优选出最佳方案，从而作出正确决策。

四是使战场调控更趋完善。由于各种先进通信手段和设备的使用，战场信息可以及时地反馈给指挥机关。指挥员一方面可以根据这些信息及时调整兵力部署，控制战场态势发展，最大限度减小兵力损失；另一方面，指挥员还可以依据这些信息，运用各种战场调控手段，控制战场节奏。

（二）对军队机动的影响

军队机动是进行战争的基本条件，也是战争的重要组成部分。指挥控制系统的应用，为提高军队机动能力创造了许多有利条件。先进的装甲车辆、飞机、舰船上大都装有精确定位和导航设备，不论是在战区内还是在其他地域执行机动任务，不论是在一般的地、海、空域还是在复杂区域，都可以通过这些先进设备了解和确定自己的精确位置、运动速度、时间等数据。卫星通信设备可以保障部队在机动中随时与上级取得联系，便携式计算机中的各种地形资料为机动提供了更方便、更可靠的支持,部队不再像过去那样,一旦与上级失去联系就无所适从。

(三)对武器效能的影响

通过自动化控制提高武器效能,是军队指挥控制系统的一个主要功用。现代的武器系统,从观察搜索目标到确定攻击方案、实施攻击,均可由计算机自动控制完成。不仅反应速度快,而且杀伤效果好、精度高。例如,法国研制的"阿迪拉"地炮自动指挥控制系统,不仅可以同时指挥6个炮兵连,同时处理3项射击任务,而且从观察员发出火力申请到炮兵连完成射击准备只需30～60秒。该系统具有处理前沿观察员的火力呼唤、确定最佳射击方案、为每门火炮计算确定射击诸元等功能。该系统的使用,可以发挥武器系统的最大效能。

随着计算机技术的发展及其在武器装备上的应用,自动无人驾驶坦克和飞机可以按照预先设置在计算机中的指令自动寻找攻击目标,根据目标的位置、大小、防护能力、自身状态、安全界等因素,自动选择和确定攻击方案,然后将攻击效果反馈给战场指挥中心,初步实现了武器装备的智能化。

(四)对作战保障的影响

军队指挥控制系统的应用对作战保障的影响主要体现在信息保障和后勤保障两个方面。

现代战争是信息化战争。战场信息的收集、传输和处理,不仅渗透到战场的各个领域、各个环节,而且作战中的功能、地位和作用也不断提高。现代战争的信息保障特点是立体化、全球覆盖的侦察与监视,全方位、大纵深的预警,多样化、抗干扰的信息传输,高效率、全时空的信息处理手段。各种信息技术装备和战场信息系统构成了作战"神经系统",谁的"神经系统"更完善,对战场信息流利用得更好,谁就能掌握战场的主动权,控制战争的全局。也就是说,战场信息已经成为影响整个战争全局的巨大战略资源,对这种资源的掌握与利用的能力和水平,已经成为战争胜负的关键。

现代战争的立体化突击、全天候作战方式,要求后勤保障也必须全方位、全天候保障。因此,必须前方和后方密切协同,科学、及时地制定保障计划。后勤保障如何做到既满足作战需要,又尽量减少战场过多储备,这是一大难题。而指挥控制系统的应用和发展为解决这一难题开辟了有效的途径。通过系统对作战的模拟和仿真试验,可以科学地预测不同规模作战的各种物资消耗量,制定后勤保障需求方案,有计划地组织生产、采购、运输和储备,使后勤保障在宏观上日趋科学化。同时,指挥控制系统的不断完善和发展,也使得后勤补给系统的管理日趋自动化。

军队指挥控制系统尽管有许多优越性,但是它毕竟不能代替指挥员的大脑,因为它没有思维能力,它的全部工作都是按照人预先编好的程序进行的,它只能在人预先设想的方案范围内发挥作用。同时,由于战争双方是互相保密的敌对集团,战局瞬息万变,指挥控制系统也不可能准确无误地反映出敌我态势,因此,在整个指挥过程中,还是要最大限度地发挥指挥员的主观能动作用。可以说,自动化并不是削弱或限制了人的作用,而是对人员提出了更高的要求。

第二节 预警系统

预警系统是用于信息获取和预警报知的军事信息系统，也是综合电子信息系统的重要组成部分。

一、预警系统概述

预警系统，是采用一系列传感、遥控探测手段，发现、定位和识别敌方来袭目标，发出警报信号，为打击或者防范敌方目标提供相应情报和反应时间的信息系统。预警系统的任务是探测、监视敌方各种目标的活动规律和动态情况，及时准确地探测来袭目标的特性、种类等重要参数并作出威胁度判断。预警系统是综合电子信息系统中最重要的实时信息来源，直接影响到探测、判断、决策等军事行动。无论和平时期还是战争时期，预警系统都要保持常备不懈，全天候监视，为国家决策和军事指挥系统提供尽可能长的准备时间，以有效地应对敌人的突然袭击。

未来战争中，目标的类型极其复杂。按目标位置分，有高空、中空、低空、超低空、地面、海面以及水下等目标；按目标的速度分，有静止、低速、高速和超高速等目标；按目标特性分，有无线电信号、光学、红外、声音、振动和压力等目标；按目标来袭的方式分，有多批次、多方向、多层次等目标。因此，预警系统必须利用多种手段，按不同纵深层次配置各种不同性能的预警探测传感器。主要探测方式包括雷达探测、无线电信号探测、光学探测、红外探测、声波探测以及其他探测方式。

预警系统根据系统作用、探测目标种类、探测装备位置等方面的不同，可以分为多种类型。按系统作用，可分为战略预警系统和战区内战役战术预警系统两大类：战略预警系统主要用于防御战略弹道导弹、战略巡航导弹和战略轰炸机的袭击；战区内战役战术预警系统主要用于防御大气层内的空中、水面和水下、陆上纵深和隐蔽设施等战役战术目标。按探测目标种类，可分为防天、防空、反导、反舰(潜)和陆战等不同的预警系统。按传感器平台位置，可分为天基、陆基、空基和海基预警系统。按空天目标活动空间分布，可分为外层空间、临近空间和大气层预警系统。按军种，可分为陆军、空军、海军预警系统和其他军种预警系统；等等。

二、典型的预警系统

(一)天基预警系统

天基预警系统，是指传感器平台位于卫星等天基运载平台上的预警系统。目前主要的天基预警系统是由导弹预警卫星构成。

导弹预警卫星通常运行在地球静止轨道或大椭圆轨道上，一般由多颗卫星组成预警网络，进行全球范围内的监视。通常情况下，导弹预警卫星对战略洲际弹道导弹可提供 30 分钟的预警时间，对潜射导弹提供 15 分钟的预警时间。20 世纪 90 年代以前，导弹预警卫星主要用于探测战略洲际弹道导弹和潜射导弹。海湾战争后，探测战术弹道导弹成为它的新任务。

1.美国的天基预警系统

一是DSP预警卫星系统,即美国的“国防支援计划”(DSP)卫星系统。该系统为美国的国家指挥机构和作战司令部提供导弹发射和核爆炸的早期监测和预警。DSP卫星作为北美预警系统的基础设施,已有30多年的历史。从20世纪70年代初将DSP导弹预警卫星送上天空,至2007年历经了4次卫星的升级改造,共发射了23颗卫星,构建了DSP中的完整的卫星预警系统。在1991年的海湾战争中,DSP在地基和机载雷达的配合下,有效地探测到了“飞毛腿”导弹的发射,为“爱国者”导弹拦截提供了几分钟的预警时间,在导弹拦截过程中发挥了较大作用。

二是SBIRS预警系统,即天基红外预警卫星系统。作为DSP预警卫星系统的后继,它是美国空军研制的新一代天基红外探测与跟踪系统,它是美国弹道导弹防御系统探测预警的核心环节。其主要任务是为美军提供全球范围内的战略和战术弹道导弹预警,对弹道导弹从助推段开始进行可靠稳定的跟踪,为反导系统提供关键的目标指示功能。天基红外系统提供了更为强大、可靠和灵活的弹道导弹预警信息,不仅可以更早地探测到远程和洲际弹道导弹的发射,增加了对飞行中段弹道导弹的探测跟踪能力,还在设计之初就考虑到对中短程战术弹道导弹的探测跟踪能力。

2.苏联/俄罗斯的天基预警系统

一是“眼睛”预警卫星,星座代号SPRN-1。首颗“眼睛”卫星于1972年9月19日发射,共发射了86颗。从1996年底开始,“眼睛”预警卫星不断失效,至2013年12月,只有4颗“眼睛”卫星在轨运行。“眼睛”导弹预警卫星系统主要用于探测从美国本土基地发射的洲际弹道导弹,可在导弹发射20秒内发出预警信号,对洲际弹道导弹能提供30分钟的预警时间。

二是“预报”预警卫星,星座代号为SPRN-2。与“眼睛”预警卫星相比,“预报”卫星除有能力以地球表面和云层为背景探测弹道导弹的发射外,还具有地平线下的探测能力。可探测从美国本土基地发射的洲际弹道导弹和由潜艇从水下发射的弹道导弹,预警时间为30分钟。

(二)空基预警系统

空基预警系统主要是指探测器放置于飞机、气球、飞艇等空中运载平台上的预警系统。目前包括预警机、系留气球、飞艇和浮空器等预警探测系统。

1.预警机

预警机是装有预警雷达的特殊飞机,用于搜索、监视空中或海上目标,指挥并引导己方飞机执行作战任务。预警机又称机载预警和控制系统,最早是为了克服地面/舰基雷达的缺点而发展起来的。现在的预警机是空中预警系统的重要组成部分,机上一般包括雷达探测系统、敌我识别系统、电子侦察和通信侦察系统、导航系统、数据处理系统、通信系统、显示和控制系统等。它集预警和指挥、控制、通信功能于一体,起到空中运动雷达站和指挥中心的作用。如美国的E-2系列预警机、E-3系列预警机、“联合星”E-8预警机、E-10预警机,日本的E-767预警机,以色列的“费尔康”预警机,瑞典的“塞班”预警机,我国的空警2000、空警500、空警200预警机等。

预警机在现代战争中发挥了重要作用。1982年6月,在以色列入侵黎巴嫩的战争中,以色列空军使用E-2C预警机引导己方飞机,袭击叙利亚军队驻贝卡谷地的防空导弹阵地,并与叙军进行空战。结果叙军19个导弹连被毁，约80架战机被击落，而以方无一损失。而在同年4月英国与阿根廷的马尔维纳斯群岛战争中，英国舰队由于未装备预警机，不能及时发现低空袭来的阿根廷飞机，结果遭受重创。在1991年的海湾战争中，E-2C和E-3A预警机为以美军为首的多国部队赢得胜利发挥了重要作用。在美国多次海空作战行动中，均有预警机的身影出现。

2.气球预警系统

在其他新型航空侦察手段飞速发展的情况下，气球预警系统仍然具有较强的生命力和发展前景。如美国的“杰伦斯”(JLENS)气球载巡航导弹预警系统(RAID)、浮空器快速部署系统(REAP)、快速升空气球平台、持续威胁目标探测系统等。气球与飞艇相比，没有飞行动力系统，可以分为系留式气球和自由式平飘气球两种。系留式气球需要采用地面/海面系留设施，具有一定的稳定性，可根据作战行动需要快速收放。同时系留式气球的系留缆绳可用作气球与地面站之间的信息传输，保密性和抗干扰能力很强。但其机动性较差，地面控制站易受敌方探测和攻击，战场生存能力有限。自由式平飘气球不受系留缆绳的限制，机动性强，可以自由飞越他国的领空实施预警探测，但其易受空气流动强度和流动方向的影响，不易控制，并且飘移速度慢，容易被击落。

3.飞艇预警系统

飞艇是一种较为古老的军事平台，在现代材料和信息技术的支撑下重现军事应用领域。相对于飞机，它的优势在于滞空时间长。飞机的飞行时间以小时为单位计算，而飞艇则以天为单位计算。由于现代飞艇具有载荷能力大、自主能力强、续航时间长、升空高、工作环境无振动、运行费用低等优点，因而各国都在积极发展飞艇预警探测技术。国际上发展的探测飞艇主要有中高空(飞行高度在20000米以下)侦察飞艇、平流层(亦称高高空，飞行高度在20000～50000米之间)飞艇两类。如美国的“奥拉”侦察飞艇、德国的“齐柏林”NT07型飞艇等。

(三)陆基预警系统

陆基预警系统最早是为了对付轰炸机而建立起来的，目前可探测洲际弹道导弹、潜射弹道导弹、轰炸机、巡航导弹等多种目标。陆基预警系统主要由各种地面固定或机动式雷达、电子侦察装备、光电探测装备等组成，包括地面弹道导弹相控阵雷达、超视距雷达、监视雷达、固定信号情报侦察站、车载无线电侦察/测向系统、战场侦察雷达、战场光学侦察系统、战场传感器、侦察系统、装甲车等各种侦察装备，用于探测空中、地面、水上及水下目标。典型的陆基预警系统有美国的北方弹道导弹早期预警系统、北方预警系统、潜射弹道导弹预警系统，苏联的“鸡笼”雷达预警系统等。

(四)海基预警系统

海基预警系统又称舰载预警系统，主要由各种舰载雷达系统、声呐系统、电子侦察设备、水声侦察仪、磁异探测仪、潜望镜等观察设备，以及红外、微光、激光、电视等光电侦测设备组成。舰载预警系统可不受国界限制，远航持续抵近目标侦察，弥补了空中和地面侦察的不足。典型的舰载预警系统包括美国的“宙斯盾”预警作战系统、航母预警作战系统等。

三、预警系统的发展趋势

信息化条件下，预警系统将采用多种手段、多种平台、多个信息源来扩大空间的覆盖范围和提高信息的收集率,进一步向机载与星载大空域监视、多功能相控阵雷达、对抗隐身目标、无源探测、功能综合化的预警探测等方向发展。同时,随着人工智能技术的进步,预警系统将具备自主侦察预警报知功能,即运用分散部署的智能化侦察预警设备,自主获取战场态势信息,并对海量数据进行智能化分析、处理和实时融合。战时,智能化的侦察卫星、无人机、地面(水上)传感器等侦察设备自主搜集各种目标数据信息,对多源数据进行分析研判,依托泛在网络将数据信息汇集到相应的信息处理节点,进行综合分析处理,按需求和权限分发,实现各作战力量、作战单元信息实时共享。

第三节　导航系统

导航系统在军事和民用交通运输上用途广泛,是国家信息基础设施的重要组成部分。随着现代导航技术的发展,导航系统已经能够在全世界任何地方甚至外层空间提供高精度的导航信息,不仅能够为运载体的航行提供高质量的服务,还用于各种社会经济部门、各级军事单位以及各种科学研究领域,成为社会生活的基础设施和军事指挥自动化系统必要的信息源。信息化战争中,导航定位的作用将越来越突出。

一、导航系统概述

导航系统,是通过实时提供位置、速度、航向、姿态及时间等信息,引导飞机、舰船、车辆等交通工具及人员沿着预期的路线到达目的地的信息系统。信息技术的发展大大加快了人类经济和军事活动的节奏,对导航要求越来越高,对运载体提供实时位置成为头等重要的导航要求,使导航的功能从主要向运载体提供航向,转变为主要提供位置信息,使人们能够随时判定是否在规定的航路或航道中行驶,是否能准时到达目的地。从这个意义上说,导航系统又称为导航定位系统。

导航系统多种多样。根据导航方法和原理的不同,可分为陆标定位、天文导航、推算航法、无线电导航、组合导航等;根据应用领域的不同,可分为航海、航空、陆地和天基导航系统;根据工作区域的不同,可分为全球导航系统、区域导航系统等;根据用户使用时的相对依存关系,又可分为自主式(自备式)导航系统和非自主式(他备式)导航系统。

导航技术的历史可以追溯到人类新石器时代晚期,大体分为从新石器时代晚期到19世纪末的传统导航和从20世纪初到目前的近现代导航两个阶段。

传统导航技术的发展。相传公元前2600年前后,黄帝部落与蚩尤部落,在逐鹿决战中,由于指南车的指引,黄帝的军队在大风雨中仍能辨别方向,因此取得了战争的胜利。这种指南车是有记载以来最早指示方向的机械导航装置。在古希腊与犹太人毗邻的地中海沿岸,腓尼基人的许多导航办法沿用至今。如最早利用太阳和北极星进行的海上导航、利用沿岸地形地貌的环大陆航行、利用在港口点燃篝火指示船舶夜间航行等,这些方法就是现代称之为陆标定位的导航方法。随着航海技术的不断进步,远洋航行的导航方式也在发展,从观察太阳、星体和星座的位置变化,到航用海图、航迹推算,直至四分仪、六分仪等仪器的应用,特别是天文钟的发明,奠定了天文航海的理论基础,并在实践中得到了广泛应用。

近现代导航技术的发展。从20世纪初开始，随着航空和航海交通的发展，人类导航技术突飞猛进。无线电导航技术在半个多世纪的时间里从萌芽状态迅猛发展为海、陆、空导航的基本手段，全球建立了大量的无线电导航系统。20世纪上半叶，惯性导航等自主导航技术也快速发展。随着人造地球卫星的发射成功，无线电导航技术的发展进入了现代卫星导航的新时代。

二、典型的导航系统

（一）自主式导航系统

自主式导航系统，是运载体自身产生导航信息的系统，主要包括惯性导航系统、多普勒导航系统以及地形辅助导航系统等。

惯性导航系统（简称惯导），是以牛顿惯性定律为基础，利用惯性仪表测量运动载体在惯性空间中的角运动和线运动，根据载体运动微分方程实时地、准确地解算出运动载体的位置、速度和姿态角等信息的导航系统。

多普勒导航系统，是由多普勒雷达和计算机组成的一种自主式导航系统，在飞机等运载体上常用。多普勒雷达的工作原理是基于电磁波的多普勒效应。当发射机发射电磁波时，如果接收机与发射机之间存在相对运动，那么接收机收到的电磁波频率与发射频率存在差异，该差异被称为多普勒频移。多普勒频移与接收机、发射机之间的相对运动速度成正比。测量运载体的多普勒频移，就可以计算出运载体的速度，进而通过速度对时间的积分，获得运载体的距离和当前位置。

地形辅助导航系统，实际上就是由惯性导航系统与无线电高度表和数字地图等装置构成的地形辅助惯性导航的组合导航系统，也称地形基准系统。利用地形特征对飞机、导弹等运载体进行导航定位，是人们熟知的导航技术，从飞机出现起，飞行员就通过目视地形、地物进行导航。现代信息技术的飞速发展，给原有的地形导航技术带来了革命性变革，使得这种技术可以在其他导航技术的基础上，把地形数据库与地形匹配等概念结合起来，从而使导航定位满足高精度要求。

（二）无线电导航系统

无线电导航系统是通过陆基导航台，利用无线电技术对飞机、船舶或其他运动载体进行导航和定位的系统。利用无线电波的传播特性，可测定运动载体的导航参量（方向、距离和速度），计算与规定航线的偏差，由驾驶员或自动驾驶仪操纵载体消除偏差以保持正确航线。无线电导航系统主要包括陆基无线电导航系统和卫星导航系统。

（三）全球卫星导航系统

全球卫星导航系统，是能在地球表面或近地空间的任何地点为用户提供全天候的三维坐标和速度以及时间信息的空基无线电导航系统。它实际上是把陆基导航系统的导航台搬到了卫星上，当运载体进入卫星发射电磁波的覆盖范围后，运载体的导航设备便能输出导航信息，克服了陆基导航系统精度与覆盖范围之间的矛盾。

卫星导航系统与陆基无线电导航系统的最大不同在于：陆基导航台是固定不动的，其地理位置准确已知，而卫星则始终沿轨道快速移动着。因此卫星导航系统首先要确定卫星在不同时间的准确位置，并通过卫星信号告诉用户。卫星导航系统可以同时为陆、海、空，甚至外层空间的用户提供准确、实时的三维位置、三维速度和时间信息。现有卫星导航系统主要是美国的 GPS、俄罗斯的全球卫星导航系统(GLONASS)、欧洲的伽利略(Galileo)系统以及中国的北斗全球卫星导航系统。

1.全球定位系统(GPS)

1973 年,美国国防部在子午仪卫星导航系统的基础上,开始组织陆、海、空三军,共同研究新一代卫星导航系统,这就是目前广泛应用的“导航卫星授时测距/全球定位系统”,简称全球定位系统(GPS)。GPS 卫星导航系统由空间区段的导航卫星星座、运行与控制区段的地面台站、用户区段的用户设备三部分组成。GPS 卫星星座由 24 颗卫星组成,其中 21 颗工作星、3 颗备用星,分布在 6 个倾角为 55°的轨道上,高度 20200 千米,运行周期 12 小时。以这样的星座分布,可在全世界任意位置上,同时看到 8 颗以上卫星,最多时可达到 11 颗,实现不间断定位。

2.格洛纳斯(GLONASS)卫星导航系统

20 世纪 70 年代,作为对美国宣布建立和发展 GPS 的回应,苏联国防部构想了全球卫星导航系统——格洛纳斯(GLONASS)。GLONASS 的工作原理与 GPS 基本相同,也由空间段、地面段和用户段 3 部分组成。GLONASS 的空间部分由 24 颗卫星组成,其星座分布在倾角 64.8°的 3 条圆形轨道面上,轨道高度 19100 千米,其中有 21 颗工作星和 3 颗备用星。

3.伽利略(Galileo)卫星导航系统

伽利略(Galileo)卫星导航系统,是欧盟研发的全球卫星导航系统,经过数年酝酿,于 2001 年 4 月 5 日在欧盟交通部长会议上正式批准建设。它是世界上第一个公共控制的民用导航系统,目标是成为“一个开放的全球系统,与 GPS 充分兼容而又与之独立”。Galileo 的系统方案与 GPS 类似,也由空间段、地面段和用户段 3 部分组成。Galileo 星座有 27 颗工作卫星和 3 颗备用星,分布在 3 个离地高度 23616 千米的圆形轨道面上。Galileo 星座的卫星数量多,使城市区域卫星信号受遮挡的情况减少,可用性提高。

4.北斗全球卫星导航系统

北斗全球卫星导航系统,简称北斗系统,是中国自行研制、独立运行的卫星导航系统,是为全球用户提供全天候、全天时、高精度的定位、导航和授时服务的国家重要空间基础设施。它与美国的 GPS、俄罗斯的 GLONASS、欧盟的 Galileo,是联合国卫星导航委员会已认定的供应商。20 世纪 90 年代,中国开始探索适合国情的卫星导航系统发展道路,形成“三步走”发展战略:第一步,2000 年底建成北斗一号系统(北斗卫星导航试验系统),向中国提供服务;第二步,2012 年底建成北斗二号系统(北斗卫星导航系统),向亚太地区提供服务;第三步,2020 年年底前,完成 30 颗卫星发射组网,建成北斗三号系统,向全球提供服务。

三、导航系统的发展趋势

鉴于未来战争的多维性和特殊性,现有的各种无线电导航系统明显存在不足,不能满足未来信息化战争的需求。例如自主式导航的多普勒和惯性导航系统,定位误差会随时间延长而增大,不仅导航精度低,而且还需其他导航系统进行校正。此外,天文导航设备要求高,价格昂贵,但定位精度不高,又不能连续和全天候工作。相比之下,全球卫星导航系统是目前最佳的一种导航系统。美国的 GPS 于 1995 年 4 月 27 日达到全域性能力,至今一直在正常工作。我国北斗三号全球卫星导航系统自 2020 年开通以来运行稳定,持续为全球用户提供优质服务。2024 年 10 月发布的《北斗产业发展蓝皮书(2024 年)》显示,北斗系统服务及

相关产品已输出到130余个国家和地区。

随着信息技术的发展和使用要求的不断提高，实现全球连续、实时、高精度导航，降低用户设备价格，建立导航与通信、海空交通管制、授时、搜索营救、大地测量及气象服务等多用途的综合卫星系统，将是未来导航系统的发展方向。

思考题

1.什么是军队指挥控制系统？它是怎样分类的？

2.军队指挥控制系统通常由哪几个分系统构成？各分系统的作用如何？

3.军队指挥控制系统有哪些功能？对现代作战有何影响？

4.什么是预警系统？如何分类？

5.什么是导航系统？如何分类？

第二十章 信息化杀伤武器

信息化杀伤武器,是运用计算机技术、信息技术、微电子技术等现代高技术研制或改造的,具有直接杀伤效能的武器装备的统称。本章主要介绍其中的精确制导武器、新概念武器、核生化武器。

第一节 精确制导武器

精确制导武器是“采用精确制导技术,直接命中概率较高的武器”①(直接命中概率在50%以上),如各类导弹以及制导炸弹、制导炮弹、制导鱼雷等,主要用于攻击坦克、装甲车、飞机、舰艇、雷达、指挥控制通信中心、桥梁、武器库等目标。

一、精确制导武器的作战特点

(一)直接命中概率高

直接命中概率高,这是精确制导武器名称的由来,也是精确制导武器最基本的特征。目前,一些有代表性的精确制导武器,命中概率已达80%以上,激光制导炸弹和电视制导炸弹的圆概率偏差均在2米以内。例如,1991年1月17日凌晨,一架F-117隐形战斗机将一颗重达1吨的“宝石路”激光制导炸弹,准确无误地投在了为伊军提供通信服务的巴格达市通信大楼上,从而拉开了多国部队空袭伊拉克的序幕。在38天的对伊空袭中,多国部队使用AIM-7F/M导弹击落25架伊军飞机,多数为首发命中。

(二)具有自主制导能力

随着电子技术的发展,高性能的毫米波制导系统、红外探测器以及人工智能计算机的采用,精确制导武器不仅具有较高的直接命中概率,而且有的还具有“发射后不用管”的自主制导能力,它可完全依靠弹上的制导系统独立自主地捕捉、跟踪和击中目标,不需要人工或其他辅助设备进行干预。例如,美国的“黄蜂”空对地导弹,由于采用了人工智能技术和先进的信号处理技术,已具备了初步的智能化特征。它可在复杂的地物背景中鉴别出是否要攻击的目标。如果不是,则继续搜索目标;如果是,则进一步判断目标是否处在战斗部杀伤范围之内。如果是在杀伤范围之内,则自动估算出最佳爆炸高度,将战斗部引爆,从坦克顶部将其击毁;如果不在杀伤范围内,则继续对目标进行锁定跟踪,直至进入有效杀伤范围为止。

(三)作战效能好

精确制导武器虽然技术比较复杂,制造成本高,但由于其具有较高的直接命中概率,因

---

① 全军军事术语管理委员会、军事科学院:《中国人民解放军军语》(全本),军事科学出版社2011年版,第526页。

而作战效能好，效费比高。同无制导的武器相比，精确制导武器在完成同一作战任务时，其弹药消耗量小，所需作战费用远远低于常规弹药。例如，统计资料表明，在海湾战争中，尽管多国部队所使用的精确制导武器弹药量仅为总弹药量的8%，但其摧毁的预定目标却达80%以上。可见，精确制导武器是一种作战效益很高的武器，其效费比通常为常规炸弹的25～30倍。

此外，精确制导武器通常具有较高的机动能力和较强的全天候作战能力，射程远，威力大，能有效摧毁目标或大面积杀伤人员和装备等。

二、精确制导武器的制导技术

（一）制导技术的基本概念

制导技术又称精确制导技术，是“利用目标辐射或反射的特征信号，发现、识别和跟踪目标，精确导引和控制武器命中目标的技术”①。它是以微电子、电子计算机和光电转换技术为核心，以自动控制技术为基础而发展起来的高新技术。根据各种制导技术原理研制的控制导引武器装备自动导向目标的整套装备，被称作武器装备的制导系统，它广泛应用于导弹、航空炸弹、炮弹、鱼雷、地雷等武器系统中。

（二）制导技术的种类

制导技术的种类很多，按制导原理分类，现在各种精确制导武器上应用的主要有下列几种：

1.自主式制导

自主式制导是根据导弹内部或外部固定参考基准，导引和控制导弹飞向目标的技术。这种制导技术，有关目标的特征信息是在制导开始前就确定好的，制导过程中不需要提供目标的直接信息，也不需要导弹以外的设备配合。惯性、星光、多普勒、程序和图像匹配制导等都属于自主式制导。其中惯性制导是其主要的一种，它的优点是不需要外部任何信息就能根据导弹初始状态、飞行时间和引力场变化确定导弹的瞬时运动参数，因而不易受外界干扰。机动发射的弹道导弹由于发射时所能获得导弹位置的真实信息比固定发射的要少，因而精度要差一些。在制导过程中常用一已知的星座位置来修正，即星光-惯性制导，可以提高导弹制导精度。图像匹配制导有地形匹配和地图匹配制导，它们是事先把目标特征的信息贮存在计算机中，形成目标的地形或地貌特征，与计算机中事先贮存的信息进行比较，得出导弹实际飞行位置与标准位置的偏差，通过计算机实时运算，形成制导指令，控制导弹飞向目标。大部分地地、潜地导弹采用自主式制导系统。

2.寻的制导

寻的制导是由弹上的导引头（或称目标跟踪器）感受来自目标的辐射或反射能量，自动跟踪目标并形成制导指令、控制导弹飞向目标的技术。寻的制导系统由导引头、计算装置和执行装置等部分组成。寻的制导同其他制导方式（如遥控制导）的主要区别在于对被攻击目标的跟踪和测量是由安装在导弹上的导引头来完成的。导引头不断输出有关导弹和目标的相对运动信息，弹上计算装置依据不同的导引规律，在对有关信息综合处理后，形成控制指

---

① 全军军事术语管理委员会、军事科学院：《中国人民解放军军语》（全本），军事科学出版社2011年版，第599页。

令,操纵执行装置改变导弹的飞行弹道,使导弹命中目标。在寻的制导系统中,导引头接收来自目标的辐射或反射能量,可以利用光、电、热和声等多种能量形式。因此,导引头的类型也就多种多样,如红外导引头、激光导引头、雷达导引头等。寻的制导通常按有无照射目标的能源和这种能源所处的地点区分为主动寻的制导、半主动寻的制导和被动寻的制导三种基本类型。

(1)主动寻的制导,是指照射目标的能源位于导弹上,并由导引头接收来自目标的反射能量,控制导弹飞向目标的制导方式。采用主动寻的制导的导弹,当弹上的主动导引头截获目标并转入正常跟踪后,就可以独立完成工作,而无须导弹以外的任何系统参与。如法国的亚音速近程掠海飞行的"飞鱼"(*Exocet*)反舰导弹,在自主控制段结束后,末段采用单脉冲雷达寻的制导。它的导引头由天线、发射机、接收机、角跟踪和距离跟踪设备、电源以及天线罩等组成。

(2)半主动寻的制导,是指照射目标的能源不在导弹上,通过对目标发射照射能源,控制导弹飞向目标的制导方式。这个照射目标的能源装置可设在导弹发射点或其他地点,包括地面、水面以及空中等。例如中国的 HQ-61 中、低空地空导弹,就是采用半主动雷达寻的制导。用于对目标进行照射的能源是一部大功率连续波照射跟踪雷达,它被安放在导弹发射点。

(3)被动寻的制导,是由弹上导引头直接感受目标辐射能量,控制导弹飞向目标的制导方式。导引头依据目标的不同物理特性作为跟踪的信息来源。如美国"响尾蛇"(*Sidewinder*)系列空空导弹中,多数采用被动红外寻的制导。它的红外导引头由红外位标器、陀螺机构与电子线路三个大部分组成。红外位标器接收飞机的热辐射,经处理后形成制导指令,自动跟踪目标,并控制导弹飞向目标。美国的"高速反辐射导弹"(HARM),则是利用无线电辐射的被动雷达寻的制导。

3.遥控制导

遥控制导是由设在导弹以外的制导站控制导弹飞向目标的技术。制导站可设于地面、海上(舰艇)或空中(载机),其主要功能是:跟踪目标和导弹,测量它们的运动参量,形成制导指令或控制导引波束。弹上接收设备以收到的制导指令或者根据导引波束形成的偏差信号为依据,在弹上经过信号变换和功率放大等环节处理后,操纵执行机构改变导弹的受力状态,以获得需要的横向加速度,从而改变导弹的飞行弹道,引爆战斗部摧毁目标。

遥控制导有各种不同的分类方法,通常根据所用装置的特点可分为有线指令制导、无线电指令制导和波束制导。

(1)有线指令制导,是通过连接制导站和导弹的专用导线传输制导指令的一种遥控制导。在导弹飞行过程中,专用导线悬在空中,由于受导线强度及其释放速度等因素的约束,这种制导方式的导弹射程有限,多用于反坦克导弹。像美国的"陶"(TOW)、法国和德国联合研制的"霍特"(HOT)等反坦克导弹都采用此类制导方式。目前,用光纤传输指令的有线指令制导已经得到广泛应用,例如,美国的"光纤制导反坦克导弹系统"(FOGMS)和欧洲的"独眼巨人"(*Polypheme*)等。与其他类型的遥控制导相比,有线指令制导的突出优点是不易受干扰。

(2)无线电指令制导,是将制导指令经由发射天线以无线电波的形式发送到弹上的一种遥控制导。弹上设备接到制导指令后,形成弹上控制信号,控制导弹的飞行。雷达是无线电

指令制导最早和最广泛使用的跟踪测量装置，早期需使用两部雷达分别跟踪测量目标和导弹的运动，现在只需一部雷达则可同时跟踪测量目标和导弹的运动。这样不仅设备简单，而且可以提高测量精度。就导弹的跟踪测量而言，可采用两种不同的方式：一种是弹上装有应答设备，能对制导站雷达发出的探测脉冲给出回答信号，其测量噪声小，易于跟踪测量；另一种是弹上无应答设备，依赖导弹对探测脉冲的散射信号进行跟踪测量。如英国的“海猫”(*Seacat*)舰空导弹采用了电视跟踪。无线电指令制导的弱点是易受电子干扰和反辐射武器的袭击，必须采用综合抗干扰措施。

(3)波束制导，又称驾束制导，是由制导站发出无线电或激光波束，作为制导基准，使设备据此形成制导指令，控制导弹飞行的一种遥控制导。制导站跟踪测量装置使该波束始终指向目标，并形成等强信号线，弹上装置自动测定其对等强信号线的偏离角度与方向，并据此控制导弹使其处于波束中心处飞行，直至击毁目标。在波束制导中，早期使用较多的是雷达波束制导。如美国的“黄铜骑士”(*Talos*)、英国的“海蛇”(*Seaslug*)等舰空导弹、美国的“麻雀Ⅰ”(*Sparrow* Ⅰ)、英国的“闪光”(*Fireflash*)等空空导弹都是采用雷达波束制导。激光波束制导出现于20世纪70年代，如瑞典的RBS-70小型防空导弹是采用激光波束制导。

4.复合制导

复合制导是采用两种或两种以上制导方式，或在不同的阶段采用不同的制导方式。其目的是提高导弹制导精度，增大制导距离，增强抗干扰能力。常用的复合制导有：

(1)惯性-雷达寻的末制导。如美国的“潘兴Ⅱ”弹道导弹是以惯性制导为主，以雷达相关末制导修正末段惯性制导的误差，使弹头准确地攻击目标。

(2)惯性-星光制导。如美国的“三叉戟Ⅱ”潜地弹道导弹的制导，它是利用惯性制导不易受外界干扰的优点，用星光制导修正惯性制导积累误差和发射点定位误差，以提高制导精度。

(3)惯性-地形匹配制导。以地形匹配制导辅助惯性导航系统，由惯性导航系统控制导弹按预定弹道飞行，中段用地形匹配制导修正惯性导航的误差，直至接近目标。如美国的“战斧”BGM-109C和陆基BGM-109G巡航导弹的制导。

(4)惯性-半主动寻的中制导-主动寻的末制导。如美国的“不死鸟”AIM-54C空空导弹，采用惯性-半主动雷达寻的中制导-主动多普勒雷达寻的末制导。

(5)无线电指令-寻的制导。如苏联的SA-5地空导弹，采用无线电指令-主动雷达寻的末制导。

(6)惯性-遥控-寻的制导。如美国“阿利·伯克级宙斯盾”导弹驱逐舰上装备的“标准-2”舰空导弹，采用的就是惯性-无线电指令-半主动雷达寻的末制导。

复合制导系统结构比较复杂，弹上设备体积大，成本较高，因元器件多而降低了系统可靠性。随着惯性器件、光电器件、微型计算机、信息处理和传输技术的发展，复合制导系统的小型化、低成本、高可靠性问题正逐步得到解决，并将得到愈来愈广泛的应用。

除上述分类方法之外，制导技术也可以根据所用物理量的特性进行分类，如无线电制导、红外制导、激光制导、雷达制导、电视制导等。

三、精确制导武器的主要种类

(一)导弹

1.导弹的基本概念

导弹是“依靠自身动力装置推进,由制导系统控制飞行、导向目标,以其战斗部毁伤目标的武器”①。一枚完整的导弹必须具备战斗部、弹体、推进系统和制导系统,这四个要素缺一不可,否则就不能称其为导弹。例如,人造卫星的运载火箭因其有效载荷不是战斗部,不能称为导弹;制导炸弹因缺少推进系统这一要素,不能称为导弹;火箭弹因缺少制导系统这一要素,也不能称为导弹。

2.导弹的分类

导弹的种类很多,名称各异,其分类方法通常有以下几种。

按发射点与目标位置的关系可分为:从地面发射攻击地面目标的地地导弹,从地面发射攻击空中目标的地空导弹,从岸上发射攻击水面舰艇的岸舰导弹,从空中发射攻击地面目标的空地导弹,从空中发射攻击水面目标的空舰导弹,从空中发射攻击空中目标的空空导弹,从空中发射攻击水下潜艇的空潜导弹,从水面舰艇发射攻击空中目标的舰空导弹,从水面舰艇发射攻击水面舰艇的舰舰导弹,从水面舰艇发射攻击水下潜艇的舰潜导弹,从水下潜艇发射攻击地面目标的潜地导弹,从水下潜艇发射攻击水面舰艇的潜舰导弹,从水下潜艇发射攻击水下潜艇的潜潜导弹等。按攻击活动目标的类型可分为反坦克导弹、反舰导弹、反潜导弹、反飞机导弹、反弹道导弹导弹、反卫星导弹等。按飞行弹道可分为:主动段按预定弹道飞行,发动机关机后按自由抛物体轨迹飞行,再入段仍按自由抛物体轨迹飞行或机动飞行的弹道导弹;主要以巡航状态在大气层内飞行的巡航导弹等。按作战使用可分为:打击战略目标的战略导弹和打击战役战术目标的战术导弹。

3.导弹武器系统

导弹和使导弹能够完成作战任务的一套完整的设备统称为导弹武器系统。导弹武器系统由导弹系统、地面(机载、舰载)设备系统、侦察瞄准系统和指挥系统等四大系统组成。其中,导弹系统是导弹武器系统的核心。

(二)制导炸弹

制导炸弹是指投放后能对其弹道进行控制并导向目标的航空炸弹。它是在普通航空炸弹的基础上增加制导装置而成的。制导炸弹与导弹不同,导弹本身有动力装置,可以作远距离飞行。而绝大多数制导炸弹本身没有动力装置,只能靠飞机投弹时所赋予的初速作滑翔飞行,在炸弹本身制导设备的作用下,自动修正飞行偏差,控制炸弹准确命中目标;少数带小动力推进系统的制导炸弹则由于其自带动力的推进作用,飞行距离以及在空中逗留的时间有所增加。制导炸弹与空地导弹相比,射程较近,机动能力有限,但结构简单,造价较低。它主要用于炸毁防空兵器、火炮、坦克、装甲和仓库;破坏机场跑道、桥梁、堤坝、隧道,特别是坚固建筑设施,以及炸沉水上目标等。在各种类型的精确制导武器中,制导炸弹占有比较重要的地位。目前,制导炸弹主要有电视制导炸弹和激光制导炸弹。电视制导炸弹是装有电视

① 全军军事术语管理委员会、军事科学院:《中国人民解放军军语》(全本),军事科学出版社2011年版,第603页。

导引头、能自动导向的航空炸弹。激光制导炸弹是装有导引头、能自动导向的航空炸弹。

随着人工智能技术在军事领域的运用,智能炸弹也呼之欲出。美军的研制计划中,智能炸弹可根据一套预先确定的规则在自主引导的集群攻击中协同工作。当这些炸弹以集群方式投向目标时,它们会共享相关环境信息。如果其中一枚炸弹发现附近有一个更重要的目标,智能化的炸弹程序会指挥其中两枚炸弹攻击这个更重要的目标,而其他炸弹仍然执行原定任务。其结果是更有效地使用弹药,让炸弹自主引导、消灭未指定的目标,从而降低了飞行员不得不进行二次攻击的可能性。

(三)制导炮弹

制导炮弹是指弹丸上装有末段制导系统和空气动力装置,发射后能自动捕获目标并自动导向攻击目标的炮弹。它是一种长"眼睛"的炮弹,像导弹那样自动跟踪目标,却没有导弹那样的动力装置;像普通炮弹那样用火炮来发射,但又比普通炮弹多一种特殊本领——能自动导向目标,所以又称末段制导炮弹。在末段弹道上,弹丸接收和处理来自目标的信息,形成控制指令,驱动空气动力装置实施制导,使弹丸命中目标。它是普通炮弹和制导技术的结合体,主要用于打击远距离的坦克、装甲车和舰艇等点状活动目标。目前炮射制导炮弹主要有激光制导炮弹、毫米波制导炮弹和红外寻的制导炮弹。

1.激光制导炮弹

激光制导炮弹主要有美国的"铜斑蛇"激光制导炮弹。这种炮弹用155毫米榴弹炮发射,射程为3~20千米。采用激光半主动寻的制导系统。制导炮弹主要用来攻击装甲目标,也可攻击掩蔽部和火力发射点等小型目标。

2.毫米波制导炮弹

毫米波制导炮弹主要有美国的"萨达姆"毫米波制导炮弹。这种炮弹被人们誉为"灵巧的智能型炮弹",它用155毫米或203毫米大口径榴弹炮发射,每发炮弹装有3个子弹头,子弹头用35千兆赫辐射计作被动寻的制导。炮弹发射后,由延时引信控制母弹在目标区上空500米高处将子弹头抛出。子弹头被抛出后,随即打开降落伞,以10米/秒的速度下降。当下降到离地面150米左右时,子弹头内的毫米波探测器开始工作。由于子弹头挂有涡旋环形降落伞,所以它能自动旋转扫描搜索目标。如果通过一定大小的装甲钢板识别出目标,沿探测器方向瞄准的爆炸成形弹丸就射出去,以十倍音速所产生的高动能贯穿坦克的顶部装甲,毁伤目标。

3.红外寻的制导炮弹

红外寻的制导炮弹主要有瑞典的"斯特勒克斯"制导炮弹。这种炮弹用120毫米迫击炮发射。在已知目标方位的情况下,可在距目标8千米时发射炮弹。当炮弹飞过了弹道最高点后,红外导引头就开始搜索目标,当敏感到目标所产生的红外线后,导引头自动锁定,在制导与控制系统的作用下飞向目标。

(四)制导地雷

制导地雷是指具有自动辨认目标能力,能主动攻击一定范围内活动装甲目标的新型地雷。它是集自锻破片技术、遥感技术和微处理技术等高技术于一身的智能武器。目前有反坦克制导地雷和反直升机制导地雷。

1.反坦克制导地雷

反坦克制导地雷装有一个无源音响传感器和一套通信设备,能发现300米外的装甲目标,并待其接近至100米时自行引爆,发射弹丸攻击目标。

2.反直升机制导地雷

反直升机制导地雷设在地面,装有音响传感器、光电传感器和微处理机,能自动寻的。它在半径为1000米的空间内能自动识别敌我目标,待直升机飞临传感器警戒范围内,传感器引爆地雷,自动抛射药将雷体抛向目标,以自锻破片摧毁目标。

(五)制导鱼雷

制导鱼雷是进攻性水中兵器,通常由潜艇或水面舰艇发射,执行反潜和反舰任务。自反舰导弹问世以来,在远距离的反舰战斗中,导弹的威力已超过鱼雷,但在水下作战领域,尤其是深水作战领域,鱼雷仍占有头等重要的地位,各国海军都把制导鱼雷作为当今重点发展的水中兵器之一。

制导鱼雷出现于第二次世界大战末期,战后50多年来随着科学技术的发展,制导鱼雷的战斗性能又有了新的提高,在原有被动声制导、有线制导的基础上,又研制了主动声制导、主被动声复合制导等制导鱼雷。目前,主动声制导系统的作用距离可达1700米,被动声制导系统的作用距离为2500米。自20世纪70年代以来,制导鱼雷的制导系统大多采用多频制,并采用编码和时空分析技术,从而使制导鱼雷能在干扰条件与复杂的海洋环境中检测出真假目标信号,并具有很强的抗干扰能力。制导形式除了利用声制导以外,还可利用尾流制导。

四、精确制导武器的发展趋势

随着微电子、光电子、计算机、新材料等技术的发展,精确制导武器的水平将得到进一步提高,世界各国在发展精确制导武器过程中将出现下述趋势。

(一)进一步提高命中精度

精确制导武器的命中精度虽然比非制导弹药的命中精度有了很大的提高,但仍有不尽如人意的地方。从海湾战争可以看出,精确制导武器在实战中的总体效能只有50%~60%,仍需要做进一步的改进和提高。命中精度的提高很大程度取决于制导系统的性能。今后制导系统的发展方向:一是探测方式从点源探测向成像方向发展。目前主要有红外成像制导。红外成像制导与红外点源制导相比具有抗干扰能力强、可实现全向攻击、发射后不用管等优点。二是探测元件从单元向多元方向发展。探测单元多可提高灵敏度,减少每个探测器单元尺寸可提高分辨率。三是一种武器有多种制导头,以对付不同目标,或者软件可调,以适应目标变化。四是采用复合制导技术,以提高远距离攻击的命中精度。五是信号处理电路由模拟式向数字化处理方向发展,进一步提高弹载处理机的运行速度,进而提高信号处理能力,以期提高命中精度。

(二)提高抗干扰能力和突防能力

提高精确制导武器系统的抗干扰能力和突防能力是高技术战争的需要。在未来的战场上,目标电磁环境复杂,特别是敌方总会千方百计地破坏精确制导武器的正常工作条件,摧毁来袭的精确制导武器。这就要求精确制导武器系统必须具有很强的抗干扰能力和突防能力,否则,再精确的武器系统也难以发挥其应有的效能。

提高抗干扰能力的发展方向:一是提高精确制导武器攻击的隐蔽性,使敌方难以侦察发现。二是采用多种抗干扰措施。工作在毫米波段的主动寻的制导系统,抗干扰能力比较强,

所以毫米波制导技术是今后重点发展的方向。

提高突防能力的发展方向有两个：一是采取隐身措施，二是研制高超音速精确制导武器。美国研制的“联合直接攻击弹药”(JDAM)和“三军防区外攻击导弹”(TSSAM)都具有隐身特点。但有些专家认为，与其花很大力量研究隐身措施，不如采取高超音速攻击，使对方防御系统来不及反应，同样可以达到提高生存能力的目的。

(三)增加精确制导武器的射程

20 世纪 80 年代以来，由于技术的进步和作战理论的发展，一方面，新的作战理论更加突出强调对敌战役全纵深乃至战略全纵深实施火力打击；而另一方面，精确制导武器的发射平台更加昂贵且又面临着敌方各种火力的威胁。根据这一矛盾的发展和海湾战争的经验，西方一些国家更加重视发展各种远射程精确制导武器，以便在敌方火力圈外发射，提高发射平台的生存概率。如美国的“战斧”巡航导弹，原设计射程仅 300 千米左右，为适应作战需要，经过多次改进已达到 2500 千米以上；曾在英阿马岛战争中大出风头的“飞鱼”反舰导弹，射程仅 40～50 千米，而现在世界主要军事大国研制的反舰导弹，射程都已增加到400～500 千米。第三代反坦克导弹的有效射程普遍从 4 千米增大到 5 千米以上，有的达到了 7～10 千米。

(四)运用人工智能技术

未来战争的战场环境越来越复杂，精确制导武器要在极短的时间内将目标摧毁，仅仅依靠人工引导已相当困难。必须使制导武器具有人工智能，如在陆上能区分出坦克、卡车、火炮等不同目标，在空中能区分不同类型的飞机，在海上能区分不同类型的舰船，并准确判断和首先攻击对己方威胁最大的目标。当前，主要是在弹药体内嵌入“云大脑”芯片、模块，在众多分弹头之间铺设“管神经”网络，研发改造制导子弹、制导炮弹、制导炸弹、制导地雷和各种导弹的智能化系统，构建实时化引导、智能化决策、分布式指挥、自主化控制的智能打击模式，在降低杀伤成本的同时，进一步提高杀伤精度。

(五)系列化、通用化

为了节省研制费用，降低成本，各国在精确制导武器的研制中都努力向系列化、模式化、通用化方向发展。

系列化。一是指精确制导武器根据执行任务的不同，形成作战系列。例如：地空导弹已形成了便携、低空近程、中低空中近程、中高空中远程的系列。二是精确制导武器在发展过程中，形成不同型号的家族系列。例如：美空军的“响尾蛇”导弹改进发展了 11 个型号，“麻雀”空空导弹改进发展了 10 个型号。

通用化。亦即一弹多用，就是对某种导弹进行一些改进，以执行不同的作战任务。通用化的措施：一是将精确制导武器某个分系统进行改装或按模式化设计制造。结构上模式化，主要是研制标准组件，使用时像堆积木一样，把各种弹体、弹头、导引头及动力装置等做不同的组合，就可以成为各种不同用途的精确制导武器。二是将一种精确制导武器经过改造，满足另一种作战任务要求。例如，美国“麻雀”空空导弹，经加装高度表，改造弹翼，重新设计发射装置，就成了“海麻雀”舰空导弹。而“斯拉姆”防区外对地攻击导弹则是在“鱼叉”反舰导弹基础上，更换制导系统后形成的。三是同一种制导武器经改进后，可由不同平台搭载，但仍完成同一种任务。例如，“飞鱼”导弹和“战斧”巡航导弹，均可舰载、机载，也可由潜艇发射。

第二节　新概念武器

新概念武器是“工作原理、毁伤机理和作战运用方式与传统武器有显著不同的各类高技术武器的统称”①。这种新型武器在设计思想、系统结构、总体优化、材料应用、工艺制造、毁伤效果等方面都不同于传统武器。新概念武器的研究和应用,将为未来战争带来革命性的影响和变化。

一、定向能武器

定向能武器,是“利用定向发射的电磁波束、高能激光束、高能粒子束直接攻击目标的武器”②。包括激光武器、高功率微波武器和粒子束武器等。

(一)激光武器

激光武器是“利用激光束直接毁伤目标或使目标失效的定向能武器”③。它以光速将强大的光能以直线形式射向目标,目标的表面点在极短的时间内接收到巨大的能量,温度会急剧升高,出现熔化、激化甚至电离现象,发生结构破坏。因为这种威力巨大的光速武器完全可以置对方于死地,所以有人把它称为“死光”武器。

激光武器根据激光功率的大小和武器用途的不同,可分为低功率战术武器和高功率战术武器、战区武器和战略武器等。低功率战术武器是非杀伤性武器,它发射的激光束足以穿透人体所穿着的服装,但不一定产生致命后果,而是使人在短时间内麻痹,身体及四肢僵硬。高功率战术、战区和战略武器能够发射大能量激光束,用于击落火箭和导弹,如果把它部署到太空,还可以用于击毁卫星等航天器。激光武器部署灵活,既可做地基、天基武器,又可用车载、舰载、机载;既可对付战略目标,又可达成战术目的。

激光武器的缺点是不能全天候作战,受限于大雾、大雪、大雨,且激光发射系统属精密光学系统,在战场上的生存能力有待考验。

(二)高功率微波武器

随着微电子技术的发展,大规模集成电路和超高速集成电路已广泛应用在武器系统中,出现了灵巧和智能型武器。对付这种采用复杂电子设备的武器,单靠传统的武器已完全不可能了,因此,发展新一代武器势在必行。高功率微波武器就应运而生。

高功率微波武器是“利用定向能发射的高功率微波波束毁伤电子设备或杀伤有生力量的定向能武器。由初级能源、脉冲调制系统、高功率微波源和发射天线等组成”④,又称射频武器。这种武器辐射的频率一般在 1～30 吉赫范围内,脉冲功率在吉瓦级。高功率微波武

---

① 全军军事术语管理委员会、军事科学院:《中国人民解放军军语》(全本),军事科学出版社 2011 年版,第 659 页。

② 全军军事术语管理委员会、军事科学院:《中国人民解放军军语》(全本),军事科学出版社 2011 年版,第 659 页。

③ 全军军事术语管理委员会、军事科学院:《中国人民解放军军语》(全本),军事科学出版社 2011 年版,第 659 页。

④ 全军军事术语管理委员会、军事科学院:《中国人民解放军军语》(全本),军事科学出版社 2011 年版,第 659～660 页。

器的特点是通过发出高功率微波产生强大电磁辐射场，通过电磁场耦合产生强大破坏作用。破坏对象是电子系统，灵敏度越高的电子系统将越容易被高功率微波武器破坏。根据发射微波的功率密度，高功率微波武器既可实施软杀伤，干扰武器电子系统的正常工作；也可实施硬杀伤，能在瞬间摧毁目标，引爆炸弹、导弹、核弹等武器。高功率微波武器还能使人精神错乱、内脏衰竭、行为失常等，严重的可致人死亡。

（三）粒子束武器

粒子束武器是"利用接近光速的密集粒子束毁坏目标或使目标功能失效的定向能武器。由粒子源、粒子加速器和聚焦瞄准系统等组成。分为带电粒子束武器和中性粒子束武器"①。

粒子束武器射出的粒子束流具有很大的动能，能够穿透各种目标的外壳并产生热破裂。其效果就好像用一块烧红的钢铁猛然放到冰上一样，使冰的表面与烧红的钢铁块接触处迅速熔融、汽化，猛然向外飞溅，同时还可使熔洞周围爆裂。这种热破裂的杀伤力很大，如果坦克被粒子束流击中，热破裂可杀死所有的坦克乘员。可以说，粒子束无坚不摧。同时，粒子束受气象条件影响小，具备全天候作战的能力。

粒子束武器既可以在大气层内使用，直接用于杀伤敌武器装备和人员；也可在大气层外使用，对敌方卫星和其他航天器实施攻击。

二、动能武器

动能武器是"利用具有巨大动能的非爆炸性战斗部，直接碰撞并摧毁目标的武器"②。包括动能拦截弹和电磁炮等。

电磁炮是一种利用电磁力沿导轨发射炮弹的武器，通常由电源、加速器、开关及能量调节器等组成。与普通火炮或其他常规动能武器相比，电磁炮具有很多独特的优势：一是射速快，动能大，射击精度高，射程远。电磁炮的发射速度突破了常规火炮发射速度的极限。弹头具有的动能可达同质量炮弹的几十倍甚至上百倍，一旦瞄准目标，命中概率大，摧毁的可能性高。由于电磁炮是靠其动能毁伤目标的，一些采用抗激光、粒子束防护的"装甲"和仅有一般加固措施的导弹，虽能突破定向能武器的防御，但也难逃脱电磁炮的摧毁。二是射击隐蔽性好。电磁炮射击时，既无炮口焰、雾，也无震耳欲聋的炮声，不产生有害气体。无论白天还是夜晚射击都很隐蔽，对方难以发现。三是射程可调。常规火炮的射程及射击范围是通过改变发射角和发射不同弹药来调整的，操纵复杂，变化范围有限。而电磁炮只需调节控制输入加速器的能量即可达到调整目的，简便易行，精确度高。但尺有所短、寸有所长，电磁炮也存在着炮管使用寿命短、轨道部件易遭损坏、体积庞大等不足。

电磁炮以其独特的优势在军事上具有十分广泛的应用及不可估量的发展前景，主要表现在：用于反卫星和反导弹、战术防空、反装甲，用于增大常规火炮射程。

此外，随着电磁发射技术的发展，今后的电磁炮不仅能用来发射炮弹，还可用来发射无人机、载人飞机，发射导弹、卫星，甚至航天器等。

---

① 全军军事术语管理委员会、军事科学院：《中国人民解放军军语》（全本），军事科学出版社 2011 年版，第 660 页。

② 全军军事术语管理委员会、军事科学院：《中国人民解放军军语》（全本），军事科学出版社 2011 年版，第 660 页。

三、非致命武器

非致命武器亦称非杀伤武器,是"利用声、光、电磁及化学、生物等技术手段,使人员暂时或部分丧失作战能力的武器"①。它是为了既使人员或装备失能,又使附带损伤最小化而专门设计的武器系统。按用途,非致命武器可分为反装备和反人员两大类。

(一)反装备非致命武器

目前,国外发展的用于反装备的非致命武器主要有超级润滑剂、材料脆化剂、超级腐蚀剂、超级黏胶以及动力系统熄火弹等。

(1)超级润滑剂,是采用含油聚合物微球、表面改性剂、无机润滑剂等做原料复配而成的摩擦系数极小的化学物质。主要用于攻击机场跑道、航母甲板、铁轨、高速公路、桥梁等目标,可有效地阻止飞机起降和列车、军车前进。

(2)材料脆化剂,是一些能引起金属结构材料、高分子材料、光学视窗材料等迅速解体的特殊化学物质。这类物质可对敌方装备的结构造成严重损伤并使其瘫痪。可以用来破坏敌方的飞机、坦克、车辆、舰艇及铁轨、桥梁等基础设施。

(3)超级腐蚀剂,是一些对特定材料具有超强腐蚀作用的化学物质。美国研制的一种代号为C+的超级腐蚀剂,其腐蚀性超过了氢氟酸。

(4)超级黏胶,是一些具有超级强黏结性能的化学物质。国外正在研究将它们用作破坏装备传感装置和使发动机熄火的武器,以及将它们与材料脆化剂、超级腐蚀剂等复配,以提高这些化学武器的作战效能。

(5)动力系统熄火弹,是利用阻燃剂来污染或改变燃料性能,使发动机不能正常工作而熄火的武器。美国在这方面已取得重大进展,研究开发了一批高性能阻燃器,这种新概念武器被视为遏制敌方坦克装甲车集群的有效手段之一。

(二)反人员非致命武器

反人员非致命武器可使敌方战斗减员,使敌方造成沉重的伤员负担。国外研究的反人员非致命武器主要有化学失能剂、刺激剂、黏性泡沫等。

(1)化学失能剂分为精神失能剂、躯体失能剂,它能够造成人员的精神障碍、躯体功能失调,从而使其丧失作战能力。近年来,国外又在研究强效镇痛剂与皮肤助渗剂合用的失能剂,它能迅速渗透皮肤,使人员中毒而失能。

(2)刺激剂是以刺激眼、鼻、喉和皮肤为特征的一类非致命性的暂时失能性药剂。在野外一定浓度下,人员短时间暴露就会出现中毒症状,脱离接触后几分钟或几小时症状会自动消失,不需要特殊治疗,不留后遗症。若长时间大量吸入可造成肺部损伤,严重的可导致死亡。

(3)黏性泡沫属于一种化学试剂,喷射在人员身上立刻凝固,束缚人员的行动。美军在索马里行动中使用了一种"太妃糖枪",可以将人员包裹起来并使其失去抵抗能力。它可以作为军警双用武器,目前美国已开发出了第二代肩挂式黏性泡沫发射器。

---

① 全军军事术语管理委员会、军事科学院:《中国人民解放军军语》(全本),军事科学出版社2011年版,第527页。

四、基因武器

基因武器又称遗传工程武器，是指按照人的设想，通过基因重组，在一些致病的细菌或病菌中接入能对抗普通疫苗或药物的基因，或者在一些本来不致病的微生物体内"插入"致病基因而制造出来的武器。基因武器是一种具有极大杀伤威力的灭绝种族的新一代生物武器。

基因武器一旦投入战场使用，将对未来战争产生深刻的影响。

(1)基因武器与传统杀伤性武器结合使用，提高了武器的作战效能。战争中，使用基因武器可使敌方人员在静悄悄中丧失战斗力，可以收到"不战而屈人之兵"的效果。也可为己方杀伤性武器效能的充分发挥创造条件，特别是基因武器可有选择地对集群目标使用，从而大大提高作战效能。

(2)增加了一种新的作战行动手段，使军事选择的灵活性进一步提高。由于基因武器作用机理独特，使用时不像普通生物武器那样，对这种武器杀伤区域可以进行控制。同时，可在非交战状态下使用，将使对方防不胜防、束手无策。因此，在执行一些特殊的军事行动中，基因武器具有一般杀伤性武器不可替代的功效。

(3)基因武器的广泛运用，可能导致作战方式的变化乃至变革。利用基因武器的特殊功能，可以在临战前通过各种方法、手段将通过基因工程技术改造的细菌或带有致病基因的微生物投入敌国领土，使对方在无形战场上由于患上一种无法治疗的疾病而丧失战斗力，从而在不使用飞机、大炮等常规武器的情况下便可达到作战目的。此外，由于基因武器可根据使用者的需要任意重组基因，这就可以通过在一些生物中植入损害人类智力的基因，使敌方丧失智力成为白痴，从而达到不费吹灰之力就占领他国领土的作战目的。

五、地球物理武器

地球物理武器是运用现代科技手段，人为地制造地震、海啸、暴雨、山洪、山崩等各种自然灾害，以实现军事目的的一系列非常规武器的总称。包括海洋环境武器、化学雨武器、海啸风暴武器、人工海幕武器、吸氧致命武器等。它主要通过积极控制环境，即控制地壳固体层(岩石层)、液体层(流体层)及气体层(大气层)内的物理过程，有意识地将自然力用于军事目的。

地球物理武器与传统武器(包括核武器)相比，有许多不同之处：一是威力大。由于地球物理武器所引发的是地震、海啸等自然灾害，在破坏范围和破坏力方面，给人类带来的危害可能达到甚至超过任何一次大型核爆炸造成的破坏。二是效率高。地球物理武器并不直接产生杀伤力，而是通过有限的爆炸来诱发巨大的自然力。比如一颗万吨级核弹，在某一特定区域的地下爆炸之后，可以"制造"出与千万吨核弹毁伤力相当的地震、海啸等，收到事半功倍的效果。三是隐蔽性强。地球物理武器的杀伤力是由它诱发或制造的自然灾害来体现的，而且这种诱发性爆炸大多在距攻击点几百甚至几千千米之外的地下进行，可以冲击地球的任何一个地方，不受任何监督。

正因为如此，地球物理武器被视为"一种既不同于一般常规武器，又不同于核武器"的新型武器。其神奇魔力，诱使一些军事大国去研究和发展它。

除此之外，新概念武器还有现代生物技术武器、微型技术武器、计算机病毒武器、声波武器等等。

第三节　核生化武器

一、核武器

(一)核武器的定义

核武器是利用自持进行的原子核裂变或聚变反应,瞬时释放巨大能量,产生爆炸,具有大规模杀伤破坏作用的武器。它是战略威慑力量的重要组成部分。[①]

核武器通常指狭义的核武器,即由核战斗部及其承载壳体组成的核弹。核战斗部的主体是核爆炸装置,简称核装置。核装置与引爆控制系统等一起组成核战斗部。将核战斗部与制导、突防等装置装入弹头壳体,即构成弹道导弹的核弹头。

广义的核武器通常指由核弹、投掷/发射系统、指挥控制、通信和作战支持系统等组成的、具有作战能力的核武器系统。核武器投掷/发射系统由运载工具、投射装置及各种辅助设备组成。

(二)核武器的分类

核武器种类很多。从不同角度出发,核武器的分类有以下几种:

(1)按核装置原理结构,可分为裂变武器(即原子弹)和聚变武器(即氢弹)。

(2)按投掷发射系统,可分为核导弹、核炸弹、核炮弹、核深水炸弹和核鱼雷等。

(3)按作战使用性质,可分为打击战略目标的战略核武器和打击战役战术目标的战术核武器。这种分类各国没有统一的标准。苏联用过"战役战术核武器"的概念,美国还使用过"战区核武器""非战略核武器"的概念。

(4)按爆炸威力大小,可分为高威力核武器(100 万吨 TNT 当量以上)、中等威力核武器(10 万～100 万吨 TNT 当量)和低威力核武器(10 万吨 TNT 当量以下),但其界限也不是很严格。

(三)核爆炸方式

核爆炸方式通常分为大气层核爆炸、水下核爆炸、地下核爆炸和高空核爆炸。

(1)大气层核爆炸。按比高又可分为空中核爆炸和地面核爆炸。空中核爆炸指爆炸高度不足 30 千米,但火球不接触地面的核爆炸,可杀伤暴露的和隐蔽在野战工事内的有生力量,摧毁地面和浅地下目标,对地面的放射性沾染较轻。地面核爆炸指火球与地面接触的核爆炸,可杀伤工事内的人员和摧毁地面坚固的或浅地下较坚固的目标,在爆区和云迹区造成严重的地面放射性污染。

(2)地、水下核爆炸。地下核爆炸指地面下一定深度的核爆炸。可破坏地下爆心近处坚固的工程设施,如地下指挥中心、导弹发射井等,也可堵塞重要关卡、监路。水下核爆炸指在水面下一定深度的核爆炸。所产生的强基浪和水柱,可以破坏舰船、港口等重要目标,巨浪和回落的海水中含有大量的放射性物质,会严重污染爆心附近水域。

(3)高空核爆炸。指爆炸高度在 30 千米以上的核爆炸。可毁伤一定空域内的卫星、导

---

① 《中国军事百科全书·军事技术》,中国大百科全书出版社 2014 年第 2 版,第 332 页。

弹,对地面指挥控制通信系统造成破坏。

核武器在空中不同高度或地(水)下不同深度爆炸时,外观景象和杀伤破坏效应差别很大。因此,作战中核爆炸方式的选择要根据作战任务、目标性质和地形、气象条件等因素来确定。

(四)核爆炸杀伤破坏效应

核武器在大气层爆炸时,产生的杀伤破坏效应主要有冲击波效应、光辐射效应、早期核辐射效应、放射性沾染效应和核电磁脉冲效应。

(1)核爆炸冲击波效应。核爆炸过程进展非常迅速,核反应一般在微秒级的时间内即可完成。在这样短时期内释放出的巨大能量会在爆点周围不大的范围内形成高温和高压等离子体,等离子体加热并压缩周围空气使之急速膨胀,产生高压冲击波。威力在万吨 TNT 当量级以上的空中和地面核爆炸的冲击波在较大区域内是杀伤破坏的主要因素,其杀伤破坏效应主要是超压和动压引起的直接破坏及间接破坏。核爆炸冲击波对于面目标的破坏效果,通常以超压超过一定量值的区域面积来度量。度量点目标的破坏能力,还要考虑核武器命中的精度等因素。

(2)核爆炸光辐射效应。地面和空中核爆炸会在周围空气中形成火球,发出很强的光热辐射。光辐射是重要的杀伤破坏因素,对人员的杀伤主要是烧伤和闪光致盲,对建筑结构和其他物体的作用主要是热效应,引起大范围火灾。

(3)早期核辐射效应。核爆炸产生的中子和 γ 射线等会对人员、其他生物、电子器件和其他物体造成损伤。由于空气的吸收,其强度随距离的增加衰减很快。即使千万吨 TNT 当量级的大气层核爆炸,其早期核辐射杀伤破坏半径也只有数千米。

(4)放射性沾染效应。核爆炸放射性沾染指核爆炸产生的裂变产物、剩余核材料和各种射线感生的放射性物质造成的沾染。这些物质的放射性半衰期,短的只有数秒,长的可达上亿年,主要通过污染环境来伤害人和其他生物。

(5)核电磁脉冲效应。核爆炸时向外辐射的强 γ 和 X 射线与周围物质相互作用,造成非对称的空间电子流,产生核电磁脉冲。核电磁脉冲时间宽度窄,频谱宽,强度可比普通无线电波高百万倍,主要破坏电子系统,使指挥控制、通信系统失灵。核爆炸威力相同时,核电磁脉冲的强度随爆高不同差别很大。高空核爆炸产生的核电磁脉冲效应最强,破坏范围最广,可达离爆心近千千米的目标。

水面及水面以上核爆炸的杀伤破坏效应,主要是冲击波引起巨浪的破坏效应,其放射性沾染主要集中于回落的海水内,将严重污染爆心附近的局部水域。

(五)核武器的发展趋势

进入 21 世纪以来,国际形势总体继续趋于缓和,但核武器仍是核武器国家战略威慑力量的重要组成部分,是其国家安全的基石。各国都根据各自的国情,调整其核政策,采取措施确保其核力量的有效性。在当今世界主要核武器国家核政策调整的影响下,21 世纪核武器发展将有以下趋势:

(1)解决日渐老化的核武库的长期安全性和可靠性问题,将成为核武器国家今后一段时间面临的突出问题。全面禁止核试验的条件,要求将核武器的研究从以核试验为基础转移到以科学为基础的轨道上来。为此,一方面要大力加强实验室实验和次临界实验,发展计算机模拟与仿真能力;另一方面要加强库存监测技术和关键部件老化机理的研究。此外,为适应新世纪多变的国际形势,还要加强具有灵活反应能力的核武器研究、生产基础设施建设。

(2)发展突防技术,是提高核武器突破对方导弹防御系统的方向之一。战略防御力量在战略威慑体系系统中的能力将成为今后核武器发展的重点。对于进攻性核威慑力量而言,导弹防御技术已成为严重的挑战。为应对这一挑战,在弹头和导弹的设计中将采取更有效的突防措施或手段,包括先进诱饵、电子干扰装置、隐身、机动变轨、抗核加固等。

(3)研发具有新型作战能力的核武器,将成为今后一个时期核武器发展可能的方向。为适应信息化战争和防止大规模杀伤性武器的需求,已经被提出来的具有新型作战能力的武器有打击深埋加固目标的钻地核武器、可使生化武器失效的"除剂武器"、能使电子系统失灵的增强核电磁脉冲武器等。尽管大多数核武器专家都认为,在可预测的科学技术发展前景下,不经过核试验很难甚至不可能设计出新的、可靠的、优化设计的核弹头来,但在已有核试验经验的基础上,采用经过试验检验的核装置,或稍加改变,应有可能设计出具有新的作战性能的核武器。

二、化学武器

(一)什么是化学武器

化学武器是以毒剂的毒害作用杀伤有生力量的各种武器、器材的总称。[①] 包括毒剂(或毒剂前体)、装有毒剂(或毒剂前体)的弹药和装置,以及与使用这些弹药和装备直接有关的专门设备,如装有毒剂或毒剂前体的炮弹、航空炸弹、火箭弹、导弹战斗部、地雷、航空布洒器及其他毒剂施放器材。使用时借助于爆炸、加热、空气阻力等作用,将毒剂分散成水蒸气、气溶胶、液滴或微粉等状态,使空气、地面、水源、物体染毒,经呼吸道、皮肤、眼、口等器官,引起人畜中毒,以杀伤、疲惫敌方有生力量,迟滞、扰乱敌方军事行动。1948 年,联合国安全理事会常规军备委员会通过决议,将化学武器列为大规模杀伤性武器。

(二)化学武器的分类

1.化学武器按毒剂的分散方法可分为三种基本类型:

(1)爆炸分散型化学武器。有化学炮弹、化学航空炸弹、化学地雷等,通常由弹体、毒剂、炸药、爆管和引信组成,利用炸药爆炸将毒剂分散为战斗状态。

(2)热分散型化学武器。有装固体毒剂的化学炮弹、毒烟罐、化学手榴弹等,通常由毒剂、燃烧剂、氧化剂、发火装置及壳体组成。利用火药燃烧产生的热源或高速热气流,将毒剂蒸发或升华,形成毒剂气溶胶。

(3)布洒器。有航空布洒器、布毒车、气溶胶发生器等,通常由毒剂容器和火药或压缩空气压源装置等组成。利用压源产生的压力,将容器内的液体毒剂和固体毒剂溶液经喷口喷出,造成地面和空气染毒。还有一种利用机械方法散布固体毒剂微粉,使目标地域地面和空气染毒的,称为布撒器。

2.化学武器按其装备对象可分为:

(1)步兵化学武器。主要有化学枪(手)榴弹、毒烟罐、化学地雷、化学迫击炮弹和布毒车等,适于小规模和近距离攻击或设置化学障碍。

(2)炮兵、导弹部队化学武器。主要有火炮、火箭炮的化学炮弹、化学火箭弹及导弹化学战

① 《中国军事百科全书·军事技术》,中国大百科全书出版社 2014 年第 2 版,第 365 页。

斗部,舰用化学武器也属此类。这类化学武器可快速实施突然、集中的化学袭击和纵深攻击。

(3)航空兵化学武器。主要有化学航空炸弹和航空布洒器等。这类化学武器可灵活机动地实施远距离、大纵深和大规模的化学袭击。

(三)化学武器的特点

化学武器与常规武器比较,有以下特点:

(1)杀伤途径多。染毒空气可经眼睛接触、呼吸道吸入和皮肤吸收使人、畜中毒,毒剂液滴可直接伤害皮肤或经皮肤渗透中毒,染毒食物、水可经消化道侵入使人中毒。

(2)杀伤范围广。化学炮弹比普通炮弹的杀伤面积一般大几倍至几十倍,其毒剂云团随风传播扩散,能渗入不密闭、无滤毒设施的装甲车辆、工事和建筑物的内部,沉积、滞留于堑壕和低洼处,伤害隐蔽于其中的有生力量,具有空间伤害效应。

(3)杀伤作用时间长。不同种类的化学武器的杀伤作用一般可持续几分钟、几小时,甚至几天、几十天。

(4)使用选择余地大。化学武器能杀伤有生力量而不毁坏物资和设施,可根据作战需要,选用致死性或失能性、暂时性或持久性的化学武器。

(5)使用效果受气象、地形条件影响较大。大风、大雨、大雪或空气对流等情况,都会严重削弱化学武器的使用效果;地面温度影响毒剂的持久度,地形对毒剂云团的传播扩散有较大影响,如高地、深谷能改变毒剂云团的传播方向,丛林和居民地能使毒剂云团发生滞留,长时间不消散。

三、生物武器

(一)什么是生物武器

生物武器是以生物战剂杀伤有生力量和毁坏农作物的各种武器、器材的总称[①],又称细菌武器。包括装有生物战剂的炮弹、航空炸弹、火箭弹、导弹和航空布洒器、气溶胶发生器等。生物武器可使大量人、畜发病或死亡,也可大规模毁伤农作物,从而削弱敌方的战斗力,破坏其战争潜力。

中国是《日内瓦议定书》的缔约国,一贯反对使用生物武器。1984 年 11 月 15 日,中华人民共和国在加入 1972 年《禁止生物武器公约》时再次声明:《禁止生物武器公约》的基本精神符合中国的一贯立场,中国曾是生物(细菌)武器的受害国之一,中国从未而且将来也不会生产和拥有这类武器。

(二)生物武器的特点

生物武器主要有以下特点:

(1)面积效应大。在现代战争中,作战部队多采取疏散配置,因而武器的面积效应受到军事家的重视。在核化生大规模杀伤性武器中,生物武器的单位质量的面积效应最大。据世界卫生组织顾问组的报告,1 架飞机所载核、化学、生物武器的杀伤面积分别是:1 枚百万吨 TNT 当量级核武器为 300 平方千米,15 吨神经性毒剂为 60 平方千米,10 吨生物战剂则达数千平方千米。生物战剂的杀伤剂量极小,如成人吸入 50 个土拉杆菌即能发病;A 型肉毒毒素的呼吸道半数致死浓度仅为神经性毒剂维埃克斯的 0.3%。

---

① 《中国军事百科全书·军事技术》,中国大百科全书出版社 2014 年第 2 版,第 686 页。

(2)具有传染性。许多生物战剂,如鼠疫杆菌、霍乱弧菌等,不断从病人体内排出,感染周围健康人,在人群中造成流行,不断扩大流行面积。

(3)生物专一性。生物武器只能伤害人、畜和农作物等生物,不能破坏武器装备和建筑物等物体,适用于攻击不拟破坏的目标区。

(4)没有立即杀伤作用。生物战剂进入人体后,必须经过一定的潜伏期才能发病。它不能使被攻击者立即停止战斗活动,因此,一般不适于作为战术武器。

(5)效果受自然因素影响大。生物战剂是活的微生物或具有生物活性的大分子物质,温度、湿度、日光和多种理化因素都能影响其活性,在自然界作用持续时间比较短,贮存时间也比一般武器短。生物武器的使用受到许多条件的限制,特别是受气象因素的影响很大,施放后的效果不易预测和控制。

(6)生产设备比较简单,所用原料容易获得,一般有大量生产抗生素或疫苗能力的国家就具有生产生物战剂的潜力。故有人称生物武器为“穷人的原子弹”。

(三)生物武器的使用

一般可分为公开使用与隐蔽使用两种。公开使用,可选择最佳条件、最有效的生物战剂和最有利的时机。隐蔽使用,则受到较多的条件限制。所用的生物战剂通常选择攻击目标地区内原来就存在的致病微生物,使对方难以察觉。

生物武器给对方造成危害的程度,取决于对方的防护能力。防生物武器的主要措施是:收集、分析生物技术新进展和生物武器的研究动向,研究防护对策;在军队和居民中普及生物武器知识,进行防护训练;建立和健全监测系统,测量大气中微生物的数量,做到早期发现和报警;加强各级卫生防疫机构的建设,提高对微生物检验的能力,增加防疫药械的储备;及时发现和隔离病人,防止传染病的蔓延。

(四)生物武器展望

由于生物武器以往主要使用致病性细菌作为战剂,因而早期被称为细菌武器。随着科技的发展,生物战剂早已超出了细菌的范畴。目前,国际公认的生物战剂有潜在性生物战剂和标准生物战剂两大类。作为生物战剂至少有 6 类 30 种病原微生物及毒素。随着生物技术的发展,有可能通过改变微生物的基因结构,使生物战剂的毒性和攻击能力大大提高。某些生物活性物质还有可能进入生物战剂的行列,并通过遗传工程技术大量生产。生物活性物质是动物体内维持正常生理和心理活动所必需的微量小分子物质,这种物质稍有变化就有可能引起一系列的生理或心理改变,导致行为或心理异常。

同时,在生物技术的推动下,具有生物性特征的各种武器的快速发展,很可能会使目前的钢铁武器装备系统退居次要位置,战争的形态和方式也必将产生深刻的变化。如生物性电子装备、生物性传感器、生物性计算机等都具有较高智能,这些武器的应用将极大地提高信息处理能力。例如由生物材料构成的生物电子装备不但能进行高速电子信息传递、存储和处理,而且不受电磁干扰和核电磁脉冲影响,可以在各种复杂的条件下稳定工作;生物分子计算机将比现有的计算机的处理能力高出数亿倍,并具有人脑的分析、判断、联想和记忆等功能。总之,生物电子装备将使军队指挥自动化、军事情报的获取、武器装备的性能发生质的变化。

思考题

1.什么是精确制导武器？目前有哪几类？

2.精确制导武器采用的制导技术有哪几种？

3.精确制导武器的作战特点是什么？

4.什么是新概念武器？当前正在研究开发中的有哪几种？

5.什么是核武器？其杀伤破坏效应主要有哪些？

军事技能训练部分

第二十一章
中国人民解放军共同条令教育与训练

中国人民解放军条令，是以简明条文规定并以命令形式发布的法规性文件，主要规范军队作战、训练、生活等方面的事项。根据中央军委2024年发布的《军事立法工作条例》的规定，条令是军事法规的名称之一，通常由中央军委发布，在全军施行。各战区、各军兵种发布作战方面的军事规章，也可以称为条令，在各战区、各军兵种的范围内施行。中央军委发布的《中国人民解放军内务条令》《中国人民解放军纪律条令》《中国人民解放军队列条令》(以下分别简称《内务条令》《纪律条令》《队列条令》)，是全军上下一体遵行的军事法规，是上至将军下至列兵人人遵守的行为准则，故称共同条令，亦称三大条令。本章主要介绍三大条令的有关内容，并重点展开《队列条令》的教育和训练。

第一节　概　述

一、军队颁布共同条令的意义

中国人民解放军是执行革命政治任务的武装集团，主要任务是打仗。我军的使命要求部队必须有高度的集中统一和严格的组织纪律。而军队的成员来自五湖四海，出身、经历、生活习惯各不相同，文化水平、思想修养、觉悟程度也不一致，如果没有一个从生活到工作、从训练到作战的统一准则规范部队的行动，他们就不能完成军队所担负的以作战为中心的多样化军事任务。

我军的条令是随着军队建设的发展而发展的。红军时期，我军曾颁布过《内务条例》和《纪律条令》，并参照列宁创建红军实施的《步兵战斗条令》第一部分进行队列训练。之后，随着军队建设的发展，根据毛泽东人民军队的建军原则和建军思想，制定了我军的内务、纪律和队列三大条令，并在实践中不断地充实完善，成为我军建设的重要依据。2025年2月，中央军委主席习近平签署命令，发布新修订的《内务条令》、《纪律条令》和《队列条令》，自2025年4月1日起施行。

修订后的共同条令，以习近平新时代中国特色社会主义思想为指导，深入贯彻习近平强军思想，贯彻新时代军事战略方针，着眼实现党在新时代的强军目标、把人民军队建成世界一流军队，聚焦备战打仗，积极回应部队关切。坚持把谋打赢作为最大职责，立起备战打仗、向战为战的根本指向；坚持把依法治军贯彻落实到军队建设全过程各领域，推进构建更加正规的战备、训练、工作、生活秩序；坚持严管与厚爱相结合，尊重官兵主体地位，激发练兵备战内生动力，坚持在赓续人民军队光荣传统和优良作风的基础上创新发展，系统总结近年来法规制度新成果和建设管理新经验，创新完善军队内务建设、纪律维护、队列生活各项制度，是新时代军队正规化建设的基本法规和全体军人共同遵守的行为准则。修订后的共同条令发布施行，必将进一步提高军队法治化水平，对在新时代强军路上锻造听党话跟党走、能打仗打胜仗、法纪严风气正的过硬部队，努力推动我军建设高质量发展，如期实现建军一百年奋斗目标，具有重要意义。

在高等学校开展学生军训，进行中国人民解放军共同条令的教育，对于增强学生的组织纪律性，搞好学校教学管理和日常管理，维护校园正常的学习、生活和工作秩序，促进校风、校纪建设，均有十分积极的作用。

二、中国人民解放军共同条令简介

《内务条令》《纪律条令》《队列条令》于 2025 年 2 月 7 日中央军委常务会议通过，2 月 14 日中央军委主席习近平签署命令发布，自当年 4 月 1 日起施行。共同条令适用于中国人民解放军军人和单位（不含企业事业单位），以及参战和被召集参加军事训练、担负战备勤务、执行非战争军事行动任务的预备役人员。

《内务条令》是规定军队内部关系、军人职责、日常管理等内务制度的军事法规，是全军内务建设的基本依据。中国人民解放军的内务建设，是军队进行各项建设的基础，是巩固和提高战斗力的重要保证。该条令有总则，军人宣誓，军人职责，内部关系，礼节，军容风纪，与军外单位和人员的交往，日常制度，常态战备，军事训练，日常管理，国旗、军旗、军徽的使用管理和国歌、军歌的奏唱，附则等 13 章 311 条，并有中国人民解放军军旗旗面式样、中国人民解放军军徽式样、中国人民解放军军歌、报告词示例、军服的配套穿着规范、宿舍物品放置方法、连队要事日记式样、军人发型示例 8 项附录。

《纪律条令》是规定军队纪律和奖惩的军事法规，是全军维护纪律、实施奖惩的基本依据。中国人民解放军的纪律，是建立在政治自觉基础上的严格的纪律，是军队战斗力的重要因素，是保持人民军队性质、宗旨、本色，团结自己、战胜敌人和完成一切任务的保证。该条令有总则、纪律的主要内容、功勋荣誉表彰、处分、特殊措施、检举控告和申诉、首长责任和纪律监督、附则等 8 章 193 条，并有三大纪律、八项注意，军队功勋荣誉表彰登记（报告）表，处分登记（报告）表，行政看管审批表，行政看管登记表 5 项附录。

《队列条令》是规范军队的队列动作、队列队形和队列指挥，以保持整齐划一、严格正规的队列生活的军事法规，是全军队列生活的基本依据。该条令共有总则，队列指挥，单个军人的队列动作，分队、部队的队列规范，国旗的掌持、升降和军旗的掌持、授予与迎送，阅兵，仪式，附则 8 章 100 条，并有队列口令的分类、下达的基本要领和呼号的节奏，队列指挥位置示例，标兵旗的规格，符号说明 4 项附录。

三、贯彻共同条令应注意的问题

（1）坚持以思想教育为主的方针。要着重讲清贯彻执行条令的目的、意义和要求，使大家既知道应该怎样做，又知道为什么要这样做，切实从思想上提高贯彻执行条令的自觉性。

（2）贯彻条令要注意培养典型，抓好示范。要以表扬为主，积极开展检查评比活动，充分调动大家贯彻执行条令的积极性。

（3）贯彻“教养一致”的原则。在日常生活、工作、训练中，要严格按照条令办事，做到“教养一致”。

(4)干部要做执行条令、遵守纪律的模范。在贯彻执行条令中,各级干部必须以身作则,做好表率。要身教重于言教,以自己的模范行动去影响部属,带动部队。

(5)理论联系实际,培养军地两用人才。高校学生要通过条令的教育,学习解放军的优良传统和作风,加强组织纪律性,促进文明居室建设,遵守学校各项规章制度,创造良好的学习、生活环境,使自己成为有理想、有道德、有文化、有纪律的一代新人。

第二节　单个军人的队列动作

队列动作,是对单个军人和部队所规定的队列训练、队列生活和日常生活的制式动作。队列动作训练,是加强组织纪律性、培养战斗力的一种必要形式。

一、立正、跨立、稍息、停止间转法

(一)立正

立正是军人的基本姿势,是队列动作的基础。军人在宣誓、接受命令、进见首长和向首长报告、回答首长问话、升降国旗、迎送军旗、奏唱国歌和军歌等严肃庄重的时机和场合,均应当立正。

口令:立正。

要领:两脚跟靠拢并齐,两脚尖向外分开约60°;两腿挺直;小腹微收,自然挺胸;上体正直,微向前倾;两肩要平,稍向后张;两臂下垂自然伸直,手指并拢自然微曲,拇指尖贴于食指第二节,中指贴于裤缝;头要正,颈要直,口要闭,下颌微收,两眼向前平视。参加阅兵时,下颌上仰约15°。

(二)跨立

跨立即跨步站立,主要用于训练、执勤和舰艇上分区列队等场合,可以与立正互换。

口令:跨立。

要领:左脚向左跨出约一脚之长,两腿挺直,上体保持立正姿势,身体重心落于两脚之间;两手后背,左手握右手腕,拇指根部与外腰带下沿或者内腰带上沿同高;右手手指并拢自然弯曲,拇指贴于食指第二节,手心向后。携枪时不背手。

(三)稍息

口令:稍息。

要领:左脚顺脚尖方向伸出约全脚的三分之二,两腿自然伸直,上体保持立正姿势,身体重心大部分落于右脚;携枪(持筒)时,携带的方法不变,其余动作同徒手;稍息过久,可以自行换脚,动作应当迅速。

(四)停止间转法

1.向右(左)转

口令:向右(左)——转。

半面向右(左)——转。

要领:以右(左)脚跟为轴,右(左)脚跟和左(右)脚掌前部同时用力,使身体协调一致向右(左)转90°,重心落在右(左)脚,左(右)脚取捷径迅速靠拢右(左)脚,成立正姿势。转动

和靠脚时，两腿挺直，上体保持立正姿势。

半面向右(左)转，按照向右(左)转的要领转45°。

2.向后转

口令：向后——转。

要领：按照向右转的要领向后转180°。

二、行进、立定与步法变换

(一)行进

行进的基本步法分为齐步、正步和跑步，辅助步法分为便步、踏步、移步和礼步。

1.齐步

齐步是军人行进的常用步法。

口令：齐步——走。

要领：左脚向正前方迈出约75厘米，按照先脚跟后脚掌的顺序着地，同时身体重心前移，右脚照此法动作；上体正直，微向前倾；手指轻轻握拢，拇指贴于食指第二节；两臂前后自然摆动，向前摆臂时，肘部弯曲，小臂自然向里合，手心向内稍向下，拇指根部对正衣扣线(双排扣中间位置)，并高于最下方衣扣约5厘米(上衣下摆扎于裤内时，高于内腰带扣中央约5厘米；扎外腰带时，与外腰带扣中央同高)，离身体约30厘米；向后摆臂时，手臂自然伸直，手腕前侧距裤缝线约30厘米。行进速度每分钟116～122步。

2.正步

正步主要用于分列式和其他礼节性场合。

口令：正步——走。

要领：左脚向正前方踢出约75厘米，腿要绷直，脚尖下压，脚掌与地面平行，离地面约25厘米，适当用力使全脚掌着地，同时身体重心前移，右脚照此法动作；上体正直，微向前倾；手指轻轻握拢，拇指伸直贴于食指第二节；向前摆臂时，肘部弯曲，小臂略成水平，手心向内稍向下，手腕下沿摆到高于最下方衣扣约15厘米处(上衣下摆扎于裤内时，高于内腰带扣中央约15厘米处；扎外腰带时，高于外腰带扣中央约10厘米处)，离身体约10厘米；向后摆臂时左手心向右、右手心向左，手腕前侧距裤缝线约30厘米。行进速度每分钟110～116步。

3.跑步

跑步主要用于快速行进。

口令：跑步——走。

要领：听到预令，两手迅速握拳(四指蜷握，拇指贴于食指第一关节和中指第二节)，提到腰际，约与腰带同高，拳心向内，肘部稍向里合。听到动令，上体微向前倾，两腿微弯，同时左脚利用右脚掌的蹬力跃出约85厘米，前脚掌先着地，身体重心前移，右脚照此法动作；两臂前后自然摆动，向前摆臂时，大臂略垂直，肘部贴于腰际，小臂略平，稍向里合，两拳内侧各距衣扣线(双排扣中间位置)约5厘米；向后摆臂时，拳贴于腰际。行进速度每分钟170～180步。

4.便步

便步用于行军、操练后恢复体力及其他场合。

口令:便步——走。

要领:用适当的步速、步幅行进,两臂自然摆动,上体保持良好姿态。

5.踏步

踏步用于调整步伐和整齐。

停止间口令:踏步——走。

行进间口令:踏步。

要领:两脚在原地上下起落(抬起时,脚尖自然下垂,离地面约 15 厘米;落下时,前脚掌先着地),上体保持正直,两臂按照齐步或者跑步摆臂的要领摆动。

6.移步(5 步以内)

移步用于调整队列位置。

(1)右(左)跨步

口令:右(左)跨×步——走。

要领:上体保持正直,每跨 1 步并脚一次,其步幅约与肩同宽,跨到指定步数停止。

(2)向前或者后退

口令:向前×步——走。

后退×步——走。

要领:向前移步时,应当按照单数步要领进行(双数步变为单数步)。向前 1 步时,用正步,不摆臂;向前 3 步、5 步时,按照齐步走的要领进行。向后退步时,从左脚开始,每退 1 步靠脚一次,不摆臂,退到指定步数停止。

7.礼步

礼步主要用于纪念仪式中礼兵的行进。

口令:礼步——走。

要领:左脚向正前方缓慢抬起,腿要绷直,脚尖上翘,与腿约成 90°,脚后跟离地面约 30 厘米,按照脚跟、脚掌顺序缓慢着地,步幅约 55 厘米,右脚照此法动作;上体正直,两臂下垂自然伸直、轻贴身体(抬祭奠物除外);手指并拢自然微曲,拇指尖贴于食指第二节,中指贴于裤缝。行进速度每分钟 24～30 步。

上台阶时,非支撑腿缓慢抬起,大腿略与台阶平行,脚尖绷直下垂,全脚掌缓慢着地。

8.携便携式折叠写字椅行进

携折叠写字椅行进时,左手提握支脚上横杠中间部位,左臂下垂自然伸直,写字板面朝外。

(二)立定

口令:立——定。

要领:齐步、正步和礼步时,听到口令,左脚再向前大半步着地,脚尖向外约 30°,两腿挺直,右脚取捷径迅速靠拢左脚,成立正姿势。跑步时,听到口令,继续跑 2 步,然后左脚向前大半步(两拳收于腰际,停止摆动)着地,右脚取捷径靠拢左脚,同时将手放下,成立正姿势。踏步时,听到口令,左脚踏 1 步,右脚靠拢左脚,原地成立正姿势;跑步的踏步,听到口令,继续踏 2 步,再按照上述要领进行。

(三)步法变换

步法变换,均从左脚开始。

齐步、正步互换：听到口令，右脚继续走 1 步，即换正步或者齐步行进。

齐步换跑步：听到预令，两手迅速握拳提到腰际，两臂前后自然摆动；听到动令，即换跑步行进。

齐步换踏步：听到口令，即换踏步。

跑步换齐步：听到口令，继续跑 2 步，然后换齐步行进。

跑步换踏步：听到口令，继续跑 2 步，然后换踏步。

踏步换齐步或者跑步：听到“前进”的口令，继续踏 2 步，再换齐步或者跑步行进。

三、行进间转法

1.齐步、跑步向右(左)转

口令：向右(左)转——走。

要领：左(右)脚向前半步(跑步时，继续跑 2 步，再向前半步)，脚尖向右(左)约 45°，身体向右(左)转 90°时，左(右)脚不转动，同时出右(左)脚按照原步法向新方向行进。

半面向右(左)转走，按照向右(左)转走的要领转 45°。

2.齐步、跑步向后转

口令：向后转——走。

要领：左脚向右脚前迈出约半步(跑步时，继续跑 2 步，再向前半步)，脚尖向右约 45°，以两脚的前脚掌为轴，向后转 180°，出左脚按照原步法向新方向行进。

转动时，保持行进时的节奏，两臂自然摆动，不得外张；两腿自然挺直，上体保持正直。

四、敬礼、礼毕和单个军人敬礼

(一)敬礼

敬礼分为举手礼、注目礼和举枪礼。

1.举手礼

口令：敬礼。

要领：上体正直，右手取捷径迅速抬起，五指并拢自然伸直，中指微接帽檐右角前约 2 厘米处(戴卷檐帽、无檐帽或者不戴帽时微接太阳穴，戴圆边帽时微接帽墙近太阳穴处，约与眉同高)，手心向下，微向外张(约 20°)，手腕不得弯曲，右大臂略平，与两肩略成一线，同时注视受礼者。

2.注目礼

要领：面向受礼者成立正姿势，同时注视受礼者，并目迎目送，右、左转头角度不超过 45°。

3.举枪礼

举枪礼用于阅兵式或者执行仪仗任务。

口令：向右看——敬礼。

要领：右手将枪提到胸前，枪身垂直并对正衣扣线，枪面向后，离身体约 10 厘米，枪口与眼同高，大臂轻贴右胁；同时左手接握表尺上方，小臂略平，大臂轻贴左胁；同时转头向右注视受礼者，并目迎目送，右、左转头角度不超过 45°。

(二)礼毕

口令:礼毕。

要领:行举手礼者,取捷径将手放下;行注目礼者,将头转正;行举枪礼者,将头转正,右手将枪放下,使托前踵轻轻着地,同时左手放下,成持枪立正姿势。

(三)单个军人敬礼

要领:单个军人在距受礼者5～7步处,行举手礼或者注目礼。

徒手或者背枪时,停止间,应当面向受礼者立正,行举手礼,待受礼者还礼后礼毕;行进间(跑步时换齐步),转头向受礼者行举手礼,并继续行进,左臂仍自然摆动,待受礼者还礼后礼毕。

携带武器(除背枪)等不便行举手礼时,不论停止间或者行进间,均行注目礼,待受礼者还礼后礼毕。

五、坐下、蹲下、起立

(一)坐下

1.徒手坐下

口令:坐下。

要领:左小腿在右小腿后交叉,迅速坐下(坐凳子时,听到口令,左脚向左分开约一脚之长;女军人着裙服坐凳子时,两腿自然并拢),手指自然并拢放在两膝上,上体保持正直。

2.携便携式折叠写字椅坐下

要领:听到"放凳子"的口令,左手将折叠写字椅提至身前交于右手,右手反握支脚上横杠,左手移握写字板和座板上沿,两手协力将支脚拉开;尔后上体右转,两手将折叠写字椅轻轻置于脚后,写字板扣手朝前,恢复立正姿势;听到"坐下"的口令,迅速坐在折叠写字椅上。

使用折叠写字椅的靠背或者写字板时,应当按照"打开靠背"或者"打开写字板"的口令,调整折叠写字椅和坐姿;组合使用写字板时,根据需要确定组合方式和动作要领。

3.背背囊(背包)坐下

要领:听到"放背囊(背包)"的口令,两手协力解开上、下扣环,握背带;取下背囊(背包),上体右转,右手将背囊(背包)横放在脚后,背囊(背包)正面向下,背囊口向右(背包口向左),恢复立正姿势;听到"坐下"的口令,迅速坐在背囊(背包)上。携枪(筒)放背囊(背包)时,先置枪(架枪),后放背囊(背包)。

(二)蹲下

口令:蹲下。

要领:右脚后退半步,前脚掌着地,臀部坐在右脚跟上(膝盖不着地),两腿分开约60°(女军人两腿自然并拢),手指自然并拢放在两膝上,上体保持正直。蹲下过久,可以自行换脚。

(三)起立

口令:起立。

要领:全身协力迅速起立,左脚取捷径靠拢右脚(蹲下时,右脚取捷径靠拢左脚),成立正姿势或者成持枪、肩枪立正姿势。

班用机枪架枪时,起立后取枪。

携背囊(背包)起立时,听到"取背囊(背包)——起立"的口令后,按照放背囊(背包)的相反顺序进行。

携便携式折叠写字椅起立时,当听到"取凳子——起立"的口令后,按照放折叠写字椅的相反顺序进行。

六、脱帽、戴帽、宣誓与整理着装

(一)脱帽

口令:脱帽。

要领:立姿脱帽时,双手捏帽檐或者帽前端两侧,将帽取下,取捷径置于左小臂,帽徽朝前,掌心向上,四指扶帽檐或者帽墙前端中央处,小臂略成水平,右手放下。

坐姿脱帽时,双手捏帽檐或者帽前端两侧,将帽取下,置于桌面(台面)前沿左侧或者膝上,使帽顶向上、帽徽朝前,也可以置于桌斗内。

戴圆边帽脱帽不便放置时,折叠后插于作训服右侧腿袋内。

戴贝雷帽脱帽不便放置时,将帽左右向内折叠,插于作训服右侧腿袋内。

(二)戴帽

口令:戴帽。

要领:双手捏帽檐或者帽前端两侧,取捷径将帽迅速戴正。

携枪时,用左手脱帽、戴帽。

需夹帽时(作训帽圆边帽、贝雷帽除外),双手捏帽檐或者帽前端两侧,取捷径将帽取下,左手握帽墙(戴卷檐帽时,将四指并拢,置于下方帽檐与帽墙之间),小臂夹帽自然伸直,帽顶向左,帽徽朝前。

(三)宣誓

口令:宣誓。

宣誓完毕。

要领:听到"宣誓"的口令,身体保持立正姿势,右手握拳取捷径迅速抬起,拳心向前,稍向内合;拳眼约与右太阳穴同高,距离约10厘米;右大臂略平,与两肩略成一线;高声诵读誓词。

听到"宣誓完毕"的口令,将手放下。

携枪宣誓时,成挂枪立正姿势,左手握护木(95式自动步枪握下护手前端,03式自动步枪握护盖前端,20式冲锋枪、20式自动步枪、20式短自动步枪握护手前端),其余要领同徒手。听到"宣誓完毕"的口令,成挂枪立正姿势,左手放下。

(四)整理着装

整理着装,通常在立正的基础上进行。

口令:整理着装。

要领:两手从帽子开始,自上而下,将着装整理好(必要时,也可以相互整理);整理完毕,自行稍息;听到"停"的口令,恢复立正姿势。

七、携枪

(一)肩枪

成立正姿势肩冲锋枪(20式冲锋枪枪托全部伸展)、自动步枪(20式自动步枪、20式短

自动步枪枪托全部收缩)时,右手在右胸前握背带,拇指由内顶住,右大臂轻贴右肋,枪身垂直,枪口向下(20式精准步枪,枪口向上)。

(二)持枪

成立正姿势持班用机枪、狙击步枪、81式自动步枪(打开枪托)、03式自动步枪(打开枪托)、20式自动步枪(枪托全部伸展)、20式精准步枪(枪托全部伸展)时,右臂自然下垂,左手将背带挑起、拉直,由右手拇指在内压住,余指并拢在外将枪握住,同时左手放下,枪面向后,托底钣(95式班用机枪托底)全部(81式自动步枪、03式自动步枪、20式自动步枪、20式精准步枪托前踵)在右脚外侧着地,托后踵同脚尖平齐。

持枪转动时,除按照徒手动作要领外,听到预令,将枪稍提起,拇指紧贴于右胯,使枪随身体平稳转向新方向,托前踵(95式班用机枪托底)轻轻着地,成持枪立正姿势。

(三)双手持枪

成立正姿势持自动步枪、20式冲锋枪时,使背带落在左肩,左手握护盖(81式自动步枪握护木,20式冲锋枪、20式自动步枪、20式短自动步枪、20式精准步枪握护手),右手握握把,枪身在胸前约成45°,枪口朝向左下方。

(四)携枪行进

持枪时,听到行进口令的预令,将枪提起,使枪身略直,拇指贴于右胯,使枪身稳固,其余要领同徒手。

背枪、肩枪、挂枪、托枪、提枪时,听到行进口令,保持携枪姿势,其余要领同徒手。

持枪立定时,在右脚靠拢左脚后,迅速将托底钣(95式班用机枪托底,20式自动步枪、20式精准步枪托前踵)轻轻着地。其余要领同徒手。

(五)携枪坐下

口令:枪靠右肩——坐下。

要领:携枪坐下时,两腿按照徒手坐下的要领进行,尔后枪靠右肩、枪面向右,右手自然扶贴护木(护盖),左手手指自然并拢,放在左膝上。肩冲锋枪、81式自动步枪、03式自动步枪坐下时,听到预令,右手移握护木(护盖),使背带从肩上滑下,将枪取下。

携95式自动步枪、20式冲锋枪、20式自动步枪、20式短自动步枪、20式精准步枪坐下时,听到“右手扶枪——坐下”的口令,两腿按照徒手坐下的要领进行,同时将枪置于右小腿前侧,枪身与地面垂直,枪面向后;右手自然扶握上护盖前端,左手手指自然并拢,放在左膝上。肩枪坐下时,听到预令,右手移握下护手前端,使背带从肩上滑下,将枪取下。

第三节　分队的队列动作

一、集合、离散

(一)集合

集合,是使单个军人、分队、部队按照规范队形聚集起来的一种队列动作。

集合时,指挥员应当先发出预告或者信号,如“全连注意”或者“×排注意”,然后,站在预定队形的中央前,面向预定队形成立正姿势,下达“成××队——集合”的口令。所属人员听到预告或者信号，原地面向指挥员成立正姿势；听到口令，跑步到指定位置面向指挥员集合（在指挥员后侧的人员，应当从指挥员右侧绕过），自行对正、看齐，成立正姿势。

1.班集合

口令：成班横队（二列横队）——集合。

要领：基准兵迅速到班长左前方适当位置，成立正姿势；其他士兵以基准兵为准，依次向左排列，自行看齐。

成班二列横队时，单数人员在前，双数人员在后。

口令：成班纵队（二路纵队）——集合。

要领：基准兵迅速到班长前方适当位置，成立正姿势；其他士兵以基准兵为准，依次向后排列，自行对正。

成班二路纵队时，单数人员在左，双数人员在右。

2.排集合

口令：成排横队——集合。

要领：基准班在指挥员前方适当位置，成班横队迅速站好；其他班成班横队，以基准班为准，依次向后排列，自行对正、看齐。

口令：成排纵队——集合。

要领：基准班在指挥员右前方适当位置，成班纵队迅速站好；其他班成班纵队，以基准班为准，依次向右排列，自行对正、看齐。

3.连集合

口令：成连横队——集合。

要领：队列内的连指挥员或者基准排，在指挥员左前方适当位置，成横队迅速站好；各排和连部成横队，以连指挥员或者基准排为准，依次向左排列，自行对正、看齐。

口令：成连纵队——集合。

要领：队列内的连指挥员或者基准排，在指挥员前方适当位置，成纵队迅速站好；各排和连部成纵队，以连指挥员或者基准排为准，依次向后排列，自行对正、看齐。

口令：成连并列纵队——集合。

要领：队列内的连指挥员或者基准排，在指挥员左前方适当位置，成纵队迅速站好；各排和连部成纵队，以连指挥员或者基准排为准，依次向左排列，自行对正、看齐。

（二）离散

离散，是使列队的单个军人、分队、部队各自离开原队列位置的一种队列动作。

1.离开

口令：各营（连、排、班）带开（带回）。

要领：队列中的各营（连、排、班）指挥员带领本队迅速离开原列队位置。

2.解散

口令：解散。

要领：队列人员迅速离开原列队位置。

二、整齐、报数

(一)整齐

整齐,是使列队人员按照规定的间隔、距离,保持横向、纵向平齐的一种队列动作。整齐分为向右(左)看齐、向中看齐和向前对正。

口令:向右(左)看——齐。

向前——看。

要领:基准兵不动,其他人员向右(左)转头(持枪时,听到预令,迅速将枪稍提起,看齐后自行放下;持120反坦克火箭筒时,听到预令,左手握提把,右手握握把,提起发射筒,看齐后自行放下),眼睛看右(左)邻人员腮部,前四名能通视基准兵,自第五名起,以能通视到本人以右(左)第三人为度;后列人员,先向前对正,后向右(左)看齐;听到"向前——看"的口令,迅速将头转正,恢复立正姿势。

口令:以×××为准,向中看——齐。

向前——看。

要领:当指挥员指定"以×××为准(或者以第×名为准)"时,基准兵答"到",同时左手握拳高举,大臂前伸与肩略平,小臂垂直举起,拳心向右;听到"向中看——齐"的口令后,其他人员按照向左(右)看齐的要领实施;听到"向前——看"的口令后,基准兵迅速将手放下,其他人员迅速将头转正,恢复立正姿势。

一路纵队看齐时,可以下达"向前——对正"的口令。

(二)报数

口令:报数。

要领:横队从右至左(纵队由前向后)依次以短促洪亮的声音转头(纵队向左转头)报数,最后一名不转头;数列横队时,后列最后一名报"满伍"或者"缺×名";连集合时,由指挥员下达"各排报数"的口令,各排长在队列内向指挥员报告人数,如"第×排到齐"或者"第×排实到××名"。

必要时,连也可以统一报数。

要领:连实施统一报数时,各排不留间隔,要补齐,成临时编组的横队队形。报数前,连指挥员先发出"看齐时,以一排长为准,全连补齐"的预告,尔后下达"向右看——齐"口令,待全连看齐后,再下达"向前——看"和"报数"的口令,报数从一排长开始,后列最后一名报"满伍"或者"缺×名"。

三、出列、入列

单个军人和分队出列、入列,通常用跑步,5步以内用齐步(1步用正步,不摆臂),或者按照指挥员指定的步法执行;然后,进到指挥员右前侧适当位置或者指定位置,面向指挥员成立正姿势。

(一)单个军人出列、入列

1.出列

口令:×××(或者第×名),出列。

要领:出列军人听到呼点自己姓名或者序号后应当答“到”,听到“出列”的口令后,应当答“是”。

(1)位于第一列(左路)的军人,按照本条上述规定,取捷径出列。

(2)位于中列(中路)的军人,向后(左)转,待后列(左路)同序号的军人向右后退1步(左后退1步)让出缺口后,按照本条的上述规定从队尾(纵队时从左侧)出列;位于“缺口”位置的军人,待出列军人出列后(连并列纵队,待出列军人行至本排左侧时),即复原位。

(3)位于最后一列(右路)的军人出列,先退1步(右跨1步),然后,按照本条有关规定从队尾出列。

2.入列

口令:入列。

要领:听到“入列”的口令后,应当答“是”,然后,按照出列的相反程序入列。

(二)班(排)出列、入列

1.出列

口令:第×班(排),出列。

要领:听到“第×班(排)”的口令后,由出列班(排)的指挥员答“到”,听到“出列”的口令后,由出列班(排)的指挥员答“是”,并用口令指挥本班(排),按照本条的有关规定,以纵队形式从队尾(位于第一列的班取捷径)出列。

2.入列

口令:入列。

要领:听到“入列”的口令后,由入列班(排)指挥员答“是”,并用口令指挥本班(排),以纵队形式从队尾(位于第一列的班取捷径)入列。

四、行进、停止

横队和并列纵队行进以右翼为基准,纵队行进以左翼为基准(一路纵队行进以先头为基准)。

(一)行进

指挥员应当下达“×步——走”的口令。听到口令,基准兵向正前方前进,其他士兵向基准翼标齐,保持规定的间隔、距离行进。纵队行进时,排、连通常成三路纵队,也可以成一、二路纵队。行进中,需要时,用“一二一”(调整步伐的口令)、“一二三四”(呼号)或者唱队列歌曲,以保持步伐的整齐和振奋士气。

(二)停止

指挥员应当下达“立——定”的口令。听到口令,按照立定的要领实施,分队的动作要整齐一致;停止后,听到“稍息”的口令,先自行对正、看齐,再稍息。

五、队形变换

队形变换,是由一种队形变为另一种队形的队列动作。

(一)横队和纵队的互换

横队变纵队:

停止间口令:向右——转。

行进间口令：向右转——走。

纵队变横队：

停止间口令：向左——转。

行进间口令：向左转——走。

要领：停止间，按照单个军人向右（左）转的要领实施；行进间，按照单个军人向右（左）转走的要领实施。分队动作要整齐一致；队形变换后，排以上指挥员应当进到规定的列队位置。

（二）停止间班横队和班二列横队、班纵队和班二路纵队互换

1.班横队变班二列横队

口令：成班二列横队——走。

要领：变换前，先报数。听到口令，双数人员左脚后退 1 步，右脚（不靠拢左脚）向右跨 1 步，左脚向右脚靠拢，站到单数人员之后，自行对正、看齐。

2.班二列横队变班横队

口令：间隔 1 步，向左离开。

成班横队——走。

要领：听到"间隔 1 步，向左离开"的口令，取好间隔；听到"成班横队——走"的口令，双数人员左脚左跨 1 步，右脚（不靠拢左脚）向前 1 步，左脚向右脚靠拢，站到单数人员左侧，自行看齐。

3.班纵队变班二路纵队

口令：成班二路纵队——走。

要领：变换前，先报数。听到口令，双数士兵右脚右跨 1 步，左脚（不靠拢右脚）向前 1 步，右脚向左脚靠拢，站到单数人员右侧，自行对正、看齐。

4.班二路纵队变班纵队

口令：距离 2 步，向后离开。

成班纵队——走。

要领：听到"距离 2 步，向后离开"的口令，取好距离；听到"成班纵队——走"的口令，双数人员右脚后退 1 步，左脚（不靠拢右脚）左跨一步，右脚向左脚靠拢，站到单数人员之后，自行对正。

（三）连纵队和连并列纵队的互换

1.连纵队变连并列纵队

停止间口令：成连并列纵队，齐步——走。

行进间口令：成连并列纵队——走。

要领：连指挥员或者基准排踏步，其他排和连部逐次进到连指挥员或者基准排左侧踏步并取齐，然后听口令前进或者停止。

连、排指挥员位置的变换方法：听到口令，连长左脚继续踏 1 步，右脚向右前 1 步，进到政治指导员前方仍踏步，政治指导员继续踏步，副连长向前 2 步（未编有副政治指导员时，副连长向左前 2 步），进到连长左侧，副政治指导员向左前 1 步，进到政治指导员左侧，排长、司务长进到预定列队位置，继续踏步并取齐。

2.连并列纵队变连纵队

停止间口令:成连纵队,齐步——走。

行进间口令:成连纵队——走。

要领:连指挥员或者基准排照直前进,其他排和连部停止间和行进间均踏步,待连指挥员或者基准排离开原位后,各排按照排长的口令、连部和炊事班按照司务长的口令依次跟进。

连、排指挥员位置的变换方法:听到口令,连长向左前 1 步,进到副连长前方踏步,政治指导员向前 2 步,进到连长右侧继续踏步,副政治指导员向右前 1 步,进到副连长右侧继续踏步(未编有副政治指导员时,副连长右跨半步并踏步),排长、司务长进到预定列队位置继续踏步,取齐后照直前进。

六、方向变换

方向变换,是改变队列面对的方向的一种队列动作。

(一)横队和并列纵队方向变换

停止间,通常是左(右)转弯或者左(右)后转弯,必要时可以向后转。

停止间口令:左(右)转弯,齐步(跑步)——走,或者左(右)后转弯,齐步(跑步)——走;向后——转,齐步(跑步)——走(当需要向后转走时,应当先下"向后——转"的口令,待方向变换后,再下"齐步——走"或者"跑步——走"的口令)。

行进间口令:左(右)转弯——走,或者左(右)后转弯——走。

要领:一列横队方向变换时,轴翼人员踏步,并逐渐向左(右)转动;外翼第一名人员用大步行进并同相邻人员动作协调,逐步变换方向(愈接近轴翼者,其步幅愈小),其他人员用眼睛的余光向外翼取齐,并保持规定的间隔和排面整齐,转到 90°或者 180°时踏步并取齐,听口令前进或者停止。

数列横队和并列纵队方向变换时,第一列轴翼人员停止间用踏步、行进间用小步,外翼人员用大步行进,保持排面整齐,边行进边变换方向,转到 90°或者 180°后,听口令前进或者停止;后续各列按照上述要领,保持间隔、距离,取捷径进到前一列转弯处,转向新方向跟进。

(二)纵队方向变换

停止间,通常是左(右)转弯,或者左(右)后转弯,必要时可以向后转。

停止间口令:左(右)转弯,齐步(跑步)——走,或者左(右)后转弯,齐步(跑步)——走;向后——转,齐步(跑步)——走(按照横队和并列纵队向后转走的方法实施)。

行进间口令:左(右)转弯——走,或者左(右)后转弯——走。

要领:一路纵队方向变换,基准兵在左(右)转弯时,按照单个军人行进间转法(停止间,左转弯走时,左脚先向前 1 步)的要领实施,在左(右)后转弯时,用小步边行进边变换方向,转到 90°或者 180°后,照直前进;其他人员逐次进到基准兵的转弯处,转向新方向跟进。

数路纵队方向变换时,按照数列横队和并列纵队方向变换的要领实施。

七、分队、部队敬礼

(一)停止间敬礼

要领:当首长进到距本分队(部队)适当距离时,指挥员下达"立正"的口令,跑步到首

长前 5～7 步处敬礼。待首长还礼后礼毕，再向首长报告。报告完毕，待首长指示后，答“是”，再敬礼。待首长还礼后礼毕，尔后跑步回到原来位置，下达“稍息”口令或者继续进行操练。

（二）行进间敬礼

要领：由带队指挥员按照单个军人行进间敬礼的规定实施，队列人员按照原步法行进。

第二十二章 轻武器射击

轻武器射击，是指轻武器"操作人员使用发射装置，经过瞄准将射弹射向目标的行动"①，包括射击准备和射击实施。本章主要介绍81-1式自动步枪武器常识、简易射击学理、81-1式自动步枪射击准备和81-1式自动步枪精度射击等内容。

第一节 81-1式自动步枪武器常识

一、战斗性能

81-1式自动步枪与81式班用轻机枪组成班用枪族，活动机件和弹匣、弹鼓可以互换，并能用实弹直接从枪管发射40毫米枪榴弹，使射手具有点面杀伤和反装甲的能力，是近战中消灭敌人有生力量的自动武器和步兵分队反装甲目标的辅助武器。对单个目标在400米内射击效果最好，集中火力可射击500米内的敌人飞机、伞兵以及集团目标，弹头在1500米处仍有杀伤力。在290米内使用枪榴弹可杀伤敌有生力量和击毁敌轻型装甲目标。

射击方法：可实施短点射(2～5发)，还可实施长点射(6～10发)和单发射。

战斗射速：点射每分钟90～110发，单发射每分钟40发。

理论射速：每分钟680～750发。

使用56式普通弹在100米距离上能射穿6毫米厚的钢板、15厘米厚的砖墙、30厘米厚的土层和40厘米厚的木板。使用杀伤枪榴弹，在290米距离内射击，有效杀伤半径为14米(有效杀伤破片约400片)，使用破甲枪榴弹在290米内射击时，其静破甲能力为250毫米。

二、各部机件的名称、用途

81-1式自动步枪由刺刀(匕首)、枪管、瞄准具、活塞及调节塞、机匣、枪机、复进机、击发机、弹匣和枪托十大部组成，另有一套附品。

1.刺刀(匕首)

刺刀(匕首)用以刺杀敌人。刺刀上有刺刀柄、连接环、限制凸笋及卡笋，平时做匕首用，并装入刀鞘挂在腰带上，战时结合在枪上。

2.枪管

枪管用以赋予弹头及枪榴弹的飞行方向。

① 全军军事术语管理委员会、军事科学院：《中国人民解放军军语》(全本)，军事科学出版社2011年版，第646页。

枪管内是枪膛，枪膛分为弹膛和线膛。弹膛用以容纳子弹，线膛能使弹头在前进时旋转运动，以保持飞行的稳定性。线膛有四条右旋膛线(阴膛线)，两膛线间的凸起部分叫阳膛线，两条相对的阳膛线间的距离是枪的口径。

枪管前端有枪榴弹发射具。发射具前端下方有凹槽，用以控制刺刀的安装位置。

枪管外有导气箍，用以引导火药气体冲击活塞。导气箍上刻有“0”“1”“2”的数字，用以表示火药气体冲击活塞的大小。下护木，便于操作和携带。枪管外有刺刀座、通条头槽。

3.瞄准具

瞄准具由表尺和准星组成，用以瞄准。

表尺钣上有缺口和护铁。缺口用以通视准星向目标瞄准，护铁用以保护缺口。表尺转轮，用以装定所需的表尺分划和固定活塞护盖，转轮上刻有 0～5 的分划，“0”分划用以分解结合，“1～5”的分划，每一分划相应 100 米。表尺座侧面圆点为表尺定位点，用以指示所装定的分划。

4.活塞及调节塞

活塞及调节塞用以承受火药气体的压力，推压枪机向后。

活塞簧用以使活塞回到前方位置，护盖上有护木和活塞定位凸笋。导气箍上的“1”和“2”，分别表示调节塞上的小孔和大孔，通常装定在“1”上，当武器过脏来不及擦拭或在严寒的条件下射击时装定在“2”上。变换调节塞位置时可用弹壳底部卡入弹底槽转动。

当发射枪榴弹时，必须将调节塞转动到“0”的位置，以防损坏活动机件。

5.机匣

机匣用以容纳枪机、复进机、固定击发机和弹匣。

机匣外有机匣盖，用以保护机匣内部免沾污垢。机匣外还有握把、扳机护圈和弹匣卡笋。

机匣内有闭锁卡槽，能保证枪机闭锁枪膛。当弹匣内无子弹时，枪机阻铁能使枪机停在后方位置。凹槽用以容纳复进机导管座。拨壳凸笋用以拨出弹壳(子弹)。

6.枪机

枪机由机栓和机体组成。用以送弹、闭锁、击发和退壳，并能使击锤向后成待发状态。机栓上有圆孔和导笋槽，用以容纳机体，并引导机体旋转形成闭锁和开锁。机栓上还有解脱凸笋、机柄和复进机巢。机体上有击针，用以撞击子弹底火，抓弹钩用以从膛内抓出弹壳(子弹)。机体上还有导笋、送弹凸笋、闭锁凸笋和弹底巢。

7.复进机

复进机是由导管、导杆、导管座、复进簧和支撑环组成。用以使枪机回到前方位置。导管座上有机匣盖卡笋。

8.击发机

击发机用以与枪机相互作用形成待发和击发。

击发机上有：击发控制机，能在枪机闭锁枪膛前防止击发；保险机，用以保险和控制单发射、连发射(“1”“2”“0”分别为单发射、连发射、保险)。击发机上还有击发阻铁、单发阻铁、击锤和扳机。

9.弹匣

弹匣用以容纳和托送子弹。可装 30 发子弹。弹匣由弹匣体、托弹钣、托弹钣簧、固定钣、弹匣盖组成。弹匣体上有:凹槽和挂耳,用以将弹匣固定在枪上;检查孔,当看到子弹时,则已装满子弹。

10.枪托

枪托便于操作。枪托上有枪颈、托底钣、附品盒巢和枪托卡笋。平时成打开状态,必要时可折叠。

附品用以分解组合、擦拭上油、携带和排除故障。附品包括擦拭杆、鬃刷、铳子、附品盒、通条、油壶、背带和弹匣带。

三、分解结合

(一)目的和要求

分解结合的目的是对枪支进行擦拭、上油、检查及排除故障。其要求为:分解前必须验枪;分解结合应按顺序和要领进行,不要强敲硬卸;分解下来的机件应按次序放在干净的物体上;除所讲的分解内容外,未经许可,不准分解其他机件;结合后,应拉送枪机数次,检查机件结合是否正确。

(二)分解

1.卸下弹匣

左手握护木,枪面稍向左,右手握弹匣,拇指按压弹匣卡笋(也可右手掌心向上握弹匣,以手掌肉厚部分推压卡笋),前推取下。

2.拔出通条和取出附品盒

左手握护木,右手向外向上拔出通条。然后,用中、食指顶压附品盒底部,使卡笋脱离圆孔,取出附品盒,并从附品盒内取出附品。

3.卸下机匣盖

左手握枪颈,以拇指按机匣盖卡笋,右手将机匣盖提取下。

4.抽出复进机

右手向前推导管座,使其脱离凹槽,向后抽出复进机。

5.取出枪机

左手握枪颈,右手拉枪机向后到定位,向上取出,左手转压机体向后,使导笋脱离导笋槽,再向前取出机体。

6.卸下护盖

右手握上护木,左手将表尺转轮定到“1”上,再向左拉转轮装定在“0”上,然后左手握下护木,右手向上向后卸下护盖。

7.卸下活塞及调节塞

左手握下护木,右手将活塞向右(左)转动到定位,压缩活塞杆簧,使调节塞前端脱离导气箍,向前卸下活塞及调节塞,并将活塞及调节塞分开。

(三)结合

结合时,按分解的相反顺序进行。

1.装上活塞及调节塞

将调节塞、活塞簧套在活塞上，左手握下护木，右手将活塞杆插入表尺座的圆孔内，压缩活塞簧，使调节塞前端进入导气箍，并向左转动调节塞，使下凸起进入导气箍限制槽。

2.装上护盖

左手握下护木，右手将护盖前端两侧卡在导气箍上，按压护盖后部到定位。左手转动表尺转轮使分划“3”对正定位点。

3.装上枪机

右手握机栓，使导笋槽向上。左手将机体结合在机栓上，使导笋进入导笋槽并转到定位。左手握枪颈，右手将枪机从机匣后部装入机匣，前推到定位。

4.装上复进机

左手握枪颈，右手将复进机插入复进机巢内，向前推压，使导管座进入凹槽内。

5.装上机匣盖

左手握枪颈，右手将机匣盖前端对正半圆槽，使后部的方孔对正机匣盖卡笋，向前下方推压机匣盖，使卡笋进入方孔内。

6.装上附品盒和通条

将附品装入附品盒内，左手握护木，右手将附品盒装入附品盒巢内，用中、食指顶压附品盒底部，使附品盒卡笋进入圆孔。然后，将通条插入通条孔内，并使通条头进入通条头槽。

此时，拉送枪机数次检查机件结合是否正确，扣扳机，关保险。

7.装上弹匣

左手握护木，枪面稍向左，右手握弹匣并将弹匣口前端插入结合口内，扳弹匣向后，听到响声为止。

四、子弹

(一)子弹各部分名称

子弹由弹头、弹壳、底火和发射药组成。其各部名称见图 22-1。

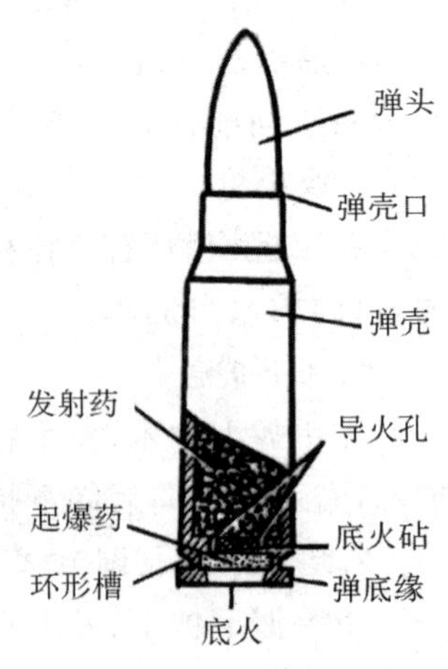

图 22-1　子弹

(二)子弹的种类、用途及标志

普通弹：用以杀伤敌有生力量。

曳光弹：主要用以试射、指示目标和做信号用。命中干草能起火，曳光距离可达 800 米。弹头头部为绿色。

燃烧弹：主要用以引燃易燃物体。弹头头部为红色。

穿甲燃烧弹：主要用以射击飞机和轻型装甲目标(在 200 米距离上穿甲厚度为 7 毫米)，并能在穿透装甲后引燃汽油。弹头头部为黑色并有一道红圈。

五、爱护武器的要求和保管使用规则

（一）爱护武器的要求

爱护武器、子弹是军官、士兵的重要职责，是一项经常性的战备措施，也是预防故障的有效方法。为此，必须做到：勤检查、勤擦拭、不碰摔、不生锈、不损坏、不丢失。如发现机件损坏、丢失，应及时送修或请领，使武器经常保持完好状态。

（二）保管使用规则

（1）武器和子弹应放在安全、干燥和通风的地方。在营房内，应放在枪架上，送回击锤，关上保险，表尺转轮定在表尺“3”上。刺刀（匕首）应装在刀鞘内。在居民地宿营时，不得将武器和子弹放在门窗附近。

（2）行军作战和训练时，应尽量避免武器碰撞和沾上污物。长时间射击时，应及时向枪机上涂油。乘车（船）时，应将武器妥善保管，防止碰撞和丢失。

（3）在潮湿和沿海地区，应特别注意防止机件和子弹生锈。在风沙较多的情况下，应防止灰沙进入枪内。在炎热季节，应尽量避免长时间曝晒。

（4）教练弹和实弹严禁混放在一起，严禁用实弹当教练弹操练使用。分队不准存有待修及废品枪弹。

第二节　简易射击学理

一、发射与后坐

（一）发射及其过程

火药气体压力将弹头从膛内推送出去的现象，叫发射。其过程：击针撞击子弹底火，使起爆药发火，火焰通过导火孔引燃发射药，产生大量火药气体，在膛内形成很大的压力（半自动步枪最大膛压为 2180 千克力/厘米^2），迫使弹头脱离弹壳，沿膛线旋转加速前进，直至推出枪口。

（二）后坐及其对命中的影响

1.后坐及其形成

发射时，武器向后运动的现象，叫后坐。

发射药燃烧时，产生的气体同时作用于各个方向，作用于膛壁周围的压力为膛壁所抵消；向前作用于弹头后部的压力推送弹头前进；向后作用于弹壳底部的压力经过枪机传给整个武器，使武器向后运动，形成后坐。武器的后坐和弹头的运动是同时开始的。在弹头脱离枪口瞬间，大量的火药气体随弹头后部从膛内向外喷出，形成反作用力，使武器后坐更加明显。

2.后坐对命中的影响

后坐对单发（连发首发）射击的命中影响极小。因为弹头在膛内运动的时间极短（约千分之一秒），并且枪比弹头重很多（冲锋枪、半自动步枪为 400 倍以上），所以弹头脱离枪口以前，枪的后坐距离只有 1 毫米多，而且是正直向后运动的，加之衣服和肌肉的缓冲，射手是感

觉不出来的。射手感觉到的后坐，主要是弹头在脱离枪口的瞬间，火药气体猛烈向枪口外喷出形成反作用力造成的。此时，弹头已脱离枪口。因此，后坐对单发(连发首发)射击的命中影响极小。

后坐对连发射击的命中有一定的影响。因为连发射击时，第一发子弹发射后，由于枪有明显后坐变动了原来的瞄准线，所以对第二发以后的射弹命中有一定的影响。但只要射手据枪要领正确，适应连发武器射击的后坐规律，就能减小后坐对连发命中的影响，提高射击精度。

二、弹道形状及其实用意义

(一)弹道

1.弹道及其形成

弹头运动过程中，其重心所经过的路线，叫弹道。弹头在空气中飞行时，一面受到地心引力的作用，逐渐下降；一面受到空气阻力的作用，越飞越慢。因此，形成了一条不均等的弧线。升弧较长较直，降弧较短较弯曲。

2.弹道要素(图 22-2)

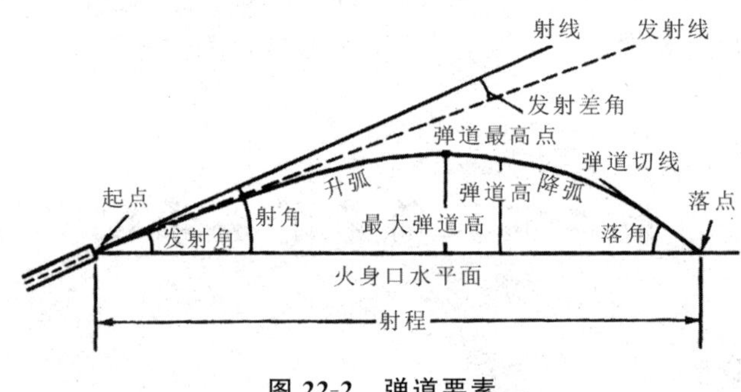

图 22-2　弹道要素

(1)火身口水平面：通过起点的水平面。

(2)射线：发射前火身轴线的延长线。

(3)射角：射线与火身口水平面所夹的角。

(4)发射线：发射瞬间火身轴线的延长线。

(5)发射角：发射线与火身口水平面所夹的角。

(6)升弧：由起点到弹道最高点的弹道。

(7)降弧：由弹道最高点到落点的弹道。

(8)弹道高：弹道上任何一点到火身口水平面的垂直距离。

(9)最大弹道高：弹道最高点到火身口水平面的垂直距离。

(10)射程：起点到落点的水平距离。

(二)直射及其实用意义

1.直射和直射距离

瞄准线上的弹道高在整个表尺距离上不超过目标高的射击，叫直射。这段表尺距离叫直射距离。

直射距离的大小，决定于目标的高低和弹道的低伸程度。目标越高，弹道越低伸，直射

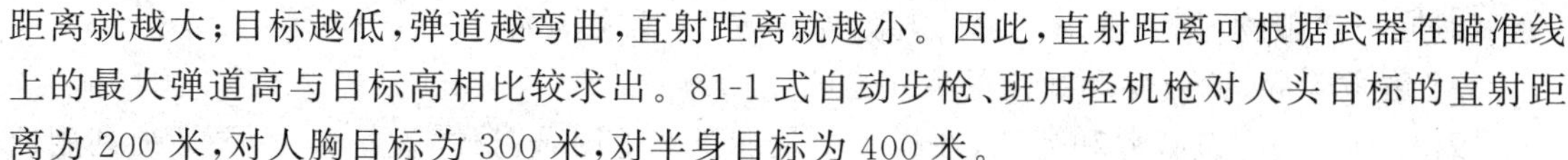

距离就越大;目标越低,弹道越弯曲,直射距离就越小。因此,直射距离可根据武器在瞄准线上的最大弹道高与目标高相比较求出。81-1 式自动步枪、班用轻机枪对人头目标的直射距离为 200 米,对人胸目标为 300 米,对半身目标为 400 米。

2.直射的实用意义

(1)对在直射距离内的目标射击时,瞄准目标下沿,不变更表尺分划即可进行连续射击,以增大战斗射速,提高射击效果。

(2)可以减少测量距离的误差对命中的影响。

(3)指挥员运用直射的原理,组织侧射、斜射、短兵射击和夜间标定射击,均能获得良好的射击效果。

(4)反坦克火器在直射距离内对敌装甲目标射击,效果更好。

(三)危险界、遮蔽界和死角

1.危险界

危险界分为表尺危险界和实地危险界。瞄准线上的弹道高没有超过目标高的部分,称为表尺危险界;在实际地形上弹道高没有超过目标高的一段距离,称为实地危险界。

决定实地危险界大小的条件:

(1)弹道低伸程度。对同一地形上的同一目标射击时,弹道越低伸,危险界就越大;反之越小。

(2)目标高低。用同一武器对同一地形上的不同目标射击,目标越高,危险界就越大;反之越小。

(3)目标所在位置的地貌。用同一武器对同一种目标射击,目标所在位置的地貌与弹道形状越一致,危险界就越大;反之越小。

2.遮蔽界和死角

从弹头不能射穿的遮蔽物顶端到弹着点的一段距离,叫遮蔽界。目标在遮蔽界内不会被杀伤的一段距离,叫死角。遮蔽界内包括死角和危险界(图 22-3)。

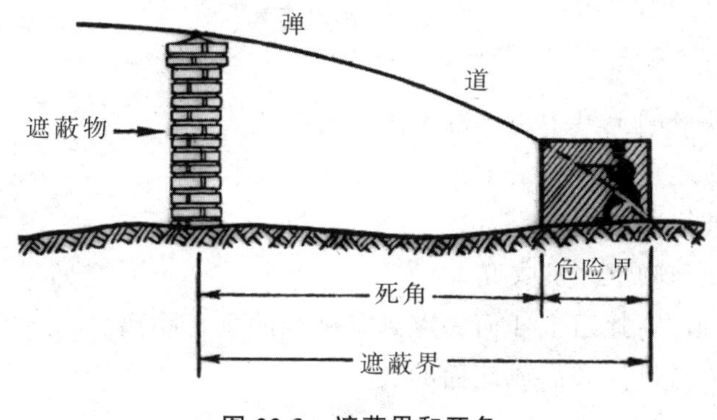

图 22-3 遮蔽界和死角

遮蔽界和死角的大小是由遮蔽物的高低和落角的大小决定的。死角的大小还决定于目标的高低。

(1)同一弹道,同一目标,遮蔽物越高,遮蔽界和死角就越大;反之越小。

(2)同一遮蔽物,同一目标,落角越小,遮蔽界和死角就越大;反之越小。

(3)同一遮蔽物,同一弹道,目标越高,死角越小;反之越大。

3.了解危险界、遮蔽界和死角的实用意义

懂得了危险界、遮蔽界和死角,在战斗中就能更好地隐蔽身体,发扬火力,灵活地利用地形地物,隐蔽地运动、集结和转移,以避开或尽量减少敌火力的杀伤。在组织火力配系时,就能正确地选择射击位置和组织火力,千方百计地力求增大危险界及减少射击地带内的遮蔽界和死角,并善于运用弯曲弹道和各种武器的侧射、斜射火力消灭隐蔽在遮蔽界和死角内的敌人。

三、选定表尺分划和瞄准点

(一)瞄准具的作用

由于地心引力和空气阻力的作用,如果用枪管瞄向目标射击,射弹就会打低打近。为了命中目标,必须将枪口抬高,使火身轴线与瞄准线之间形成一定的角度,即瞄准角。瞄准具的作用,就是对一定距离上的目标射击赋予武器相应的瞄准角和射向。射击时,只要按照目标的距离装定相应的表尺分划瞄准射击,就能命中目标。

(二)瞄准要素(图 22-4)

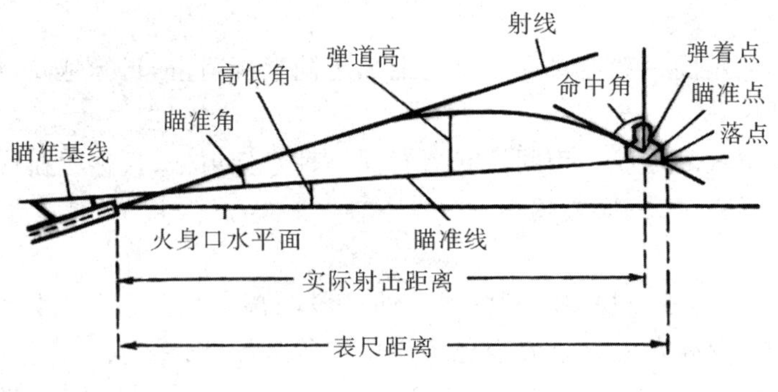

图 22-4 瞄准要素

(1)瞄准基线:缺口的上沿中央到准星尖的直线。

(2)瞄准线:视线通过缺口上沿中央和准星尖的延长线。

(3)瞄准点:瞄准线所指向的一点。

(4)瞄准角:射线与瞄准线的夹角。

(5)瞄准线上弹道高:弹道上任何一点到瞄准线的垂直距离。

(6)弹着点:弹道与目标表面或地面的交点。

(三)选定表尺分划和瞄准点

为了使射弹准确地命中目标,射击时,射手应根据目标的距离、大小和武器的弹道高(见表 22-1),正确地选定表尺分划和瞄准点。其方法为:

表 22-1　弹道高表

枪　　种		弹道高/厘米								
		$s=50$	$s=100$	$s=150$	$s=200$	$s=250$	$s=300$	$s=350$	$s=400$	$s=450$
56式半自动步枪	表尺分划“1”	1	0	-7						
	表尺分划“2”	6	11	9	0	-16				
	表尺分划“3”	13	25	29	28	18	0	-19		
	表尺分划“4”	21	42	55	62	61	51	31	0	-48
56式冲锋枪	表尺分划“1”	1	0	-8						
	表尺分划“2”	6	12	9	0	-19				
	表尺分划“3”	14	28	33	31	21	0	-33		
	表尺分划“4”	24	48	63	72	72	62	39	0	-52
81式自动步枪	表尺分划“1”	1	0	-7	-22	-46				
	表尺分划“2”	6	11	9	0	-18	-47	-88		
	表尺分划“3”	14	27	33	31	21	0	-33	-81	
	表尺分划“4”	24	47	63	72	72	61	38	0	-55

注：s 为目标距离，单位为米。

(1)目标距离为100米(轻机枪50米)的整数倍时，可根据目标的距离装定相应的表尺分划，瞄准点选在目标中央。

(2)目标距离不是100米(轻机枪50米)的整数倍时，通常选定大于实距离的表尺分划。根据武器在该距离上的弹道高，相应降低瞄准点射击。也可选定小于实距离的表尺分划。根据武器在该距离上的负弹道高，相应提高瞄准点射击。

(3)对300米距离以内的目标射击时，通常选定常用表尺(表尺“3”分划，小目标瞄下沿、大目标瞄中央射击)。

四、外界条件对射击的影响及修正

(一)风对射弹的影响及修正

1.风向和风力的判定

(1)风向的判定

可按风向与射向所形成的角度判定，通常分成横风、斜风、纵风(顺风和逆风)。

(2)风力的判定

风力按其大小分为强风、和风和弱风。判定方法：可用测风仪等器材测出，也可根据人的感觉和常见物体被风吹动的景况来判定。

①强风。风速8～12米/秒，相当于5～6级风。现象：旗帜刮成水平并哗哗响，草倒于地面，粗树枝摇动，烟被吹成水平并很快散开。

②和风。风速4～7米/秒，相当于3～4级风。现象：旗帜展开并飘动，草不停地摆，细树枝晃动，烟被吹斜但未散开。

③弱风。风速2～3米/秒，相当于2级风。现象：旗帜微微飘动，草微动，细树枝微动，

烟稍斜上升。

2.风对射弹的影响及修正

(1)横(斜)风对射弹的影响及修正

横(斜)风会使射弹产生方向偏差,风力越大,距离越远,偏差就越大。射击时,为了准确地命中目标,必须根据射弹受风影响偏差量,将瞄准点或横表尺向风吹来的方向修正。修正时,以横方向的和风修正量(表22-2)为准,强风加一倍,弱风减一半。修正量从预期命中点算起。横表尺修正后,瞄准点不变。

表22-2 横和风修正量表

距离/米	修正量			
	冲锋枪、半自动步枪、班用轻机枪		重机枪	
	计量长度/米	人体	人体	横表尺
200	0.14	1/4	1/4	1/2
300	0.36	1/2	1/2	2/3
400	0.72	3/2	1	1
500	1.2	5/2	3/2	7/5
600	1.8	7/2	2	9/5

(2)纵风对射弹的影响及修正

纵风能影响射弹的飞行距离。顺风会使射弹打远(高),逆风会使射弹打近(低)。但风速小于10米/秒时影响较小,对400米内的目标射击不必修正。在对远距离的目标射击时,可稍降低或提高瞄准点。

修正时,应注意风向、风力不断变化,灵活运用。

(二)阳光对瞄准的影响及克服方法

1.阳光对瞄准的影响

在阳光下瞄准时,由于阳光的照射作用,缺口部分产生虚光,形成三层缺口:虚光部分、真实缺口、黑实部分。若用虚光瞄准,射弹就偏向阳光照来的方向;若用黑实部分瞄准,射弹就偏向阳光照来的相反方向(图22-5)。

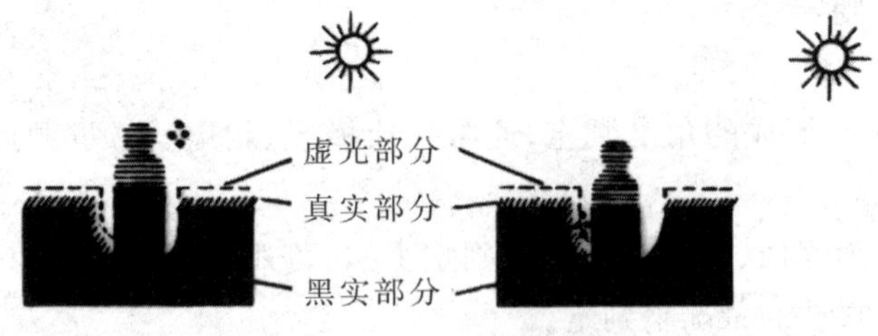

图22-5 阳光对瞄准的影响

2.克服的方法

射手应多在不同方向的阳光照射下练习瞄准。练习时,可采取遮光瞄准、不遮光检查,或不遮光瞄准,遮光检查的方法,反复区别,确实辨清真实缺口的位置和正确瞄准的景况;瞄准时间不宜过长,以免眼花而产生偏差;平时应注意保护好瞄准具,不使其磨亮而反光。

第三节　81-1式自动步枪射击准备

一、验枪

验枪是一项保证安全的重要措施。使用武器前后及必要时，均应验枪，认真检查弹膛、弹匣和教练弹中有无实弹。验枪时，严禁枪口对人。

口令："验枪"，"验枪完毕"。

动作要领：听到"验枪"的口令后，以右脚掌为轴，身体半面向右转，左脚顺势向前迈出一步（两脚约与肩同宽），同时右手移握护木，将枪向前送出（背带从肩上脱下），左手接握下护木，左大臂紧靠左肋，枪托贴于右胯，准星约与肩同高，右手掌心向下，虎口向前，拇指打开保险，卸下弹匣（使弹匣口向后弯曲部朝上）交给左手握于护木右侧，移握机柄。

当指挥员检查时，拉枪机向后，验过后，自行送回枪机，装上弹匣，扣扳机，关保险，移握枪颈。

听到"验枪完毕"的口令后，左手反握护木，将枪倒置于胸前，上背带环约与肩同高，右手挑起背带，身体半面向左转，在右脚靠拢左脚的同时，两手协力将枪送上右肩，恢复肩枪姿势。

二、装退子弹及定复表尺

（一）向弹匣内装子弹

左手握弹匣，使弹匣口向上，挂耳朝前，右手将子弹放于受弹口，两手协力将子弹压入弹匣内。

（二）卧姿装退子弹及定复表尺

口令："卧姿——装子弹"，"退子弹——起立"。

动作要领：听到"卧姿——装子弹"的口令后，右手移握上护木，使枪口向前（背带从肩上脱下），左脚向右脚尖前迈出一大步（也可右脚顺脚尖方向迈出一大步），左臂伸出，掌心向下，手指稍向右，按照膝、手、肘顺序顺势卧倒。以身体左侧、左肘支持全身。右手将枪向目标方向送出，左手接握下护木，枪面稍向左，枪托着地，右手取下空弹匣（弹匣口朝后，弯曲部朝上）交给左手握于护木右侧，解开弹袋扣取出并换上实弹匣，将空弹匣装入弹袋内并扣好，拇指打开保险，拉枪机送子弹上膛，关上保险。右手拇指和食指转动表尺转轮，使所需分划对正表尺座一侧定位点。然后，右手移握握把，全身伏地，两脚分开约与肩同宽，身体右侧与枪身略成一线，目视前方，准备射击。

听到"退子弹——起立"的口令后，稍向左侧身，右手卸下实弹匣交给左手，打开保险，拇指慢拉枪机向后，余指接住从膛内退出的子弹，送回枪机，将子弹压入弹匣内，解开弹袋扣，取出并换上空弹匣，将实弹匣装入弹袋内并扣好。扣扳机，关保险，表尺转轮分划归"3"，移握上护木，将枪收回，同时左小臂向里合，屈左腿于右腿下。以左手和两脚撑起身体，右脚向前一大步，左脚再向前一步，左手反握护木，将枪倒置于胸前，右手挑起背带，在右脚靠拢左脚的同时，两手协力将枪送上右肩，恢复肩枪姿势。

第四节　81-1式自动步枪精度射击

一、自动步枪精度射击的基本要领

（一）据枪

为了获得更好的射击效果，应尽可能地利用地物或构筑依托物实施射击。依托物的高度，应根据射手的身材高矮、手臂长短来确定，通常在25～30厘米为宜。在紧急情况下，还应善于利用不同高度的依托物实施射击。

卧姿有依托据枪时，身体右侧与枪身略成一线，两脚分开略宽于肩。右手拇指将保险机扳到所需的位置，虎口向前紧握握把，食指第一节靠在扳机上，右肘尽量里合，使右大臂略与地面垂直，肘部着地前撑，肘皮控制在内后侧。左手掌心向上托握护木，也可握弹匣，左肘着地外撑，两肘保持稳固，胸部挺起，身体稍向前跟。身体前跟时，两肘不得离地，上体自然下塌，两手用力保持不变，使枪托确实抵于肩窝，头稍前倾，自然贴腮。

据枪时，要求依托物要合适，如不舒服，应及时修正；枪与身体右侧略成一线；右手握枪要满把握住，食指与枪之间应有不大的空隙；左手的主要任务是保持枪面平正，也可稍向后用力；两肘保持稳固；贴腮时头要正直前倾贴腮。下护木与依托物要结合好，枪与肩窝要结合好，身体与地面要结合好，使枪、人与地面三者形成一个紧密的整体，确实做到稳固据枪。

据枪要领可归纳为四句口诀：枪与身体成零度，两肘着地要稳固，两手握紧稍后带，正确贴腮头不歪。

（二）瞄准

1.正确瞄准

右眼通视缺口和准星，使准星尖位于缺口中央并与上沿平齐，指向瞄准点，就是正确瞄准。正确瞄准景况应是准星与缺口的平正关系看得清楚而目标看得较模糊。

2.瞄准的方法

据枪后，应首先使瞄准线自然指向目标。若未指向目标，不可迁就而强扭枪身，必须调整姿势。需要修正方向时，可左右移动身体或两肘。需要修正高低时，可调整依托物，前后移动整个身体或两肘里合、外张（连发射击时，右肘不宜外张），也可适当移动左手的托枪位置。

瞄准时，应把主要精力集中在准星与缺口的平正关系上。如果把主要精力集中在准星与目标上，就会忽略准星与缺口的平正关系，造成瞄准误差。

3.瞄准误差对命中的影响

(1)准星与缺口关系不正确。瞄准时，若准星与缺口的关系不正确，对命中影响很大，准星偏哪，弹着点偏哪。如准星尖在缺口内偏差1毫米，在100米距离上，81式自动步枪偏差32厘米。各种枪准星在缺口（觇孔）内偏差1毫米时射弹偏差量见表22-3。距离增加几倍，偏差量就增加几倍。

表 22-3　各种枪准星在缺口内偏差 1 毫米时在一定距离上射弹偏差量表

枪名	距离/米	偏差量/厘米
81-1 式自动步枪	100	32
85 式狙击步枪		17
88 式狙击步枪		25
81 式班用轻机枪		20
54 式手枪	25	16

(2)瞄准线指向的偏差。瞄准时,若准星与缺口的关系正确,而瞄准线指向产生偏差时,射弹也会产生偏差,射弹的偏差与瞄准线指向的偏差相一致。如瞄准线指向偏左 15 厘米,射弹也就偏左 15 厘米。

(3)枪面倾斜。瞄准时,枪面倾斜对命中精度也有一定影响,因为枪面倾斜,使枪身轴线的指向产生了偏差。枪面偏左,射弹偏左下;枪面偏右,射弹偏右下。

4.检查瞄准的方法

(1)个人检查。瞄准时,头稍上下移动,检查准星是否位于缺口中央;头稍左右移动,检查准星尖是否与缺口上沿平齐。也可用平正准星检查器或白纸遮挡的方法,检查准星与缺口的平正关系是否正确。

(2)固定枪检查。将枪放在依托物上,瞄准后不动枪,互相检查瞄准的正确程度。

(3)四点瞄准检查。将枪放在依托物上,在枪前 15 米处设固定白纸靶。示靶手将检查靶固定在白纸上,由教练员或优秀射手向检查靶瞄准。瞄好后,将枪固定好,示靶手通过检查靶中央的圆孔点上标记点,并画"x"作为基准点。然后,移开检查靶,由射手不动枪瞄准,指挥示靶手移动检查靶。连续瞄三次,每次瞄好后点上圆点作为标记。三次的瞄准标记点与基准点能套在直径 10 毫米的圆孔内为及格,能套在直径 5 毫米的圆孔内为良好,能套在直径 3 毫米的圆孔内为优秀。

四点瞄准时,是动靶不动枪,而实际射击则是动枪不动靶。因此,瞄准标记点对基准点的方向和高低偏差与实际射击的偏差相反。

(4)用检查镜检查。将检查镜固定在枪上,检查者位于射手的左侧进行检查。

(三)击发

击发时,右手食指第一节均匀正直地向后扣压扳机(食指内侧与枪应有不大的空隙),余指力量不变。当瞄准线接近瞄准点时,开始预压扳机,并减缓呼吸。当瞄准线指向瞄准点或在瞄准点附近轻微晃动时,应屏住呼吸,继续增加对扳机的压力,直至枪响,击发瞬间应保持正确一致的瞄准。若瞄准线偏离瞄点或不能继续屏住呼吸,应既不增加也不放松对扳机的压力,待修正或换气后,再继续扣压扳机。

据枪、瞄准、击发是互相联系和互相影响着的动作。稳固协调的据枪,正确一致的瞄准,均匀正直的击发,三者正确的结合,是准确射击的关键,也是射击训练的基础。因此,必须刻苦学习,熟练掌握。

二、射击时常犯的毛病及纠正方法

轻武器射击中,影响射击精度的原因有三:一是射手操作动作的不一致,二是武器弹药方面存在的各种差异，三是气象条件的影响。第一个原因是人为的，人为原因引起射弹散布，比后两者更值得注意。而影响射击精度的主要人为原因可归纳为如下几个方面：

（一）迁就依托物

精度射击，对依托物的要求是比较高的，依赖性较大。射击时，依托物的高低如不适宜，依托物本身不稳固，就会造成射手据枪时两肘过分外张或里合，抵肩位置过高或过低，影响姿势的自然稳固，加剧枪身晃动，增大射弹散布。

纠正方法：依托物如不适宜，应及时加高或修低，直至合适为止。

（二）抵肩位置不正确

射击时，射手若不能正确地抵肩，会使射弹产生偏差。在通常情况下，抵肩过低易打低，抵肩过高易打高。但若抵肩太低，由于武器后坐时枪托下滑，射弹则会偏高。枪托抵在肩窝外侧或右大臂上，则易产生方向偏差。

纠正方法：射手要反复体会正确的抵肩位置。或请他人用摸和推的方法检查位置是否正确。

（三）两手用力不当

射击时，射手用力不当表现为两种：一是过分轻信，总觉得打单发对据枪要求不高，随便操枪就行，两手用力不够。在击发过程中若猛扣扳机或突然受外界刺激引起身体抖动的话，易使枪剧烈晃动，造成射弹偏差。二是为了命中高环数，强力控制枪的晃动，造成肌肉紧张，用力方向不正，姿势不稳，使枪产生角度摆动，增大射弹散布。

纠正方法：据枪时两手应适当正直向后用力，以枪托抵紧肩窝不会下掉为准，使用力方向与后坐方向一致。

（四）瞄准时间过长

射击时，有的射手为了打个高环数，也有的射手缺乏自信，总怀疑自己的瞄准还不行，往往延长瞄准时间，结果造成眼睛疲劳、发花，看不清目标，影响射弹命中。

纠正方法：应指出瞄准时间不宜过长，一般在3～7秒内即可，瞄准了就打，不要磨时间，看不清时，应抬头向远方观察一下或闭闭眼睛，再进行瞄准。

（五）闭眼（眨眼）

闭眼（眨眼），这几乎是在所有射手身上都存在或曾经存在的问题，是害怕枪响或因枪响所致。表现为两种情况：一是未完成击发就闭眼（眨眼），原因是害怕枪响；二是枪响瞬间闭眼（眨眼），原因是枪声的刺激。第一种情况对射击精度有影响，因为腮部贴在枪托上，枪响前突然眨眼，必然带动腮部肌肉，从而带动枪托，使枪身发生角度摆动，而且击发之前闭眼，也容易使全身各部姿势及用力在瞬间发生变化（如全身突然放松），使据枪不稳。第二种情况是在枪声刺激下引起的，当眨眼时子弹已出枪口，虽不影响首发，但影响连续瞄准与连发射击及观察弹道和修正偏差。

纠正方法：在平时预习中就要养成击发过程中不闭眼（眨眼）的习惯。实弹射击中，射手要有意识地强制自己在击发中不闭眼（眨眼）。

（六）屏住呼吸过早

射击时屏住呼吸过早，易造成憋气，使肌肉颤动，据枪不稳或猛扣扳机。

纠正方法：射手应反复体会在瞄准线指向瞄准点或在瞄准点附近轻微晃动时，自动屏住呼吸的要领。即在瞄准开始时逐渐减缓呼吸，瞄准好了自然屏住呼吸，果断击发。在剧烈运动后，无法按正常情况屏住呼吸时，应进行深呼吸后再屏住呼吸。

（七）击发时抬头

击发时抬头，有三种表现：一是临枪响时抬头，二是枪响瞬间抬头，三是枪刚响时抬头。前两种表现肯定会使射弹偏低，因为此时弹头尚未出膛，头向上抬会带动上体向上移动，从而带动枪托向上摆动，造成射弹偏低。有的射手在抬头的同时还把脸撇向一边，这样还可能使射弹产生方向偏差。这两种射手在抬头之前，心里想着枪要响了，往往同时还伴有猛扣扳机的毛病。第三种表现虽然不一定会造成射弹偏差，但会破坏据枪动作，影响射击速度。产生击发时抬头的原因，有的是心理因素——害怕枪响，有的是担心枪身后坐时机匣会撞伤脸部，有的则是二者兼而有之。

纠正方法：一是给射手讲清击发时抬头会造成射弹偏差，对精度射击具有很大的危害。二是加强心理训练，告诉射手，如果真正把注意力放在据枪瞄准击发动作上，往往不会注意到别人的枪响，自己的枪响也会觉得不那么响。有条件时，多让这类射手在实弹射击的他人旁边进行瞄准击发，使其钝化枪声的刺激。三是要求射手按要领抵肩确实，贴腮时脸部离机匣盖后端 2～3 厘米，这样武器后坐时，机匣盖绝对不会撞伤脸部。

（八）耸肩、松腕、余指加力和猛扣扳机

射击是一种静力运动，它要求射手在击发瞬间除食指动外，身体各部必须处于高度的“静止状态”，静止得越平稳越好。如果在击发瞬间耸肩、松腕和余指加力，会造成枪身摆动，破坏瞄准线。如自动步枪有依托射击，耸肩会使枪托下掉，枪口上抬，射弹打高；再如右手拱腕，易造成向右后拉枪使射弹偏左低。

纠正方法：射手应注重按要领操作，沉着冷静，把主要精力、视力集中在准星与缺口的平正关系上，达到自然击发。

第二十三章
战　　术

战术是进行战斗的方法。内容包括战斗原则、战斗部署、战斗指挥、战斗协同、战斗行动的方法，以及各种保障措施等。[①] 战术的分类，按类型，分为进攻战术和防御战术；按形式，分为联合战术和合同战术；按军种兵种，分为军种战术和兵种战术；按规模，分为兵团战术、部队战术和分队战术等。行军、宿营、输送、变更部署和换班的方法也属于战术的范畴，为适应教学需要，行军、宿营内容安排在应用训练部分展开阐述，本章主要介绍单兵战斗动作和步兵班进攻行动。

第一节　单兵战斗动作

一、利用地形地物

利用地形地物的目的在于隐蔽身体，发扬火力；只有充分地发扬火力，消灭敌人，才能有效地保存自己。因此，在利用地形地物时，应首先着眼于发扬火力。

（一）利用地形地物的要求

战士在利用地形地物时，应根据不同情况灵活地利用和善于改造地形地物，力求做到：便于观察、射击和隐蔽身体；便于接近与离开；便于防敌地面和空中火力杀伤；不妨碍班（组）长的指挥、邻兵的动作和火器射击；不要几个人拥挤在一起，以免增大伤亡；尽量避开独立、明显的物体和难以通行的地段。火箭筒手利用地形地物时，应有良好的射界，在火箭弹飞行的路线上不得有障碍物；筒后 30 米内不能有人，以免伤害自己。

（二）利用地形地物的方法

利用地形地物时，应根据遮蔽物的高低、大小、距敌远近，是否被敌发现及敌火力威胁程度等情况，采取适当的姿势，迅速隐蔽地接近，由下而上地占领，周密细致地观察，不失时机地出枪（筒）。对不便于射击的位置应加以改造，在一地不要停留过久，视情况灵活地变换位置。

1.对堤坎、田埂的利用

堤坎、田埂有纵向、横向之分。横向的利用背敌斜面或残缺部位，火箭筒（机枪）手通常将脚架支在背敌斜面上，筒口距地面不得小于 20 厘米；纵向的通常利用弯曲部或顶端一侧，依其高度取适当姿势。堤坎高于人体时，应挖踏脚孔或阶梯。如利用堤坎对空射击时，通常利用其顶部，并根据其高度取不同姿势。

---

① 《中国军事百科全书・作战》，中国大百科全书出版社 2014 年第 2 版，第 479 页。

2.对土(弹)坑的利用

通常利用其前沿,根据敌情,坑的大小、深度,以跳、滚、匍匐等方法进入,并取适当姿势;对空射击时,以坑沿做依托或背靠坑壁进行射击。火箭筒手应利用坑的右前沿做依托,以防射击时喷火自伤。

3.对土堆(坟包)的利用

通常利用独立土堆(坟包)的右侧,如视界、射界受限制或右侧有敌火力威胁时,也可利用其左侧或顶端。双土堆(坟包)利用其鞍部。对空射击时,通常利用其后侧或顶端。

4.对堑壕、交通壕(沟渠)的利用

对堑壕、交通壕的利用在防御战斗中较多。通常利用其掩体、壕壁或拐弯处隐蔽身体,依其上沿或拐角做射击依托。

5.对树木(线杆)的利用

通常利用其右后侧,根据树木的大小取适当姿势。大树(直径 50 厘米以上)可取多种姿势,较小的树通常采取卧姿。机枪手通常采取卧姿,根据树的粗细和地形情况,脚架可超过树木。火箭筒手卧姿射击时,应将筒口前伸超过树木或离开树木 20 厘米,以便使火箭弹脱离筒口时尾翼能张开。

6.对丛林、高苗(草)地的利用

通常利用靠近敌方的边缘内,按其高低、稠密情况取适当姿势。

7.对墙壁、墙角、门窗的利用

墙壁:按其高度取适当姿势,矮墙可利用顶端或残缺部,墙高于人体时,可挖射孔或将脚垫高。机枪手利用墙壁射击时,可将脚架折回(土墙不宜折回,以免活塞进土发生故障)。

墙角:通常利用右侧,左小臂紧靠墙角,取适当姿势。火箭筒手利用墙角射击时,筒口距墙角不小于 20 厘米。

门窗:门通常利用左侧。窗可利用左(右)下角。

二、敌火下运动

战士在敌火下运动时,应根据敌情、任务,善于利用地形,灵活地采取不同的运动姿势和方法,正确处置各种情况,隐蔽迅速地接近敌人或实施机动。

(一)运动的时机和要求

1.时机

战士在敌火下运动时,应按班(组)长的口令,充分利用我火力掩护和烟幕迷盲的效果,乘敌火力减弱、中断、转移和坦克炮塔转向等有利时机,迅速隐蔽地运动。有时可采取欺骗、迷惑手段,创造条件,突然前进。

2.要求

运动前,战士应根据敌情、任务和地形的不同形态、隐蔽程度,选择好前进路线和暂停位置;运动中,应不间断地观察敌情、地形和班(组)长的指挥,灵活地变换各种运动姿势和方法,保持前进方向和与邻兵的协同动作;发现目标时,应按班(组)长的口令或自行射击,将其消灭;要做到运动、火力、防护三者紧密结合;尽量避免横方向运动,必须横方向运动时,距离不应过长,以减少伤亡。

(二)运动的姿势与方法

1.直身前进

在距敌较远,地形隐蔽,敌观察、射击不到时采用。其要领:目视前方,右手持枪(筒),大步或快步前进。

2.屈身前进

在遮蔽物略低于人体时采用。其要领:目视前方,右手持枪(筒),上体前倾,头部不要高出遮蔽物,两腿弯曲(屈身程度视遮蔽物高低而定),大步或快步前进。

3.跃进

在敌火下迅速通过开阔地时采用。跃进时要做到跃起快、前进快、卧倒快。跃进前,应先观察前方地形,选择好前进路线和暂停位置,尔后,迅速突然地前进。如卧姿跃起时,可先向左(右)移(滚)动,以迷惑敌人,步(冲锋)枪手应迅速收枪,同时屈左脚于右腿下,右手提枪,以左手、左膝、左脚的支撑力将身体支起,同时出右脚前进。机枪、火箭筒手跃起时,应以双手和左脚迅速撑起身体,右脚向前一步,同时右手握护木(提提把)迅速前进。前进时,右手持枪,枪面向前倾斜约45°(火箭筒手右手提筒,或右手握握把并用右臂夹住筒身,左手扶握筒口处,防止火箭弹滑出;火箭筒副射手背背具或右肩挎一侧的背具带,并将背具夹于右肋),目视前方,屈身快跑。火箭筒、机枪副射手通常在射手左后侧3~5米处,与射手同时前进。跃进的距离和速度应根据敌火和地形而定,敌火越猛烈,地形越开阔,跃进距离应越短,速度应越快。每次跃进的距离通常为15~30米。当进到暂停位置或遭敌猛烈射击时,应迅速隐蔽或卧倒。卧倒时,左脚向前一大步,身体下塌,左膝稍内合,以左膝、左手、左肘着地,迅速卧倒;也可右脚向前一大步,左手撑地迅速卧倒。机枪、火箭筒手需要架枪(筒)卧倒时,左手打开脚架,将枪(筒)对向目标,架在地上,两手在枪(筒)身左侧撑地,两脚同时后伸迅速卧倒。卧倒后,如无射击任务,则不据枪(筒),做好继续前进的准备。

4.滚进

在卧姿时,为避开敌人观察、射击而左右移动或通过棱线时采用。其要领:将枪关上保险,左手握枪表尺上方,右手握枪颈或两手握上护木,枪面向右,顺置于胸、腹前抱紧,两臂尽量向里合,两脚腕交叉或紧紧并拢,全身用力向移动方向滚进。运动中,也可在卧倒的同时向移动方向滚进。其要领:左(右)脚向前一大步,左手在左(右)脚前着地,身体尽量下塌,右手将枪挽于小臂内,枪面向右,身体向右(左)侧,在右(左)肩、臂着地的同时,向右(左)滚进。滚进时,右(左)腿伸直,左(右)腿微屈,滚进距离长时可两腿夹紧。

5.匍匐前进

在通过敌机枪、自动枪火力封锁较短地段,或利用较低的遮蔽物前进时采用。根据遮蔽物高低分为低姿、高姿、侧身匍匐和高姿侧身匍匐四种。

低姿匍匐:在遮蔽物高约40厘米时采用。其要领:腹部贴于地面,屈回右腿,伸出左手,用右脚内侧的蹬力和左手的扒力使身体前移,在移动的同时,屈回左腿,伸出右手,用左脚内侧的蹬力和右手的扒力使身体继续前移,依次交替前进。携步(冲锋)枪时,右手掌心向上,枪面向右,虎口卡住机柄,并握住背带,枪身紧靠右臂内侧,也可右手虎口向上,握枪的上背带环处,食指卡住枪管,将枪置于右小臂上;携班用轻机枪时,通常右手握握把推枪前进,也可由正副射手协同推、拉枪前进;携火箭筒时,右手握握把或脚架顶端,将筒置于右小臂上,火箭筒副射手可采取背、推、拉背具的方法前进。

高姿匍匐:在遮蔽物高约60厘米时采用。其要领:用两小臂和两膝支撑身体前进。携枪(筒)方法同低姿匍匐,有时可将枪托(筒尾)向右,两手托枪(筒),火箭筒副射手可背背具或以两小臂托背具的方法前进。

侧身匍匐:在遮蔽物高约60厘米时采用。其要领:身体左侧及左小臂着地,左大臂向前倾斜支撑上体,左腿弯曲,右腿收回,右脚靠近臀部着地,右手握枪(筒),用左臂的支撑力和右脚跟的蹬力使身体前移,火箭筒副射手可将背具夹于右肋或右手拉背具前进。

高姿侧身匍匐:通常在遮蔽物高80～100厘米时采用。其要领:左手和左小腿外侧着地,右手提枪(筒),以左手的支撑力和右脚掌的蹬力使身体前移。

(三)对各种情况的处置

1.遭敌机轰炸、扫射时的动作

当敌机轰炸时,战士应按上级命令快速前进;或立即利用地形隐蔽,待炸弹爆炸后继续前进;也可利用敌机投弹间隙迅速前进。

当敌武装直升机发射火箭或扫射时,战士应立即利用地形隐蔽;或根据上级统一口令,抓住敌武装直升机悬停、俯冲扫射等有利时机进行对空射击。

2.遭敌炮火袭击时的动作

战士在接敌时要随时准备防敌炮火袭击。当遭到敌零星炮火袭击时,应注意听、看,快速前进,如判断炮弹可能在附近爆炸时,应立即卧倒,待炮弹爆炸后继续前进;当遭敌猛烈炮火袭击时,应乘炮弹爆炸的间隙,利用弹坑和有利地形逐次跃进;当通过敌炮火封锁区时,战士应观察敌炮火封锁的规律,利用敌射击间隙快跑通过。如封锁区不大,也可绕过;当发现化学炮弹爆炸时,应立即穿戴防护器材,尔后快速通过。

3.遭敌核、化学、生物武器袭击时的动作

当战士接到敌核武器袭击警报时,应根据命令,迅速隐蔽或继续前进,随时做好防护准备;当发现核爆炸闪光时,应迅速防护。冲击波一过,视情况,穿戴防护器材,迅速前进。

当战士接到化学袭击警报或遭敌化学袭击时,应立即穿戴防护器材,或利用就便器材进行防护;如遇敌染毒地段,应穿戴防护器材迅速通过,或根据指示绕过。

当敌对我施放生物战剂气溶胶时,战士应戴防毒面具或戴简易防护口罩,自制防护眼镜、风镜等,做好对呼吸道、面部和眼睛的防护;如敌投掷带菌媒介物,应戴手套、穿靴套、披上斗篷或穿上雨衣,扎紧袖口、领口、裤脚口,以防生物战剂气溶胶污染和带菌昆虫叮咬皮肤。

4.遇敌雷区、定时炸弹、电子侦察器材时的动作

遇敌雷区和定时炸弹时,战士应迅速报告上级并进行标示,按照班(组)长的口令排除或绕过。对敌设置(投放)的电子侦察器材,应迅速排除。排除时,应先查明是否设置有爆炸物,尔后视情况将其排除或炸毁。

5.与其他火器、邻兵协同的动作

战士在接敌时,要互相支援,主动协同,交替掩护前进。冲锋(步)枪手应主动以火力掩护反坦克火器和机枪的行动,并及时为其指示目标,利用其射击效果前进。必要时,让开有利的射击位置和前进路线。当邻兵前进时,应以火力掩护;邻兵受阻时,应主动以火力支援或勇猛迅速地前进;当落后于邻兵时,应迅速跟上,向最前面的战士看齐。如火箭筒(机枪)手不能继续遂行战斗任务时,战士应主动接替。

三、准备冲击与冲击

战士在冲击时，必须具有一往无前的精神，以压倒一切敌人的英雄气概，根据不同的冲击目标、地形及任务，灵活地采取不同的冲击行动，勇猛冲入敌阵，坚决消灭敌人。

（一）冲击准备

战士占领冲击出发阵地后，应根据情况构筑（加修）工事，注意观察和伪装，看清冲击目标、冲击路线、通路位置，记住班（组）、自己的任务和信、记号。听到“准备冲击”的口令，应迅速做好如下工作：装满子弹（火箭弹），准备好手榴弹和爆破器材；整理好装具，系好鞋带、扎好腰带和子弹袋，装具尽量靠后，以免妨碍冲击动作；做好跃起或跃出工事的准备，遮蔽物较高时，应挖好踏脚孔。

做好准备后，向班（组）长报告，报告方法：“冲击准备完毕。”

（二）冲击

1.通过通路时的动作

战士听到“冲击前进”的口令或看到冲击信号时，应迅速跃起或跃出工事，最大限度地利用我火力效果，迅猛地向指定目标冲击前进。接近通路时，应按班（组）长规定的顺序，迅速进入通路。如通路纵深较小时，应利用我炮火准备的效果，快跑通过；通路纵深较大时，应在我炮火的掩护下，分段逐次跃进通过。在通路中遇有地雷等残存障碍物时，应根据班（组）长的指示和障碍物的性质，以爆破法和破坏法进行排除，或使用就便器材克服通过。在通过中，战士应充分利用通路两侧边缘的有利地形和我火力掩护的效果，灵活迅速地前进。发现目标时，应及时以火力将其消灭。机枪手在通路中，可采取行进间射击，或迅速抢占通路一侧的有利地形进行射击，但射弹不得横贯通路，以免影响邻兵动作。

2.向敌步兵冲击时的动作

通过通路后，进至投弹距离时，应自行或按班（组）长的口令，向敌堑壕投弹，乘手榴弹爆炸的瞬间，勇猛冲入敌阵地，以抵近射击，拼刺消灭敌人，并不停地向指定目标冲击前进。

当几个敌人同时向自己逼近时，应首先消灭威胁大的敌人；当敌与友邻战士格斗时，应主动支援；如敌逃跑时，应以火力追歼。机枪手和火箭筒手应迅速抢占敌前沿的有利地形，以猛烈的火力压制、消灭敌人。

3.沿壕搜索

（1）进入和跃出堑壕的动作

进壕前，应仔细观察潜听，判明壕内情况，选择进入位置，视情况灵活地采取直接跳入和支撑跳入等方法迅速进入。堑壕较深时，通常采取支撑跳入，其要领：接近壕沿时，以一手一脚支撑壕沿，一手持枪（筒），身体下塌，面向前进方向，迅速转身跳入堑壕内；堑壕较浅时，可直接跳入，其要领：接近壕沿时，可双手端枪或将枪顺置于胸前，以脚的弹力，迅速向搜索方向转体跳入，在脚掌着地的同时，迅速端枪或持枪搜索前进。机枪、火箭筒手也可将枪（筒）放在壕沿上，跳入后再取枪（筒）。

跃出堑壕时，应尽量利用掩体、踏脚孔或残缺部，视情况采取支撑跃出和直接跃出的方法。堑壕较深时，可将枪（筒）放于壕沿，用两手的支撑力和两脚的蹬力跃出堑壕，再取枪（筒）前进；堑壕较浅时，左手扒壕沿，左脚踏踏脚孔或壕壁，以左手的扒力和两脚的蹬力跃出堑壕。

(2)壕内运动和搜索方法

进入壕内后，应先消灭附近之敌，尔后迅速利用掩体或壕的拐弯处，逐段搜索前进，并与壕外战士密切协同，随时准备消灭突然出现之敌。运动时，通常端枪，前面有邻兵时也可持枪，姿势要低，脚步要轻，身体靠近壕墙一侧，耳听目视。进到拐弯处后，应利用拐弯处的内侧隐蔽身体，仔细观察，查明前方情况；通过壕的直线段时，动作要快，应屈身快跑，迅速接近下一段壕的拐弯处，避免在直线段中停留。发现敌人时，应迅速果断、先机制敌，以射击、投弹和拼刺消灭敌人，尔后继续搜索前进。当沿壕内运动向敌坦克接近时，火箭筒手应不断观察壕内外及敌坦克射击情况，进到有利位置后，可利用壕沿一侧做射击依托，射击时注意筒尾高度，以防喷火烧伤；爆破手也要注意壕内搜索，待接近有利位置，迅速取下爆破器材，准备好后，突然接近将其炸毁。

四、消灭冲击之敌

战士在抗击敌人冲击时，应根据班(组)长的命令，利用工事、结合障碍，充分发挥手中武器和爆破器材的威力，坚决消灭冲击之敌。

(一)消灭开辟通路和通过通路之敌

当敌坦克利用火力掩护，在我前沿障碍物中开辟通路时，火箭筒手应根据班(组)长的命令，隐蔽迅速地占领发射阵地或利用地形适当前出，以突然准确的火力击毁敌坦克，并注意观察射击效果。在障碍区隐蔽待机的战士，可利用烟幕迷盲的效果，以突然勇猛的动作投送爆破器材，炸毁敌坦克，并视情况以防坦克地雷封闭通路。当敌工兵、步兵开辟通路时，冲锋(步)枪、机枪手应根据班(组)长的命令，隐蔽地占领射击位置，以突然准确的火力消灭敌步兵和工兵。

当敌坦克、步兵战车(装甲输送车)接近和通过通路时，火箭筒手应迅速机动至有利的射击位置，抓住敌坦克被我障碍所阻、停顿、减速、转向、上下坡等有利时机，瞄准先头装甲目标的薄弱部位，将其击毁，以堵塞通路；发射后应注意观察射击效果，视情况，击毁其他跟进的目标；如敌火力威胁较大，应灵活地变换射击位置。当敌坦克、步兵战车(装甲输送车)进到操纵雷区时，负责操纵地雷和抛射炸药包的战士，应适时起爆。如敌步兵跟随坦克通过通路，冲锋(步)枪、机枪手应抓住敌收拢队形、进入通路、队形密集等有利时机，以突然猛烈的火力切断敌步坦联系，消灭敌步兵。

(二)消灭逼近前沿之敌

当敌坦克、步兵战车(装甲输送车)逼近前沿时，战士应沉着果断，将其击毁在前沿前。火箭筒手应以斜射、侧射火力首先击毁对我威胁最大的敌装甲目标，尔后迅速转移火力击毁其他目标。冲锋(步)枪、机枪手应注意观察，准备好爆破器材，隐蔽迅速地沿壕向敌坦克、步兵战车(装甲输送车)可能越壕的地点机动，待敌坦克、步兵战车(装甲输送车)接近堑壕和越壕的瞬间，以爆破器材将其炸毁。实施壕前布雷时，战士应注意观察，掌握时机，通常在敌坦克进至壕前 5～7 米处时，将防坦克地雷推送至壕前胸墙平面上的敌坦克履带方向，尔后迅速撤离隐蔽，并做好爆破准备。使用炸药包、爆破筒时，战士应待敌坦克越壕时，迅速跃起，脚蹬壕壁，以投、送、插、挂等方法，炸其发动机、履带、炮塔和车体结合部。当敌坦克、步兵战车(装甲输送车)进至壕前被阻或被我击伤时，战士应根据班(组)长的命令，充分地利用地形，在烟幕掩护下，隐蔽前出，将其炸毁，尔后迅速撤离，并以火力消灭逃跑的敌坦克乘员。

敌坦克引导步兵逼近前沿时,火箭筒手应以准确的火力击毁敌坦克。冲锋(步)枪、机枪手应以突然准确的火力和手榴弹消灭敌步兵,切断步、坦联系,同时准备各种爆破器材,待敌坦克越壕时将其炸毁。

当敌坦克以火力支援步兵逼近前沿时,冲锋(步)枪、机枪手应以突然准确的火力消灭敌步兵。当敌步兵进至我投弹距离时,应向敌投弹,如敌队形密集,应向其投掷爆破筒、炸药包,大量地杀伤敌人。火箭筒手应按班(组)长的命令,利用工事、地形隐蔽前出,击毁对我威胁较大的敌坦克。当敌溃退时,应以火力追击。

击退敌人后,要加强观察,防敌火力袭击,并抓紧时间,抢修工事,补充弹药,抢救伤员,做好抗击敌人再次冲击的准备。

第二节　步兵班进攻行动

步兵班通常编制 8～10 人,通常由班长、副班长及 6～8 名士兵组成。根据敌情、任务、地形,步兵班可编为 2～3 个战斗小组。步兵班在进攻战斗中,通常在排的编成内担任突击班,有时担任连(排)预备队,根据情况还可以担任侦察战斗队、障碍扫残队,以及渗透袭击或指示目标等任务。

一、基本要求

(一)集中力量,近战歼敌

步兵班在进攻战斗中,要善于集中反坦克火器、器材,选敌弱点和要害,在同一时间、同一地点(段)攻击一个主要目标,充分利用地形,严密组织火力掩护,采取分组交替跃进等方法,迅速、隐蔽、大胆逼近敌人,以突然、勇猛的冲击,坚决突入敌阵地,胶着近战,各个歼敌。

(二)充分发扬火力,为兵力行动创造有利条件

步兵班必须利用上级火力支援效果,充分发挥所属武器的战术技术性能,综合运用和发扬火力,为兵力行动创造条件,甚至直接达成战斗目的。班长应当将运用火力作为组织战斗的主要内容,灵活组织火力打击和火力支援行动。

战斗中,应当优先使用火力,并做到能够使用火力打击达成目的的可不使用兵力行动,能以火力为主达成目的则少用兵力行动。

(三)主动引导上级火力,发挥信息节点功能

引导打击,是步兵班战斗中经常担负的重要任务。在战斗中,应根据战场客观情况,充分发挥位于交火一线的自身优势,灵活运用各种手段,快速发现和准确定位目标,及时呼唤上级火力,为上级火力指示目标,适时观察目标毁伤情况,上报火力打击效果。

(四)迅速、充分、周密地做好战斗准备

步兵班在受领任务后,必须着眼于最困难、最复杂的情况,抓住重点,迅速完成战斗准备。具体做到:任务、编组、打法明确;武器、弹药、器材准备充分;战斗动员简短有力;战斗预案周密细致,多手准备。当情况紧急来不及预先准备时,也可边打边组织,边打边准备。

(五)及时、果断、灵活地指挥

战斗中,班长应善于根据敌情、地形和任务,灵活地变换战术,及时、果断地处置各种情

况。在与上级失去联系、被敌包围等复杂困难的情况下,更要做到沉着冷静、机断行事,紧紧围绕上级的意图,客观、全面、准确地判断情况,机智果断地实施不间断的指挥。

二、攻击战斗掩体(堑壕)的基本动作

(一)组织准备

步兵班进攻战斗所遇掩体,通常指敌战斗掩体、坚固火力点以及与掩体相连的小型坑道设施、各种形状的堑壕(包括外露式单兵掩体和掩蔽部)。这些掩体是防守之敌抗击我步兵和坦克攻击的阵地依托。步兵班对据守战斗掩体(堑壕)之敌的攻击战斗行动,通常在进攻出发阵地进行战斗准备。班受领战斗任务后,应从下车地域出发,迅速组织占领进攻出发阵地,根据上级意图、本班任务、敌情和地形情况,确定战斗编组,传达规定战斗任务。

1.占领进攻出发阵地时的行动

(1)进攻出发阵地是进行战斗准备和发起进攻的地区。应通常在排的编成内,按照上级规定的时间、路线,利用夜暗、不良天候、上级火力和烟雾掩护等有利时机隐蔽迅速地占领进攻出发阵地。占领时,可根据当面敌情、地形,采取一次性占领或分组逐次占领的方法。占领后,班长应首先明确各组或各火器的位置,指挥全班迅速展开;尔后组织士兵利用地形构筑工事、严密伪装。

(2)派出观察员,指定值班火器。占领进攻出发阵地后,根据命令,派出观察员,指定值班火器。班长在派出观察员、指定值班火器时,要首先判定方位,介绍有关地形,明确方位物,尔后明确:观察员、值班火器的位置,观察、射击地境和重点监视地段,发现情况报告和处置方法,班长的指挥位置。

观察员对地面目标观察时,通常采取由右至左、由近及远的顺序进行。全面观察整个地域,搜索明显的目标、非天然的颜色、轮廓或运动。为加快搜索速度,观察哨从掩体前方开始,向拟观察的最远距离察看,如果观察地境很宽,可以分段观察。由右至左,再由左至右,50米一带,各带重叠,由近及远,逐一观察整个地域。

2.传达、规定任务

班长传达、规定任务通常是在了解任务、判断敌情的基础上进行的。

(1)传达任务

传达任务一般在现地集中进行传达;情况不允许时可分别传达;在运动中受领任务时,可边走边传达;如不在现地,可利用地图、略图或简易沙盘进行传达。传达时力求做到及时、准确、简明。其内容包括:概略敌情、上级意图、本班和友邻的任务。

(2)规定任务

规定任务通常是在传达任务的基础上进行。距敌较远、地形隐蔽、敌火威胁较小时,集中全班明确;敌情顾虑较大、不便于全班集中时,可召集小组长或分别给各组明确;如情况紧急来不及明确时,应边打边明确、边打边组织。

班长在规定任务时,通常先判定方位,介绍地形,指定方位物,尔后明确以下内容:

①敌人的兵力部署、火力配系、障碍设置、防御前沿位置和可能采取的行动;

②各级(火器)任务、冲击路线及相互协同方法;

③支援火器、坦克的任务及相互协同方法;

④通路位置及通过的方式；

⑤信(记)号规定；

⑥完成进攻准备的时限及代理人。

班长在规定任务时，应根据战斗准备时间的长短，以保证战斗任务完成为准则，做到重点突出、层次分明、避免重复。

3.完成进攻准备

班长应督促、指导全班迅速做好进攻战斗准备，并认真检查准备情况，发现问题及时纠正。其主要内容有：

①检查着装、装具；

②补充分发弹药、器材、装具等；

③不断查明情况，及时补充明确任务；

④检查各组、士兵对任务的理解程度。

完成进攻准备后，应及时向上级报告。

(二)接敌运动

接敌运动主要是指步兵班从进攻阵地以徒步方式向冲击出发阵地的运动。根据战斗任务的需要，有时也可搭乘坦克、直升机、装甲输送车实施接敌运动。步兵班在接敌运动中应善于利用地形和我火力掩护，灵活运用战斗队形和运动方法，注重火力与运动的紧密结合，正确处置各种情况，减少敌火杀伤，隐蔽、快速地逼近敌人，迅速占领冲击出发阵地。

1.基本战斗队形

班的基本战斗队形通常有一字队形、一(二)路队形、前(后)三角队形、左(右)梯形队形、楔形队形等。应根据敌情、地形和任务灵活运用，合理组合，适时变换。兵与兵间隔1米，组与组间隔15～25米，与友邻班间隔30米左右。班长通常位于先头组之后的适当位置，班配发的火器组位于班长的翼侧便于指挥和发扬火力的适当位置。

(1)一字队形

一字队形，通常在通过敌火控制的开阔地或冲击时候采用。听到班长“成一字队形散开”的口令后，基准组向目标前进，其余组(士兵)在内侧或一侧散开前进。

(2)一(二)路队形

一(二)路队形，通常在距敌较远、地形较隐蔽、敌火威胁不大或通过狭窄地段时采用，听到班长口令以后，班(组)长向目标前进，士兵按规定距离依次跟进。

(3)三角队形

三角队形，通常在通过开阔地、密集火制区或向敌攻击时采用。听到班长“成前(后)三角队形——散开”的口令后，基准组向目标前进，其余组(士兵)分别在其两侧后(前)取适当距离成三角队形前进。

(4)梯形队形

梯形队形，通常在翼侧有敌情顾虑或斜方向利用地形时采用。听到班长“成左(右)梯形队形散开”的口令后，基准组向目标前进，其余组(士兵)在左(右)侧成梯形队形前进。

(5)楔形队形

楔形队形就是班成箭头形状，班长或中间一名士兵在前，其余士兵向左或右后成斜方向散开，取适当间隔依次排列成的队形。通常是在通过开阔地和密集火制区时运用。

2.基本运动方法

班在接敌运动中，应根据地形、敌火威胁程度采取不同的运动方法。主要包括：全班跃进、分组跃进、全班各个跃进。

(1)全班跃进

全班跃进，通常在距敌较远，敌火减弱、中断或被我火力压制等时机采用。听到班长“向××处——全班跃进”的口令后，全班突然跃起前进，到达位置后迅速卧倒，占领射击位置。

(2)分组跃进

分组跃进，通常在敌火威胁较大，需要互相掩护前进或地形受限制时采用。班长可命令全班分组跃进，也可逐个指挥战斗小组跃进。

(3)全班各个跃进

全班各个跃进，就是以射手(武器)为单位逐个跃进，通常在通过敌火封锁严密的开阔地或隘路时采用。班长可指挥全班各个跃进，也可逐个指挥士兵跃进。

分组跃进时，班长通常指挥不便于担任掩护或便于隐蔽前进的小组先跃进，便于担任掩护或不便于隐蔽前进的小组后跃进。跃进中，地形越开阔，敌火越猛烈，跃进的速度应越快，距离应较短；在原地或到达指定位置的小组，应以火力掩护运动中的小组；切实做到队形与地形相结合，火力与运动相结合，指挥与协调相结合，迅速隐蔽地接近敌人。

3.情况处置

在接敌运动中，在通过敌侦察监视和火力拦阻区、受染地段以及密集火制区时，可能遇到敌航空兵、炮兵火力的拦阻，核、化、生武器的袭击，遥控武器站、坦克、步战车、步机枪火力打击等情况，应根据敌情和地形，果断、灵活处置各种情况。情况复杂时，应派出搜索组。

(1)遭敌机轰炸、扫射时的行动

当敌机距我较远时，应利用有利地形隐蔽或利用有利地形加大间隔距离，快速前进。

当敌攻击直升机对我实施火力突击时，全班应利用有利地形隐蔽，根据上级命令组织集火射击低飞敌机。

敌机被击落或飞离后，全班应迅速前进。

(2)遇敌炮火拦阻时的行动

接敌运动中，遇敌炮火拦阻时，应判明情况，迅速脱离敌炮火拦阻区。

(3)遭敌化学武器袭击或遇染毒地段时的行动

当遭敌化学武器袭击或遇敌染毒地段时，全班应穿戴防护器材通过或绕过；如无制式器材，应利用就便器材迅速通过；如有敌火力控制，应组织火力掩护，采用跃进的方法通过。

(三)完成冲击准备

冲击准备是占领冲击出发阵地后，在发起冲击前的短暂时间内进行的各项准备工作。步兵班在冲击准备时，要求周密、细致、迅速、隐蔽、确实，应尽量缩短在敌火力威胁下停留的时间。

1.占领冲击出发阵地

冲击出发阵地是进行冲击准备和发起冲击的地区。班的冲击出发阵地一般位于敌障碍区外沿，便于隐蔽的有利地形上。当班接近冲击出发阵地时，班长应及时给各组明确冲击出发阵地的位置和占领的方法，根据敌情、地形和火力掩护的情况，指挥全班迅速隐蔽地一次性占领或分组逐次占领。必要时应先搜索后占领，防止敌人伏击或地雷的杀伤。

2.派出观察警戒

班占领冲击出发阵地后，班长应根据冲击出发阵地距敌较近、敌火威胁较大的特点，及时派出观察员，指定值班火器。派出时，应向其着重明确：观察员和值班火器的位置，方位物，班的冲击目标，敌前沿及战斗掩体（火力点）的位置，观察、射击地境及重点监视的地段，发现情况报告和处置的方法，班长的位置等。

3.补充规定任务

占领冲击出发阵地后，班长应根据不断明确的敌情、地形和上级的补充指示，及时给全班补充明确任务。方法应根据敌火威胁程度、地形隐蔽条件和完成冲击准备的时间长短而定。可召集全班或小组长明确，也可向各组分别明确。主要内容有：新发现的情况和变化的敌情，通路的位置及通路中障碍物的情况和排除的方法，各组的冲击目标、路线、方法及相互间的协同动作，完成冲击准备的时限。补充规定任务，要求简明准确、突出重点、避免重复。

4.排障扫残

步兵班在进攻战斗中，通常担任扫清通路中残存障碍物的任务，有时也可在障碍排除队的编成内，完成在敌障碍区开辟通路的任务。

(1)运用爆破法扫除残存障碍物时的行动

爆破法一般用于排除铁丝网、防坦克壕、雷区等障碍物，通常在我火力歼击阶段连续爆破强行实施。对敌障碍物进行连续爆破后，扫残标示组应标示通路。

(2)运用搜排法扫除残存障碍物时的行动

搜排法扫除残存障碍物一般用于排除雷区、铁丝网等障碍物。通常在我火力歼击阶段强行搜排或利用夜暗、黄昏及不良天候秘密实施。

5.做好冲击准备

(1)构筑(加修)工事

班占领冲击出发阵地后，班长应迅速组织全班构筑或加修工事，防敌火力杀伤，保障顺利完成冲击准备。构筑或加修工事通常利用夜暗、上级火力及烟幕掩护等时机实施。作业时，应尽量利用和改造地形及原有工事，以减少工程作业量和加快作业速度，缩短人员在敌火威胁下暴露的时间。

(2)准备冲击

接到准备冲击的口令或信号时，班长应立即发出“准备冲击”的口令或信号，督促和检查全班迅速做好冲击准备，尔后向上级报告，适时带领全班向敌勇猛冲击。

(四)协同攻击

攻击是步兵分队在较远距离上对防守之敌实施的进攻行动。攻击行动一般分为三个主要阶段，即通过通路、勇猛冲击和在敌前沿阵地上的部分战斗。

1.通过通路时的行动

通路是克服敌前沿障碍，与敌短兵相接的必经之路，是敌必控、我必过的争夺焦点。班在接到冲击的命令后，应利用我火力突击或烟幕迷盲的效果，快速向通路口接近。

(1)全班一次通过通路

当通路较宽、纵深较浅，受敌火威胁较小时，班应在我炮火向纵深转移的同时，迅速跃起，采用一路或二路队形，跑步快速通过通路，勇猛向敌前沿冲击。遇抵抗之敌，可短停顿射击消灭。

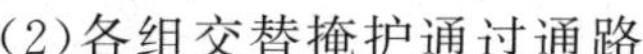

(2)各组交替掩护通过通路

当通路较窄、纵深较深,受敌火威胁较大时,步兵班应充分利用地形和上级火力掩护效果,采取分组交替掩护的方法通过通路,向敌前沿实施冲击。

(3)坦克引导通过通路

当坦克超越步兵战斗线时,全班迅速跃起,成二路队形沿坦克车辙跟随坦克通过通路,步兵与坦克保持25~50米的距离。

2.向敌前沿冲击时的行动

班通过通路后,应迅速展开成战斗队形,充分利用冲击前的火力突击或冲击中的火力支援效果,向敌战斗掩体(堑壕)实施勇猛冲击。

冲击过程中,当进至各种火器的有效射程内时,各战斗小组应抢占有利地形,按命令或按预先规定,以各种火力摧毁敌火力点。进至投弹距离时,依口令或自行向敌堑壕内投弹(或向敌堑壕内发射枪榴弹),乘手榴弹爆炸瞬间,全班大喊杀声,勇猛冲击敌阵地,以抵近射击,投掷手榴弹、发射枪榴弹、喷火、白刃格斗等消灭堑壕或掩体内的敌步兵,并不停顿地向敌冲击。

冲击受阻时,应当迅速抢占有利地形,及时、准确地判断情况,请求上级火力支援,同时适当调整部署和冲击路线,再次发起冲击。当友邻冲击受阻,应给予支援。

3.突入敌阵地内的行动

突入敌阵地后,应迅速向敌战斗掩体、火力点等目标实施攻击,根据目标的种类、数量和性质,采取不同打法,各个歼灭敌人。

(1)沿堑壕攻击时的行动

步兵班攻击至敌堑壕前时,如果壕内情况明了,敌情顾虑不大,或遇敌向失守阵地反冲击时,全班应迅速进入壕内,消灭残敌,并做好抗击或继续冲击准备。如果壕内情况不明,敌情顾虑大,应首先判明情况,确定进入点,指定观察员和掩护火器,尔后集中向壕内投掷手榴弹,各组交替掩护,逐次进入壕内。

(2)打敌战斗掩体时的行动

遇敌战斗掩体时,班长应首先判明敌战斗掩体的性质、坚固程度、守敌数量、障碍设置以及与相邻之敌的联系等情况,尔后给各战斗小组明确接近路线、任务分工、攻击方法和攻击顺序以及协同方法和信(记)号规定,尔后向敌掩体发起攻击。

夺占敌战斗掩体后遇敌反冲击时,通常应当请求上级火力支援,并为其指示目标,同时利用已占领掩体,或利用附近有利地形,以火力阻击敌人,配合上级和友邻歼灭或击退敌人。

4.搜索清剿

搜索清剿是肃清已夺占的敌战斗掩体和堑壕内残敌的战斗行动。既是干净、彻底消灭敌人的需要,也是为友邻扫清障碍和本班完成后续任务的前提。

(1)搜索清剿堑壕

①进入堑壕时的行动

步兵班在搜索前进,遇敌堑壕时,班长应首先指挥一个战斗小组占领有利地形,组织火力掩护,亲自带领另一个战斗小组,向堑壕接近。

接近堑壕进入点的有利位置后,班长确定进入点,掩护组根据情况或班长的命令和事先协同,从进入点转移火力,继续压制临近的敌阵地或孤立这段堑壕,掩护搜索组进入堑壕。

②沿壕搜索时的行动

沿壕搜索时，步兵班应以步枪手为主，组成壕内搜索组，以机枪为主，组成壕外掩护组。掩护组占领有利地形，以火力掩护搜索组行动。

(2)搜索清剿战斗掩体

当班夺占或进至友邻夺占的战斗掩体时，应当对其组织严密的搜索清剿，肃清残敌，以便利用或保障继续向纵深实施攻击。

第二十四章
格斗基础

格斗是打击敌人、保存自己的有效手段。格斗动作本着从实战出发的原则，具有相当重要的实战意义。本章主要介绍格斗常识和捕俘拳等内容。

第一节　格斗常识

手型与步型是徒手格斗的基础，是一切练习者必须掌握的基本常识。

一、手型

(1)拳：四指并排内屈握紧，拇指放在食指的第二关节上，它包括拳面、拳眼、拳背、拳心。拳通常分立拳、平拳、反背拳(图 24-1、图 24-2、图 24-3)。要求：拳握紧、拳面平，手腕直。

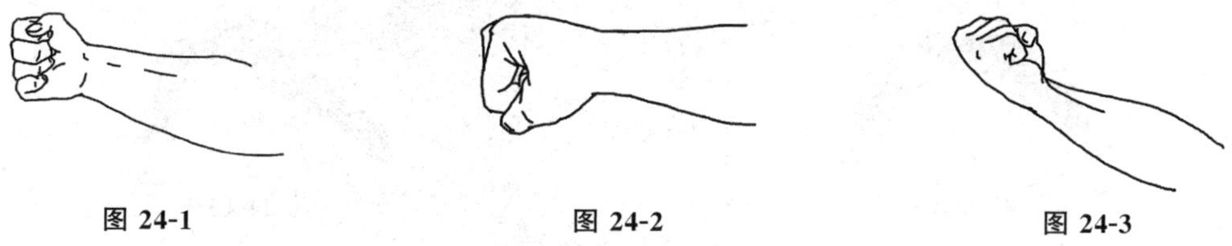

图 24-1　　图 24-2　　图 24-3

(2)掌：拇指屈扣或微屈，其余四指伸直用力并拢。掌分立掌、砍掌、插掌、扇掌、八字掌(图 24-4、图 24-5、图 24-6、图 24-7、图 24-8)。要求：掌心开展，竖指。

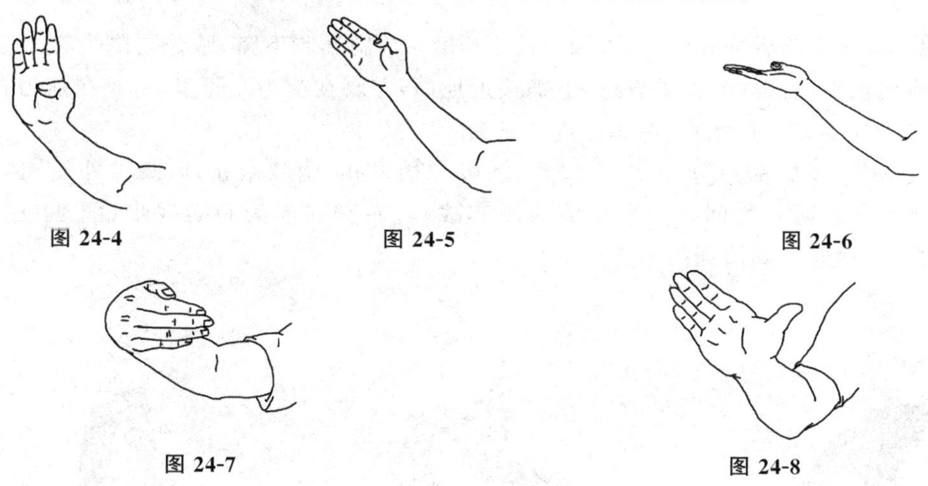

图 24-4　　图 24-5　　图 24-6

图 24-7　　图 24-8

(3)勾:五指尖捏拢在一起,手腕弯曲(图 24-9)。要求:五指捏拢,屈腕。

(4)爪:五指向掌心方向弯曲并用力张开。它分虎爪、鹰爪(图 24-10、图 24-11)。要求:张开有力,腕部灵活。

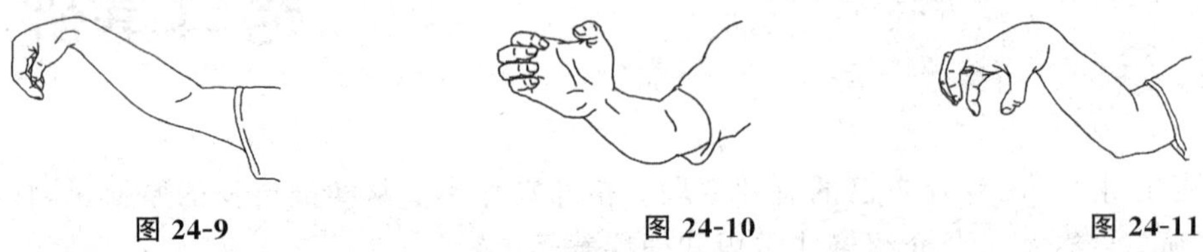

图 24-9　　图 24-10　　图 24-11

二、步型

(1)马步:两脚平行开立,略比肩宽,脚尖正直向前,两腿屈膝半蹲,膝盖不超过脚尖,大腿接近水平,上体正直,重心落于两脚之间(图 24-12)。要求:挺胸、塌腰、脚跟外蹬。

(2)弓步:并步直立,一脚向前一大步,屈膝半蹲,脚尖正直向前,膝盖与脚尖垂直;右腿绷直,脚尖里扣斜向前方,脚跟不离地,上体稍向前倾,体重大部落于左脚。左脚在前为左弓步,右脚在前为右弓步(图 24-13)。要求:前腿弓、后腿绷;挺胸、塌腰、沉髋。

图 24-12　　图 24-13

(3)虚步:两脚前后分开,前脚掌着地,腿微屈。后腿屈膝半蹲,脚尖外展 45°,全脚掌着地,重心大部落于后脚,左脚在前为左虚步,右脚在前为右虚步(图 24-14)。要求:挺胸、塌腰、虚实分明。

(4)跪步:两脚前后分开(约本人脚长的 2.5 倍),前腿屈膝下蹲,膝盖与脚尖在一条直线上,大腿略成水平,后腿(前脚掌着地)下跪接近地面,左脚在前为左跪步,右脚在前为右跪步(图 24-15)。要求:挺胸、塌腰、两脚靠拢并贴紧。

(5)实战步:两脚前后分开,略比肩宽,前脚尖稍里扣,两膝微屈,后脚尖外展 45°,脚跟稍提起,重心落于两脚之间。左脚在前为左实战步,右脚在前为右实战步(图 24-16)。要求:屈膝自然,两脚距离适当。

图 24-14

图 24-15

图 24-16

第二节　捕俘拳

在听到“捕俘拳——预备”的口令后，在立正的基础上（图 24-17），两脚迅速并拢，同时两手握拳，两臂微弯，拳眼向里，距胯约 10 厘米，头向左甩，目视左方（图 24-18）。

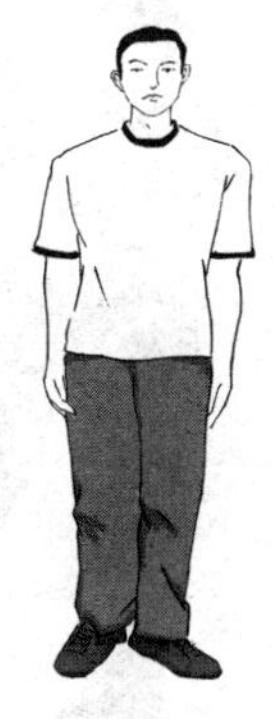

图 24-17

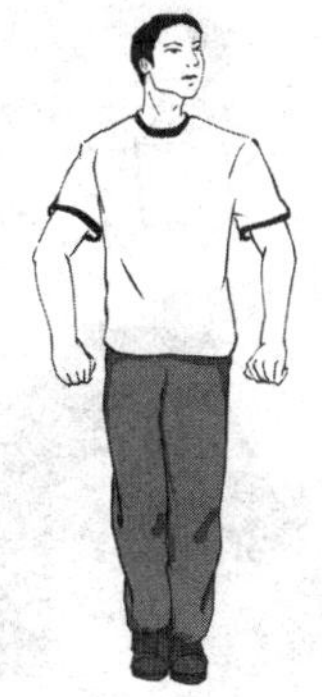

图 24-18

一、挡击冲拳

起右脚原地猛力下踏，左脚向左侧跨出一步，在左转身的同时，左臂上挡，拳心向前，右拳从腰际旋转冲出，拳心向下，成左弓步（图 24-19）。

要求：踏脚时要全脚掌着地，有爆发力。

图 24-19

二、拧臂绊腿

(1)左拳变掌向前击右拳背，右拳收回腰际，右脚横扫（图 24-20）；

(2)左手挡、抓、拧、拉于腰际，同时右脚后绊，右拳猛力旋转冲出（图 24-21）。

要求：前扫、后绊要协调有力，重心要稳。

图 24-20

图 24-21

三、叉掌踢裆

(1)上右脚成右弓步,同时两拳变掌,沿小腹向上叉掌护头(图 24-22);

(2)两拳变钩猛力向后击,同时起左脚,大腿抬平,脚尖绷直,猛力向前弹踢,迅速收回(图 24-23)。

要求:两大臂夹紧,猛力后勾出,猛踢快收,重心要稳。

图 24-22

图 24-23

四、下砸上挑

(1)两手变拳,左拳由上猛力下砸,与膝同高,同时左脚向前跨步,成左弓步(图 24-24);

(2)右拳由前上挑护头,拳心向前,起右脚大腿抬平,脚尖绷直,头向左甩(图 24-25)。

要求:起身要快,重心要稳。

图 24-24

图 24-25

五、下蹲侧踹

(1)上体正直下蹲,右脚猛力下踏,两小臂上下置于胸前,左臂在上,拳心向下,右臂在下,拳心向上(图 24-26);

(2)迅速起身,两拳交错外格,起左脚,大腿抬平,脚尖里勾,向左猛踹,迅速收回(图 24-27)。

要求:踏脚要有爆发力,下蹲、起身要快。

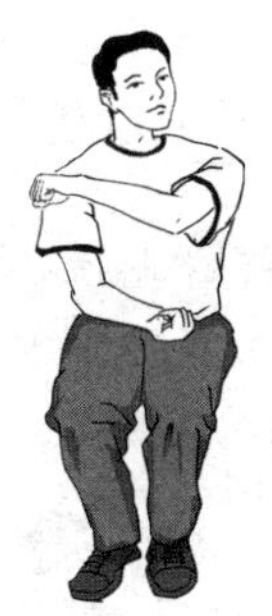
图 24-26

图 24-27

六、顺手牵羊

(1)左脚向前落地屈膝,两拳变掌在左前方成抓拉姿势(图 24-28);

(2)两手向右后猛拉,同时右脚前扫(图 24-29)。

要求:后拉、前扫要协调有力,重心要稳。

图 24-28

图 24-29

七、上步抱膝

(1)右脚向前落地的同时,左手变拳,小臂上挡(图 24-30);

(2)左转身屈膝下蹲,两手合力后抱,两掌相对,掌心向内,略低于膝,右肩前顶,成右弓步(图 24-31)。

要求:转体、合抱要协调一致。

图 24-30

图 24-31

八、插裆扛摔

(1)左手向上挡抓，右手插前裆，掌心向上(图 24-32)；

(2)左手向右下拧拉，大臂贴肋，小臂略平，拳心向上，同时右臂上挑，右肩上扛，身体重心大部分落于右脚，成右弓步(图 24-33)。

要求：下拉、上挑、转体要协调一致。

图 24-32

图 24-33

九、下拨勾拳

左拳下拨后摆，左转身的同时，右拳由后向前猛力上击，拳心向内，与下颌同高，同时右脚向右自然移动，成左弓步(图 24-34)。

要求：转身要快，勾拳要猛。

图 24-34

十、卡脖掼耳

(1)向左踮步，在左脚落地的同时，右脚上步，左拳变掌，置于胸前，右拳后摆(图 24-35)；

(2)向左转体，左手下按，右拳向下猛力横击，成左弓步(图 24-36)。

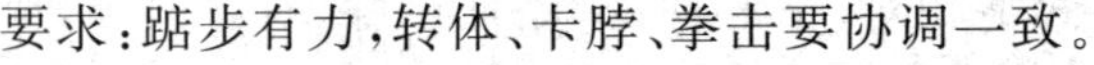

要求：踮步有力，转体、卡脖、拳击要协调一致。

图 24-35

图 24-36

十一、内外挂腿

(1)在起身的同时,左脚向右踮步,右脚前扫,两手合掌于右肩前(图 24-37);

(2)两手猛力向左肩拧拉,上体稍向左转,同时右脚后绊,成左弓步(图 24-38)。

要求:踮步、合掌、前扫要协调一致,重心要稳。

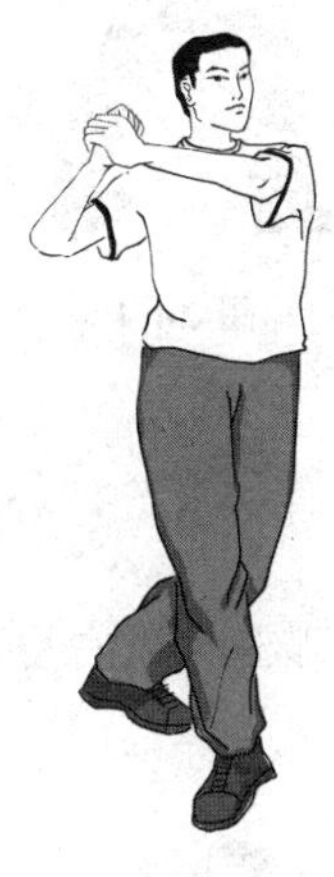

图 24-37

图 24-38

十二、踹腿锁喉

(1)右脚向右前方踮步,左脚向右跃步,然后起右脚,大腿抬平,脚尖里勾,两臂弯曲,置于胸前,掌心向下(图 24-39);

(2)右脚侧踹,在落地的同时,右手前插,左手抓握右手腕,右手变拳,猛力后拉下压,成右弓步(图 24-40)。

要求:踹、锁要协调一致,重心要稳。

图 24-39

图 24-40

十三、内拨冲拳

(1)上左脚右转身成右弓步,左臂顺势内拨护于腹前,右拳收于腰际,拳心向上(图 24-41);

(2)左拳向左后,右拳向前,以蹬腿、扭腰、送胯之合力同时冲出,成左弓步(图 24-42)。

要求:双拳冲出要有爆发力。

图 24-41

图 24-42

十四、抓手缠腕

(1)两手变掌,左手抓握右手腕(图 24-43);

(2)右掌上挑外拨,身体稍向右转,两臂用力后拉,猛扣压于腰际,成右弓步(图 24-44)。

要求:抓握要快而有力。

图 24-43

图 24-44

十五、卡脖提裆

左手抬起,臂弯曲,掌心向前,右手下插,后拉上提,置于肋前,屈指,掌心向上,同时左手猛力向前下推压,与膝同高,掌心向下,成左弓步(图 24-45)。

要求:上提、推压要协调一致。

图 24-45

十六、别臂下压

(1)右转身成右弓步,同时两手变拳,右小臂上挡(图 24-46);

(2)上左脚成左弓步,左手立掌插向前上方,臂稍屈,右手抓握左手腕(图 24-47);

(3)左手变拳,向右转体,两手下拉别压,成右弓步(图 24-48)。

要求:拉压、转体要协调一致。

结束姿势——左脚靠拢右脚,恢复立正姿势(图 24-49)。

图 24-46

图 24-47

图 24-48

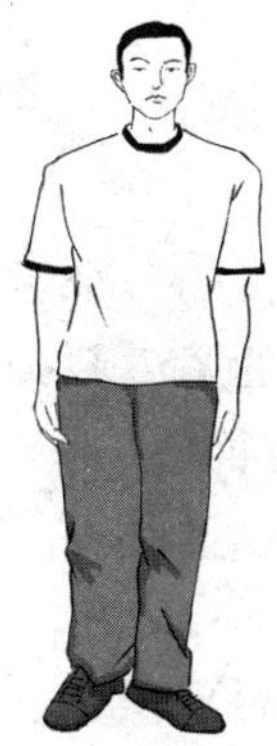
图 24-49

第二十五章
战时防护训练

战时防护是减少伤亡、保存有生力量的重要手段。本章主要介绍战场医疗救护、核生化防护和个人防护装备等部分内容。

第一节　战场医疗救护

战场医疗救护的一个重要环节是战场自救互救,是作战人员自己或相互间在负伤地点或就近地域进行的紧急救护活动。自救互救技能主要有心肺复苏、止血、骨折临时固定、包扎、搬运等五个方面。

一、心肺复苏

心跳、呼吸骤停的急救,简称心肺复苏,主要有人工呼吸和胸外心脏按压。

(一)人工呼吸

呼吸受阻是危及生命的重要原因。如果一个人缺氧时间达 4 分钟,他的大脑将受到永久性损伤。因此,必须使伤员尽快恢复呼吸。方法是立即实施人工呼吸。

图 25-1　口对口式人工呼吸法

1.口对口式人工呼吸法(图 25-1)

这是最有效、最迅速的人工呼吸方法,操作步骤是:

(1)使伤员仰面躺在硬板床上或地上,检查伤员的口和喉咙有无阻塞物。若伤员呼吸道不通畅,应立即清除,并保持通畅。

(2)救护人员站在伤员头部一侧,一手掰开伤员的下颌,使其头向后仰(防止舌头后滑压住呼吸通道),另一只手捏住伤员的鼻孔,用自己的嘴对着伤员的嘴吹气,使伤员的胸部扩张隆起;接着,救护人员的嘴离开伤员的嘴,将捏住伤员鼻孔的手放开,并用手按压伤员的胸部,以帮助其呼气。

(3)以每分钟 8～10 次的速度,反复进行吹气和呼气,直至伤员恢复呼吸。如呼吸停止的同时伴有心跳停止,应和胸外心脏按压同时进行。按压与吹气的比例为 30∶2。

救护人员吹气力量的大小依伤员的具体情况而定。一般以吹进气后,伤员的胸廓稍微隆起为最合适。对于小孩和婴儿,吹气的动作要注意轻柔,因为强迫式猛吹很可能会伤害小孩和婴儿柔嫩的肺脏。

2.口对鼻式人工呼吸法(图 25-2)

对于牙关紧闭或口唇有创伤的患者，在确保呼吸道通畅的前提下，可将病人嘴部封住，用口对鼻进行人工呼吸。对于婴儿，可以用嘴同时封住其口和鼻，按口对口式人工呼吸的方法进行。

图 25-2　口对鼻式人工呼吸法

3.人工呼吸应注意的事项

(1)把伤员移到空气新鲜的地方。

(2)把伤员的腰带、衣服和领扣解开。

(3)检查伤员有没有肋骨、脊椎、手臂等部位的骨折和胸部创伤等情况，根据伤情，选用适宜的人工呼吸法。

(4)做人工呼吸要有耐心，必须连续地做，持续地进行。无论采用何种方式，起初的 5 分钟最为关键。如果伤员仍未恢复呼吸，应当坚持做下去，至少持续 1 小时，直至伤员恢复自主呼吸为止。团队成员可以替换进行。

(5)在做人工呼吸时，要注意检查心跳是否正常。如果感觉不到伤员的脉搏，而且在做了 10～12 次人工呼吸后伤员状况仍无明显改善，应开始进行胸外按压。

(二)胸外心脏按压

1.操作步骤

(1)抢救者站或跪于伤员一侧。

(2)将手掌与手背重叠，手掌根部按在伤员胸骨中下 1/3 交界处，即胸骨正中线与两乳头连线的交叉点(图 25-3)。

(3)抢救者两肘关节伸直，借助双臂和躯体重量向脊柱方向垂直下压使之下陷 5～6 厘米(成人)，儿童、婴儿至少下压胸部前后径的 1/3，然后迅速放松，解除压力，使胸骨自然复位(图 25-4)。

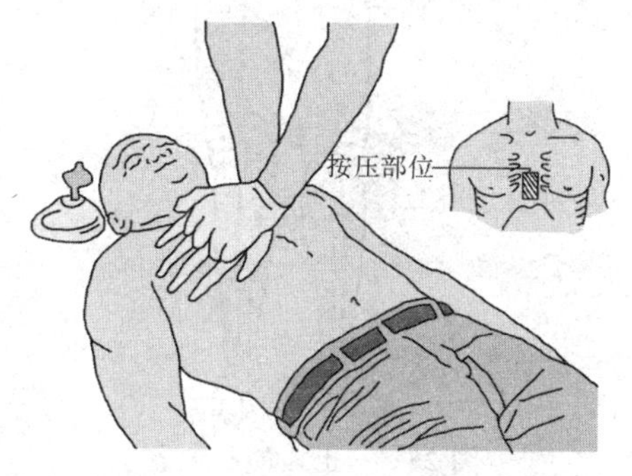

图 25-3　胸外心脏按压定位

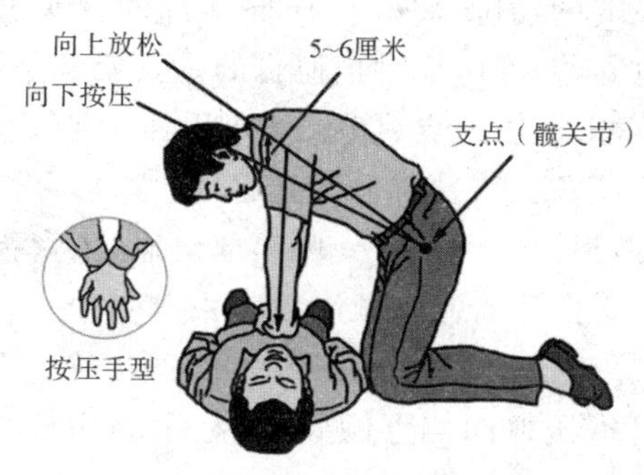

图 25-4　胸外心脏按压姿势

(4)胸外心脏按压的频率每分钟至少 100 次。按压与放松的时间应大致相当，放松时手掌根部不离开胸壁。

(5)如为单人救护，每做胸外心脏按压 30 次(约每秒钟按压 1 次)，做人工呼吸 2 次(不超过 5 秒)。如为两人救护，可协调配合，交替进行。

2.胸外心脏按压效果判断

有效的胸外心脏按压的表现是：①大动脉能触到搏动；②收缩压≥8.5 千帕(63.8 毫米汞柱)；③皮肤转红润；④瞳孔缩小，有对光反射；⑤自主呼吸恢复。

3.胸外心脏按压的禁忌证

(1)胸壁开放性损伤;

(2)肋骨骨折;

(3)胸廓畸形或心包填塞;

(4)已明确脑、心、肺等重要器官功能衰竭无法逆转者,如晚期癌症等,可不必进行复苏术。

二、止血

成年人平均每人有6.25升血液参与血液循环。失血0.5升会引起轻微头晕,失血1升会引起虚脱,失血1.5升就会倒下,失血超过2.24升会引起死亡。因此,抢救出血伤员时,最重要的是立即采取止血措施。

(一)出血的种类及判断

准确判断出血种类是进行有效止血的第一步。其方法是:

动脉出血——颜色鲜红,呈喷射状,有搏动,出血速度快,量多。

静脉出血——颜色暗红,呈滴出状或徐徐外流,出血量也多,但速度不及动脉出血快。

毛细血管出血——颜色鲜红,从伤口向外渗出,出血点不易判明。

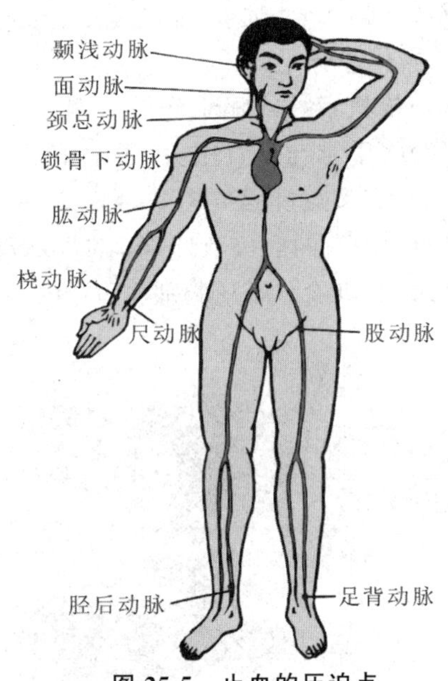

图 25-5　止血的压迫点

(二)止血的方法

1.指压止血法

较大的动脉出血,临时用手指或手掌压迫伤口近心端的动脉,将动脉压向深部的骨头上阻断血液的流通,可达临时止血目的。其要领是:熟悉血行线,牢记压迫点(图25-5);手压近心处,压力向骨面;迅速把它摸,千万莫迟延。

(1)头顶部出血。一侧顶部出血,用食指或拇指压迫同侧耳前方的颞浅动脉止血。

(2)颜面部出血。一侧颜面部出血,可用食指或拇指压迫同侧下颌骨下缘、下颌角前方约3厘米处的面动脉止血。

(3)头面部出血。一侧头面部大出血,可用拇指或其他四指压迫同侧气管外侧与胸锁乳突肌前缘中点之间的颈总动脉,将血管压向颈椎止血。

(4)肩腋部出血。可用拇指压迫同侧锁骨上窝中部的锁骨下动脉,将动脉压向深处的第一肋骨止血。

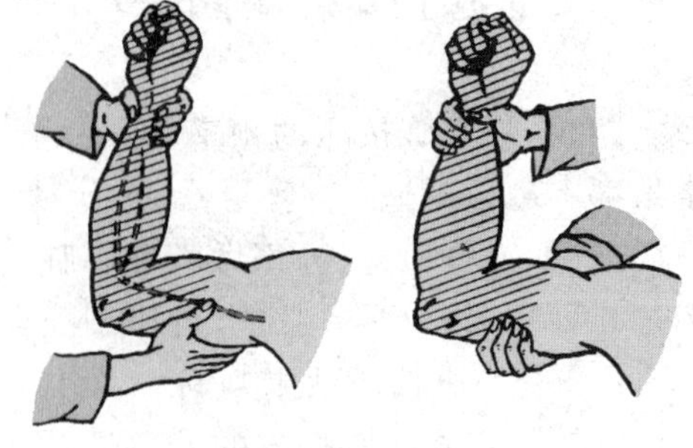

图 25-6　前臂出血指压点及止血区

(5)前臂出血。可用拇指或其他四指压迫上臂内侧肱二头肌与肱骨之间的肱动脉止血(图25-6)。

(6)手部出血。可用两手拇指分别压迫腕横纹稍上处内外侧尺、桡动脉止血。

(7)大腿以下出血。自救时可用双手拇指重叠用力压迫大腿上端腹股沟中点稍下方的股动脉止血(图 25-7)。

(8)足部出血。可用两手食指或拇指分别压迫足背中部近脚腕的胫前动脉和足跟内侧与内踝之间的胫后动脉止血。

2.加压包扎止血法

在伤口上垫以厚敷料,外面再用绷带或三角巾等加压包扎,松紧度以既能止血又不影响血液循环为宜。此法对四肢的小动脉、静脉、毛细血管出血尤为适用。

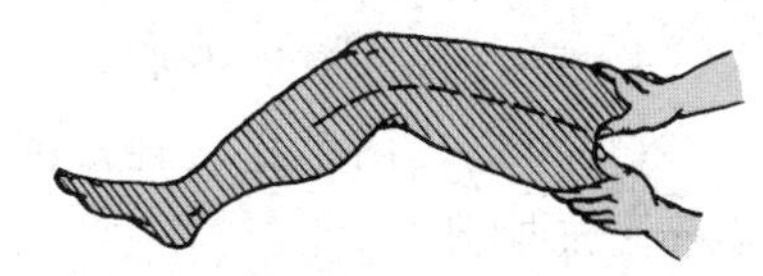

图 25-7　下肢出血指压点及止血区

3.填塞止血法

用急救包的棉垫或消过毒的纱布块填塞在伤口内,再加敷料进行包扎,把伤口的血管挤压闭合,而起到止血的作用。此法适于伤口较深(如腋部、肩部、腹股沟等)不便于加压包扎或用止血带的部位血管损伤出血者。

4.止血粉止血法

将止血粉或止血药水撒于出血创面,立即用干纱布加压包扎。

5.止血带止血法

止血带是一种制止肢体出血的急救用品。常用的止血带是一条 3 尺长的粗橡皮管。另外还有橡皮带、布带等。一般在四肢大动脉出血用其他方法止血无效时,采用止血带止血。使用方法:用止血带环勒并扎紧伤口的近心端。扎的要领可归纳为如下口诀:橡皮带左手拿,后头 5 寸要留下,右手拉紧环体扎,前头交左手,中、食二指夹,顺着肢体向下拉,前头环中插,保证不松垮(图 25-8)。

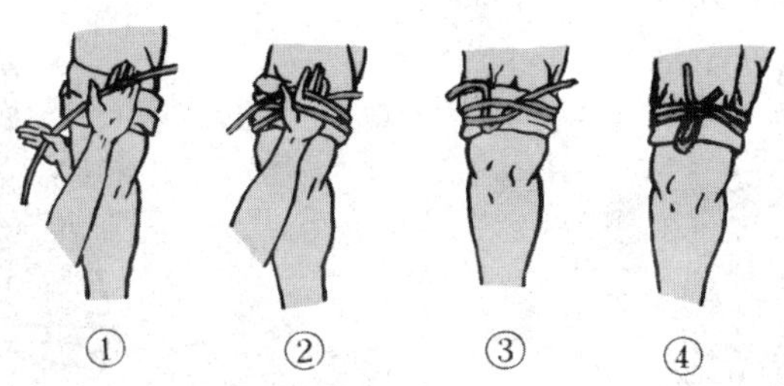

图 25-8　橡皮止血带止血法

使用止血带时应注意如下事项:

(1)止血带与皮肤之间要加垫(敷料、衣服等),不能直接扎在皮肤上。

(2)上止血带的伤员必须做标记,注明上止血带的时间。

(3)止血带每隔 1 小时(冬季半小时)松开一次,每次放开 2～3 分钟,以暂时改善血液循环。松开时要逐渐放松,如有出血,应再上止血带;若不再出血,可改用三角巾压迫包扎伤口。

三、骨折临时固定

骨折临时固定，使骨折端不能随便移动，可以避免锐利的骨折端刺破皮肤、周围组织、神经、大血管等，减轻疼痛，有利于预防休克和感染，便于后续的医疗救助。

（一）判断骨折

骨折时，局部有以下症状：

(1)疼痛。用手指轻轻按摸受伤部位时疼痛加剧，有时可以摸到骨折断端；搬运时伤员疼痛更加剧烈。

(2)畸形。受伤部位或伤肢变形，如伤肢比健肢短，明显弯曲，或手、脚转向异常方向。

(3)肿胀。由于出血和渗出液所致，骨折的错位和重叠，在外表形成局部肿胀。

(4)功能受限。肢体失去自由活动能力。

为了及时正确地抢救伤员，凡是骨折和可疑骨折，都要果断地依照骨折处理。

（二）骨折固定材料

骨折固定材料一般采用制式夹板，有时也可用临时夹板代替。野外抢救骨折伤员时大多采用临时夹板。常用的有木板、木棍、树枝、竹片、高粱秆、铁皮、纸板、军用铁锹等。用于骨折固定的敷料有两种：一种是垫在夹板上和夹板与皮肤之间的，有棉花、衣物、纱巾、毛巾等；另一种是绑夹板用的，如三角巾、绷带、绳索等。

（三）骨折临时固定的方法

1.前臂骨折固定法（图 25-9）

把两块夹板分别放在前臂掌侧和背侧，垫好后用绷带或三角巾固定，再用三角巾将前臂悬吊于胸前。

2.上臂骨折固定法（图 25-10）

在上臂的外侧放一块夹板，垫好后用两条布带将骨折上下端固定，再将前臂吊于胸前，然后用一块三角巾将上臂固定于左肋或右肋。

图 25-9 前臂骨折固定法

图 25-10 上臂骨折固定法

3.小腿骨折固定法（图 25-11）

将夹板（长度等于自大腿中部到脚跟）放于小腿外侧，垫好后用布带分段固定；在脚部应用绷带“8”字形固定，使脚与小腿成直角。

4.大腿骨折固定法（图 25-12）

把夹板或木板、扁担（长度等于腋下到脚跟）放在伤肢外侧，关节及空隙部位加垫，用三角巾、绷带等分段固定，脚部用绷带“8”字形固定，使脚与小腿成直角。

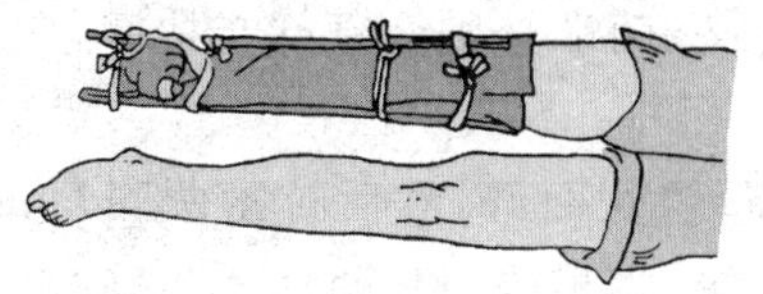

图 25-11　小腿骨折固定法

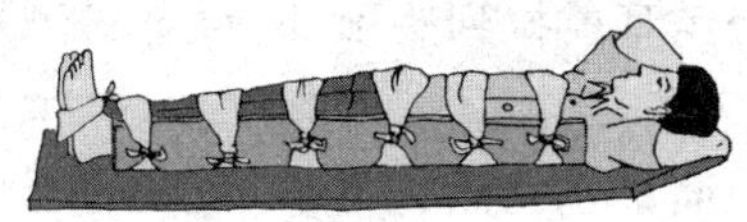

图 25-12　大腿骨折固定法

(四)骨折固定的注意事项

(1)伤口有出血时,应先止血后包扎,然后再固定骨折处。固定时动作要轻巧。

(2)大腿和脊柱骨折时,一般应就地固定。

(3)固定要牢固,松紧要适宜,不但要固定骨折上下端,还要固定骨折部位的上下两个关节。

(4)四肢骨折时,应先固定骨折的上端,然后固定骨折的下端,并要露出指(趾),以便观察血液流通情况。冬季要注意保暖,如发现指(趾)有苍白或青紫现象,应松开重新固定。

(5)固定器材不应直接接触皮肤,尤其是骨突出部和固定器材上下两端,应垫以适量的棉花、衣物等,防止压迫皮肤引起损伤;有间隙处亦应填塞,防止松动。

(6)离体断肢有再植可能的(断端较整齐、污染较轻、时间较短),应包好随伤员迅速送到就近的医院。

四、包扎

(一)包扎的目的和要求

包扎伤口可以压迫止血,保护伤部,防止污染,固定敷料,有利于伤口尽早愈合。包扎时应做到:动作要轻巧,伤口要全包,打结避伤口,包扎要牢靠,松紧要适宜。

(二)包扎的材料

包扎的材料主要有三角巾、绷带、四头带,并配有敷料(用以清洁或保护伤口的纱布、纱布条、棉花球和棉垫等统称敷料),经消毒灭菌后密封在急救包内。

(三)包扎的方法

把急救包沿箭头指向撕开,将敷料盖在伤口上,然后进行包扎。

1.头面部伤的包扎

头面部伤是比较严重和多见的损伤。

(1)风帽式包扎法。在三角巾顶角和底边中部各打一结,形成风帽,顶角结放在额前,底边结放于枕后,包住全头,两底角向下拉紧,底边向外反折成带状包绕下颌,拉到枕后打结固定,如图 25-13。

图 25-13　风帽式包扎法

(2)下颌包扎法。将三角巾由顶角折至底边呈三四横指宽,取三分之一处放在下颌前方,长端经耳前拉到头顶部,绕至对侧耳前与另一端交叉,两端分别经额部与枕部,在另一侧打结。

(3)面部包扎法。将三角巾顶角打一结,兜住下颌,盖住面部,然后拉紧两底角,在枕后交叉,绕至额前打结。包好后,在眼、口、鼻的地方剪小洞,露出眼、口、鼻。

2.四肢伤的包扎

四肢伤的主要包扎方法有:

(1)三角巾包扎。将三角巾一底角打结后套在伤侧手上,结之余头留长些备用;另一底角沿手臂后侧拉至对侧肩上;顶角包裹伤肢,前臂曲至胸部,拉紧两底角打结。

(2)三角巾包扎手(脚)。将手放在三角巾中央,手指指向顶角;拉顶角盖住手背,两底角左右交叉压住顶角绕手腕打结(图 25-14)。包扎脚部与此法相同。

(3)三角巾包扎小腿和脚(图 25-15)。脚趾朝向三角巾底边,把脚放在一底角底边的一侧,提起顶角与较长一侧的底角交叉包裹小腿打结,再将脚下底角折到脚背,绕脚腕与底边打结。

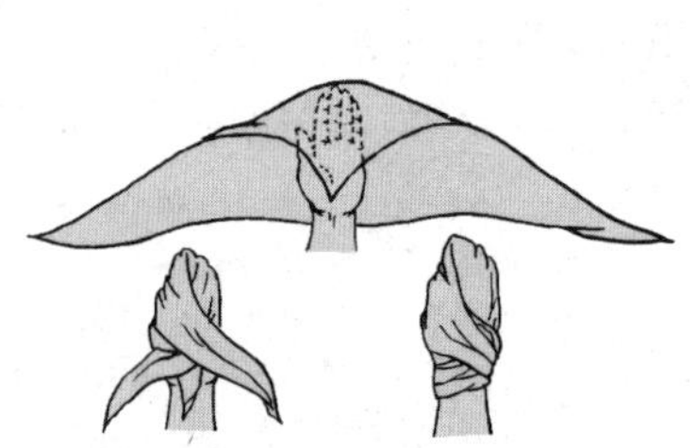

图 25-14 三角巾包扎手部

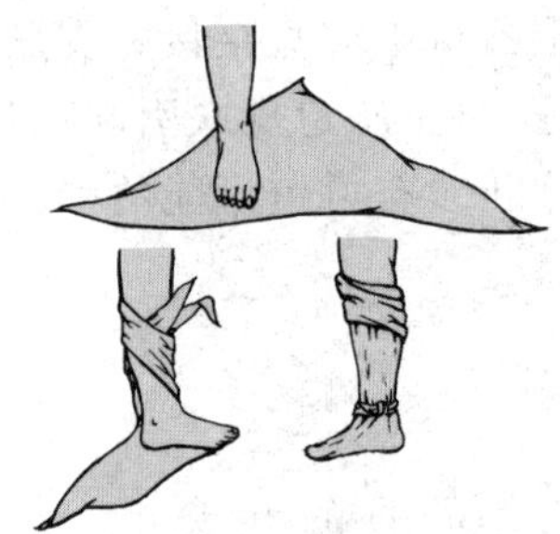

图 25-15 三角巾包扎小腿和脚

(4)三角巾包扎肘、膝。将三角巾折成适当宽度的带形,将带的中段斜放于伤部,取带两端分别压住上下两边,包绕肢体一周打结。

3.胸(背)部伤的包扎

对一般胸部轻伤包扎时,将三角巾的顶角放在伤侧胸部肩上,把左右两底角拉到背后打结,然后再和顶角相结(图 25-16)。此法也适用于背部包扎。

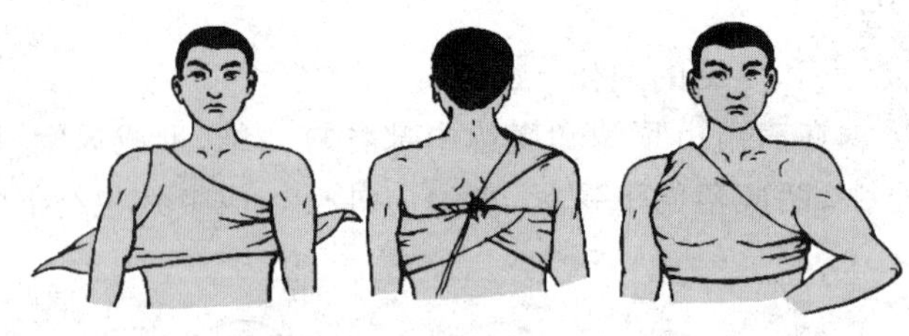

图 25-16 三角巾胸部包扎

4.腹(腰)部伤的包扎

把三角巾顶角朝下,放在一侧大腿根稍下方,用一底角包绕大腿与顶角打结,另一底角提起围腰与底边打纽扣结(图 25-17)。腰部包扎方法见图 25-18。

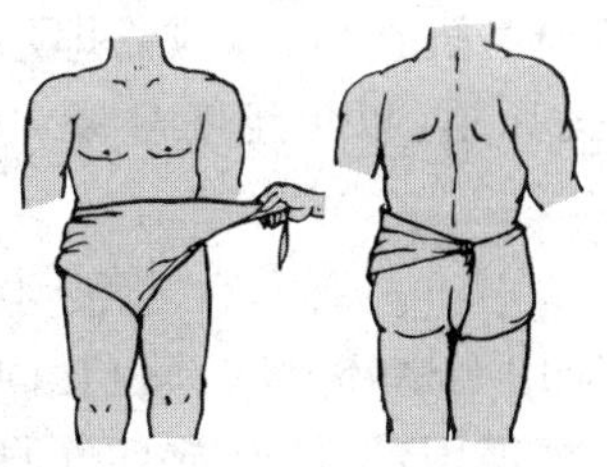

图 25-17 三角巾腹部包扎

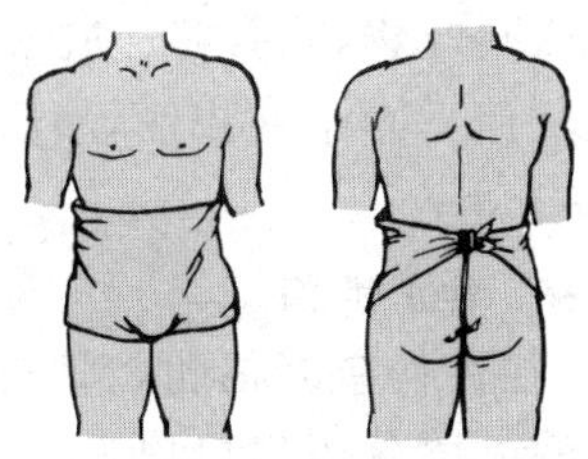

图 25-18 腰部兜式包扎

五、搬运伤员

搬运伤员就是把伤员转移到安全的地方，或转移到可对其实施先期救助的地点，以等待救援人员将伤员及时送往医院救治。搬运伤员的主要方法有：

(一)担架搬运

转移脊椎和下肢受伤的病人最好使用担架。

将伤员移入担架的方法：如果伤员在毛毯上，则将毛毯边缘卷成筒状握牢，将其移入担架；三人抬时，将担架置于病人头部，由一人抬动伤员膝盖，另两人面对面站在伤员两侧，在病人的肩部及臀部双手互相握紧，将其移入担架；两人抬时，则两人跨过病人分开站立，由一人手臂放在伤员肩膀处，另一人一手放在大腿下，一手放在膝盖处，两人向前将伤员移入担架。

(二)徒手搬运

若没有方便材料制作担架，则需徒手搬运伤员，其具体方法有：

1.肩扛

抱住伤员，让伤员靠在你的膝盖上，托住伤员的腋下，将他扶起，并使其保持平衡。然后，抓住伤员的右臂，把你的头埋在伤员的胸前，以左手抓住其右膝，将伤员举至你的肩部。

2.抬

如果伤员能够将双手放在救生员的肩膀上，两个救生员可用双手搭一个座位，即用右手握牢自己左手腕部，而将左手抓住他人右手腕部，两人手臂交叉紧握对方手腕，让伤员坐在救生员双手交叉搭成的座位上。这是短距离搬运腿部或脚部受伤伤员的最佳方式。

3.背

救护者先蹲伏，让伤员将手臂绕过自己颈部，将身体趴在自己的背上，然后站起，背着伤员转移。此法简单易行，但伤员必须清醒，其伤痛不影响抱紧你的肩和颈部。最好有一人扶住伤员，并帮助将伤员扛上后背。

4.扶

此法主要适用于可自己行走的伤员。

六、各部伤的急救注意事项

抢救伤员时，不准用手和脏物触摸伤口，不准用水冲洗伤口(化学伤除外)，不准轻易取出伤口内异物，不准送回脱出体腔的内脏，不准用消毒剂或消炎粉上伤口。

(一)头面部伤

头面部受伤时，应保证呼吸道畅通，清除口内异物，将伤员衣领解开，采取侧卧或俯卧姿势，防止吸入呕吐物，并妥善包扎和止血。如有脑膨出，不要塞进伤口去，应立即用消毒纱布做保护圈，或用干净小碗扣住，然后包扎。包扎时不可用力压迫，以免组织坏死，如果出血，可用垫加压包扎。

（二）胸（背）部伤

胸部伤往往伴有多根肋骨骨折，除用敷料包扎外，还应用绷带环绕胸部包扎固定。

胸部受伤，空气由伤口出入，压迫肺脏，引起伤员呼吸极度困难，叫开放性气胸。遇此类伤员，要立即严密包扎，可用厚纱布垫贴盖伤口，或用干净毛巾、衣服、布块折叠垫厚，盖在胸壁伤口上，外用三角巾或绷带紧密包扎起来，做到封闭良好、不漏气。

（三）腹（腰）部伤

腹壁伤要立即用大块敷料和三角巾包扎。伴有内脏伤时，不能喝水、吃东西、吃药，应尽快后送。抬送时，应让伤员仰卧，屈膝，在膝下用衣物等垫起来，使腹部松弛。

腹部内脏脱出时，不要送回腹腔。可先用大块纱布盖好，再用饭碗（或宽腰带、纱布卷、毛巾卷做保护圈）扣上，碗边不要压着内脏，然后用三角巾包扎。

（四）四肢伤

除了手指或脚趾伤必须包扎外，包扎其他四肢伤时，要把手指或脚趾露出，以便随时观察血液循环情况，采取相应措施。

第二节　核生化防护

一、核武器爆炸效应防护

对核武器爆炸毁伤效应采取的综合防护措施分为核爆炸瞬时效应防护、核爆炸延时效应防护。核武器爆炸会产生冲击波效应、光辐射效应、早期核辐射效应、核电磁脉冲效应和放射性沾染效应等。与其他武器相比，上述效应毁伤程度重，作用时间短，持续时间长，影响范围广，对人员、武器装备、工事建筑等都会造成严重的毁伤。无论是战略核武器还是战术核武器，其使用都属于战略层次，因此应采取全维、全程、全民防护。

（一）平时的主要防护措施

（1）建立统一协调的组织机构，收集核武器信息，组织教育、训练，发布核袭击警报。

（2）坚持军民结合，军种、兵种结合的原则，整合军地核爆炸探测站、雷达网、地震网、次声探测站、星载探测系统等资源，构建陆、海、空、天一体的核爆炸探测网；整合环保、气象、卫生等部门的辐射监测资源，构建一体化核辐射监测系统。

（3）建立坚固完善、系统配套的人防工程、工事，应具有核辐射报警功能、抗冲击波能力和良好的过滤通风能力，特别是防钻地核弹袭击的能力。工程内电子设备应具有防核电磁脉冲功能。此外，各种武器装备的电子系统应具有抗核能力。

（二）核袭击时的主要防护措施

（1）充分利用预警侦察系统，发现敌核袭击企图，及时报警。利用一体化核爆炸探测网，查明核爆炸的时间、地点、威力、方式和弹型，估算核袭击的瞬时毁伤程度、范围，估算放射性沾染的范围，及时向下风方向的部队和群众报警。

(2)接到核袭击警报后,城镇居民应迅速进入人防工程,关闭防护密闭门。部队应迅速进入各级工事,工事级别越高,对瞬时效应防护效果越好。

(3)及时采取防护动作。未进入人防工程的城镇居民,应在室内紧靠墙根卧倒。处于开阔地面的人员,应背向爆心卧倒;同时闭眼、闭嘴、收腹、双手垫在胸下,脸夹于两臂间,尽量掩盖暴露皮肤;冲击波到来时,应暂停呼吸,以免把热空气吸进口腔和肺部。

(4)利用地形地物。地形地物对光辐射、冲击波有很好的防护作用,对早期核辐射也有一定削弱作用。利用地形地物防护时,要合理利用地形地物的形状特点,灵活运用防护动作。地形地物较大时,可横向爆心卧倒;地形地物较小时,可面向爆心卧倒,利用工事、土坑、弹坑时,卧、跪或坐于坑内,头部尽量低下,并用两手、两肘抱住。装甲车辆内的人员,可利用车体进行防护。

(5)避免间接伤害。光辐射对人员造成直接烧伤,还引发火灾对人造成间接伤害,冲击波的超压、动压对人员造成直接伤害,引起的建筑物倒塌及携带的物体也会对人员造成间接伤害。

(三)核袭击后的主要措施

(1)对受伤人员进行救治。核爆炸可致人烧伤、冲击伤和放射性损伤,对受伤人员应采取有效的救治措施,减少人员伤亡。

(2)进行辐射监测。辐射监测按功能分为人员辐射监测和环境辐射监测。人员辐射监测指对人体内外放射性沾染和外照射累积剂量进行控制性监测,确定是否需要进行洗消和卫生处理,控制外照射剂量。环境辐射监测指对地面、空气、水源、武器装备、工程设施和食物等进行辐射监测。利用辐射监测网监测地面辐射水平,确定沾染区的范围和危害程度,标识沾染范围,疏散撤离群众,选择绕行路线,控制人员的受照剂量。

(3)及时对受染的人员、武器装备、道路等进行消除沾染。

(4)组织抢救抢修。对破坏程度较轻的武器装备进行现场维修,争取在短时间内恢复战斗力;对破坏程度较重的武器装备组织后送。

(5)开展减灾工作。组织城镇居民灭火,恢复交通、通信、供水、供电、供气,尽快恢复正常的生产、生活秩序。

二、化学武器袭击时的防护

部队和单兵在敌方化学武器袭击时采取防护措施的目的是避免和减少化学武器对人员的杀伤,减少由化学袭击带来的损失,使部队和单兵能够履行战斗职责。

(一)化学武器袭击方式

化学武器的基本袭击方式有三种:

1.杀伤性化学袭击

以杀伤有生力量为目的,袭击目标通常是人员集结地域、主攻方向部队或主要防御地段、指挥机关和交通枢纽。一般选择能对人员立刻起到作用的暂时性、速杀性毒剂,如沙林、氢氰酸等,采用在极短的时间内集中火力,大量集中使用毒剂,快速完成在主要目标上空迅速造成杀伤浓度。可由炮兵或航空兵执行化学急袭。由于运用射速快、载弹量大的兵器,速杀性化学袭击突然性强。

2.迟滞性化学袭击

以阻滞敌方的军事行动，削弱敌方有生力量为目的。这种袭击能阻碍和限制敌方利用武器装备和地形，形成化学障碍，分割战场，保障自身侧翼安全；能迫使敌方部队处于防护状态，减缓其行动速度，降低其作战指挥和后勤工作的效能，从而削弱其战斗力。袭击的目标是敌方预备队集结地域、指挥机关、重要武器发射阵地、后勤设施和军工生产基地及交通枢纽等。通常使用持久性毒剂或带刺激性的毒剂。袭击完成的时间较速杀性袭击长。有时在首次袭击后，还要根据气象和地形条件及战斗需要进行补充施毒，以保持较长时间的染毒密度。使用飞机在目标上空大面积布洒毒剂或投掷化学航弹是迟滞性化学袭击的重要手段。

3.扰乱性化学袭击

以扰乱敌方军事行动和战斗队形，疲惫敌方有生力量，使其暂时失去或削弱战斗力为目的。袭击的目标是风向有利时的敌方第一线部队、支撑点等小面积目标及进入无化学防护设施的坑道内的人员。以使用刺激剂为主，也可能用其他速效性毒剂，常采用少量、间断、无规律袭击，也与普通弹配合使用。

（二）化学武器袭击时的防护措施

1.集体防护措施

战场指挥员要根据敌化学袭击征候、袭击方式和规模，正确识别敌方用毒企图，迅速决定防护措施。

在化学袭击前，应充分利用情报信息，加强与友邻单位的信息沟通，确定部队“三防”保障支援组织，规定化学袭击警报信号。

在化学袭击开始时，应立即发出能明显区别其他袭击的化学袭击警报，以保证快速反应及有效防护；根据遭袭的方式、地形、气象条件及部队任务，迅速判断敌方袭击性质，确定应采取的防护措施。对杀伤性化学袭击，要充分利用地形与气象因素组织防护；对迟滞性化学袭击，则通过机动、利用集体防护装备、个人防护与快速洗消相结合的方法，破坏敌方用毒企图；对扰乱性化学袭击，要严守防毒纪律，有条件时要利用防护工事，尽可能地组织部队轮流作业，以保证防护有效性和作业效率。情况允许时，除观察和值班人员外，其他人员进入防护工事。有滤毒通风等防化设施的工事，应关闭防护门，控制人员进出；无防化设施工事内的人员，仍应佩戴防毒面具。在防护状态中，指挥员应能不断地根据遭袭情况，利用侦察、化验、快速消毒、机动等手段，及时指挥各地域的战斗人员调整防护状态，适时降低防护等级以保证部队行动的高效性。组织部队通过染毒区时的防护和在染毒区内停留时的防护时，应及时对染毒人员、服装和携带的装具进行消毒，迅速抢救中毒人员。

敌化学袭击后，人员应继续保持防护状态，对伤员进行急救，对服装和装具进行检查，染毒的应进行消毒。化学袭击区的染毒情况可能极不均匀，存在高浓度区和无毒区。在未查明毒剂危害消除之前，指挥员不能下达解除防护的命令，当查明毒剂危害确已消失才可指挥部队解除防护。对可疑染毒的粮秣、水源等，未经分析化验不得食用。

2.个人防护措施

单兵在无化学袭击警报时，通常也应根据炮弹、炸弹袭击的特征做好防护准备，防护器材随时处于战斗准备状态。当有确切的毒袭警报或指挥员下达防护命令后，应按防护要求迅速进行个人防护；在化学袭击威胁性较大的情况下遭到袭击时，应将首次炮袭与空袭声响作为化学袭击的信号，立即佩戴防毒面具，进行呼吸道防护。在防护时还应注意避开飞溅的碎物、破片，注意躲避爆炸冲击波。如发现有持久性毒剂，要立即进行全身防护，穿戴防毒斗篷、防毒手套、防毒靴套等，也可用其他不透气材料，如塑料雨衣、塑料布等代替。第一次袭击后，要立即检查自己及周围人员的毒、伤情况，检查武器装备及物品的染毒情况，防止由于物品染毒而使人员重复染毒，快速实施消毒、救治措施，降低染毒对人员生命的威胁和减轻防护的负担。根据指挥员命令，做好调整防护状态的准备。

三、生物武器袭击时的防护

（一）生物武器袭击迹象

在适于生物武器袭击的条件下发现的异常情况，应怀疑可能为生物武器袭击的迹象。适宜的条件通常是风速为 8 米/秒以下的清晨、傍晚、夜间或阴天。生物袭击迹象一般可以从空情、地情、疫情三个方面进行侦察。

1.空情侦察的袭击迹象

生物武器多在阴天、晴天的夜间或凌晨，风速较小的情况下使用。敌方使用飞机直接喷洒生物战剂气溶胶时，飞行高度较低，其尾部有烟雾带。若使用航弹、集束弹施放生物战剂，炸药量少，爆炸力弱，炸声低沉，闪光较小。

2.地情侦察的袭击迹象

生物弹弹坑浅小，弹片特殊，如是金属弹片，往往大且薄，弹坑周围有异常粉末或液滴。如果使用气溶胶发生器，有时可以发现特殊容器。

当敌方投掷带有生物战剂的媒介时，可见如蚊、蝇、蚤、蜱等昆虫出现的季节、场所、密度、体态、虫龄等反常的现象，或本地没有的昆虫大量出现。可寻找盛放媒介物容器的残余物，有时也能发现异常的杂物。

3.疫情侦察的袭击迹象

多数由生物战剂因素引起的疾病没有特异的症状和体征，因此有可能被误认为是自然发生的。疾病的发展模式是区分自然疾病与恐怖或战争袭击的一个重要因素。在大多数自然发生的疾病流行中，疾病的发病率呈现逐步升高的趋势，而遭受生物武器袭击的人员几乎同时接触到病原体。由于暴露剂量的不同和生理学上的差异导致潜伏期不同，会得出一条峰值是在几天内甚至是几个小时内的压缩的流行曲线。通过疫情调查，对生物战剂所致疾病的发生时间、种类、传播途径等情况进行分析，并与自然条件下传染病发生的情况进行比较，可判断是否使用生物武器。

如出现下列异常情况，应特别注意：

(1)病情异常。在当地突然发生从未有过的传染病，或突然发现大量的家畜、植物患病、死亡。

(2)传播途径异常。如发现肉毒毒素通过呼吸道吸入使人中毒的情况。

(3)季节和职业异常。如在冬、春季发现霍乱病人，在不接触畜产品或家畜的人员中出现大量的炭疽病患者。

(4)混合感染。在同一地区发生多种病原体混合感染的传染病。

发现生物武器袭击迹象应迅速上报。卫生部门必须迅速组织专业人员采集各类标本，妥善保存，迅速送交检验单位，通过昆虫、动物鉴定和血清学、微生物学和病理学检查作出最后判断。

(二)生物武器袭击时的防护措施

部队和单兵在生物武器袭击时采取的防护措施包括对生物袭击情况的判断与生物袭击过程中的各种防护措施。目的是避免和减少生物武器对人员的杀伤,减少生物袭击造成的损失,使部队和单兵能够履行其战斗职责。

1.集体防护措施

战场指挥员通过敌方袭击征候和袭击方式,判断敌方生物袭击企图。在生物袭击前,应充分利用情报信息,加强与友邻单位的信息沟通,确定遭袭时部队三防保障支援组织;在生物袭击开始时,应尽快发出生物袭击警报,该警报信号要明显区别于其他袭击警报,以保证快速、有效地应对生物袭击。指挥员应根据遭袭方式、地形、气象条件和任务,确定部队应采取的防护等级及单兵的生物防护措施,把对部队战斗力和快速反应能力的影响降低到最低程度。应根据遭袭情况,利用侦察、化验、快速消毒、机动等手段,及时指挥各地域的战斗人员调整防护状态,适时降低防护等级来保证部队行动的高效和快速。在生物袭击后,应及时组织人员进行应急消毒处理,快速降低生物袭击对人员及装备的威胁水平和迟滞效应。生物袭击后,在未查明生物战剂危害消除之前,指挥员不能下达解除防护的命令。可疑染毒的物品及战斗物资要严格消毒处理,食品和水源要经严格化验后才能食用。

2.个人防护措施

在生物袭击威胁较大的情况下实施单兵防护,首先应明确生物袭击的警报信号。无生物袭击警报时,通常也应根据炮弹、炸弹袭击的特征做好防护准备,防护装备要随时处于战斗准备状态。当有确切的生物袭击警报时,应迅速佩戴防护面具或口罩,穿戴防护服或防护斗篷、防护手套和靴套等,按生物防护要求迅速防护。应注意避开飞溅的碎物、破片、昆虫、禽兽尸骸等易带菌带毒媒介物。首次遭袭后,要立即检查自己及周围人员的防护以及中毒和受伤情况,快速实施对应的消毒、救治措施。检查个人武器装备及物品的染毒情况,防止人员间交叉、重复染毒。注意受染人员的隔离,搞好个人卫生,防止疾病传播。在此基础上,根据上级指示调整防护等级,做好进一步防护的准备,降低生物袭击对人员的威胁程度和减轻防护器材的负担。

核武器、化学武器和生物武器的毁伤效应各不相同,对这三种武器袭击的发现报警、侦察、防护、洗消和救治要采用许多原理不同的技术措施,但部分技术可以通用。例如,采用吸附过滤原理的防毒面具和工事中的滤毒通风装置可以有效地对毒剂、生物战剂气溶胶和放射性灰尘进行滤除;漂白粉既能对毒剂进行消毒,也能对生物战剂进行消毒。

第三节　个人防护装备

一、什么是个人防护装备

个人防护装备是指“个人用于免受毒剂、生物战剂、放射性灰尘或其他有毒有害物质伤害的防化装备”①。

① 《中国军事百科全书·军事装备》,中国大百科全书出版社 2014 年第 2 版,第 237 页。

熟练地使用个人防护装备，可以有效地减轻人员在核、化学、生物武器袭击或发生战场次生核化危害时的伤亡，保证部队在受染环境中遂行作战任务。第一次世界大战初期，化学攻击造成致死率高达35%；战争后期，双方都普遍装备了防毒面具，致死率下降为2.5%～6%。在现代战争中，装备各种个人防护装备器材并正确使用，可以更加有效地减少核化生武器或战场上其他有毒有害物质的杀伤。

二、个人防护装备分类

(一)按用途分

可分为侦检装备，如个人剂量检查仪、侦毒纸等；防护装备，如防毒面具、防毒衣等；洗消装备，如个人消毒急救盒、消毒包等；预防和救治装备，如毒剂和辐射预防药物、自动注射用解磷针等。

(二)按防护部位分

可分为呼吸道防护装备和皮肤防护装备。呼吸道防护装备是指主要用于保护人员避免通过呼吸道吸入有毒有害物质而遭受伤亡的防护装备。主要包括各型防毒面具以及正压式空气呼吸器、隔绝式防护装具。呼吸道防护装备通常也具有保护面部皮肤和眼睛的作用。皮肤防护装备是主要用于保护人员避免通过皮肤沾染、吸收有毒有害物质而遭受伤亡的防护装备。主要包括各型防毒衣、防毒服、防毒手套、防毒靴套、隔绝式防护装具等。

(三)按防护原理分

可分为过滤式防护装备和隔绝式防护装备。过滤式防护装备通过对毒剂和其他有毒有害物质有吸附作用的过滤材料，滤除掉受染空气中的有毒有害物质，使人员避免直接接触而造成伤亡。主要包括各型过滤式防毒面具和透气式防毒服。隔绝式防护装备利用对毒剂和其他有毒有害物质有阻隔作用的隔绝材料，通过科学的结构设计，将使用者的内部环境与外界沾染环境完全隔开，以使人员避免直接与有毒有害物质接触而造成伤亡。主要包括各型隔绝式防毒衣、防毒斗篷、防毒手套、防毒靴套，正压式空气呼吸器，隔绝式防护装具等。

(四)按配发范围和对象分

可分为通用防护装备和专用防护装备。通用防护装备是各军种、兵种都可使用的个人防护装备；专用防护装备是专供某一军种或兵种使用的个人防护装备。

三、几种常用个人防护装备简介

(一)防毒面具

防毒面具，是指“保护呼吸器官、眼睛和面部，防止毒剂、生物战剂、放射性灰尘等有毒有害物质及缺氧空气吸入呼吸道对人员造成伤害的个人防护装备”①。

防毒面具按防护原理，可分为过滤式防毒面具和隔绝式防毒面具两类。(1)过滤式防毒面具依靠过滤吸收原理，通过过滤部件(包括滤毒罐、滤毒盒及过滤元件)将受染空气净化为清洁空气供人员呼吸。依过滤部件和面罩间连接方式的不同，又可分为导管式防毒面具和直接式防毒面具两种。导管式防毒面具的面罩与过滤部件之间通过导气管相连接，直接式防毒面具的面罩与过滤部件直接相连。(2)隔绝式防毒面具通过密封作用将面具内外完全

---

① 《中国军事百科全书·军事装备》，中国大百科全书出版社2014年第2版，第186页。

隔绝,以压缩空气、压缩氧气、反应生成的氧气或通过引入受染环境以外的洁净空气等为气源,供人员呼吸。根据气源种类和供气方式不同,主要可分为贮氧式防毒面具、贮气式防毒面具、生氧式防毒面具和长管式呼吸器4种。当毒物种类未知、毒物浓度未知、毒物浓度大于1%或氧气浓度小于16%时,不能使用过滤式防毒面具,而应选用隔绝式防毒面具。

防毒面具按使用对象,可分为军用防毒面具和民用防毒面具两类。军用防毒面具是根据各军种、兵种的战术技术要求设计的,主要用于单兵防护毒剂、生物战剂和放射性灰尘的伤害。根据适用军种、兵种的不同,又可分为合成军队用面具、防化兵用专业面具、飞行员面具、坦克乘员面具及炮兵专用的特种防毒面具等。基于军用毒剂、生物战剂等的高毒性、伤害性及军事行动的特点,军用防毒面具对各类已知军用战剂有较好的防护性能,在军事使用及适应性等方面性能优良。民用防毒面具是人民群众用于防护毒剂、生物战剂、放射性灰尘及其他常见工业气体、蒸气伤害的防毒面具。按照适用领域和场合,又可以分为工业防毒面具、消防面具、紧急逃生面具、潜水面具等。民用防毒面具在使用中可能遇到的毒物种类更多,情况更复杂,其类型和品种也更多。

(二)防毒斗篷

防毒斗篷,是指"防止毒剂和生物战剂雾滴、粉剂和放射性灰尘降落、溅落到人员和装具表面的个人防护装备。又称防毒披肩"①。防毒斗篷结构形式不密闭,不能严密防护有毒有害气体和气溶胶,必须与防毒面具、防毒服、防毒手套、防毒靴套配合使用。防毒斗篷曾是各国军队中广泛装备的个人防护装备。通常用高压聚乙烯材料或其他高分子材料薄膜涂层织物制成。厚度小于1毫米,制作成本低,重量轻,体积小,便于普遍装备;平时折成小四方块存放在面具袋中携带。它是一次性消耗器材,用毕直接销毁,无须消毒。

防毒斗篷通常有四种类型:

(1)简易披罩式防毒斗篷。该斗篷由轻型材料制成矩形夹层式,两邻边开口。用时打开,罩住身体及装具,用带绳结扣固定或用手抓紧开口,借以通过沾染地段;或不打开,直接作为矩形防护垫,可保护人员在沾染区匍匐跃进。

(2)带帽罩的雨披式防毒斗篷。该斗篷帽边上有松紧带,便于束紧。胸前安装有5个揿扣,正面腰部两侧各有一个出手口,可以使人员在沾染或染毒地域安全行动。

(3)有袖、带头罩的雨衣式防毒斗篷。该斗篷帽罩边和袖口处均有松紧带,衣服正面安有5个揿扣。衣服后下摆开口,在前后开口部位各安有4组揿扣。这种防毒斗篷既可以当防毒披肩,又可以把衣服前后下摆4个揿扣连接成裤子模样,构成连身式防护衣。这种使用方法对人员行动的影响小,一般配给炮兵或其他特种部队。

(4)袋罩式防毒斗篷。该斗篷像一个大袋子,袋底由透明材料制成。用时将斗篷拉开成袋状,倒扣后,罩在人员身上即可。

通常防毒斗篷对芥子气之类的毒剂液滴均有2小时以上的防毒时间。

由于轻型防毒服的发展,防毒斗篷作为个人防护装备,其使用范围逐步减小。但随着抗毒剂液滴渗透的高效材料的发展,新型防毒薄膜既可用作个人防护用的披肩斗篷,又可做成大型装备、包装箱的防护外罩;既能使防毒斗篷与雨衣、消毒围裙及个人漂浮器材相结合,还可通过合理的结构形式设计使得人员能利用几件防毒斗篷的连接组合,构成防毒帐篷或掩

① 《中国军事百科全书·军事装备》,中国大百科全书出版社2014年第2版,第185页。

蔽部的防护内衬。防毒斗篷的概念和用途正在拓宽。

(三)个人消毒急救盒

个人消毒急救盒,是指“用于预防毒剂中毒,中毒后的急救及对皮肤、服装、装具上污染的液态毒剂应急消毒的个人防护装备”①。

个人消毒急救盒中主要包括:

(1)神经性毒剂解磷针。针剂含有抗胆碱能药阿托品、胆碱酯酶重活化剂氯解磷定和镇静药物安定。制成的注射针有三种类型:挤压式注射器,由安瓿、针头、通针和护针套管组成;手工注射或半自动注射器,安瓿中装有药液和2.5个大气压的惰性气体,连接着套管、针头与护针帽,用时靠气压将药液压入体内;活塞式全自动注射针,可自动注射。还有含磷毒剂的预防粉剂安瓿,须在遭化学袭击前喷入鼻腔。

(2)抗氰剂。例如可直接吸入的亚硝酸异戊酯安瓿、抗氰注射针及预防抗氰作用的甲、乙型两种药片。

(3)带有纱布套的塑料包皮肤消毒液。消毒时用针刺破即可用以对芥子气类毒剂消毒。

(4)其他药物。如针对失能性毒剂毕兹的催醒宁或催醒安,针对刺激性毒剂的抗烟剂,抗放射性辐射的药物(如碘化钾和半胱氨酸等),以及广谱抗生素、抗毒素、止痛片等。

(5)止血药剂。烧伤应急用的绷带、无菌纱布块、杀菌剂、烧伤药膏、烧伤止痛喷剂、缓冲洗眼液、胶带、创可贴等。

有的个人消毒急救盒中还装有防护口罩。

---

① 《中国军事百科全书·军事装备》,中国大百科全书出版社2014年第2版,第238页。

第二十六章 战备基础与应用训练

军队为履行其职能，必须保持应有的戒备状态，进行有针对性的应用训练，以应付各种突发情况。本章主要介绍战备规定、紧急集合、行军拉练和野外生存训练等内容。

第一节　战备规定

一、常态战备的基本要求

常态战备，是部(分)队为应对紧急情况而进行的经常性战备工作。《内务条令》对常态战备的基本要求是：军队单位应当高度重视战备工作，严格执行战备法规制度，紧密结合形势任务，进行经常性战备教育，增强战备观念，建立正规战备秩序，保持规定战备状态。根据这一规定，常态战备应主要做好以下工作：

(一)搞好经常性的战备教育

经常性战备教育，是提高官兵战备观念、做好日常战备工作的重要措施。经常性战备教育主要应抓好两个方面：

一是形势任务教育。形势和任务是促进部队做好日常战备工作的依据。各级领导应按不同层次和范围，及时组织开展不同形式的教育活动，向官兵讲清当前的形势任务，帮助官兵正确理解和面对当前所面临的形势任务，并有的放矢地做好思想工作，克服麻痹松懈思想，使广大官兵自觉投入紧张而有序的战备工作。

二是我军根本职能教育。我军永远是一支战斗队。平时“养兵”，为的就是战时“用兵”。要教育官兵深刻认识我军对外、对内的双重职能，明确做好日常战备工作是履行我军职能使命的具体体现，增强官兵为国家、为人民奉献的神圣使命感，树立勇于牺牲为荣、贪生怕死为耻的荣辱观，激励斗志、振奋士气，随时准备完成上级赋予的各项任务。

(二)制定和完善各种战备方案及保障措施

健全的战备方案和保障措施，有利于部队(分队)在遇到突然情况时迅速、准确、有效地行动。部队(分队)的战备方案通常包括：紧急集合方案、疏散方案(紧急疏散方案和早期疏散方案)、收拢方案、机动方案、留守方案、作战方案及各种保障措施。按照条令的规定，部队(分队)不仅应制定、完善战备方案，经常组织部属熟悉方案内容，进行必要的演练，还应在编制、人员、装备、战场和形势任务等情况发生变化时，及时修订战备方案。

(三)落实“三分四定”，保持应有的装备完好率、在航率和人员在位率

各类战备物资，应当按照携行、运行、后留，分别放置(即“三分四定”中的“三分”)，并落实定人、定物、定车、定位(即“三分四定”中的“四定”)。还要做到：战备物资结合日常训练、正常供应周转和重大战备行动，进行更新转换，使其处于良好状态；不得随意动用上级配发

的战备物资，经批准动用的应及时补充，以保证质量和数量；后留和上交的物资，应当建立登记和移交手续；个人运行和后留物品应当统一保管，并按照有关规定注记清楚。

部队（分队）的装备完好率、在航率和人员在位率，是反映部队（分队）完成任务能力的重要方面，也是衡量一个单位战备工作是否落实的重要标准。各级首长应本着对部队建设和长远发展高度负责的精神，采取切实可行的措施，加强对装备和人员的管理，切实保证装备完好率、在航率和人员在位率，保持作战应用系统常态化运行，保证随时遂行各种任务。

二、有关节日或者重要时节战备

战争经验启示我们，节假日是敌人实施突袭行动并达成目的的有利时机。因此，各级应当重视和加强有关节日或者重要时节战备。

节日战备不同于日常战备，有其独特的时间性。《内务条令》规定，军队单位应当按照军队战备工作有关规定，周密组织有关节日或者重要时节战备工作。节日战备的时限自节日假期前一日的18时起，至节日假期结束后一日的8时止。

有关节日或者重要时节战备的组织，可以分为3个时间段来进行：

（1）有关节日或者重要时节前，应当组织战备教育和战备检查，视情修订战备方案，落实各项战备保障措施。

（2）有关节日或者重要时节期间，应当加强战备值班。担负战备值班任务的部队（分队），做好随时出动执行任务的准备。

（3）有关节日或者重要时节结束后，应当逐级上报战备情况，组织部队（分队）恢复经常性戒备状态。

第二节　紧急集合

紧急集合，是部队（分队）为执行战斗任务或其他任务而迅速聚集的一种紧急军事行动。实施紧急集合，平时是为了锻炼和提高部队的快速反应能力，战时或遇到紧急情况时则是为了迅速投入战斗或立即行动。

一、紧急集合的适用情形

实施紧急集合，应当根据上级紧急战备号令，或在下列情况下，由部队（分队）首长下达命令进行：发现或者遭到敌人的突然袭击；受到火灾、洪涝、台风、地震等自然灾害威胁或者袭击；上级赋予紧急任务或者发生其他重大突发情况。

二、紧急集合的准备

紧急集合要求部队在最短时间，以最快速度到达集合场待命，不允许有丝毫犹豫和怠慢。为此，《内务条令》规定部队（分队）首长必须在平时抓好两项准备工作：

一是要制定紧急集合方案。紧急集合方案是紧急集合行动的依据。由于紧急集合的目的和要求不同，所对应的方案内容也应有所不同。为适应各种不同情况下紧急集合的需要，部队（分队）首长应当分别制定紧急集合方案。一般说来，部队（分队）应当制定发现和遭受

敌人袭击时、抢险救灾时、接受上级赋予的紧急任务和应付其他重大突发事件时等3种紧急集合方案。根据条令规定，部队（分队）首长应当预先制定紧急集合方案。紧急集合方案主要明确下列事项：紧急集合场的位置，进出道路及其区分；警报信号和通知的方法；各分队（全体人员）到达集合场的时限；着装要求和携带的装备、物资、粮秣数量；调整勤务的组织和通信联络方法；值班分队的行动方案；警戒的组织，伪装、防空和防核、防化学、防生物以及防燃烧武器袭击的措施；留守人员的组织、不能随队伤病员的安置和物资的处理工作；特情处置预案。在制定紧急集合方案时，对集合场的选择应符合战斗要求，必要时应规定预备紧急集合场，以保证部队（分队）的安全。紧急集合方案的内容，应当传达到所属指挥人员，对其中的警报信号和所携带的装备、器材等，应当传达到全体军人，并要求牢记。

二是要组织好紧急集合演练。紧急集合演练，是锻炼和提高部队（分队）紧急行动能力的有效措施。有计划地组织部队（分队）进行紧急集合演练，不仅能检查部队（分队）战备状况，进一步落实各项战备措施，而且有利于克服部队的和平麻痹思想。因此，《内务条令》规定："连级单位每月，营级单位每季度，旅、团级单位每半年进行1次紧急集合演练，检查战斗准备状况，锻炼提高部队（分队）紧急行动能力。"紧急集合演练可以使全体人员熟悉自己在紧急集合时的职责、任务和所应携带的装备物资等，提高部队（分队）的应变能力和适应能力。组织紧急集合演练应注意：一是要结合演练，检验紧急集合方案的可行性，针对存在的问题，及时加以修改和完善，保证部队（分队）在执行紧急集合时无漏洞；二是抓好演练中的安全工作，防止发生意外事故；三是认真落实条令条例，按照条令条例的有关规定严格要求。无特殊必要，演练一般不要超过条令规定的次数。每次演练时间、内容，要尽可能与部队（分队）的训练和其他任务结合进行，确保演练扎实有效，避免走过场或流于形式。

三、紧急集合的组织与实施

部队（分队）接到紧急集合命令（信号），应当迅速有序按照紧急集合方案，准时到达指定位置，完成战斗或者机动的准备。部队（分队）首长根据情况及时调整警戒，督促全体人员迅速集合，检查人数和装备，采取保障安全的措施，指挥部队（分队）迅速执行任务。总之，紧急集合的组织与实施应当根据任务性质，灵活组织，快速反应，确保部队顺利完成任务。

第三节　行军拉练

部队外出野营拉练，要做好两个环节：行军、宿营。

一、行军

（一）行军的基本概念

行军，是"军队沿指定路线进行的有组织的移动。军队陆上机动的基本方法之一"[①]。行军的分类，按方式，分为徒步行军、摩托化行军和履带行军；按强度，分为常行军和强行军。目的是转移兵力，争取主动，形成有利态势。

---

① 《中国军事百科全书·作战》，中国大百科全书出版社2014年第2版，第432页。

行军,必须保持充分的战斗准备,迅速、隐蔽地按时到达指定地域。战时行军通常在夜暗或视度不良条件下实施。行军的速度,应根据任务、道路状况、天候季节而定。常行军,按正常的每日行程和时速实施。摩托化行军,每日行程 150～250 千米,夜间时速 15～20 千米,昼间 20～30 千米。徒步行军,每日行程 30～40 千米,时速 4～5 千米。强行军以加快行进速度和延长行军时间的方法实施。通常徒步每小时行程 7 千米左右。

行军时,休息通常由领导统一掌握,徒步每行进 1 小时左右休息 10 分钟,乘车通常每行进 2～3 小时休息 20～30 分钟。第一次小休息,时间可稍长些,以便整理装具。大休息通常是在走完当日行程的二分之一时,进入指定地区休息 1～2 小时。走完一日行程后,按上级指示进行宿营。

(二)行军组织准备

1.研究情况,拟定行军计划

指挥员应根据受领的行军命令,在图上研究敌情、任务和行军路线,确定行军序列,指定观察员和值班火器,制定防护措施和各种情况的处置方案。

2.做好思想动员

行军前,指挥员应根据本分队所担负的任务,结合分队的思想情况,进行深入的思想动员。要教育战士模范遵守行军纪律,服从命令听指挥,不得擅自离队,不得丢失装具和食物,不喝生水,不违反群众纪律等,保障分队顺利完成行军任务。

3.下达行军命令

下达行军命令时应着重明确:

(1)敌情。

(2)本分队的任务,行军路线、里程,出发及到达指定地区的时间,以及大休息的地点。

(3)分队集合地点、行军序列,乘车时还应区分车辆。

(4)着装规定。

(5)完成行军准备的时间,以及起床、开饭、集合的时间。

4.做好物资装具准备

为了顺利完成行军任务,保持分队的战斗力,行军前指挥员必须:

(1)检查携带的给养、饮水、武器、弹药等情况。

(2)检查着装情况,如鞋袜的整理、背包的捆绑、装具的佩带等。

(3)妥善安置伤病员。

(4)根据季节,进行防暑、防冻教育和物品的准备。

(三)行军管理与指挥

1.出发时的指挥

出发时,应按上级的命令,准时通过出发线,加入上级行军序列。在有可能发生遭遇战斗的情况下行军时,各排长应随连长在先头行进,以便及时受领任务。分队在公路或乡村路行军时,应沿道路的一侧或两侧行进,乘车时,沿道路的右侧行进。

2.行进中的指挥

行进中,应注意保持行进速度和规定的距离,听从调整哨的指挥。未经上级允许,不得超越前面的分队。经过渡口、桥梁、隘路等难以通行的地点时,应严密组织迅速通过,不准停留;通过交叉路口时,要看清路标,防止走错路。摩托化行军,应保持规定的车速、车距,不得

随意超车和停车，主动给指挥车和特种车让路。如车辆发生故障，应靠道路右侧，必要时离开道路停车抢修，修好后根据上级指示归建。徒步行军的分队应主动给车辆、执行特别任务的分队和人员让路。夜间行军，要严格灯火管制。

3.按上级的指示组织休息

按上级的指示组织休息时，小休息应靠路边，并保持原来队形。在第一次小休息时，应督促战士整理鞋袜、装具等。大休息应离开道路，进入指定地区。休息时，应派出警戒。必要时，可占领附近有利地形，加强对空观察，并保持战斗准备，以防止地面和空中敌人的突然袭击。组织野炊，安排好伤病员，督促驾驶员检查车辆，组织分队在规定地区休息。夜间休息时，人员不准随意离队，武器、装具要随身携带。出发前，应清点人数，检查装备，补充饮(用)水。

4.组织收容工作

行军中，连应指定一名军官，带领卫生员和若干体力较好的战士组成收容组，在连队的后尾跟进，负责收容伤病员，组织掉队的人员跟进。

二、宿营

宿营，是“部队离开常驻营房遂行各种任务中的临时住宿”①。目的是使部队得到休息和整顿，为继续行军或战斗做好准备。部队在组织宿营前，要与当地政府、武装部门取得联系。认真做好宿营前的准备工作。

(一)宿营地区的选择

宿营地区的选择，应根据敌情、地形、任务和行军编成而定，既要能保证分队安全休息，又要便于迅速投入战斗。平时组织综合拉练应以能达到训练目的为标准。通常应远离城镇、集市、车站、渡口、大的桥梁，避开疫区、传染病流行村落，还要有适当的地幅和较好的进出道路。

露营地域，夏季要尽量选在高处，避开谷地、低地、洪水道和易于坍塌的地方；冬季应选在避风向阳处，土质较黏，便于搭设简易遮棚或挖掘的地方。

选择宿营地区时，通常还要考虑以下因素：一是要符合战术要求，从具体位置到配置方式都应以预想的战术背景为基本前提；二是要着眼于训练课目需要，有利于达到训练目的；三是要方便生活，尽量靠近水源，并有进出道路；四是要选择在群众基础较好，或影响群众利益较小的地区。

(二)宿营方式

宿营方式分为舍营、露营和舍营与露营相结合三种。舍营，是军队在房内宿营。露营，是军队在房舍外宿营，通常在不具备舍营条件时采用，是平时部队训练的重点。野外露营的方式分为利用制式器材露营和利用就便器材露营。利用制式器材露营，通常是指利用帐篷、装配式工事等装备的制式器材进行的露营。利用就便器材露营，通常是指利用车辆、坦克、篷布、雨衣、草木等进行的露营。

(三)宿营的基本要求

进入宿营地前，指挥员应了解宿营地域情况。必要时，还应组织侦察，查明有无毒剂、放

---

① 《中国军事百科全书·作战》，中国大百科全书出版社 2014 年第 2 版，第 369 页。

射性物质、爆炸性障碍物、残存的敌人等。平时的野营训练，应重点调查是否有传染病流行等卫生情况，以及当地的民情风俗等。

到达宿营地域后，必须做好以下工作：

(1)派出岗哨和观察员(有时观察员可由岗哨兼)，指定对空射击的火器和昼夜值班人员；如单独宿营时，应向重要方向派出班哨和步哨。必要时，派出游动哨。

(2)应立即组织所属指挥员勘察地形，划分各排的隐蔽配置位置，规定紧急集合场和防敌空袭的疏散隐蔽地域，明确遭敌袭击时各分队的行动。

(3)组织分队构筑必要的工事并进行伪装，建立通信联络，侦察水源，对汲取饮用水的河流区分饮水和洗刷的地段。

(4)督促战士用热水洗脚，整理装具，烤晒衣服，抓紧时间休息。

(5)组织各班、排构筑厕所，教育战士不得随地大小便。

(6)了解当地民情，教育分队遵守群众的风俗习惯和三大纪律八项注意；做好群众工作，密切军民关系；同驻地民兵协同做好防空及防奸保密工作。

(7)注意卫生常识教育，如教育战士冻伤切忌烤火或用热水烫洗；教育炊事员注意饮食卫生和调剂生活，检查食物是否清洁，防止中毒。

(8)及时向营呈送宿营报告。

(四)宿营中各种情况的处置

(1)接到空袭警报时，应立即发出防空警报，指挥人员疏散隐蔽；当敌机轰炸、扫射宿营地域时，应指挥对空值班火器射击低空敌机。

(2)在驻地附近发现敌空降时，应与民兵配合，乘敌尚未着陆或着陆混乱之际，将其歼灭。

(3)当遭地面之敌突然袭击时，应指挥分队迅速抢占有利地形，边战斗边查明情况。根据上级指示，将敌歼灭或撤出宿营地域。

宿营结束，要认真清理文件和武器装备，避免丢失，消除宿营时所留痕迹，并会同政治部门进行群众纪律检查和做好善后工作。

第四节　野外生存训练

在野外面临生存危机的时候，作为个人来说，身体越强健、拥有的生存知识越丰富，生存的机会就越多。因此，对于每一个人，熟知各种危急情况下的求生技能，学会解决突发事件的思维方式，都是非常重要的。

一、野外生存的物质准备

野外生存，主要有以下几种情况：一是和平时期较长时间远离基本生活区的野外作业和训练，二是战争时期的野外行军作战，三是意外情况受困荒野。不管遇到哪一种情况，要适应野外生存的环境，就必须有充分的物质和精神准备，准备得越充分，生存的概率就越高。尤其是第二和第三种情况，环境复杂，不可预测的因素多，难度高，更应有必要的物质准备。

(一)行装准备

对有计划的野外行动,出发前,应根据客观环境的需要选择合适装备,准备好行装。这些装备主要包括以下四大类:

(1)基本用品。主要包括:鞋子、衣服、雨衣、被装、帐篷、背包、行囊、食品、通信设备等。

(2)医疗卫生盒。内装常用药和卫生用品,主要有:镇痛类药、肠道镇静剂、抗生素、抗感冒药、防中暑和抗过敏类药、防毒蛇咬(蚊虫叮)伤药、抗疟疾类药品、跌打损伤药、外伤急救药(如急救包、绷带、创可贴等)。此外,还应备有高锰酸钾和漂白粉之类的消毒、灭菌药物。所有药品都应标明用法、用量和有效期。各类医药卫生用品可根据个人的健康状况和用药习惯,以及执行任务区域的流行病特点灵活选择搭配。

(3)百宝盒。在紧急情况下,有些平时并不起眼的小器具却能帮你成倍增加幸存的机会。把这些小器具集中放在小盒里,以便随身携带,这就是中国人常说的"百宝盒",外国人则叫"救生宝盒"。盒中通常应装有:生火用的火柴、蜡烛、打火石以及针、线、鱼钩和鱼线等。

(4)工具包。里面主要装有指北针、绳索、手电筒、饭盒、救生袋、刀具等。为了便于使用和保管,可以把上述几项必备工具集中装在饭盒内,也可以分开装在背包或行囊的边袋内。

(二)携装

也叫着装或装载。行装的装载程序应根据先用后装、后用先装、常用的物品装在最上面(或边袋)的顺序进行。为了方便,最好把所有物品分门别类地放在各种聚乙烯透明袋里。每件物品应有相对固定的存放位置,每次使用完后应放回原来位置。

(三)意外情况下搜集和制造装备

受困于荒野之中,要设法寻找或制作最基本的工具和武器装备自己,以战胜恶劣的环境,求得生存。主要做法是搜集出事地点的可用之物;自己动手制作工具和武器,如制作石器或竹、木器具;利用大的海螺和蛤类贝壳制作刀具、容器;利用动物的骨头、犄角制作武器等。总之,要善于寻找和利用各种自然资源加工制作各种器具,为野外求生创造有利条件。

二、生存的基本需要及其获取

生存的基本需要是水、火、食品和庇护所,它们各自的重要程度取决于所处的环境。沙漠地区水是首要的,而在极地圈中避寒场所则是最重要的。在求生的一切努力中,第一个行动就是要确定自己当前的首要需求是什么。然后,按照需求的轻重缓急,逐一设法解决。

(一)水

水是人体最基本的需求,离开它人就无法生存,因此,保持体液和补充水分,是野外生存必须优先考虑的因素。

1.维持体液平衡

体内脱水的速率通常是由体内现有的存水量,当地的气温,阳光照射的情况,烟、酒控制程度,心理情绪,进食情况等因素决定的。要维持体液平衡,重点应从以下几个方面入手:一是在水源充足的情况下,应尽量多饮水,以保持体内有较多的存水量;二是在高温季节,求生行动尽量避开中午高温时段,以减少体内水分的消耗;三是避免太阳光直射,以减少水分的蒸发;四是控制烟、酒,以减少体液的消耗;五是稳定情绪,心理稳定、镇定自若可以减少器官对水分的消耗;六是合理进食,在不得不将饮水量限制在每天 1 升以下的情况下,要尽量避免食用肉类、高淀粉的食品,味道过浓过重或干燥的食品,多吃碳水化合物含量高的食品——水果最为理想。

2.寻找水源

(1)重点盯住低洼地。水往低处流,这是自然规律,因此,寻找水源首选之地是山谷底部地区。

(2)注意分析绿色植物的分布情况。尤其是在绿色植物分布均匀的地区,突然出现一小块长得特别茂密的植被,从那个地方往下挖,最容易找到水源。

(3)利用动物作为寻找水源的向导。绝大多数哺乳动物早晚都需要饮水,留意跟踪动物的足迹经常会找到水源;青蛙是生活在水里的两栖动物,听到它的鸣叫声,就等于找到了水。

(4)留心特殊的含水地质结构。在干涸的河床或沟渠下面很可能会发现泉眼,尤其是在砂石地带;在岩石的断层间可能会发现湿地或泉眼,悬崖底部一般都会渗出水流;在悬崖入海处应注意生长茂密的植物,在那个地方很可能找到水。

3.取水的方法

(1)露水的采集。在日夜温差较大的地区或季节,清晨会有很多露水。采集的办法是:用吸水性强的衣服或布料做成布团,在草地上来回拖动,以吸收叶片上的露水,待布团吸足露水后,再将其拧在容器里。也可采集挂在树枝上的水滴和汲取岩石上的积水。

(2)雨水的收集。降雨时,尽可能选取大面积的集水区,利用各种可能的容器收集。可选择在比较低洼的地面上挖个坑,铺上防渗的塑料片、帆布材料或雨衣,以有效地收集雨水。

(3)冰雪化水。

(4)植物中取水。某些树的汁液是可以饮用的,例如椰子树、枫树、仙人掌等,可以从这类富含水分的树上汲取汁液。竹子的竹节间常存有水,摇动它们,如果能听到咕嘟声响,肯定有水。从植物中取水,首先必须判明该植物的液汁是否有毒,以及性味如何。有毒的不能直接饮用,性味特异的要注意掌握适度。例如,椰子汁富含水分,但成熟椰子中的果汁有很明显的轻泻功能,饮用过多会引起腹泻,饮用时,要注意掌握好恰当的度。

4.净化饮用水

野外生存条件下,净化饮用水以保证安全卫生是非常重要的。一般来说,除泉水和井水(地下深水井)可直接饮用外,不管是河水、湖水、溪水、雪水、雨水、露水,还是通过渗透、过滤、沉淀而得到的水,最好都应进行消毒处理后再饮用。净化饮用水的方法主要有以下几种:

(1)过滤。遇到水质较混浊时,必须进行过滤。制作过滤器的基本材料,可以用裤子、沙子和木炭(生火时所留下的木炭不要轻易丢弃,它是制作临时过滤器的好材料)。制作过滤器最简单的方法是用裤子制作。将裤子翻过来,再将一只裤腿塞进另一只裤腿里,捆扎起底部就行了。把裤子浸湿,吊在三脚架上,里面装上沙子和木炭后,就可以注水过滤了。第一遍过滤出来的水,如果还不够干净,可以多过滤几遍。

(2)沉淀、消毒。过滤出来的水要经过一定时间的沉淀,然后倒出上层的清水,就可以烧开饮用了。如果带有漂白粉或净水药片,只要按照使用说明的要求进行操作,就可以得到洁净水了。

(3)烧开或蒸馏。经过过滤、沉淀、消毒出来的水,只要用火烧开,就可以放心直接饮用;如果找到的是严重受污染的水源或者是海水、咸水等,则必须通过蒸馏,才能饮用。

（二）食物

食物是为人体提供热能和营养，以维持生命的基本物质。因此，受困荒野，要战胜危机生存下去，重要的是要想办法获取食物。

1.植物类食物

野外生存，关键是要学会寻找到可以充饥的植物，并掌握辨别有无毒性的技巧。

(1)辨别植物类食物的方法

对自己不认识、未曾尝试过的植物，在食用之前必须先尝试其性味，鉴别是否有毒，可否食用。尝试时，应遵循以下程序：

步骤一：检查。先察看是否有毒。如果植物叶或枝茎上附着许多害虫，当然不能要。

步骤二：嗅闻。切下植物一小部分，用鼻子闻一闻，如果有令人厌恶的苦杏仁或桃树皮气味，可能有毒，应立即扔掉。

步骤三：刺激反应。稍稍挤榨一些汁液滴涂在体表的敏感部位如肘部与腋下之间的前上臂，如果感觉有所不适，起疹或者肿胀，也尽快扔掉。以下步骤就没必要继续进行。

步骤四：唇舔、口嚼、舌尝。如果皮肤感觉无任何不适，可以按顺序继续采取以下步骤：①触动唇部；②触动口角；③舌尖舔尝；④舌根舔尝；⑤咀嚼一小块植物。

在进行上述五项尝试时，前 4 项相互之间至少要间隔 3 分钟，第 5 项“咀嚼”必须持续 15 分钟，以便观察有无不适反应。如果出现任何不适症状，如喉咙痛痒、很强的烧灼感、刺激性疼痛等，应尽快扔掉。以下步骤也没必要继续进行。

步骤五：吞咽。吞咽一小块植物，耐心等待 8 小时。其间不要饮食任何其他类食物。

步骤六：食用。在依次进行完上述步骤后，如果没有发生诸如口部痛痒、不停打嗝、恶心、发虚、胃痛、下腹绞痛以及任何不适症状，则可以认为这种植物是安全可食的。

注意：植物的每个部分都要经过试吃才行，因为有些植物可能某部分可以食用，某部分则不能食用。尝试时，一人一次只能尝试一种。在完成整个程序过程中，绝不要投机取巧。如果出现疑惑，就不要试下去了。感到不对劲时，尽快刺激喉咙把它呕吐出来。

(2)采集可食用植物

植物被挤破弄烂后会很快变质，不再适于食用，因此，采集时应注意排放有序，避免挤压和混合，以保持所采植物的鲜度。

①叶与茎。主要采摘柔嫩的幼枝。

②球根与块茎。可食用植物的球根和块茎富含淀粉，最好煮熟再食用。

③野果。野果除了生吃之外，还可以做成热浆汁或是甜味饮料。

④坚果。坚果蛋白质含量高，甚至还可熬出食用油。

⑤种子和谷类。采摘植物种子时，要特别注意尝试，要严格鉴别是否含有致命的毒素。

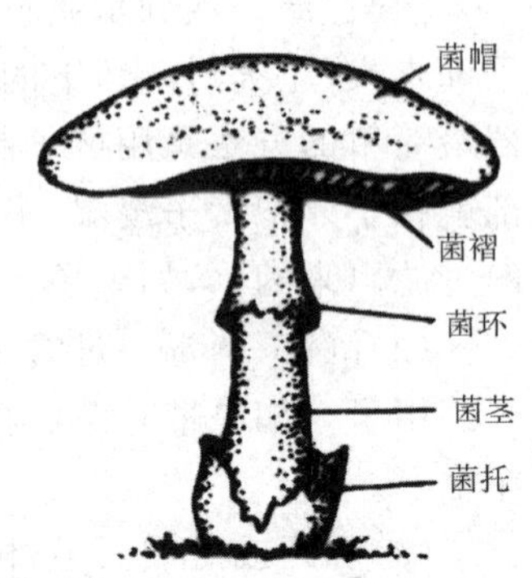

图 26-1　菌类的各部名称

⑥菌类。菌类指的是各种蘑菇类植物。菌类食品的营养价值很高，但有的野生蘑菇有毒，一旦误食，可能致人死亡。因此，必须学会鉴别方法：一是避开长有白色菌褶、茎干基部有菌托（杯状附着圈，见图 26-1）以及带菌环茎干的菌类；二是

避开任何正发生腐败的菌类。

⑦树皮。很多树的皮是可以食用的,如北方地区的桦树、柳树、白杨和三角叶杨树的树皮。树皮的纤维比较粗,应煮烂再食用。

⑧花朵。可食植物的花朵也是可以吃的,但由于花朵容易受到昆虫的污染,所以最好采摘尚未开放的,并且必须煮熟了才能食用。

(3)我国常见的可食野生植物

①山葡萄。生长在北方的山地。9月间成熟,其果实可生食,嫩条可解渴。

②沙棘。在我国分布较广,生长在河岸旁的沙地或沙滩上。9—10月成熟,味微酸而甜,营养价值高。

③苦菜。全国各地都有,生长于山野和路边,易于采集。3—8月可采嫩茎叶生食。炒熟后食用,味道更好。

④蒲公英。分布于全国各地,生长于田野、路旁,易于采集。3—5月可采嫩叶生食。炒熟后食用,味道更好。

⑤荠菜。全国各地均有,生长于田野、路边、沟旁,易于采集。嫩苗可食,3—4月采全草,炒食、做汤均可。

⑥野苋菜。主要产于南方各地,生长于田野、路边草地中,春季食其嫩叶。

⑦茅莓,有的地方也叫刺莓。广布于全国各地,生长在山坡灌木丛中或路旁。7—8月成熟,果实和嫩叶均可生食。

此外,还有诸如车前草、仙人掌和竹笋之类的陆地植物,以及沿海地区的海藻和紫菜等海洋植物。

2.动物类食物

野外求生时,捕捉一切能够食用的小动物是解决食物来源问题的有效方法。比较容易捕捉的小动物主要有:蛇、蛙、龟、蜥蜴以及鱼、虾、昆虫等。

(1)蛇类

蛇肉是美食,但捕蛇首先必须保证自身安全。捕蛇工具最好选取带有叉子的长棍。打蛇要打七寸,下手要快、要准。可先用叉子叉住蛇的颈部,用另一木棍或重物猛击其头部。对付树上栖息的蛇可先用棍棒将其击落到地上再捕捉。总之,要谨防被毒蛇咬伤。蛇的宰杀,可以剥皮,也可以不剥皮。烹饪方法,可以红烧、清炖,也可以烧烤。

(2)两栖动物

所有青蛙类的肉都可食用,但有些种类(如蟾蜍)皮下有毒腺,烹煮之前必须剥皮。青蛙肉可煮成清汤,或红烧、爆炒,无论采用哪种烹饪方法,都必须煮熟煮透,以杀死寄生虫。

(3)蜥蜴

蜥蜴各地均有,所有的蜥蜴肉都可以食用。大多数蜥蜴生性胆怯,但有些大蜥蜴受到攻击时会咬人,捕捉时要谨防被咬伤或被其利爪抓伤。捕捉到这类动物后,先砍头剁脚,然后剥皮、剖腹去除内脏,即可下锅烹饪或用火烧烤食用。

(4)鳖鱼类

龟、鳖类爬行动物肉味鲜美,但具有较强的攻击性,捕捉时要防止被其利齿咬伤。宰杀时,可先重击其头部,将其杀死,然后沿腹部剖开,去除内脏,切除头部,即可根据需要切块下锅烹煮。注意,鳖肉必须煮熟方可食用,鳖血营养丰富,不要浪费了。

(5)鱼类

在江、河、湖、海、池塘等各类水系垂钓或捕捉鱼、虾,也是获取食物的重要手段。对捕捉到的鱼,食用前,必须搞清楚是否有毒。如果不慎误食毒鱼,马上用高锰酸钾液洗胃,或服用催吐、泻药将已食进的鱼毒排出。

(6)昆虫类

昆虫也是野外求生者能获取的动物性食物资源。最有利用价值的是白蚁、蚱蜢、蝗虫、蟋蟀、蜜蜂等。特别是蜜蜂,不但蛹、幼虫和成年蜂都可以吃,而且在蜂房里还可以找到蜂蜜。昆虫最好经过烹烧之后食用,这样既美味又安全。食用前,对诸如蝗虫、蚱蜢、蟋蟀之类的昆虫,要先去掉小腿及翅膀。因为腿毛会刺激消化道,某些种类幼虫的纤毛会引起皮疹。

(三)火

对于野外求生者来说,火可以给人带来生机和活力。但是,用火不慎,引发火灾,也可能危及生命,破坏自然生态,造成不可挽回的损失。所以,野外求生者,不仅要懂得如何生火和用火,而且要懂得控制火焰燃烧,安全用火。

1.选择生火点和构筑火炉

(1)选择生火点

根据所处环境的地形特点,确定生火地点。最好选择在靠近宿营处,既能保证用火安全,又便于火焰燃烧和散烟的地点。

身处林区时,生火、用火必须严防引发森林火灾,生火点最好选在林中空地、林缘边、通过林区河流的岸上、小溪旁最高水位线上背风的地方。尽量避开易燃的针叶树林。

身处草原时,生火点最好选在靠近水源的地方,如河流、水塘的旁边,也可选在背风的坡地上,但四周一定要开辟出 2 米以上的防火安全隔离带。

身处山地、丘陵地时,可寻找山洞、背风石崖旁、向阳背风的山坡上,或河床边、溪流旁最高水位线以上的地方,但雨季要谨防山洪暴发。

(2)构筑火炉

为了保证用火安全,提高热效能,在选定的生火点上,应根据用途、地形特点和可能获取的材料,采用垒、挖、架等办法,构筑合适的炉灶。有条件时,也可以利用就便器材改造成炉灶。

垒,就是利用石头或土块垒成一个圆形或半圆形的炉灶。

挖,就是在土地上挖灶。

架,如果地面潮湿松软或积雪深厚,则需要架起一个高出地面的炉台。

2.搜集燃料

(1)主燃料。让火焰不停地燃烧的主要物质。最好选择燃烧持续时间长、热效能好、不发烟或少发烟的燃烧物。野外生存时,可选择的燃烧物主要有:枯木、干燥的动物粪便等。

(2)引火物。最好是易燃物质。枯草、枯死的细小树枝、针叶松的落叶等是最好的引火材料;也可以把大树枝折断,劈开成小块的引火柴;还可以用纸张、布条以及从衣袋裤兜和衣缝上搜罗下来的棉绒做引火材料。

3.点火方法

(1)火柴(打火机)点火。

(2)凸镜生火。在阳光直射的情况下,可利用随身携带的放大镜、望远镜、有度数的眼镜和照相机的凸镜将太阳光聚焦于火种之上，将其点燃。

(3)火刀击打火石。操作方法：左手食指和拇指捏住火石，食指和中指之间夹住引火物（通常是带有余灰的引火纸卷），并使火石靠近引火物，右手握住打火刀（没有火刀用其他刀具的背部也行），按照划火柴的动作，用力击打火石，使之迸出火花，点燃引火物。

(4)钻木取火。操作方法：用一根干燥坚硬的纺锤状木棒在一块干燥的软木底座上摩擦钻孔，靠钻孔摩擦发热点燃火种。

4.注意用火安全，防止引发火灾

野外生火，最重要的是安全用火。尤其是在林区、草原等容易发生火灾的地区，更要特别注意。一是在选择生火地点时，要尽量避开易燃的植被；二是生火前，生火点四周要有足够的防火隔离带，如果没有自然形成的隔离带，必须人工开辟 2 米以上的防火隔离带；三是要有灭火应急措施，在生火点的旁边，必须备有沙土堆或水，或者备有灭火工具，一旦火势失控，马上扑灭；四是从点火到撤离的整个用火过程，火堆、火炉边都必须有人值守，发现燃烧有可能失控时，立即进行处理；五是撤离生火地点时，必须把火彻底扑灭，并用沙土覆盖，以防死灰复燃，引发火灾。

（四）露营地与庇护所

野外求生时，在短时间内难以得到救助的情况下，庇护所是满足生存需要的一个非常重要的场所，尤其是在恶劣的气象条件下，更是必须优先考虑的一个重要因素。

1.选择露营地

野外露营地的选择要注意以下几点：

(1)近水。营地要选择离水源近的地方。但近靠水源会遇到野生动物和暴雨山洪的侵袭，要格外小心注意。

(2)背风。最好是在小山丘的背风处，林间或林边空地、山洞、山脊的侧面和岩石下面等等。

(3)避险。营地上方不要有滚石、滚木，不要在泥石流多发地建营，雷雨天不要在山顶或空旷地上安营，以免遭雷击。

(4)防兽。建营地时要仔细观察营地周围是否有野兽的足迹、粪便和巢穴，不要建在多蛇多鼠地带，以防伤人或损坏装备设施。

(5)日照。营地要尽可能选在日照时间较长的地方，这样会使营地比较温暖、干燥、清洁，便于晾晒衣服、物品和装备。

(6)平整。营地的地面要平整，不要存有树根草根和尖石碎物，也不要有凹凸或斜坡，这样会损坏装备或刺伤人员，同时也会影响人员的休息质量。

2.寻找和构筑庇护所

野外露营的方式分为利用制式器材露营和利用就便器材露营。野外求生者所遇到的绝大多数是利用就便器材宿营，或利用自然地形地物加就便器材宿营两种情况。

(1)利用洞穴。洞穴，即使又窄又浅，也可以成为很好的庇护所。位于山谷较高处的山洞比较干燥，洞内气候受外界影响不大，是比较理想的栖息之所。但位于谷底和深不可测的山洞，相当潮湿，不适宜居住，应当慎用。对所要利用的山洞，进洞前要注意观察，看是否有野兽。若一时难以判定，可在洞口生起篝火，并往洞里扇风，使烟火往洞里灌，用烟熏火燎的方法，吓跑野兽，同时驱赶蚊虫。对山洞的改造利用并不复杂，通常要做的工作是，整理进出

通道，制作洞门屏障，以防野兽侵扰。若洞口较小，可制作一片篱笆，夜间休息时，用绳索从里面拉住；若洞口较大，可用圆木横拦在洞口作为屏障。

(2)架设帐篷。可搭建简易帐篷的材料有雨衣、塑料薄膜、盖布等覆盖面料，以及竹竿、木棍等骨架材料。帐篷的样式：可搭建成屋顶形、半屋顶形、圆锥形、拱形等简易帐篷。其大小和形状可根据地形特征，以及器材数量和露营人数灵活确定。

(3)搭建棚屋(竹、木、草)。求生者还可根据所处环境和地形特征，充分利用自然条件，就地取材，搭建各种竹棚、木棚或草棚，以作为栖身之所。

(4)简易庇护所。简易庇护所，通常是寻找就近可利用的地形地物，加以改造和补充搭盖，构成临时栖息所。其主要形式有以下几种：

一是利用天然凹坑。凹坑有部分挡风效果，在凹坑的顶部再加上遮盖，就是很好的简易栖息所。凹坑最好选在斜坡上，以利排水；如果是平地上的凹坑，四周要挖好排水沟。改造的方法是：先在凹坑的中部搭上一根结实的圆木，作为基本支撑，然后把木棍、树枝分两边整齐地搭在圆木上，上面再覆盖塑料薄膜、大型叶片或草皮等覆盖物即可。

二是利用倒地的树干。如果身处林地，有些被风刮倒的大树，其树干就可以用来改造成庇护所。利用时，最好选择与风向垂直的树干，这样可以取得较好的防风效果。改造的方法是：在树干的背风处挖一个凹坑，利用树干为支撑点，在凹坑的上方搭建棚顶即可。

三是利用石块。上述两种栖身所的空间狭小，只能躺着，不太舒服。如果在坑的四周垒起石块以增加棚高，就可以增大栖身所的空间。这样，就不仅能够躺着，而且可以坐着，甚至站着活动，可以大大改善野外生活的质量。

三、野外生存常见伤病的救护与预防

(一)中暑的救护与预防

1.中暑的原因

在正常情况下，人的体温保持在37℃左右。这是由中枢神经系统、体温调节中枢对人体产热和散热保持调节和控制的平衡。人体主要靠辐射和传导对流方式散热。当周围气温增高接近于体表温度时，则辐射、对流散热就难以进行，身体产生的热量散不出去，产热与散热失去平衡，体温调节和其他生理机能发生障碍，就会引起中暑。此外，体力消耗过大、缺少适当休息、水盐补充不足、衣服不通气等均会引发中暑。

2.中暑的症状

症状可分三期：

(1)前驱期：大量出汗，皮肤充血，心跳、呼吸加快，还有疲乏无力、头晕、头痛、口渴、恶心等。此时能及时脱离高温环境，适当休息，就能很快恢复。

(2)代偿不全期：体温升高至38℃以上，心跳、呼吸更快速，血压下降，烦躁不安，反射亢进，大量出汗，呕吐，体内盐分减少，甚至产生四肢肌肉疼痛，严重者发生肌痉挛，以小腿腓肠肌为常见。

(3)代偿衰竭期：体温升到40℃～41℃，这时出汗反而减少，尿闭，意识模糊不清，狂躁不安，惊厥，甚至昏迷、休克、血压下降，脉细弱而频，瞳孔对光反射迟钝，膝反射减退或消失，如不及时抢救，可致心衰及呼吸衰竭死亡。

3.中暑的急救及治疗

首先，把病人抬到通风阴凉地方，解开衣扣，平卧，用冷毛巾敷头部，喝淡盐水或凉茶（饮料）补液降渴。

其次，轻症者可服人丹或十滴水，也可针刺大椎、人中、合谷、曲池或行刮痧疗法。一般轻者，经上述处理后可迅速恢复。若较重可服用藿香正气水。

再次，对出现高热、昏迷、休克的重症者要力争及早送医院采取急救措施。

4.中暑的预防

在正常情况下成人每天进入体内和排出体外的水量大致相等，约 2.5 升。每天摄取盐分 10～20 克。如在高温下训练，每小时出汗量可达 0.6～1.2 升，而汗液含 0.3%～0.5%的盐分，同时，多种溶液性维生素也随汗液排出。因此，训练时间长了会造成体内水、盐、维生素大量损失，如果不及时补充，将致使机体水盐代谢平衡发生紊乱。如只补充水而不补充盐，会造成细胞外体液中的盐减少。因此首先要补充含盐饮料，一般以白开水或茶水含盐 0.2%～0.3%为宜，如盐茶，即茶叶 3 克、食盐 2 克、水 1 升，先把食盐放进沸水中溶解，然后泡茶即可。也可用绿豆 1 斤、水 10 斤、食盐适量，煮沸冷却食用。

（二）冻伤

当气温降到－1℃时，在体表裸露部位和远离心脏区域的皮肤和肌肉就可能会发生冻伤，例如手、脚、鼻、耳、脸等相对裸露的部位，都极可能发生冻伤。

1.冻伤的症状

皮肤冻伤时，首先感到刺痛，接着皮肤出现苍白的斑点，感到麻木，进一步就出现卵石似的硬块，伴有疼痛、肿胀、发红、起疱，最后减弱、消失；严重冻伤者，冻伤部位的肌体组织可能变灰、变黑、死去，最终剥落。

2.冻伤的护理方法

对仅伤及皮肤的初步冻伤者，可将受冻部位放到温暖处，如将手夹在腋窝部，将脚抵住同伴的胃部（持续时间不宜过久！）。

对深度冻伤者，要防止冻伤部位进一步恶化，注意不要用雪揉擦或放在火上烘烤。最好的方法是将冻伤部放在 28℃～28.5℃的温水中缓慢解冻。注意，水温一定要先试一试，过热要凉下来，然后将伤处放入水中。

对严重冻伤者，注意不要挑破水疱和摩擦伤处，要防止受到感染，并力争尽快送医院治疗。

（三）毒蛇咬伤的处理

夏秋两季是蛇类四处觅食、活动最频繁的季节。野外求生者身处山野草林地带，在捕猎和采摘食物，以及一切野外活动中，都可能遭到毒蛇攻击，发生被毒蛇咬伤事故。因此，夏秋季节，在进行有计划的野外作业时，应当备有蛇药。当被毒蛇咬伤时，应当尽快（不能超过 1 小时）采取急救措施。首先，马上缚住伤处靠近心脏一端，以减少毒液上流。然后在被毒蛇咬伤处，用刀子浅浅地划一个十字口，挤出毒液，以减轻中毒症状。也可用口吸出毒液，随吸随吐，但口舌生疮或口腔黏膜溃疡的人不能用此法，以免中毒。口吸需进行 20～30 分钟。伤口上可用 1%～3%的高锰酸钾溶液湿敷，或用大蒜汁、雄黄、甘草等配合涂敷。为确保安全，进行上述处理后，在可能的情况下，还需马上注射抗毒血清或用有效中药外敷和口服。有些像眼镜蛇之类的毒蛇，不仅会咬人，而且会喷射毒液，一旦遇到这种情况，应立即用水冲洗被喷射到的皮肤表面。

第二十七章
识图用图

地形图是地球表面的缩写，是反映实地地形、道路、水系、居民地等情况的可靠资料。利用地图研究地形，快速了解执行任务地区地形基本情况，是指挥部队作战、训练的基本要求。因此，各级指挥员和参谋人员都应认真学习并熟练掌握识图用图基本技能。本章主要介绍地形的分类和作用、地形图基本知识、现地使用地图等内容。

第一节　地形的分类和作用

一、地形的分类

地形是地貌和地物的总称。地貌是指地球表面高低起伏的自然状态，如山地、丘陵地、平原等。地物是指地球表面上自然形成或人工建筑的固定性物体，如居民地、道路、江河、森林等。

由于不同的地貌和地物的错综结合，形成了不同的地形。其分类：依地貌特征，可分为平原、高原、山地和丘陵地；依地物的分布和土壤性质，可分为居民地、山林地、石林地、沼泽地、水网稻田地、江河、湖泊、岛屿、海岸、草原、沙漠、戈壁等；依对军队战斗行动的影响，又可分为开阔地、荫蔽地和断绝地等。不同的地形对军队战斗行动又有着不同的影响。

二、地形的作用

地形是战争和军事活动的舞台。军队的活动，都是在一定地形条件下实施的，都要受地形条件的影响和制约。例如，军队的运动、观察、射击、工事构筑、隐蔽伪装、技术兵器的运用、防原子和防化学，以及后勤保障等，都和地形有着密切的关系。早在2000多年前，我国古代大军事家孙武在《孙子·地形篇》中就写道："夫地形者，兵之助也。料敌制胜，计险厄远近，上将之道也。知此而用战者必胜，不知此而用战者必败。"又说："知彼知己，胜乃不殆；知天知地，胜乃不穷。"这些话，深刻揭示了地形对军事行动的重要作用。

战争经验证明，无论进攻或防御，在其他条件都具备的情况下，善于利用地形，可以减少损失，取得战斗的胜利；不善于利用地形，会给战斗增加困难，甚至遭受挫折或失败。所以，古今中外军事家无不重视研究地形及其对军队战斗行动的影响，以便趋利避害，使自己立于不败之地。古往今来，有多少著名的军事家巧借地利，妙施计谋，谱写了无数脍炙人口的光辉战例和不朽史章，也不乏因"不知地形而用战者"，留下了众多无法挽回的憾事。三国时代，公元228年，"马谡拒谏失街亭"，诸葛亮挥泪斩马谡，成了千古名鉴；同时也昭示后人，凡用战，必须知天知地，方可趋地利而避其害，牢牢掌握战场主动权。

第二节　地形图的基本知识

一、地图概述

（一）地图的定义

将地球表面的自然、社会要素和现象的空间分布，按一定的投影方法、比例关系和制图综合原则，用规定的符号、颜色和注记综合绘制的图，称为地图。

（二）地图的分类和用途

地图按其内容可分为普通地图和专门地图；按比例尺可分为大、中、小比例尺地图；按表现形式可分为线划地图、影像地图、数字地图；按色彩可分为单色地图、多色地图。

普通地图，是综合反映地表自然要素和社会经济现象的地图。内容包括：自然地理要素，如地貌、水系、土壤、植被等；社会经济要素，如居民地、行政区域、工矿、交通网等。普通地图分为地形图和地理图，是编制专门地图的基础。

地形图，是普通地图的一种，其比例尺大于1∶100万，它是国家经济建设、国防建设和军队作战、训练不可缺少的重要地形资料。在地形图上，可以进行长度（距离）、高度、坡度、水平角度、坐标和面积的量读、计算。

专门地图，也称专题地图或主题地图，是以普通地图为底图，着重表示一个专题内容的地图，如地质图、地貌图、水文图、人口图、交通图、历史图等等。

二、地图比例尺

（一）地图比例尺的定义

地图上某两点间直线长度与相应实地水平距离之比，叫地图比例尺。通常以数字比例尺或直线比例尺标注在地图图廓下方，是判定地表实地水平长度在地图上的缩小比例和根据图上量测长度计算实地水平距离的依据。

（二）地图比例尺的大小

地图比例尺的大小是按比值的大小来衡量的。在幅面大小相等的地形图上，比例尺越大，图中所包括的实地范围越小，显示的内容越详细，精度越高；比例尺越小，图中所包括的实地范围越大，显示的内容越简略，精度越低。

我国地形图的比例尺系列为1∶1万、1∶2.5万、1∶5万、1∶10万、1∶25万、1∶50万、1∶100万等7种。

（三）在图上量算距离

（1）依直线比例尺量读。先用两脚规量出两点间的长度，并保持其张度，再到直线比例尺上比量，比量时，先使两脚规的一脚落在尺身的整千米数上，再使另一脚落在尺头上，即可读出两点间实地水平距离。

（2）依比例尺换算。用直尺量取所求两点的图上长，然后乘以该图比例尺分母，即得相应的实地水平距离。其换算公式为：

实地距离＝图上长×比例尺分母

(3)用里程表量读。在地形图上量取弯曲路段或曲线距离时,使用指北针上的里程表比较方便。里程表由表盘、指针及滚轮三部分组成。量读时,先转动滚轮使指针归零,然后手持里程表,将滚轮放在起点上(使指针按顺时针方向转),沿所量线段滚至终点,指针在相应比例尺分划圈上所指的千米数即所求实地距离。

三、地物符号

地面上的地物,在地图上是用统一规定的符号结合注记表示的,这些符号称地物符号。它是构成地图的重要因素,是地图的语言。根据地物符号和注记,可以识别出实地地物的种类、性质、形状、大小和分布情况。

(一)符号的图形特点

地物符号的图形,依其形状,主要有以下三个特点,如表 27-1。

表 27-1　地物符号的图形特点

图形特点	符号及名称		
与平面形状相似	居民地	河流、苗圃	公路、桥梁
与侧面形状相近	突出阔叶树	烟囱	水塔
与有关意义相应	变电所	矿井	气象站

1.图形与地物的平面形状相似

这类符号的图形与地物正射投影后的平面形状相似,并保持一定的比例关系,所以叫正形图形。一般用于表示实地较大的地物,如居民地、森林、河流、公路、桥梁等。

2.图形与地物的侧面形状相近

这类符号的图形与地物的侧面形状相近,所以叫侧形图形。一般用以表示实地较小的独立地物,如突出树、烟囱、水塔等。

3.图形与地物有关意义相应

这类符号的图形是按照会形、会意的方法构图的,所以叫象征图形。它具有形象和富有联想的特点,如变电所、矿井、气象站等。

(二)符号的分类

1.依比例尺表示的符号(又叫轮廓符号)

实地面积较大的地物,如大居民地、森林、江河、湖泊等,其图形是按比例尺缩绘的,文字注记是按配置需要填绘的。在图上可了解其分布、形状和性质,量算出相应实地的长、宽和面积。

2.半依比例尺表示的符号(又叫线状符号)

实地的窄长线状地物,如道路、垣栅、土堤、管线等,其转折点、交叉点位置是按实地精确测定的,其长度是按比例尺缩绘的,而宽度不按比例尺缩绘。因此,在图上只能量测转折点、交叉点位置和相应的实地长度,而不能量取宽度和面积。

其准确位置在符号的中心线上或底线上。

3.不依比例尺表示的符号(也叫点状地物符号)

实地上一些对部队战斗行动有影响或有方位意义的地物,如突出树、亭、塔、独立房屋等,因其实地面积小,不能按比例尺缩绘,只能用规定的符号表示。在图上可了解实地地物的性质和位置,不能量取其大小。

其准确位置在符号的定位点上。

4.说明和配置符号

说明和配置符号主要用来说明、补充上述三种符号不能表示的内容。说明符号是用来说明某种情况的,如表示街区性质的晕线、表示江河流向的箭头等。配置符号是用来表示某地区的植被及土质特征的,如草地、果园、疏林、道旁行树、石块地等。说明和配置符号只表示实地地物的分布情况,并不表示地物的真实位置和数量。

(三)符号的有关规定

1.颜色的规定

为使地图内容层次分明、清晰易读,地物符号采用不同颜色来区分地形的性质和种类。我国现出版的地形图均为四色图。其规定见表27-2。

表27-2　地物符号颜色的规定

颜色	使用范围
黑色	居民地、独立地物、管线、垣栅、道路境界、森林符号和注记等
绿色	森林、果园等植被的普染
蓝色	水系及其普染,水系注记,雪山等高线及注记
棕色	地貌和等高线的高程注记,公路普染

2.定位点的规定

定位点是指符号中表示地物真实位置的部位。地物符号中,不依比例尺和半依比例尺的符号实际上都是夸大了的符号,因此,它们在地形图上的定位点,制图时就必须明确规定。

不依比例尺符号(主要是指独立地物符号)定位点的规定,如表27-3。

表27-3　不依比例尺符号的定位点

定位点	符号及名称		
图形中有一点的,在该点上	三角点	亭	窑
几何图形,在图形的中心	油库	独立房屋	发电厂
底部宽大的,在底部中心	水塔	气象站	碑
底部为直角的,在直角的顶点	路标	突出阔叶树	突出针叶树
两个图形组成的,在下方图形的中心	变电所	散热塔	石油井

半依比例尺符号(主要是指线状地物符号)定位线的规定,如表 27-4。

表 27-4 半依比例尺符号的定位线

定位线	符号举例	定位线	符号举例
成轴对称的符号,在中心线上	公路 土堤 高出地面的渠	不成轴对称的符号,在底线或缘线上	城墙 土城墙 陡岸

3.注记的规定

地物符号只能表示地物的形状、位置、大小和种类,但不能表示其质量、数量和名称,因此,还需用文字和数字予以注记,作为符号的补充和说明,见表 27-5。

表 27-5 常见的符号注记

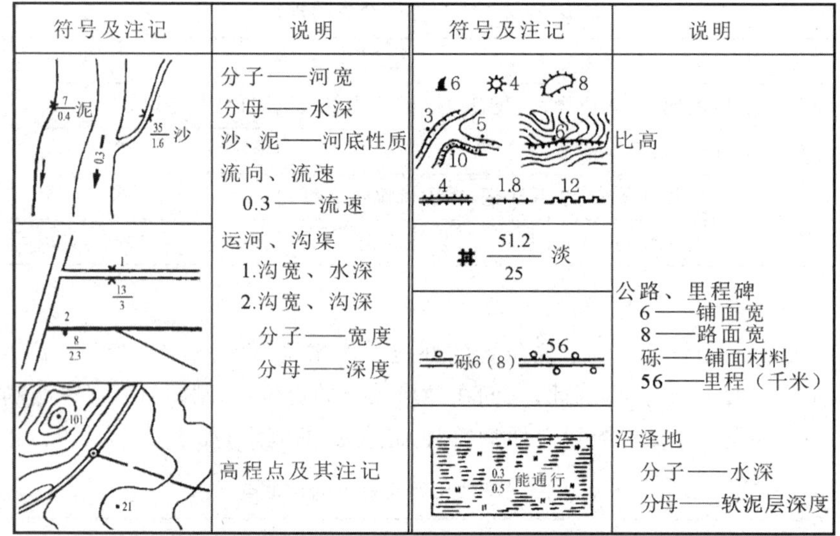

符号及注记	说明	符号及注记	说明
7/0.4 泥　35/1.6 沙　0.3	分子——河宽 分母——水深 沙、泥——河底性质 流向、流速 0.3——流速	6　4　8　3　5　10　6　4　1.8　12	比高
1　13/3　2　8/2.3	运河、沟渠 1.沟宽、水深 2.沟宽、沟深 分子——宽度 分母——深度	51.2/25 淡	
		砾6（8）　56	公路、里程碑 6——铺面宽 8——路面宽 砾——铺面材料 56——里程（千米）
101　21	高程点及其注记	0.3/0.5 能通行	沼泽地 分子——水深 分母——软泥层深度

(1)名称注记

用于注明地物名称的,如居民地、山和山脉、水系名称及地理单元名称分别以不同字体和颜色注记。

(2)说明注记

用于说明地物性质和特征的,如公路路面的质量,渡口、桥梁的性质,森林的种类,河流的流向,井水的咸淡等,均采用不同颜色的文字简注在符号内或一旁。

(3)数字注记

用于说明地物数量特征的,如山的高程,土堆、冲沟、陡崖的比高,森林的平均树高、树粗,公路的宽度,江河的宽、深、流速等,均用不同颜色的数字表示。

4.方向的规定

地物符号在地形图上的描绘方向,有以下四种情况。

(1)直立方向

直立方向,也叫固定方向,即符号始终保持与南北图廓线垂直。不依比例尺的符号绝大多数是按此种方向描绘的。

(2)真方向

真方向,即符号的描绘方向与实地地物的真实方向一致。依比例尺和半依比例尺的符号通常是按真方向描绘的。此外,还有独立屋、窑洞、山洞、泉等,也是按真方向描绘的。

(3)光照方向

地形图上有少数符号是按照阳光照射方向描绘的,如陡石山、溶斗和简易公路等。

(4)风向方向

依风向描绘的主要是沙地地貌中的一些微型沙地符号,以及反映土质特征的个别符号,如波状沙丘地,其符号与主要风向垂直;窝状沙地,其符号是顺风方向描绘的,粗点绘在迎风面。因此,这类符号又是判断所在地区主要风向的标志。

四、地貌判读

(一)等高线显示地貌

1.等高线

在地形图上将地面上高程相等的各点连成的闭合曲线称等高线,亦称水平曲线,用以显示地貌高低起伏、倾斜陡缓形态,量取某一地段的坡度或任一点的绝对高程与相对高程等。

2.等高线显示地貌的原理

设想将一座山从底到顶按照相等的高度一层一层地水平切开,这样,在山的表面就出现许多大小不同的闭合截口线,再把这些截口线垂直投影到同一平面上,便呈现出一圈套一圈的等高线图形。地图就是根据这个原理来显示地貌的,见图27-1。

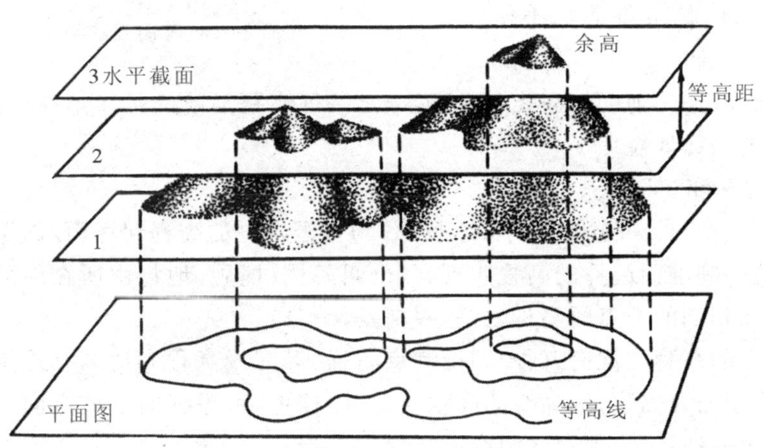

图27-1 等高线显示地貌的原理

3.等高线显示地貌的特点

(1)在同一条等高线上,各点的高程相等,并各自闭合。

(2)在同一幅地图上,等高线多的山就高,等高线少的山就低;凹地则与此相反。

(3)在同一幅地图上,等高线间隔大的坡度缓,间隔小的坡度陡。

(4)图上等高线的弯曲形状与相应实地地貌的形状相似。

4.等高距的规定

相邻两条等高线间的实地垂直距离叫等高距。等高距的大小,在很大程度上决定着地貌表示的详略。等高距愈小,等高线愈多,地貌表示就愈详细;等高距愈大,等高线愈少,地貌表示就愈简略。我国基本比例尺地形图等高距的规定如表 27-6。

表 27-6 等高距的规定

比例尺	1∶2.5 万	1∶5 万	1∶10 万	1∶20 万
等高距	5 米	10 米	20 米	40 米

5.等高线的种类和作用

等高线按其作用不同,分为四种,如图 27-2。

(1)首曲线,又叫基本等高线,是按规定的等高距,由平均海水面起算而测绘的细实线。用以显示地貌的基本形态。

(2)计曲线,又叫加粗等高线,规定从高程起算面起,每隔四条首曲线加粗描绘一条粗实线,以便在图上查算高程。

(3)间曲线,又叫半距等高线,是按二分之一等高距描绘的细长虚线。用以显示首曲线不能显示的局部地貌。

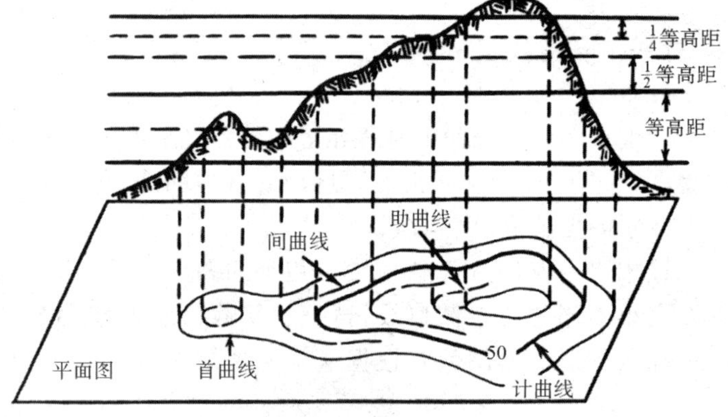

图 27-2 等高线的种类

(4)助曲线,又叫辅助等高线,是按四分之一等高距描绘的细短虚线。用以显示间曲线还不能显示的局部地貌。

6.高程起算和注记

我国规定:把"1956 黄海平均海水面"作为全国统一的高程起算面,称为"1956 黄海高程系统"。从这个基准面起算的高程叫真高,也叫海拔;地貌、地物由所在地面起算的高度,叫比高。起算面相同的两点间高程之差,叫高差。

地形图上的高程注记有三种,即控制点高程、等高线高程和比高。控制点的高程注记,用黑色,字头朝向北图廓;等高线的高程注记,用棕色,字头朝向上坡方向;比高注记与其所属要素的颜色一致,字头朝向北图廓。

(二)地貌识别

1.山的各部形态(表 27-7)

(1)山顶。山的最高部位叫山顶。图上表示山顶的等高线是一个小环圈,环圈外通常绘有示坡线。

表 27-7　山的各部形态

名称	山顶	凹地	山背	山谷	鞍部	山脊
现地形状						
图上表示						

(2)凹地。比周围地面凹陷,且经常无水的地方,叫凹地。图上表示凹地的等高线是一个或数个小环圈,并在环圈内侧绘有示坡线。

(3)山背。从山顶到山脚的凸出部分,叫山背。图上表示山背的等高线是以山顶为准向外凸出的部分。各等高线凸出部分顶点的连线,叫分水线。

(4)山谷。两个山背或山脊间的低凹部分,叫山谷。图上表示山谷的等高线,逐渐向山顶或鞍部方向凹入。各等高线凹入部分顶点的连线,叫合水线。

(5)鞍部。相连两个山顶间形如马鞍状的低凹部分,叫鞍部。图上是用表示山谷和山背的两组对称的等高线表示的。

(6)山脊。由若干山顶、鞍部相连所形成的凸棱部分,叫山脊。山脊的最高棱线,叫山脊线。图上山脊是由若干表示山顶和鞍部的等高线连贯起来表示的。

2.斜面和防界线

(1)斜面

斜面是指从山顶到山脚的倾斜部分,又叫斜坡。朝向敌方的斜面称为正斜面,背向敌方的斜面叫反斜面。按形状斜面可分为:

①等齐斜面。坡度近乎一致,斜面上均能通视。图上等高线的间隔基本相等,如图27-3(a)。

②凸形斜面。坡度上缓下陡,斜面上部分地段不能通视,形成观察和射击的死角。图上等高线的间隔上疏下密,如图 27-3(b)。

③凹形斜面。坡度上陡下缓,斜面上均可通视,便于发扬火力。图上等高线的间隔上密下疏,如图27-3(c)。

④波状斜面。坡度陡缓不一,斜面的若干地段不能通视,观察、射击的死角较多。图上等高线的间隔疏密不一,如图 27-3(d)。

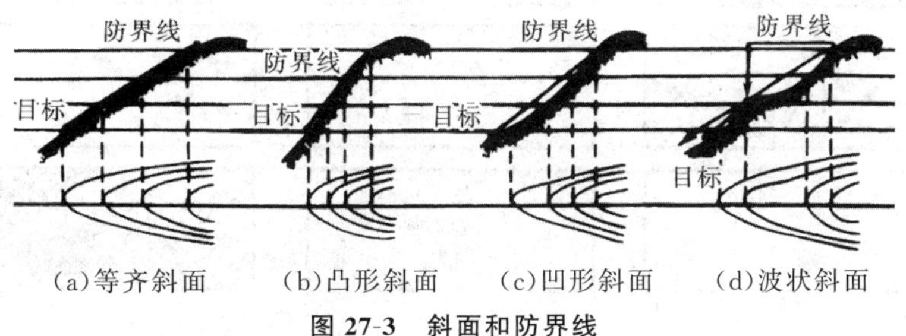

(a)等齐斜面　(b)凸形斜面　(c)凹形斜面　(d)波状斜面

图 27-3　斜面和防界线

(2)防界线

防界线通常是斜面上凸起的倾斜变换线。在防界线上,能展望其下方的部分或全部斜面,利于构筑射击阵地和观察所。图上防界线是等高线由疏变密的地方,如图 27-3。

3.地貌符号

地貌符号,用于表示等高线无法显示的地貌,如变形地、山隘、岩峰、露岩地等。由于这类地貌的形态复杂多变,用等高线无法逼真形象地反映地形的全貌,因此,必须采用特殊地貌符号。地貌符号主要有三种。

(1)微型地貌符号,如表 27-8。

表 27-8 微型地貌符号

符号	说明	符号	说明
(4—10)	山隘 (4—10)——通行月份		石灰岩溶斗
1.6/20	山洞、溶洞 分子——洞口直径 分母——深度	1. 95 2. 35	岩峰 1.孤峰 95——比高 2.峰丛 35——比高

(2)变形地符号,如表 27-9。

表 27-9 变形地符号

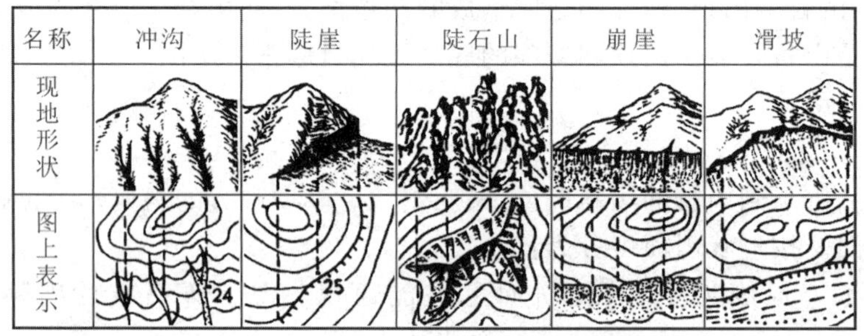

名称	冲沟	陡崖	陡石山	崩崖	滑坡
现地形状					
图上表示	24	25			

(3)土质特征符号,如图 27-4。

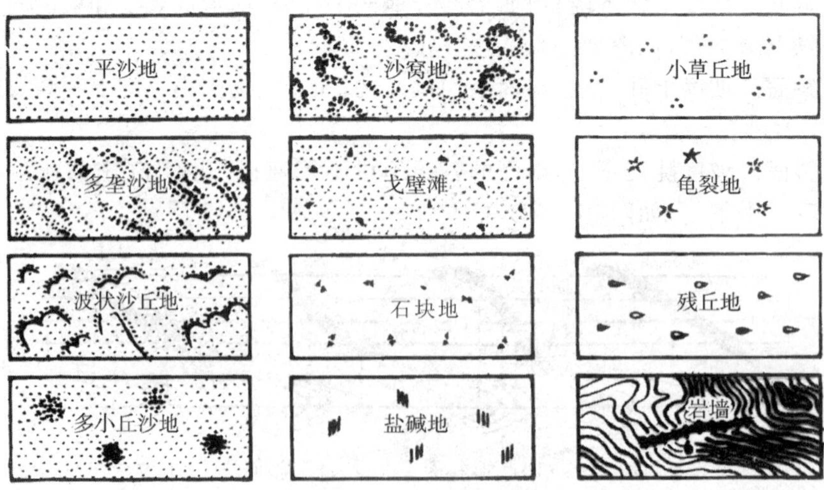

图 27-4 土质特征符号

（三）高程、起伏和坡度判定

1.高程和高差判定

（1）高程判定

判定点的高程，应先在判定的点附近找到高程注记，然后根据等高距推算。

当判定的点在等高线上时，只要查出该条等高线的高程，就是该点的高程。

当判定的点在两条等高线之间时，应先查出相邻两条等高线的高程，再按其所在位置估计。

当判定的点在山顶，而山顶又无间曲线或助曲线表示时，应先判明最高一条等高线的高程（如是鞍部则应先判明较低一条等高线的高程），通常再加上半个等高距。

（2）高差判定

判定两点间的高差时，首先要判明两点的高程，将两点的高程相减，即得两点的高差。

2.起伏判定

在图上判定战斗行动区域或运动方向上的起伏状况时，首先应根据等高线的疏密概况、河流的位置和流向，找出各山脊的分布状况和地形总的下降方向，再具体明确山顶、鞍部、山脊、山谷的分布，详细判明起伏状况。通常，当等高线在河流一侧时，靠近河流的等高线表示下坡方向，反之为上坡方向；当等高线横穿河流时，上游的等高线表示上坡方向，反之为下坡方向。

3.坡度判定

（1）用坡度尺量

地形图南图廓的下方绘有坡度尺。当量取某段道路的坡度时，先用两脚规（或纸条）量取图上两条等高线间的宽度，然后移到坡度尺第一条曲线与底线间的纵方向上比量，找到与其等长的垂直线，即可读出相应的坡度。如几条首曲线的间隔大致相等，可一次量取2～6条等高线的间隔。量取几条等高线，就在坡度尺上相应的曲线上比几条，然后读出相应的坡度。

（2）根据等高线间隔计算

地形图如果采用统一规定的等高距，当两条相邻首曲线的间隔为1毫米时，则相应现地的坡度约为12°。如果间隔大于或小于1毫米，只要用间隔（单位为毫米）除12°，就可以得出实地坡度。例如：相邻两条首曲线的间隔为2毫米，则坡度为12°÷2＝6°。但若坡度超过30°，则因估算误差较大，不宜采用此法。

五、坐标

使用坐标，便于迅速准确地确定点位，指示目标，实施组织指挥。军事上常用的有地理坐标和平面直角坐标。

（一）地理坐标

用经纬度数值表示地面某点位置的球面坐标，叫地理坐标。地理坐标通常用度（°）、分（′）、秒（″）表示。在空军、海军和外交事务中，常用地理坐标指示目标位置。

1.地图上地理坐标的注记

地理坐标网由一组经线和纬线构成。地图比例尺不同，表示地理坐标网的形式也略有区别。

在 1∶20 万、1∶50 万、1∶100 万地形图上，绘有地理坐标网。纬度数值注记在东、西内外图廓间；经度数值注记在南、北内外图廓间。

在 1∶2.5 万、1∶5 万、1∶10 万地形图上，只绘平面直角坐标网，不绘地理坐标网。图廓四角注有经纬度数值，内、外图廓间绘有经、纬分度带，分度带的每个分划表示 1′，将它们对应相同的分度线连接起来，即可构成地理坐标网。

2.地理坐标的应用

用地理坐标指示目标或确定某点在图上的位置时，一般按先纬度后经度的顺序进行。

(1)在图上量取目标的地理坐标

在 1∶2.5 万、1∶5 万、1∶10 万地形图上量取某点的地理坐标，可先在南、北图廓和东、西图廓间的分度带上，找出接近该点的经、纬度分划，并连成经、纬线；再量取该点至所连经、纬线的垂直距离，并按分度带估计或计算出秒数；然后分别与所连经、纬线的度、分数值相加，即可得出该点的地理坐标。

(2)按地理坐标确定目标的图上位置

如已知⊙150 高地的地理坐标为：北纬 25°02′12″，东经 102°32′18″。确定该点的图上位置时，先将东、西图廓纬度分度带上 25°02′12″处连成直线，再将南、北图廓经度分度带上 102°32′18″处连成直线，两直线的交点，即该点在图上的位置，如图 27-5。

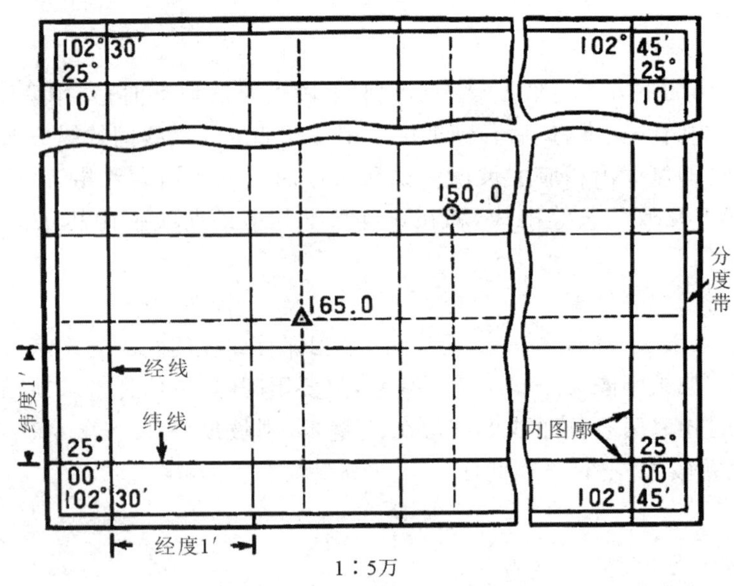

图 27-5　依分度带量读地理坐标

如所求点较多，可先按分度带连成地理坐标网，再按各点的经、纬度数值来确定各点在图上的位置。

(二)平面直角坐标

用平面上的长度值表示地面点位置的直角坐标，叫平面直角坐标。

1.平面直角坐标的构成及注记

我国地形图上的平面直角坐标网，是按高斯投影绘制的。它以6°为一投影带，每投影带的中央经线为纵轴（X 轴），赤道为横轴（Y 轴），其交点为坐标原点（0，0）。这样，每一投影带便构成了一个独立的坐标系，如图27-6。

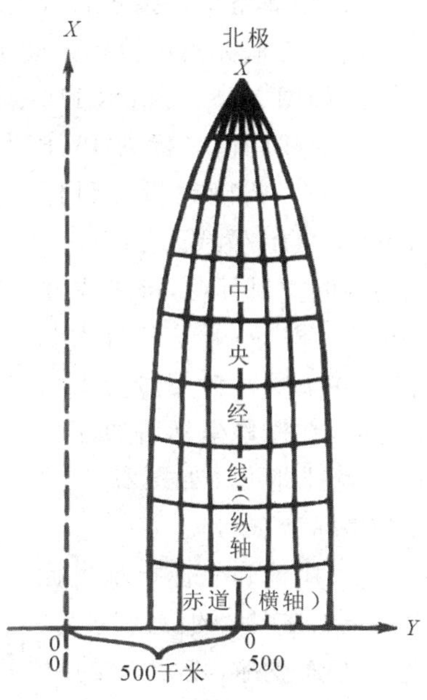

图 27-6　高斯投影带北半球的平面直角坐标系

为便于从每幅地形图上量测任意点的坐标，以千米为单位，按相等的距离作平行于纵、横轴的若干直线，而构成平面直角坐标网，也叫方里网。纵坐标以赤道为零起算，向北为正，向南为负。因我国位于北半球，所以纵坐标均为正值。横坐标如以中央经线为零起算，则向东为正，向西为负，使用时非常不便。为了避免负值，把中央经线按500千米（大于赤道上经差3°相应的实地长）计算。这样，在中央经线以东的横坐标值均大于500千米，以西的小于500千米。我国各地的平面直角坐标纵横值也由此而均为正值，如图27-7。

坐标网注记，在东、西图廓横线上注记的为纵坐标值，在南、北图廓纵线旁注记的为横坐标值。在图廓的四角注有纵、横坐标的全部数值，其他一般只注记末两位数。纵坐标全值注记为四位数；横坐标全值注记为五位数，其中前两位数为带号。

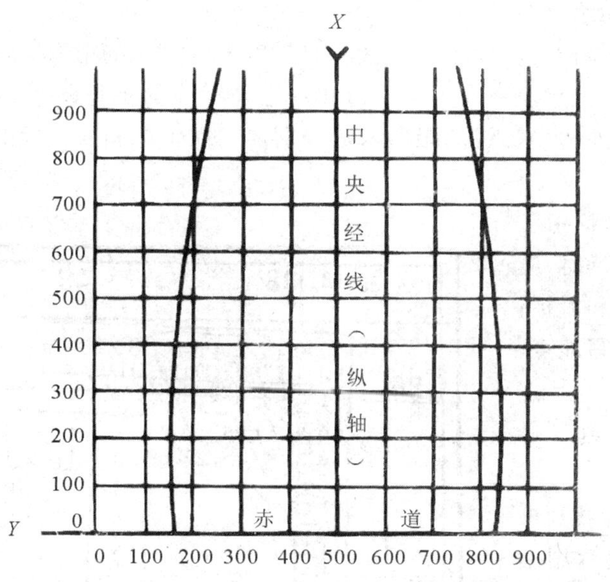

图 27-7　坐标起算

2.平面直角坐标的应用

平面直角坐标主要用于指示和确定目标在图上的位置，也可根据方格估算距离和面积。指示目标或确定点的位置时，按先纵坐标后横坐标的顺序进行。

(1)用概略坐标指示目标

用概略坐标指示目标的图上位置时,只用该目标所在方格纵横坐标末两位的千米数值即可。如图 27-8,要指示 116.6 高地的位置时,可先找出该点下方横线的纵坐标为 67,后找出左方纵线的横坐标为 45,该点的概略坐标即 67、45。

当需要明确地指示目标在方格中的位置或区分同一方格内的同类目标时,可采用井字格法。即将一个方格分为九小格,并按顺时针编号。指示目标时,在概略坐标后加注小格的编号即可。如图27-8,木桥的坐标为 66、46_9。

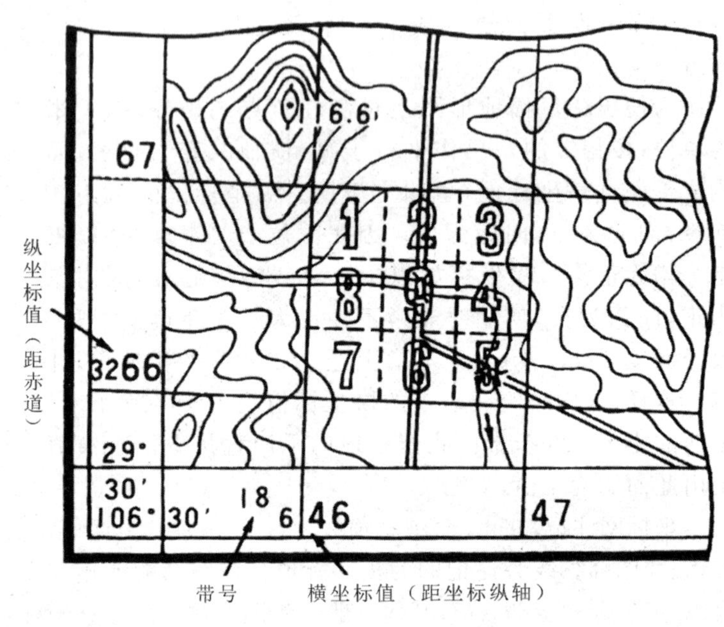

图 27-8 用概略坐标指示目标

(2)用精确坐标指示目标和确定点在图上的位置

精确坐标,由目标的概略坐标(千米数),加上该点至所在方格下边和左边坐标线的垂直距离(米数)组成,用于精确地指示和确定某点的图上位置。

①用精确坐标指示目标

可在概略坐标的基础上,用坐标尺量读。如图 27-9,发射点的精确坐标为:X85645、Y49300。

也可用直尺量取该点至所在方格下边和左边坐标线的垂直距离,并依比例尺换算成米数,然后将至下边和左边坐标线的距离米数分别加在纵坐标和横坐标的千米数上,即该点的精确坐标。

利用平面直角坐标指示目标时,在口述或报读时,应先报坐标,后报地点和目标;在书面文件中,应先写地点,后写坐标和目标。

②用精确坐标确定目标的图上位置

可先按概略坐标找到该目标所在的方格,然后用坐标尺直接比量找出该点的图上位置;也可按纵横精确坐标值作平行于坐标纵横线的直线,则两线的交点就是所求目标点在图上的位置。

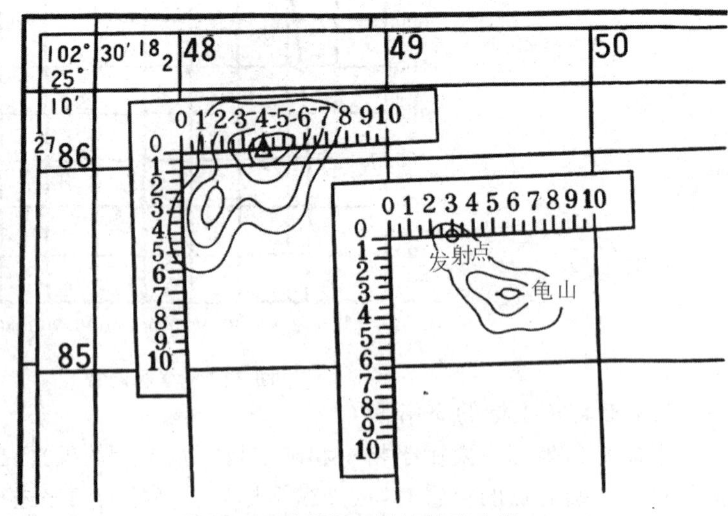

图 27-9 用坐标尺量读精确坐标

六、方位角

从某点的指北方向线起，依顺时针方向到目标方向线之间的水平夹角叫方位角。

（一）方位角的种类

由于每点都有真北、磁北和坐标纵线北三种不同的指北方向线，因此，从某点到某一目标，就有三种不同的方位角，见图 27-10。

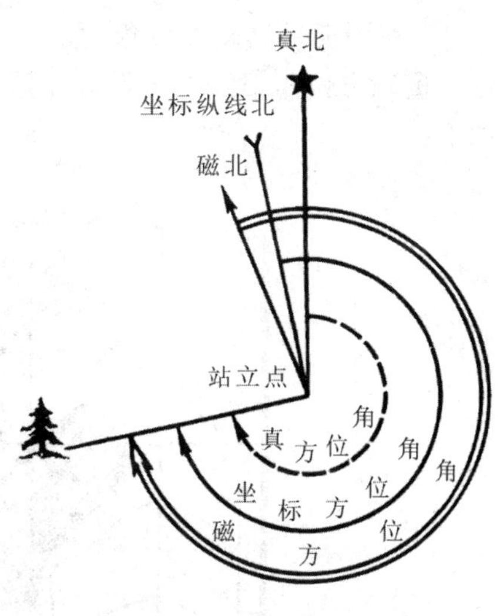

图 27-10　方位角的种类

1.真方位角

某点指向北极的方向线叫真北方向线，即经线，也叫真子午线。从某点的真北方向线起，依顺时针方向到目标方向线间的水平夹角，叫该点的真方位角。通常在精密测量中使用。

2.磁方位角

某点指向磁北极的方向线叫磁北方向线，也叫磁子午线。在地形图南、北图廓上的磁南、磁北（即 P、P'）两点间的连线，为该图的磁子午线。从某点的磁北方向线起，依顺时针方向到目标方向线间的水平夹角，叫该点的磁方位角。在航空、航海、炮兵射击、军队行进时，都广泛使用。

3.坐标方位角

从某点的坐标纵线北起，依顺时针方向到目标方向线间的水平夹角，叫该点的坐标方位角。一般炮兵使用较多，它不仅便于从图上量取，还可换算为磁方位角在现地使用。

（二）方位角的量读

1.在图上量读坐标方位角

在量取某点至目标点的坐标方位角时，先将该点和目标点连成直线，使其与坐标纵线相交（若两点在同一方格内，可延长直线）。然后，用量角器按方位角的定义量读。如图 27-11，171.4三角点至162.6高程点的坐标方位角为：17—40（即 1740 密位）。

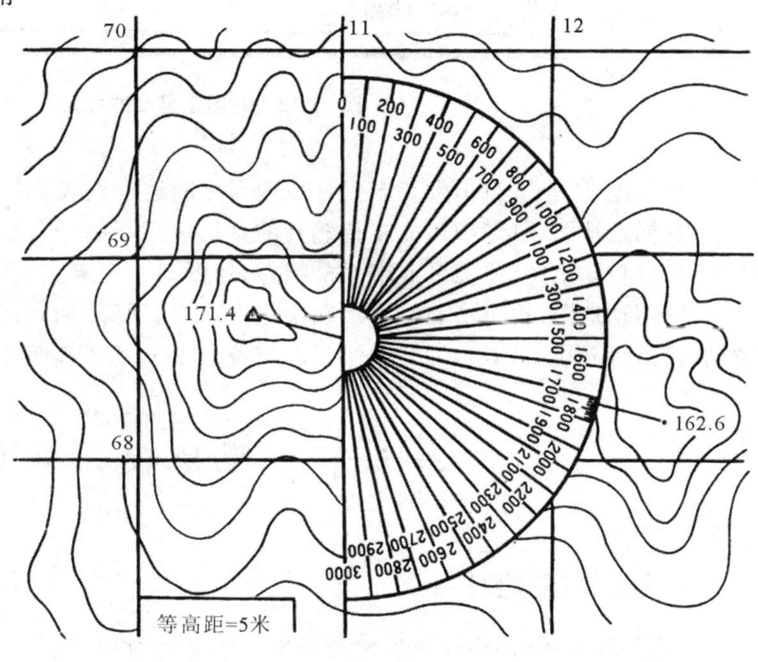

图 27-11　在图上量读坐标方位角

当坐标方位角大于 30—00 时，应将量角器放在坐标纵线的左边，使零分划朝南，再将读出的密位数加上 30—00，即所求的坐标方位角。

2.在图上量读磁方位角

量磁方位角，通常用指北针量读。如图 27-12，量读李家至虹山的磁方位角，其方法如下：

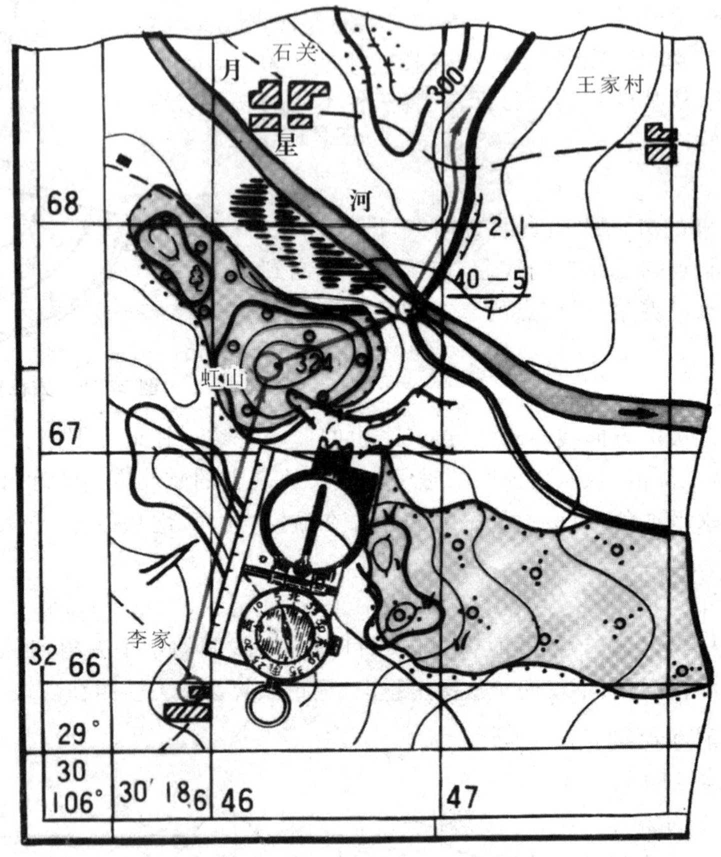

图 27-12　在图上量磁方位角

(1)在地形图上，将出发点至目标点两点之间连一直线。

(2)标定地图。标定时，先将指北针的直尺边切于磁子午线，并使准星的一端朝向地图上方，然后转动地图，使磁针北端对准指标，地图即已标定。

(3)不动地图，再将指北针直尺切于出发点至目标点两点的连线上，并使准星朝向目标方向，待磁针静止后，其磁针北端所指的密位数 4—54，即李家至虹山的磁方位角。

第三节　现地使用地图

一、地图与现地对照

现地使用地图时，应注意经常与现地地形进行对照，以便了解周围的地形情况，保持正确的方向和位置。

（一）标定地图

标定地图，就是使地图方位和现地方位一致。标定的方法有：

1.利用指北针标定

用指北针标定地图，一般按磁子午线标定。地形图的南、北内图廓线，分别绘有一小圆圈，分别注记磁北和磁南（1968 年以前出版的地图注记 P' 和 P），用虚线连接，这两点的连线就是磁子午线。标定时，先使指北针的指标归零，“北”字朝向北图廓，直尺边切于磁子午线，转动地图，使磁针北端对准“北”字，地图即已标定。

2.利用直长地物标定

当站在直长地物（如道路、土堤、河渠等）上时，可先在图上找到这段地物符号，将图平放，转动地图，并对照两侧地形，使图上和现地直长地物的方位一致，地图即已标定。

3.利用明显地形点标定

先确定站立点在图上的位置，再选定图上和现地都有的远方明显地形点（如山顶、独立地物等），平放地图，并将直尺边切于图上站立点和该地形点上，转动地图，使远方地物符号在前，通过直尺边瞄准现地明显地形点，地图即已标定。

4.利用北极星标定

夜间，可利用北极星标定地图。面向北极星，使地图的上方概略朝北，然后转动地图，使东（西）图廓线（即真子午线）对准北极星，地图即已标定。

（二）确定站立点

确定站立点，就是确定站立点在地形图上的位置，以正确使用地图，实施战斗行动。主要方法如下：

1.利用明显地形点确定

当站立点在明显的地形点（如山顶、鞍部、桥梁、岔路口等）上时，从图上找出该地形点的符号，即站立点在图上的位置。

当站立点在明显地形点的近旁时，可先标定地图，对照周围明显的地形细部，找出其与站立点的关系位置，即可判定站立点的图上位置，如图 27-13。

图 27-13　依明显地形点判定站立点

2.截线法、垂直线法、叠标线法

沿直长地物(如直长的路段、土堤、河渠等)行进时,可采用以下方法确定站立点。

(1)截线法。先标定地图,在直长地物的一侧选定图上和现地都有的明显地形点,将直尺边紧靠地形符号定位点(最好在定位点插一细针),转动直尺向现地明显地形点瞄准,并标绘方向线,该方向线与直长地物符号的交点,即站立点在图上的位置,如图 27-14。

图 27-14　用截线法确定站立点

(2)垂直线法。当明显地形点与站立点的连线正好垂直于直长地物时,不用标定地图,在地图上,通过相应地形符号的定位点向直长地物符号画垂线,其交点即站立点在图上的位置,如图 27-15。

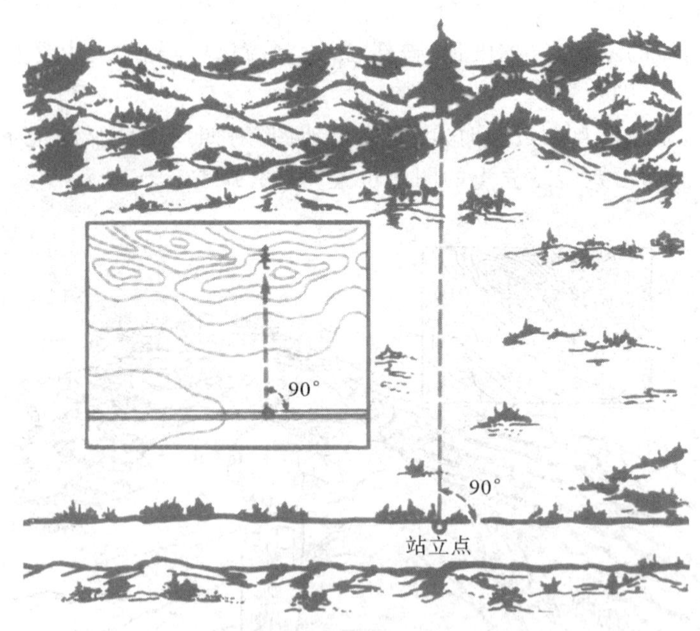

图 27-15　用垂直线法确定站立点

(3)叠标线法。当现地有两个明显地形点和站立点正好在一直线上时,不用标定地图,在地图上,通过两个相应的地形符号绘一方向线与线状地物相交,其交点即站立点在图上的位置，如图 27-16。

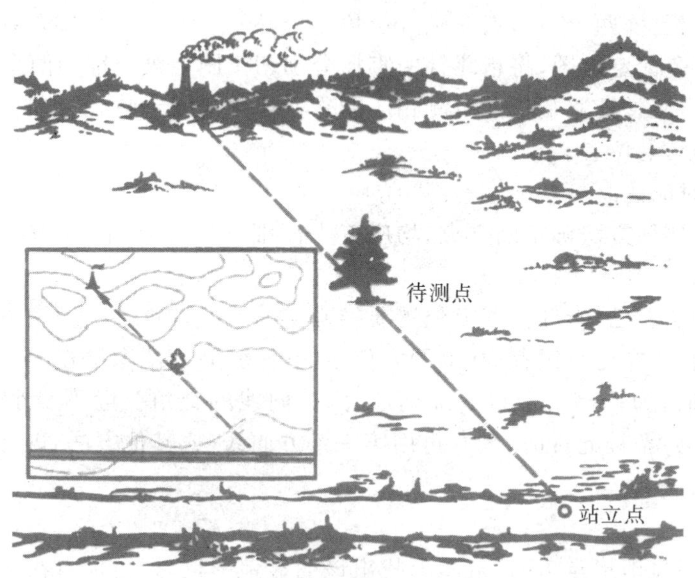

图 27-16　用叠标线法确定站立点

3.后方交会法

当站立点附近无明显地形点，而在远方能看到现地与图上都有的两个明显地形点时，可采用后方交会法确定站立点的图上位置，如图 27-17。其作业步骤是：

(1)标定地图。

(2)选择离站立点较远的图上和现地都有的两个以上明显地形点，如图 27-17 的山顶与小屋。

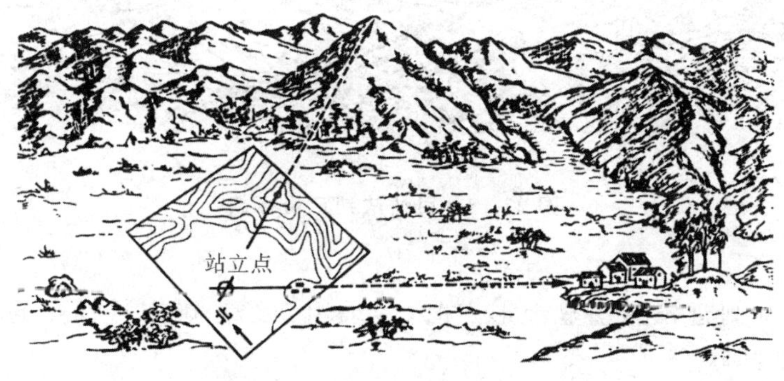

图 27-17　用后方交会法确定站立点

(3)现地交会。先将直尺边切于图上一个远方地形点符号(如山顶小圆圈)的定位点上(可插细针)，转动直尺向现地相应的地形点瞄准，并在图上绘方向线；不动地图，再用同样方法向另一远方地形点(如小屋)瞄画方向线，两条方向线的交点，就是站立点在图上的位置。

4.磁方位角交会法

在丛林地区使用地图，四周不能通视，可采用磁方位角交会法确定站立点的图上位置。

(1)先攀登到便于向远方通视的大树上,选定图上和现地都有的远方两个明显地形点,用指北针分别测出至该两个地形点的磁方位角。

(2)在树下近旁标定地图,将指北针的直尺分别切于图上被照准的两个地形点符号定位点上,转动指北针,使磁针北端指向所测相应的磁方位角分划,并描绘方向线,两方向线的交点,就是站立点的图上位置。

确定站立点时应注意:

(1)不论采取何种方法确定站立点,均应首先仔细分析研究站立点周围的地形,防止判错点位,用错目标。

(2)选择地形点做已知点时,图上位置要准确。

(3)标定地图后,在定点过程中,地图方位不能变动,并应注意检查。

采用交会法时,为提高交会点的准确性,两方向线的交角一般不要小于 30°(5—00)或大于 150°(20—00);条件允许时,最好再用第三条方向线(或其他方法)进行检查。

(三)确定目标点

1.目估法

当目标点在明显地形点上时,从图上找出该明显地形点,即目标点在图上的位置。

当目标点在明显地形点附近时,应先标定地图,在图上找出该明显地形点,再根据目标点与明显地形点的方位、距离和高差等关系,目估判定目标点在图上的位置,如图 27-18。

图 27-18 目估法判定目标点

2.光线法

当目标较多而附近没有明显地形点时,多采用光线法确定目标点的图上位置,如图 27-19。其方法是:

(1)标定地图。

(2)确定站立点在图上的位置。

(3)向目标瞄画方向线。方法是:先将指北针直尺(三棱尺)边切于图上的站立点(可插细针),再向现地各目标瞄准,并向前画方向线。

(4)目测站立点至目标点距离,并根据距离按地图比例尺在各方向线上截取相应目标的图上位置。不易目测距离时,也可通过分析地形层次,或目标点与附近地形的关系位置,在方向线上目估判定目标点的图上位置。

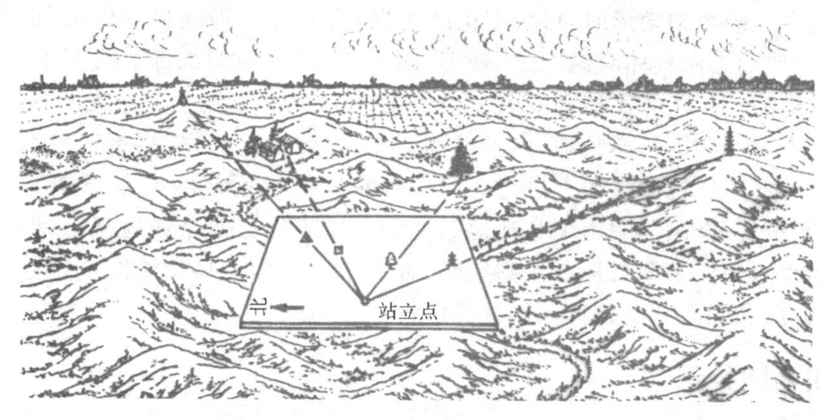

图 27-19　光线法

3.前方交会法

当目标点较远而附近又无明显地形点时,可采用前方交会法确定目标点在图上的位置,如图 27-20。其方法是:

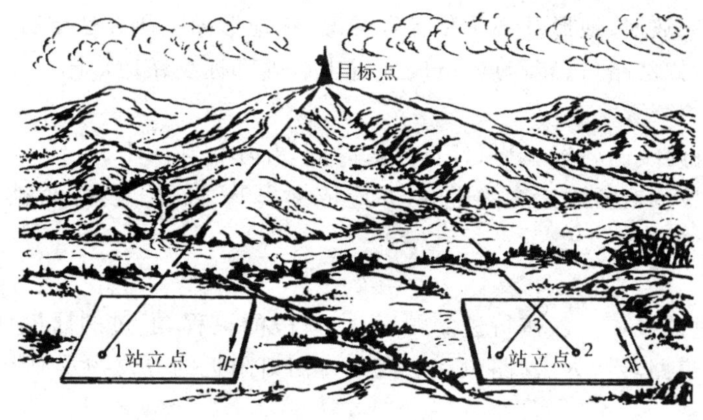

图 27-20　前方交会法

(1)选定现地与图上都有的二至三个明显地形点,如 1、2 点作为测站点。

(2)在第一点上先标定地图,确定该点图上位置并插一细针;再以指北针直尺(三棱尺)边紧靠细针向现地目标点瞄准,并向前画方向线。

(3)以同样方法在第二点上瞄画方向线,两方向线的交点就是目标点的图上位置。

(四)现地对照地形

现地对照地图,就是通过作业使图上的各种地形符号找到其相应的实地位置。通常在标定地图和在图上确定站立点的基础上进行。

对照的顺序是:先主要方向,后次要方向;由右至左(或由左至右);由近及远;并先由图上到现地,再从现地到图上;先对照大而明显的地物、地貌,再以此为骨干,以大带小,由点到面,逐段分片地对照细部地形。

对照方法:主要根据站立点与目标的方向、距离,目标的特征、高程,以及目标与其附近地形的关系位置,仔细分析比较,地图与现地反复验证。对照时,通常采用目估法,必要时可借助观测器材。

对照山地和丘陵地的地形时，可根据山脉走向，先对照大而明显的山顶、山脊、谷地；然后顺着山脊、谷地的走向具体对照山顶、鞍部、山脊、山谷等地形细部。对照平原地形时，可先对照主要的道路、河流、居民地和高大突出的建筑物，再根据地物分布规律和关系位置，逐点分片地进行对照。在山岳丛林地，由于通视不良，对照地形时，应尽量选择在地势较高的地形点或攀登到便于通视的大树上进行对照。对照过程中还应勤走动，多查附近的地形特征，并根据关系位置，准确判明图上和现地的地形。如果地形复杂或通视不良，应变换对照位置或登高观察对照。某些目标不易判定时，可用指北针的直尺切于图上站立点和所要对照的目标，依方向和距离判定该目标的具体位置。

二、利用地图行进

利用地图行进就是利用地形图选定的路线，在现地对照地形行进。它是保障部队行动自如，夺取有利战机的一个重要方法。

（一）行进前的准备

行进前必须进行认真仔细的图上作业，切实做到：一标、二量、三熟记。

1.一标

就是根据任务、敌情、地形及部队装备等情况，在地形图上研究选定行进路线，并将行进路线、沿途方位物，如岔路口、转弯点、居民地进出口等都标绘在地形图上。

2.二量

就是量算行进路线上各段里程，计算行进时间，并注记在图上。量算起伏较大地区的行进路线时，要考虑坡度对行进速度的影响，并应依据季节、天候、土质、植被等对行进可能造成的影响，考虑行进速度。

3.三熟记

就是熟记行进路线。一般按行进的顺序，把每段的里程，经过的居民地、两侧方位物和地形特征，特别是道路转弯处、岔路口和居民地进出口附近的方位物及地形特征等熟记在脑子里，做到心中有数。

如时间和条件允许，还应调查通行情况，如前进路上的水库、水渠、道路、桥梁、渡口等有无变化，做好保障措施。

（二）行进要领

行进时要做到“三明”，即方向明、路线明、位置明。无论是沿道路行进或越野行进，都要先在出发点上标定地图，对照地形，明确行进的路线和方向，然后计时出发。行进中，要随时标定地图，对照地形，做到“人在地上走，心在图中移”，随时明确站立点的图上位置。当遇有怀疑时，则应精确标定地图，找出站立点在图上的位置，仔细对照周围地形，全面分析地形有无变化，待判明后再继续前进。到达转弯点，要标定地图，对照现地。确实判明就是图上预定的转弯点后，再按出发点的动作，在现地判明下一段应走的方向、路线，研究沿途地形，选好方位物，继续前进。

如果发现走错了路线，应首先回忆走过路线的方向、距离和经过地形的特征，检查走错的原因；然后标定地图，对照现地，判明当时到达点的图上位置，及其与预定路线的关系；然后，可选择就近道路，插到预定路线上来；当没有就近道路，或已查明错误起点位置，也可按原路返回，再继续按预定路线行进。